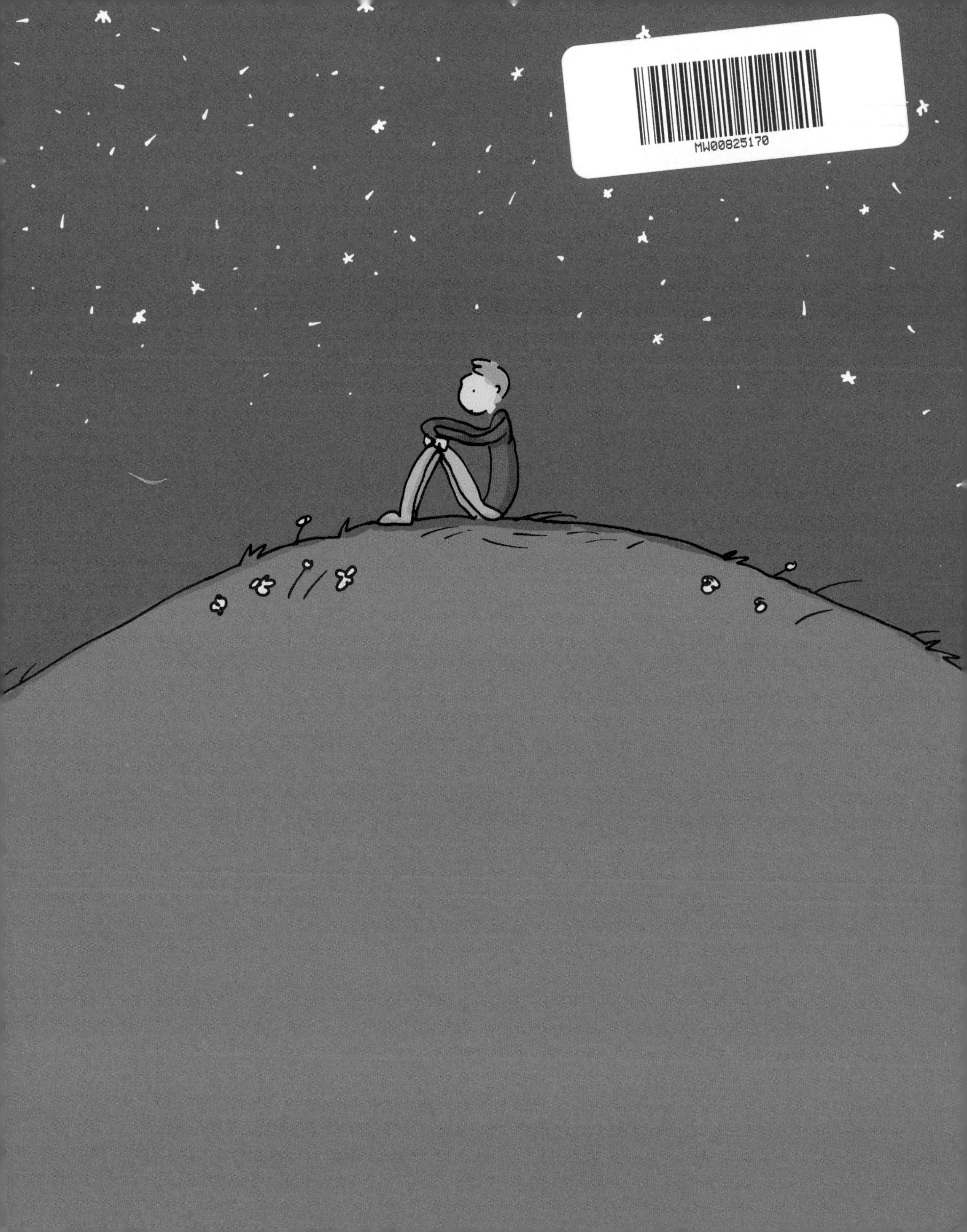

THE ART OF LIVING

LIVING

Reflections on Mindfulness and the Overexamined Life

GRANT SNIDER

Abrams ComicArts, New York

Thanks to my amazing family for their constant support. Thanks to Charlie Kochman for his editorial expertise and vision. Thanks to Judy Hansen and Kathleen Brady for helping get my work out into the world. Thanks to Pamela Notarantonio for her design wizardry. Thanks to Sarah Bagby and the rest of the gang at Watermark Books & Café for being the best bookstore on the planet. Thanks to Kristen Radtke at *The Believer* and Elizabeth Haidle at *Illustoria* for giving my comics a place in their pages. Thanks to Stephan Vincent-Lancrin and Carlos González-Sancho of the OECD for helping spark my creativity and critical thinking. Thanks to the Derby Public Library and the Wichita Public Library for the never-ending supply of books.

Editor: Charles Kochman
Editorial Assistant: Jessica Gotz
Art Director: Pamela Notarantonio
Managing Editor: Marie Oishi
Production Manager: Alison Gervais

Library of Congress Control Number 2021945983

ISBN 978-1-4197-5351-0
eISBN 978-1-64700-249-7

Many of the comics in this collection have appeared previously online at incidentalcomics.com. Portions of this book were first published in the following publications and websites:

The Believer: "Types of Light," "Good News," and "City in Color"

Evernote: "New Year's Resolutions"

Illustoria: "Iridescence," "Abstraction," and "Mooncatcher"

OECD Centre for Educational Research and Innovation: "Creativity" and "Critical Thinking"

Printed and bound in China
10 9 8 7 6 5 4 3 2 1

Abrams ComicArts books are available at special discounts when purchased in quantity for premiums and promotions as well as fundraising or educational use. Special editions can also be created to specification. For details, contact specialsales@abramsbooks.com or the address below.

For more about *The Art of Living*, *I Will Judge You by Your Bookshelf*, and *The Shape of Ideas*, visit incidentalcomics.com.

ABRAMS The Art of Books
195 Broadway, New York, NY 10007
abramsbooks.com

To Jonah, Jacob, and Gavin

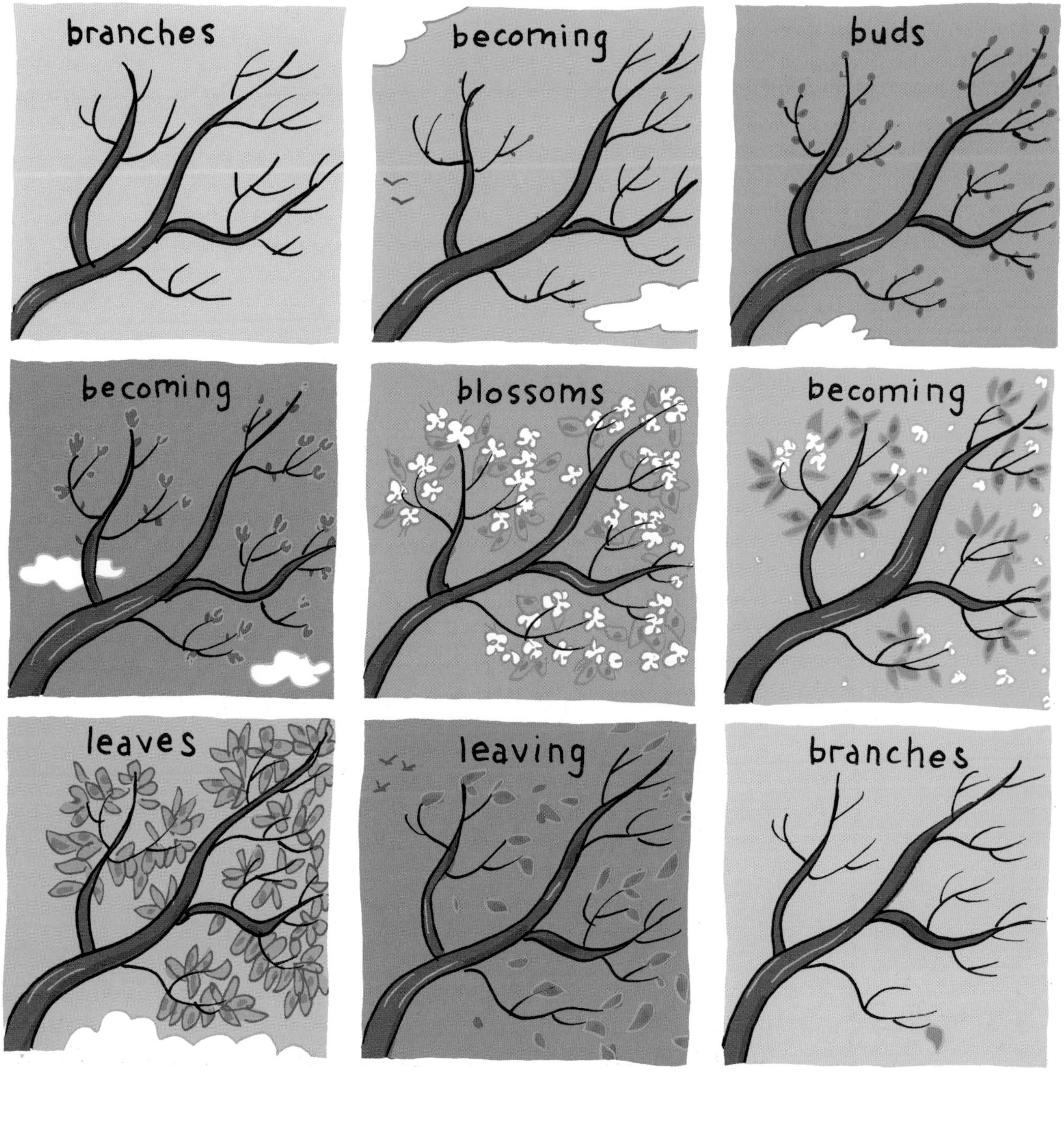
branches
becoming
buds
becoming
blossoms
becoming
leaves
leaving
branches

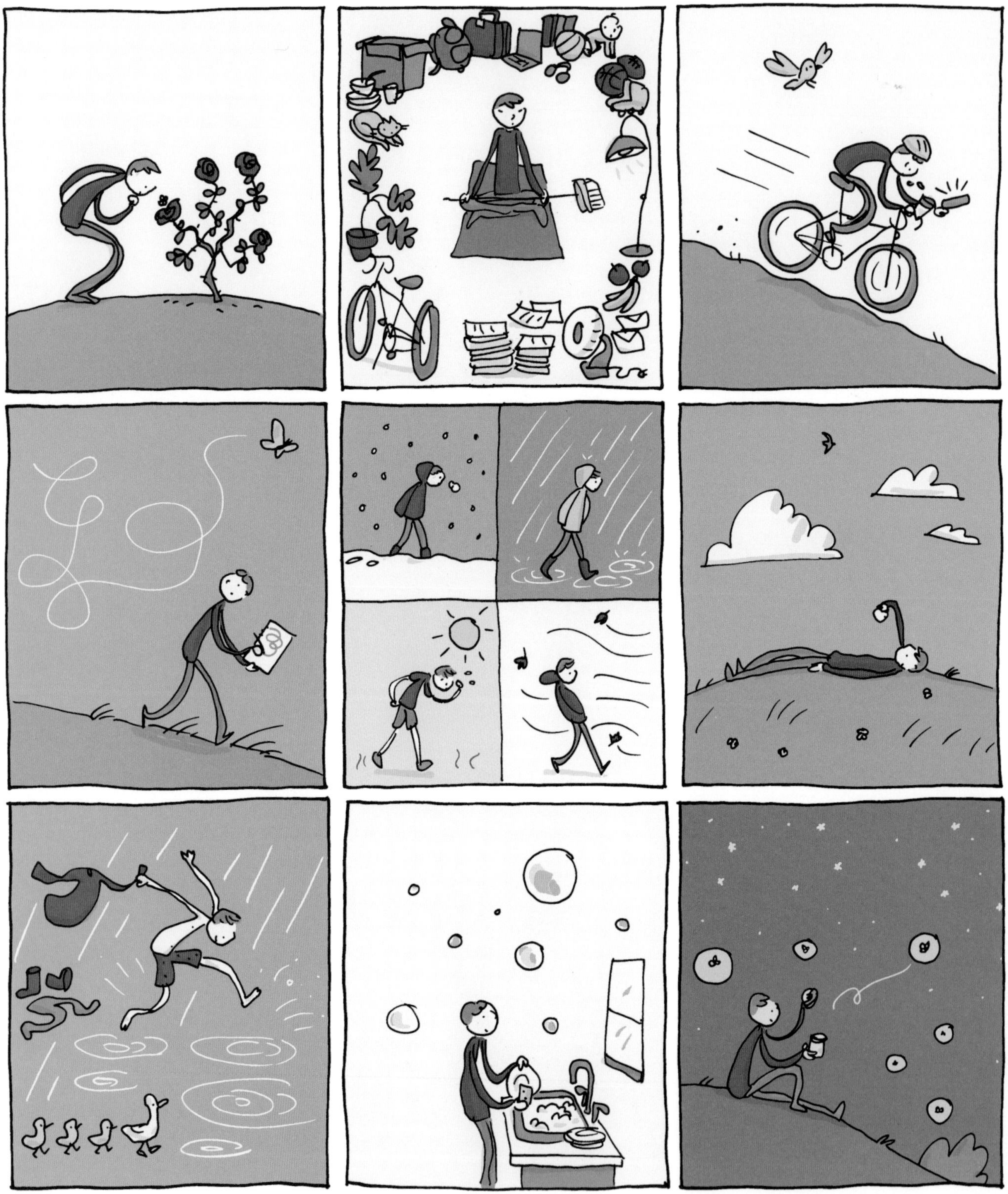

THE ATTENTION MANIFESTO

- I WILL PAY ATTENTION TO WHAT'S IN FRONT OF ME.
- I WILL MAKE A BLANK SPACE IN EACH DAY.
- I WILL DO ONE THING AT A TIME.
- I WILL PUT MY THOUGHTS ON PAPER.
- I WILL GO OUTSIDE NO MATTER THE WEATHER.
- I WON'T BE AFRAID TO BE BORED.
- I WILL EXPERIENCE THE WORLD WITH MY BODY AND MIND.
- I WILL FIND BEAUTY IN THE EVERYDAY.
- I WILL STAY OPEN TO WONDER.

I will pay attention to what's in front of me.

STATES OF MIND

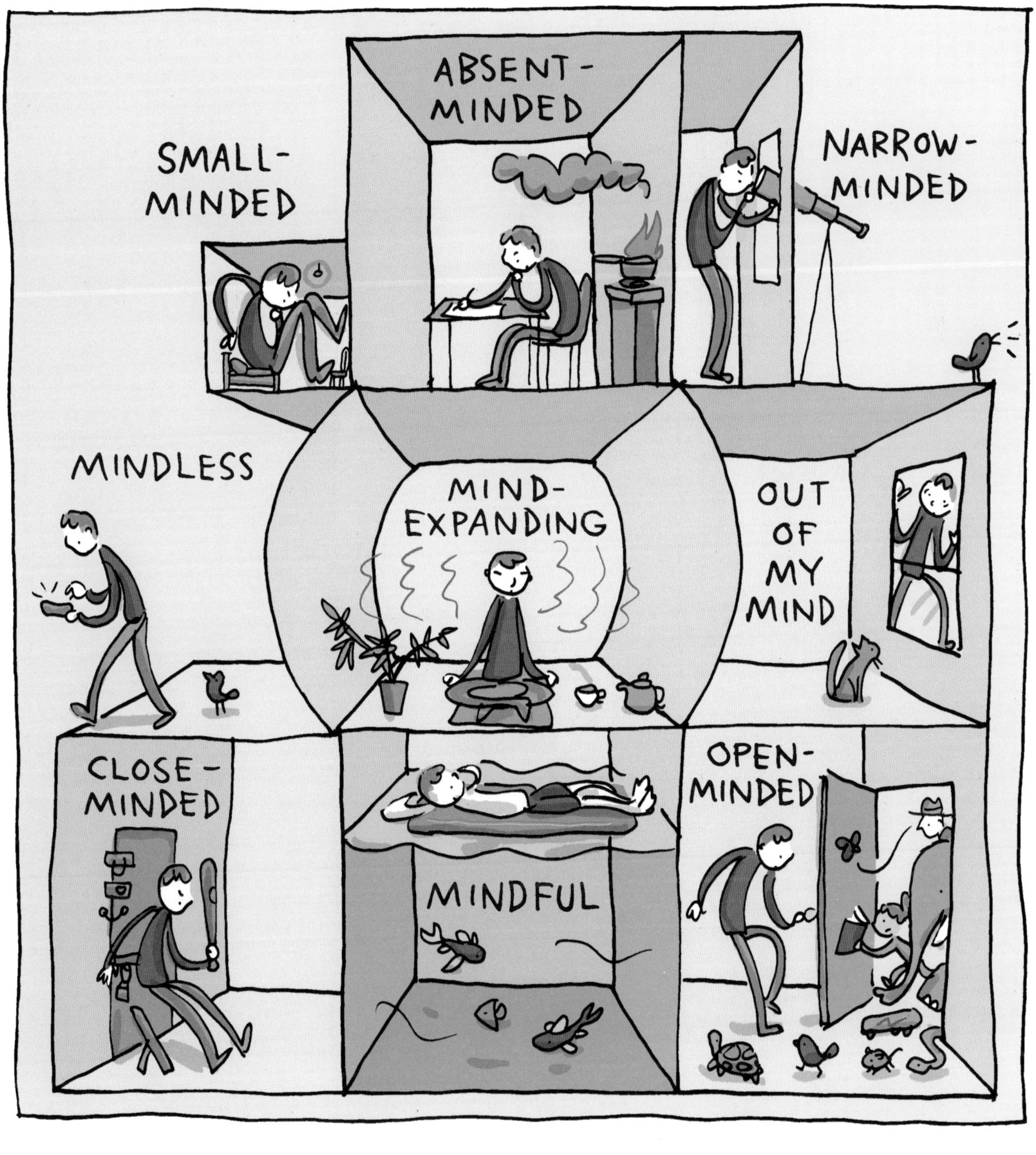

ABSENT-MINDED
SMALL-MINDED
NARROW-MINDED
MINDLESS
MIND-EXPANDING
OUT OF MY MIND
CLOSE-MINDED
OPEN-MINDED
MINDFUL

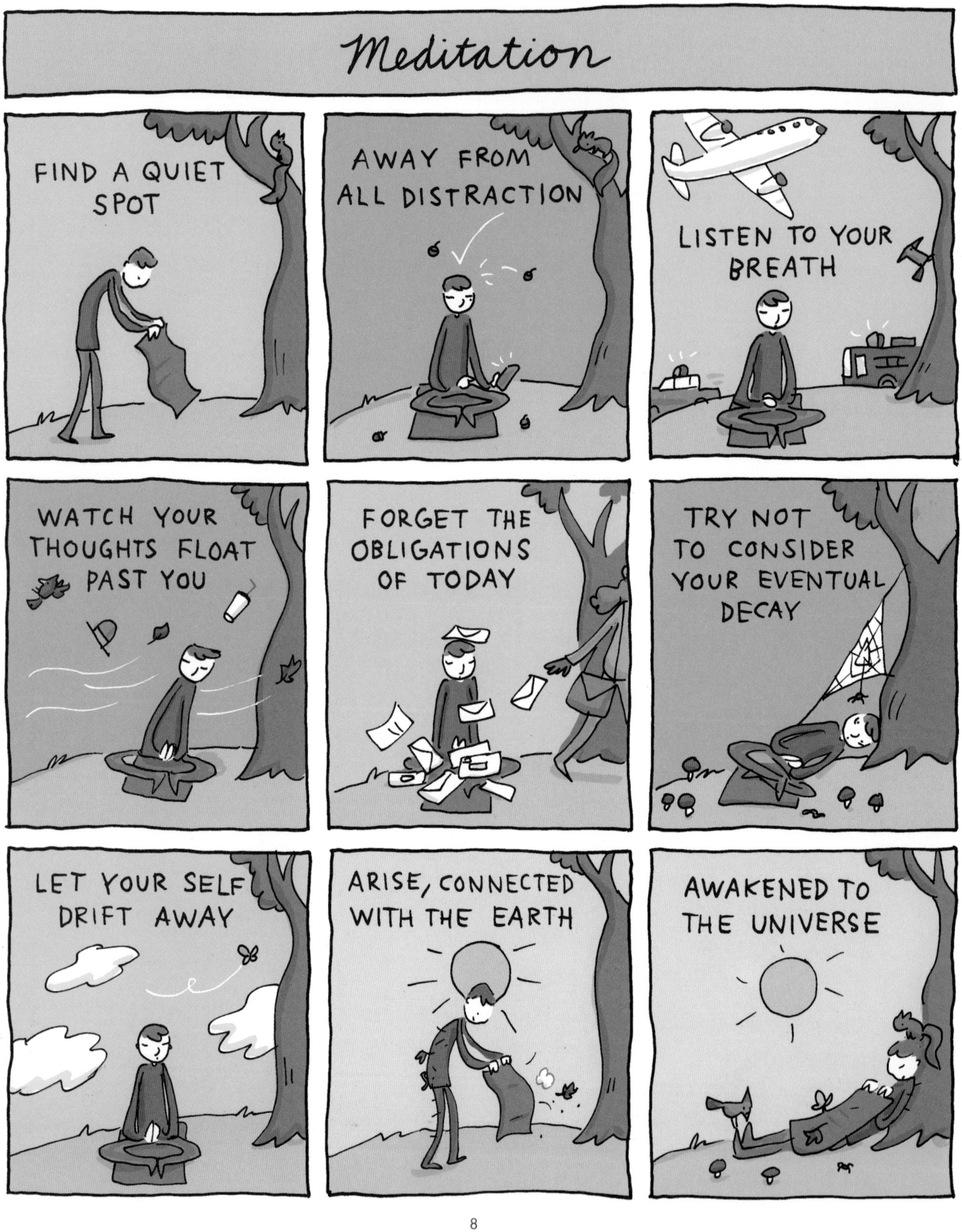
Meditation
FIND A QUIET SPOT
AWAY FROM ALL DISTRACTION
LISTEN TO YOUR BREATH
WATCH YOUR THOUGHTS FLOAT PAST YOU
FORGET THE OBLIGATIONS OF TODAY
TRY NOT TO CONSIDER YOUR EVENTUAL DECAY
LET YOUR SELF DRIFT AWAY
ARISE, CONNECTED WITH THE EARTH
AWAKENED TO THE UNIVERSE

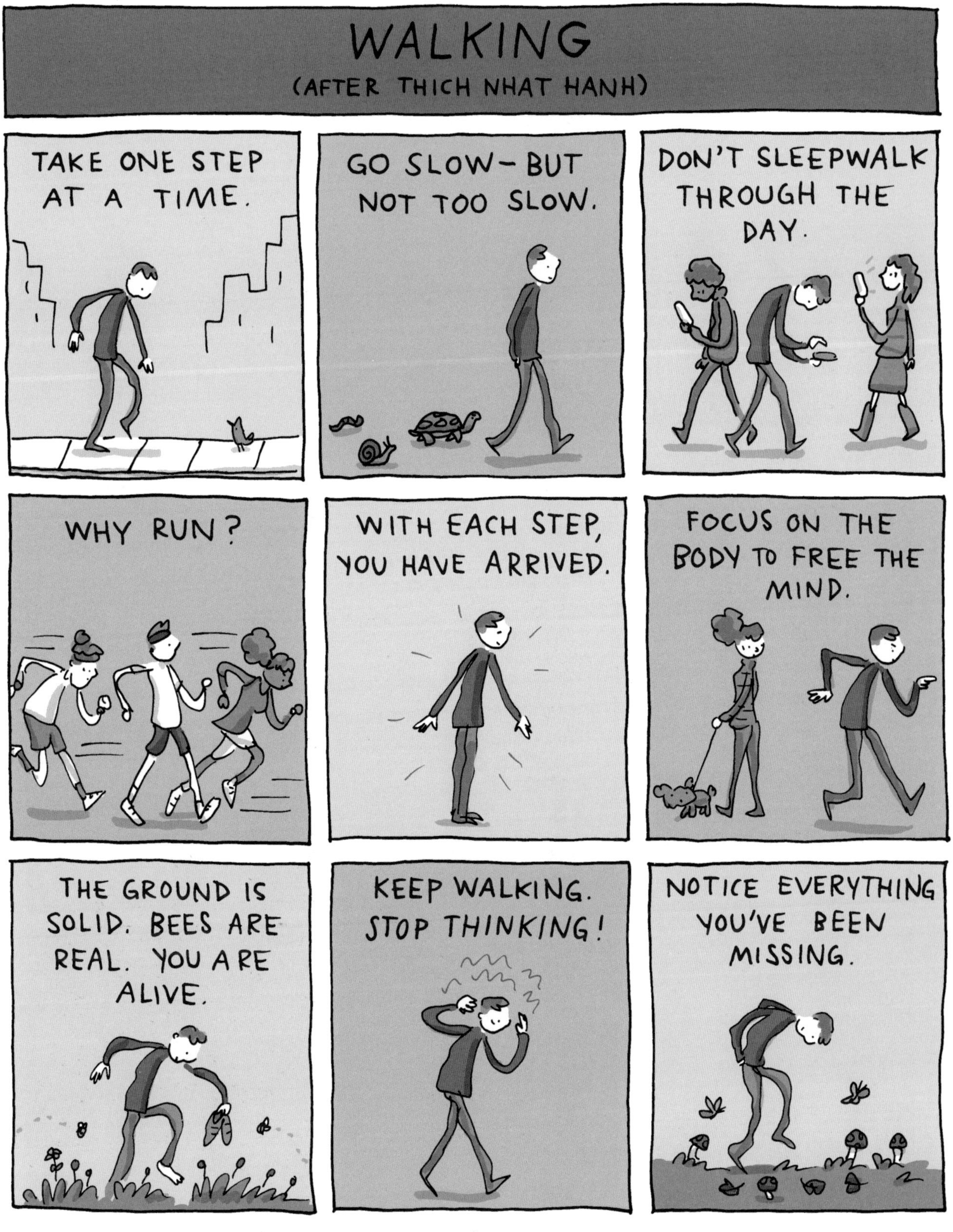
WALKING
(AFTER THICH NHAT HANH)
TAKE ONE STEP AT A TIME.
GO SLOW—BUT NOT TOO SLOW.
DON'T SLEEPWALK THROUGH THE DAY.
WHY RUN?
WITH EACH STEP, YOU HAVE ARRIVED.
FOCUS ON THE BODY TO FREE THE MIND.
THE GROUND IS SOLID. BEES ARE REAL. YOU ARE ALIVE.
KEEP WALKING. STOP THINKING!
NOTICE EVERYTHING YOU'VE BEEN MISSING.

DAY PLANNER

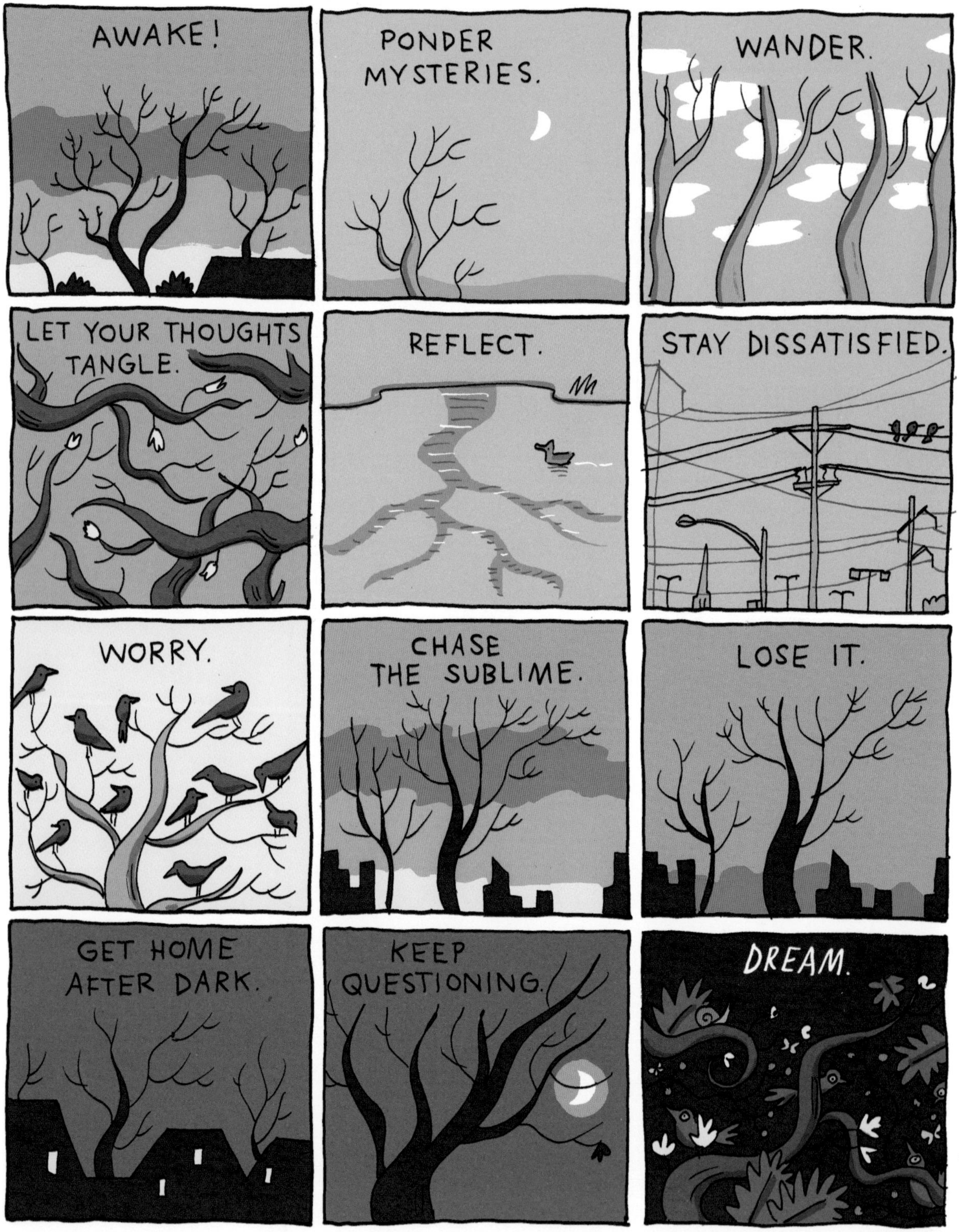
AWAKE!
PONDER MYSTERIES.
WANDER.
LET YOUR THOUGHTS TANGLE.
REFLECT.
STAY DISSATISFIED.
WORRY.
CHASE THE SUBLIME.
LOSE IT.
GET HOME AFTER DARK.
KEEP QUESTIONING.
DREAM.

iridescence

soap bubbles

oil puddles

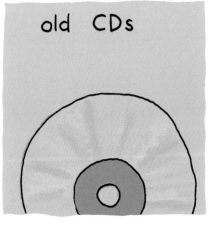

old CDs

weird birds

sea shells

beetle's wings

in ordinary places

the world gleams

the inward spiral

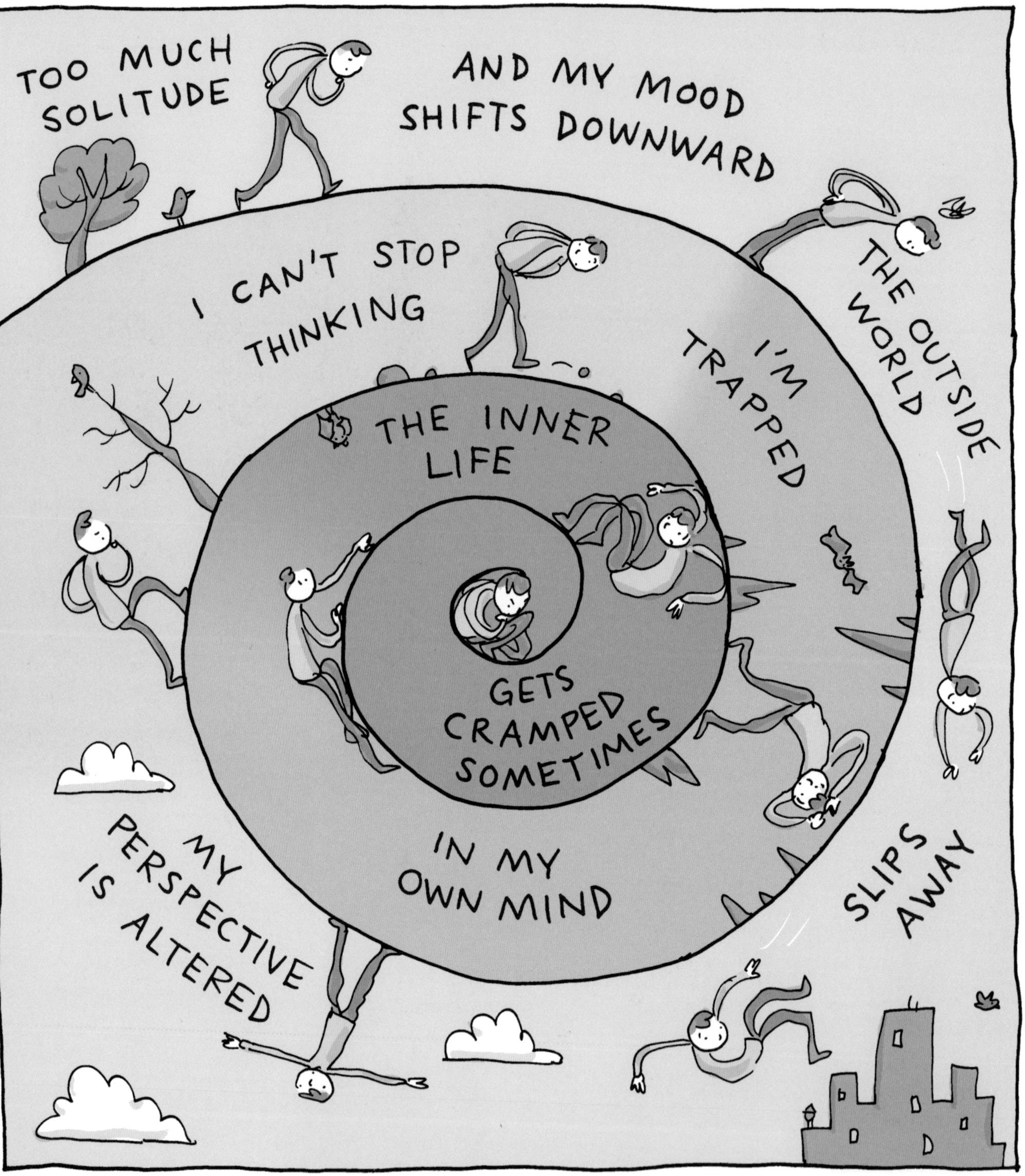
TOO MUCH SOLITUDE
AND MY MOOD SHIFTS DOWNWARD
I CAN'T STOP THINKING
THE OUTSIDE WORLD
I'M TRAPPED
THE INNER LIFE
GETS CRAMPED SOMETIMES
IN MY OWN MIND
MY PERSPECTIVE IS ALTERED
SLIPS AWAY

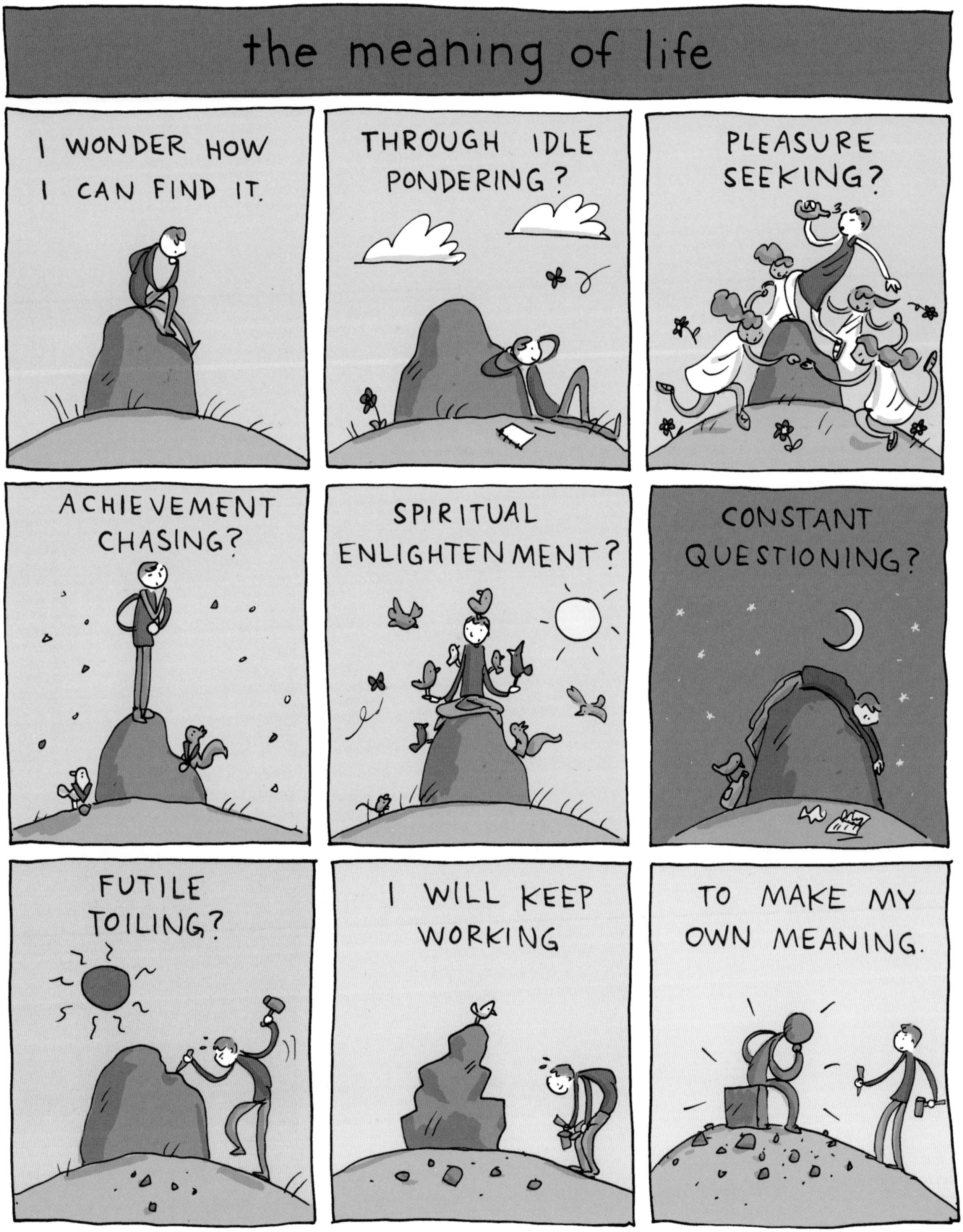
the meaning of life
I WONDER HOW I CAN FIND IT.
THROUGH IDLE PONDERING?
PLEASURE SEEKING?
ACHIEVEMENT CHASING?
SPIRITUAL ENLIGHTENMENT?
CONSTANT QUESTIONING?
FUTILE TOILING?
I WILL KEEP WORKING
TO MAKE MY OWN MEANING.

SUNRISES

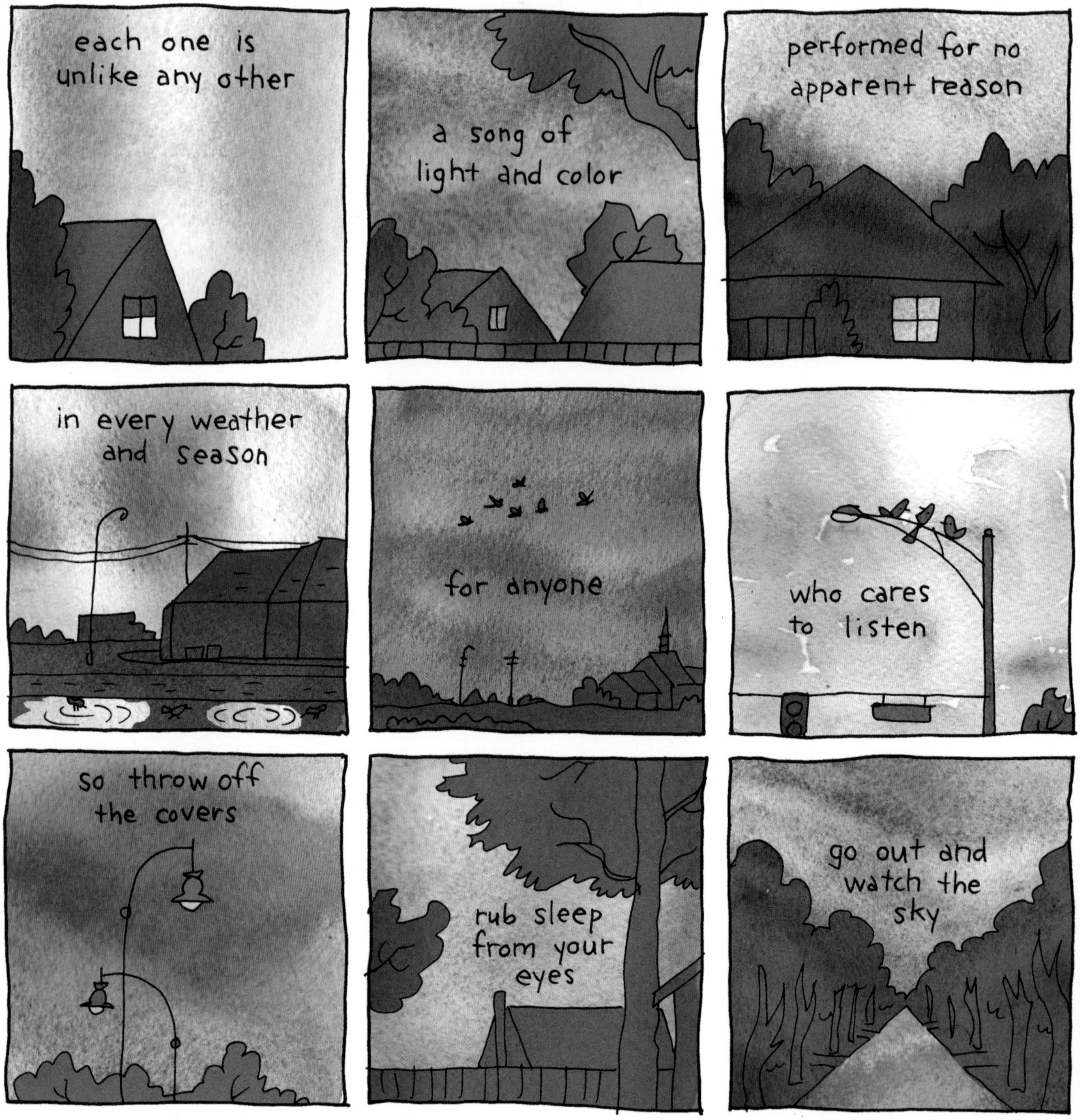
each one is unlike any other
a song of light and color
performed for no apparent reason
in every weather and season
for anyone
who cares to listen
so throw off the covers
rub sleep from your eyes
go out and watch the sky

STILLNESS

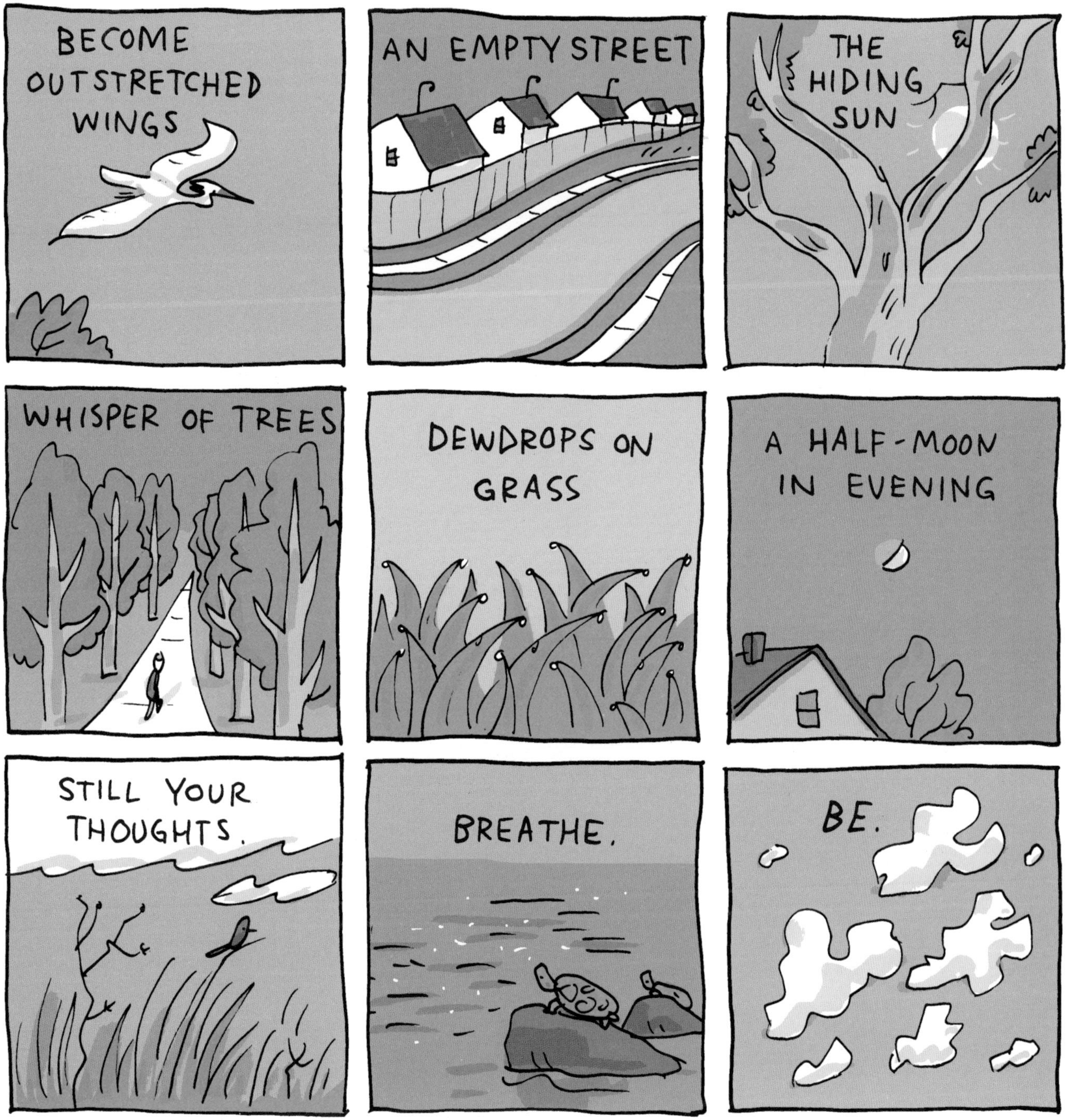

BECOME OUTSTRETCHED WINGS
AN EMPTY STREET
THE HIDING SUN
WHISPER OF TREES
DEWDROPS ON GRASS
A HALF-MOON IN EVENING
STILL YOUR THOUGHTS.
BREATHE.
BE.

OPENNESS

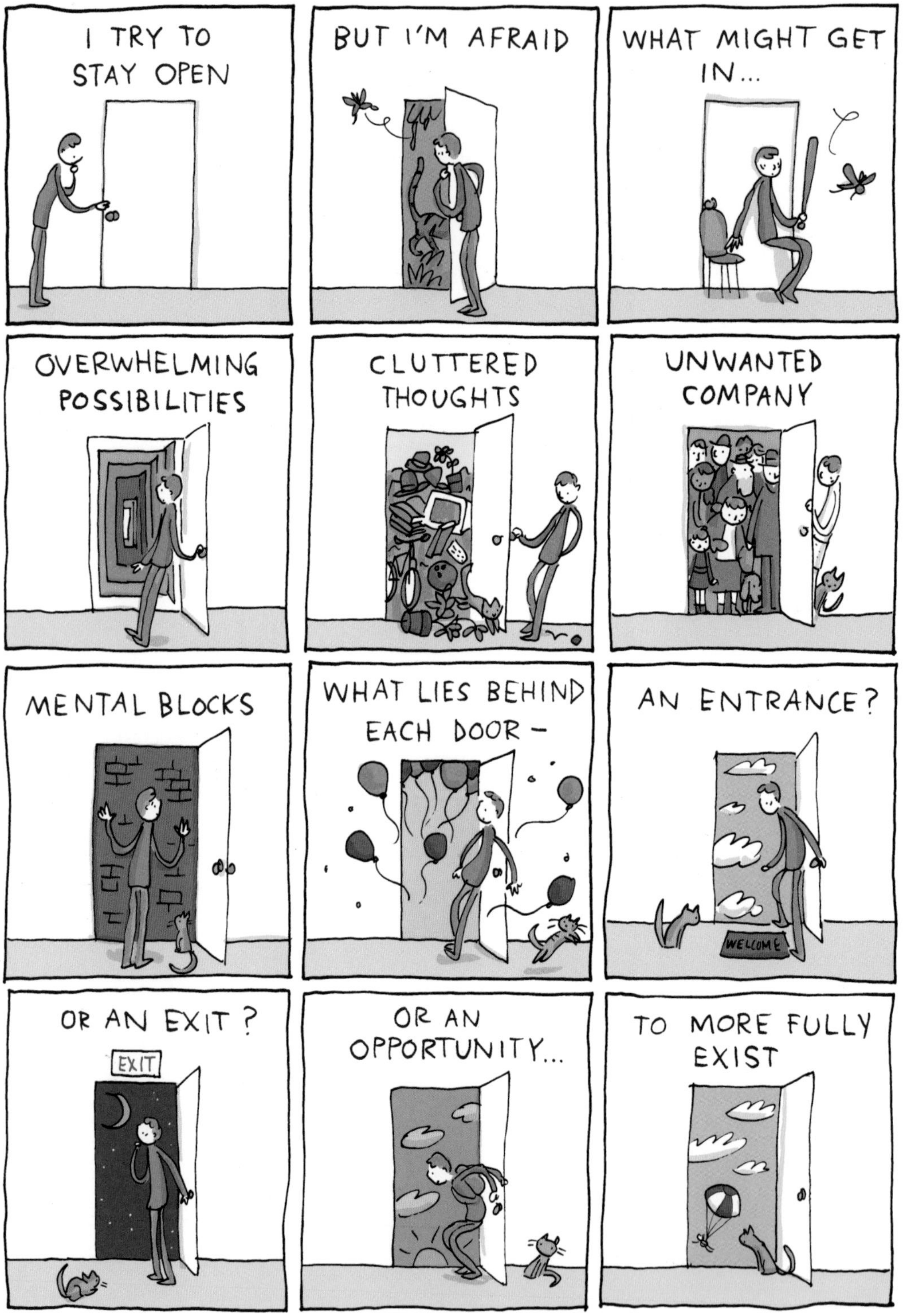
I TRY TO STAY OPEN
BUT I'M AFRAID
WHAT MIGHT GET IN...
OVERWHELMING POSSIBILITIES
CLUTTERED THOUGHTS
UNWANTED COMPANY
MENTAL BLOCKS
WHAT LIES BEHIND EACH DOOR –
AN ENTRANCE?
WELCOME
OR AN EXIT?
EXIT
OR AN OPPORTUNITY...
TO MORE FULLY EXIST

MY QUESTIONS

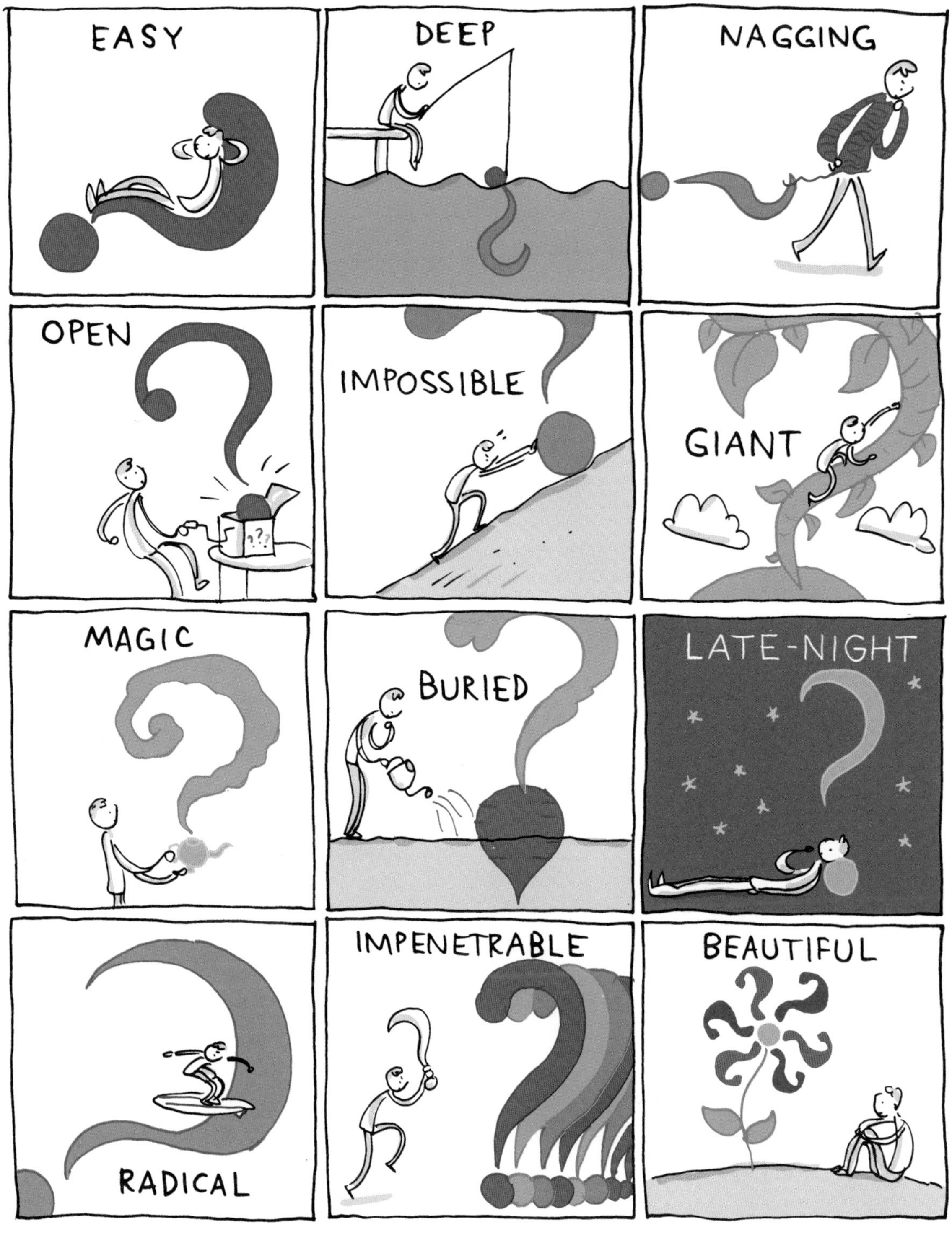
EASY
DEEP
NAGGING
OPEN
IMPOSSIBLE
GIANT
MAGIC
BURIED
LATE-NIGHT
RADICAL
IMPENETRABLE
BEAUTIFUL

FULFILLMENT

WHAT DOES IT MEAN

TO LIVE FULLY?

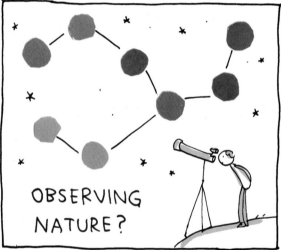

OBSERVING NATURE?

SERVING OTHERS?

ACCUMULATING WEALTH?

INDULGING IN PLEASURES?

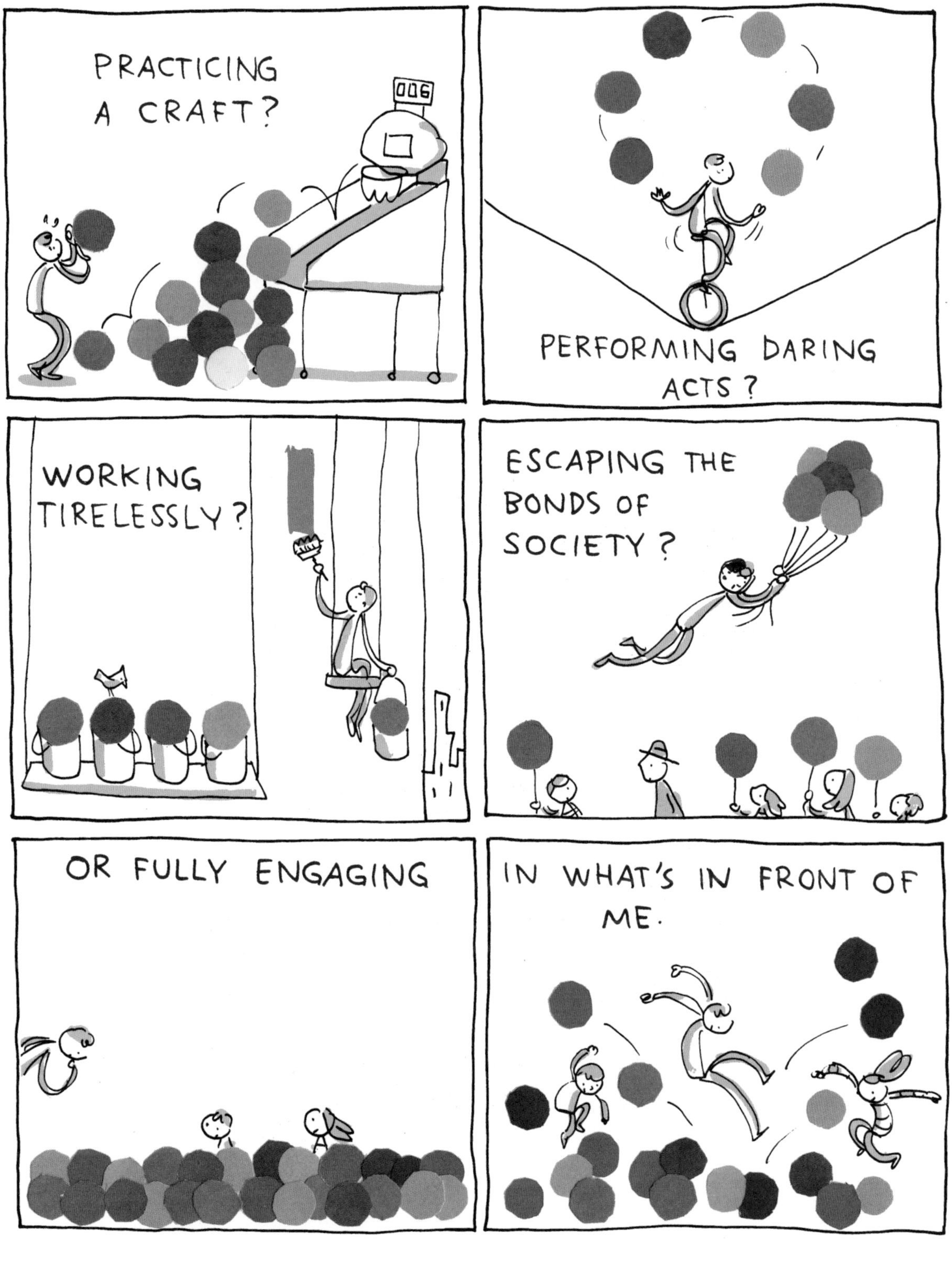
PRACTICING A CRAFT?
006
PERFORMING DARING ACTS?
WORKING TIRELESSLY?
ESCAPING THE BONDS OF SOCIETY?
OR FULLY ENGAGING
IN WHAT'S IN FRONT OF ME.

I will make a blank space in each day.

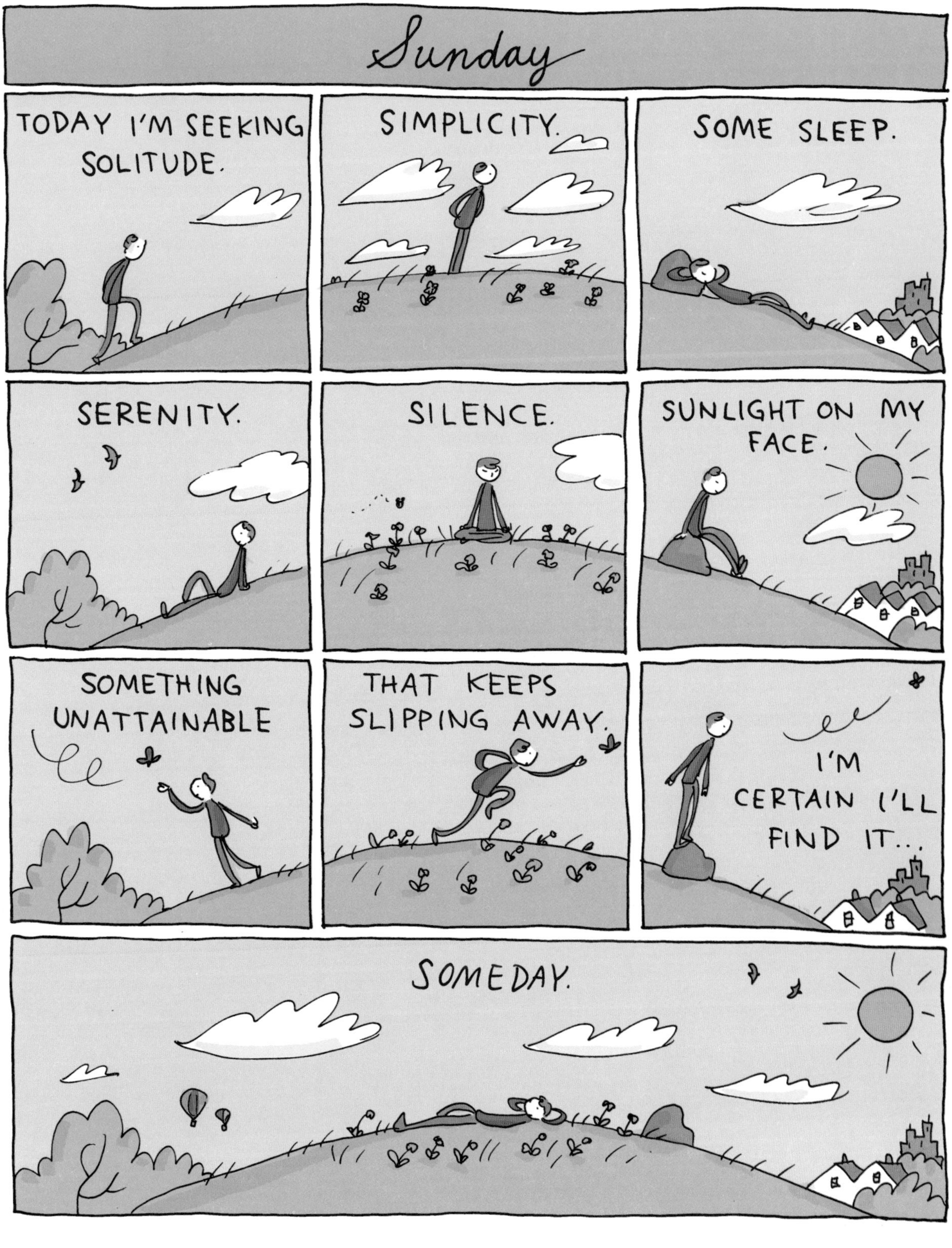
Sunday
TODAY I'M SEEKING SOLITUDE.
SIMPLICITY.
SOME SLEEP.
SERENITY.
SILENCE.
SUNLIGHT ON MY FACE.
SOMETHING UNATTAINABLE
THAT KEEPS SLIPPING AWAY.
I'M CERTAIN I'LL FIND IT...
SOMEDAY.

SUNLIGHT

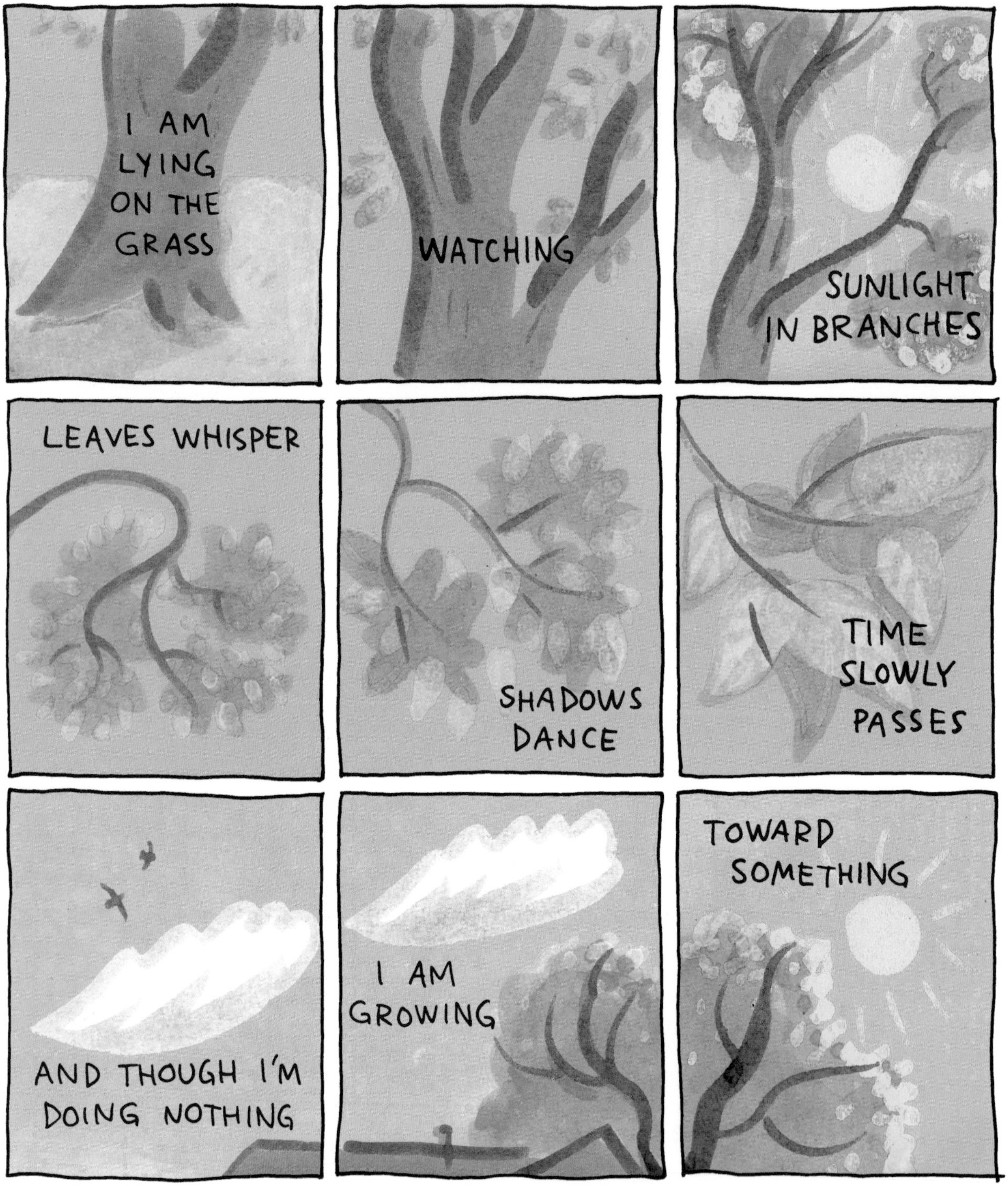
I AM LYING ON THE GRASS
WATCHING
SUNLIGHT IN BRANCHES
LEAVES WHISPER
SHADOWS DANCE
TIME SLOWLY PASSES
AND THOUGH I'M DOING NOTHING
I AM GROWING
TOWARD SOMETHING

ways of being

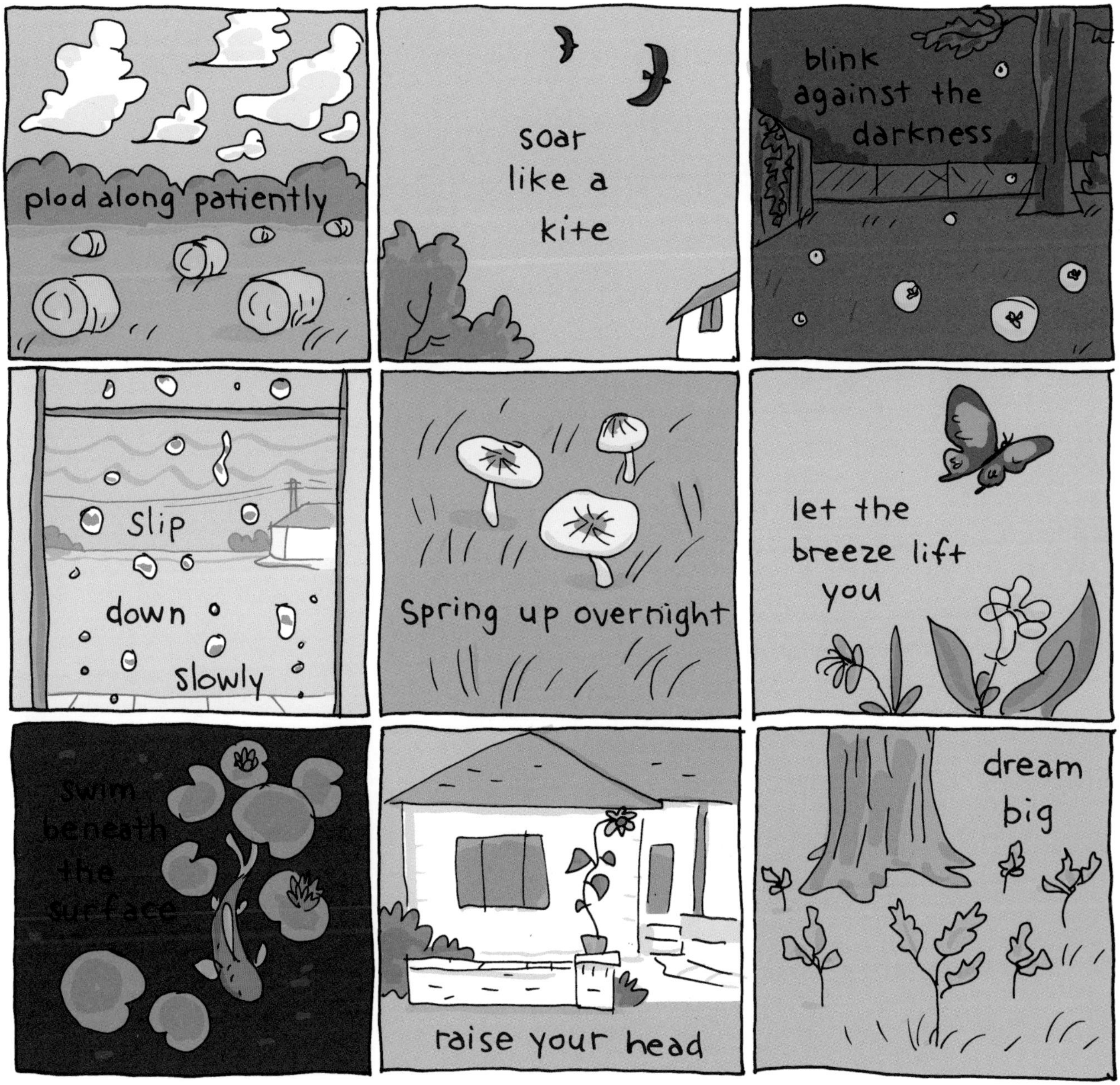
plod along patiently
soar like a kite
blink against the darkness
slip down slowly
spring up overnight
let the breeze lift you
swim beneath the surface
raise your head
dream big

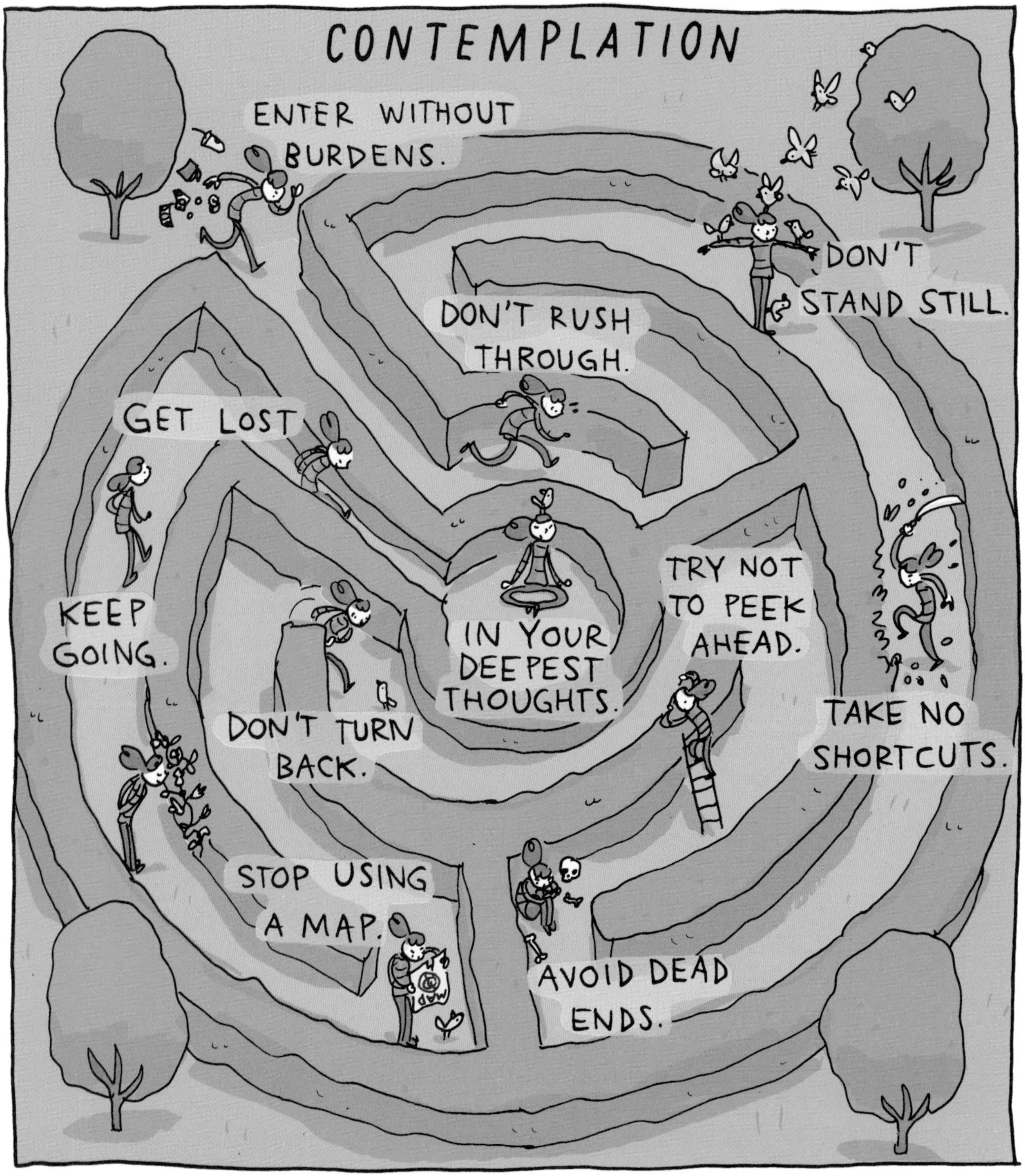
CONTEMPLATION
ENTER WITHOUT BURDENS.
DON'T STAND STILL.
DON'T RUSH THROUGH.
GET LOST
KEEP GOING.
IN YOUR DEEPEST THOUGHTS.
TRY NOT TO PEEK AHEAD.
TAKE NO SHORTCUTS.
DON'T TURN BACK.
STOP USING A MAP.
MAP
AVOID DEAD ENDS.

STOICISM

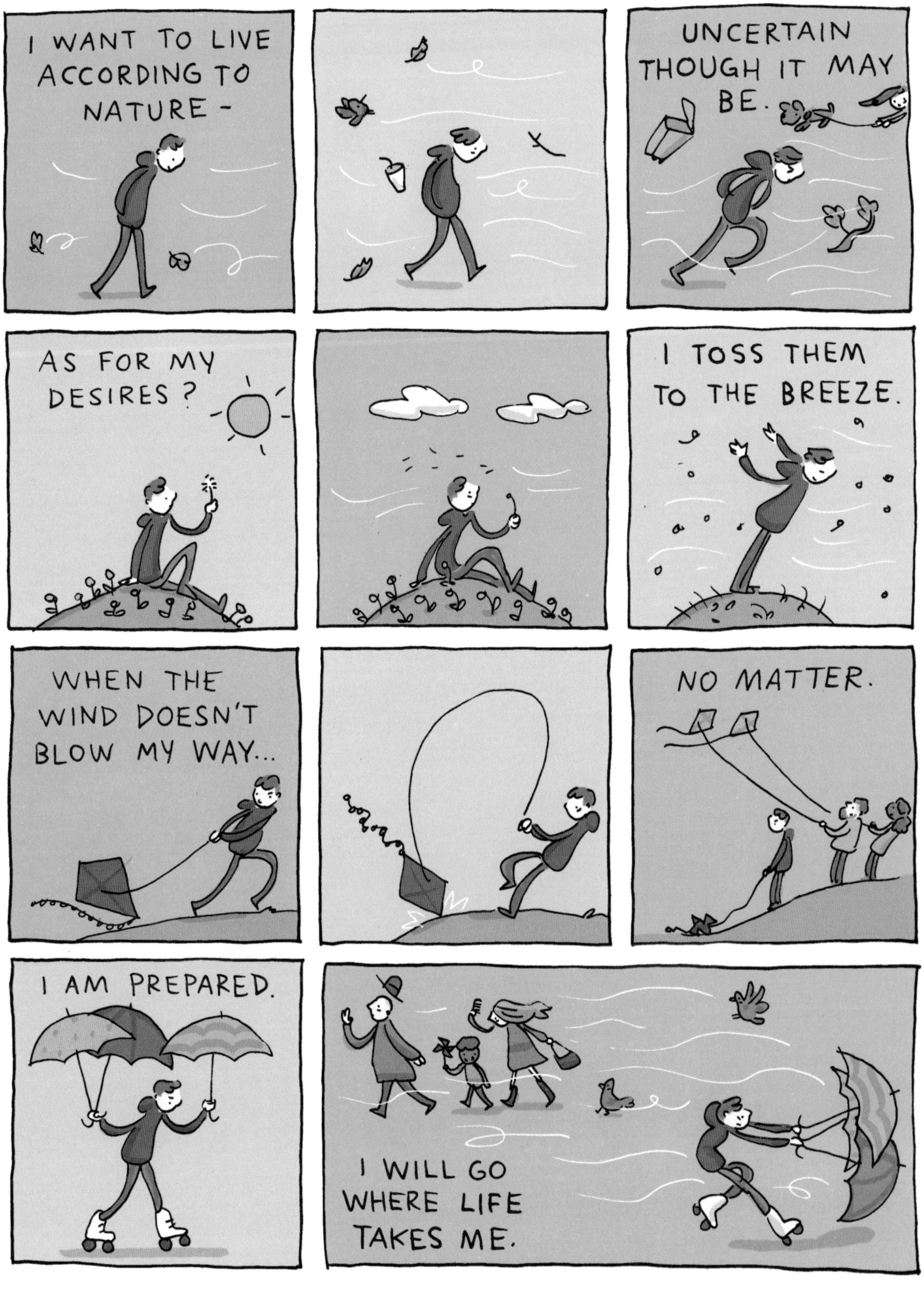
I WANT TO LIVE ACCORDING TO NATURE -
UNCERTAIN THOUGH IT MAY BE.
AS FOR MY DESIRES?
I TOSS THEM TO THE BREEZE.
WHEN THE WIND DOESN'T BLOW MY WAY...
NO MATTER.
I AM PREPARED.
I WILL GO WHERE LIFE TAKES ME.

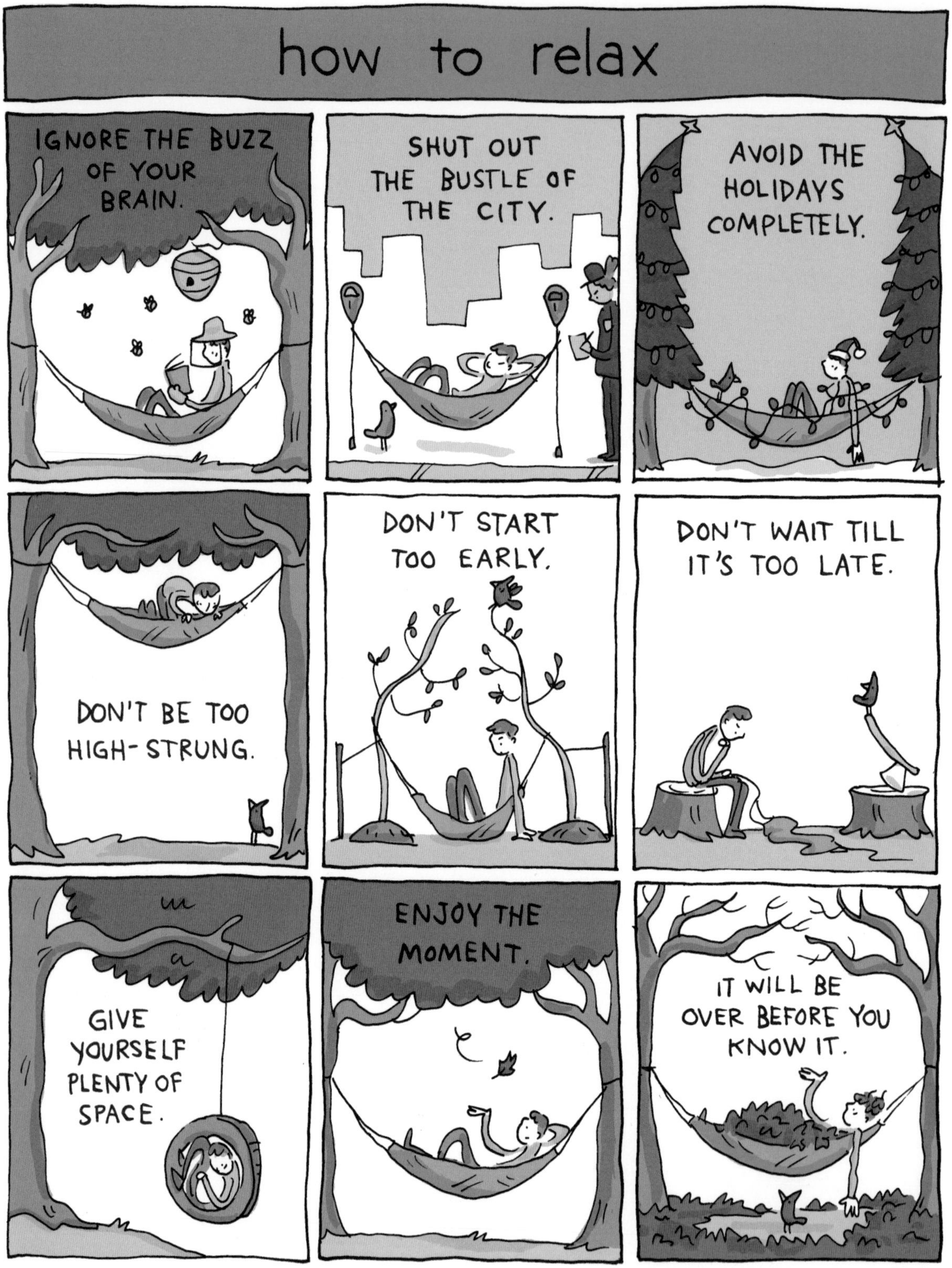
how to relax
IGNORE THE BUZZ OF YOUR BRAIN.
SHUT OUT THE BUSTLE OF THE CITY.
AVOID THE HOLIDAYS COMPLETELY.
DON'T BE TOO HIGH-STRUNG.
DON'T START TOO EARLY.
DON'T WAIT TILL IT'S TOO LATE.
GIVE YOURSELF PLENTY OF SPACE.
ENJOY THE MOMENT.
IT WILL BE OVER BEFORE YOU KNOW IT.

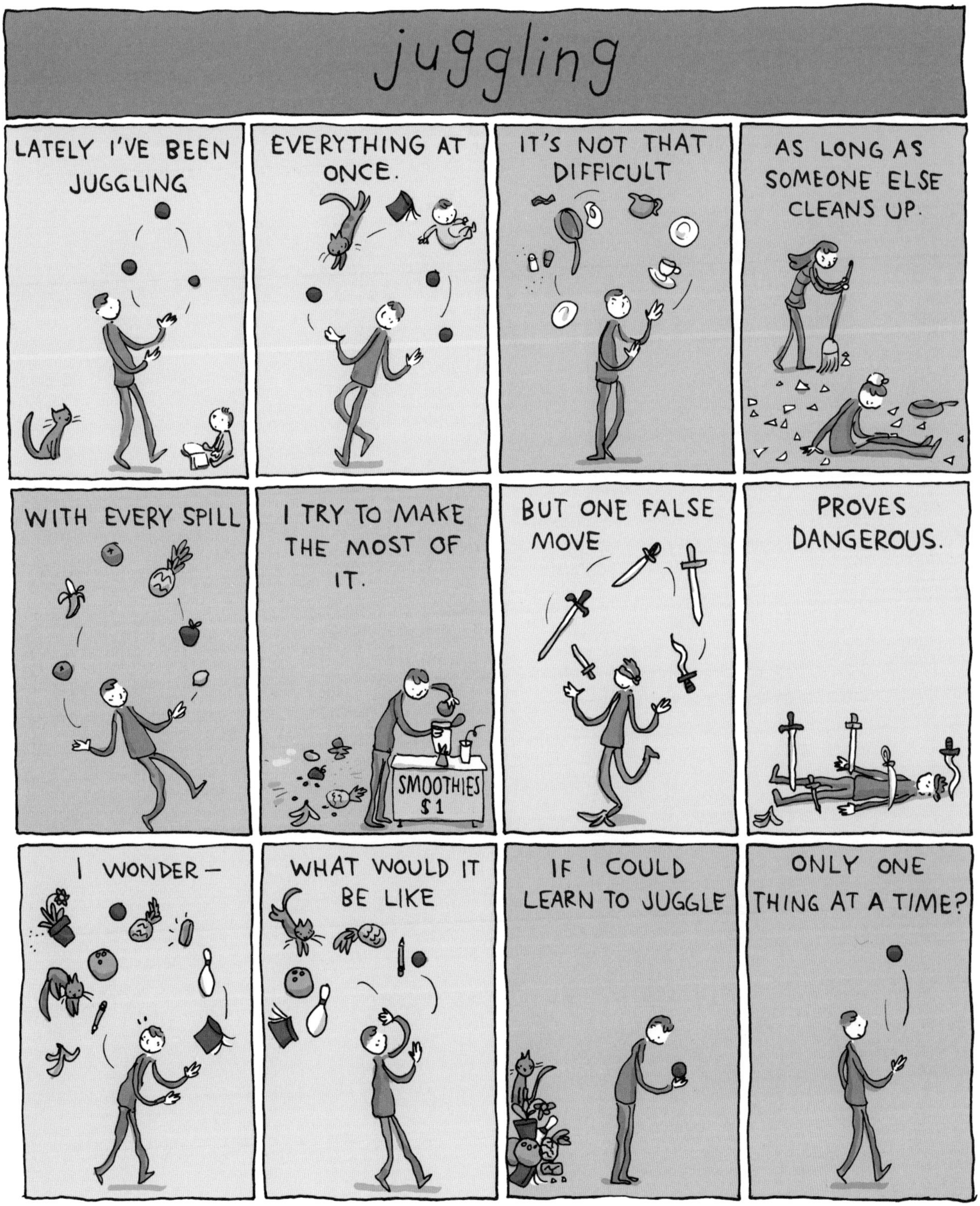
juggling
LATELY I'VE BEEN JUGGLING
EVERYTHING AT ONCE.
IT'S NOT THAT DIFFICULT
AS LONG AS SOMEONE ELSE CLEANS UP.
WITH EVERY SPILL
I TRY TO MAKE THE MOST OF IT.
SMOOTHIES $1
BUT ONE FALSE MOVE
PROVES DANGEROUS.
I WONDER—
WHAT WOULD IT BE LIKE
IF I COULD LEARN TO JUGGLE
ONLY ONE THING AT A TIME?

CORNERED

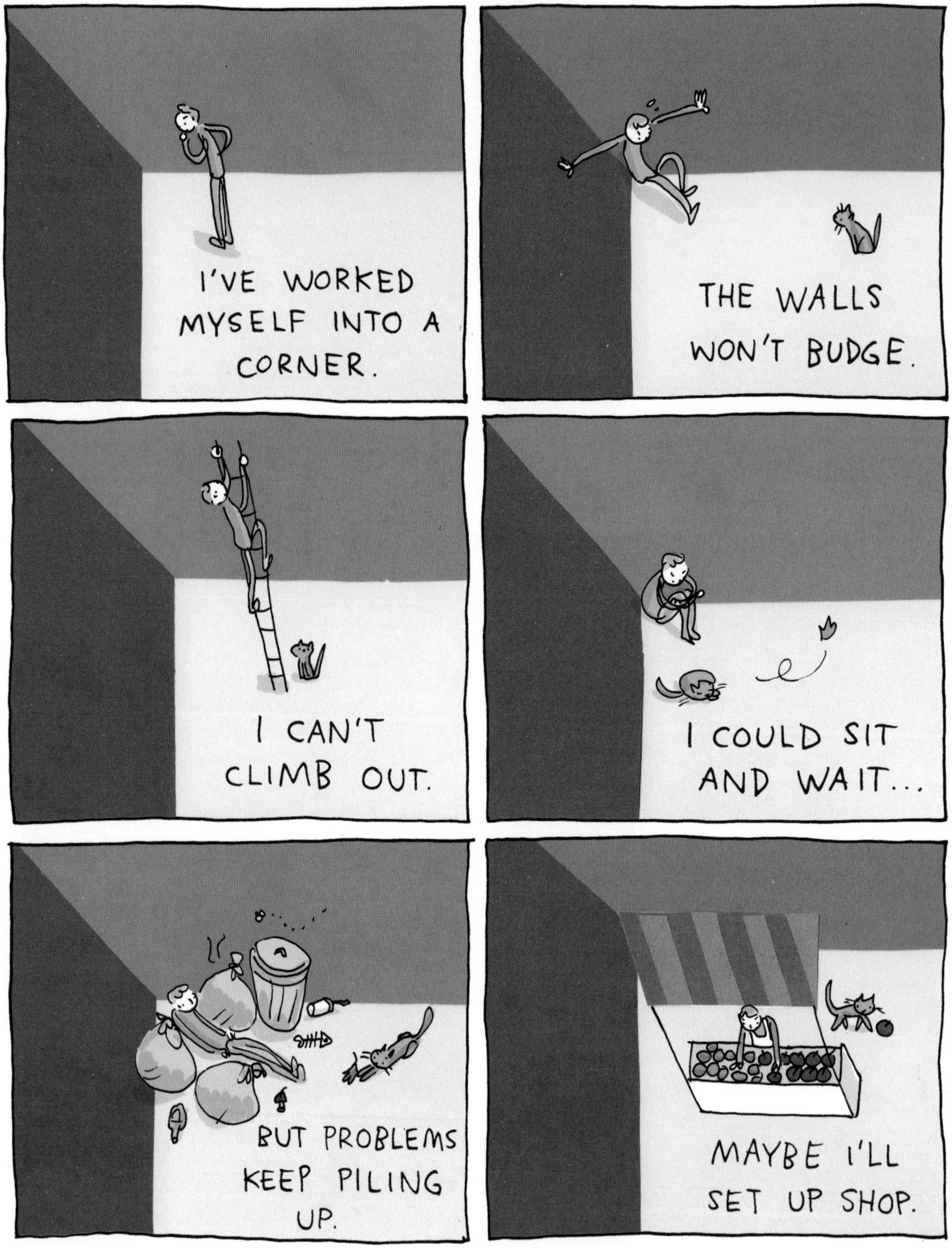
I'VE WORKED MYSELF INTO A CORNER.
THE WALLS WON'T BUDGE.
I CAN'T CLIMB OUT.
I COULD SIT AND WAIT...
BUT PROBLEMS KEEP PILING UP.
MAYBE I'LL SET UP SHOP.

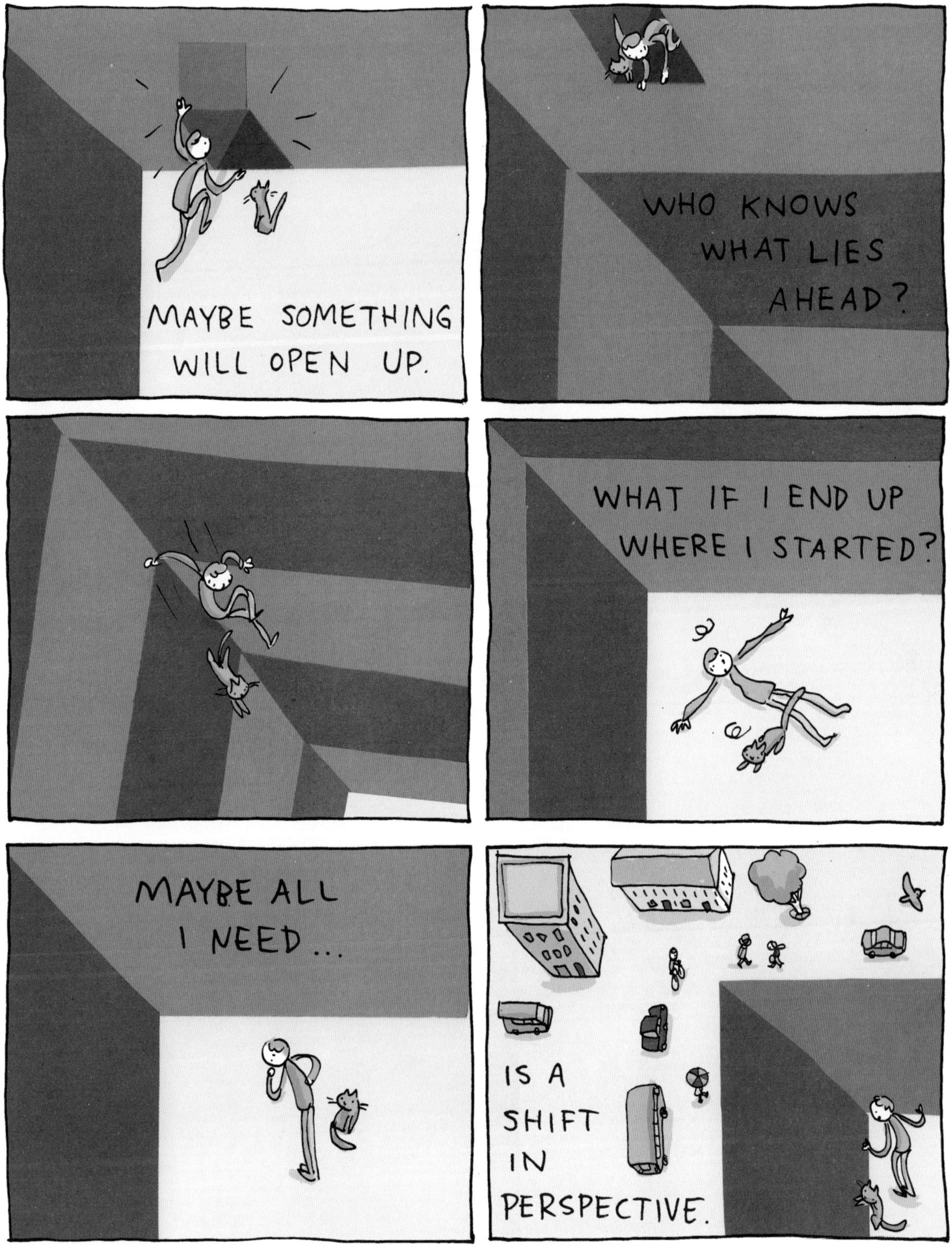
MAYBE SOMETHING WILL OPEN UP.
WHO KNOWS WHAT LIES AHEAD?
WHAT IF I END UP WHERE I STARTED?
MAYBE ALL I NEED...
IS A SHIFT IN PERSPECTIVE.

DISORDER

TRY AS I MIGHT TO LIVE SIMPLY

MY LIFE TENDS TOWARD

COMPLEXITY.

MY ORDERED THOUGHTS

VEER OFF TRACK

ONCE THEY TURN INWARD

I CAN'T TURN BACK.

THE PATH FORWARD

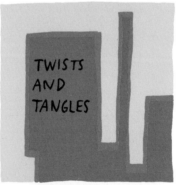

TWISTS AND TANGLES

I LOSE MYSELF

AT EVERY ANGLE.

THE CLEAR VISION

I HOLD

INSIDE ME

FRACTURES INTO SOMETHING

FAR MORE

EXCITING.

ABSTRACTION

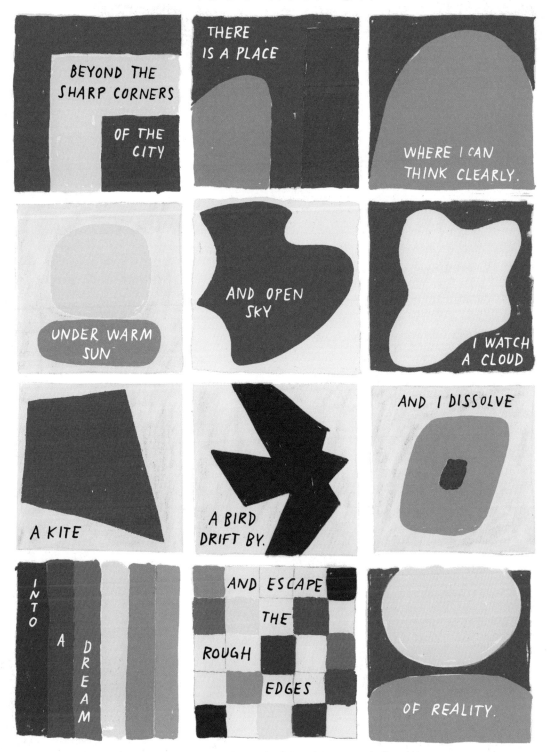

BEYOND THE SHARP CORNERS OF THE CITY

THERE IS A PLACE

WHERE I CAN THINK CLEARLY.

UNDER WARM SUN

AND OPEN SKY

I WATCH A CLOUD

A KITE

A BIRD DRIFT BY.

AND I DISSOLVE

INTO A DREAM

AND ESCAPE THE ROUGH EDGES

OF REALITY.

(AFTER ELLSWORTH KELLY)

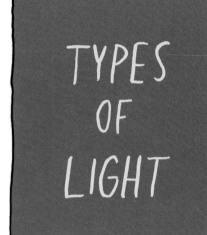

TYPES OF LIGHT

COUNTRY STARLIGHT

CITY-CAR LIGHT

LIFTING-FOG LIGHT

POND LIGHT

DOG LIGHT

PHONE LIGHT

LEAF LIGHT

RENÉ MAGRITTE LIGHT

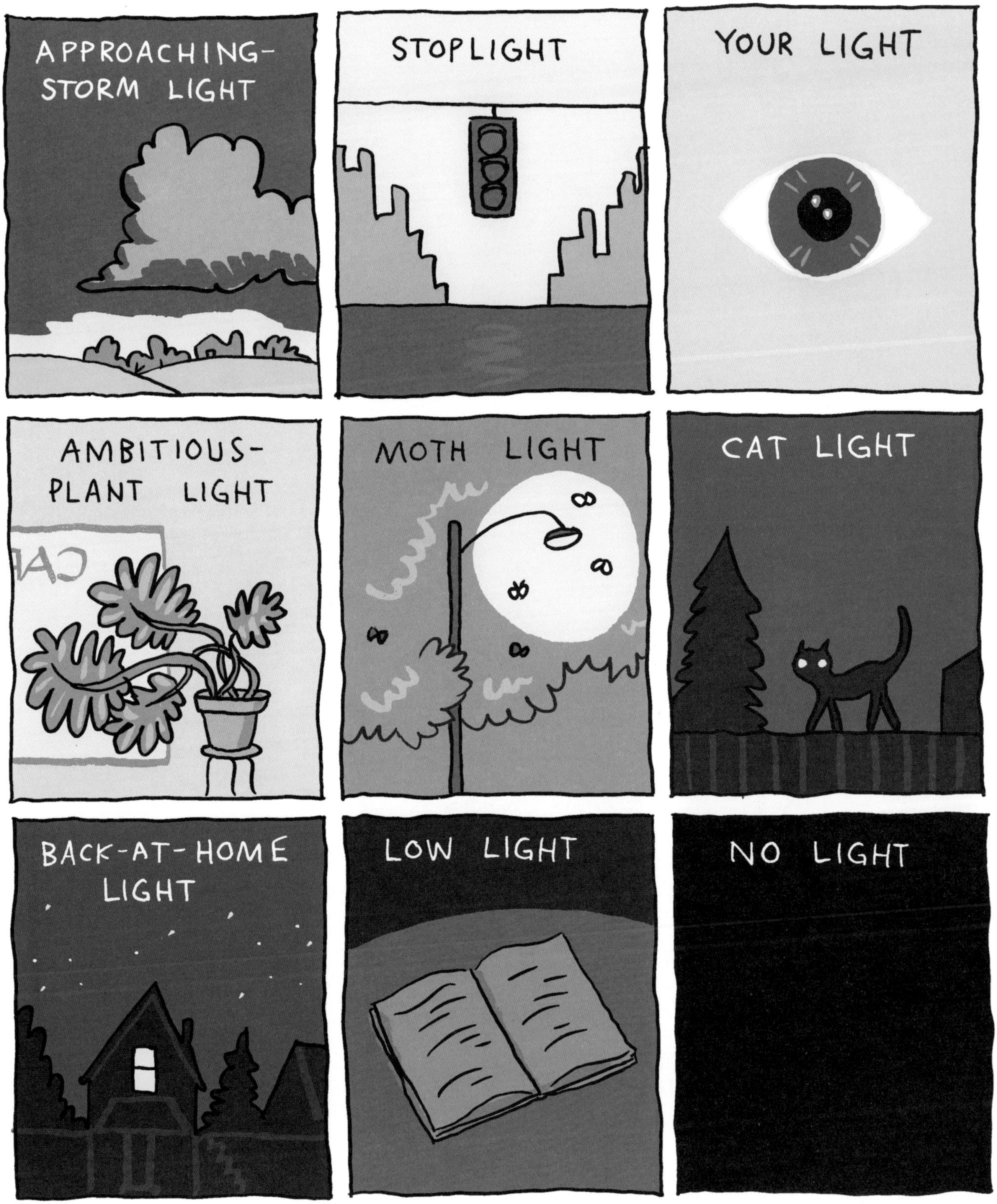
APPROACHING-STORM LIGHT
STOPLIGHT
YOUR LIGHT
AMBITIOUS-PLANT LIGHT
MOTH LIGHT
CAT LIGHT
BACK-AT-HOME LIGHT
LOW LIGHT
NO LIGHT

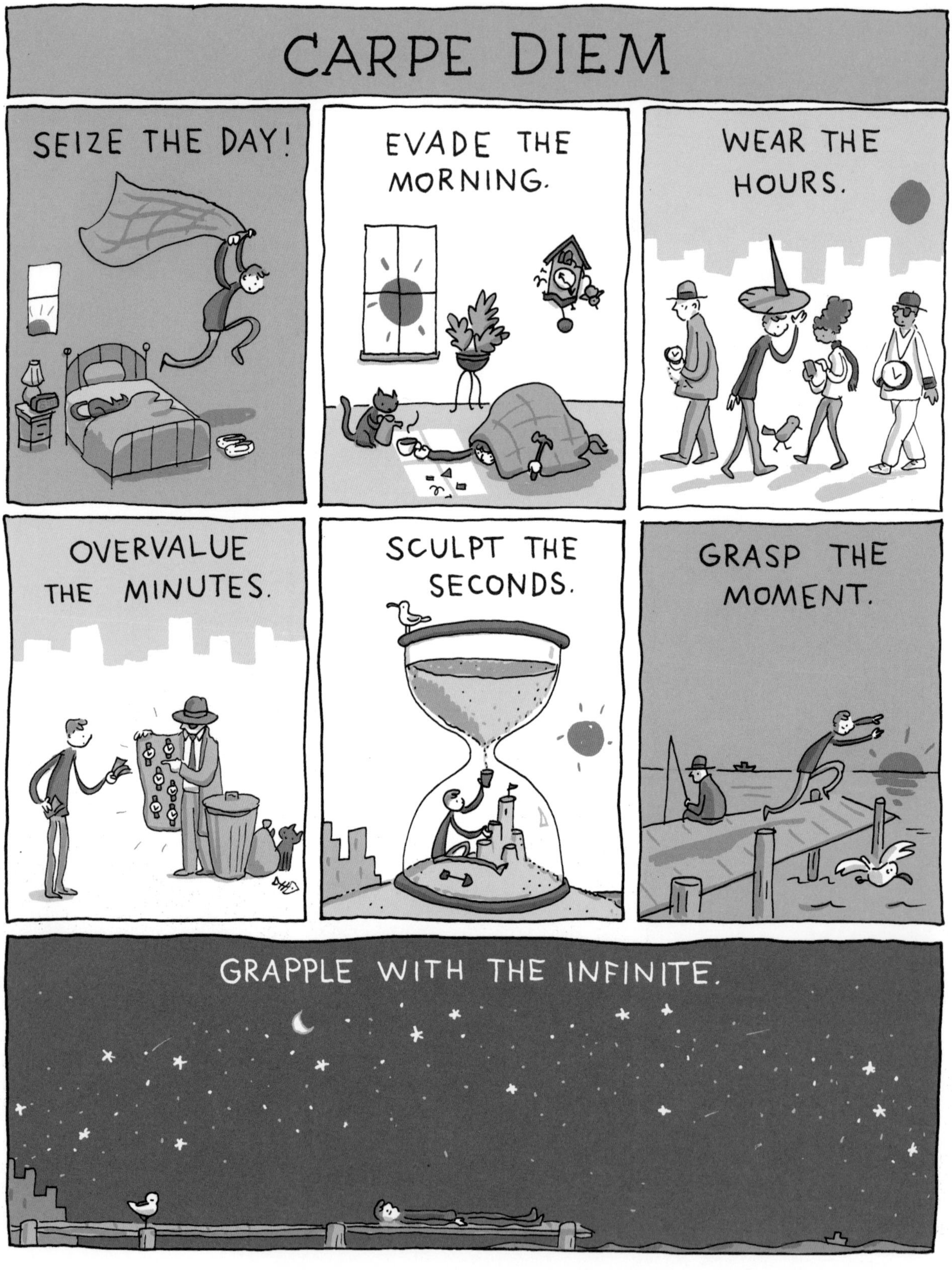
CARPE DIEM
SEIZE THE DAY!
EVADE THE MORNING.
WEAR THE HOURS.
OVERVALUE THE MINUTES.
SCULPT THE SECONDS.
GRASP THE MOMENT.
GRAPPLE WITH THE INFINITE.

THE FUTURE

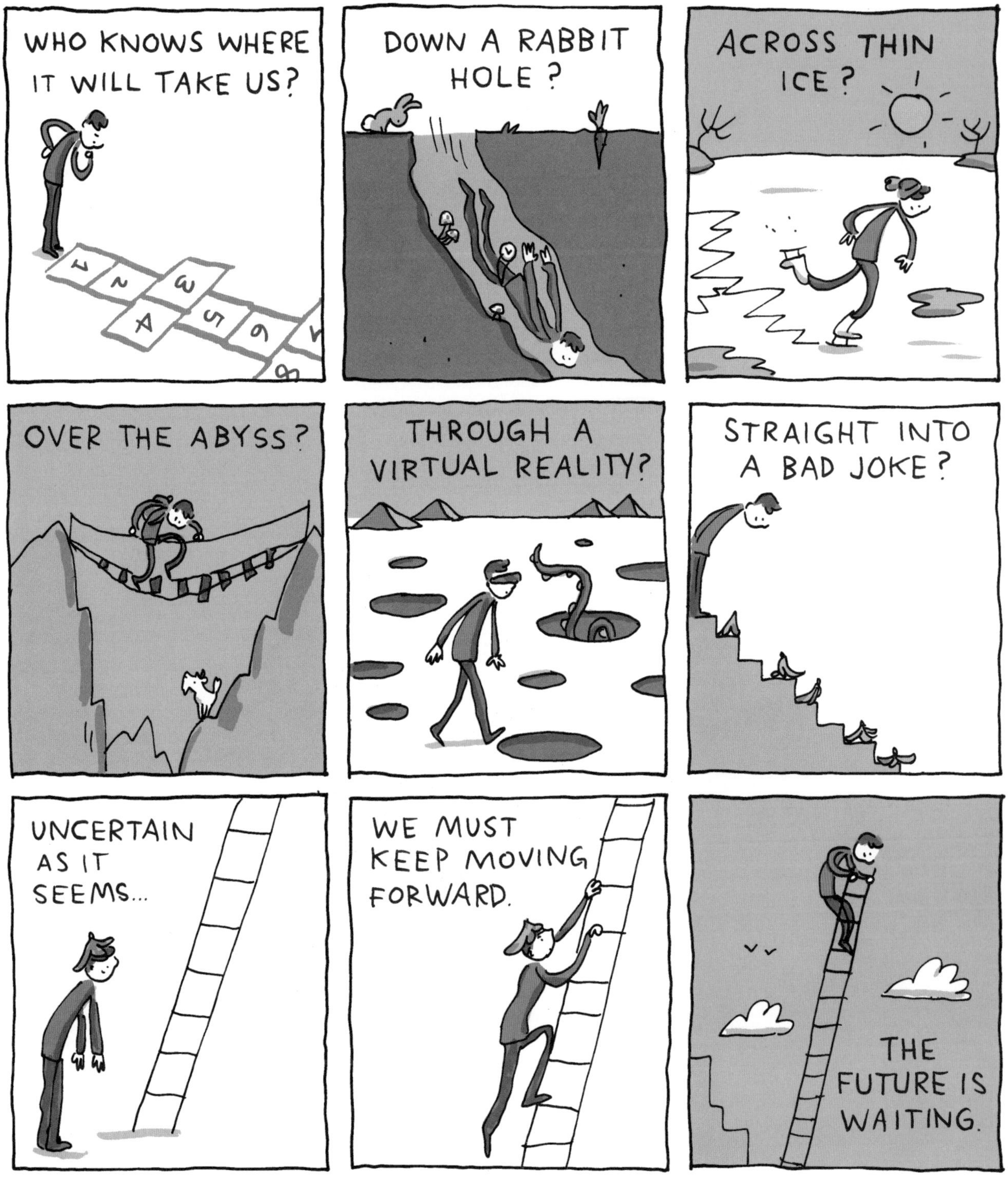
WHO KNOWS WHERE IT WILL TAKE US?
DOWN A RABBIT HOLE?
ACROSS THIN ICE?
OVER THE ABYSS?
THROUGH A VIRTUAL REALITY?
STRAIGHT INTO A BAD JOKE?
UNCERTAIN AS IT SEEMS...
WE MUST KEEP MOVING FORWARD.
THE FUTURE IS WAITING.

I will do one thing at a time.

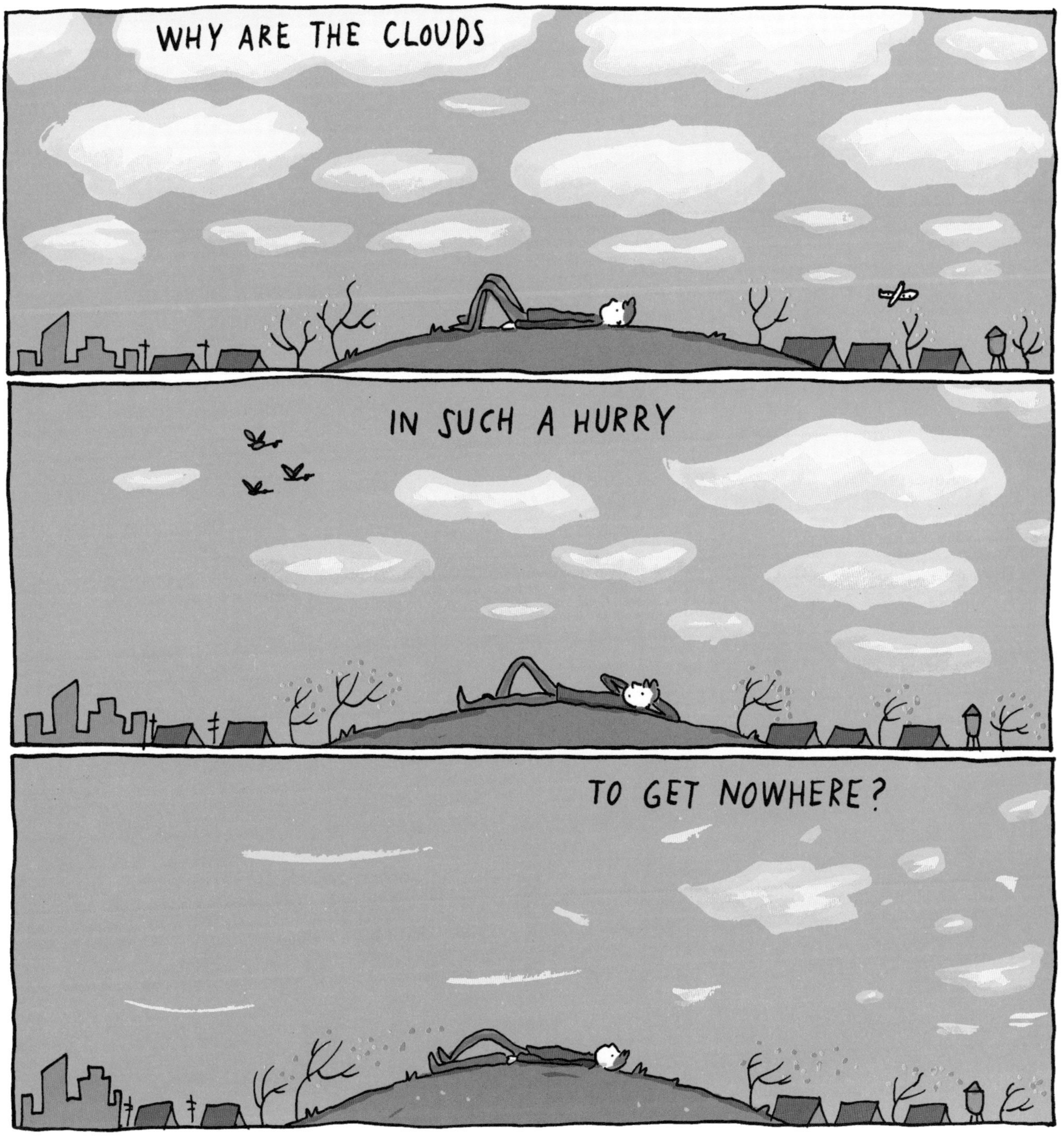
WHY ARE THE CLOUDS
IN SUCH A HURRY
TO GET NOWHERE?

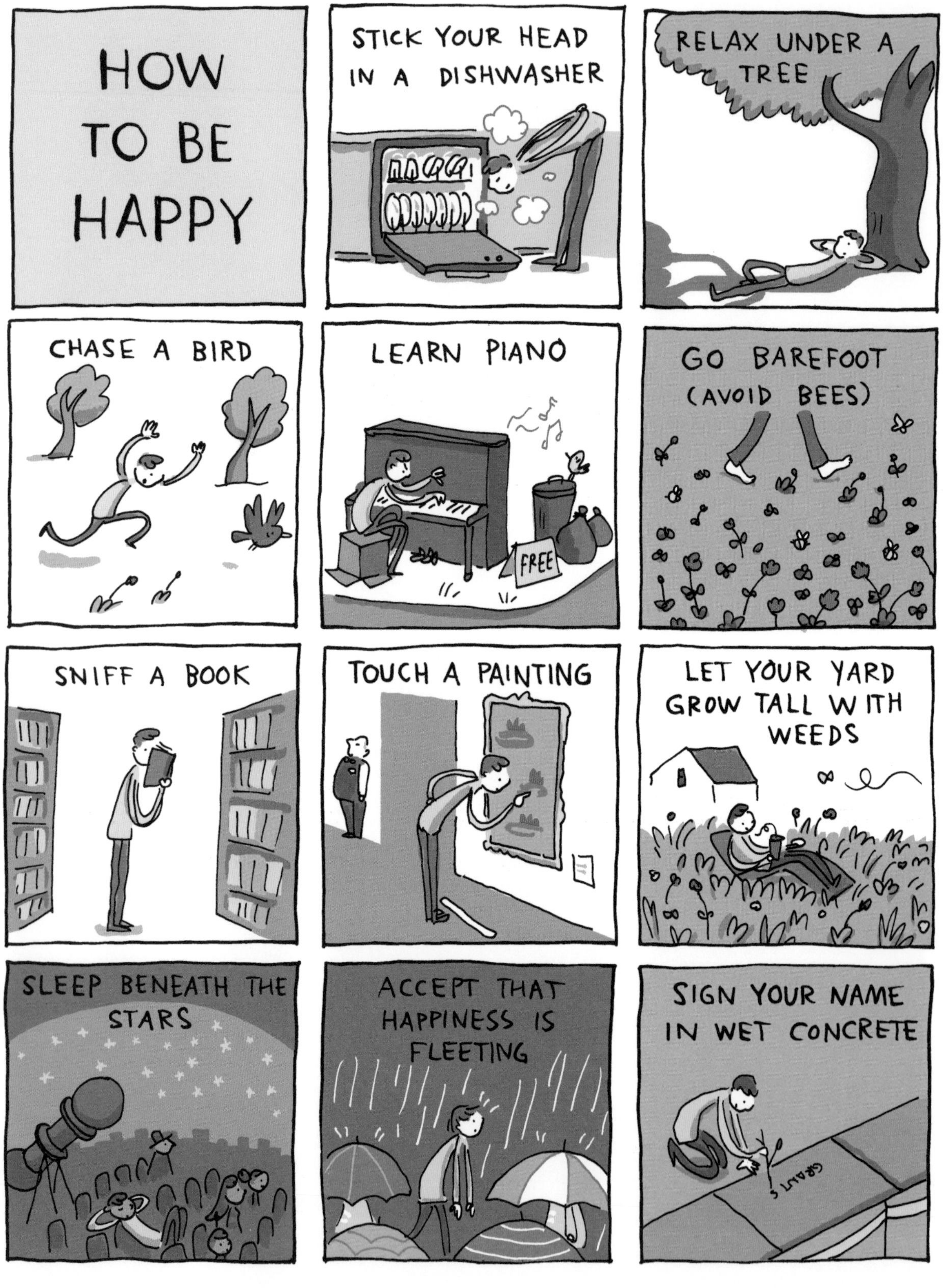
HOW TO BE HAPPY
STICK YOUR HEAD IN A DISHWASHER
RELAX UNDER A TREE
CHASE A BIRD
LEARN PIANO
FREE
GO BAREFOOT (AVOID BEES)
SNIFF A BOOK
TOUCH A PAINTING
LET YOUR YARD GROW TALL WITH WEEDS
SLEEP BENEATH THE STARS
ACCEPT THAT HAPPINESS IS FLEETING
SIGN YOUR NAME IN WET CONCRETE

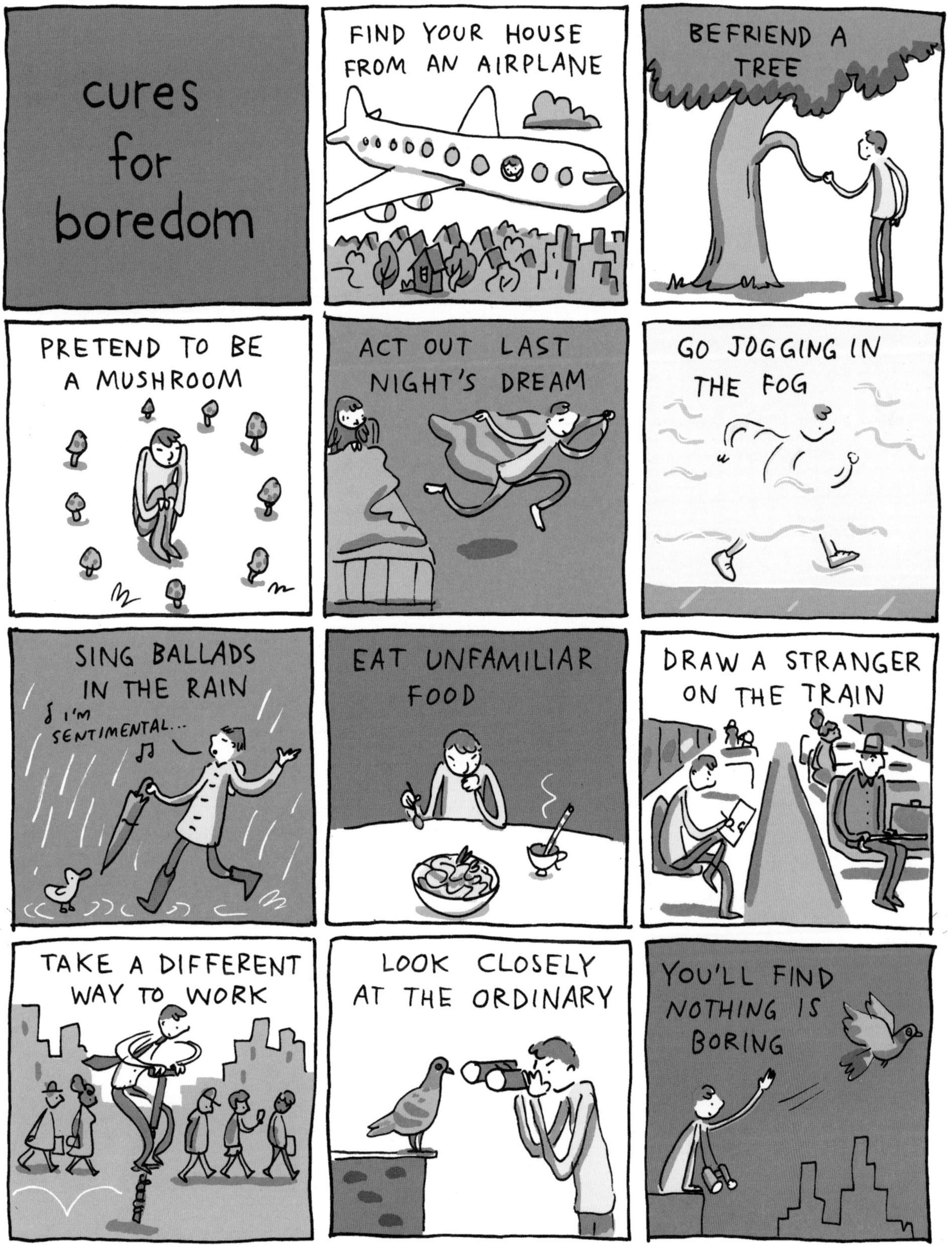
cures for boredom
FIND YOUR HOUSE FROM AN AIRPLANE
BEFRIEND A TREE
PRETEND TO BE A MUSHROOM
ACT OUT LAST NIGHT'S DREAM
GO JOGGING IN THE FOG
SING BALLADS IN THE RAIN
♪ I'M SENTIMENTAL...
EAT UNFAMILIAR FOOD
DRAW A STRANGER ON THE TRAIN
TAKE A DIFFERENT WAY TO WORK
LOOK CLOSELY AT THE ORDINARY
YOU'LL FIND NOTHING IS BORING

DAYS

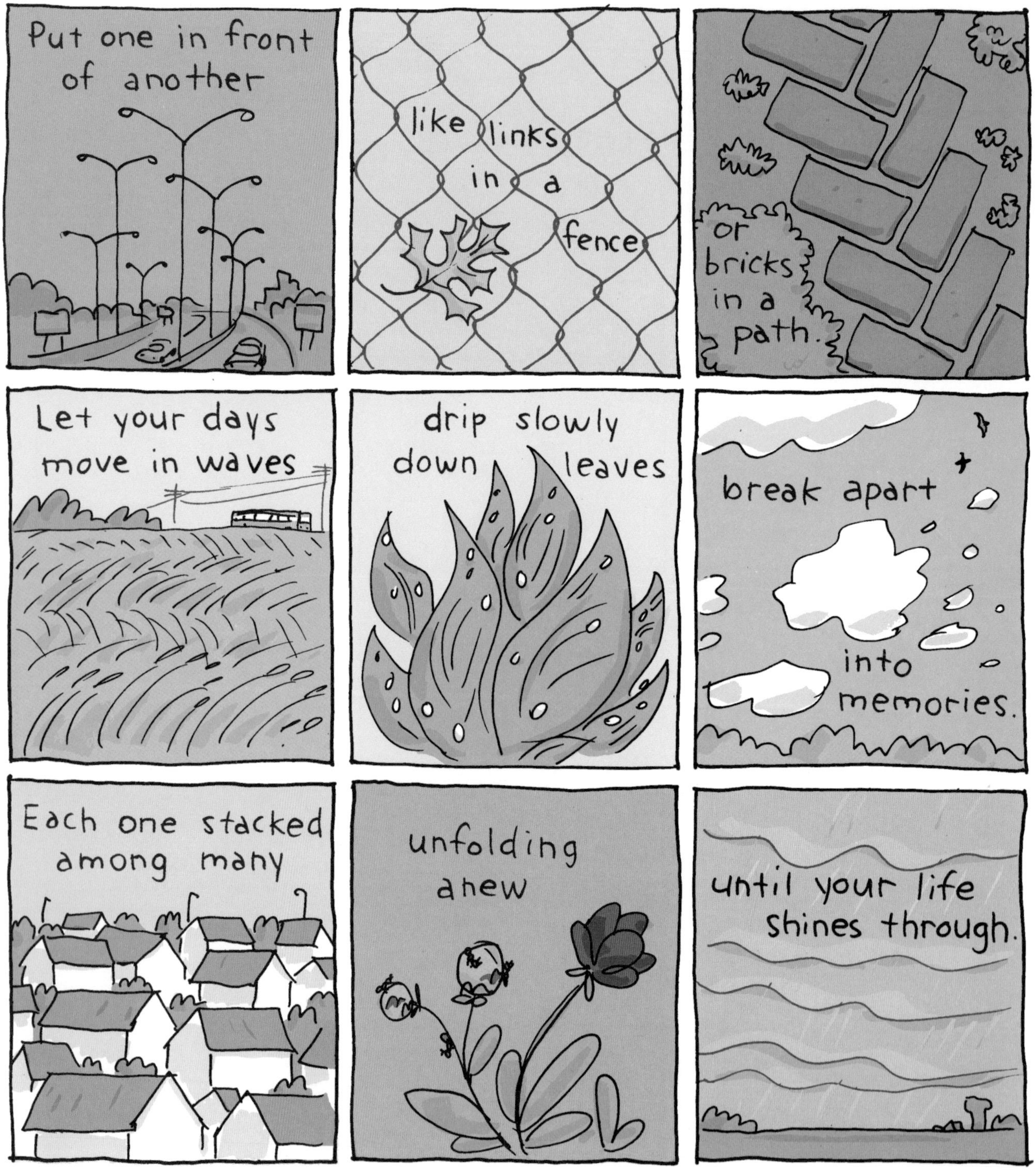
Put one in front of another
like links in a fence
or bricks in a path.
Let your days move in waves
drip slowly down leaves
break apart into memories.
Each one stacked among many
unfolding anew
until your life shines through.

CLARITY

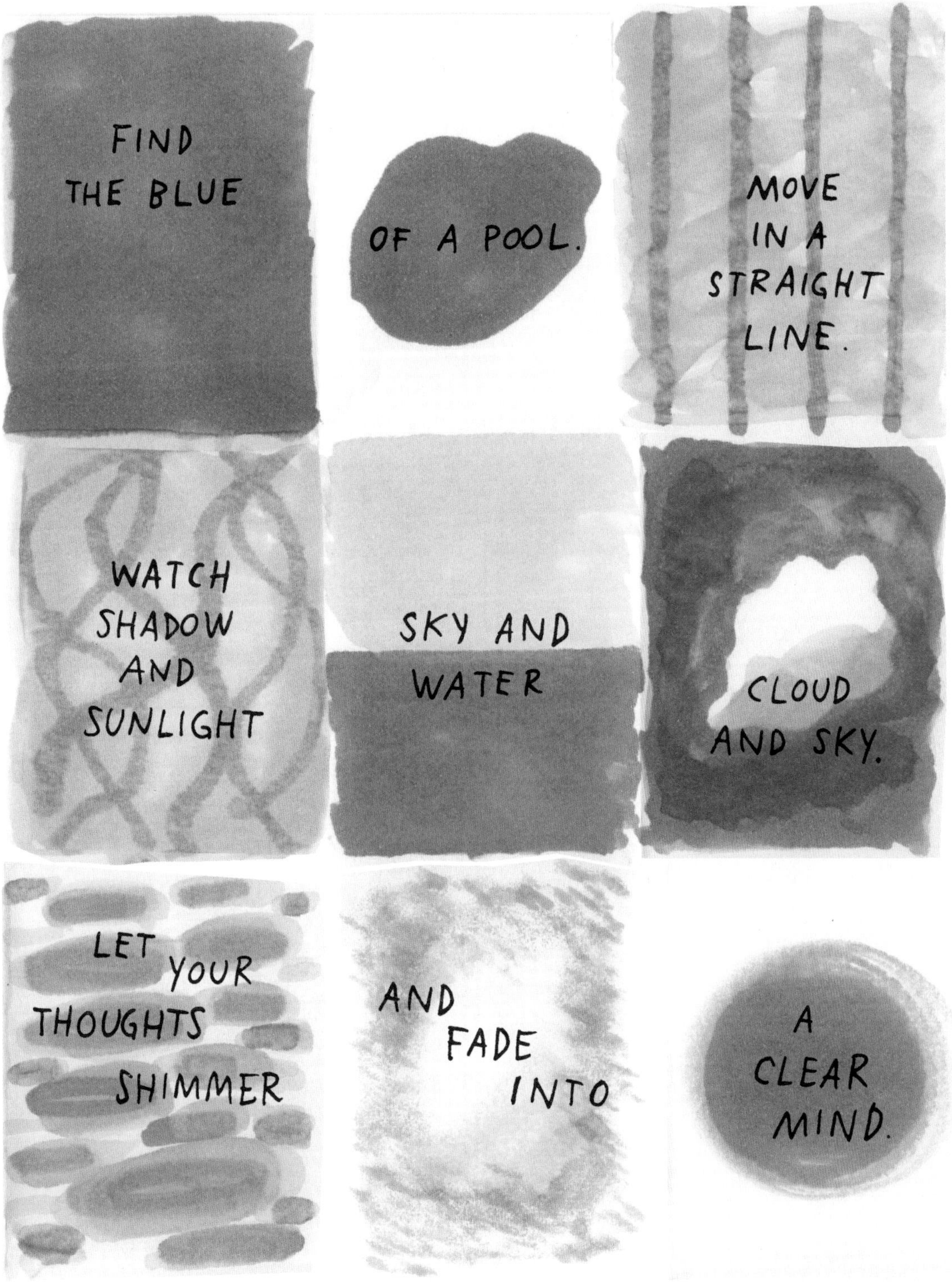
FIND THE BLUE
OF A POOL.
MOVE IN A STRAIGHT LINE.
WATCH SHADOW AND SUNLIGHT
SKY AND WATER
CLOUD AND SKY.
LET YOUR THOUGHTS SHIMMER
AND FADE INTO
A CLEAR MIND.

Obligations

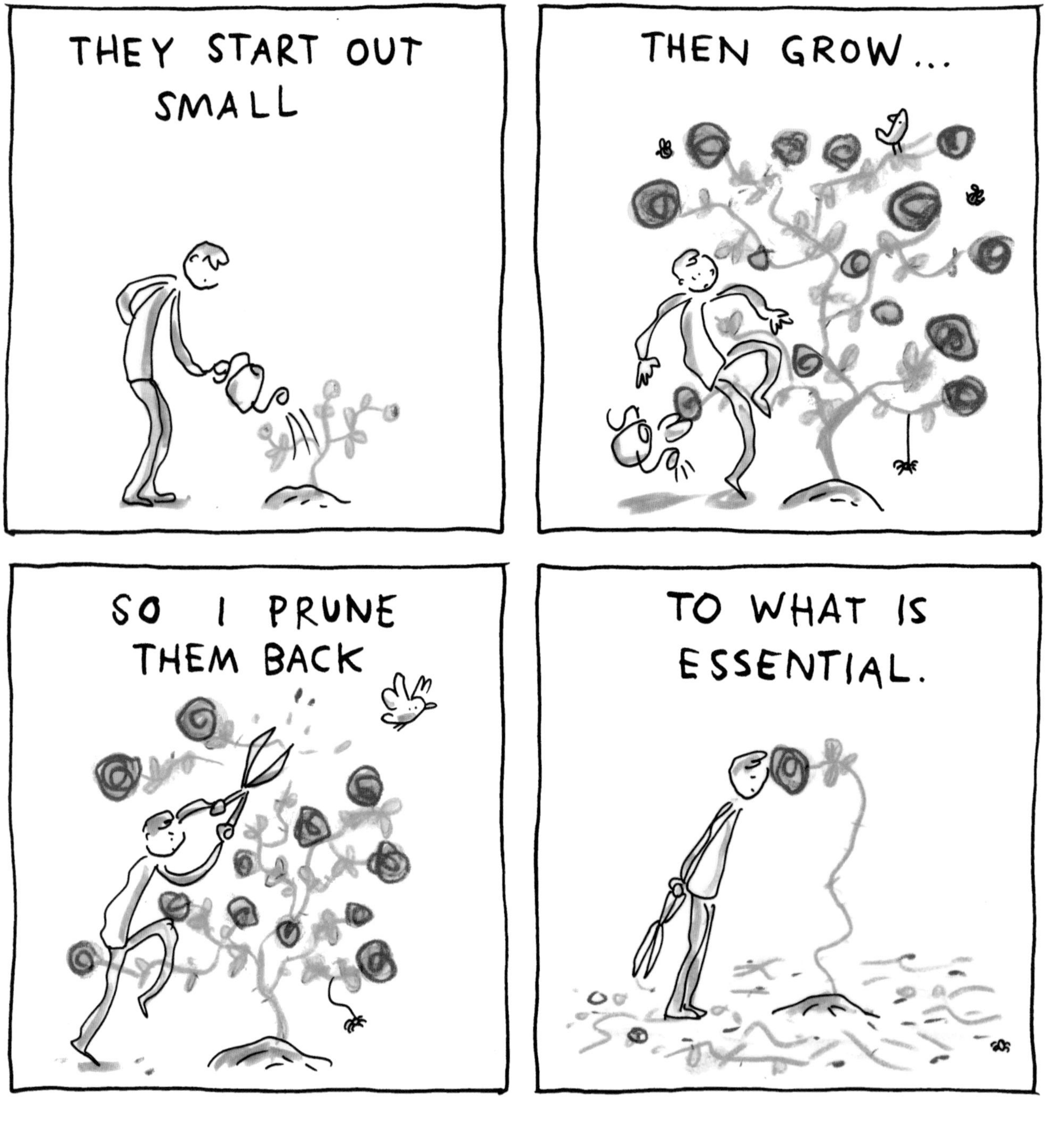

THEY START OUT SMALL
THEN GROW...
SO I PRUNE THEM BACK
TO WHAT IS ESSENTIAL.

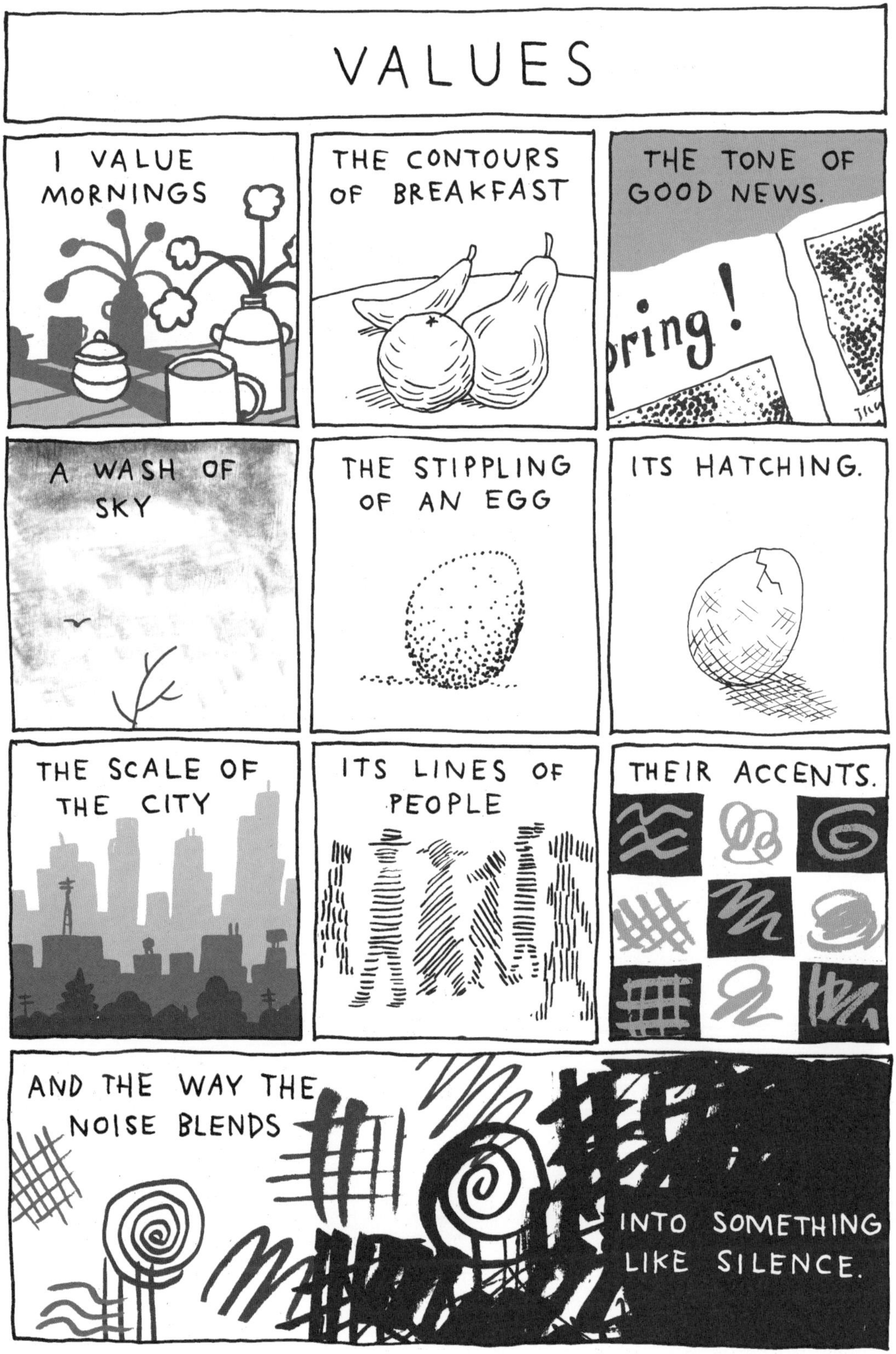
VALUES
I VALUE MORNINGS
THE CONTOURS OF BREAKFAST
THE TONE OF GOOD NEWS.
A WASH OF SKY
THE STIPPLING OF AN EGG
ITS HATCHING.
THE SCALE OF THE CITY
ITS LINES OF PEOPLE
THEIR ACCENTS.
AND THE WAY THE NOISE BLENDS
INTO SOMETHING LIKE SILENCE.

DECLUTTERING

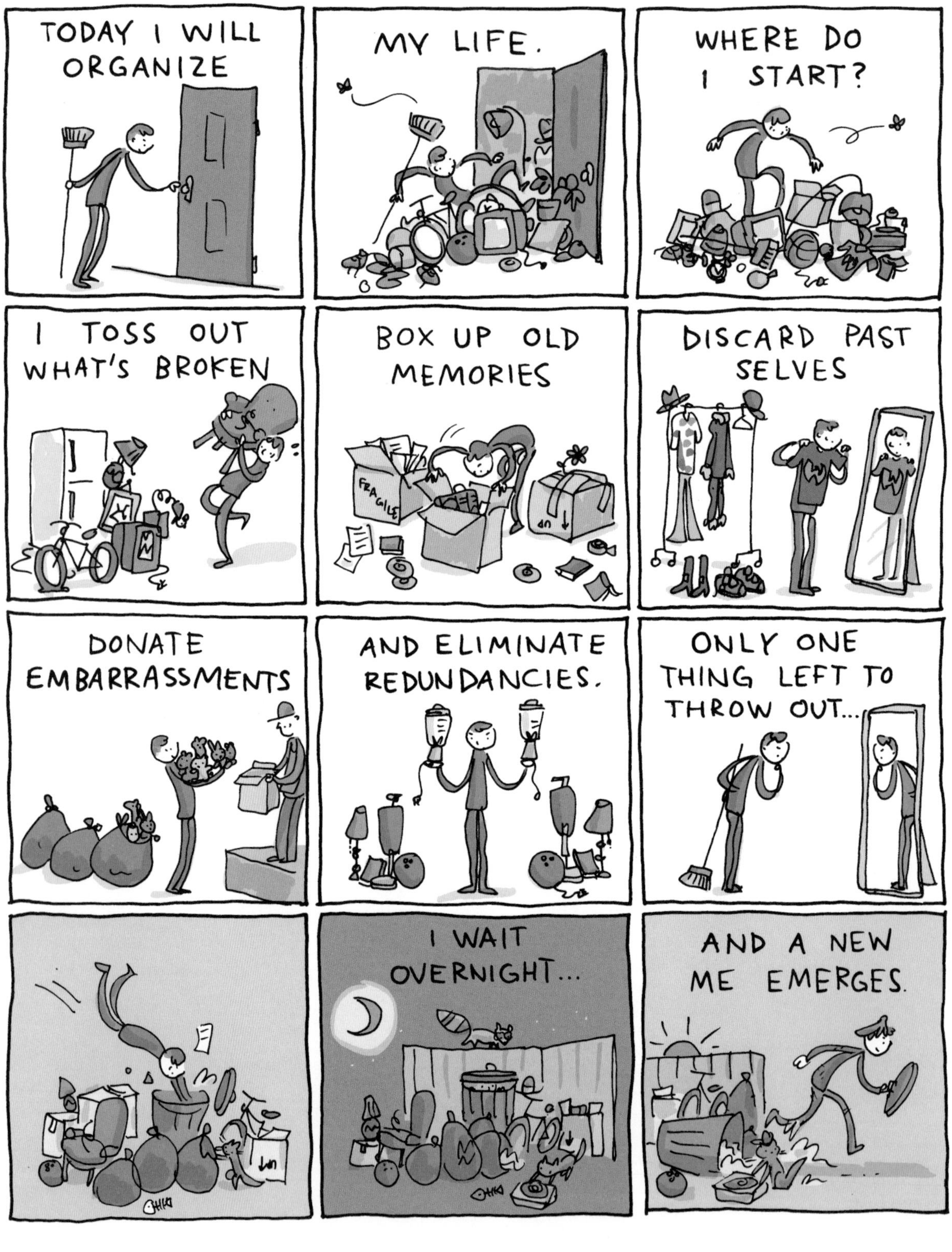
TODAY I WILL ORGANIZE
MY LIFE.
WHERE DO I START?
I TOSS OUT WHAT'S BROKEN
BOX UP OLD MEMORIES
FRAGILE
DISCARD PAST SELVES
DONATE EMBARRASSMENTS
AND ELIMINATE REDUNDANCIES.
ONLY ONE THING LEFT TO THROW OUT...
I WAIT OVERNIGHT...
AND A NEW ME EMERGES.

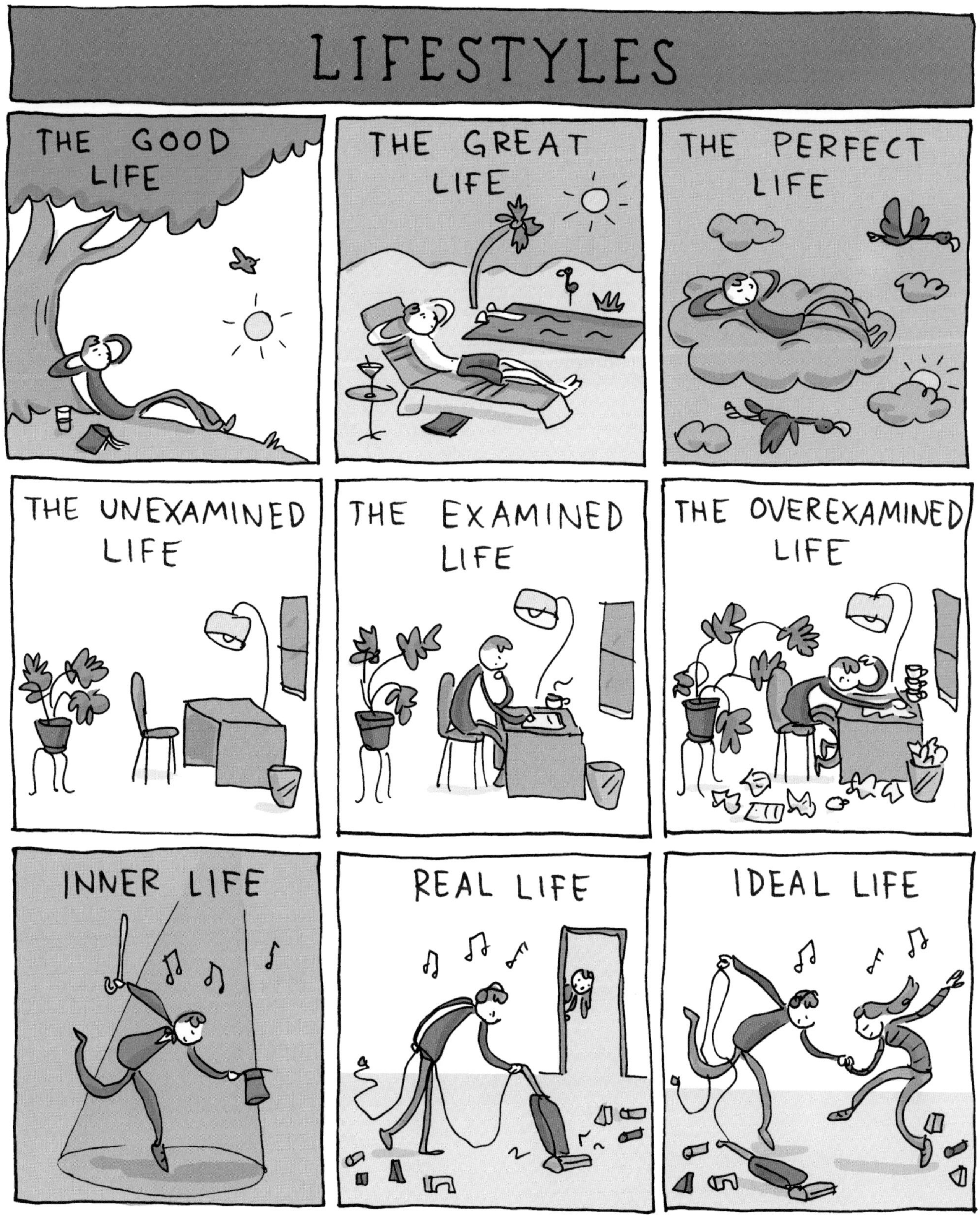
LIFESTYLES
THE GOOD LIFE
THE GREAT LIFE
THE PERFECT LIFE
THE UNEXAMINED LIFE
THE EXAMINED LIFE
THE OVEREXAMINED LIFE
INNER LIFE
REAL LIFE
IDEAL LIFE

LIMITS

EVEN WHEN I DON'T NOTICE THEM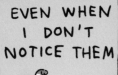

THEY DEFINE ME.

STILL I PUSH FURTHER.

REACH HIGHER.

DIG DEEPER.

I TRY TO TRANSCEND THEM...

SET MY OWN LIMITS...

AND IGNORE THEM COMPLETELY.

STILL MY LIMITS FIND ME.

SO I RACE TO ESCAPE THEM

AND HOPE FOR A BREAKTHROUGH.

AGAINST DESPAIR

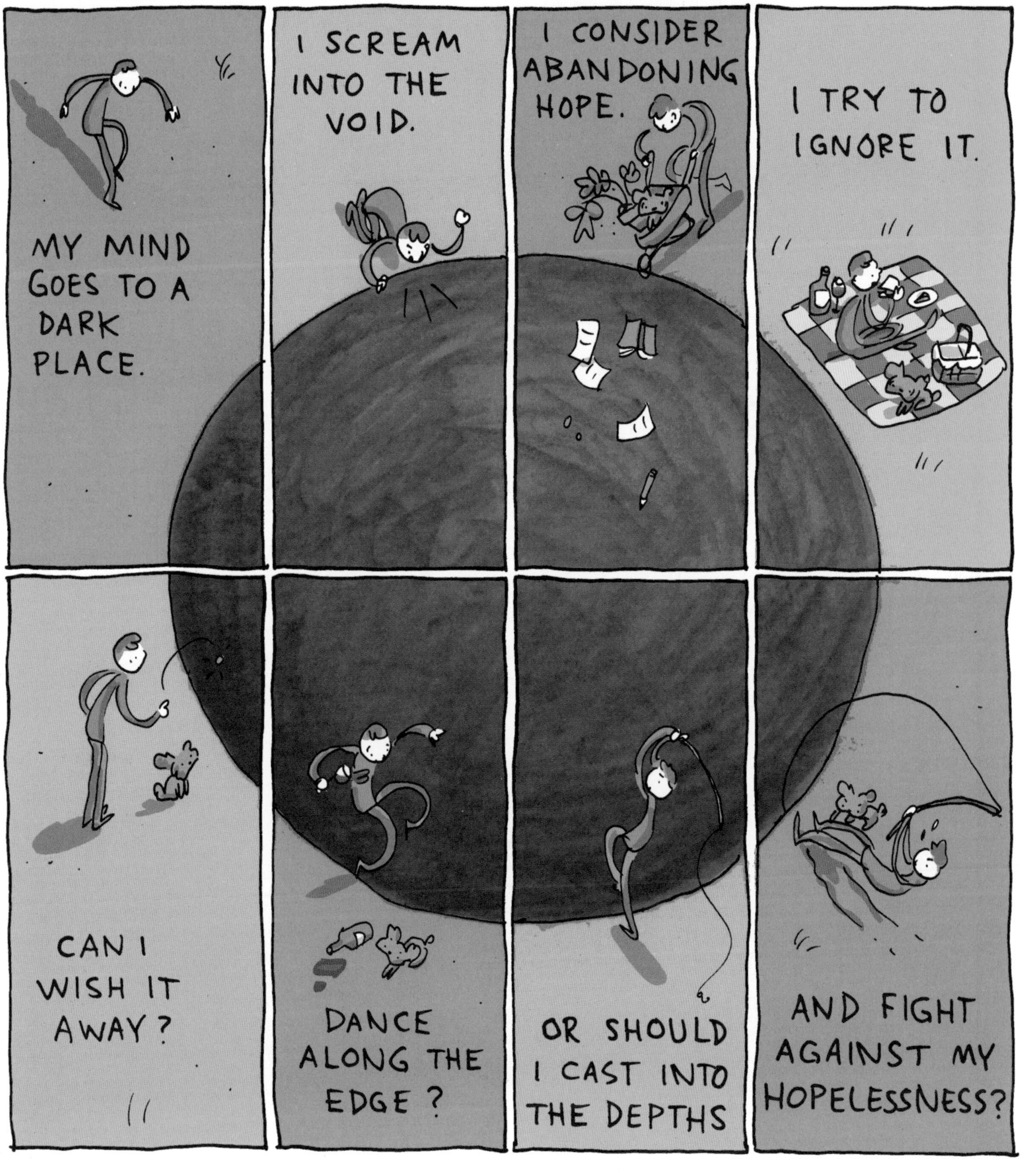
MY MIND GOES TO A DARK PLACE.
I SCREAM INTO THE VOID.
I CONSIDER ABANDONING HOPE.
I TRY TO IGNORE IT.
CAN I WISH IT AWAY?
DANCE ALONG THE EDGE?
OR SHOULD I CAST INTO THE DEPTHS
AND FIGHT AGAINST MY HOPELESSNESS?

RESENTMENT

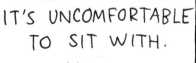

IT'S UNCOMFORTABLE TO SIT WITH.

SO I LUG IT STEP BY STEP

TO A HIGHER PLACE.

THEN WITH ALL MY STRENGTH

I LET IT GO.

AND I FEEL LIGHT AGAIN.

AND WHEN RESENTMENTS RETURN

BIG OR SMALL

I KNOW JUST WHERE TO PUT THEM.

Tangled

THE MORE I STRUGGLE AGAINST MY FLAWS 	THE KNOTTIER THEY BECOME. 	WHEN I THINK I'VE ESCAPED THEM... 
THEY TRIP ME UP. 	HOW DO I LIVE WITH MY SHORTCOMINGS? 	WEAR THEM PROUDLY? 
CUT FREE OF THEM? 	SWEEP THEM UNDER THE RUG? 	OR UNTANGLE THEM WITH PATIENCE...

TO SEE IF THEY EVER END?

BALANCE

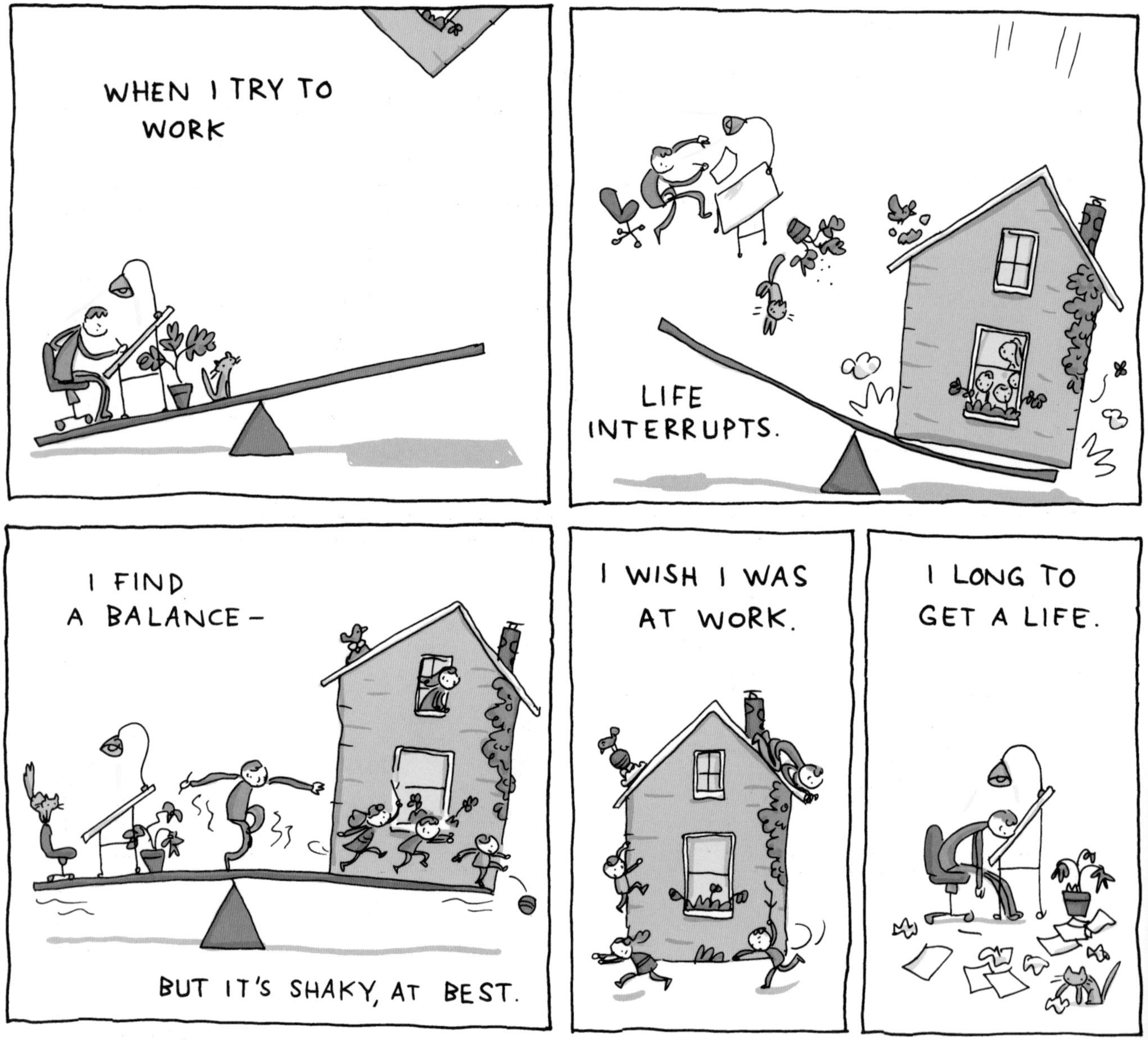
WHEN I TRY TO WORK
LIFE INTERRUPTS.
I FIND A BALANCE –
BUT IT'S SHAKY, AT BEST.
I WISH I WAS AT WORK.
I LONG TO GET A LIFE.

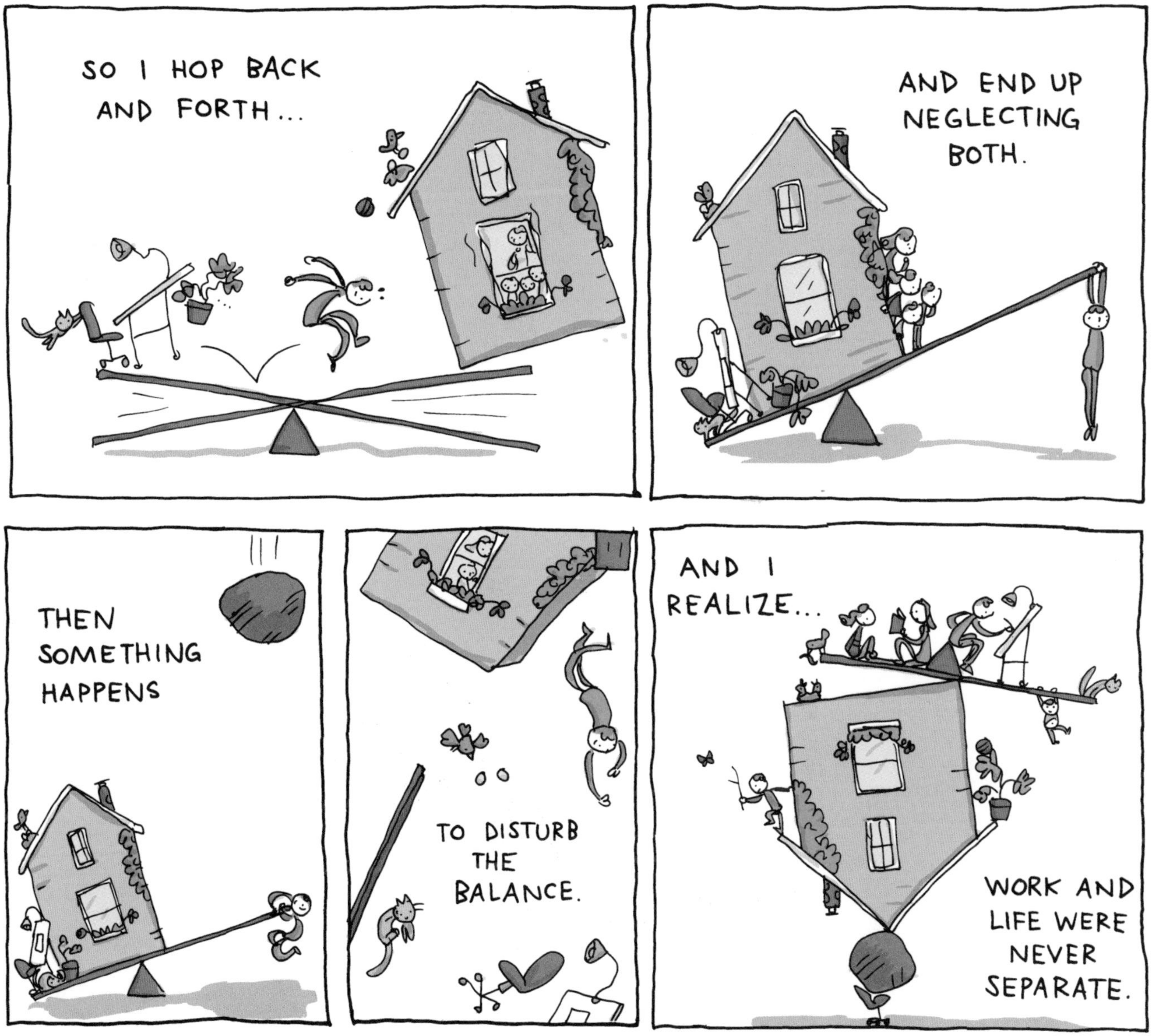

SO I HOP BACK AND FORTH...
AND END UP NEGLECTING BOTH.
THEN SOMETHING HAPPENS
TO DISTURB THE BALANCE.
AND I REALIZE...
WORK AND LIFE WERE NEVER SEPARATE.

I will put my thoughts on paper.

BEGINNING

FIRST LIGHT

NEW DAY

FRESH DECADE

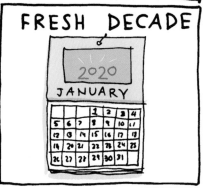

NEW NOTEBOOK

FRESH PAGE

FIRST MISTAKE

NEW SNOW

FIRST STEPS

FRESH TRACKS

FIRST FALL

FRESH PERSPECTIVE

NEW START

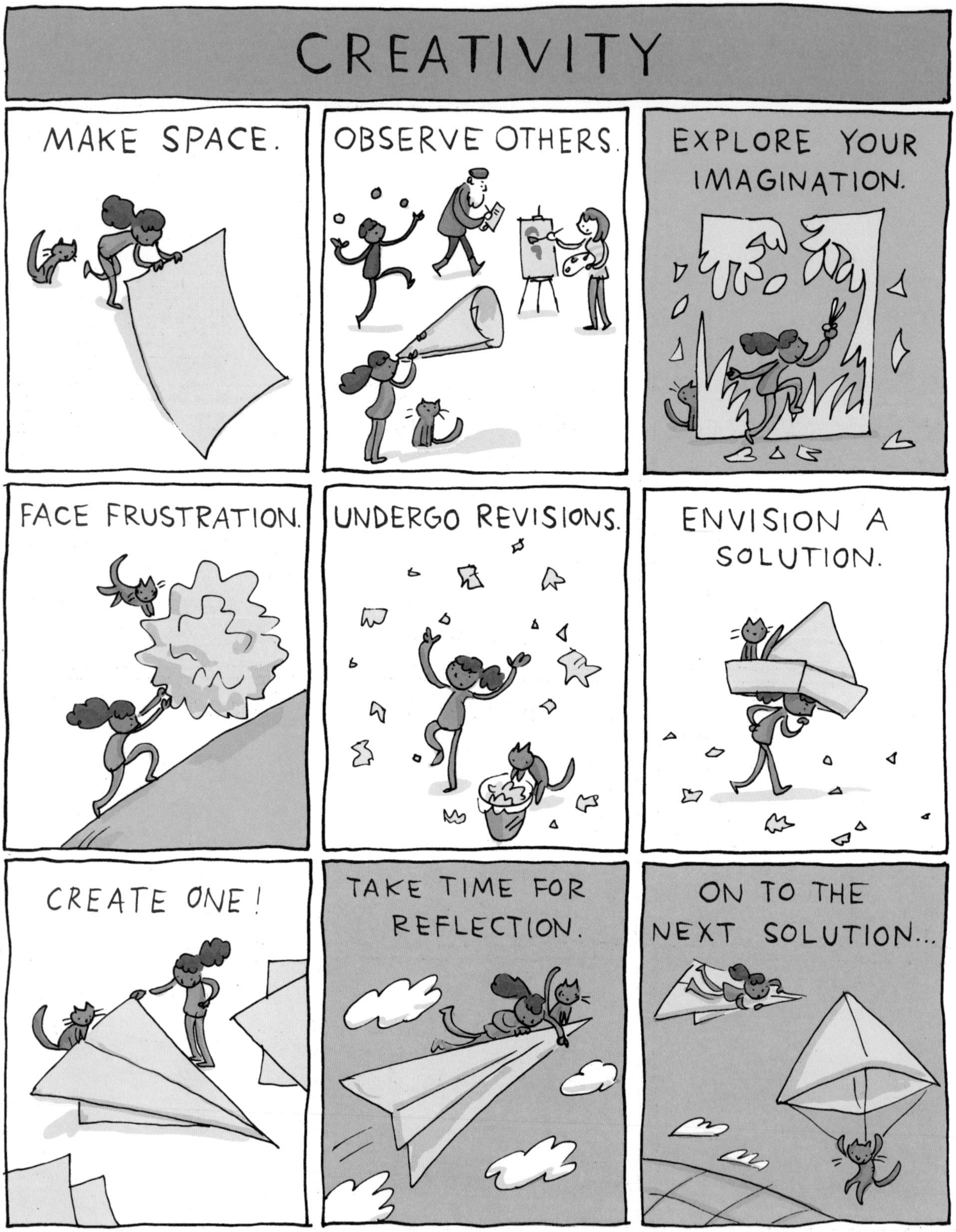
CREATIVITY
MAKE SPACE.
OBSERVE OTHERS.
EXPLORE YOUR IMAGINATION.
FACE FRUSTRATION.
UNDERGO REVISIONS.
ENVISION A SOLUTION.
CREATE ONE!
TAKE TIME FOR REFLECTION.
ON TO THE NEXT SOLUTION...

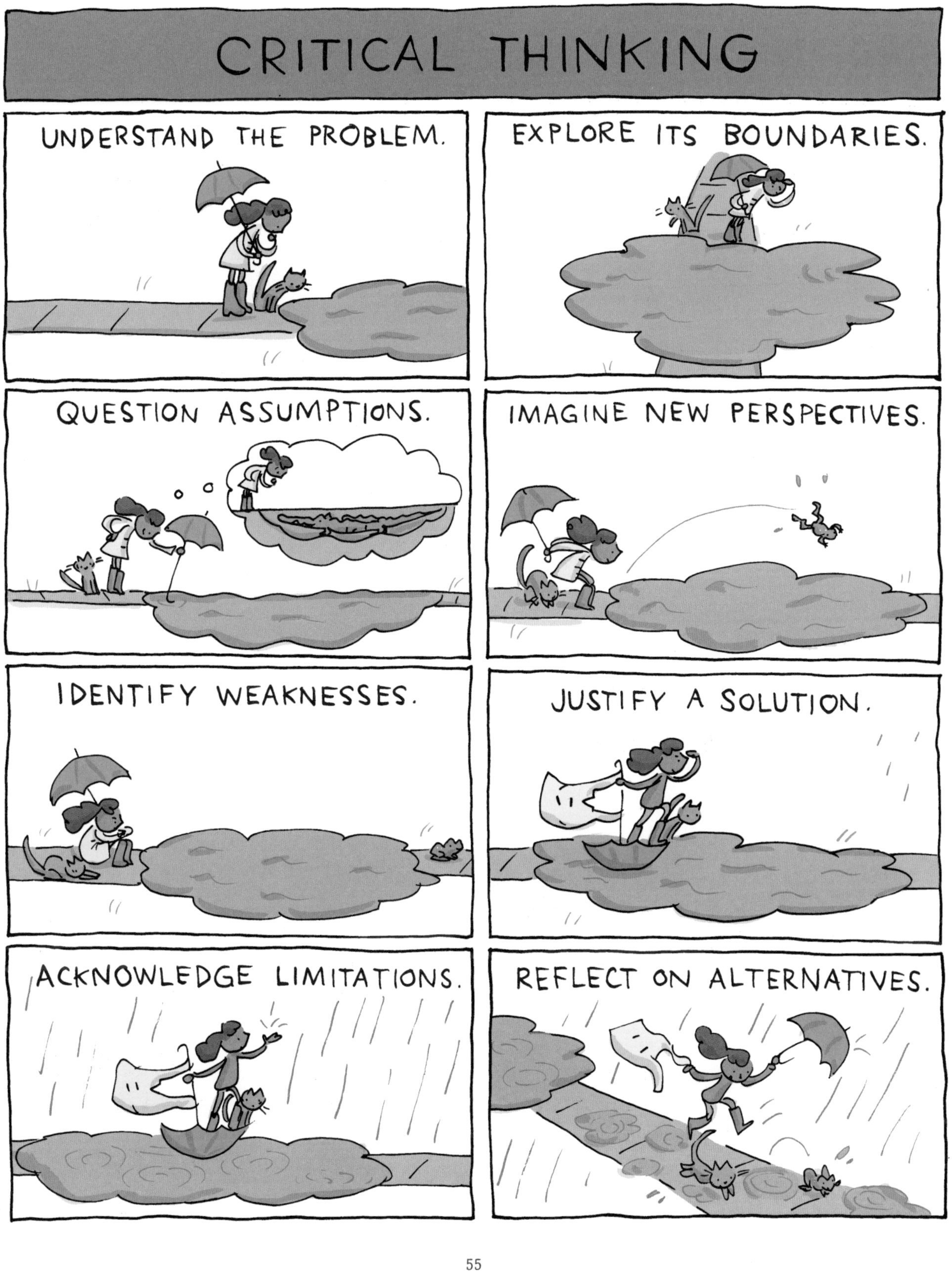
CRITICAL THINKING
UNDERSTAND THE PROBLEM.
EXPLORE ITS BOUNDARIES.
QUESTION ASSUMPTIONS.
IMAGINE NEW PERSPECTIVES.
IDENTIFY WEAKNESSES.
JUSTIFY A SOLUTION.
ACKNOWLEDGE LIMITATIONS.
REFLECT ON ALTERNATIVES.

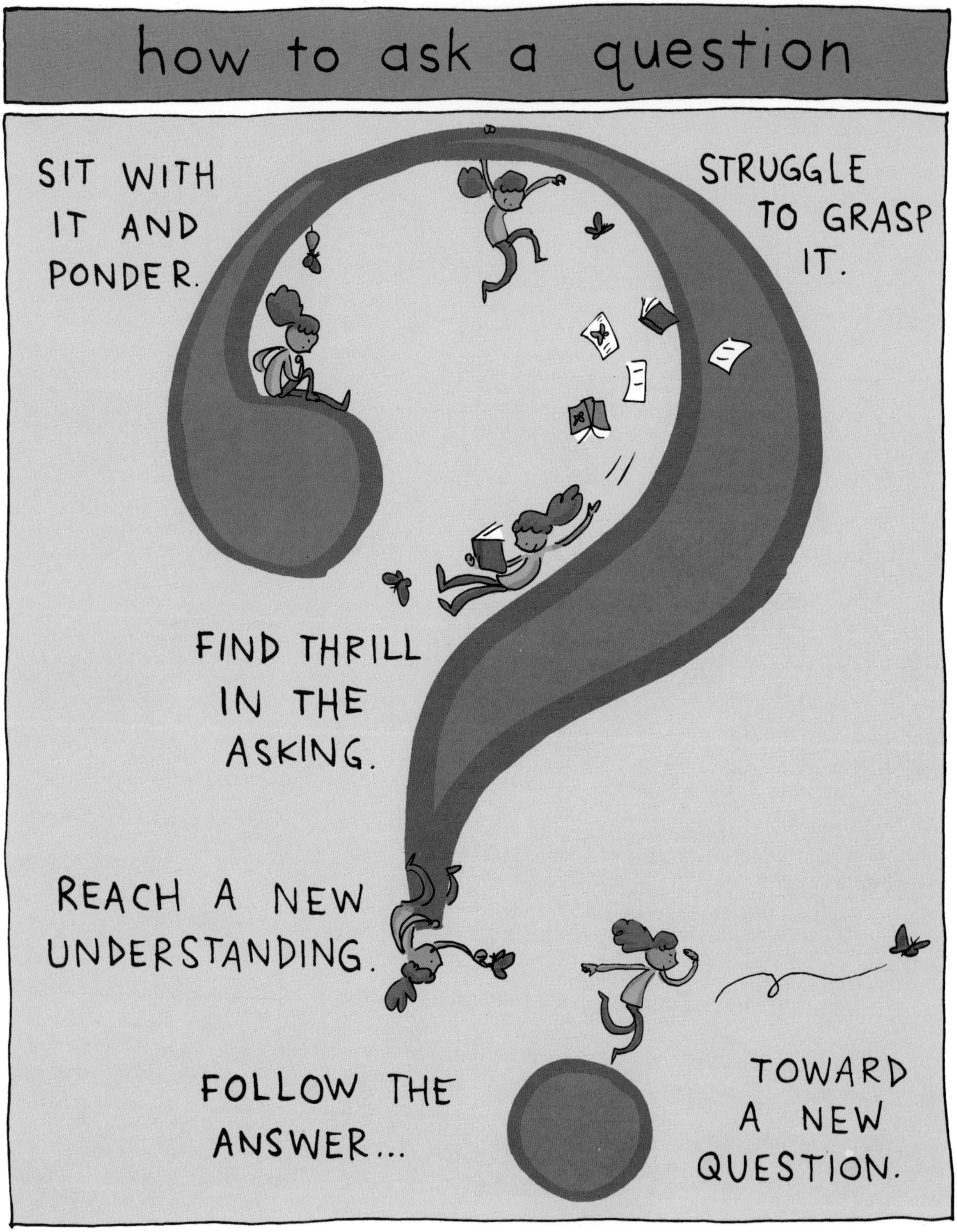
how to ask a question
SIT WITH IT AND PONDER.
STRUGGLE TO GRASP IT.
FIND THRILL IN THE ASKING.
REACH A NEW UNDERSTANDING.
FOLLOW THE ANSWER...
TOWARD A NEW QUESTION.

ESCAPE

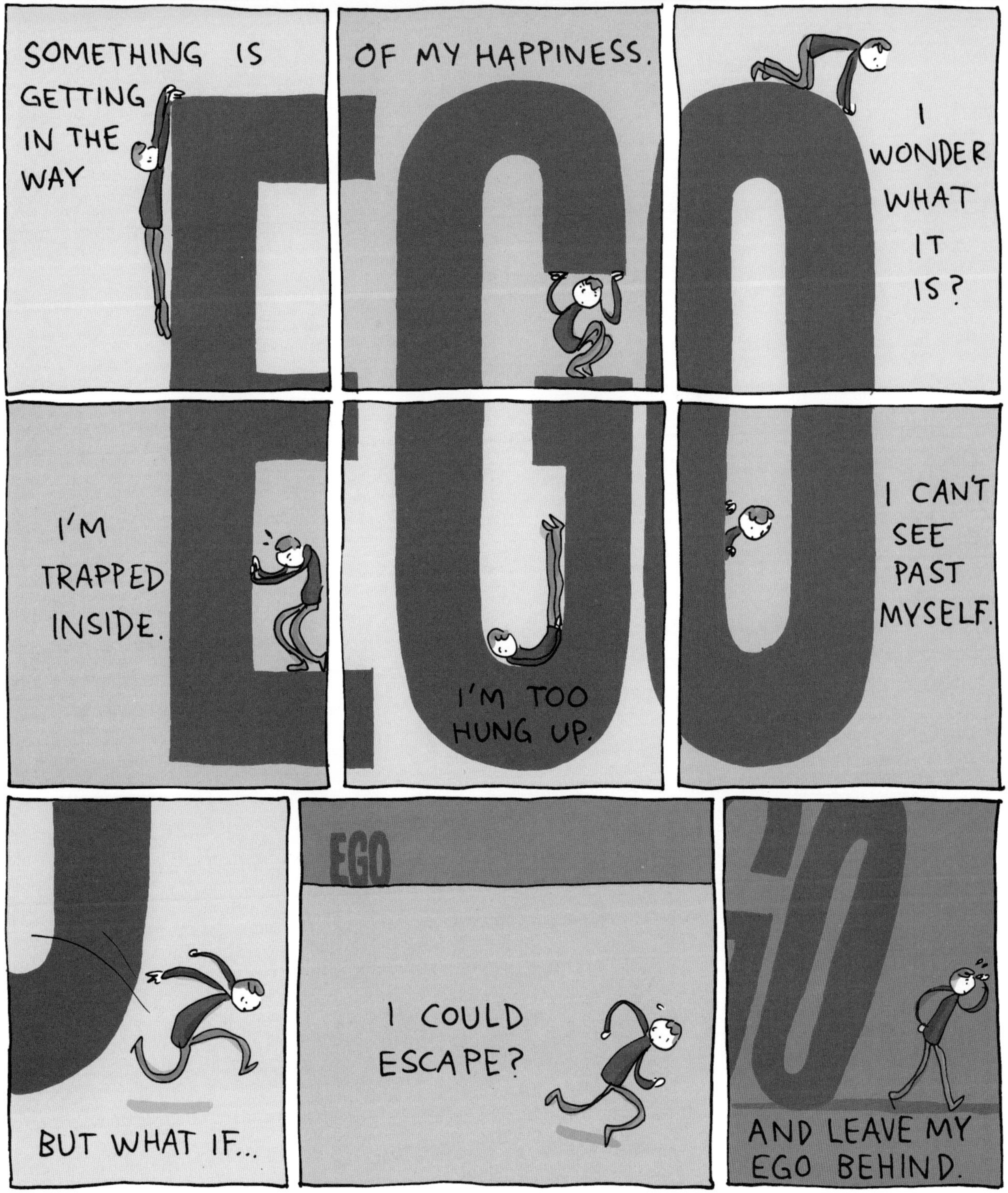
SOMETHING IS GETTING IN THE WAY
OF MY HAPPINESS.
I WONDER WHAT IT IS?
I'M TRAPPED INSIDE.
I'M TOO HUNG UP.
I CAN'T SEE PAST MYSELF.
BUT WHAT IF...
EGO
I COULD ESCAPE?
AND LEAVE MY EGO BEHIND.

MY GOALS

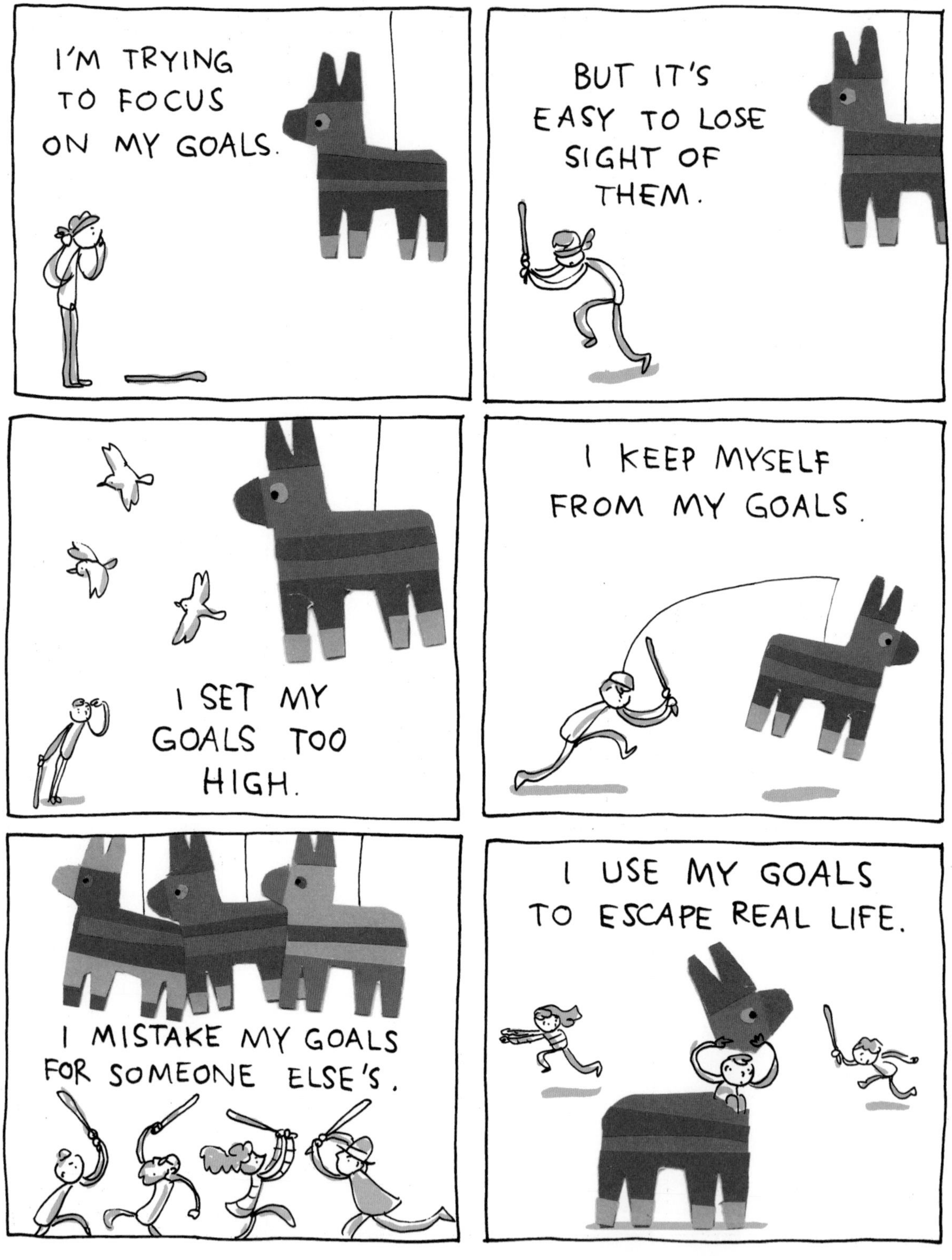
I'M TRYING TO FOCUS ON MY GOALS.
BUT IT'S EASY TO LOSE SIGHT OF THEM.
I SET MY GOALS TOO HIGH.
I KEEP MYSELF FROM MY GOALS.
I MISTAKE MY GOALS FOR SOMEONE ELSE'S.
I USE MY GOALS TO ESCAPE REAL LIFE.

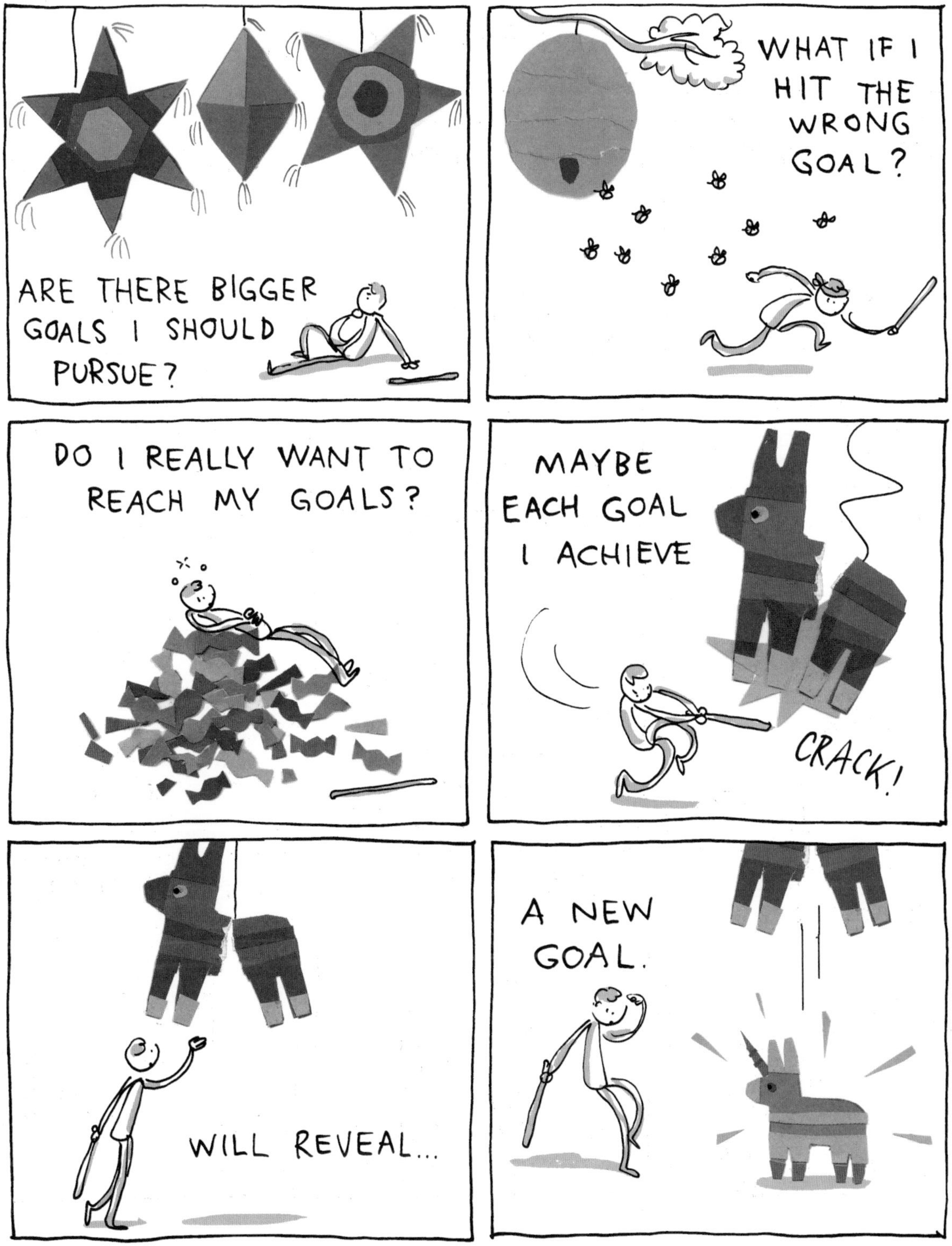
ARE THERE BIGGER GOALS I SHOULD PURSUE?
WHAT IF I HIT THE WRONG GOAL?
DO I REALLY WANT TO REACH MY GOALS?
MAYBE EACH GOAL I ACHIEVE
CRACK!
WILL REVEAL...
A NEW GOAL.

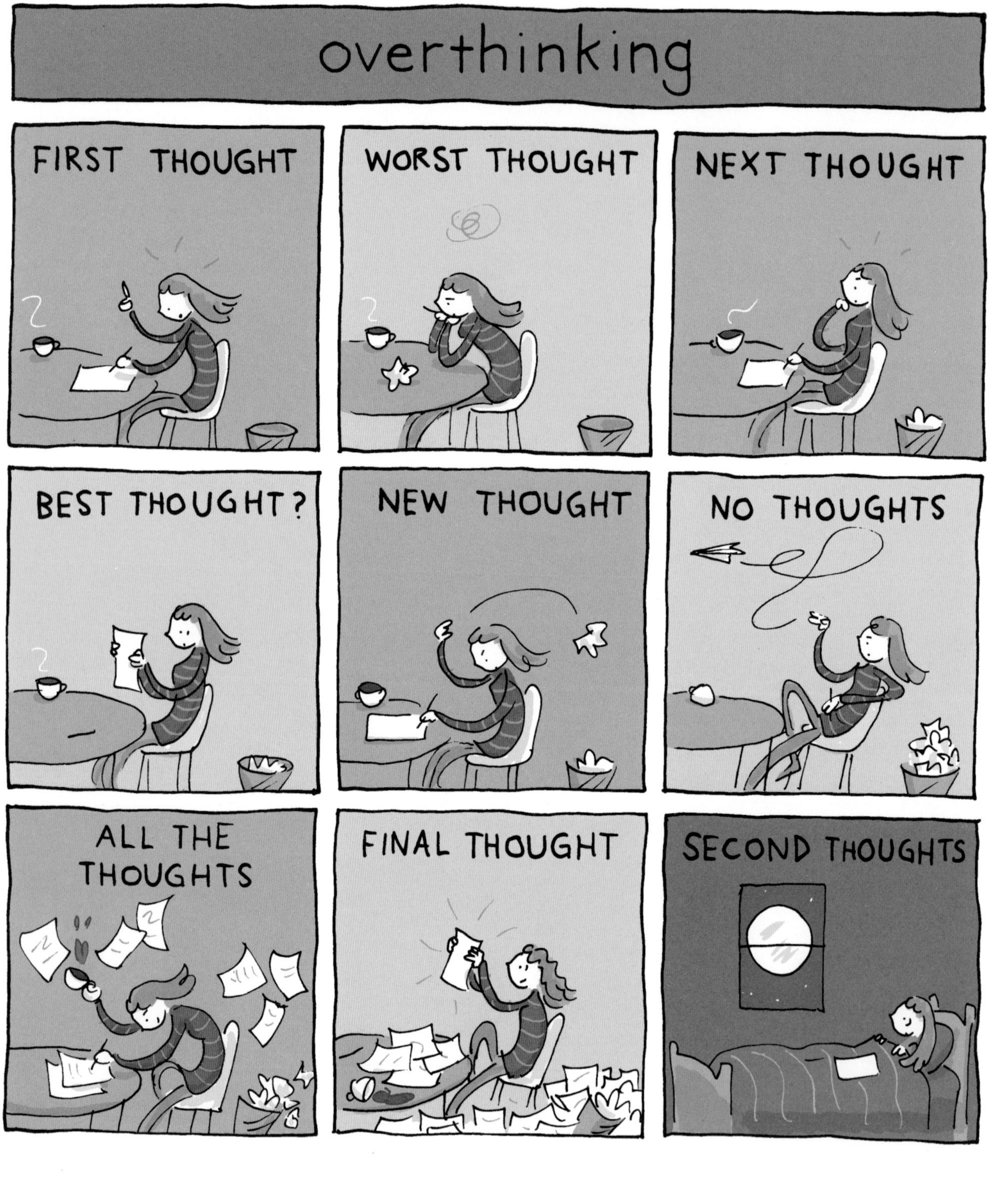
overthinking
FIRST THOUGHT
WORST THOUGHT
NEXT THOUGHT
BEST THOUGHT?
NEW THOUGHT
NO THOUGHTS
ALL THE THOUGHTS
FINAL THOUGHT
SECOND THOUGHTS

HOW TO FIGHT *BURNOUT*

I TRY TO PUSH THROUGH

BUT THE FLAMES GROW.

I STOP.

DROP.

AND ROLL UP IN A BALL.

I SEEK HELP

ALL BY MYSELF.

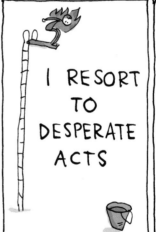
I RESORT TO DESPERATE ACTS

STILL I'M STUCK.

SO I WAIT.

WHEN THE SMOKE CLEARS...

I FIND NEW IDEAS.

MENTAL SPACE

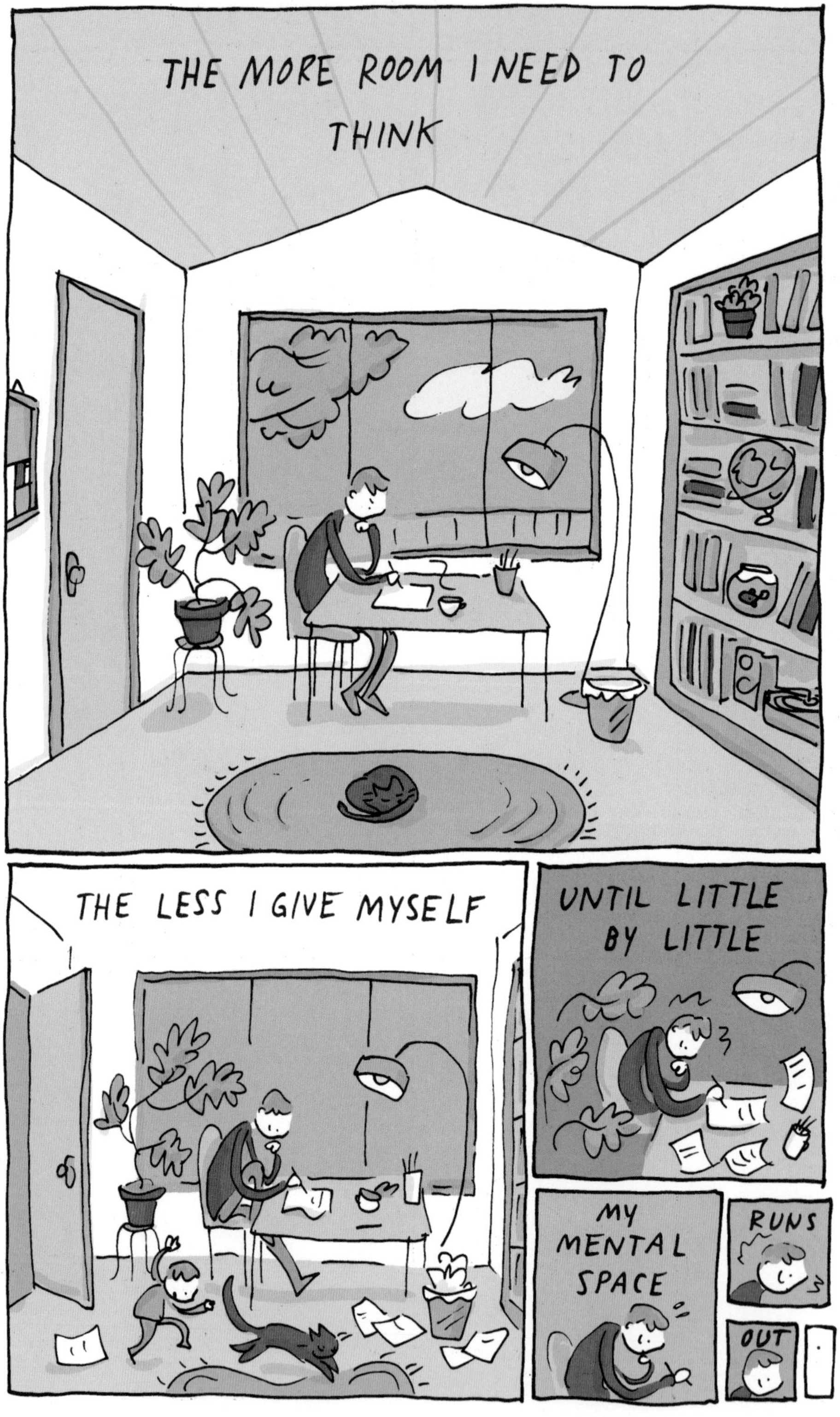

THE MORE ROOM I NEED TO THINK
THE LESS I GIVE MYSELF
UNTIL LITTLE BY LITTLE
MY MENTAL SPACE
RUNS
OUT

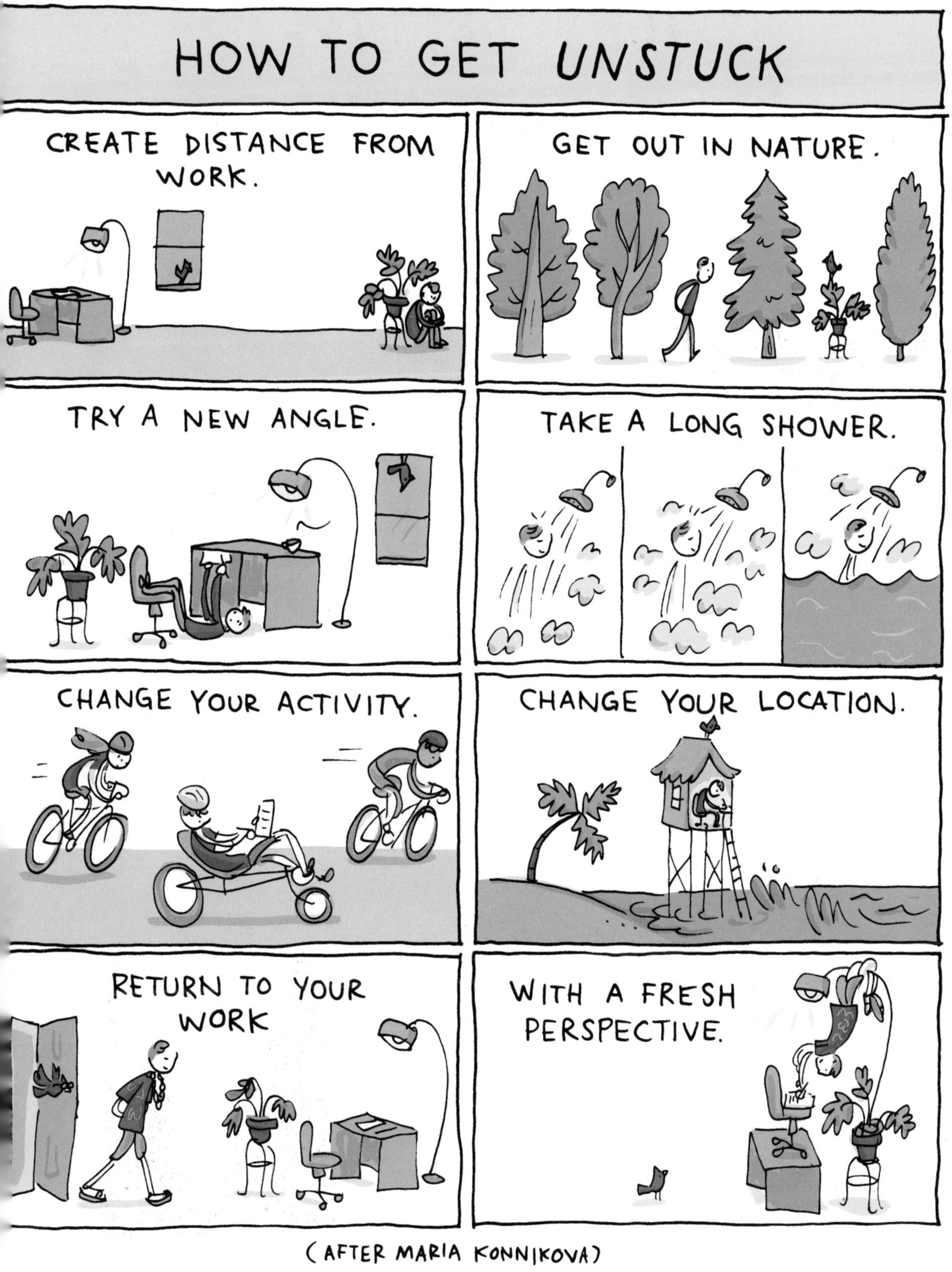
HOW TO GET UNSTUCK
CREATE DISTANCE FROM WORK.
GET OUT IN NATURE.
TRY A NEW ANGLE.
TAKE A LONG SHOWER.
CHANGE YOUR ACTIVITY.
CHANGE YOUR LOCATION.
RETURN TO YOUR WORK
WITH A FRESH PERSPECTIVE.
(AFTER MARIA KONNIKOVA)

SLICES OF LIFE

A SLIVER OF
SUNRISE

A CRESCENT
OF COFFEE

A PORTION
OF PEAR

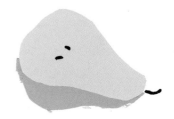

A SECTION OF
SIDEWALK

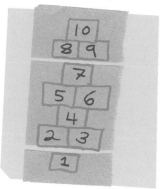

A SHARD OF
SKY

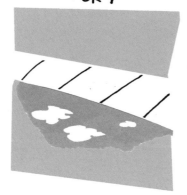

AN ISLAND OF
SILENCE

A FRESH CUT
OF FLOWERS

A BRIEF BIT
OF BLUE

A NOTCH OF
NIGHTTIME

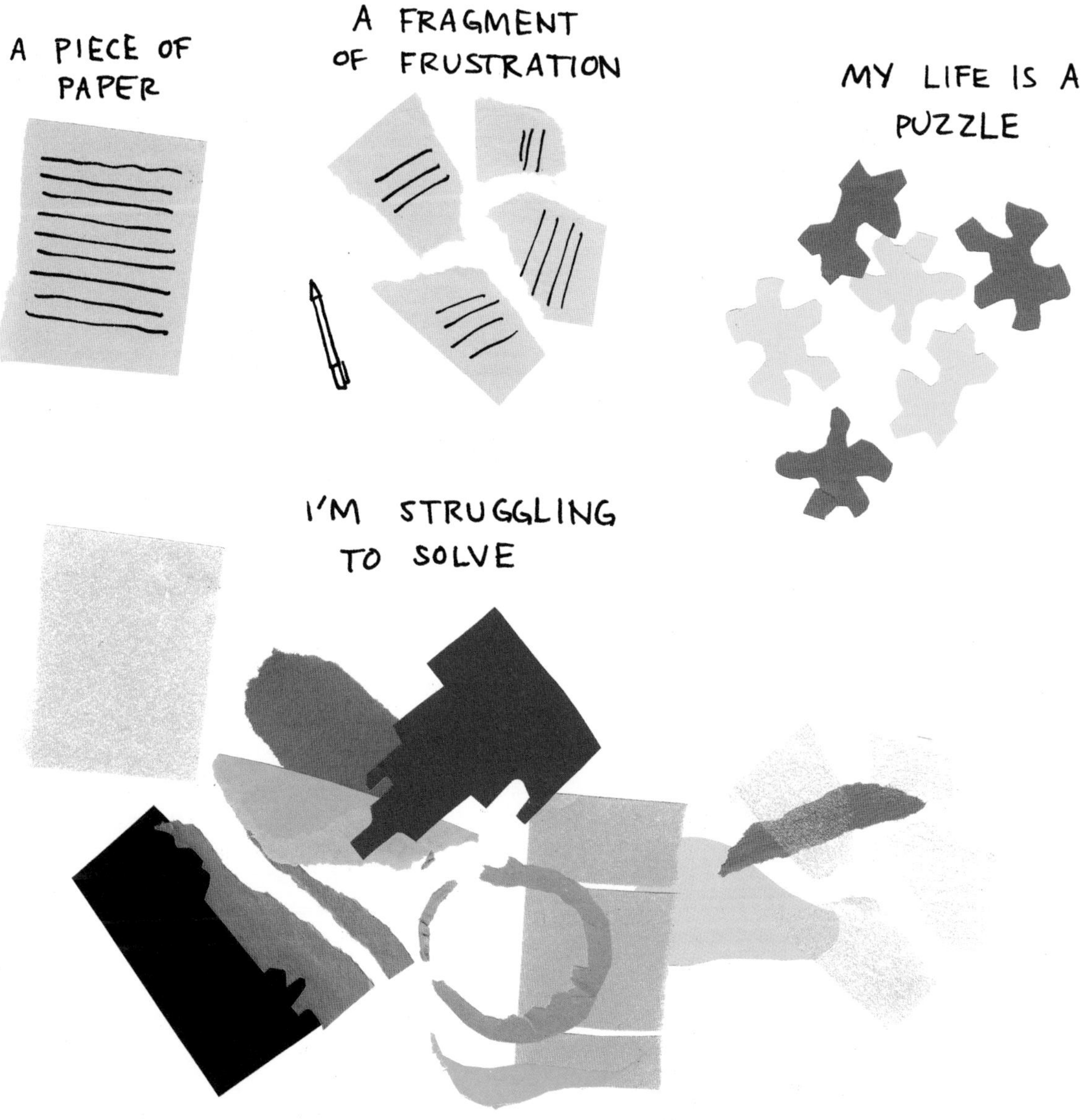
A PIECE OF PAPER
A FRAGMENT OF FRUSTRATION
MY LIFE IS A PUZZLE
I'M STRUGGLING TO SOLVE

containing my emotions

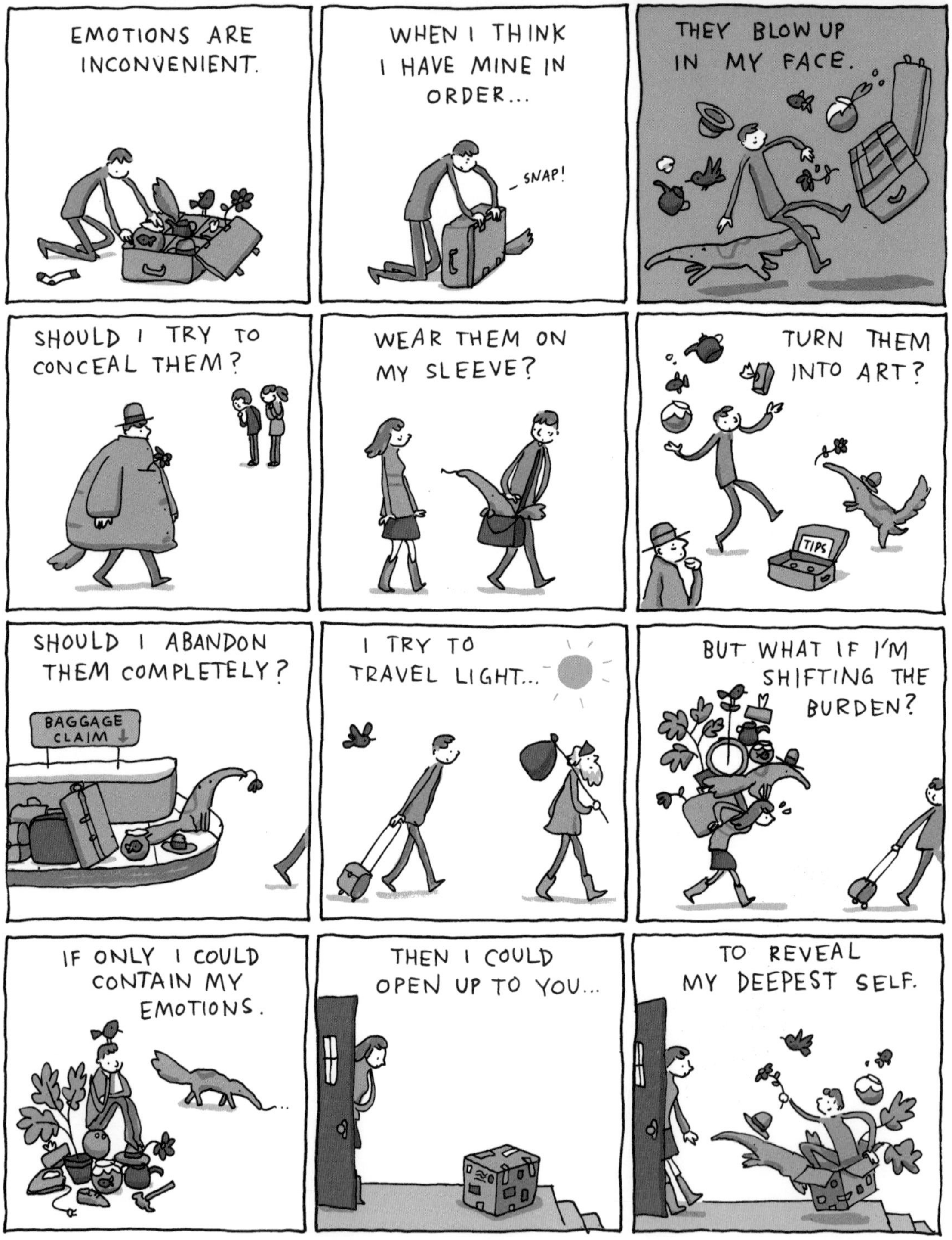
EMOTIONS ARE INCONVENIENT.
WHEN I THINK I HAVE MINE IN ORDER...
SNAP!
THEY BLOW UP IN MY FACE.
SHOULD I TRY TO CONCEAL THEM?
WEAR THEM ON MY SLEEVE?
TURN THEM INTO ART?
TIPS
SHOULD I ABANDON THEM COMPLETELY?
BAGGAGE CLAIM
I TRY TO TRAVEL LIGHT...
BUT WHAT IF I'M SHIFTING THE BURDEN?
IF ONLY I COULD CONTAIN MY EMOTIONS.
THEN I COULD OPEN UP TO YOU...
TO REVEAL MY DEEPEST SELF.

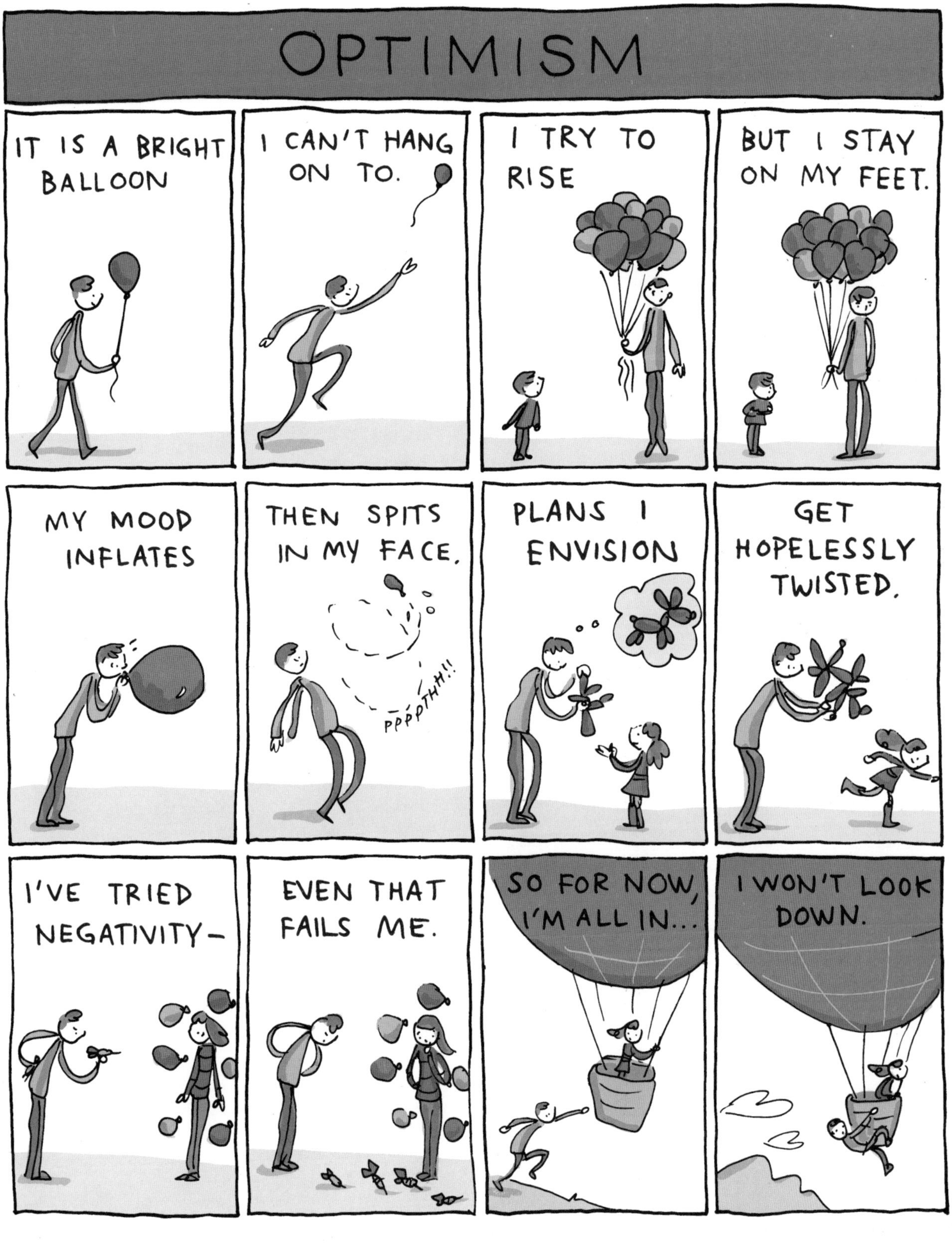
OPTIMISM
IT IS A BRIGHT BALLOON
I CAN'T HANG ON TO.
I TRY TO RISE
BUT I STAY ON MY FEET.
MY MOOD INFLATES
THEN SPITS IN MY FACE.
PPPPTHH!!
PLANS I ENVISION
GET HOPELESSLY TWISTED.
I'VE TRIED NEGATIVITY-
EVEN THAT FAILS ME.
SO FOR NOW, I'M ALL IN...
I WON'T LOOK DOWN.

the weight

 **SOMETHING WEIGHS ON MY MIND**

SO I GO FOR A WALK.

IT'S TOO MUCH TO CARRY.

SO I BREAK IT DOWN

INTO SMALLER THOUGHTS.

STILL, IT'S TOO HEAVY.

I PUSH IT AWAY...

KICK IT DOWN THE ROAD...

WEAR IT DOWN STEP BY STEP.

I DON'T STOP

UNTIL I'VE REACHED A SPOT

WHERE MY MIND FEELS WEIGHTLESS.
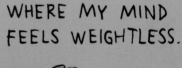

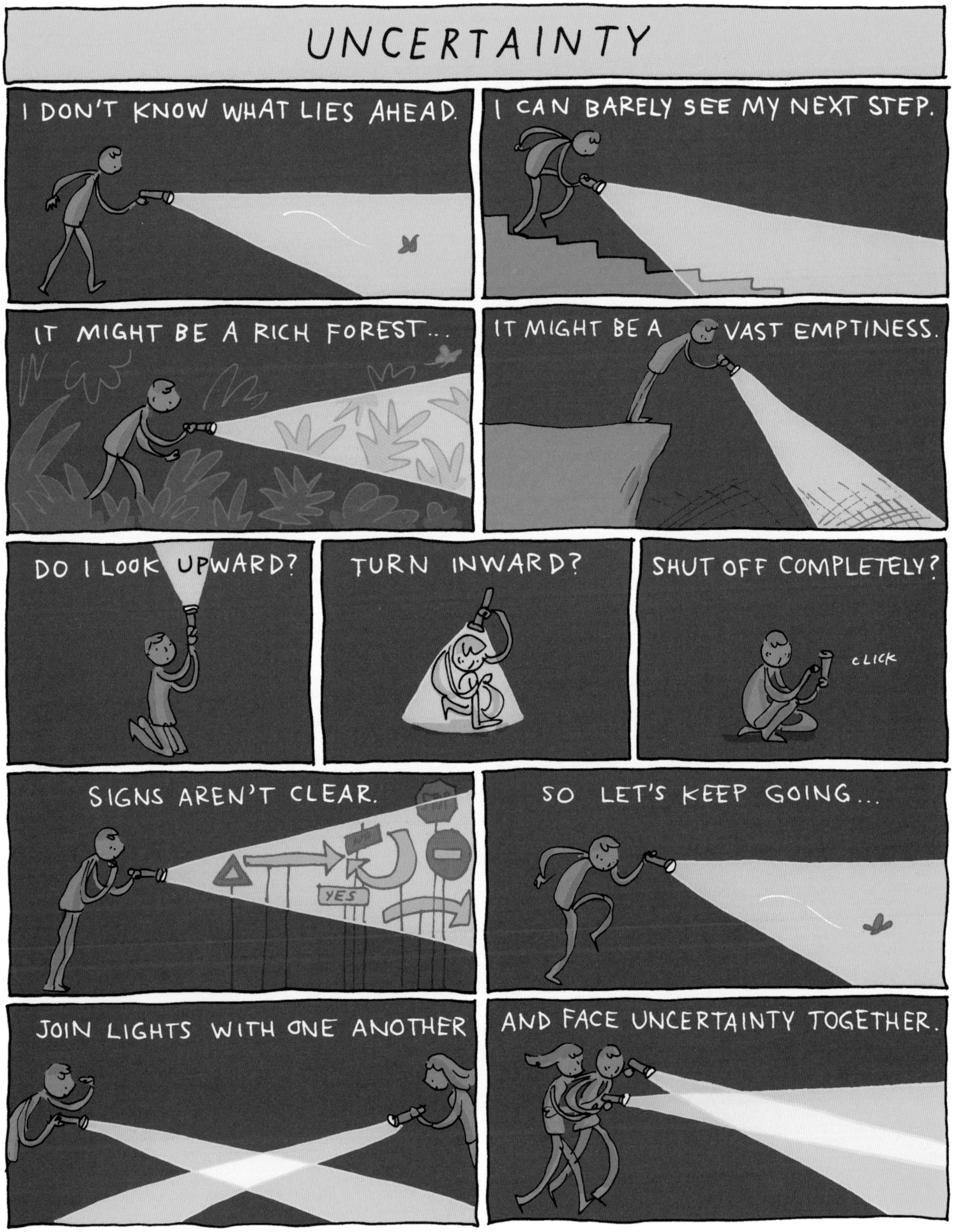
UNCERTAINTY
I DON'T KNOW WHAT LIES AHEAD.
I CAN BARELY SEE MY NEXT STEP.
IT MIGHT BE A RICH FOREST...
IT MIGHT BE A VAST EMPTINESS.
DO I LOOK UPWARD?
TURN INWARD?
SHUT OFF COMPLETELY?
CLICK
SIGNS AREN'T CLEAR.
YES
SO LET'S KEEP GOING...
JOIN LIGHTS WITH ONE ANOTHER
AND FACE UNCERTAINTY TOGETHER.

REALITY

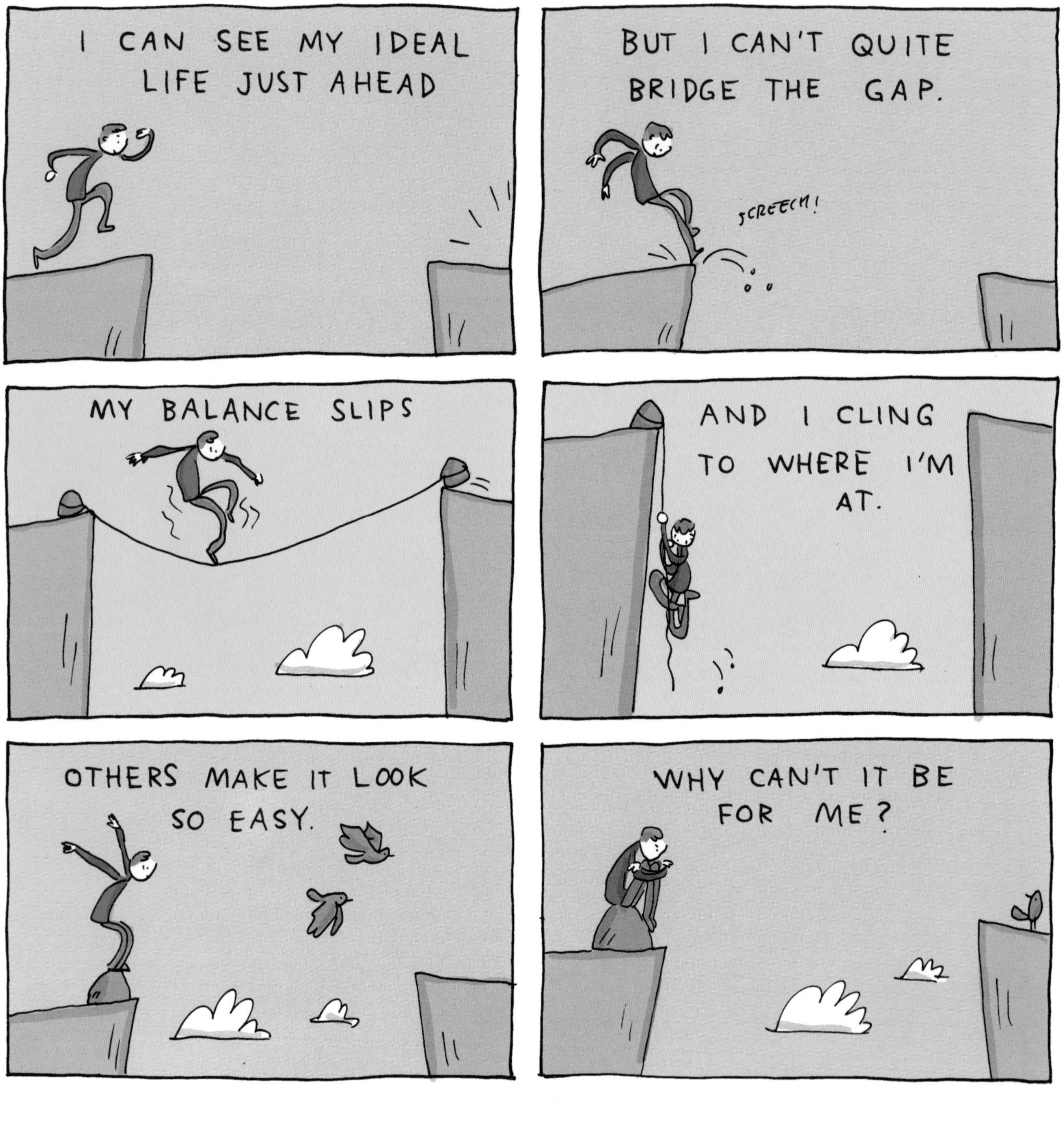
I CAN SEE MY IDEAL LIFE JUST AHEAD
BUT I CAN'T QUITE BRIDGE THE GAP.
SCREECH!
MY BALANCE SLIPS
AND I CLING TO WHERE I'M AT.
OTHERS MAKE IT LOOK SO EASY.
WHY CAN'T IT BE FOR ME?

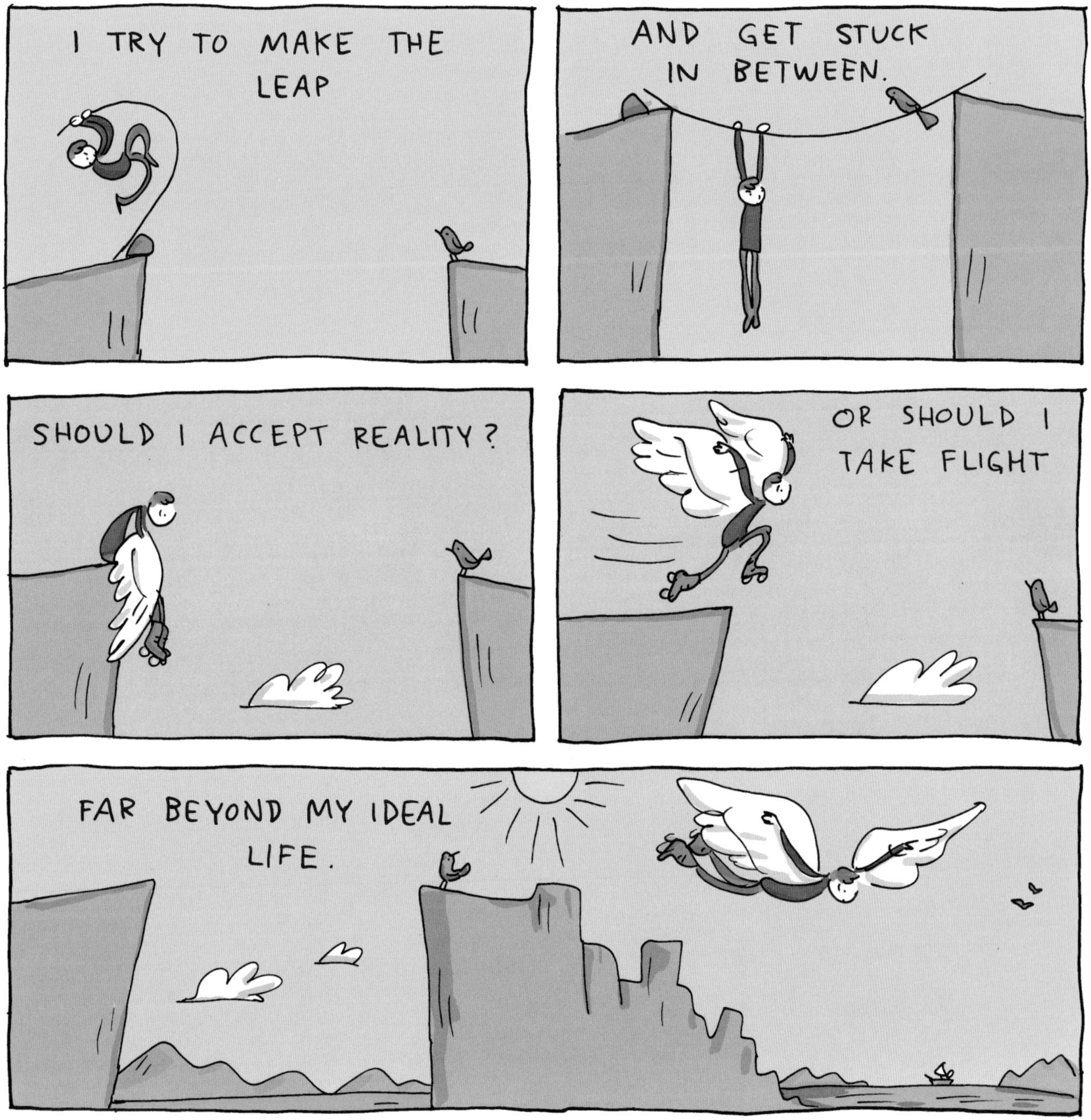
I TRY TO MAKE THE LEAP
AND GET STUCK IN BETWEEN.
SHOULD I ACCEPT REALITY?
OR SHOULD I TAKE FLIGHT
FAR BEYOND MY IDEAL LIFE.

I will go outside no matter the weather.

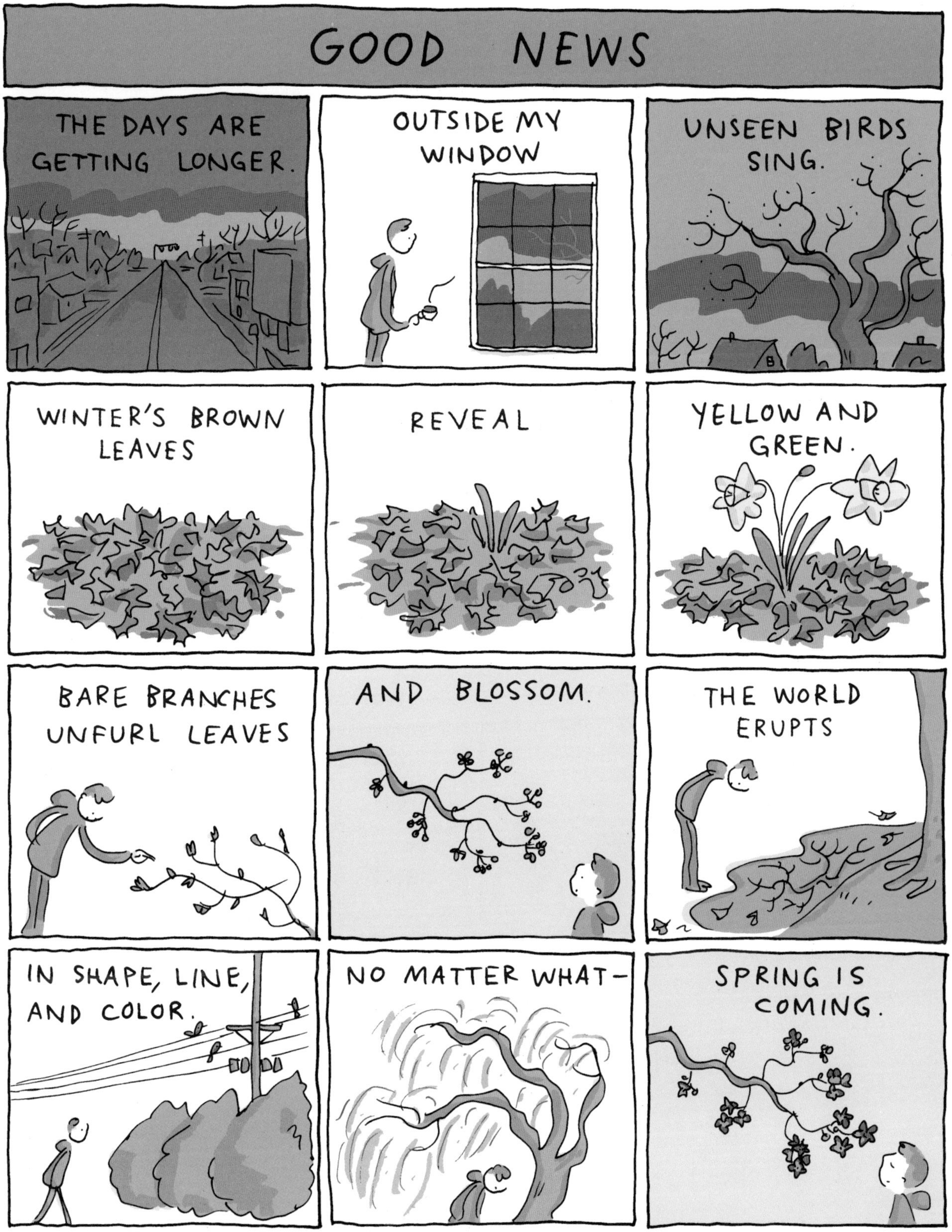
GOOD NEWS
THE DAYS ARE GETTING LONGER.
OUTSIDE MY WINDOW
UNSEEN BIRDS SING.
WINTER'S BROWN LEAVES
REVEAL
YELLOW AND GREEN.
BARE BRANCHES UNFURL LEAVES
AND BLOSSOM.
THE WORLD ERUPTS
IN SHAPE, LINE, AND COLOR.
NO MATTER WHAT-
SPRING IS COMING.

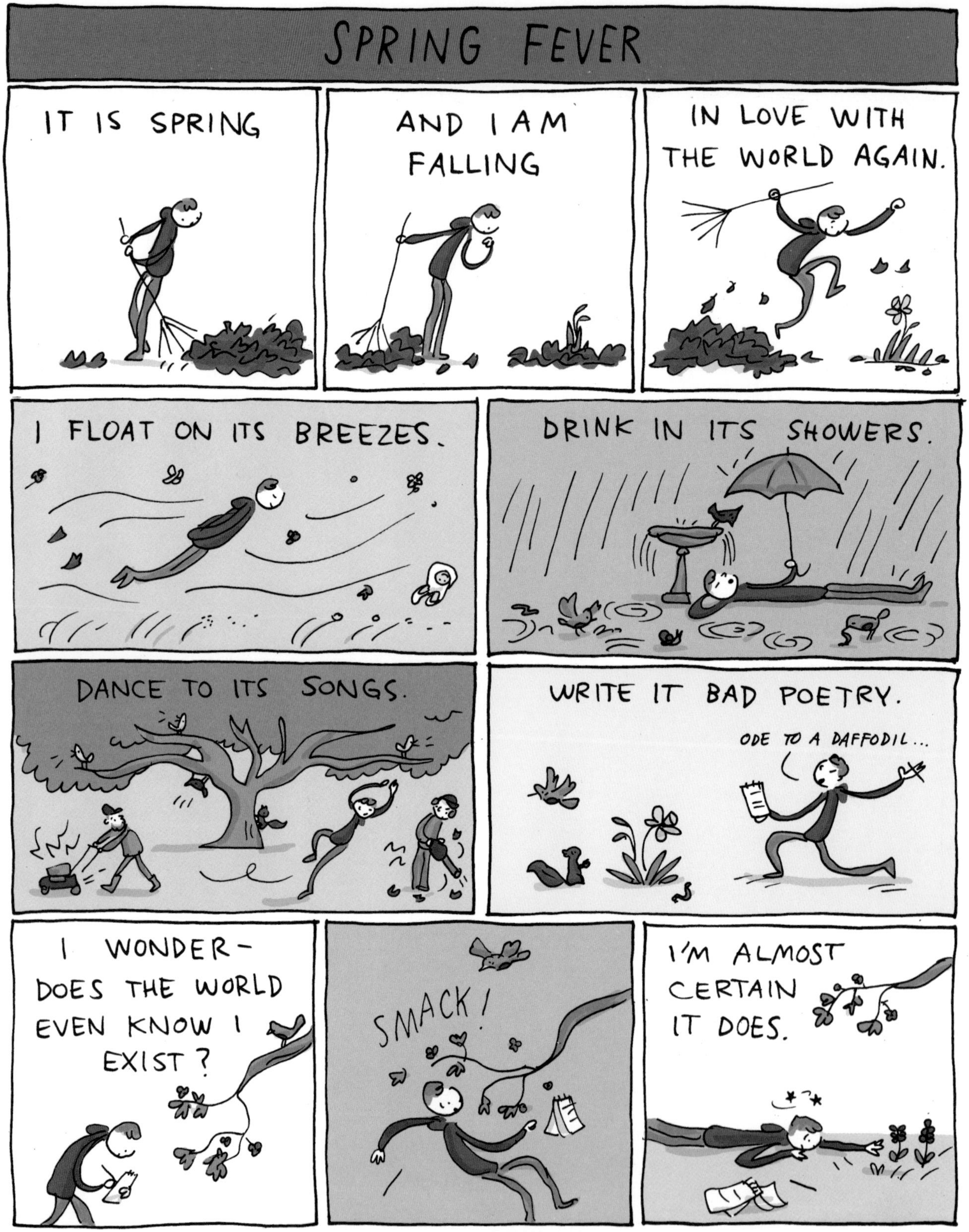
SPRING FEVER
IT IS SPRING
AND I AM FALLING
IN LOVE WITH THE WORLD AGAIN.
I FLOAT ON ITS BREEZES.
DRINK IN ITS SHOWERS.
DANCE TO ITS SONGS.
WRITE IT BAD POETRY.
ODE TO A DAFFODIL...
I WONDER- DOES THE WORLD EVEN KNOW I EXIST?
SMACK!
I'M ALMOST CERTAIN IT DOES.

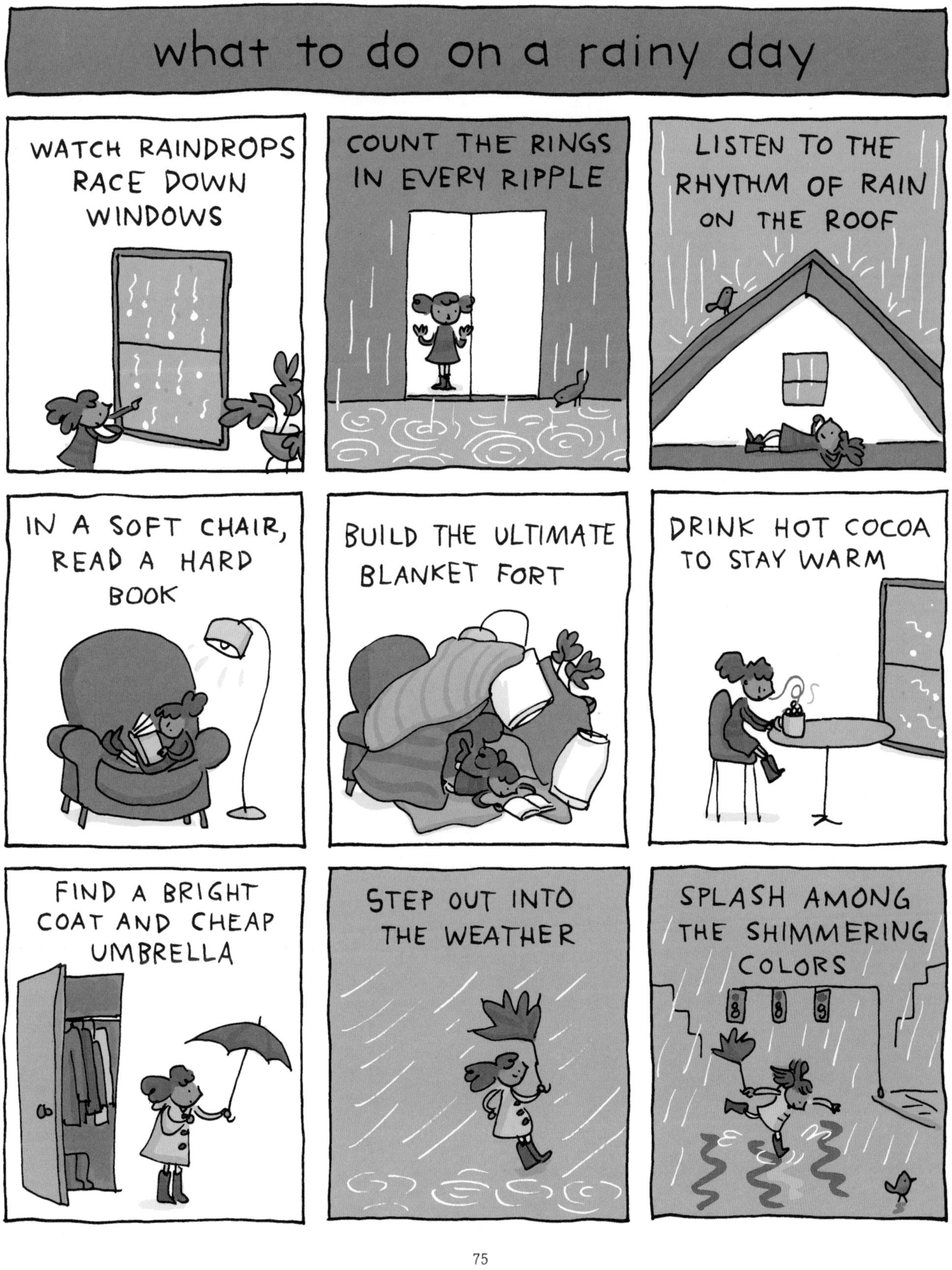
what to do on a rainy day
WATCH RAINDROPS RACE DOWN WINDOWS
COUNT THE RINGS IN EVERY RIPPLE
LISTEN TO THE RHYTHM OF RAIN ON THE ROOF
IN A SOFT CHAIR, READ A HARD BOOK
BUILD THE ULTIMATE BLANKET FORT
DRINK HOT COCOA TO STAY WARM
FIND A BRIGHT COAT AND CHEAP UMBRELLA
STEP OUT INTO THE WEATHER
SPLASH AMONG THE SHIMMERING COLORS

SUMMER FEELING

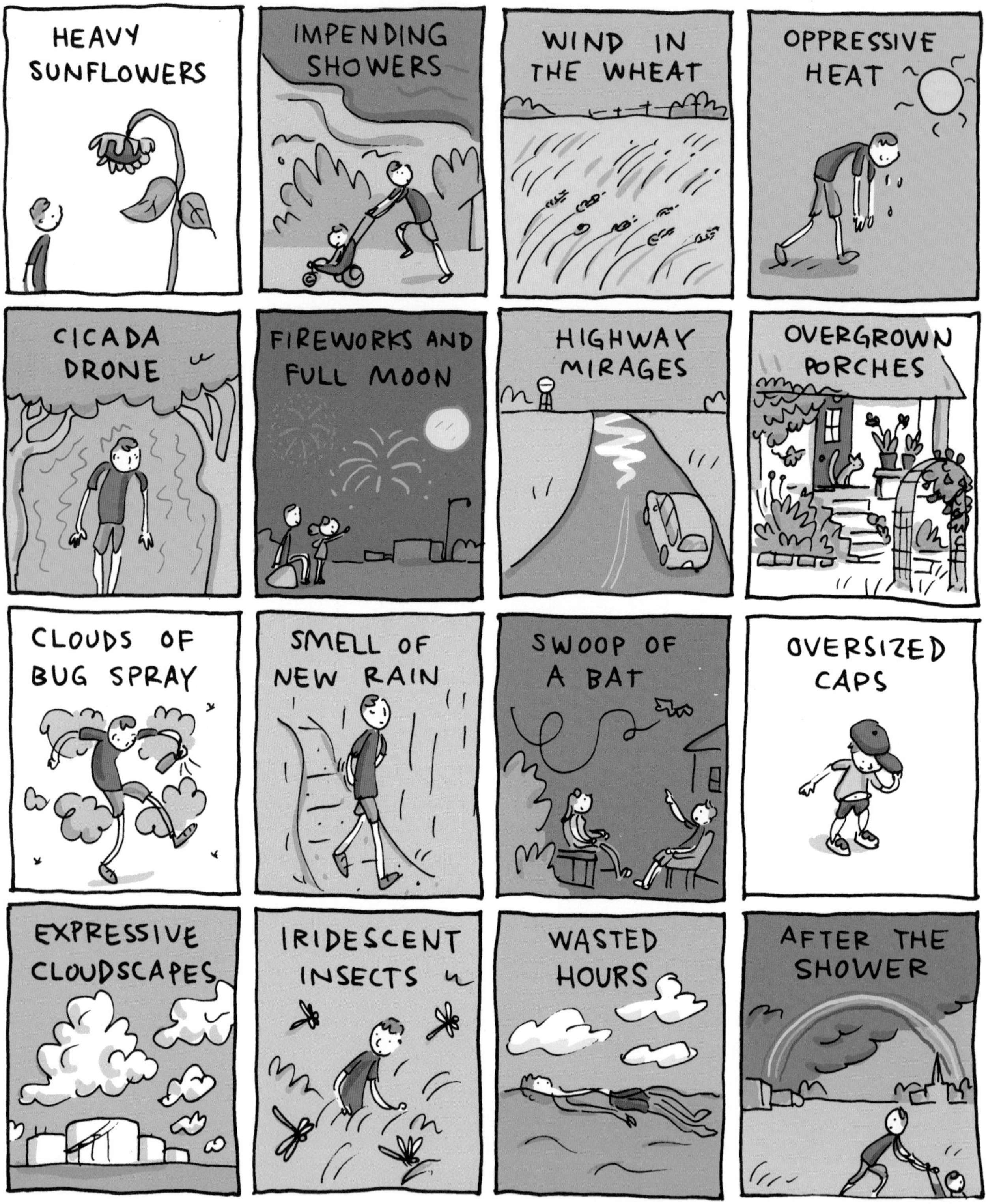
HEAVY SUNFLOWERS
IMPENDING SHOWERS
WIND IN THE WHEAT
OPPRESSIVE HEAT
CICADA DRONE
FIREWORKS AND FULL MOON
HIGHWAY MIRAGES
OVERGROWN PORCHES
CLOUDS OF BUG SPRAY
SMELL OF NEW RAIN
SWOOP OF A BAT
OVERSIZED CAPS
EXPRESSIVE CLOUDSCAPES
IRIDESCENT INSECTS
WASTED HOURS
AFTER THE SHOWER

how to build a sandcastle

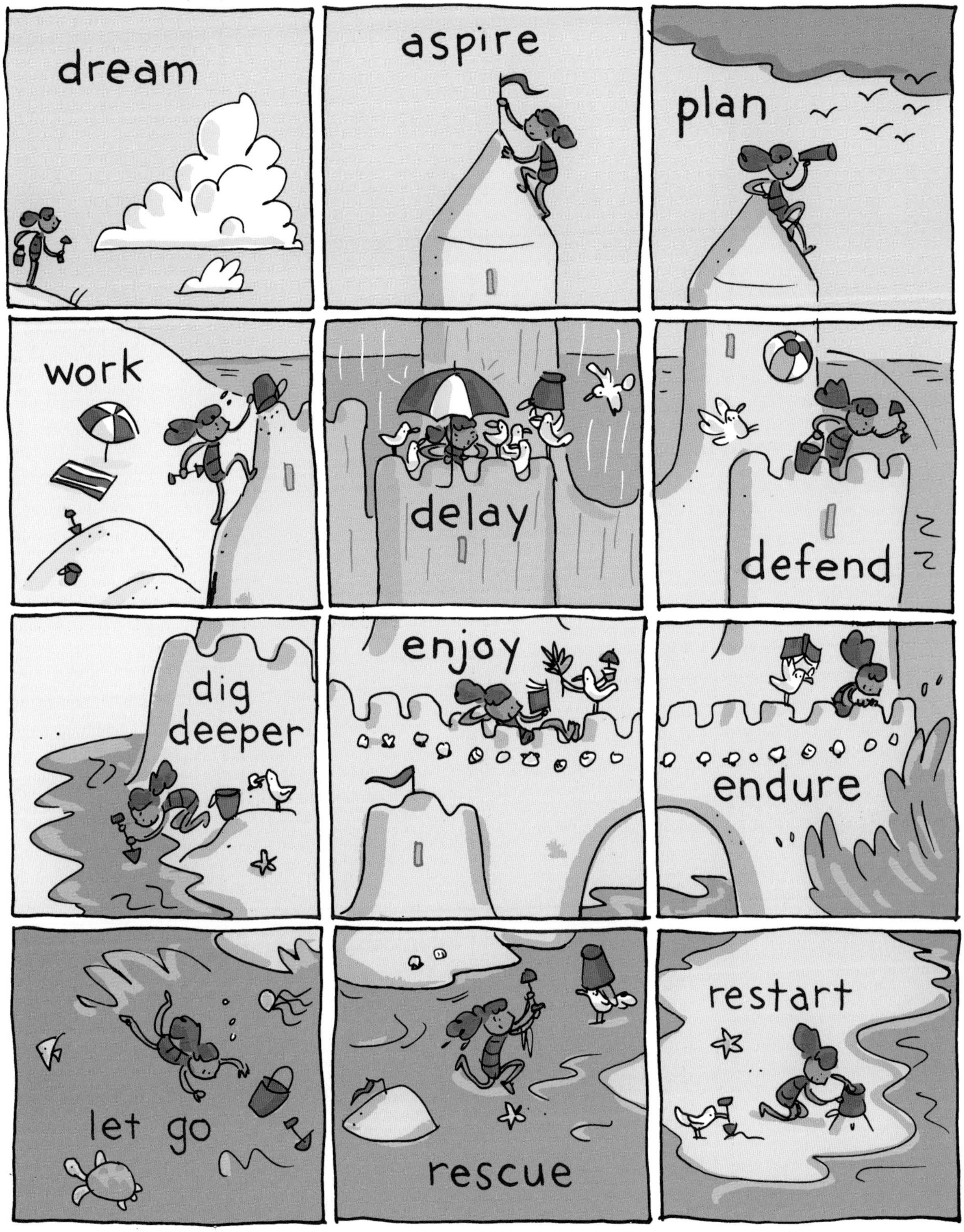
dream
aspire
plan
work
delay
defend
dig deeper
enjoy
endure
let go
rescue
restart

Fall Feeling

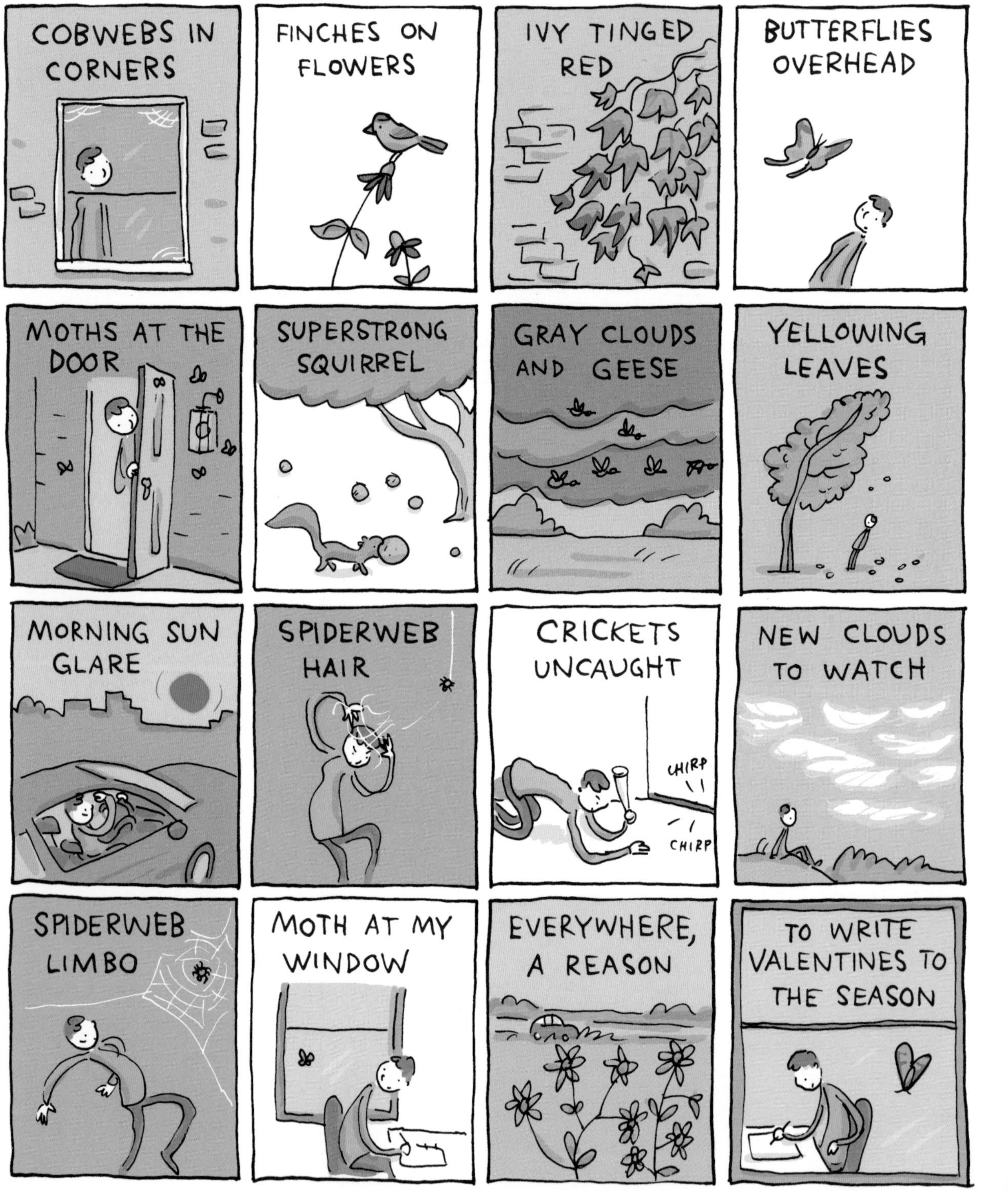
COBWEBS IN CORNERS
FINCHES ON FLOWERS
IVY TINGED RED
BUTTERFLIES OVERHEAD
MOTHS AT THE DOOR
SUPERSTRONG SQUIRREL
GRAY CLOUDS AND GEESE
YELLOWING LEAVES
MORNING SUN GLARE
SPIDERWEB HAIR
CRICKETS UNCAUGHT
CHIRP
CHIRP
NEW CLOUDS TO WATCH
SPIDERWEB LIMBO
MOTH AT MY WINDOW
EVERYWHERE, A REASON
TO WRITE VALENTINES TO THE SEASON

Leaves

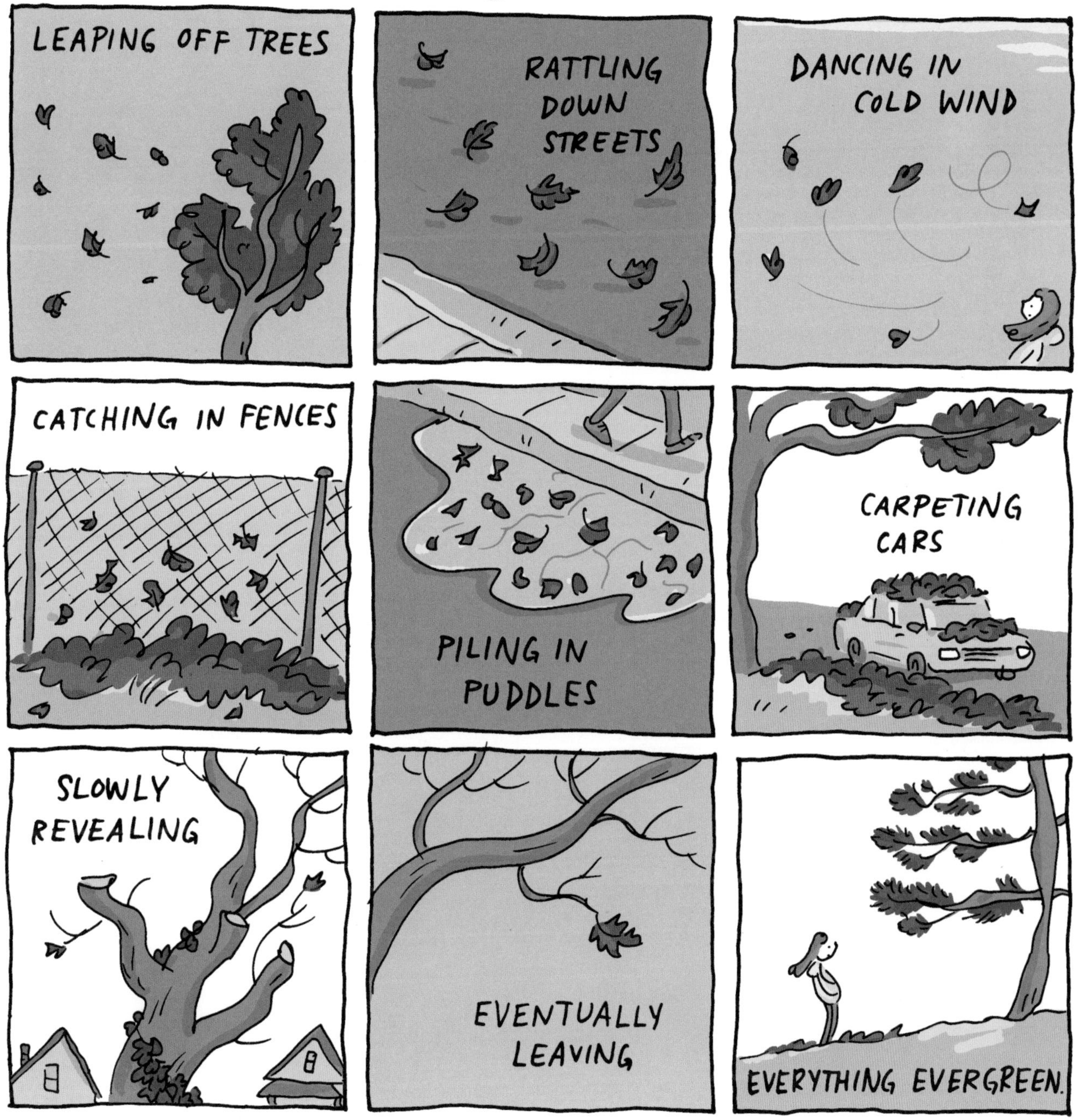
LEAPING OFF TREES
RATTLING DOWN STREETS
DANCING IN COLD WIND
CATCHING IN FENCES
PILING IN PUDDLES
CARPETING CARS
SLOWLY REVEALING
EVENTUALLY LEAVING
EVERYTHING EVERGREEN.

FEBRUARY

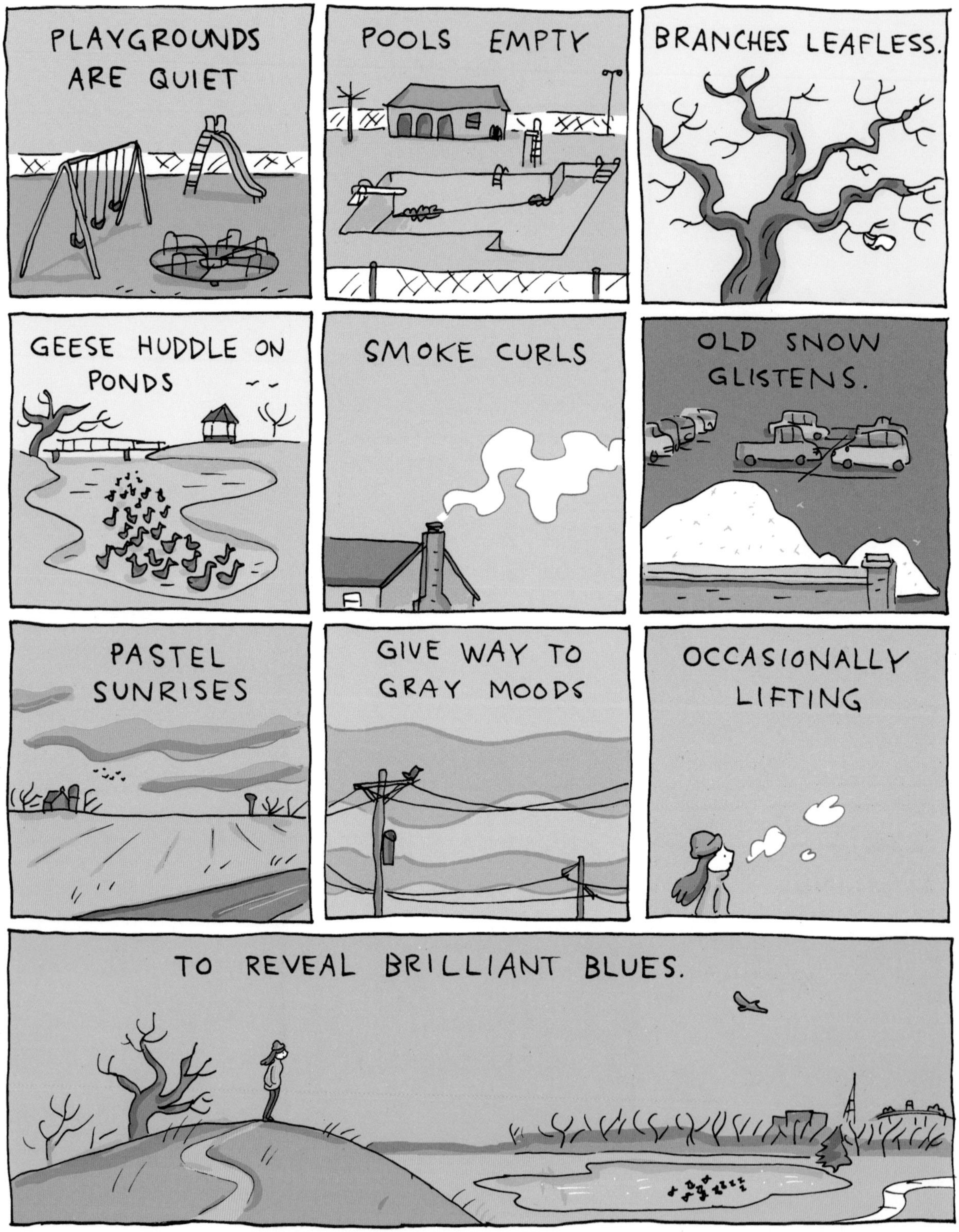
PLAYGROUNDS ARE QUIET
POOLS EMPTY
BRANCHES LEAFLESS.
GEESE HUDDLE ON PONDS
SMOKE CURLS
OLD SNOW GLISTENS.
PASTEL SUNRISES
GIVE WAY TO GRAY MOODS
OCCASIONALLY LIFTING
TO REVEAL BRILLIANT BLUES.

QUESTIONS

(FOR MARY OLIVER)

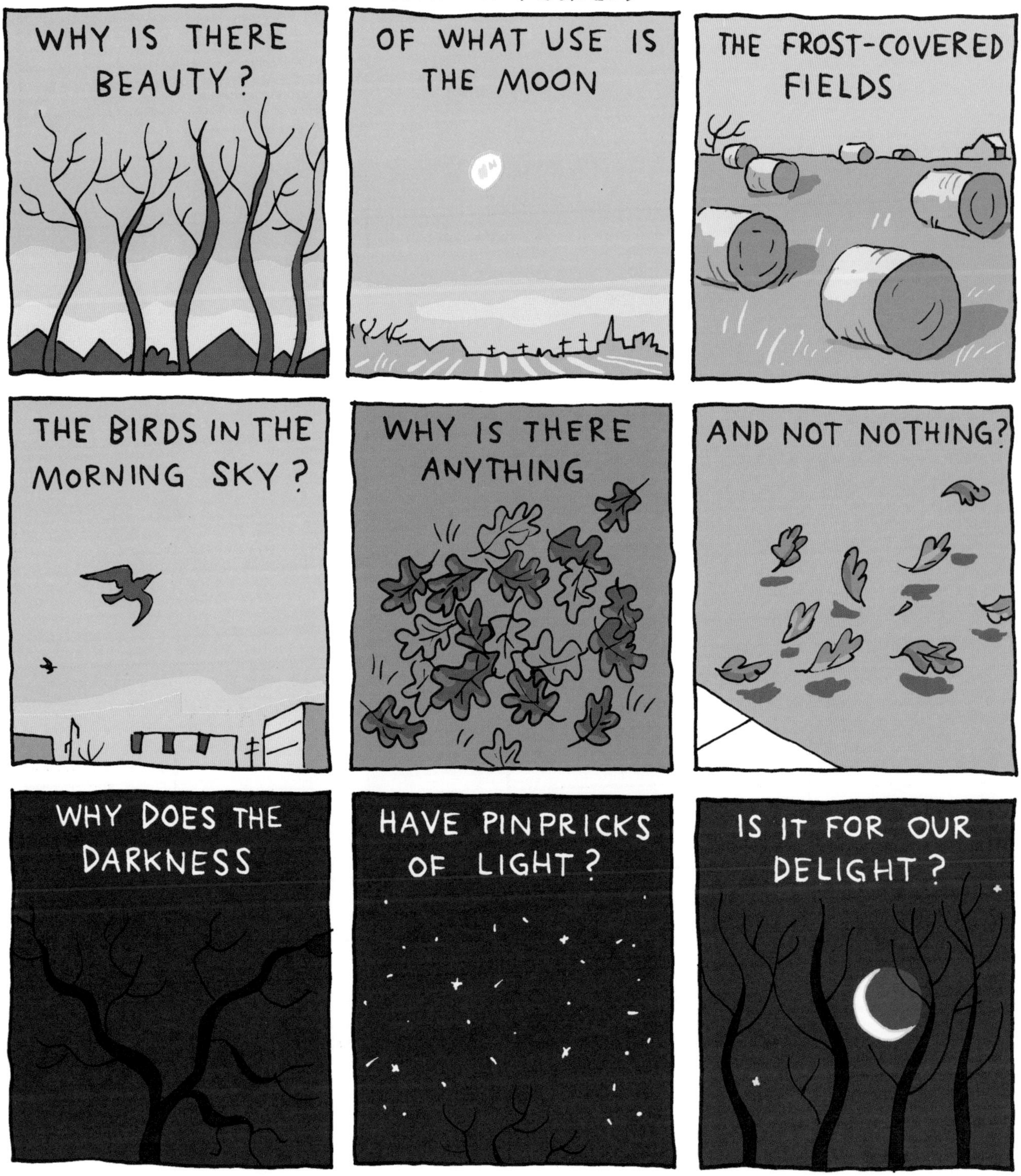
WHY IS THERE BEAUTY?
OF WHAT USE IS THE MOON
THE FROST-COVERED FIELDS
THE BIRDS IN THE MORNING SKY?
WHY IS THERE ANYTHING
AND NOT NOTHING?
WHY DOES THE DARKNESS
HAVE PINPRICKS OF LIGHT?
IS IT FOR OUR DELIGHT?

SNOWFALL

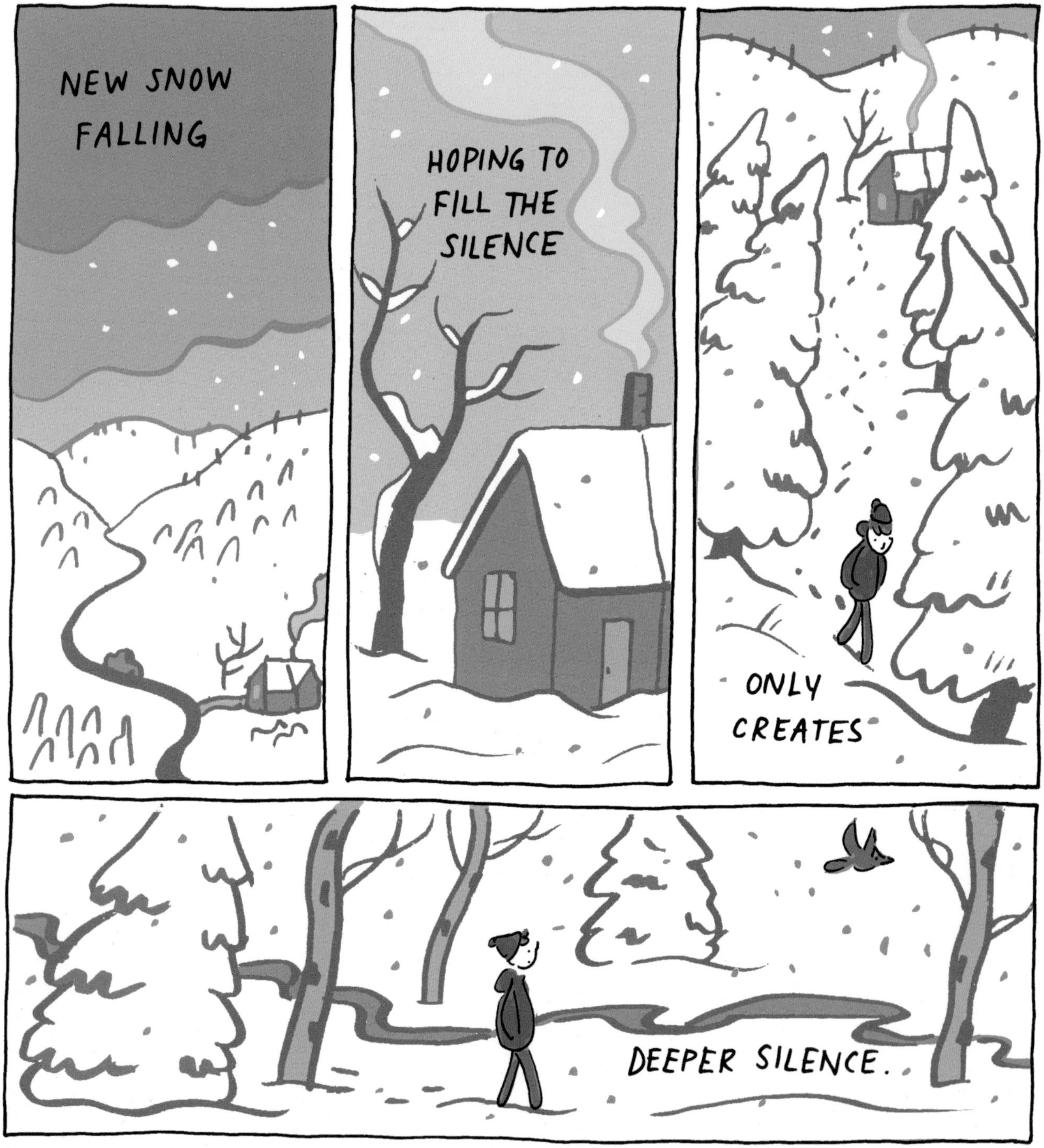
NEW SNOW FALLING
HOPING TO FILL THE SILENCE
ONLY CREATES
DEEPER SILENCE.

sledding

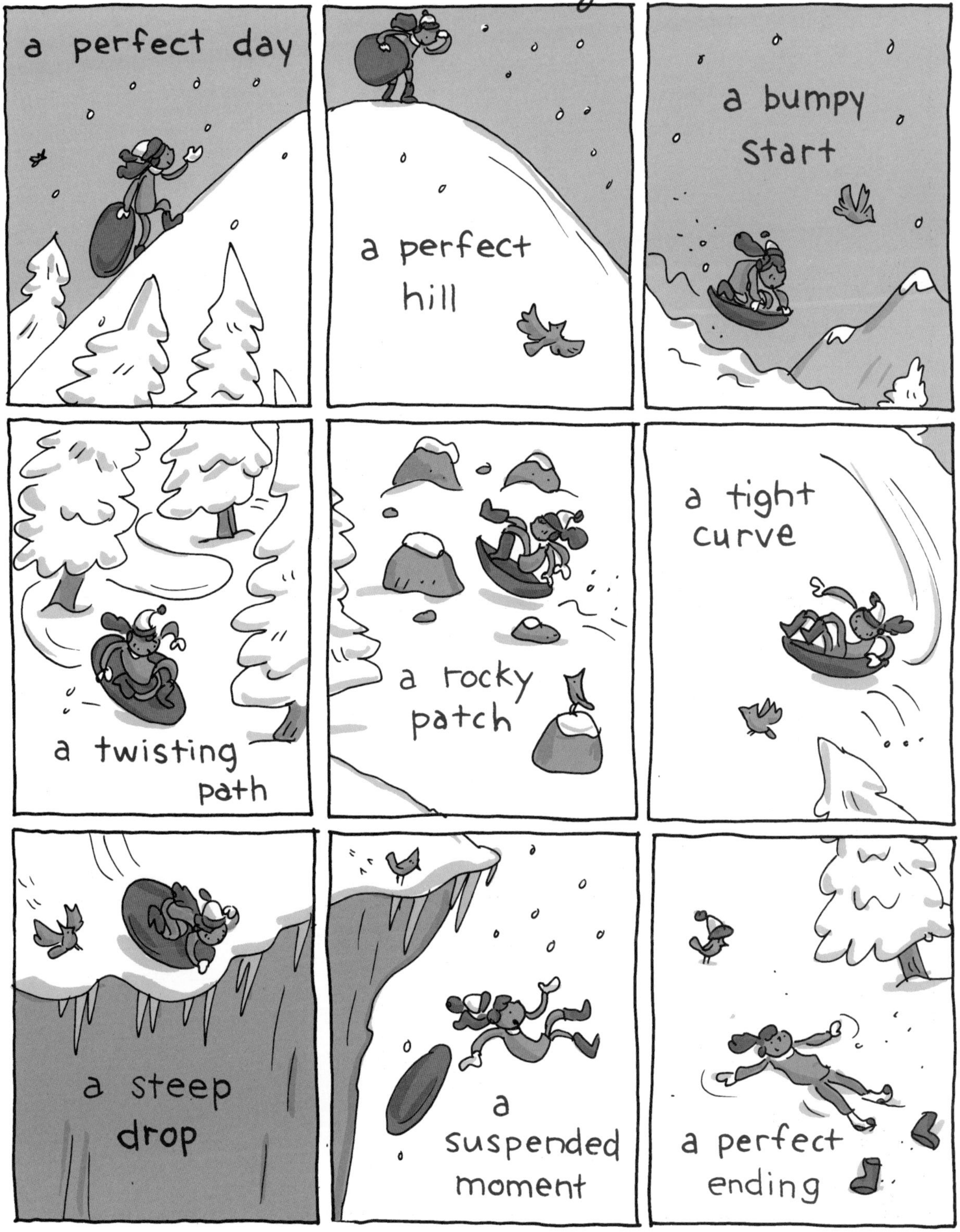

a perfect day
a perfect hill
a bumpy start
a twisting path
a rocky patch
a tight curve
a steep drop
a suspended moment
a perfect ending

BIRDWATCHING

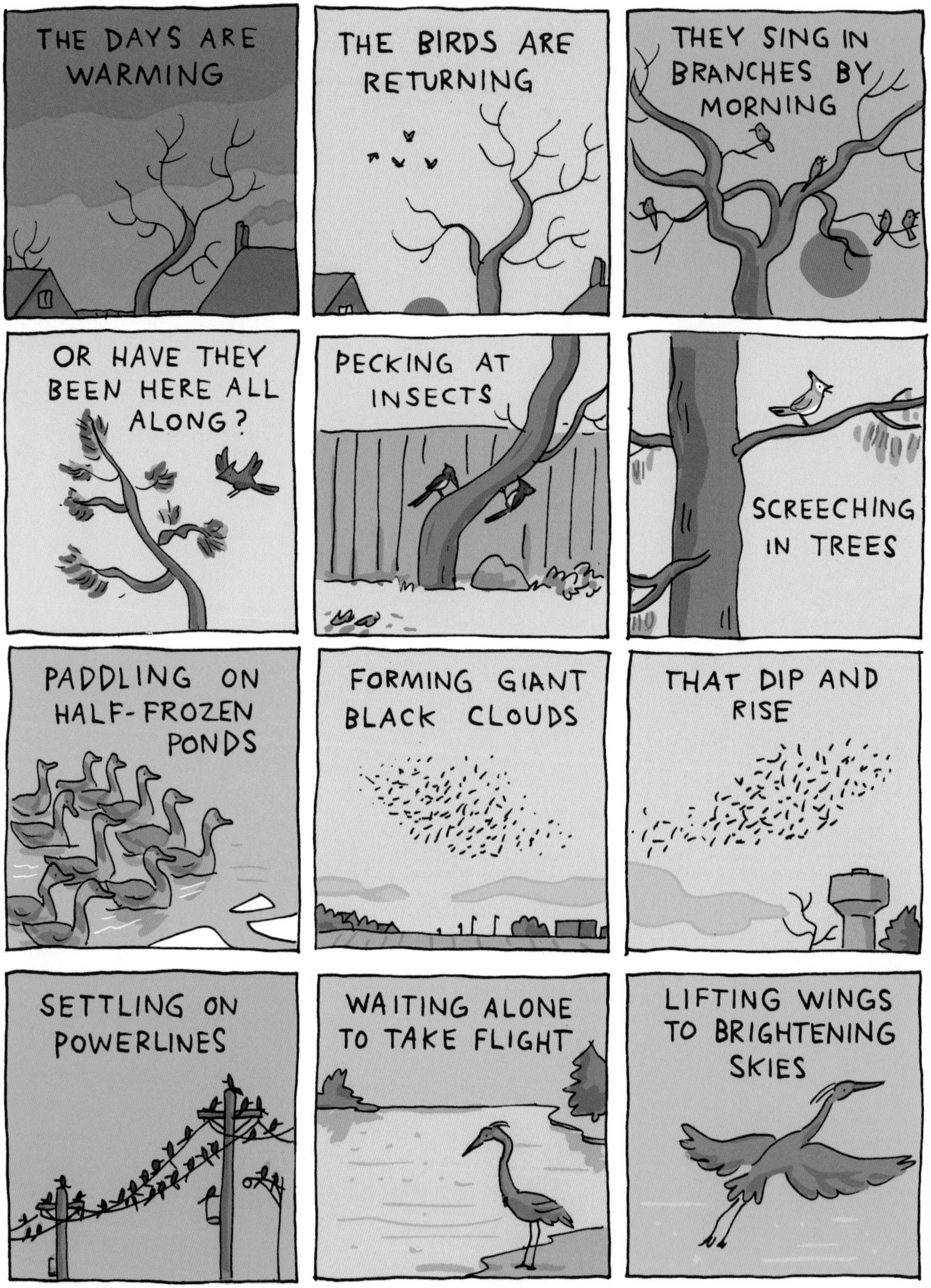
THE DAYS ARE WARMING
THE BIRDS ARE RETURNING
THEY SING IN BRANCHES BY MORNING
OR HAVE THEY BEEN HERE ALL ALONG?
PECKING AT INSECTS
SCREECHING IN TREES
PADDLING ON HALF-FROZEN PONDS
FORMING GIANT BLACK CLOUDS
THAT DIP AND RISE
SETTLING ON POWERLINES
WAITING ALONE TO TAKE FLIGHT
LIFTING WINGS TO BRIGHTENING SKIES

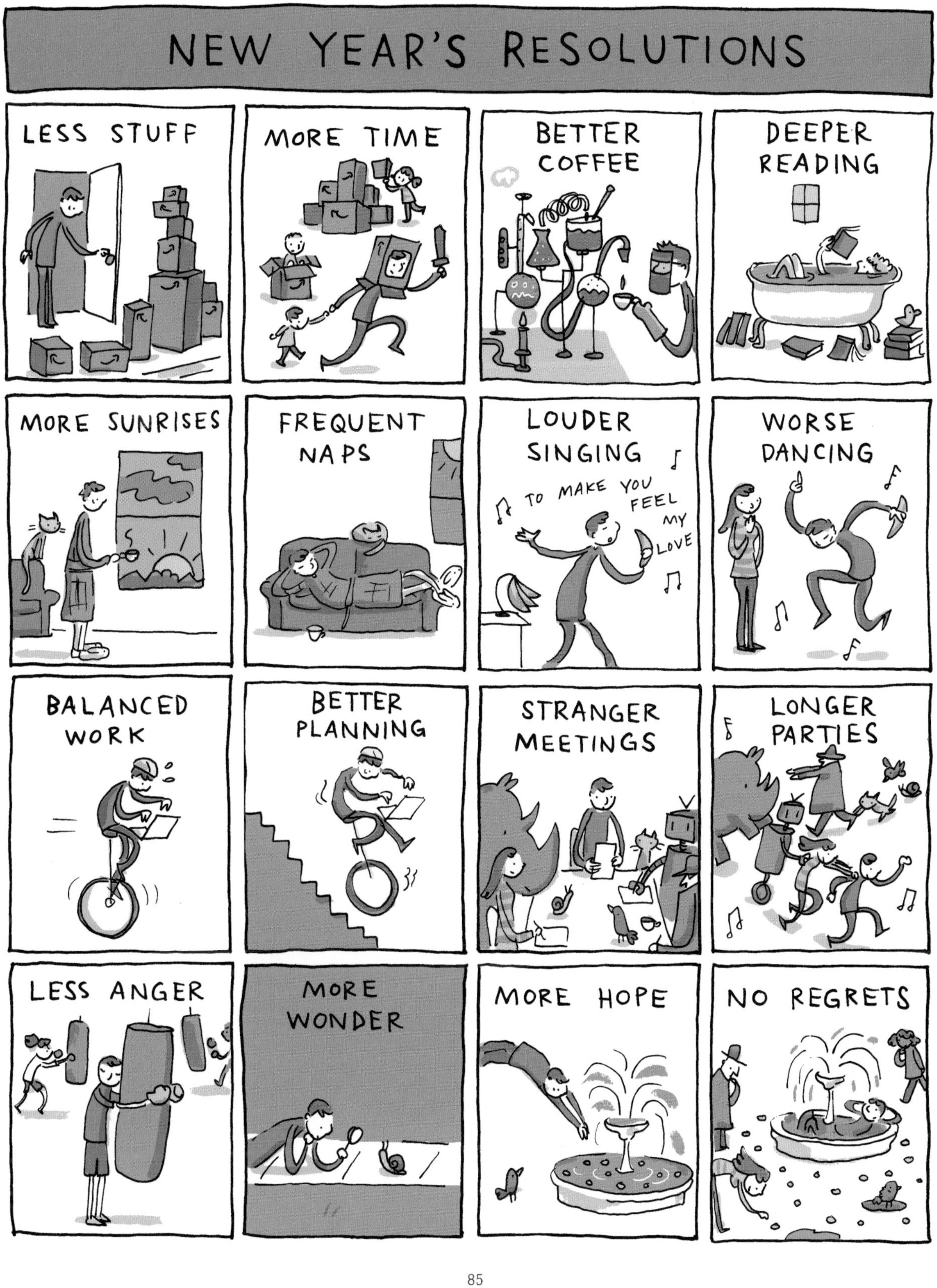
NEW YEAR'S RESOLUTIONS
LESS STUFF
MORE TIME
BETTER COFFEE
DEEPER READING
MORE SUNRISES
FREQUENT NAPS
LOUDER SINGING
TO MAKE YOU FEEL MY LOVE
WORSE DANCING
BALANCED WORK
BETTER PLANNING
STRANGER MEETINGS
LONGER PARTIES
LESS ANGER
MORE WONDER
MORE HOPE
NO REGRETS

I won't be afraid to be bored.

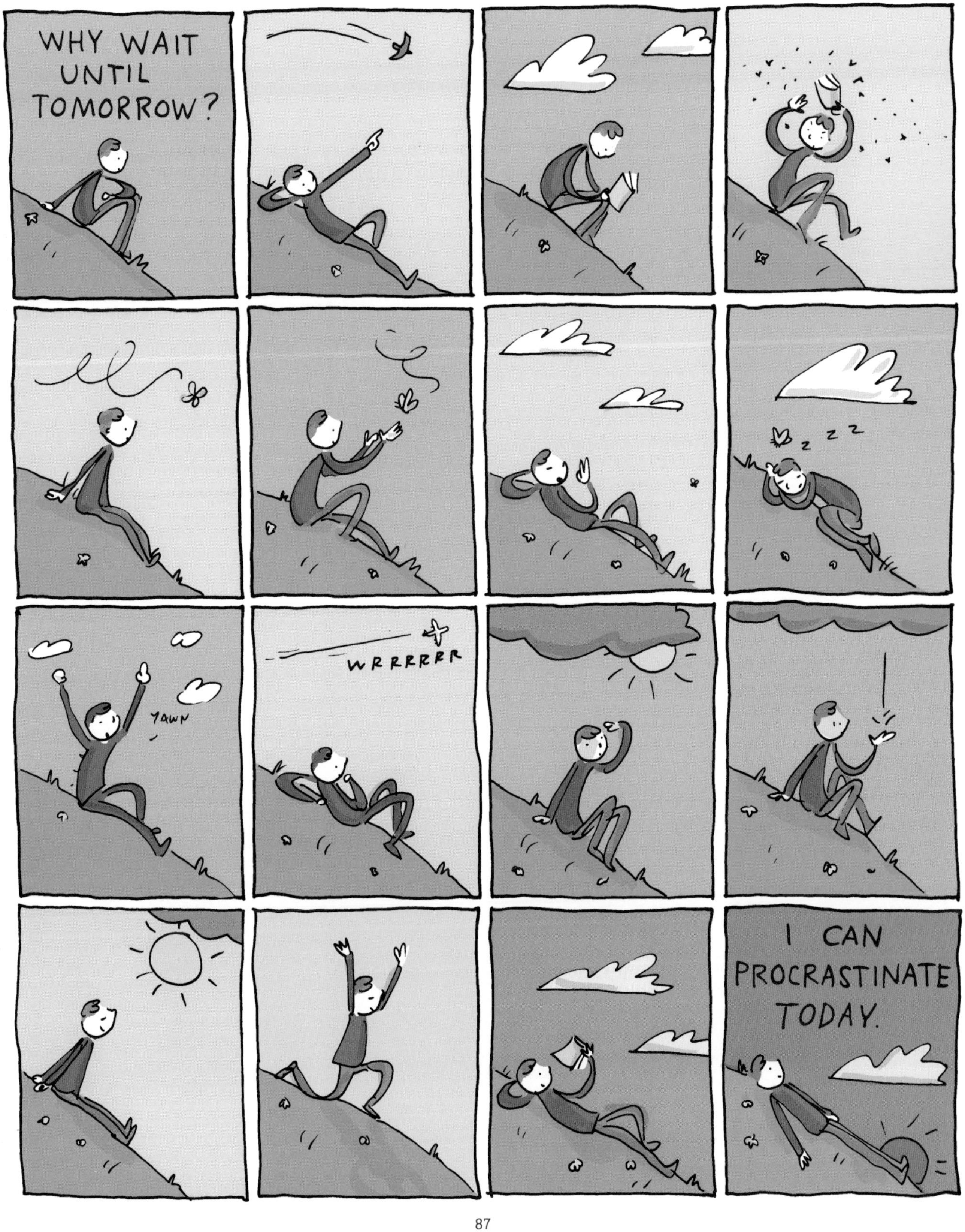
WHY WAIT UNTIL TOMORROW?
WRRRRRR
YAWN
I CAN PROCRASTINATE TODAY.

RIPPLES

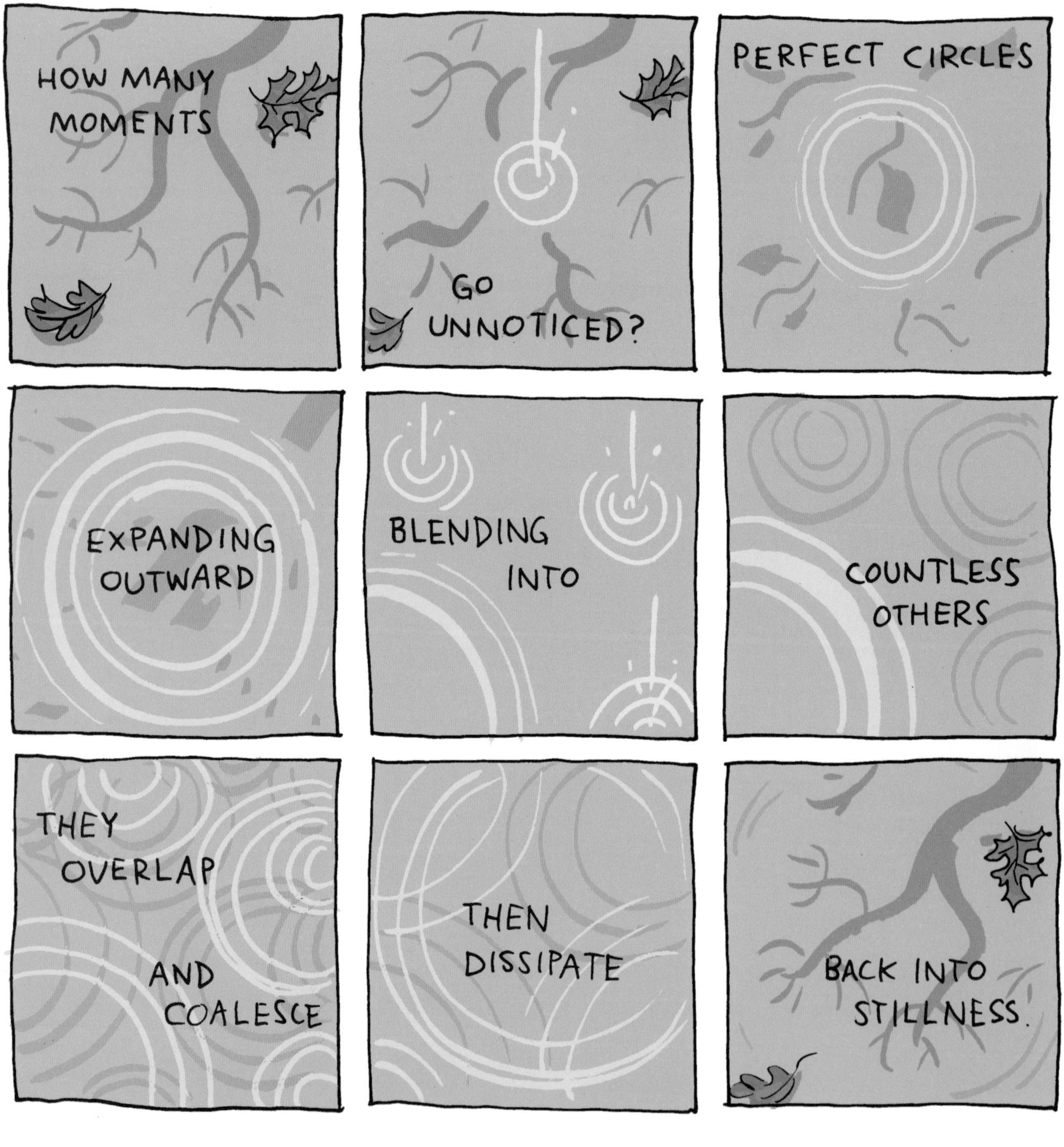
HOW MANY MOMENTS
GO UNNOTICED?
PERFECT CIRCLES
EXPANDING OUTWARD
BLENDING INTO
COUNTLESS OTHERS
THEY OVERLAP
AND COALESCE
THEN DISSIPATE
BACK INTO STILLNESS.

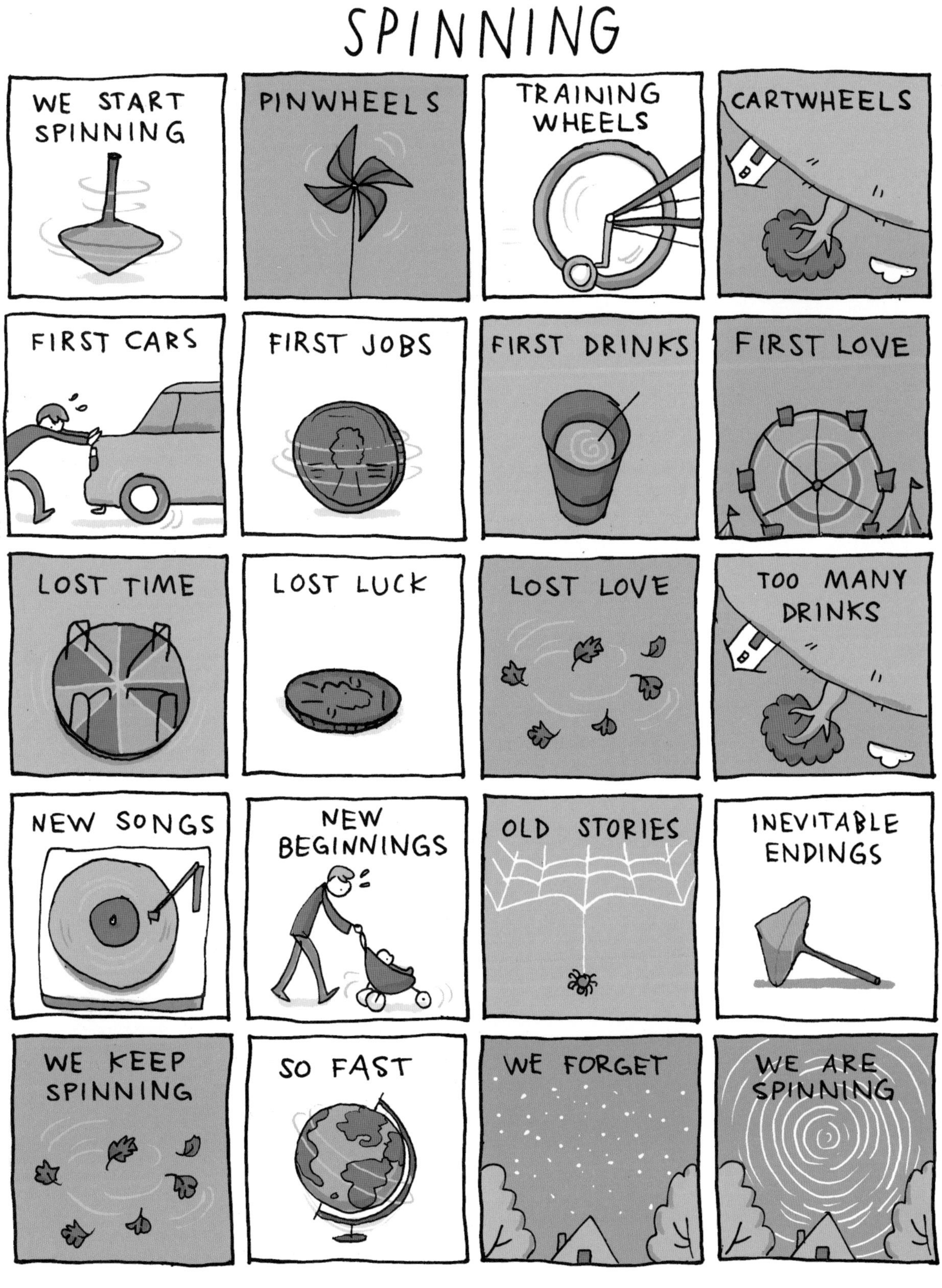
SPINNING
WE START SPINNING
PINWHEELS
TRAINING WHEELS
CARTWHEELS
FIRST CARS
FIRST JOBS
FIRST DRINKS
FIRST LOVE
LOST TIME
LOST LUCK
LOST LOVE
TOO MANY DRINKS
NEW SONGS
NEW BEGINNINGS
OLD STORIES
INEVITABLE ENDINGS
WE KEEP SPINNING
SO FAST
WE FORGET
WE ARE SPINNING

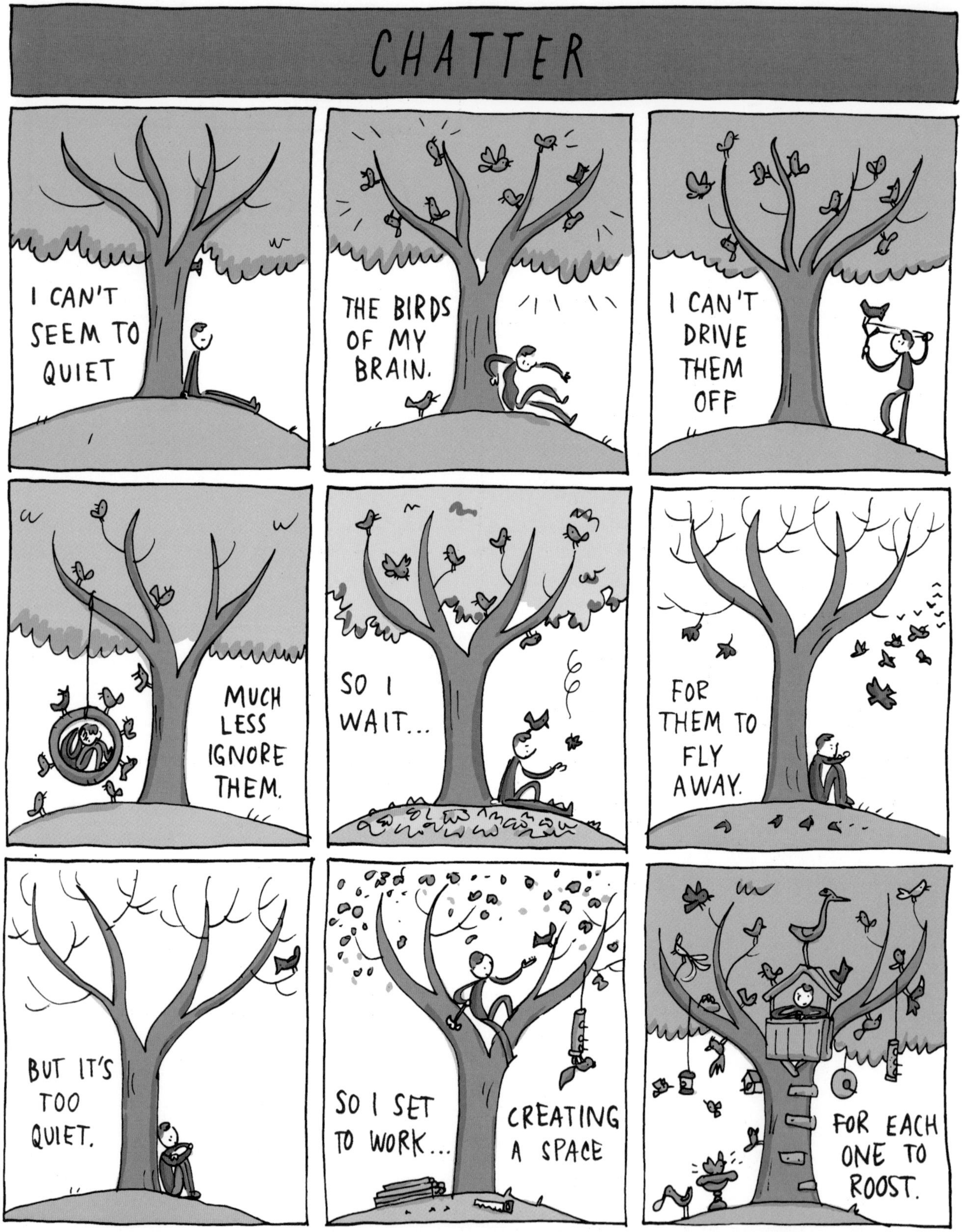
CHATTER
I CAN'T SEEM TO QUIET
THE BIRDS OF MY BRAIN.
I CAN'T DRIVE THEM OFF
MUCH LESS IGNORE THEM.
SO I WAIT...
FOR THEM TO FLY AWAY.
BUT IT'S TOO QUIET.
SO I SET TO WORK...
CREATING A SPACE
FOR EACH ONE TO ROOST.

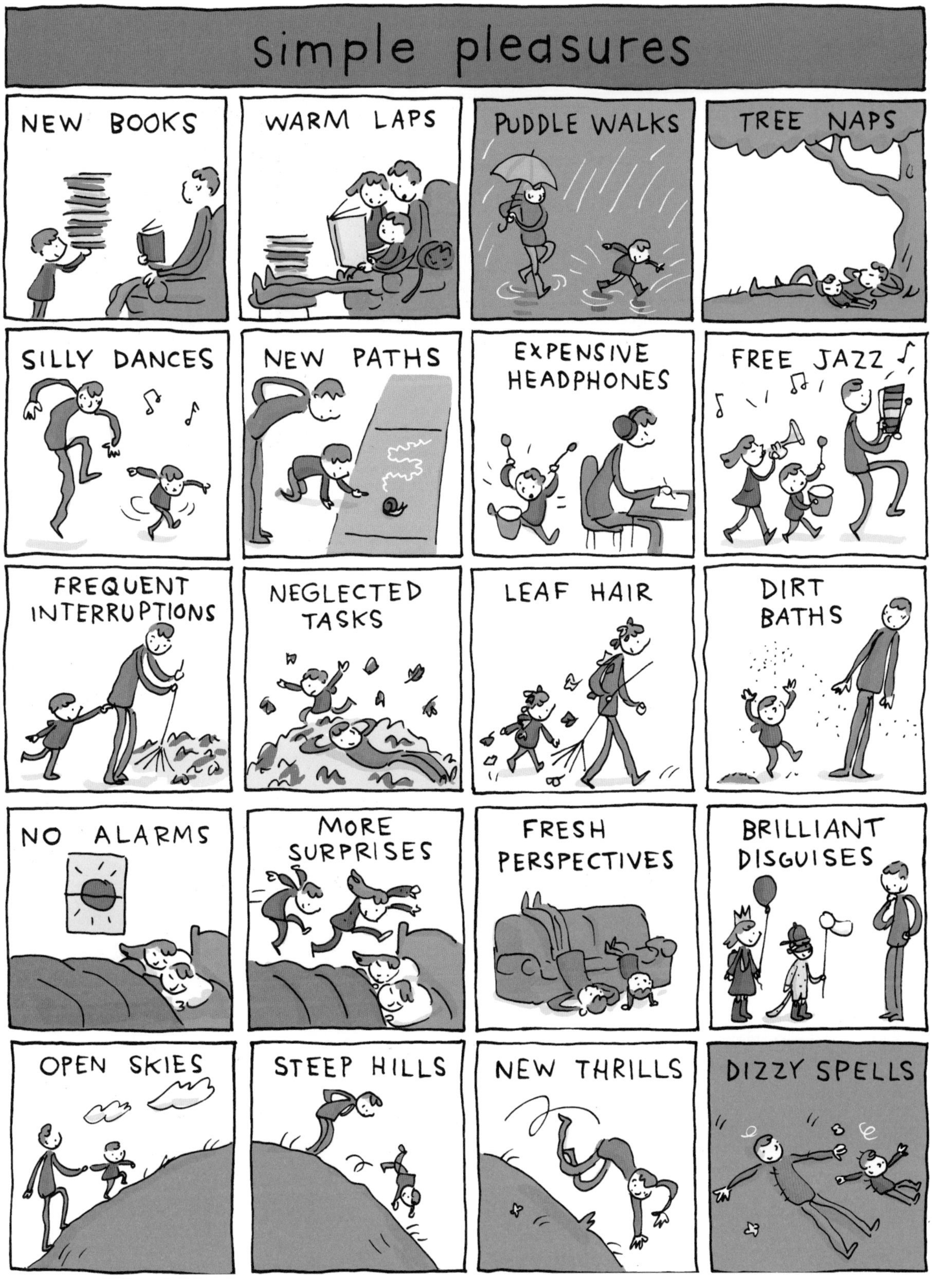
simple pleasures
NEW BOOKS
WARM LAPS
PUDDLE WALKS
TREE NAPS
SILLY DANCES
NEW PATHS
EXPENSIVE HEADPHONES
FREE JAZZ
FREQUENT INTERRUPTIONS
NEGLECTED TASKS
LEAF HAIR
DIRT BATHS
NO ALARMS
MORE SURPRISES
FRESH PERSPECTIVES
BRILLIANT DISGUISES
OPEN SKIES
STEEP HILLS
NEW THRILLS
DIZZY SPELLS

NOW

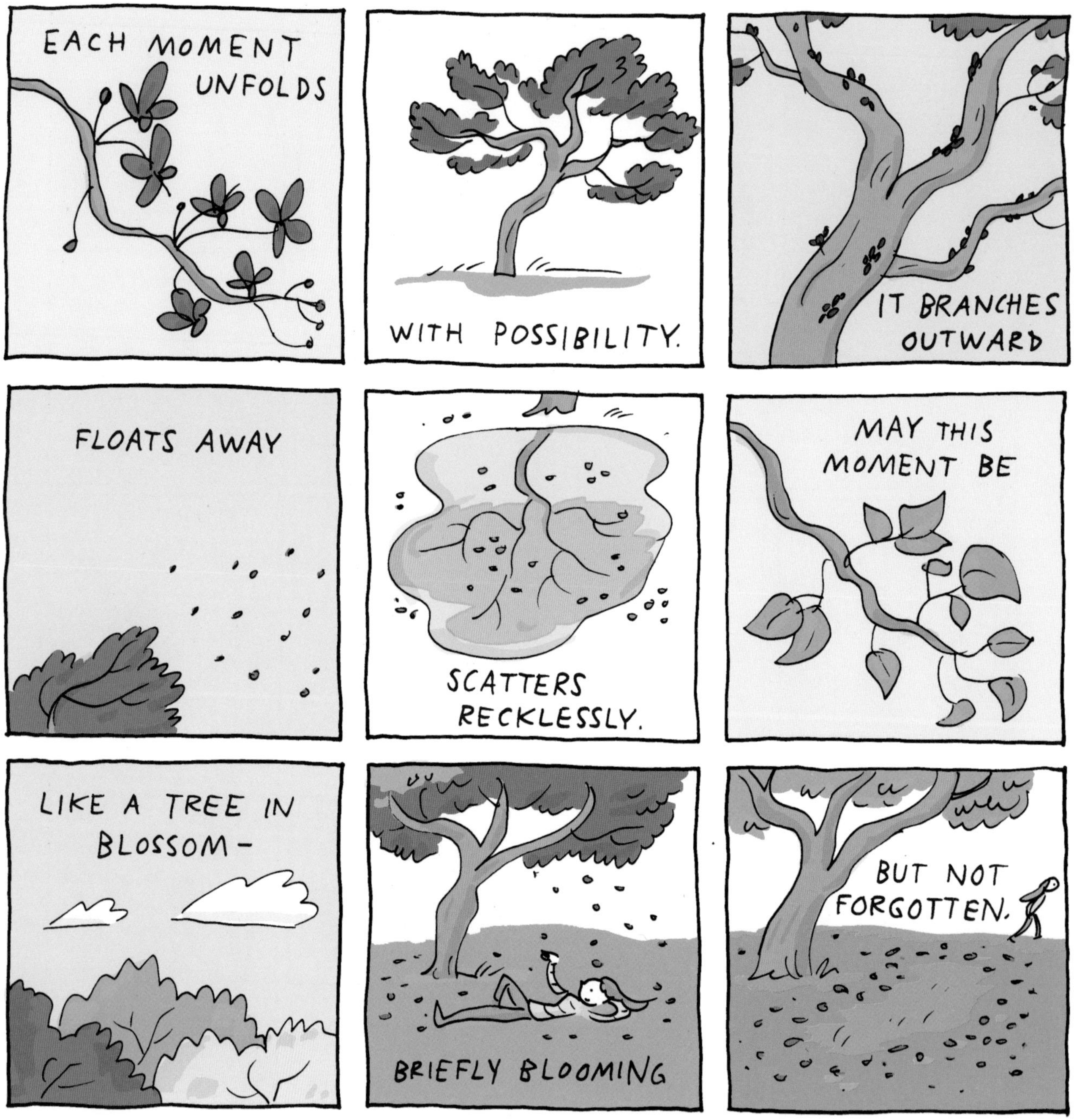
EACH MOMENT UNFOLDS
WITH POSSIBILITY.
IT BRANCHES OUTWARD
FLOATS AWAY
SCATTERS RECKLESSLY.
MAY THIS MOMENT BE
LIKE A TREE IN BLOSSOM-
BRIEFLY BLOOMING
BUT NOT FORGOTTEN.

RAINSTORM

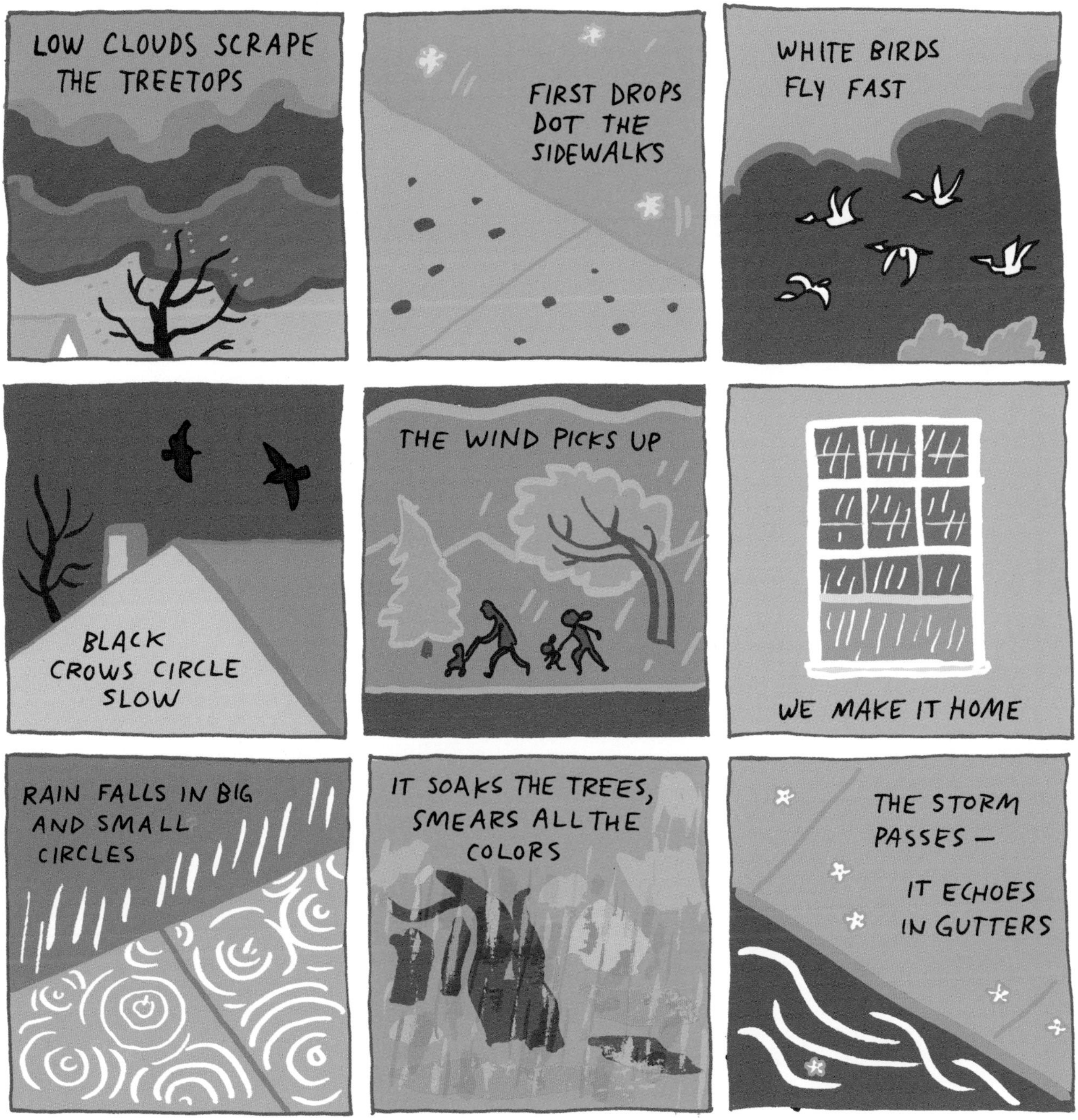
LOW CLOUDS SCRAPE THE TREETOPS
FIRST DROPS DOT THE SIDEWALKS
WHITE BIRDS FLY FAST
BLACK CROWS CIRCLE SLOW
THE WIND PICKS UP
WE MAKE IT HOME
RAIN FALLS IN BIG AND SMALL CIRCLES
IT SOAKS THE TREES, SMEARS ALL THE COLORS
THE STORM PASSES —
IT ECHOES IN GUTTERS

A NEW YEAR

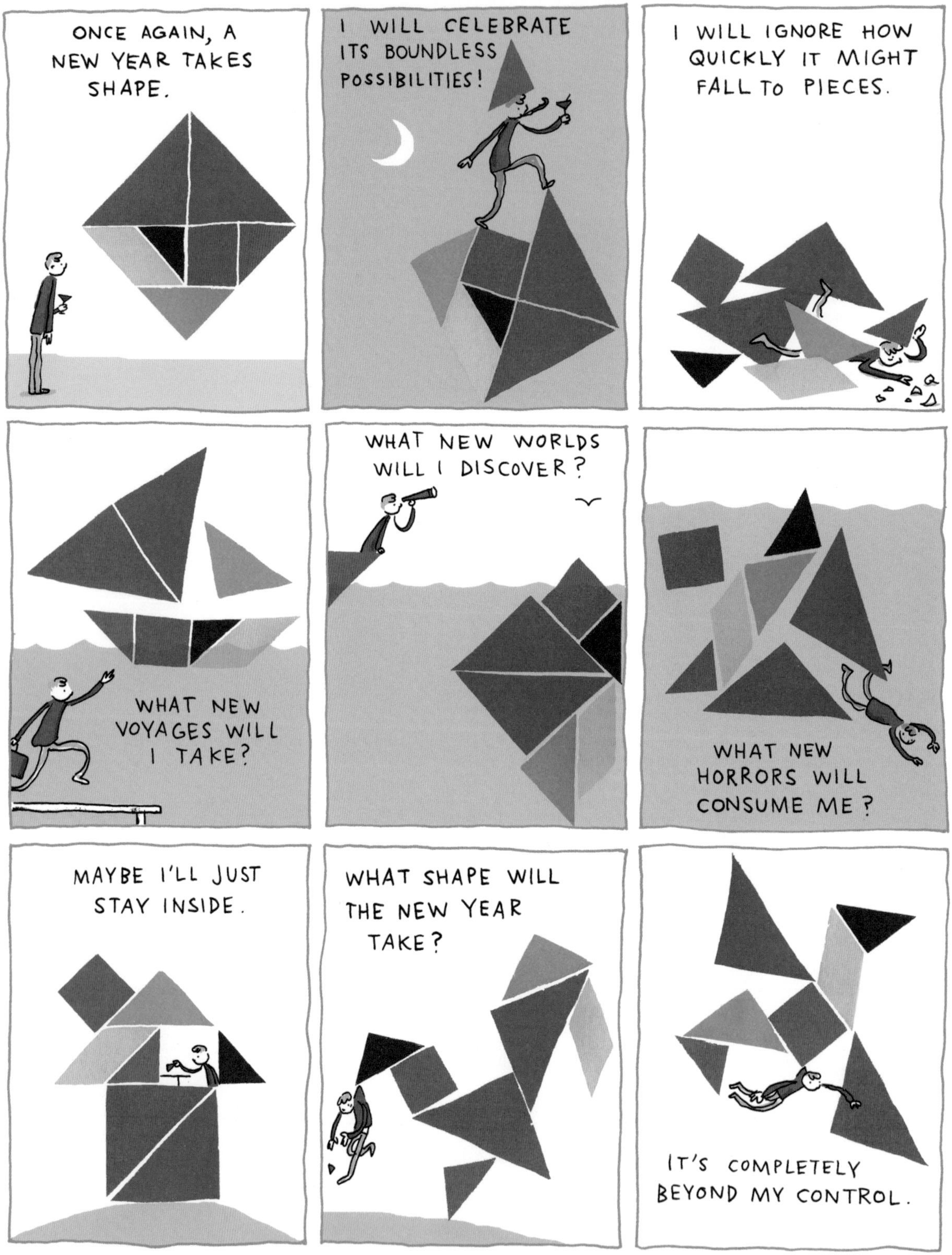

ONCE AGAIN, A NEW YEAR TAKES SHAPE.
I WILL CELEBRATE ITS BOUNDLESS POSSIBILITIES!
I WILL IGNORE HOW QUICKLY IT MIGHT FALL TO PIECES.
WHAT NEW VOYAGES WILL I TAKE?
WHAT NEW WORLDS WILL I DISCOVER?
WHAT NEW HORRORS WILL CONSUME ME?
MAYBE I'LL JUST STAY INSIDE.
WHAT SHAPE WILL THE NEW YEAR TAKE?
IT'S COMPLETELY BEYOND MY CONTROL.

the pursuit of idleness

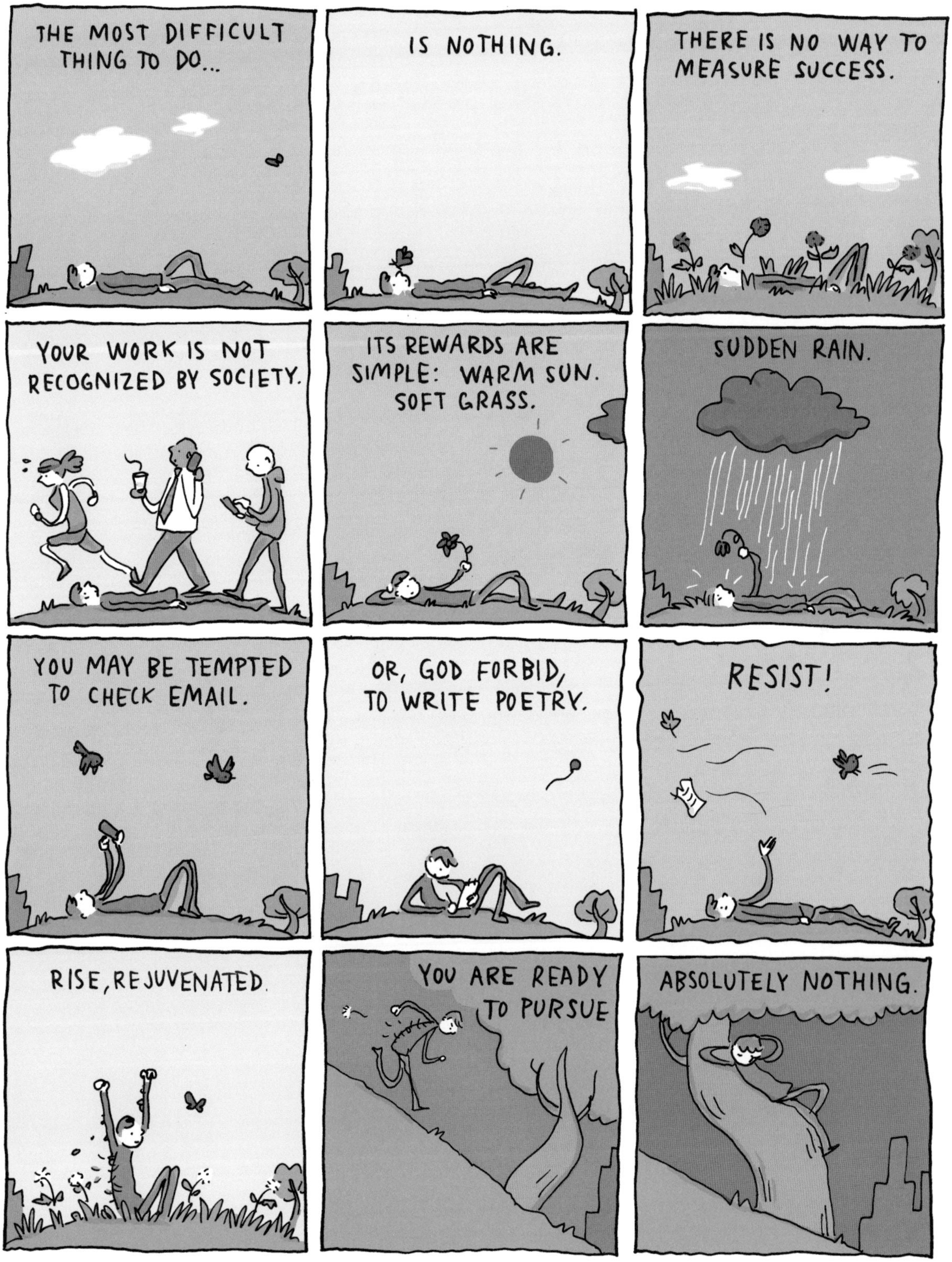
THE MOST DIFFICULT THING TO DO...
IS NOTHING.
THERE IS NO WAY TO MEASURE SUCCESS.
YOUR WORK IS NOT RECOGNIZED BY SOCIETY.
ITS REWARDS ARE SIMPLE: WARM SUN. SOFT GRASS.
SUDDEN RAIN.
YOU MAY BE TEMPTED TO CHECK EMAIL.
OR, GOD FORBID, TO WRITE POETRY.
RESIST!
RISE, REJUVENATED.
YOU ARE READY
TO PURSUE
ABSOLUTELY NOTHING.

I will experience
the world with my
body and mind.

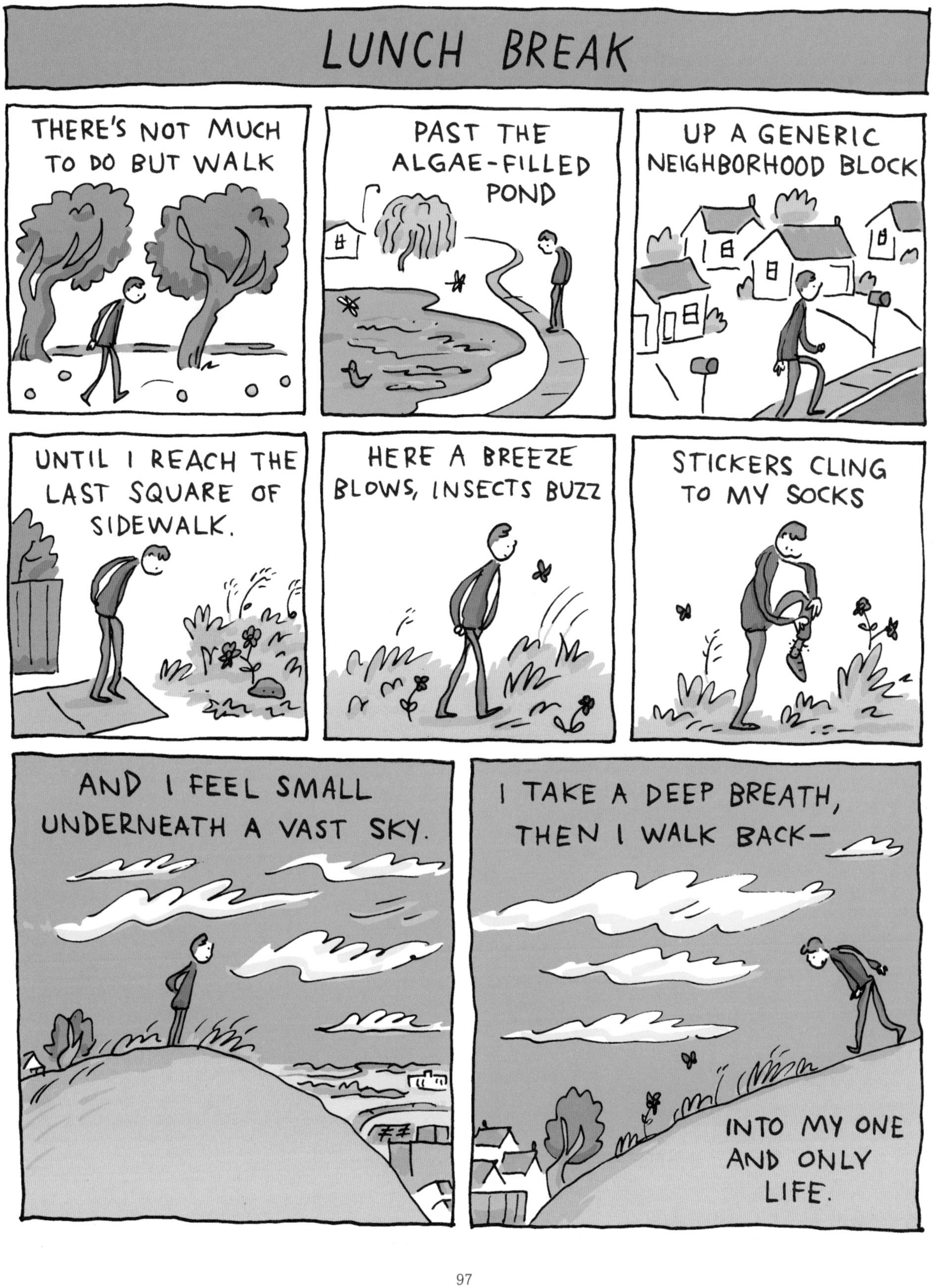
LUNCH BREAK
THERE'S NOT MUCH TO DO BUT WALK
PAST THE ALGAE-FILLED POND
UP A GENERIC NEIGHBORHOOD BLOCK
UNTIL I REACH THE LAST SQUARE OF SIDEWALK.
HERE A BREEZE BLOWS, INSECTS BUZZ
STICKERS CLING TO MY SOCKS
AND I FEEL SMALL UNDERNEATH A VAST SKY.
I TAKE A DEEP BREATH, THEN I WALK BACK—
INTO MY ONE AND ONLY LIFE.

UPHILL

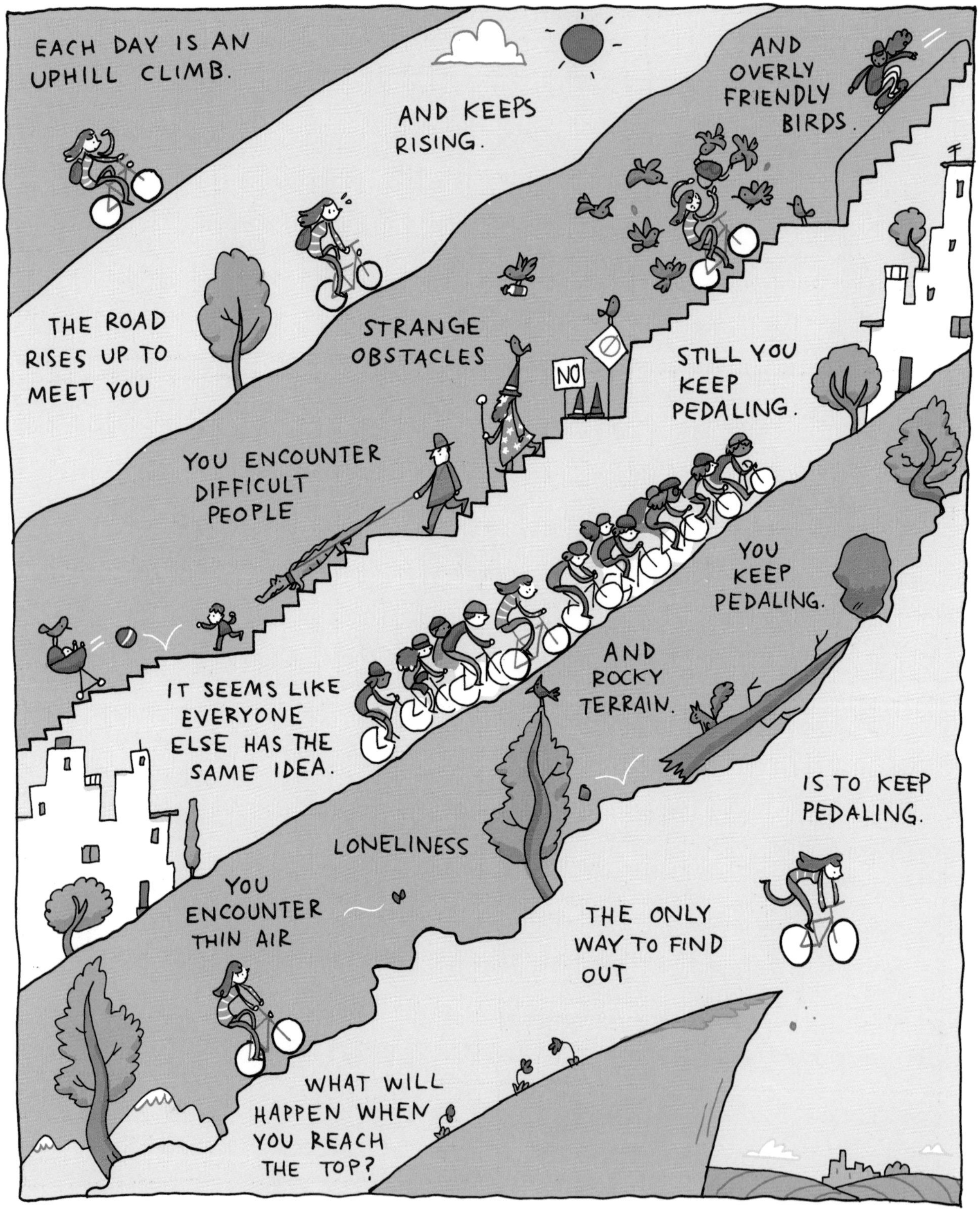
EACH DAY IS AN UPHILL CLIMB.
THE ROAD RISES UP TO MEET YOU
AND KEEPS RISING.
STRANGE OBSTACLES
NO
YOU ENCOUNTER DIFFICULT PEOPLE
AND OVERLY FRIENDLY BIRDS.
STILL YOU KEEP PEDALING.
IT SEEMS LIKE EVERYONE ELSE HAS THE SAME IDEA.
YOU KEEP PEDALING.
AND ROCKY TERRAIN.
LONELINESS
YOU ENCOUNTER THIN AIR
WHAT WILL HAPPEN WHEN YOU REACH THE TOP?
THE ONLY WAY TO FIND OUT
IS TO KEEP PEDALING.

DOWNHILL

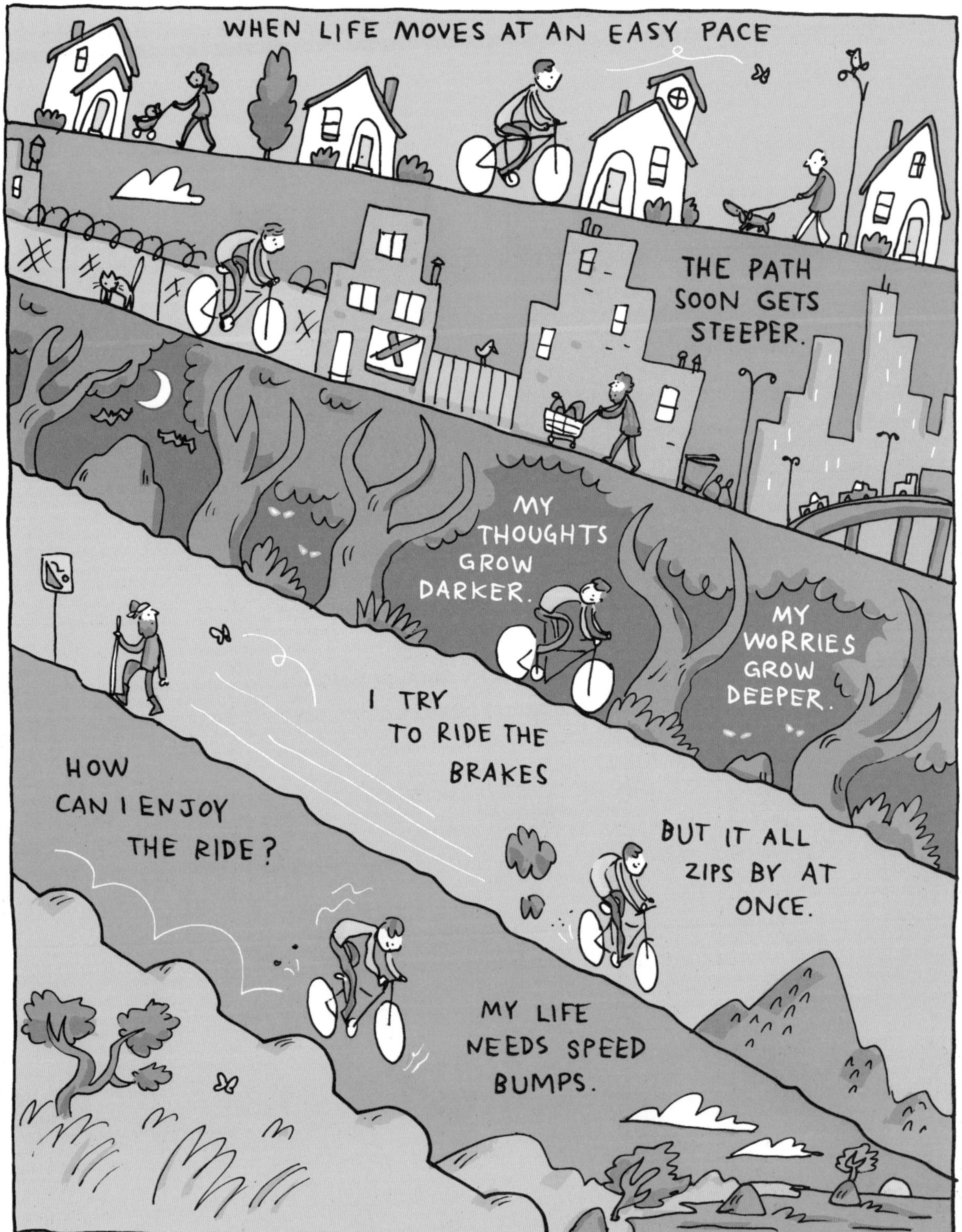
WHEN LIFE MOVES AT AN EASY PACE
THE PATH SOON GETS STEEPER.
MY THOUGHTS GROW DARKER.
MY WORRIES GROW DEEPER.
I TRY TO RIDE THE BRAKES
HOW CAN I ENJOY THE RIDE?
BUT IT ALL ZIPS BY AT ONCE.
MY LIFE NEEDS SPEED BUMPS.

HEAVY THINGS

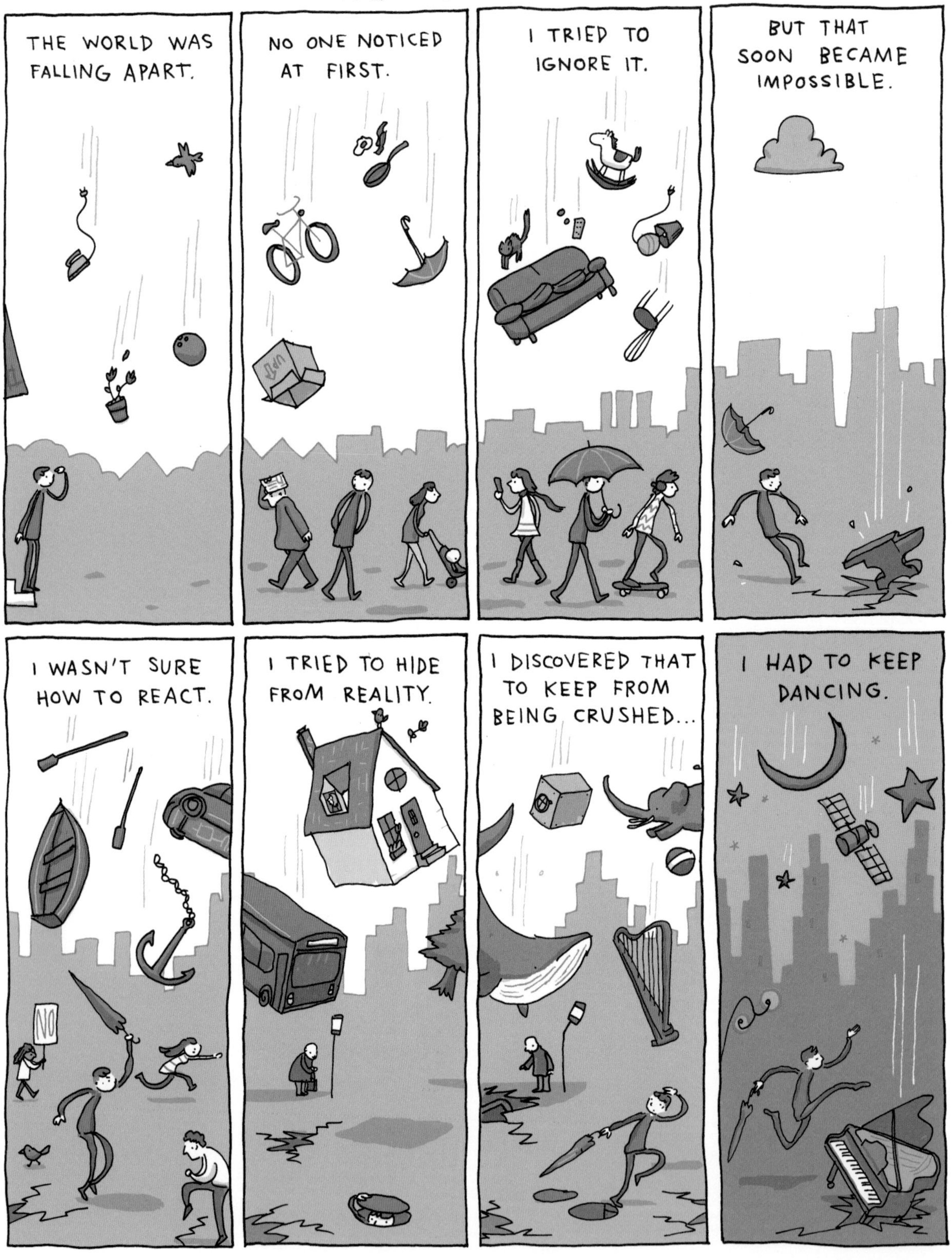
THE WORLD WAS FALLING APART.
NO ONE NOTICED AT FIRST.
I TRIED TO IGNORE IT.
BUT THAT SOON BECAME IMPOSSIBLE.
I WASN'T SURE HOW TO REACT.
NO
I TRIED TO HIDE FROM REALITY.
I DISCOVERED THAT TO KEEP FROM BEING CRUSHED...
I HAD TO KEEP DANCING.

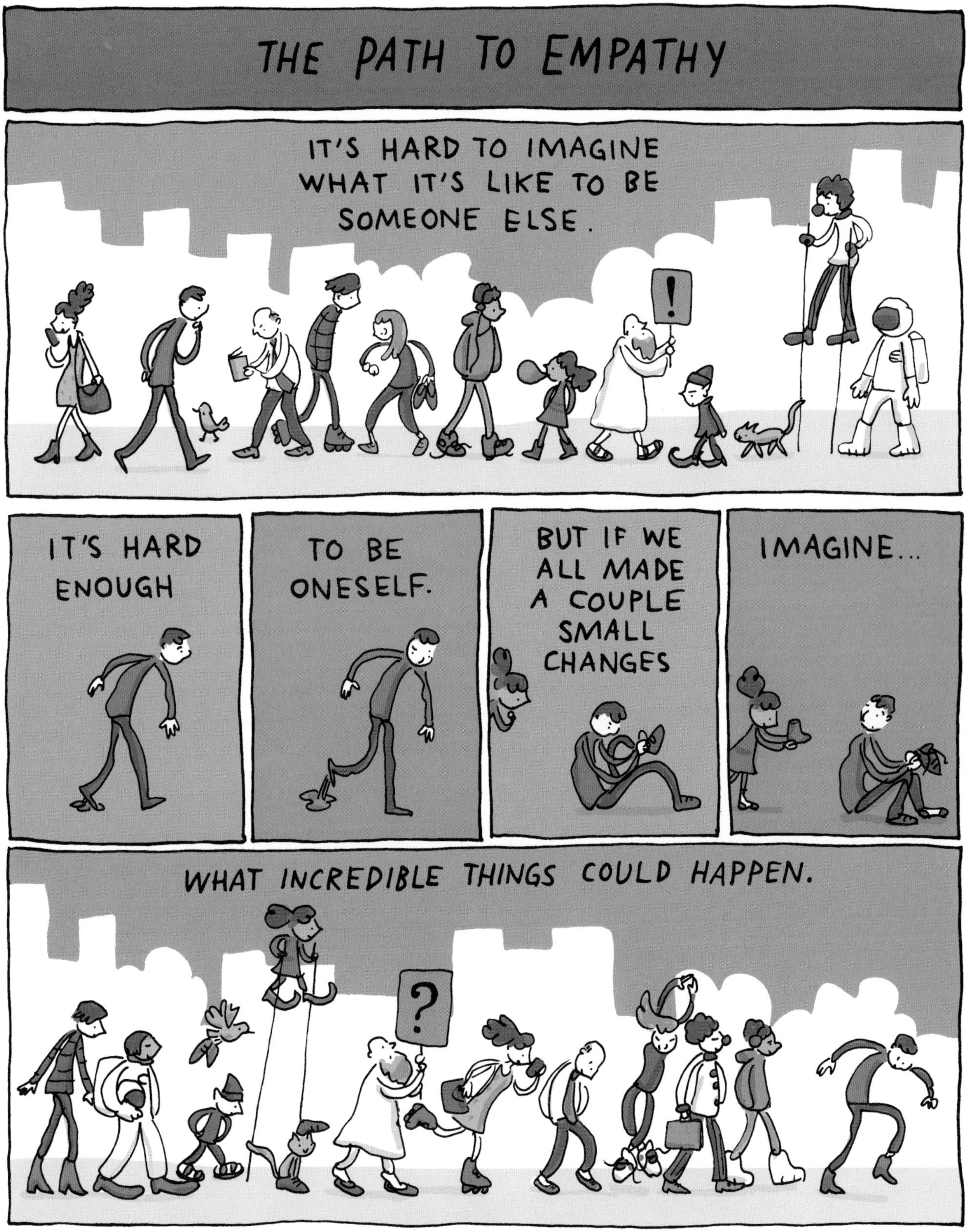
THE PATH TO EMPATHY
IT'S HARD TO IMAGINE WHAT IT'S LIKE TO BE SOMEONE ELSE.
!
IT'S HARD ENOUGH
TO BE ONESELF.
BUT IF WE ALL MADE A COUPLE SMALL CHANGES
IMAGINE...
WHAT INCREDIBLE THINGS COULD HAPPEN.
?

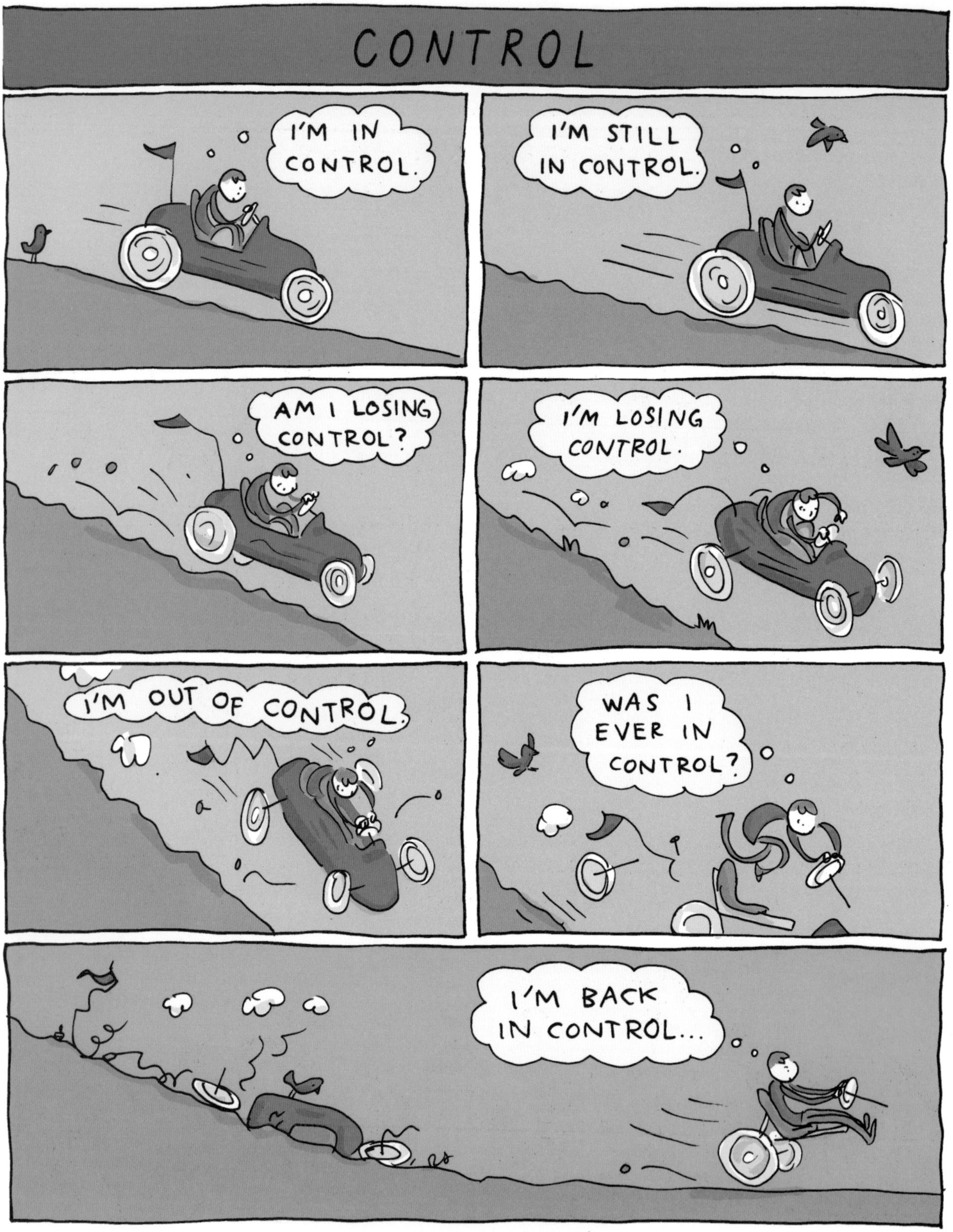
CONTROL
I'M IN CONTROL.
I'M STILL IN CONTROL.
AM I LOSING CONTROL?
I'M LOSING CONTROL.
I'M OUT OF CONTROL.
WAS I EVER IN CONTROL?
I'M BACK IN CONTROL...

(after CHARLES FORBELL)

GETTING OVER

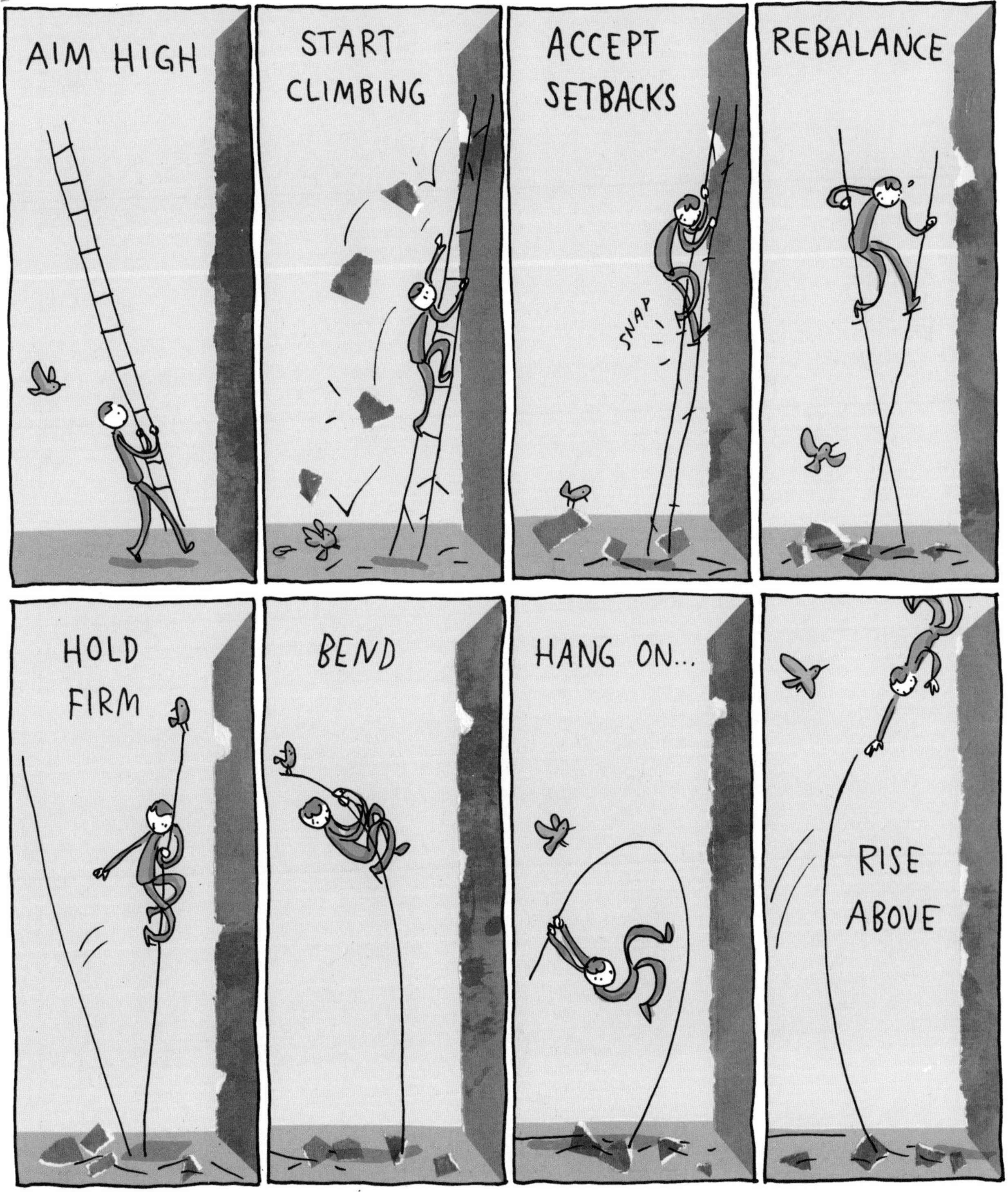
AIM HIGH
START CLIMBING
ACCEPT SETBACKS
SNAP
REBALANCE
HOLD FIRM
BEND
HANG ON...
RISE ABOVE

RUNNING

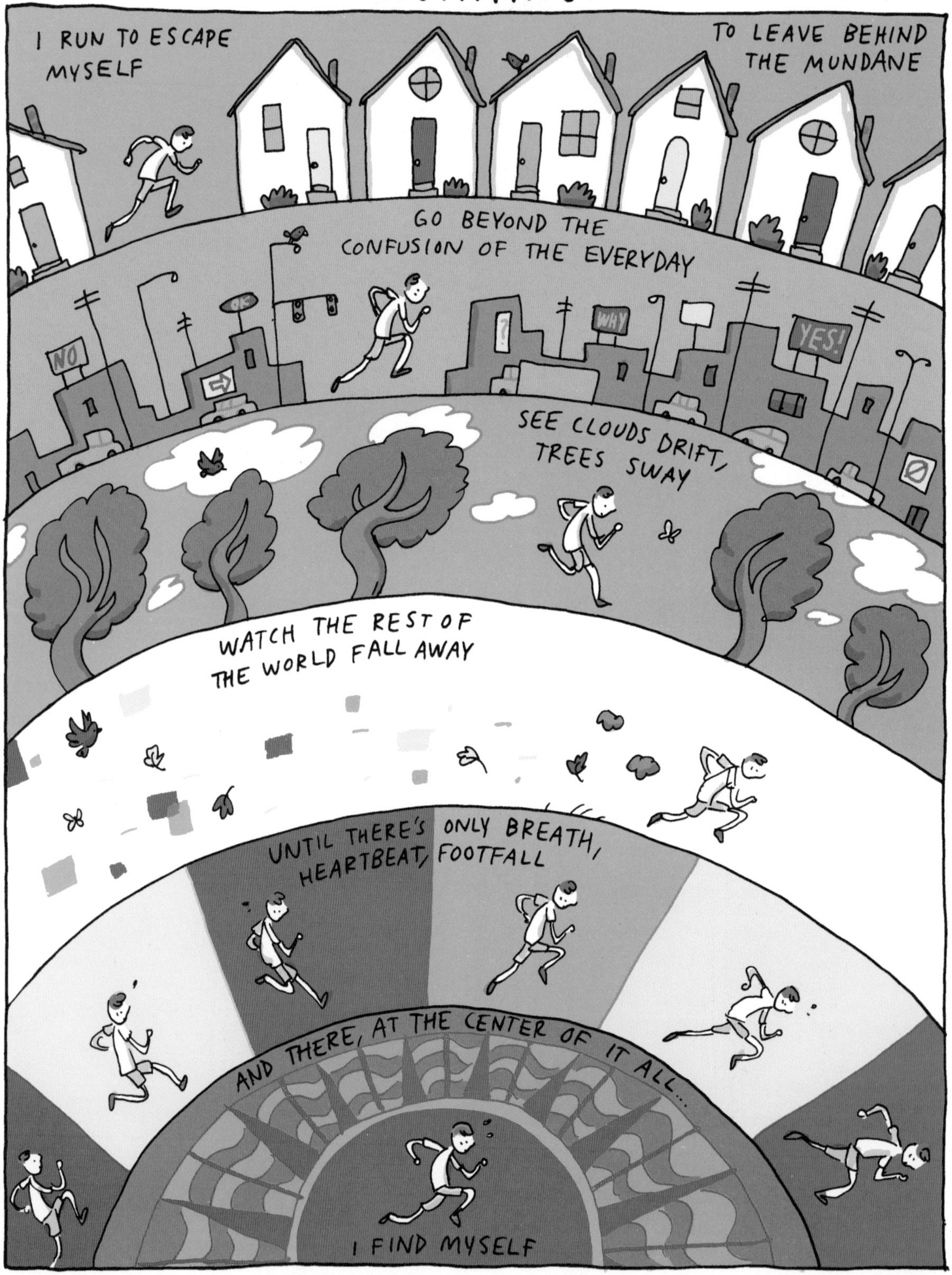
I RUN TO ESCAPE MYSELF
TO LEAVE BEHIND THE MUNDANE
GO BEYOND THE CONFUSION OF THE EVERYDAY
NO
WHY
YES!
SEE CLOUDS DRIFT, TREES SWAY
WATCH THE REST OF THE WORLD FALL AWAY
UNTIL THERE'S ONLY BREATH, HEARTBEAT, FOOTFALL
AND THERE, AT THE CENTER OF IT ALL...
I FIND MYSELF

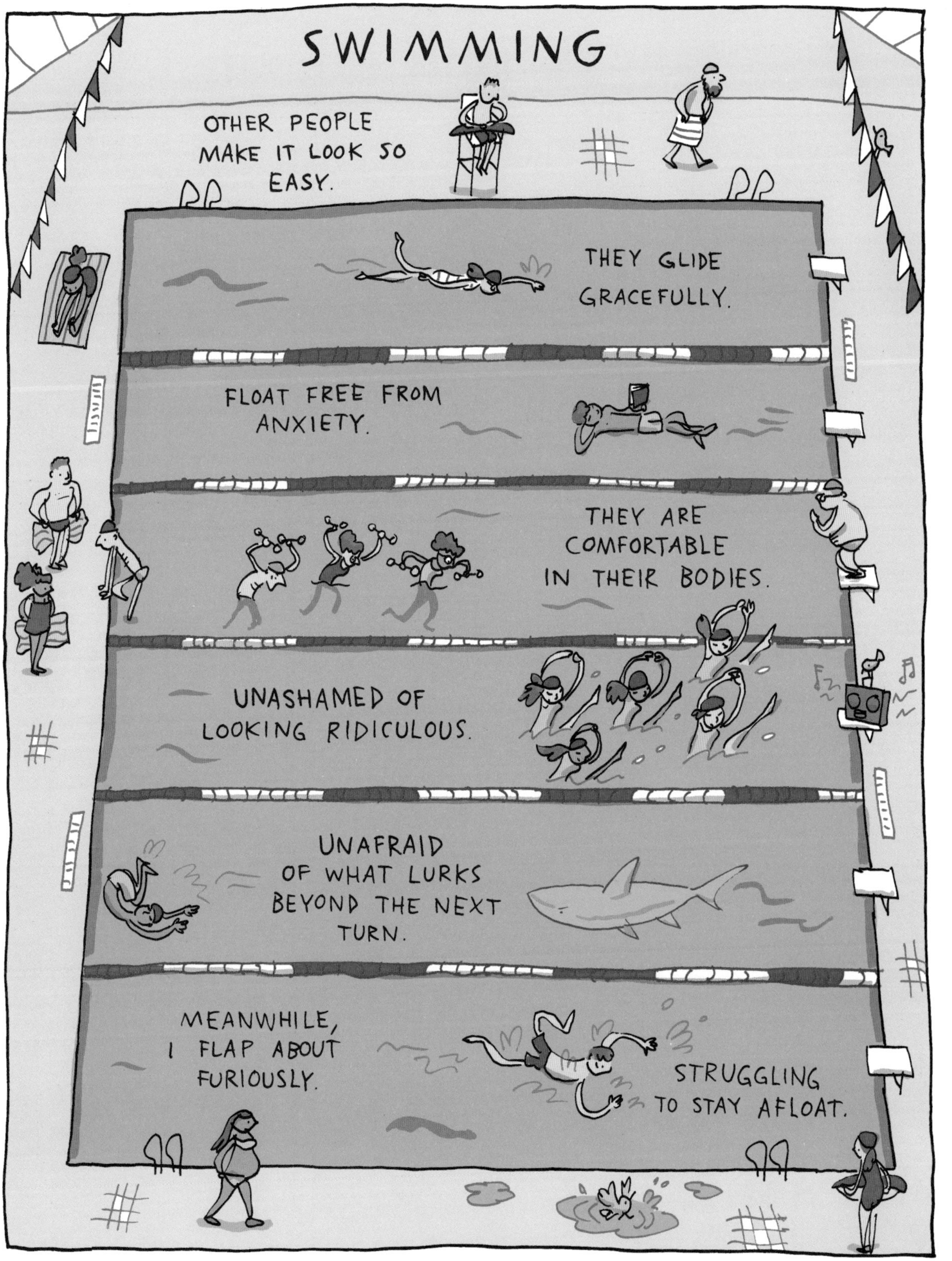
SWIMMING
OTHER PEOPLE MAKE IT LOOK SO EASY.
THEY GLIDE GRACEFULLY.
FLOAT FREE FROM ANXIETY.
THEY ARE COMFORTABLE IN THEIR BODIES.
UNASHAMED OF LOOKING RIDICULOUS.
UNAFRAID OF WHAT LURKS BEYOND THE NEXT TURN.
MEANWHILE, I FLAP ABOUT FURIOUSLY.
STRUGGLING TO STAY AFLOAT.

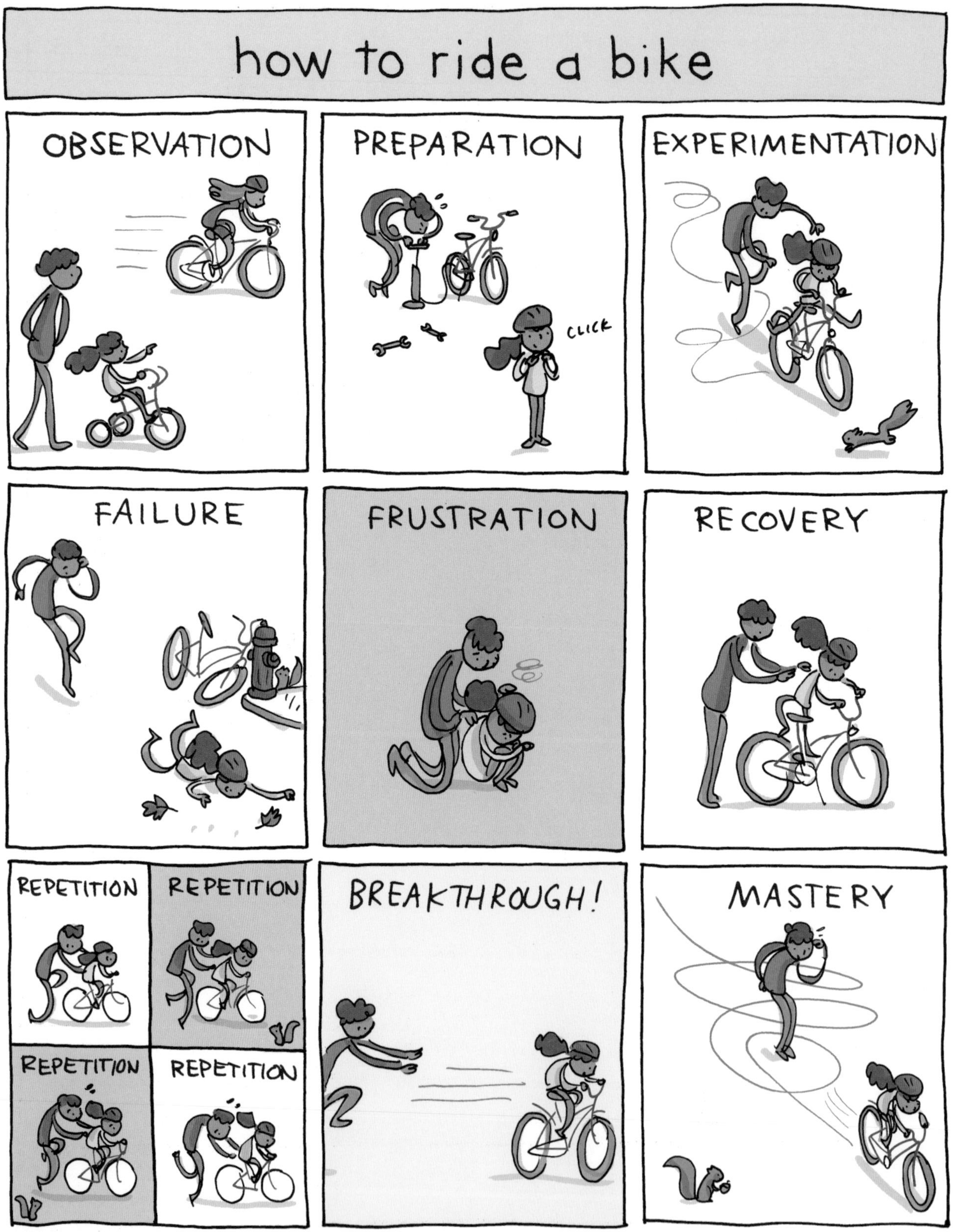
how to ride a bike
OBSERVATION
PREPARATION
CLICK
EXPERIMENTATION
FAILURE
FRUSTRATION
RECOVERY
REPETITION
REPETITION
REPETITION
REPETITION
BREAKTHROUGH!
MASTERY

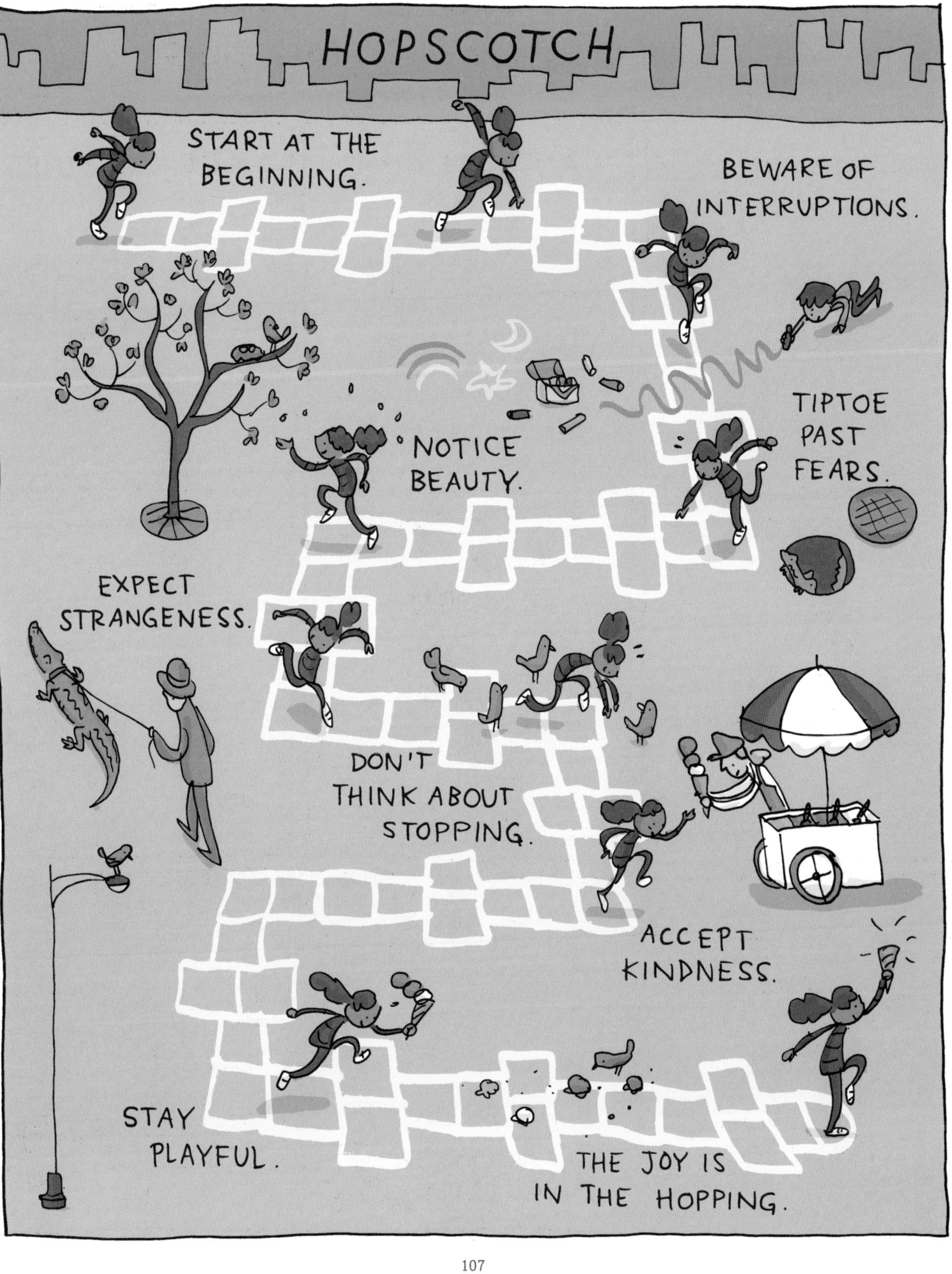
HOPSCOTCH
START AT THE BEGINNING.
BEWARE OF INTERRUPTIONS.
NOTICE BEAUTY.
TIPTOE PAST FEARS.
EXPECT STRANGENESS.
DON'T THINK ABOUT STOPPING.
ACCEPT KINDNESS.
STAY PLAYFUL.
THE JOY IS IN THE HOPPING.

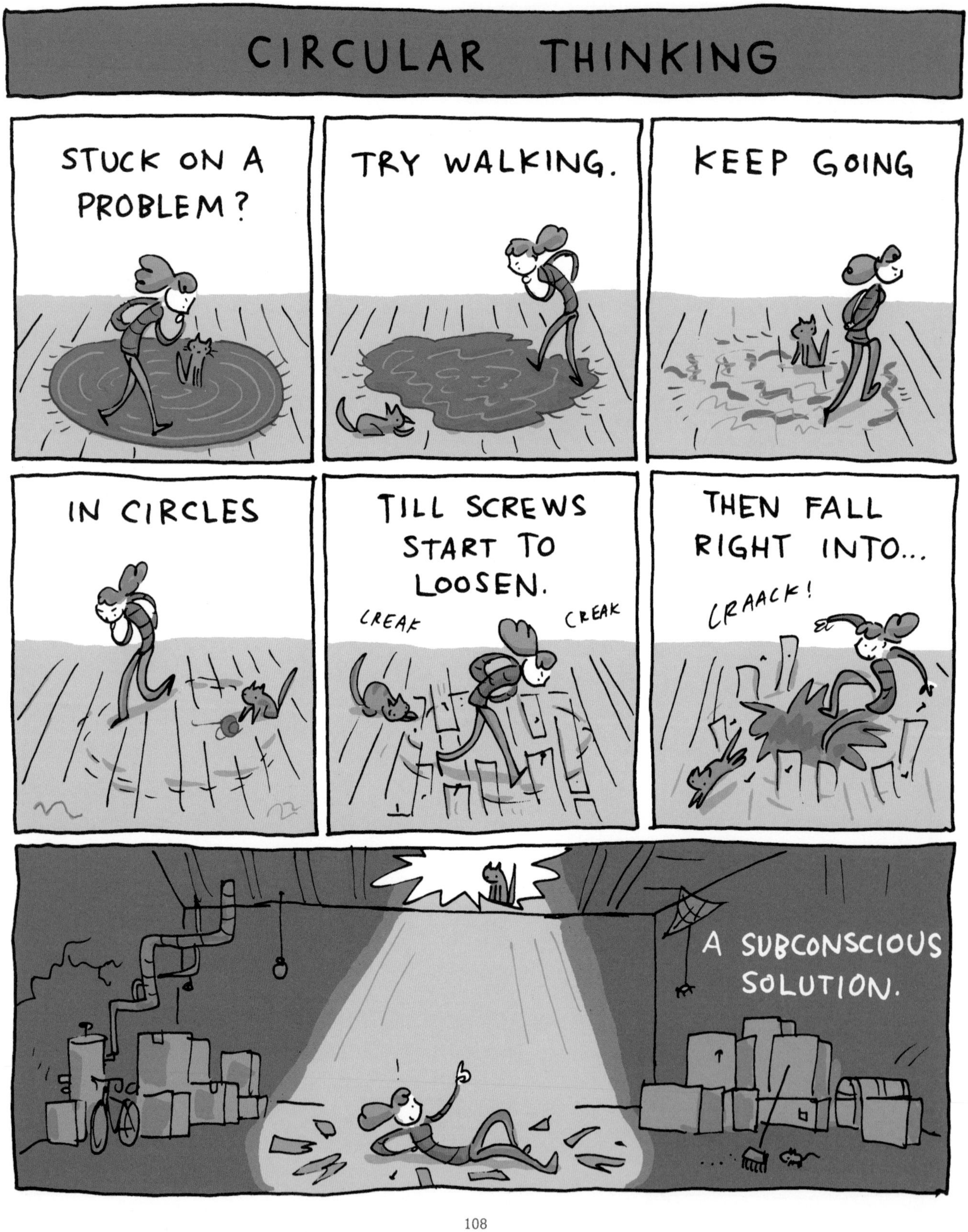
CIRCULAR THINKING
STUCK ON A PROBLEM?
TRY WALKING.
KEEP GOING
IN CIRCLES
TILL SCREWS START TO LOOSEN.
CREAK
CREAK
THEN FALL RIGHT INTO...
CRAACK!
A SUBCONSCIOUS SOLUTION.

SELF-CONSTRUCTION

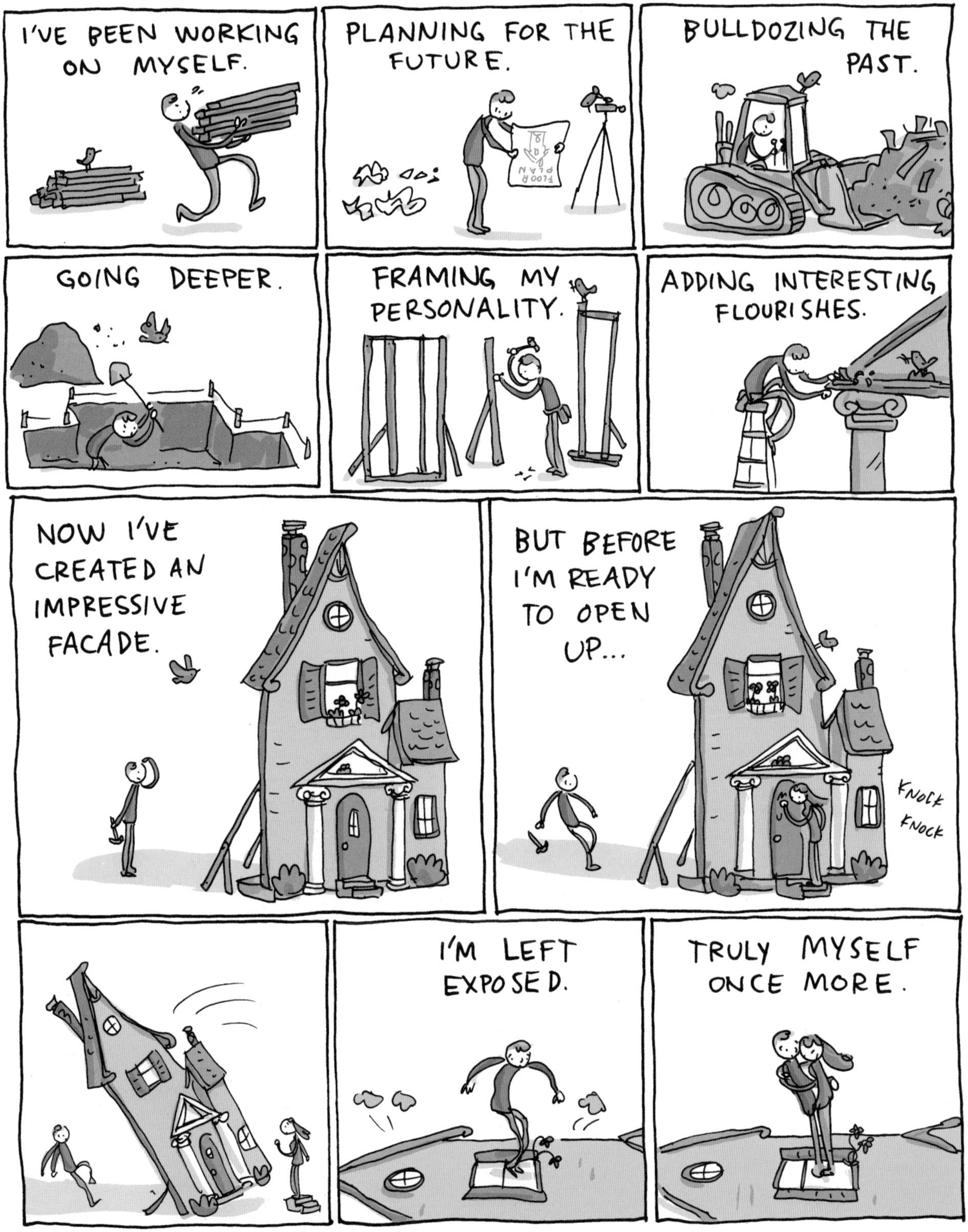
I'VE BEEN WORKING ON MYSELF.
PLANNING FOR THE FUTURE.
FLOOR PLAN
BULLDOZING THE PAST.
GOING DEEPER.
FRAMING MY PERSONALITY.
ADDING INTERESTING FLOURISHES.
NOW I'VE CREATED AN IMPRESSIVE FACADE.
BUT BEFORE I'M READY TO OPEN UP...
KNOCK
KNOCK
I'M LEFT EXPOSED.
TRULY MYSELF ONCE MORE.

DIRECTIONS

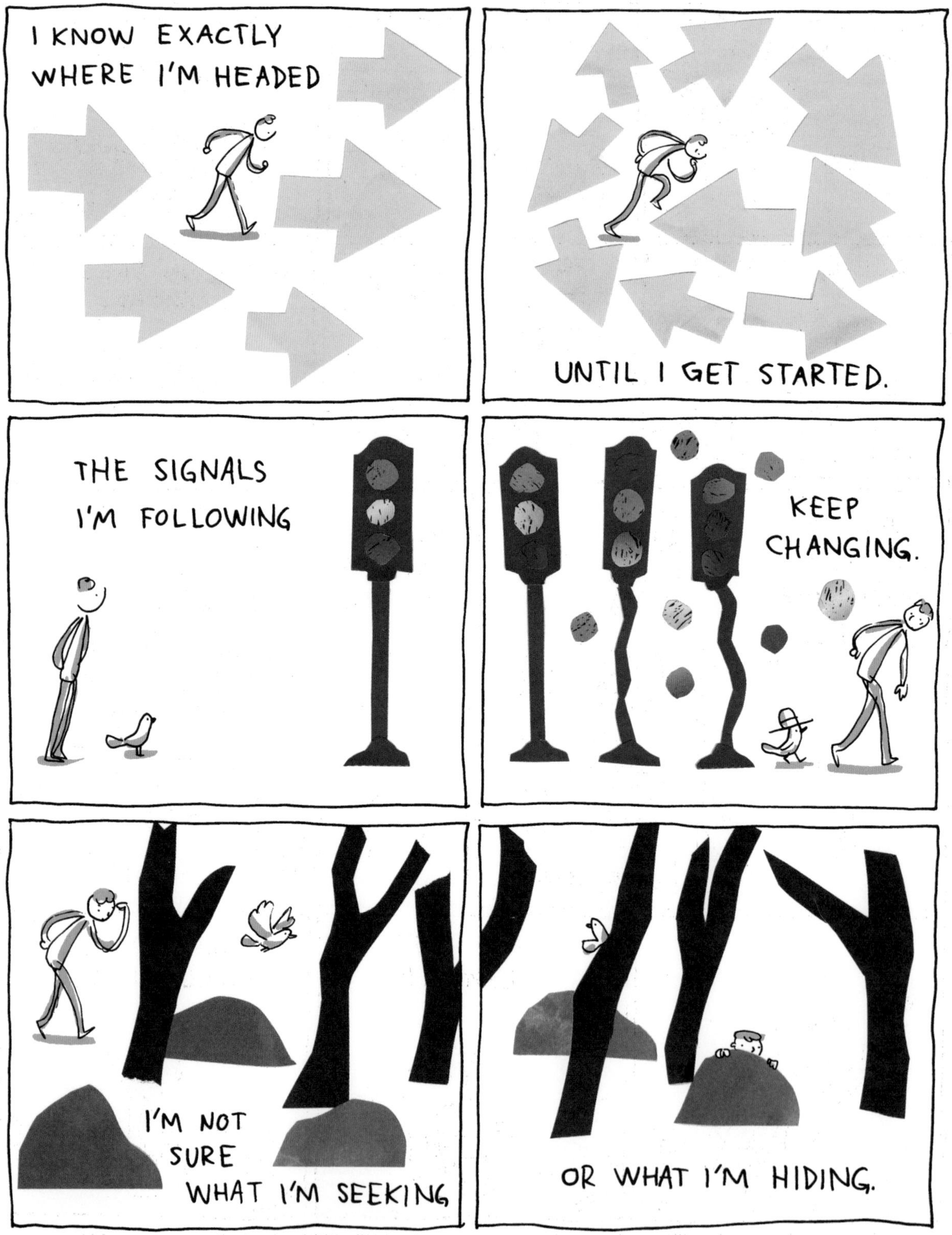
I KNOW EXACTLY WHERE I'M HEADED
UNTIL I GET STARTED.
THE SIGNALS I'M FOLLOWING
KEEP CHANGING.
I'M NOT SURE WHAT I'M SEEKING
OR WHAT I'M HIDING.

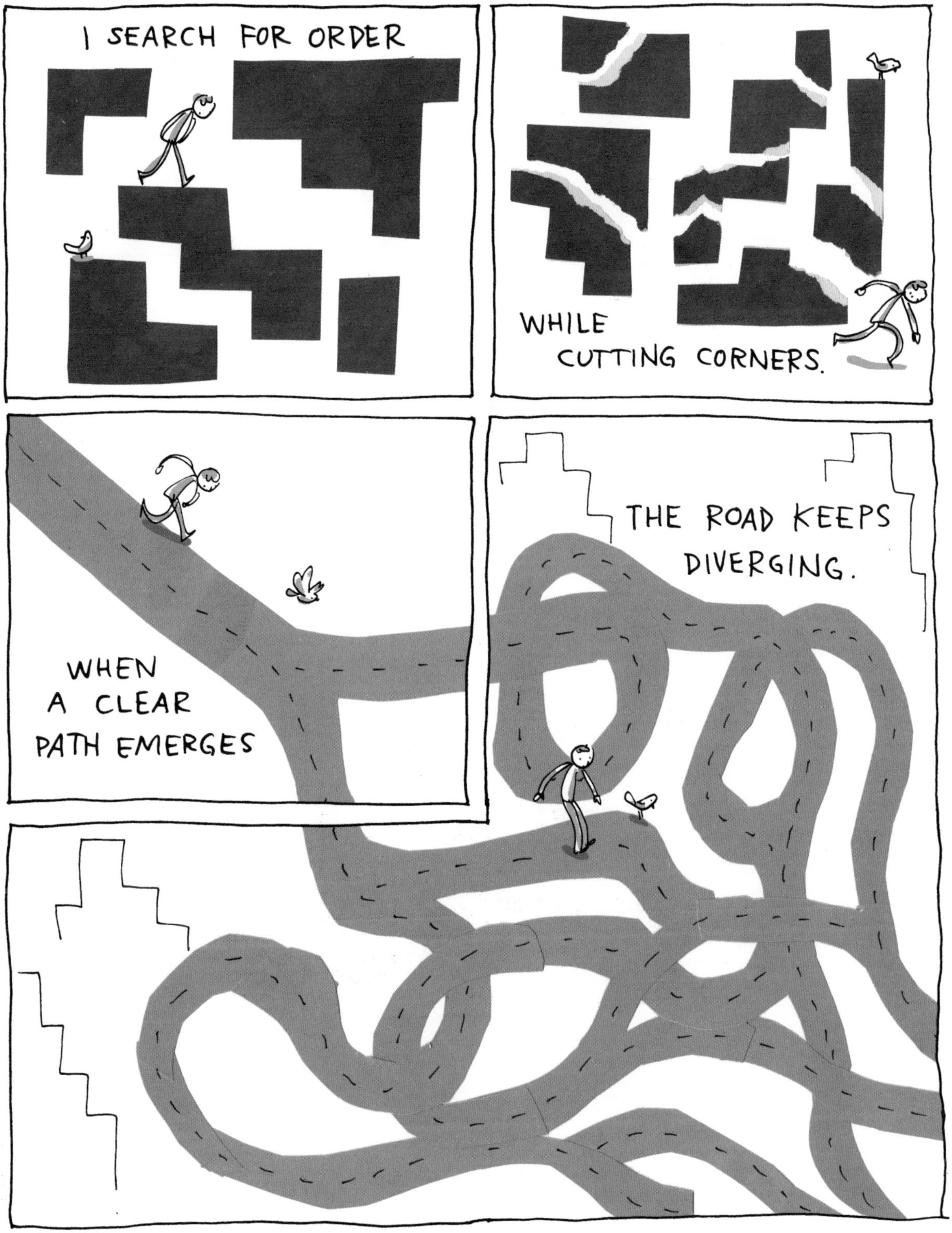
I SEARCH FOR ORDER
WHILE CUTTING CORNERS.
WHEN A CLEAR PATH EMERGES
THE ROAD KEEPS DIVERGING.

I will find beauty in the everyday.

MORNING LIGHT

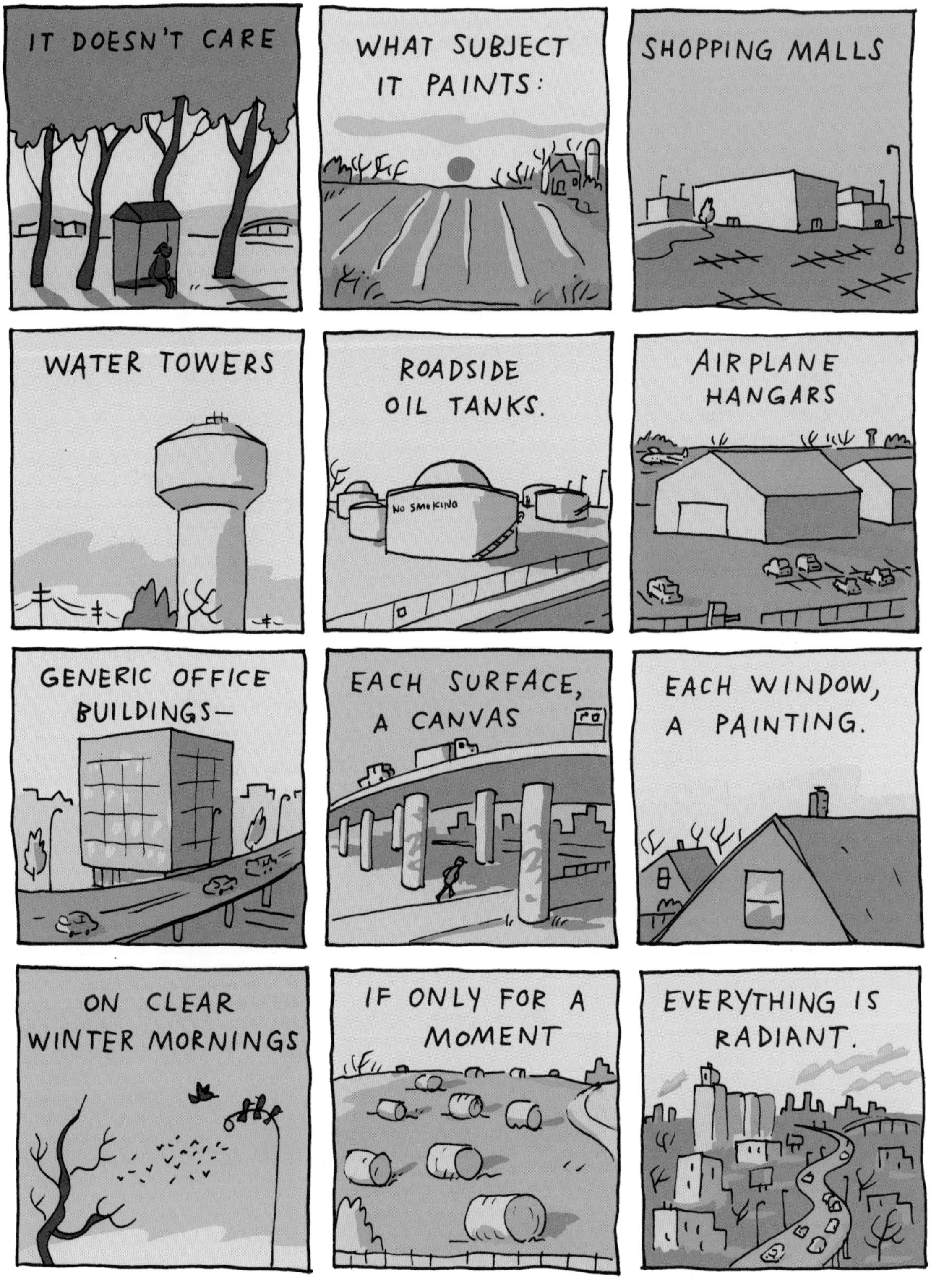
IT DOESN'T CARE
WHAT SUBJECT IT PAINTS:
SHOPPING MALLS
WATER TOWERS
ROADSIDE OIL TANKS.
NO SMOKING
AIRPLANE HANGARS
GENERIC OFFICE BUILDINGS—
EACH SURFACE, A CANVAS
EACH WINDOW, A PAINTING.
ON CLEAR WINTER MORNINGS
IF ONLY FOR A MOMENT
EVERYTHING IS RADIANT.

TRAVELOGUE

A FRIEND POSTS PICTURES

OF THE TILE PATTERNS OF PORTUGAL

A PLACE WHERE I HAVE NEVER BEEN

BUT SUDDENLY, I AM THERE

WANDERING ITS NARROW STREETS

WATCHING THE SUN RISE OVER THE OCEAN

FAILING BADLY TO SPEAK THE LANGUAGE

DRINKING TOO MUCH PORT WINE

WAITING FOR A TRAIN

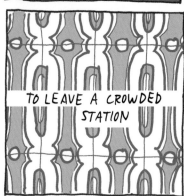

TO LEAVE A CROWDED STATION

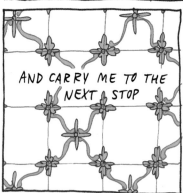

AND CARRY ME TO THE NEXT STOP

ON THE LINE OF MY IMAGINATION.

FALL

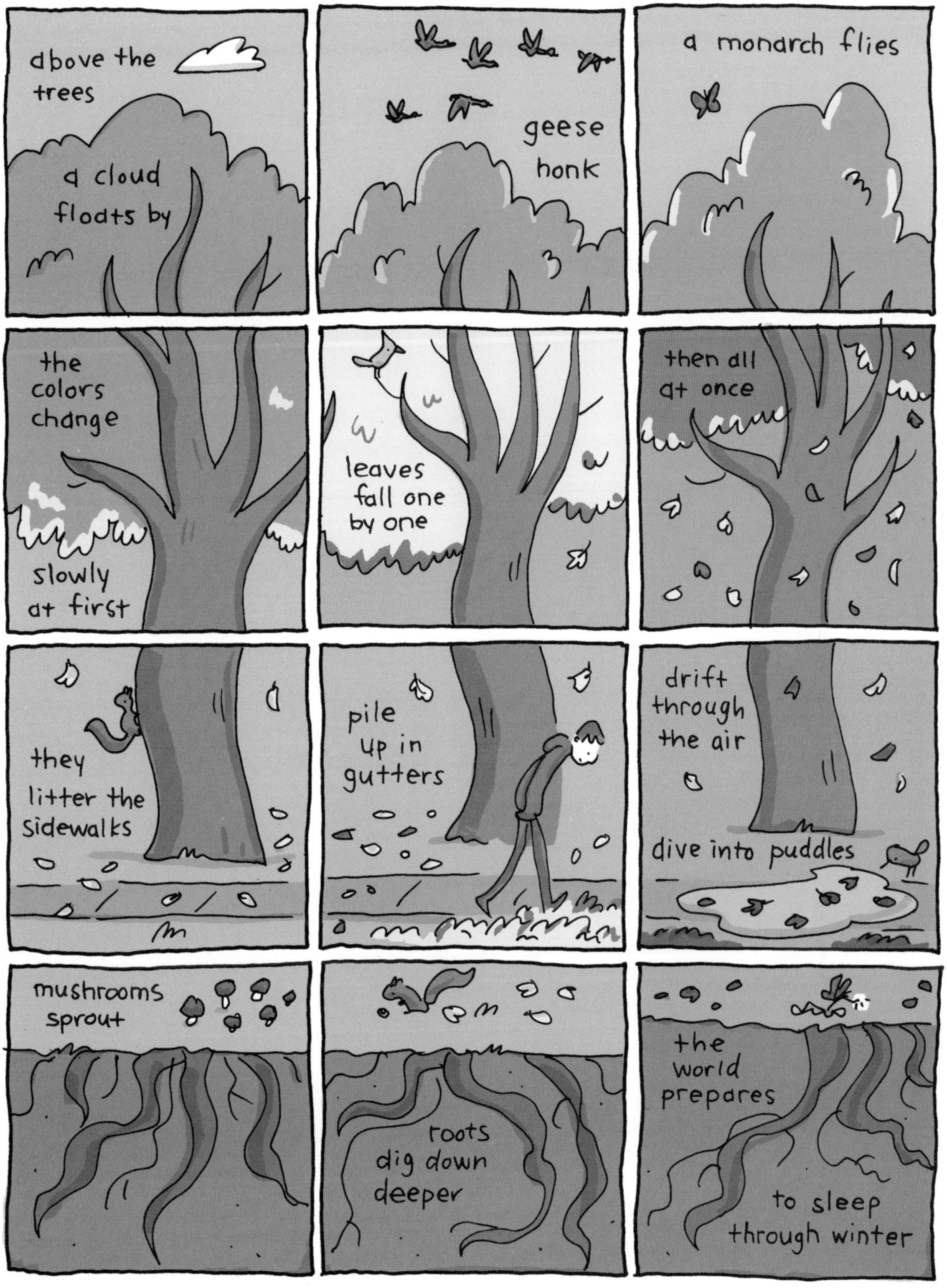
above the trees
a cloud floats by
geese honk
a monarch flies
the colors change
slowly at first
leaves fall one by one
then all at once
they litter the sidewalks
pile up in gutters
drift through the air
dive into puddles
mushrooms sprout
roots dig down deeper
the world prepares
to sleep through winter

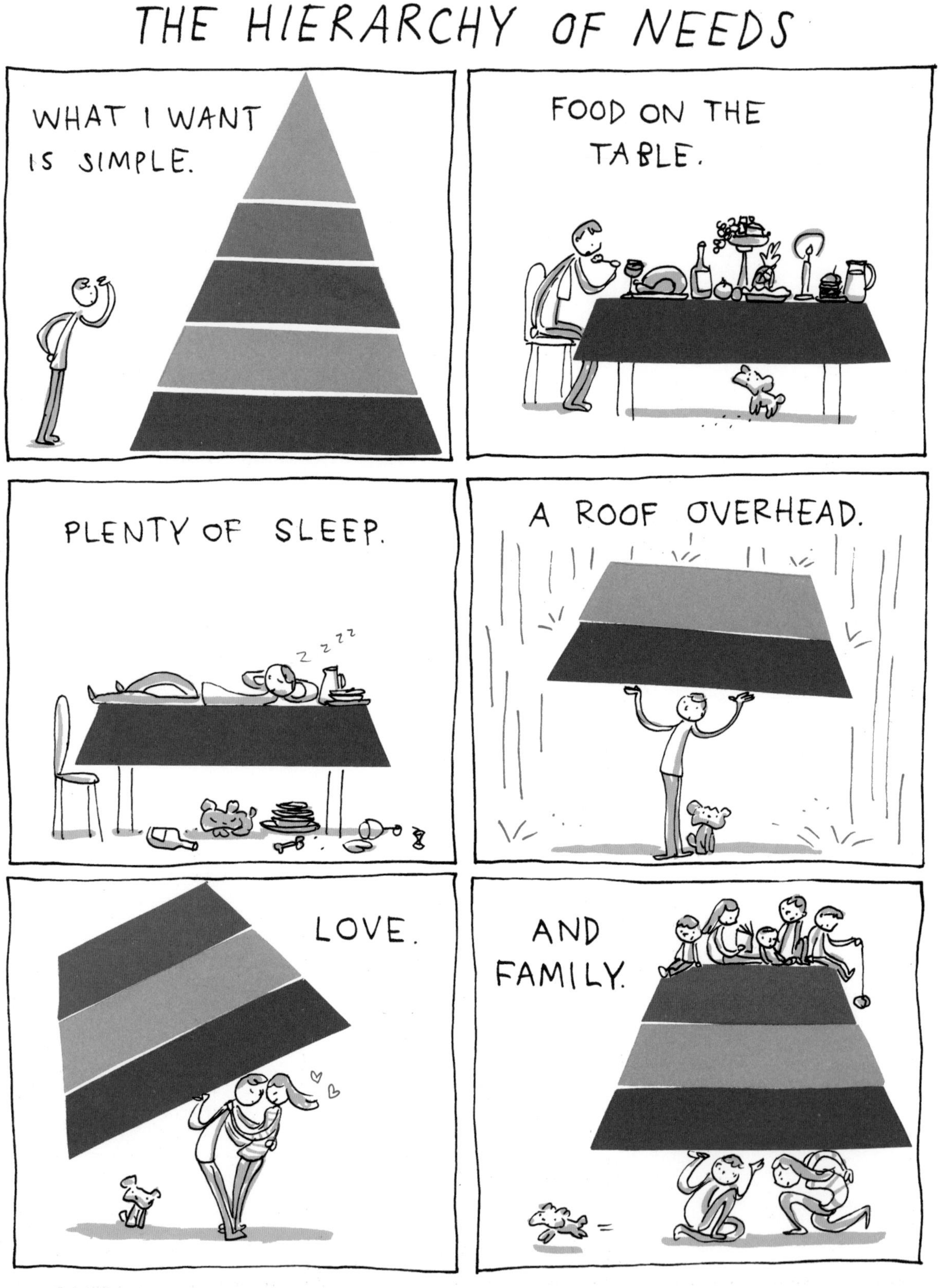
THE HIERARCHY OF NEEDS
WHAT I WANT IS SIMPLE.
FOOD ON THE TABLE.
PLENTY OF SLEEP.
A ROOF OVERHEAD.
LOVE.
AND FAMILY.

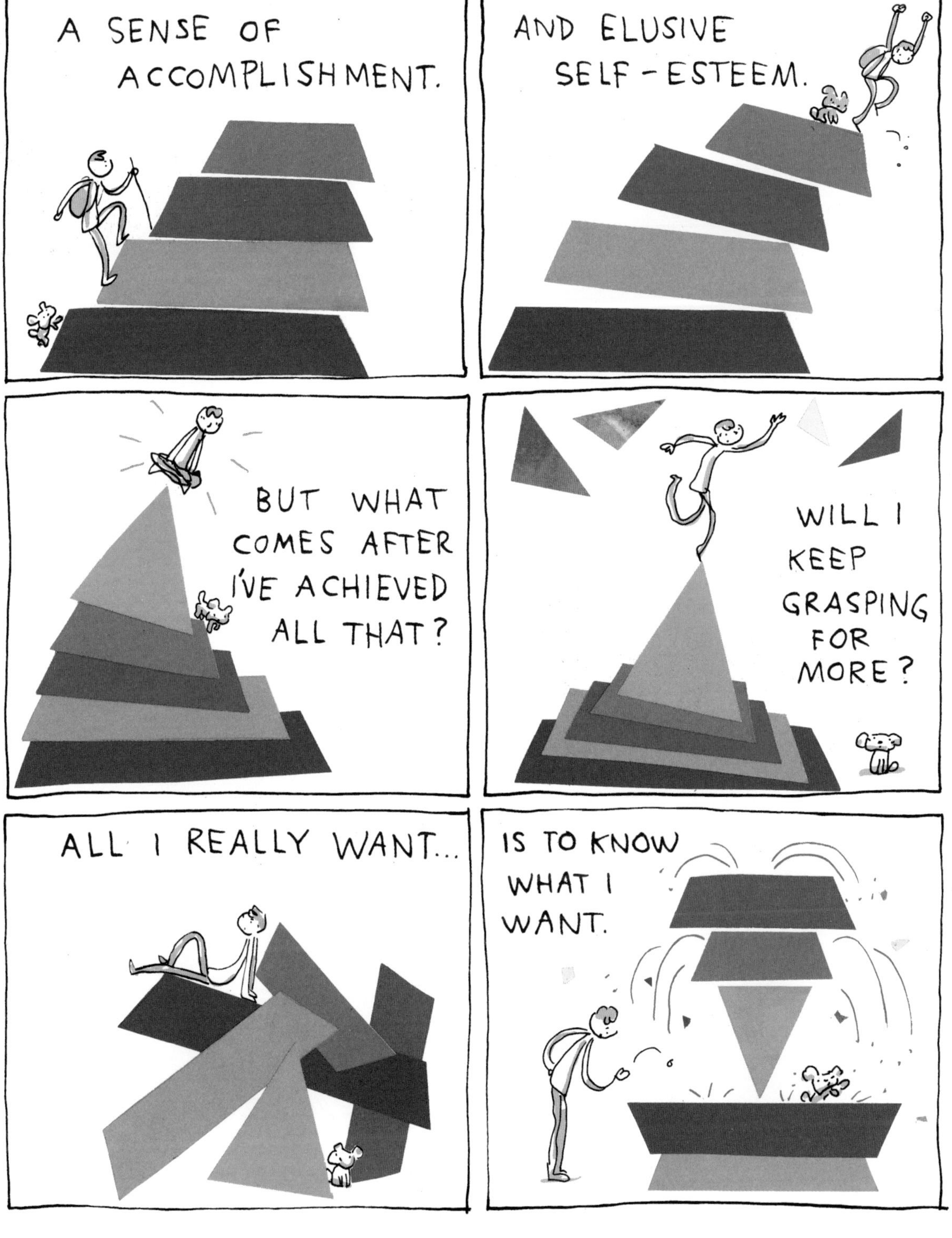
A SENSE OF ACCOMPLISHMENT.
AND ELUSIVE SELF-ESTEEM.
BUT WHAT COMES AFTER I'VE ACHIEVED ALL THAT?
WILL I KEEP GRASPING FOR MORE?
ALL I REALLY WANT...
IS TO KNOW WHAT I WANT.

ROAD TRIP

WE SET OUT
ON A STILL-DARK
MORNING

PAST THE
SLEEPING CITY

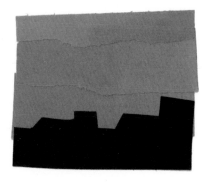

AND THE LIGHTS OF
AIRPLANE FACTORIES

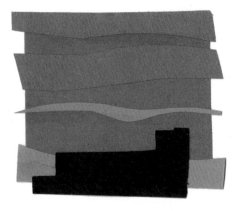

AS THE SUN ROSE OVER
GRAIN ELEVATORS

WE FELL BACK
ASLEEP AND
DREAMED

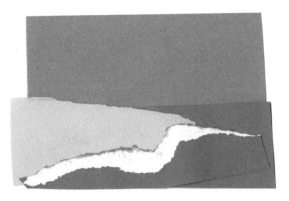

OF LAST YEAR'S VACATION
TO THE BEACH

ONLY TO AWAKE
TO NOTHING

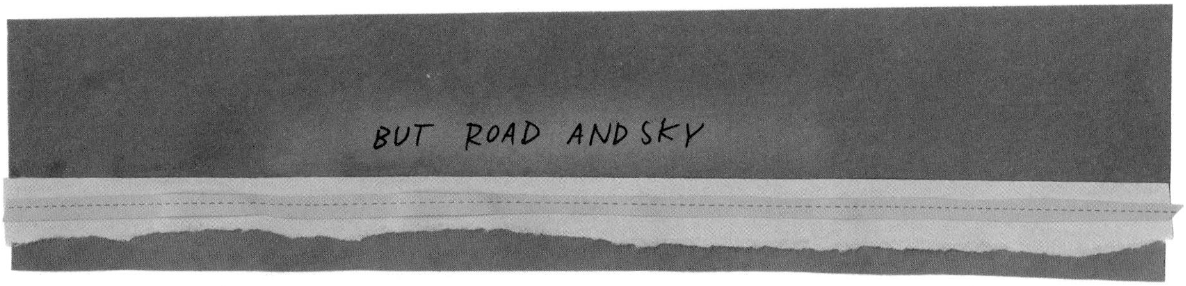
BUT ROAD AND SKY

FOR MILE AFTER
MILE AFTER MILE...

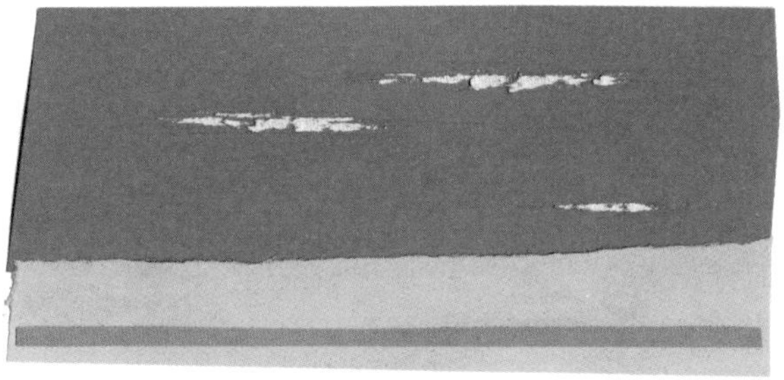

BEYOND HOURS OF
OPEN PRAIRIE

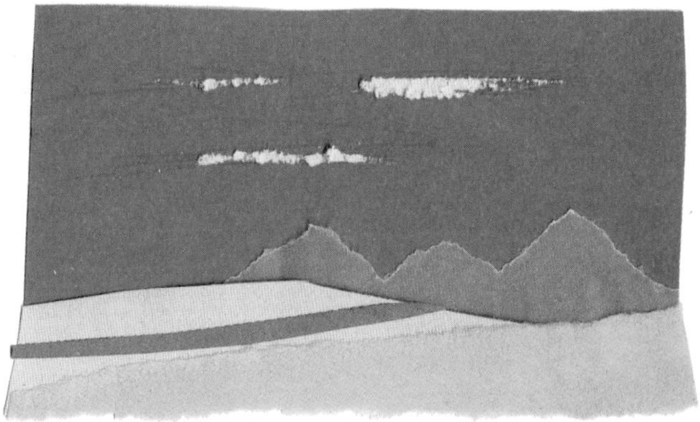

THE ROAD STARTED RISING

GRADUALLY REVEALING

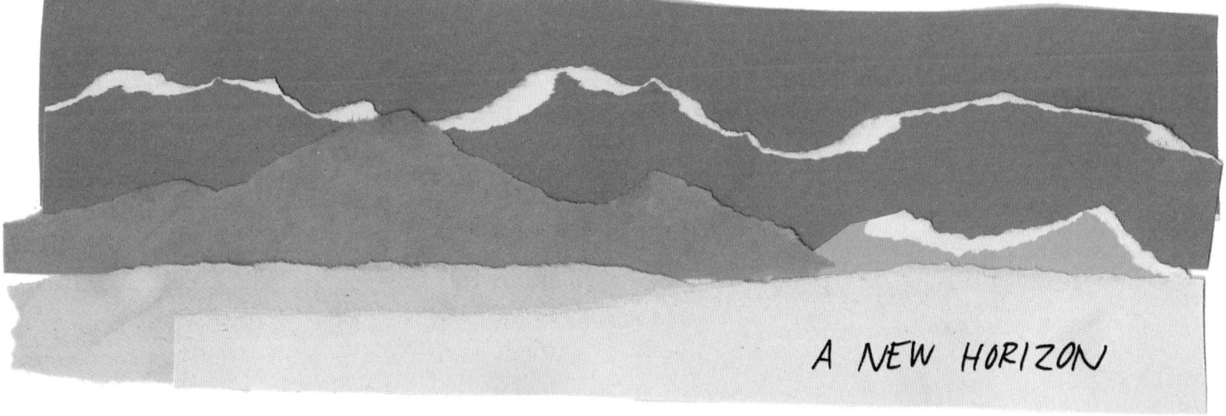
A NEW HORIZON

Weeds

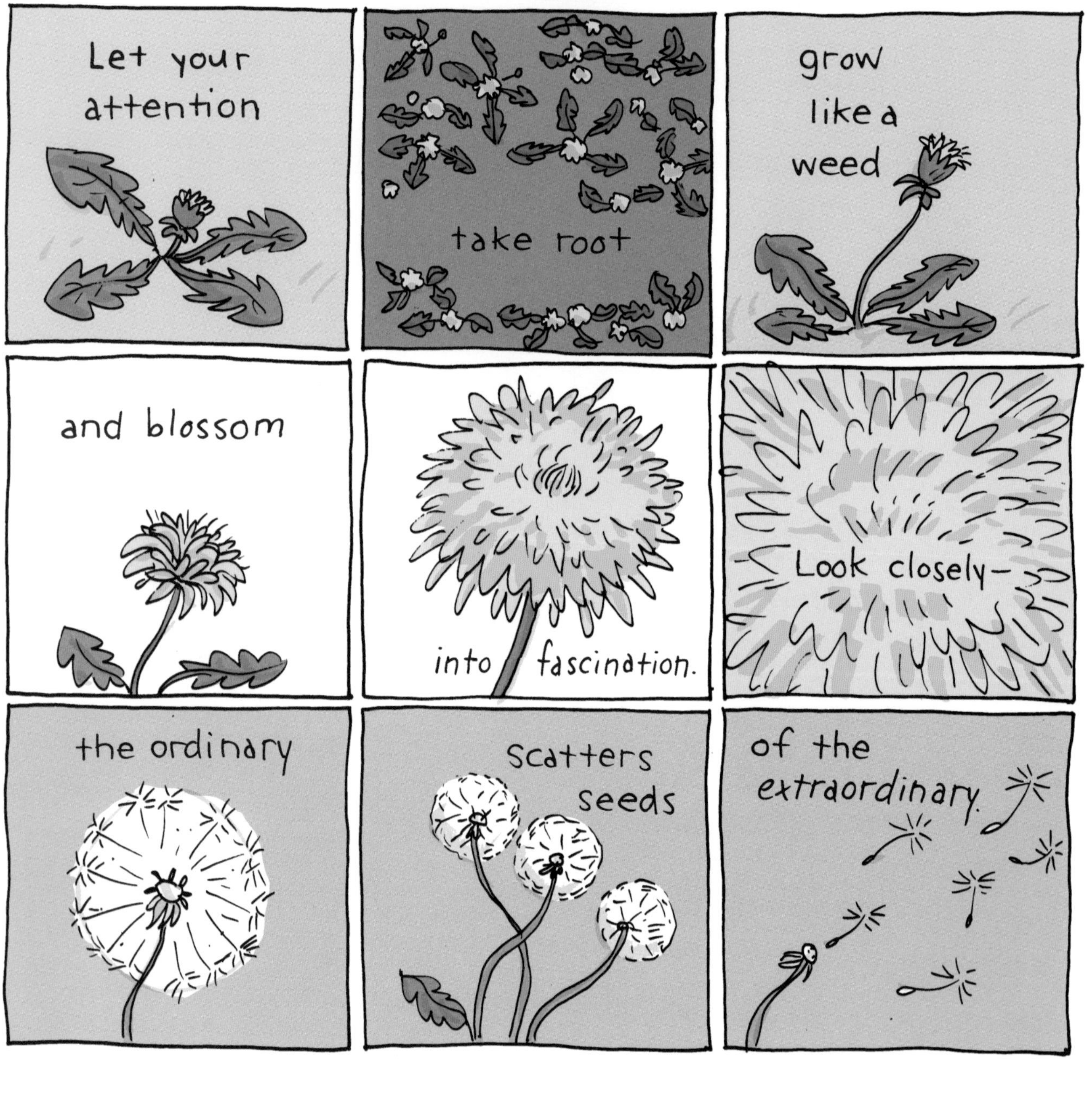
Let your attention
take root
grow like a weed
and blossom
into fascination.
Look closely—
the ordinary
scatters seeds
of the extraordinary.

Duets

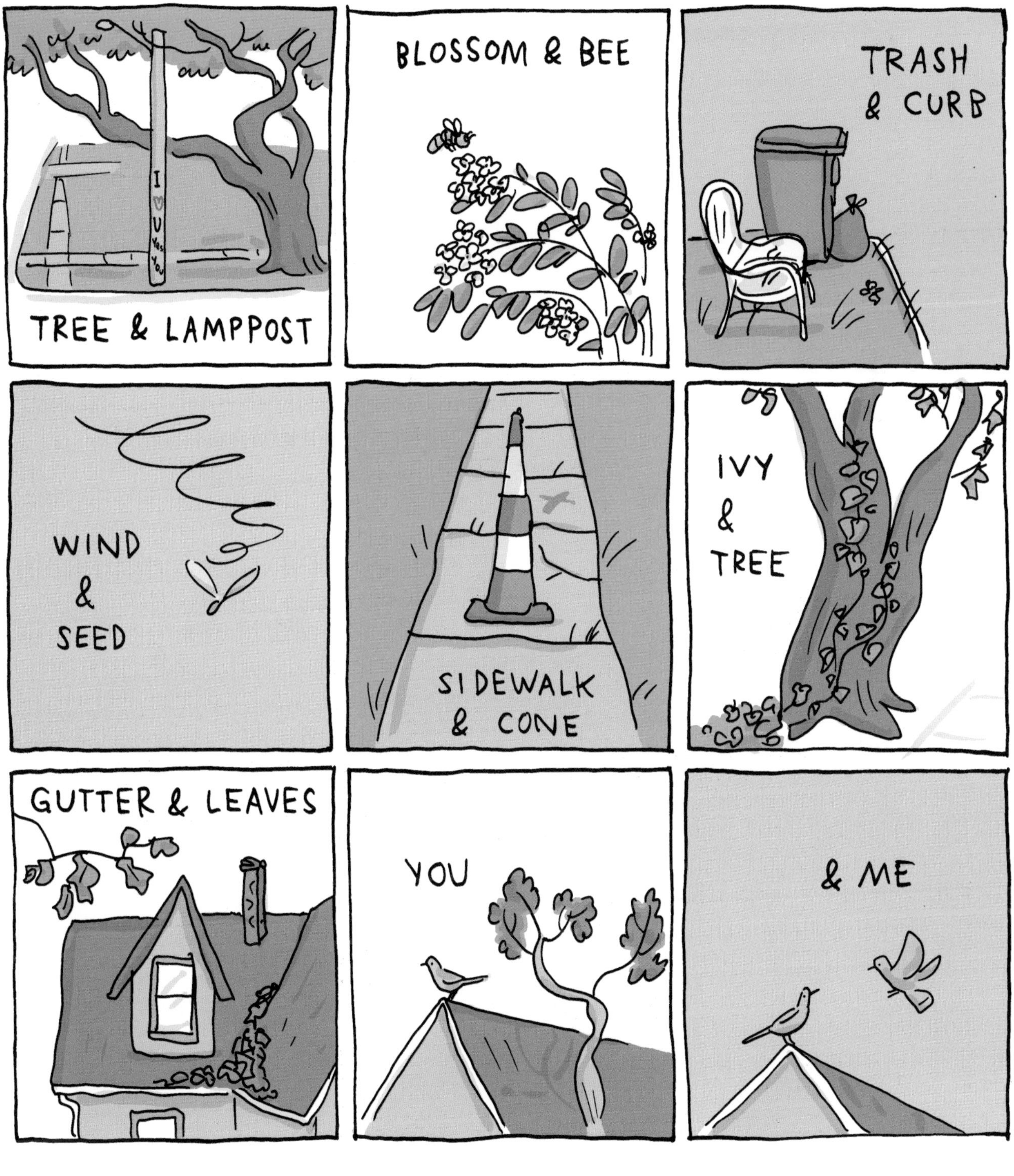
TREE & LAMPPOST
BLOSSOM & BEE
TRASH & CURB
WIND & SEED
SIDEWALK & CONE
IVY & TREE
GUTTER & LEAVES
YOU
& ME

city in color

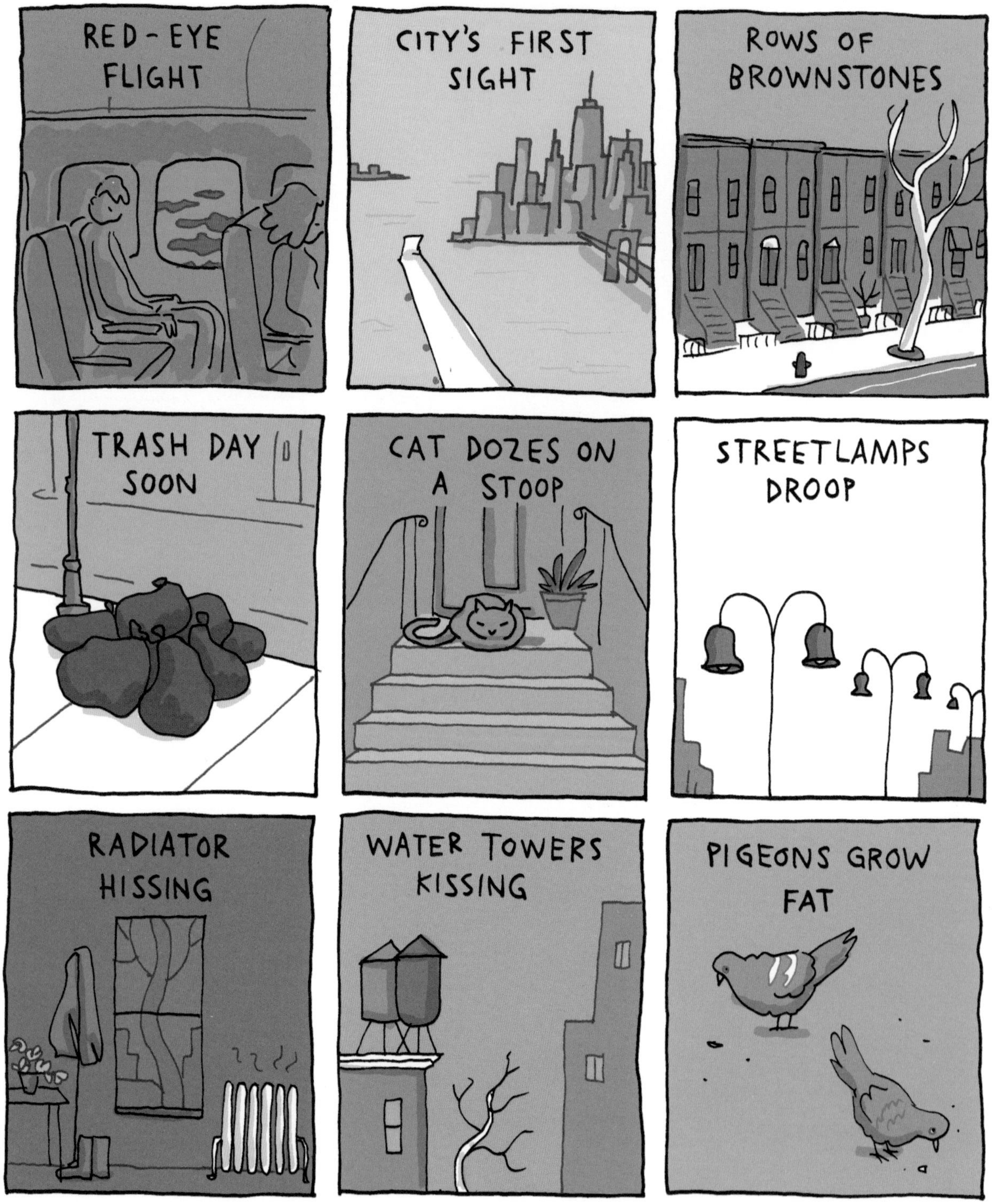
RED-EYE FLIGHT
CITY'S FIRST SIGHT
ROWS OF BROWNSTONES
TRASH DAY SOON
CAT DOZES ON A STOOP
STREETLAMPS DROOP
RADIATOR HISSING
WATER TOWERS KISSING
PIGEONS GROW FAT

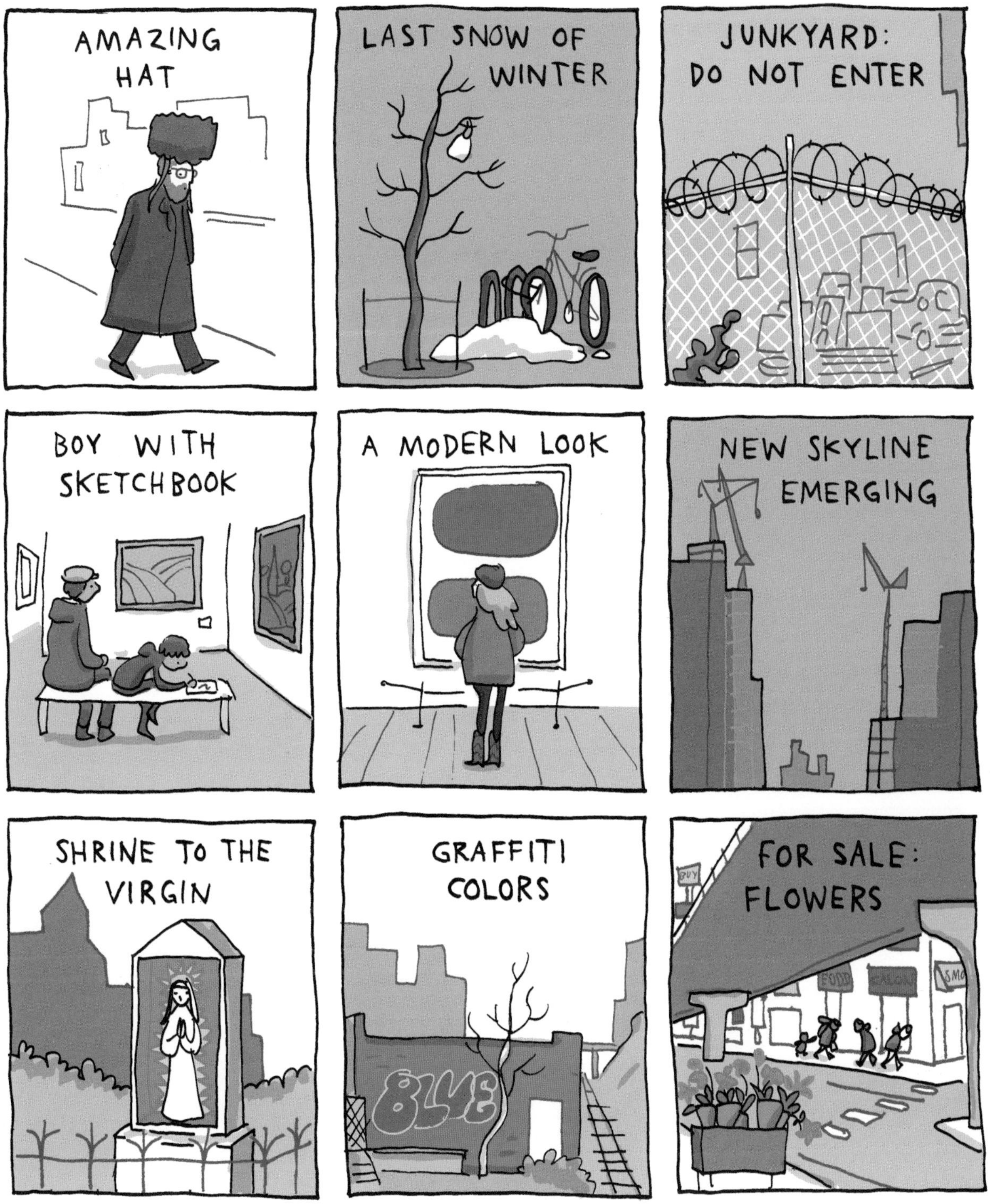
AMAZING HAT
LAST SNOW OF WINTER
JUNKYARD: DO NOT ENTER
BOY WITH SKETCHBOOK
A MODERN LOOK
NEW SKYLINE EMERGING
SHRINE TO THE VIRGIN
GRAFFITI COLORS
BLUE
FOR SALE: FLOWERS

NIGHT

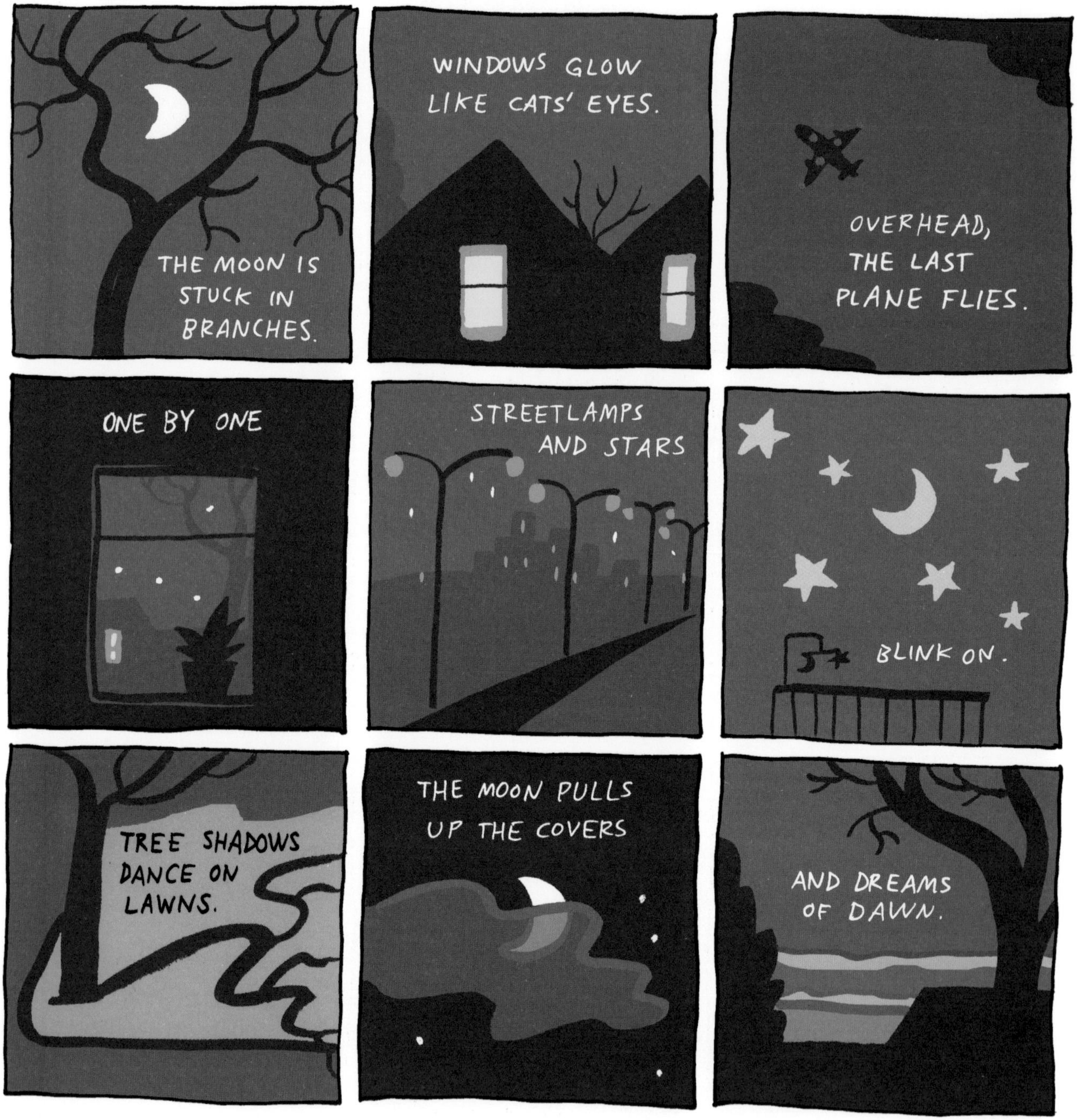
THE MOON IS STUCK IN BRANCHES.
WINDOWS GLOW LIKE CATS' EYES.
OVERHEAD, THE LAST PLANE FLIES.
ONE BY ONE
STREETLAMPS AND STARS
BLINK ON.
TREE SHADOWS DANCE ON LAWNS.
THE MOON PULLS UP THE COVERS
AND DREAMS OF DAWN.

WINDOWS

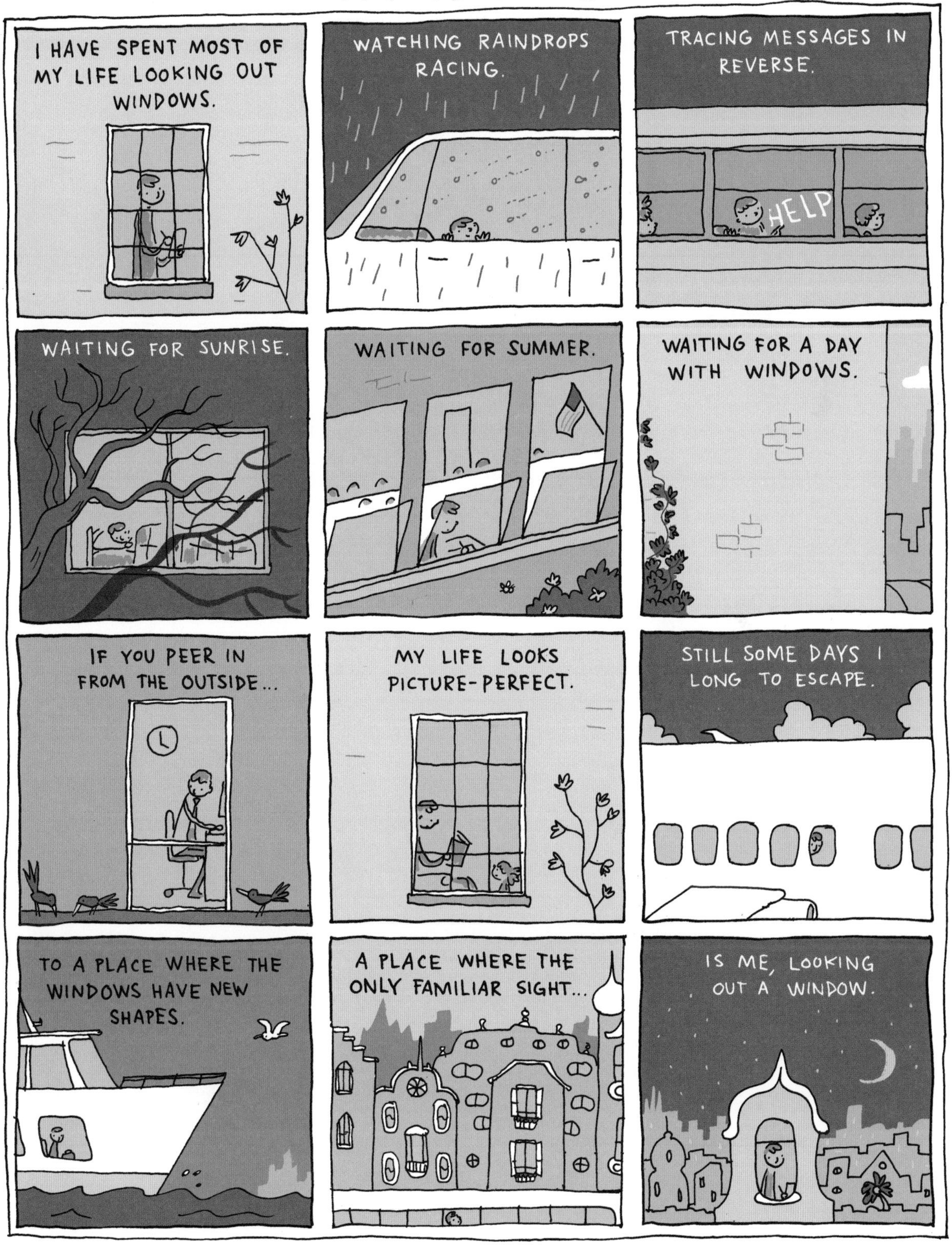
I HAVE SPENT MOST OF MY LIFE LOOKING OUT WINDOWS.
WATCHING RAINDROPS RACING.
TRACING MESSAGES IN REVERSE.
HELP
WAITING FOR SUNRISE.
WAITING FOR SUMMER.
WAITING FOR A DAY WITH WINDOWS.
IF YOU PEER IN FROM THE OUTSIDE...
MY LIFE LOOKS PICTURE-PERFECT.
STILL SOME DAYS I LONG TO ESCAPE.
TO A PLACE WHERE THE WINDOWS HAVE NEW SHAPES.
A PLACE WHERE THE ONLY FAMILIAR SIGHT...
IS ME, LOOKING OUT A WINDOW.

I will stay open
to wonder.

FLOATING

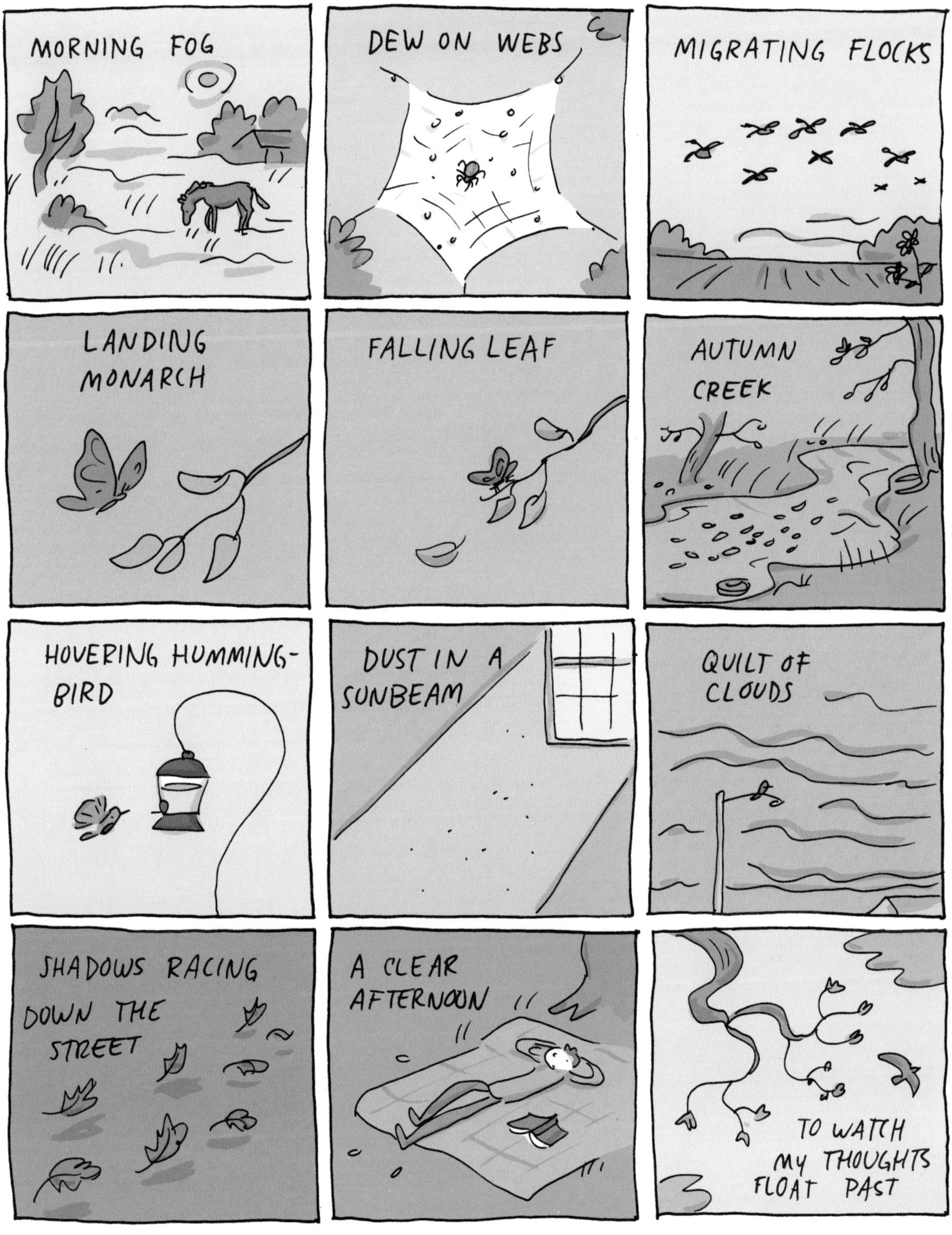
MORNING FOG
DEW ON WEBS
MIGRATING FLOCKS
LANDING MONARCH
FALLING LEAF
AUTUMN CREEK
HOVERING HUMMING-BIRD
DUST IN A SUNBEAM
QUILT OF CLOUDS
SHADOWS RACING DOWN THE STREET
A CLEAR AFTERNOON
TO WATCH MY THOUGHTS FLOAT PAST

Hidden

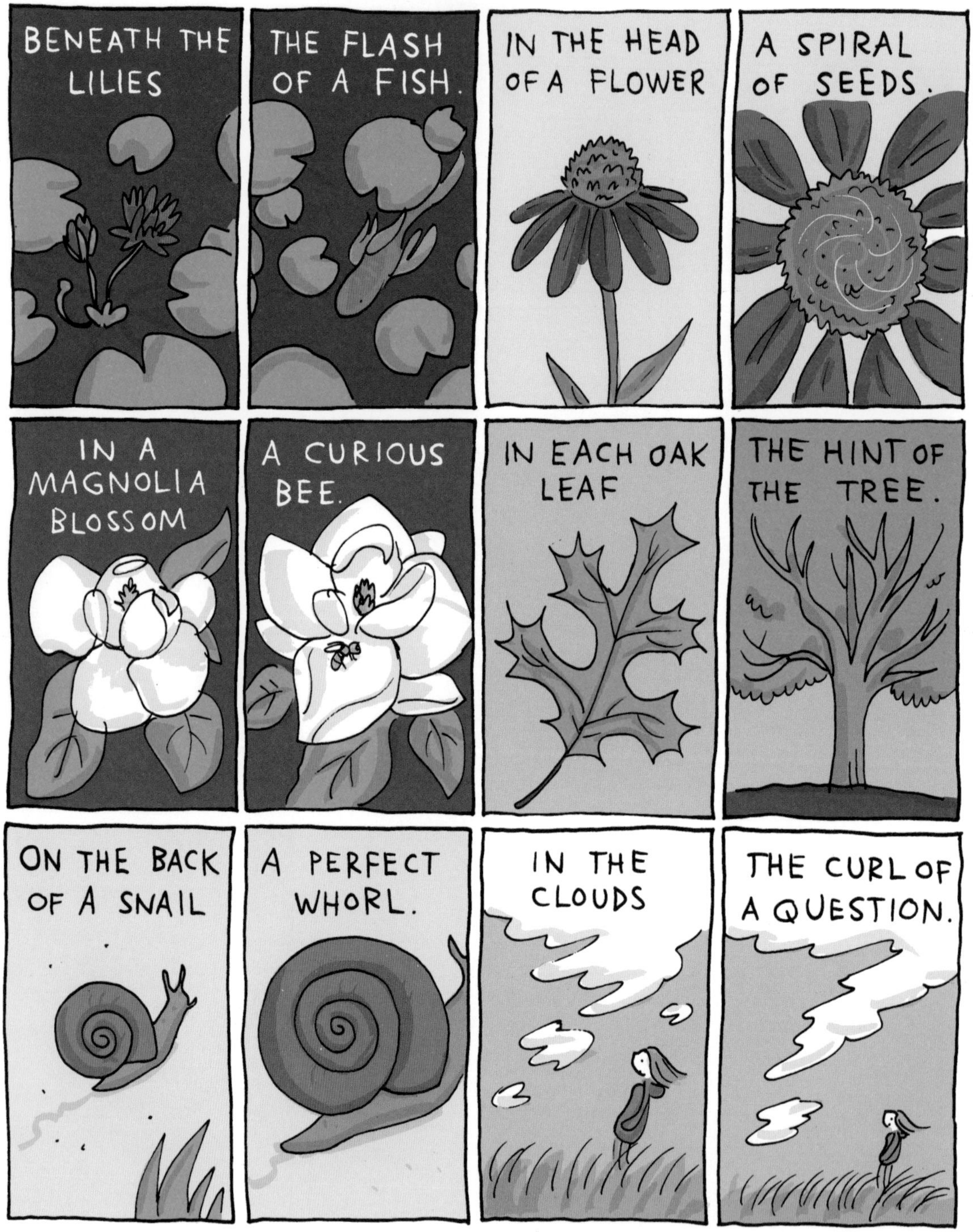

BENEATH THE LILIES
THE FLASH OF A FISH.
IN THE HEAD OF A FLOWER
A SPIRAL OF SEEDS.
IN A MAGNOLIA BLOSSOM
A CURIOUS BEE.
IN EACH OAK LEAF
THE HINT OF THE TREE.
ON THE BACK OF A SNAIL
A PERFECT WHORL.
IN THE CLOUDS
THE CURL OF A QUESTION.

Release

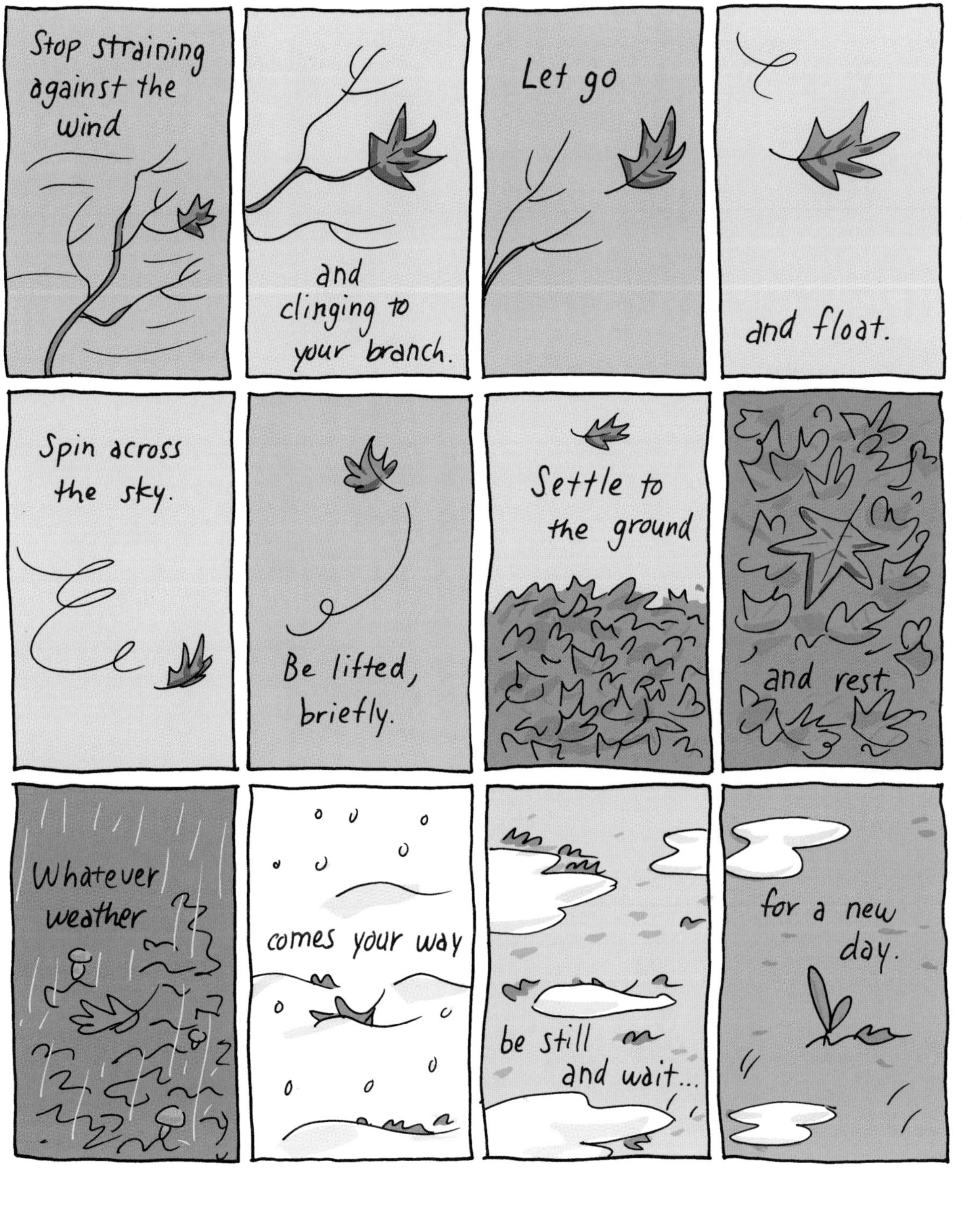
Stop straining against the wind
and clinging to your branch.
Let go
and float.
Spin across the sky.
Be lifted, briefly.
Settle to the ground
and rest.
Whatever weather
comes your way
be still and wait...
for a new day.

NIGHT SKY

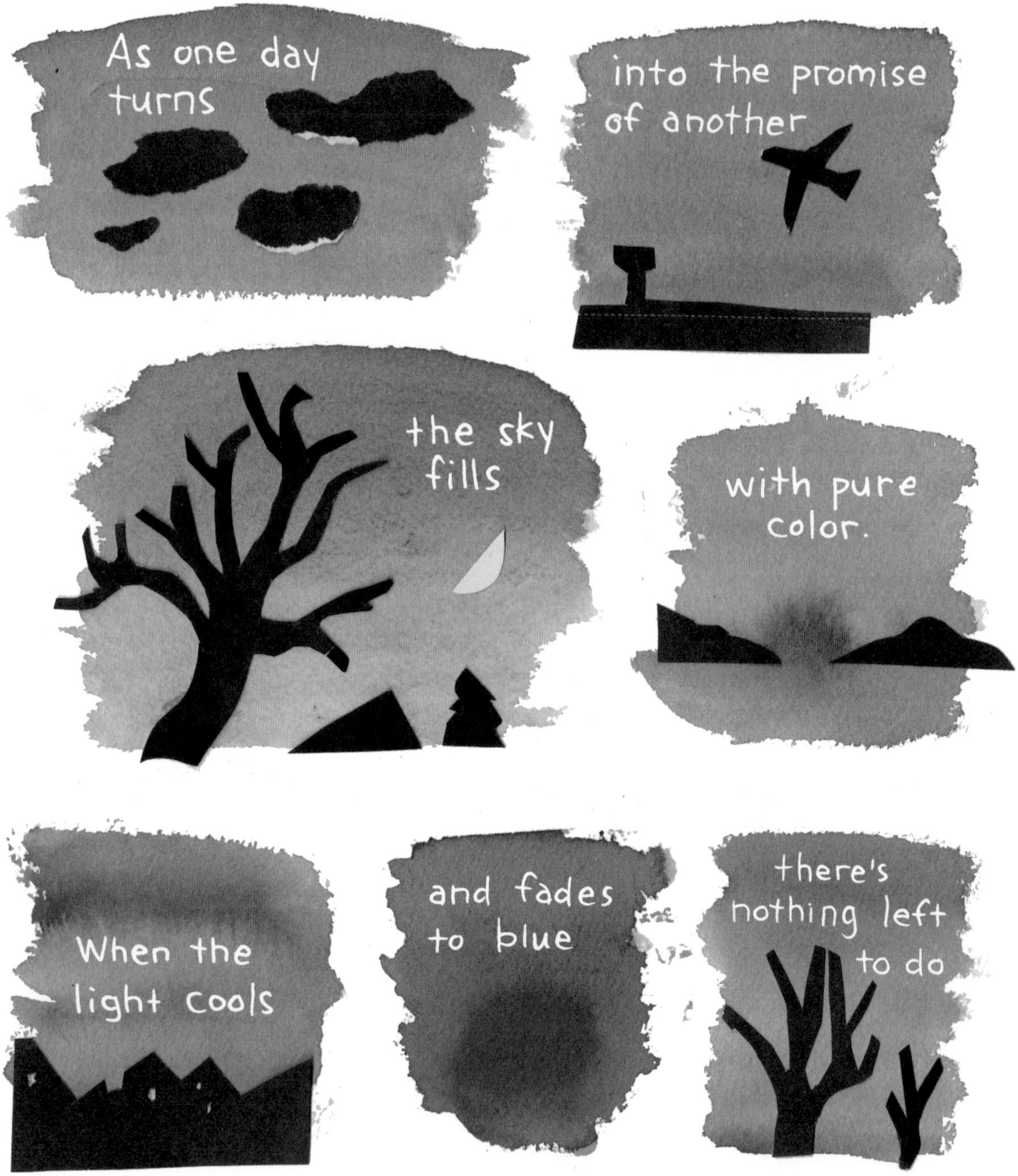
As one day turns
into the promise of another
the sky fills
with pure color.
When the light cools
and fades to blue
there's nothing left to do

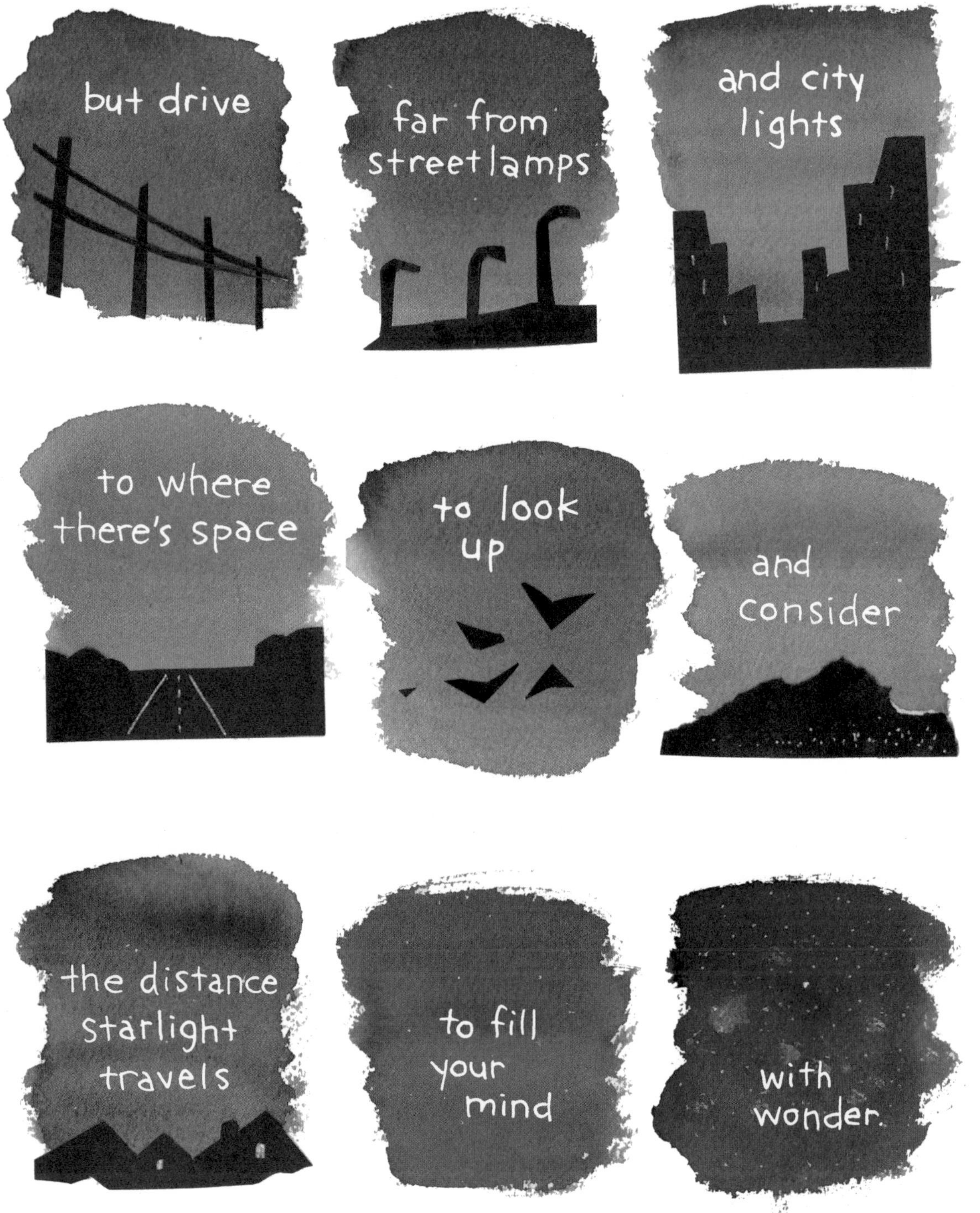
but drive
far from streetlamps
and city lights
to where there's space
to look up
and consider
the distance starlight travels
to fill your mind
with wonder.

multitudes

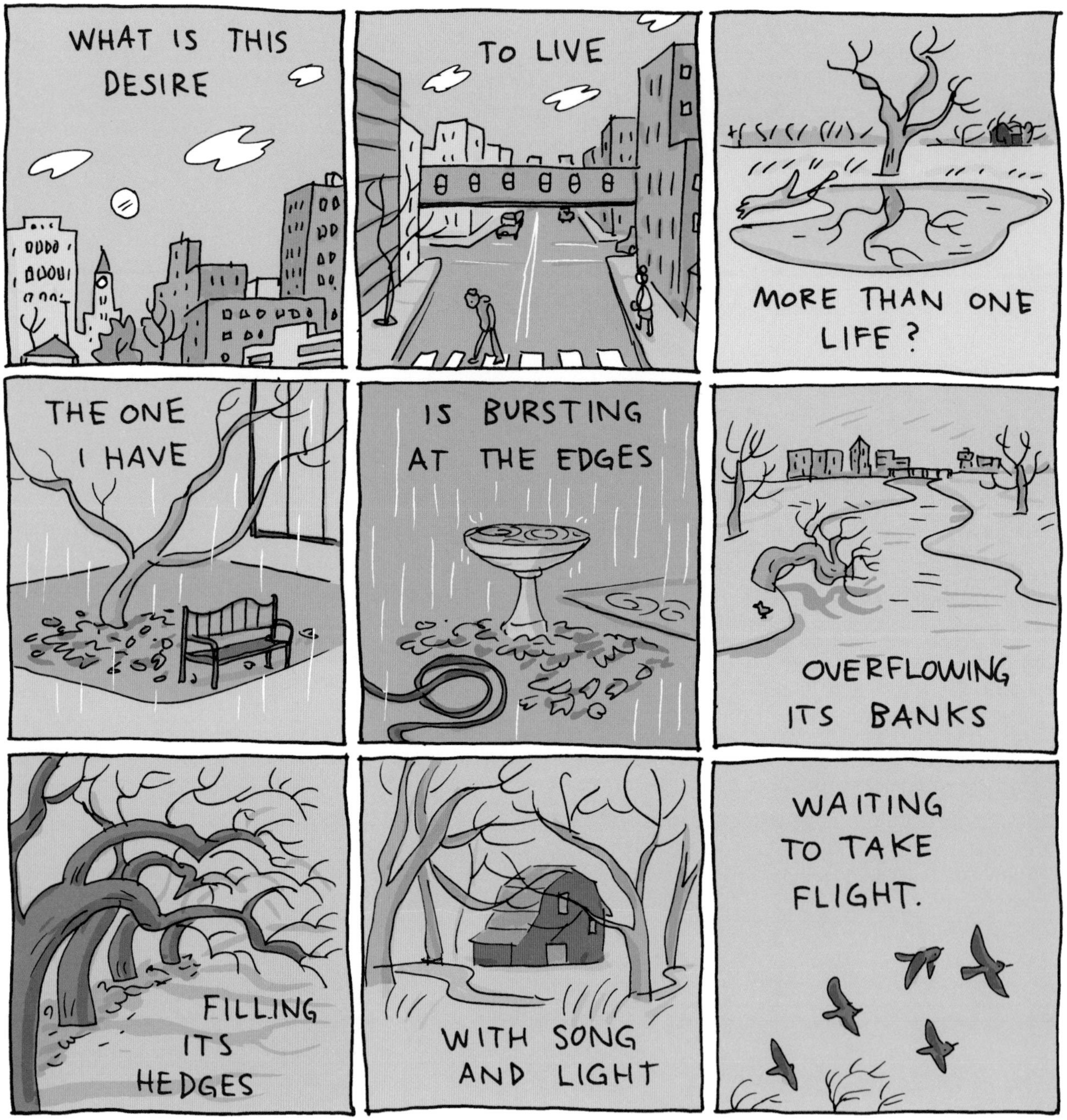
WHAT IS THIS DESIRE
TO LIVE
MORE THAN ONE LIFE?
THE ONE I HAVE
IS BURSTING AT THE EDGES
OVERFLOWING ITS BANKS
FILLING ITS HEDGES
WITH SONG AND LIGHT
WAITING TO TAKE FLIGHT.

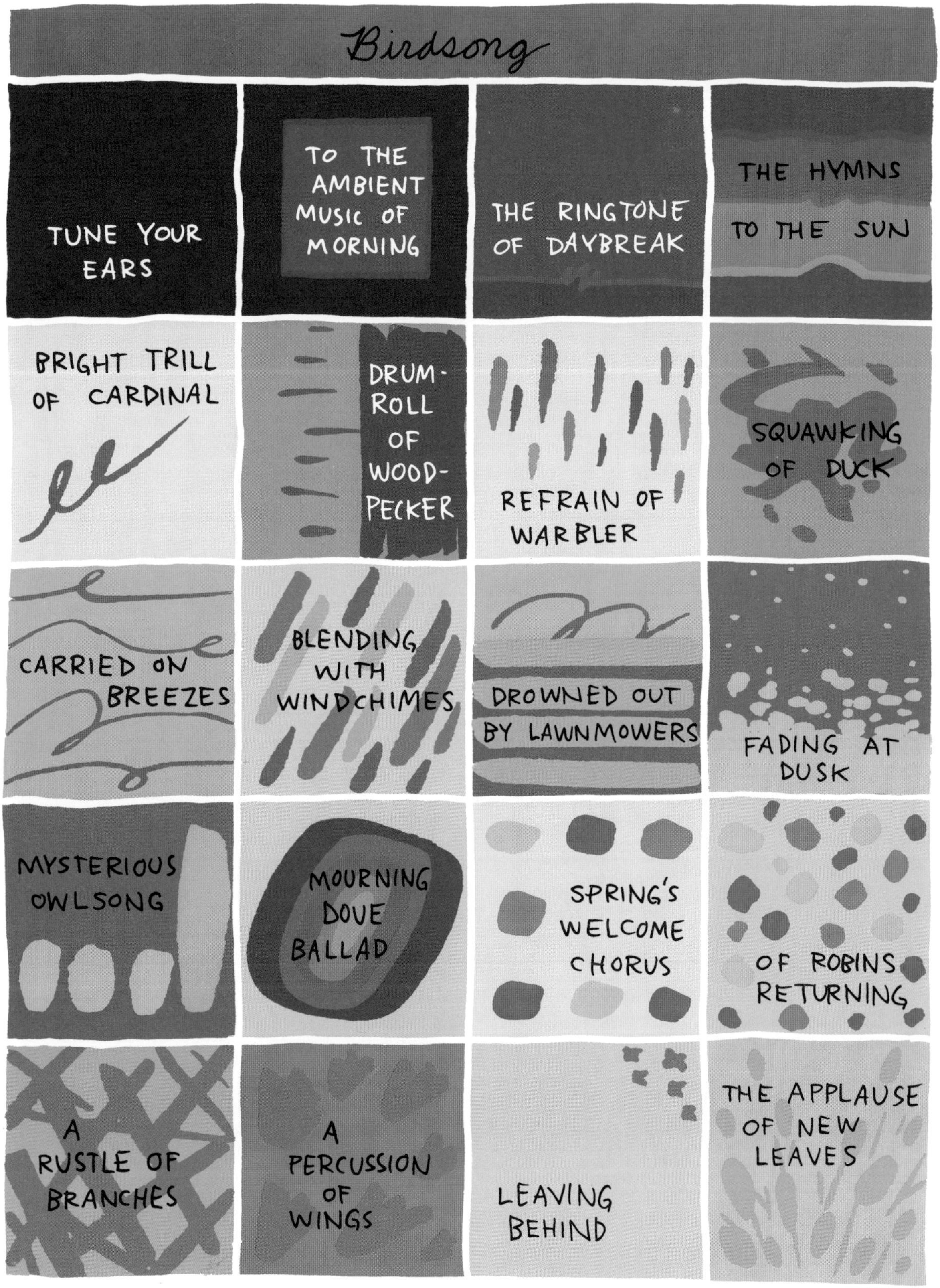

Birdsong
TUNE YOUR EARS
TO THE AMBIENT MUSIC OF MORNING
THE RINGTONE OF DAYBREAK
THE HYMNS TO THE SUN
BRIGHT TRILL OF CARDINAL
DRUM-ROLL OF WOOD-PECKER
REFRAIN OF WARBLER
SQUAWKING OF DUCK
CARRIED ON BREEZES
BLENDING WITH WINDCHIMES
DROWNED OUT BY LAWNMOWERS
FADING AT DUSK
MYSTERIOUS OWLSONG
MOURNING DOVE BALLAD
SPRING'S WELCOME CHORUS
OF ROBINS RETURNING
A RUSTLE OF BRANCHES
A PERCUSSION OF WINGS
LEAVING BEHIND
THE APPLAUSE OF NEW LEAVES

LOOKING UP

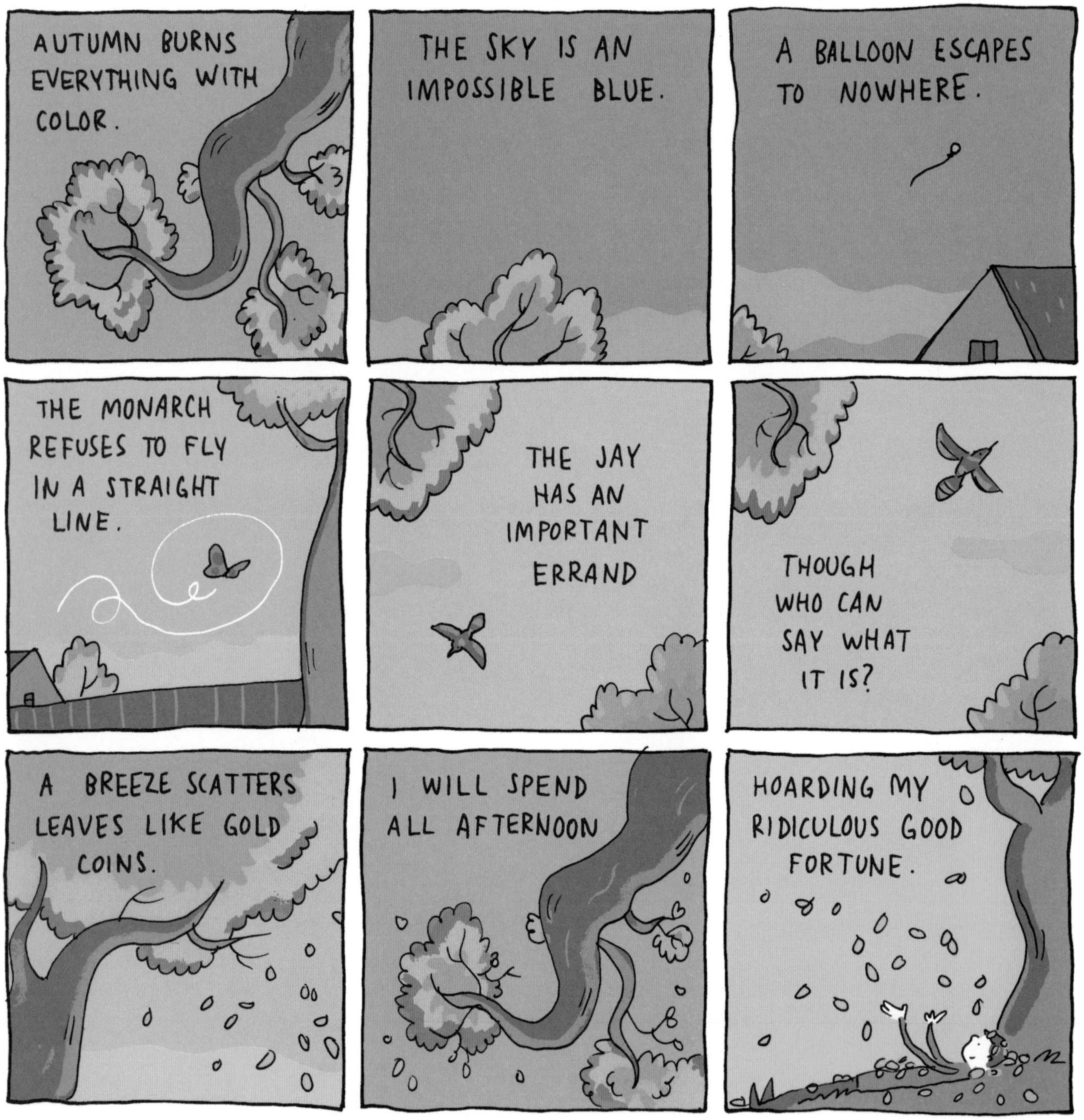
AUTUMN BURNS EVERYTHING WITH COLOR.
THE SKY IS AN IMPOSSIBLE BLUE.
A BALLOON ESCAPES TO NOWHERE.
THE MONARCH REFUSES TO FLY IN A STRAIGHT LINE.
THE JAY HAS AN IMPORTANT ERRAND
THOUGH WHO CAN SAY WHAT IT IS?
A BREEZE SCATTERS LEAVES LIKE GOLD COINS.
I WILL SPEND ALL AFTERNOON
HOARDING MY RIDICULOUS GOOD FORTUNE.

mooncatcher

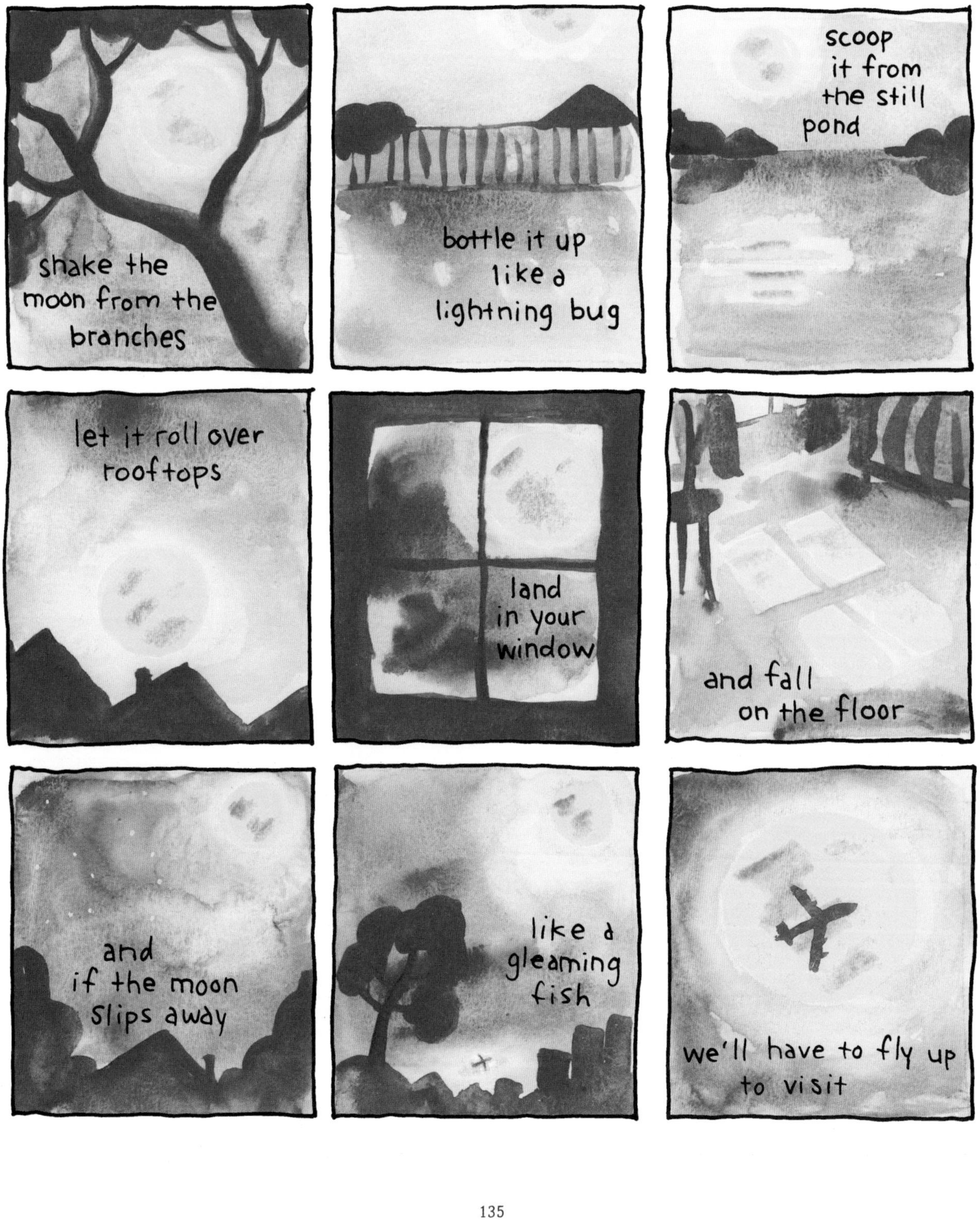
shake the moon from the branches
bottle it up like a lightning bug
scoop it from the still pond
let it roll over rooftops
land in your window
and fall on the floor
and if the moon slips away
like a gleaming fish
we'll have to fly up to visit

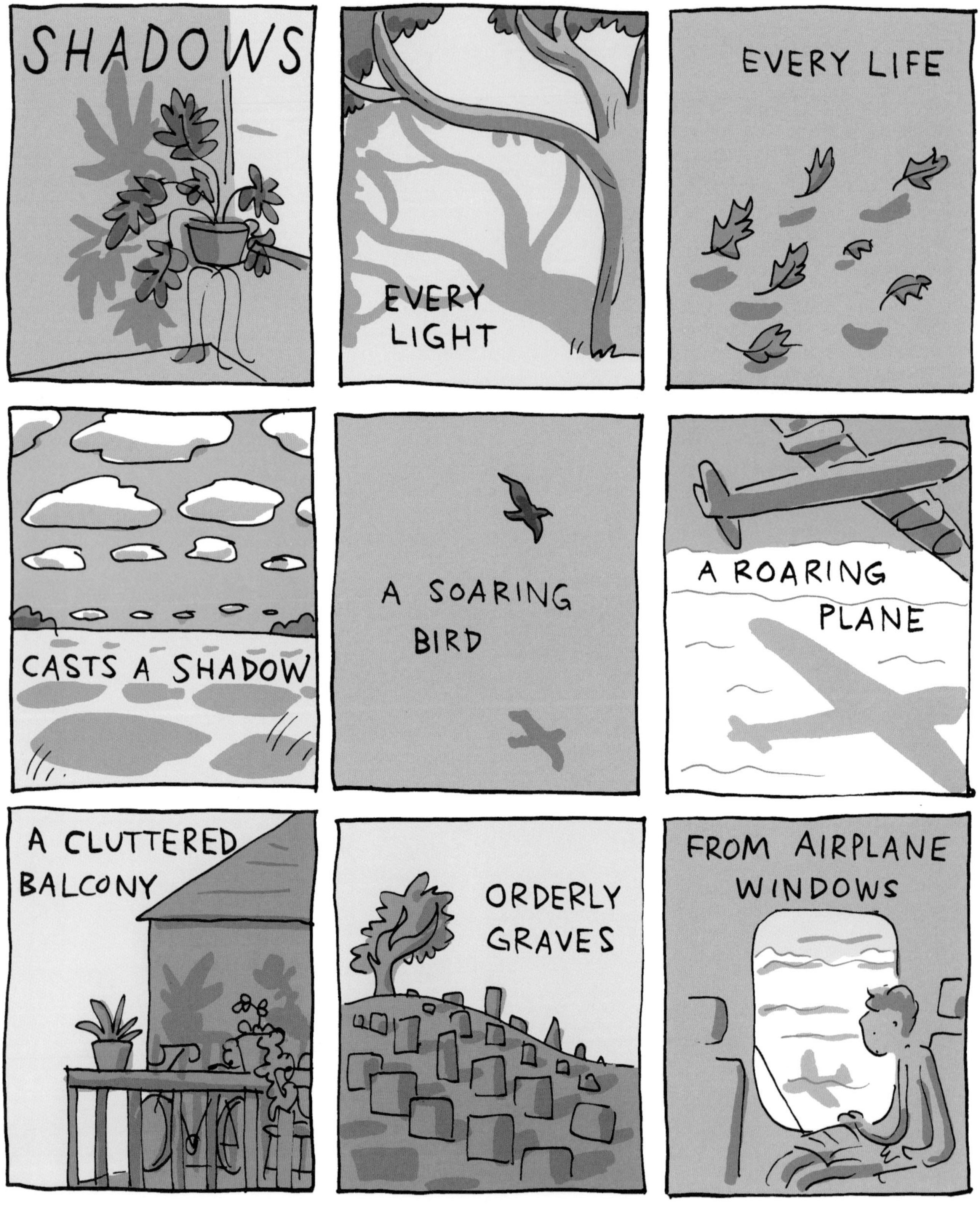
SHADOWS
EVERY LIGHT
EVERY LIFE
CASTS A SHADOW
A SOARING BIRD
A ROARING PLANE
A CLUTTERED BALCONY
ORDERLY GRAVES
FROM AIRPLANE WINDOWS

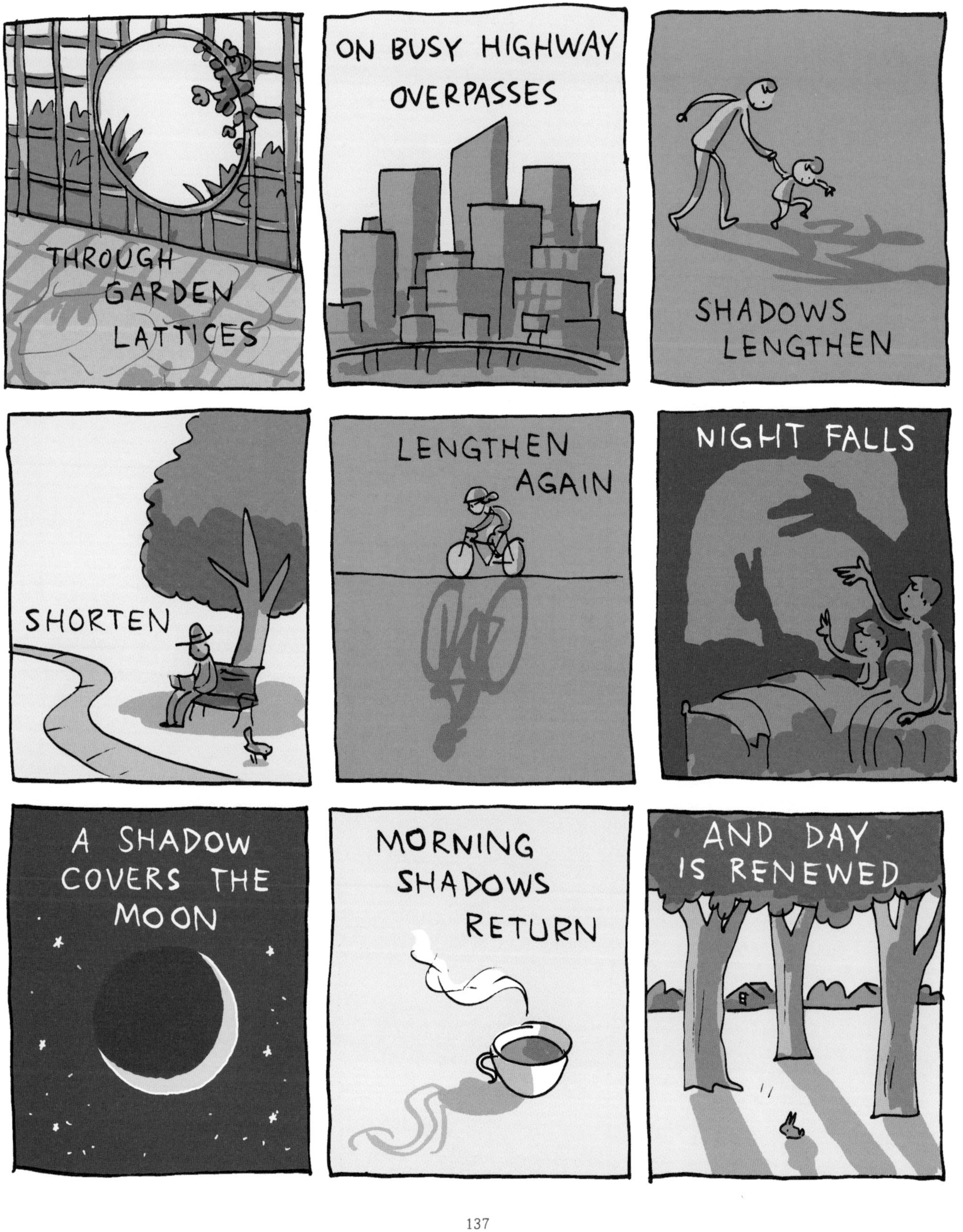
THROUGH GARDEN LATTICES
ON BUSY HIGHWAY OVERPASSES
SHADOWS LENGTHEN
SHORTEN
LENGTHEN AGAIN
NIGHT FALLS
A SHADOW COVERS THE MOON
MORNING SHADOWS RETURN
AND DAY IS RENEWED

HOPE

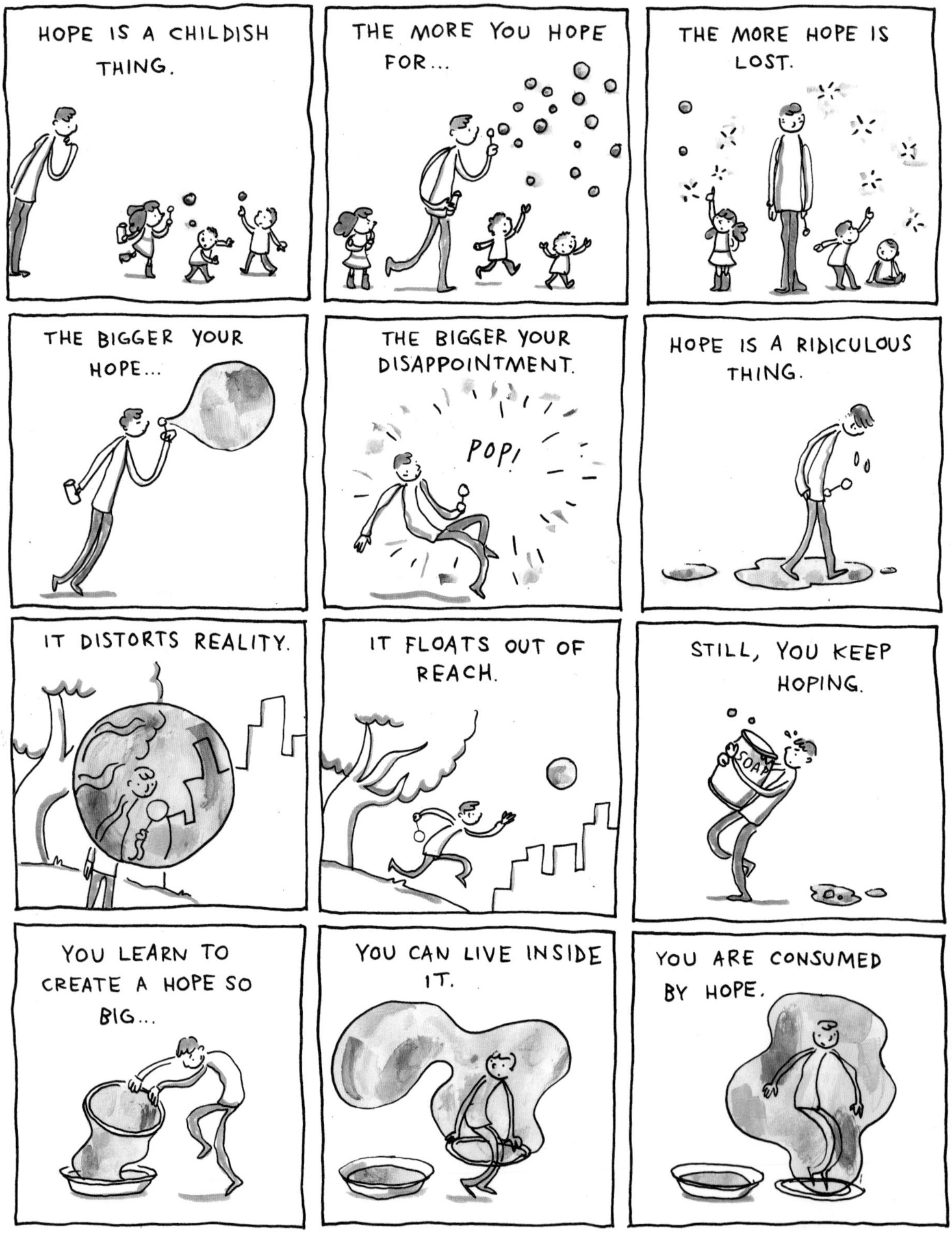
HOPE IS A CHILDISH THING.
THE MORE YOU HOPE FOR...
THE MORE HOPE IS LOST.
THE BIGGER YOUR HOPE...
THE BIGGER YOUR DISAPPOINTMENT.
POP!
HOPE IS A RIDICULOUS THING.
IT DISTORTS REALITY.
IT FLOATS OUT OF REACH.
STILL, YOU KEEP HOPING.
SOAP
YOU LEARN TO CREATE A HOPE SO BIG...
YOU CAN LIVE INSIDE IT.
YOU ARE CONSUMED BY HOPE.

YOUR HOPES GET HIGHER...

AND HIGHER...

YOU GET CARRIED AWAY.

WILL YOU BECOME A GLIMMER OF HOPE FOR OTHERS?

WILL YOUR HOPES KEEP RISING?

WILL YOU DISAPPEAR INTO A BRIGHT CLOUD OF HOPE?

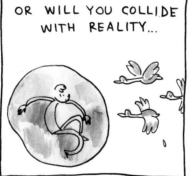

OR WILL YOU COLLIDE WITH REALITY...

AND FALL.

HOPE IS A FOOLISH THING.

THE ONLY THING MORE FOOLISH...

WOULD BE TO QUIT HOPING.

CLOUDS

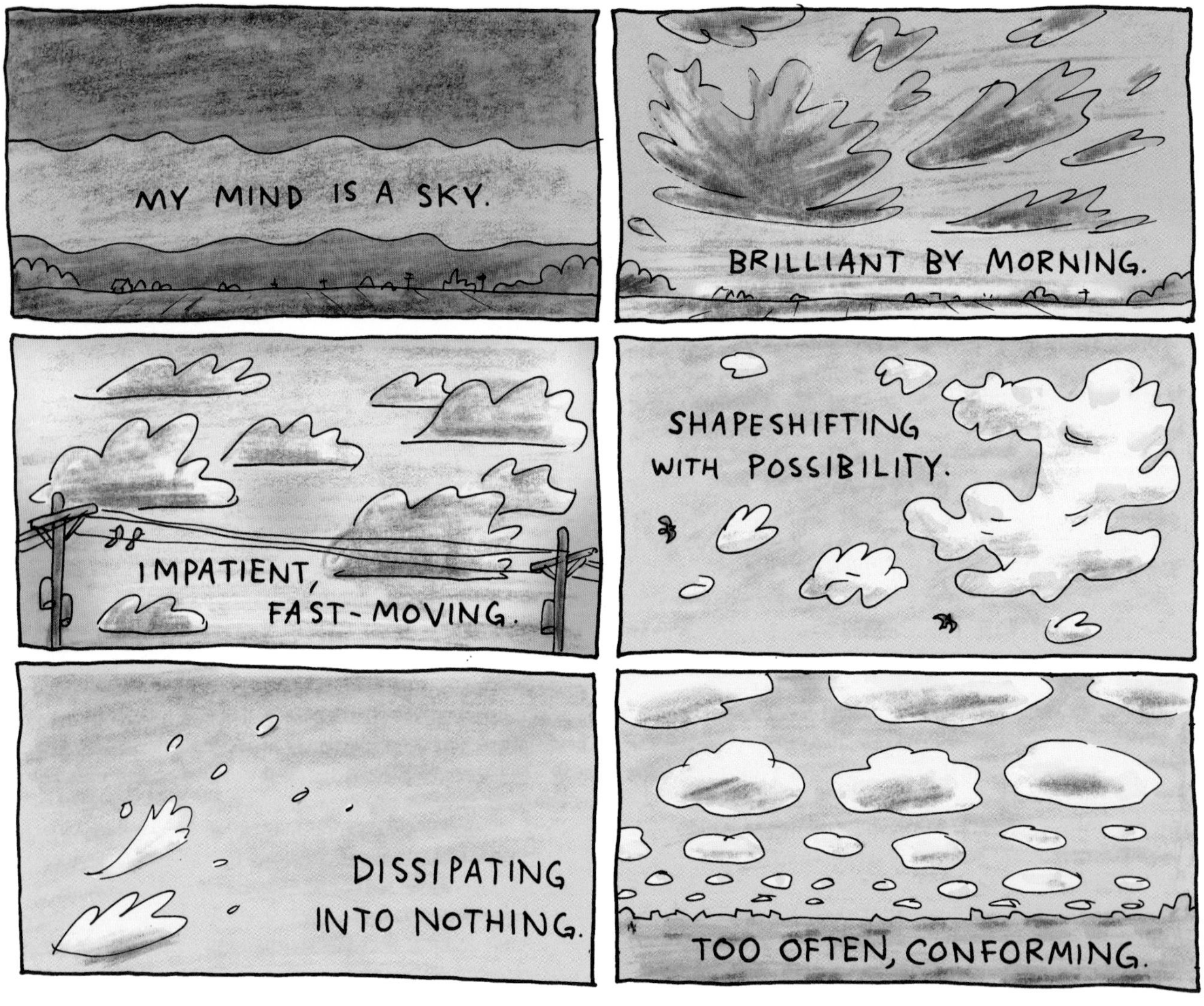
MY MIND IS A SKY.
BRILLIANT BY MORNING.
IMPATIENT, FAST-MOVING.
SHAPESHIFTING WITH POSSIBILITY.
DISSIPATING INTO NOTHING.
TOO OFTEN, CONFORMING.

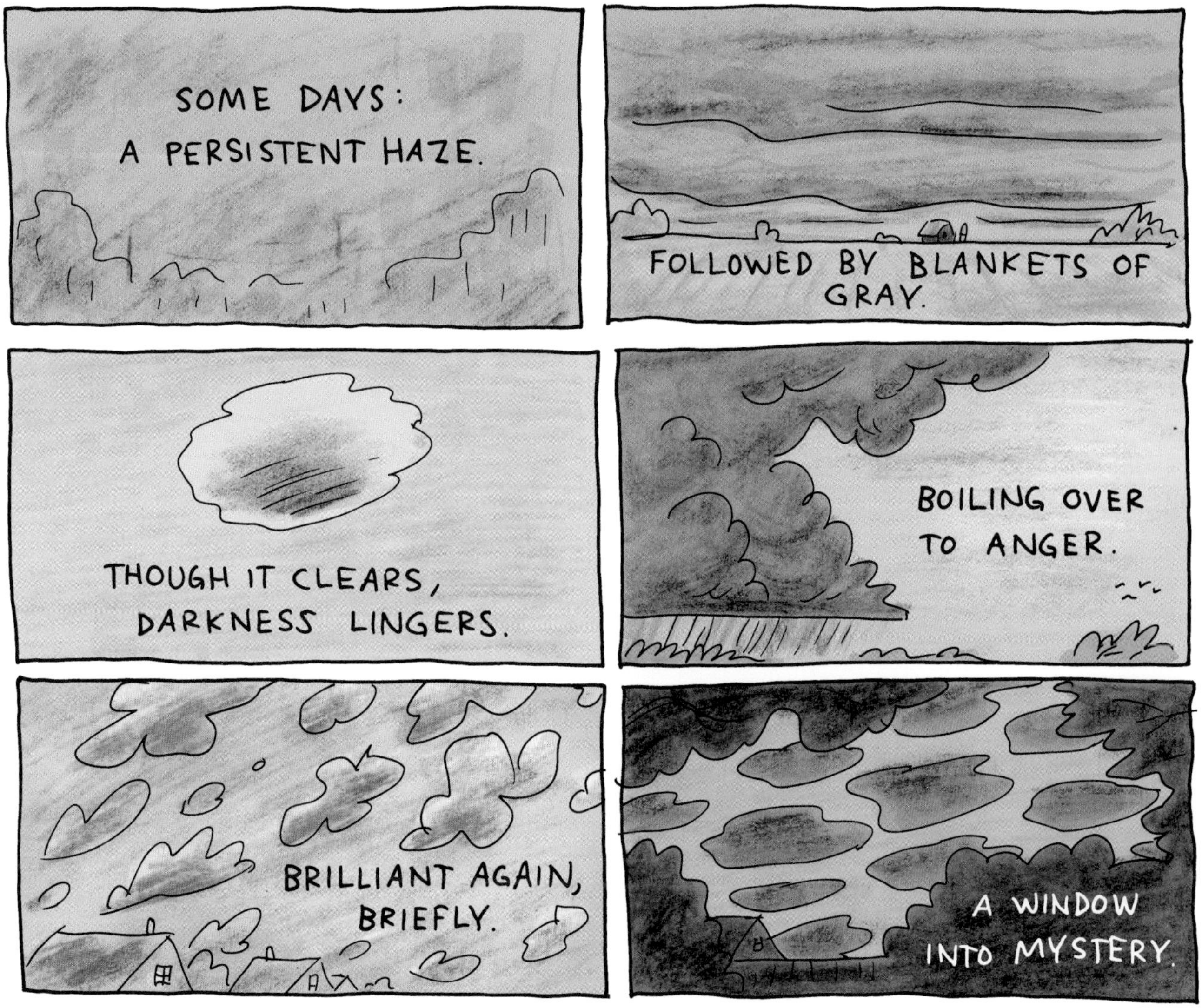
SOME DAYS:
A PERSISTENT HAZE.
FOLLOWED BY BLANKETS OF GRAY.
THOUGH IT CLEARS,
DARKNESS LINGERS.
BOILING OVER
TO ANGER.
BRILLIANT AGAIN,
BRIEFLY.
A WINDOW
INTO MYSTERY.

INDEX

Thanks...

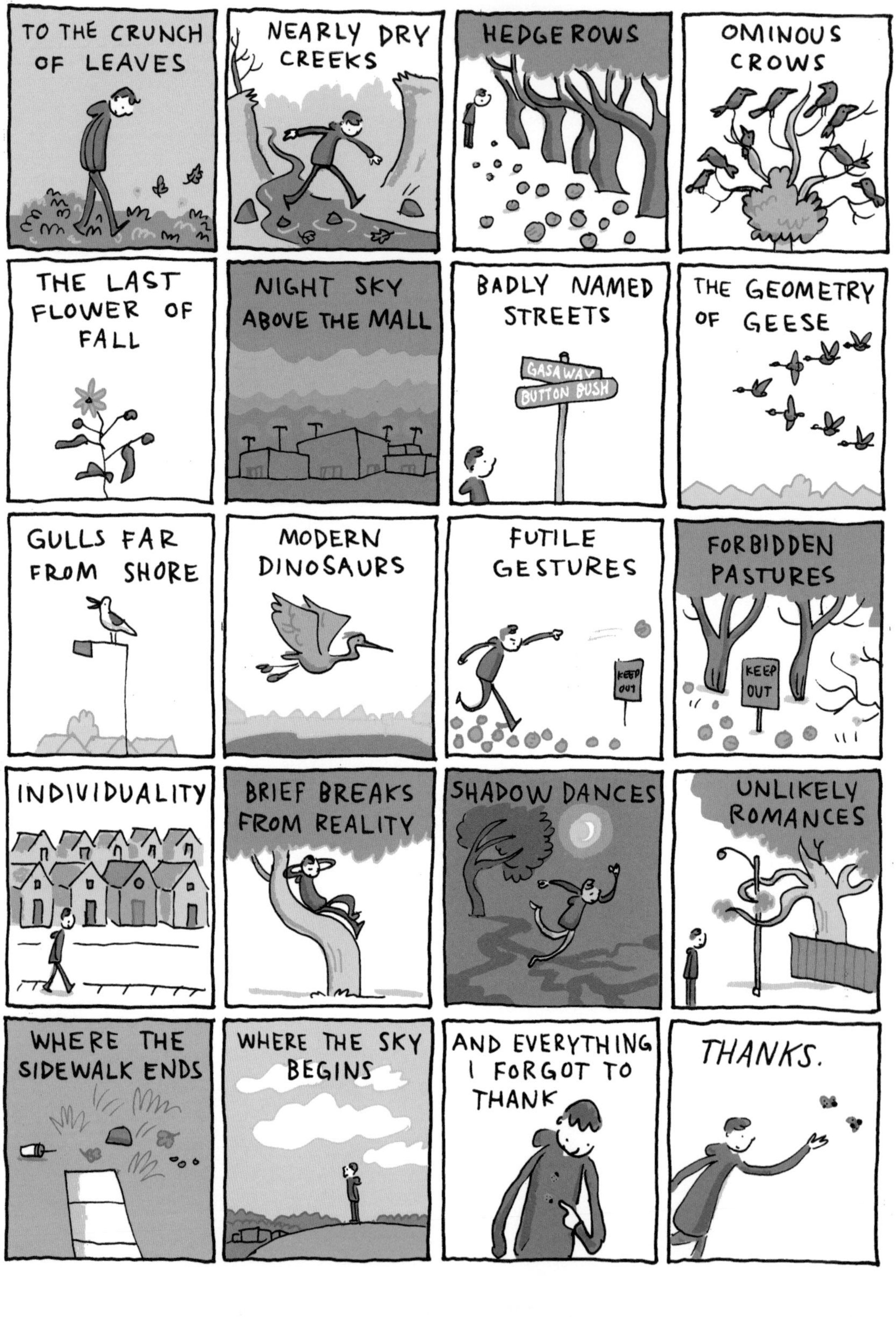

TO THE CRUNCH OF LEAVES
NEARLY DRY CREEKS
HEDGEROWS
OMINOUS CROWS
THE LAST FLOWER OF FALL
NIGHT SKY ABOVE THE MALL
BADLY NAMED STREETS
GASAWAY
BUTTON BUSH
THE GEOMETRY OF GEESE
GULLS FAR FROM SHORE
MODERN DINOSAURS
FUTILE GESTURES
KEEP OUT
FORBIDDEN PASTURES
KEEP OUT
INDIVIDUALITY
BRIEF BREAKS FROM REALITY
SHADOW DANCES
UNLIKELY ROMANCES
WHERE THE SIDEWALK ENDS
WHERE THE SKY BEGINS
AND EVERYTHING I FORGOT TO THANK
THANKS.

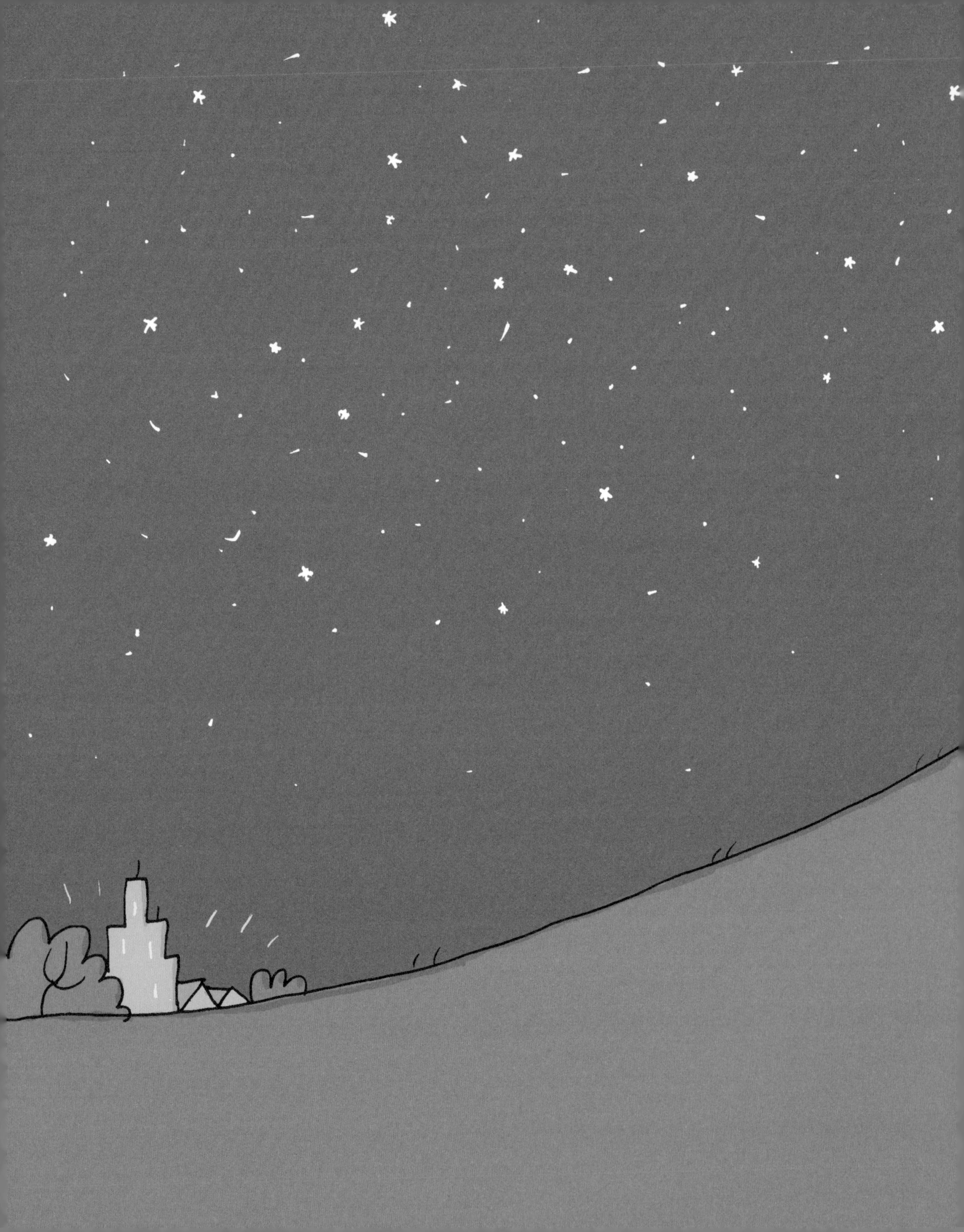

ESTIRAMIENTOS

MEJORA TU FLEXIBILIDAD, MANTENTE ACTIVO Y EVITA LESIONES

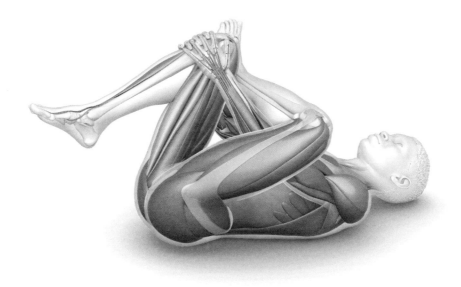

ESTIRAMIENTOS

MEJORA TU FLEXIBILIDAD, MANTENTE ACTIVO Y EVITA LESIONES

LEADA MALEK

CONTENIDOS

PRÓLOGO

La sociedad vive una paradoja en lo que se refiere a la actividad física. Debido a las ventajas de la vida moderna, cada vez hay más inactividad, al tiempo que existe una tendencia que aboga por moverse más y por entender mejor nuestro cuerpo.

La actividad física, en sus diversas formas, es la piedra angular de un estilo de vida saludable y una herramienta para gestionar y reducir el riesgo de sufrir enfermedades. Mejora la calidad de vida, fomenta un sentido de propósito y tiene el potencial de reducir la dependencia de los medicamentos para manejar el dolor, especialmente de los opioides. Los efectos del ejercicio en la salud mental y física son innumerables: desde ayudar con los síntomas de la ansiedad, el estrés y la depresión, hasta mejorar la salud cardíaca, la fuerza ósea y la longevidad.

A menudo se dan por sentadas ciertas exigencias físicas cotidianas, así como la fuerza y la flexibilidad, que se necesitan para las tareas diarias hasta que se pierden, por ejemplo, debido a una lesión o a medida que se envejece. El dolor, o sencillamente verse abrumado por la imagen que la sociedad tiene del ejercicio, puede ser un obstáculo para progresar. Como fisioterapeuta, una pregunta que me hacen de forma recurrente es: «¿Qué pasa con los estiramientos?».

Si bien la respuesta a menudo depende de la persona y de sus objetivos, este libro los explica en profundidad, teniendo en cuenta las complejidades de la anatomía y la fisiología. Para mí, el cuerpo humano es increíblemente fascinante y creo que conocerlo en profundidad permite tener una idea positiva de él, mejorar tras una lesión y, en última instancia, llevar una vida más saludable y activa.

Este libro tiene como objetivos:

1. Introducir una visión general del cuerpo humano y la ciencia del movimiento.
2. Reducir los obstáculos para realizar actividad física.
3. Proporcionar un conjunto de ejercicios de flexibilidad adecuados tanto para las diversas etapas de la vida como para el desempeño de distintas actividades.
4. Promover un estilo de vida saludable en armonía con la capacidad de adaptación del cuerpo.

La ciencia y el discurso en torno a los estiramientos y la actividad física han ido evolucionado y siguen haciéndolo a medida que se investiga. Este libro pretende desmitificar los estiramientos, enseñar técnicas para mejorar la flexibilidad y consolidar la evidencia científica más reciente para ayudar a los lectores a tomar decisiones informadas.

Quiero hacer hincapié en la importancia de la paciencia, el compromiso y, sobre todo, la amabilidad hacia uno mismo en este viaje. Cada cuerpo es único y cada persona progresará de forma diferente. Es crucial escuchar al cuerpo, adaptarse a sus

El entrenamiento de la flexibilidad puede influir positivamente en la movilidad y ayudar a iniciarse en un estilo de vida activo, fomentando el interés por el cuerpo y sus capacidades.

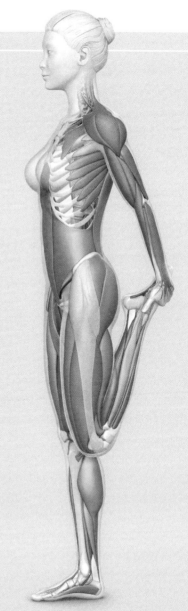

necesidades y celebrar cada pequeña victoria. El objetivo final es apreciar en profundidad el cuerpo humano y lo que se necesita para mantenerse activo, no solo a corto plazo, sino para toda la vida.

Escribir este libro me ha dado la oportunidad única de enseñar a otros sobre mi pasión: el cuerpo humano y el movimiento. Me ha permitido desafiar mis propios sesgos en busca de la mejor información. En tus manos tienes una guía para aprender sobre el movimiento que va más allá del estiramiento estático pasivo; es una celebración del cuerpo humano y de las hermosas y complejas formas en las que se mueve.

Espero sinceramente que *Estiramientos* sea un recurso más en tu camino hacia un estilo de vida más activo y saludable. Que estas páginas te animen a dar prioridad al ejercicio y a enriquecer tu vida a través del movimiento. Espero que llegues a apreciarlo tanto como yo.

Leada Malek
Especialista clínica colegiada en Terapia Física del Deporte
Especialista diplomada en ejercicios de fuerza y acondicionamiento físico

INTRODUCCIÓN

Los estiramientos se han practicado durante siglos en las civilizaciones antiguas como India, a través del yoga, y China, mediante el *chi kung.* Sin embargo, no fue hasta la década de 1940 cuando los estiramientos se popularizaron en el ámbito del *fitness* y la flexibilidad comenzó a valorarse en Occidente. Nuestro conocimiento sobre los estiramientos ha evolucionado considerablemente.

66 99

Prueba diferentes tipos de estiramientos, duraciones e intensidades mientras exploras el movimiento. En última instancia, el estiramiento que elijas dependerá de cuál sea tu objetivo.

ACERCA DE ESTE LIBRO

En el mundo del *fitness,* puede ser difícil de entender el papel y el impacto de los estiramientos. Las opiniones varían según la experiencia de cada uno, la edad y la información que se tenga. Este libro reúne los estudios más recientes, para que puedas tomar decisiones informadas sobre tu bienestar físico.

En el colegio se enseña a estirar. Sin embargo, la investigación demuestra que el estiramiento es más sutil de lo que se pensaba. Por ejemplo, el tipo de estiramiento y cómo o cuándo se realiza pueden repercutir en los resultados. También pueden servir para mejorar los movimientos del día a día o aguantar un esfuerzo atlético.

Este libro da a conocer la anatomía humana, la fisiología e incluso el sistema nervioso y la ciencia del dolor para dar ideas sobre la idoneidad y los beneficios de los diferentes estiramientos. Incluye ejercicios para todos los niveles, junto con rutinas que complementan la actividad física elegida.

Incorporar los estiramientos exige un compromiso. Los beneficios en cuanto a flexibilidad son significativos, pero el bienestar físico incluye no solo los estiramientos, sino tener una actividad física regular, una mentalidad positiva y recuperarse de forma adecuada.

Hay que tener en cuenta que cada cuerpo es único, que las investigaciones científicas evolucionan y que para lograr buenos resultados el enfoque ha de ser personalizado.

Este libro será tu mejor compañero en tu viaje hacia el movimiento. Puedes empezar en cualquier momento; nunca es demasiado tarde ni demasiado temprano para comenzar. Disfruta del proceso de buscar nuevas facetas de la actividad física y de apreciar tu cuerpo al detalle.

Un apunte sobre terminología

En este libro se emplean términos como el rango de movimiento (ROM), que es el ángulo en el que se desplaza una articulación. Estirar es aplicar un movimiento a través de una fuerza externa o interna con el fin de aumentar el ROM de una articulación. La flexibilidad hace referencia a la capacidad que tiene un músculo para alargarse y permitir que una articulación o varias se mueva con un ROM. La movilidad es la capacidad de moverse de manera eficiente, con flexibilidad adecuada, estabilidad y control motor dentro de una articulación o a través de un patrón de movimiento.

ACABAR CON LOS MITOS

En este apartado se derriban mitos habituales sobre los estiramientos, arrojando luz sobre malentendidos y aportando matices sobre un tema tan debatido como incomprendido.

MITO

REALIDAD

« »

Estirar evita todas las lesiones

EL MERO ESTIRAMIENTO NO BASTA PARA EVITAR LAS LESIONES

Aunque las investigaciones respaldan que estirar ayuda a combatir el riesgo de lesiones musculotendinosas y distensiones musculares, su capacidad para prevenir lesiones de cualquier causa no es concluyente. Para reducir el riesgo, el entrenamiento debería tener un enfoque individualizado (p. 50).

« »

Estirar elimina las agujetas

ESTIRAR NO AFECTA SIGNIFICATIVAMENTE AL DOLOR MUSCULAR DE INICIO RETARDADO (DOMS)

Se ha demostrado que estirar para evitar el dolor muscular genera cambios mínimos hasta 72 horas después del ejercicio.

« »

Todos los estiramientos son iguales

HAY MUCHOS TIPOS DE ESTIRAMIENTOS Y TODOS UTILIZAN DIFERENTES PARÁMETROS

Cuando oyen hablar de «estiramientos», la mayoría de las personas piensan en algo estático y pasivo. Sin embargo, hay muchos tipos de estiramientos y diferentes formas de clasificarlos, entre ellos los activos y dinámicos (p. 40).

« »

Estirar antes de hacer ejercicio puede repercutir negativamente en el rendimiento

EL ESTIRAMIENTO ESTÁTICO PUEDE PERJUDICAR AL RENDIMIENTO Y EL DINÁMICO, MEJORARLO

Si un deporte requiere un rango significativo de movimiento (por ejemplo, la gimnasia o las artes marciales), el estiramiento dinámico previo al ejercicio puede mejorar la flexibilidad y, por lo tanto, potenciar el rendimiento.

« »

Estirar solo genera cambios en el sistema nervioso

CON EL ESTIRAMIENTO SE PRODUCEN CAMBIOS NEURALES Y ESTRUCTURALES

Además de los cambios neurales que se dan al estirar, también se producen cambios a nivel del tejido. Por ejemplo, estirar puede ir acompañado de rigidez del tejido en músculos y tendones, alargamiento de los fascículos musculares e incluso de cambios en las pequeñas estructuras de los vasos sanguíneos (p. 44).

FISIOLOGÍA DEL ESTIRAMIENTO

Entender la anatomía y fisiología humana es crucial para apreciar la mecánica del movimiento y la importancia de la actividad física a lo largo de la vida. Este capítulo muestra la gran capacidad de adaptación del cuerpo humano, los sistemas musculoesquelético y nervioso, el cerebro y la ciencia del dolor. A lo largo del libro se destaca el beneficio de los estiramientos en cada etapa de la vida.

ANATOMÍA DEL MOVIMIENTO

La actividad física y el ejercicio requieren un movimiento deliberado. Eso implica que el cuerpo actúe a través de movimientos que son el resultado de contracciones musculares que ordena el sistema nervioso.

El cerebro controla el movimiento voluntario. La corteza motora, ubicada justo detrás del lóbulo frontal, da una señal a través del cerebro y la médula espinal. Las neuronas motoras activan la contracción de las células o fibras musculoesqueléticas. Para aportar oxígeno a los tejidos que están trabajando, la actividad neuromuscular cuenta con el respaldo de los sistemas respiratorio y cardiovascular. La retroalimentación propioceptiva y sensorial permite que el cuerpo se mueva en respuesta a cambios del entorno o del estado del propio cuerpo.

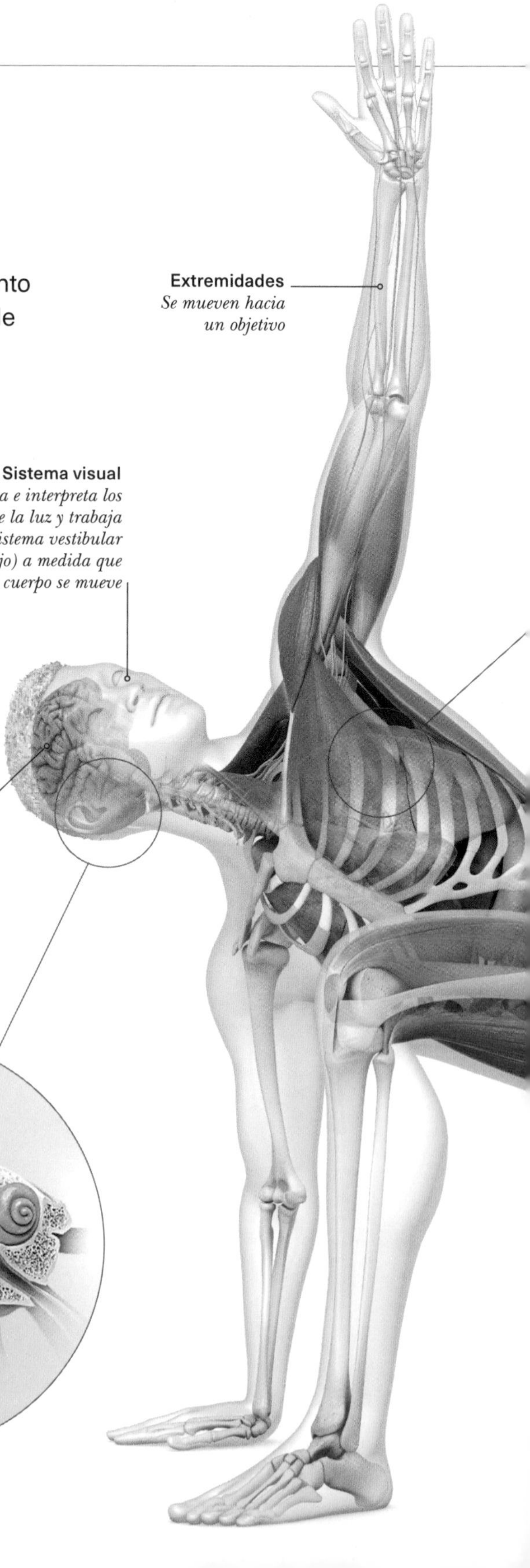

Extremidades
Se mueven hacia un objetivo

Sistema visual
Detecta e interpreta los estímulos de la luz y trabaja junto con el sistema vestibular (ver más abajo) a medida que el cuerpo se mueve

Corteza motora
La corteza motora, situada en el cerebro, genera y envía un mensaje a los músculos

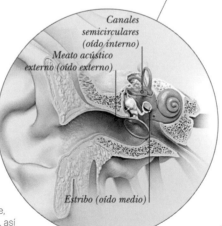

Canales semicirculares (oído interno)
Meato acústico externo (oído externo)
Estribo (oído medio)

Sistema vestibular
El sistema vestibular ayuda a mantener el equilibrio. Los canales semicirculares detectan la rotación de la cabeza y notan la aceleración angular. Los otolitos del oído detectan las fuerzas gravitacionales y se percatan de la aceleración lineal. Esta información sensorial se emplea para equilibrarse, detectar la posición de la cabeza, así como para mantener la mirada estable.

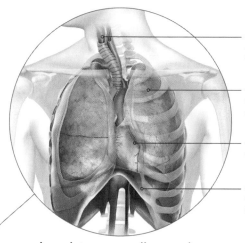

La traquea es la principal vía respiratoria

Los pulmones oxigenan la sangre y expulsan dióxido de carbono

El corazón bombea sangre a todo el cuerpo

El diafragma se contrae y ayuda a respirar

Los sistemas cardiovascular y respiratorio

El sistema cardiovascular envía sangre a los tejidos, proporcionando nutrientes esenciales a las células y retirando los desechos. El sistema respiratorio intercambia oxígeno (necesario para tener energía) y dióxido de carbono (producto de desecho de la producción de energía) entre el medio y las células. Este proceso respiratorio y circulatorio se incrementa para cumplir con las necesidades corporales durante el ejercicio.

Efectos sobre los tejidos

Estirar puede mejorar el rango de movimiento al aumentar la longitud del fascículo, mejorar la tolerancia al estiramiento y reducir la actividad refleja tónica. Algunos estudios han hallado que estirar mejora la sección transversal del músculo y altera los ángulos de penación de las fibras musculares.

QUÉ OCURRE AL ESTIRAR

El estiramiento comienza con el movimiento. El cerebro coordina con los músculos un movimiento voluntario para que el cuerpo adopte una postura que genere una fuerza tensil, o de tracción, en un músculo o grupo muscular concreto. Se puede hacer de forma activa o pasiva, como se demuestra con varios tipos de estiramiento. Hasta la fecha, algunos estudios han hallado que esto produce adaptaciones neurales y no neurales en el músculo esquelético y que mejora el nivel de flexibilidad y el rango de movimiento articular. Aunque aún queda mucho por aprender, el emergente campo de la mecanobiología sigue investigando cómo responden las mecánicas celulares y de tejidos a las fuerzas físicas.

Núcleos musculares

El músculo esquelético está compuesto por fibras largas con múltiples núcleos

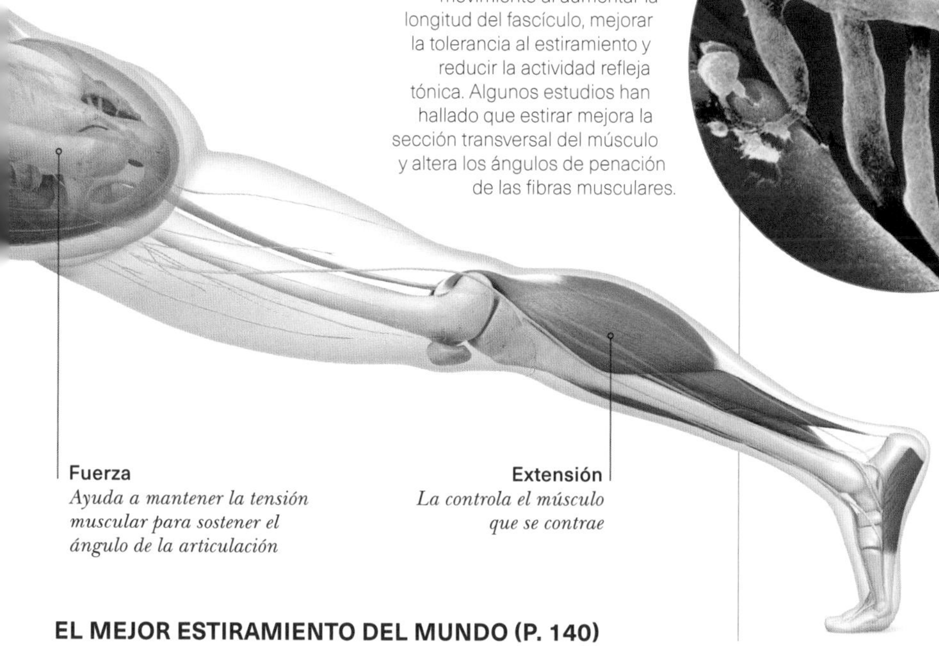

MOVIMIENTO EN EL ESPACIO

La retroalimentación propioceptiva ayuda a comunicar la ubicación espacial del cuerpo al sistema nervioso central. Esto permite corregir el movimiento, mantener la estabilidad de la postura y la conciencia espacial.

Fuerza
Ayuda a mantener la tensión muscular para sostener el ángulo de la articulación

Extensión
La controla el músculo que se contrae

EL MEJOR ESTIRAMIENTO DEL MUNDO (P. 140)

13

TIPOS DE MOVIMIENTO

El cuerpo humano funciona en varios planos de movimiento. Es importante familiarizarse y entender los términos básicos que describen movimientos y posiciones articulares, y cómo se trasladan a los ejercicios que aparecen en este libro.

La posición anatómica (derecha) es la orientación de referencia estándar del cuerpo humano que usa la ciencia. Permite describir de forma clara y coherente la ubicación de las estructuras. El cuerpo está erguido, con los pies en paralelo, los dedos de los pies apuntando hacia delante, las manos a los lados y las palmas mirando hacia delante. La postura se divide en tres planos que se utilizan para describir el movimiento y la orientación.

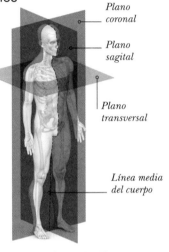

Plano coronal

Plano sagital

Plano transversal

Línea media del cuerpo

PLANOS DE MOVIMIENTO
Un ejercicio puede realizarse a lo largo de uno o varios planos de movimiento. Los planos coronal y sagital dividen el cuerpo en anterior y posterior, y en derecha e izquierda. El movimiento de rotación se produce a lo largo del plano transversal.

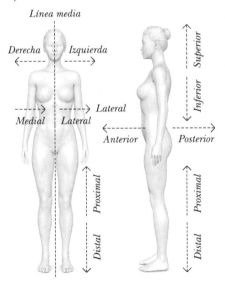

Línea media

Derecha ←------ *Izquierda* ------→

Medial ←---- *Lateral* ----→ *Lateral*

Anterior *Posterior*

Superior / *Inferior*

Proximal / *Distal*

LA UBICACIÓN
Los planos medial y lateral se relacionan con la línea media. Delantero y trasero son anterior y posterior, respectivamente. Proximal y distal describen algo más cercano o más lejano.

Columna
La columna ayuda a transferir la carga por el cuerpo. En general, puede hacer todos estos movimientos.

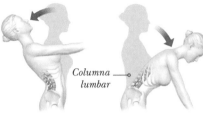

Columna lumbar

EXTENSIÓN
Inclinarse hacia atrás mediante la extensión de la columna.

FLEXIÓN
Llevar el tronco hacia delante redondeando la columna.

Codo
El codo es el nexo de unión entre el hombro y la mano. Participa en los ejercicios que implican el uso del brazo y de la mano.

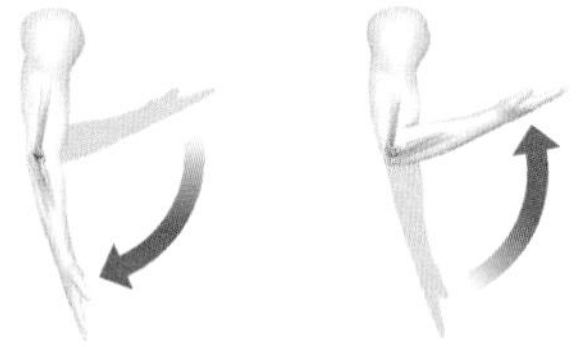

EXTENSIÓN
Estirar el brazo llevando el antebrazo hacia abajo.

FLEXIÓN
Doblar el brazo subiendo el antebrazo.

Cadera
Esta articulación esférica está diseñada para soportar peso y proporcionar estabilidad. Es capaz de realizar movimientos combinados e individuales.

ADUCCIÓN
Desplazar el muslo hacia la línea media.

ABDUCCIÓN
Alejar el muslo de la línea media.

ROTACIÓN EXTERNA
Rotar el muslo hacia fuera.

ROTACIÓN INTERNA
Rotar el muslo hacia dentro.

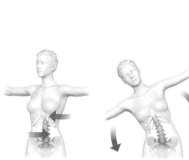

ROTACIÓN
Girar el tronco hacia derecha o izquierda en la línea media.

FLEXIÓN LATERAL
Inclinar el tronco hacia la derecha o la izquierda desde la línea media.

Muñeca
La muñeca se flexiona, se estira y se desvía en el plano medial y lateral. En el antebrazo se produce la supinación y la pronación.

SUPINACIÓN
El antebrazo rota para colocar la palma hacia arriba.

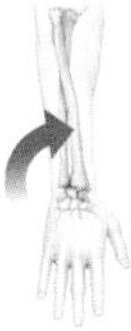

PRONACIÓN
El antebrazo rota para girar la palma hacia abajo.

EXTENSIÓN
tender el muslo hacia ás, llevando la rodilla r detrás de la cadera.

FLEXIÓN
Llevar el muslo hacia delante, desplazando la rodilla por delante de la cadera.

Hombro
La cintura escapular está formada por las articulaciones glenohumeral, acromioclavicular, esternoclavicular y escapulotorácica. Es una de las articulaciones más móviles del cuerpo, capaz de desplazarse de varias formas.

FLEXIÓN
Mover el brazo hacia delante usando el hombro.

EXTENSIÓN
Llevar el brazo hacia atrás usando el hombro

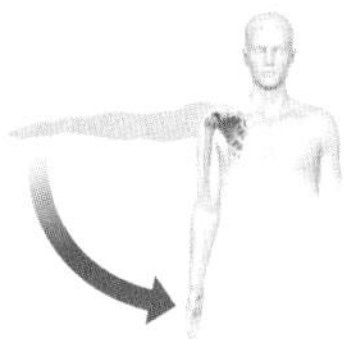

ADUCCIÓN
Acercar el brazo a la línea media.

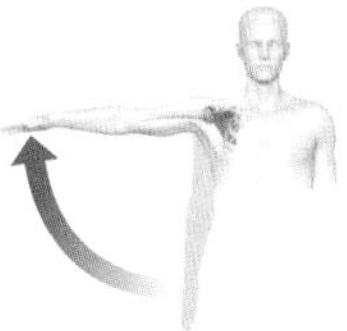

ABDUCCIÓN
Alejar el brazo de la línea media.

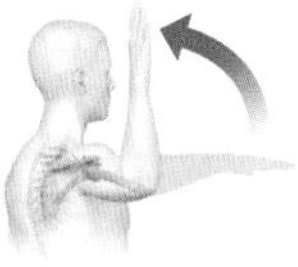

ROTACIÓN EXTERNA
Rotar el brazo hacia fuera desde el hombro.

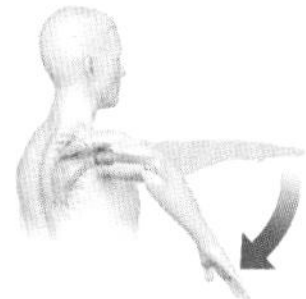

ROTACIÓN INTERNA
Rotar el brazo hacia dentro desde el hombro.

Rodilla
Las articulaciones tibiofemoral y patelofemoral forman la rodilla, la articulación sinovial más grande del cuerpo (p. 28). Es capaz de realizar movimientos minuciosos, pero principalmente se flexiona, se extiende y está muy implicada en aguantar el peso.

FLEXIÓN
Doblando la rodilla, el pie se acerca al muslo.

EXTENSIÓN
Estirando la rodilla, el pie se desplaza hacia delante.

Tobillo
El tobillo está involucrado en la locomoción y se articula con el pie para muchos movimientos, incluidas la inversión y la eversión.

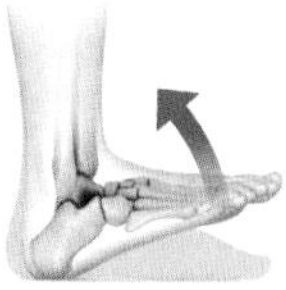

DORSIFLEXIÓN
El pie y los dedos apuntan hacia arriba.

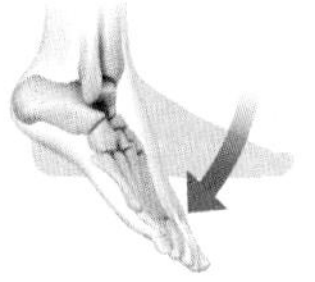

FLEXIÓN PLANTAR
El pie y los dedos apuntan hacia abajo.

SISTEMA MUSCULAR

Aunque el músculo cardíaco y el liso se incluyen en el sistema muscular, la mayor parte del tejido de cuerpo lo forman los músculos esqueléticos. Estos se unen a los huesos a través de los tendones para crear movimiento.

El nombre de los músculos proviene a menudo de la forma, posición, inserción u orientación de las fibras. El músculo esquelético se contrae principalmente en respuesta a un estímulo voluntario. Las cuatro propiedades de las que depende la respuesta de un músculo ante una carga como el estiramiento son: extensibilidad, elasticidad, contractilidad y excitabilidad. Las fibras musculares individuales poseen diferentes características fisiológicas y estructurales que determinan su capacidad funcional.

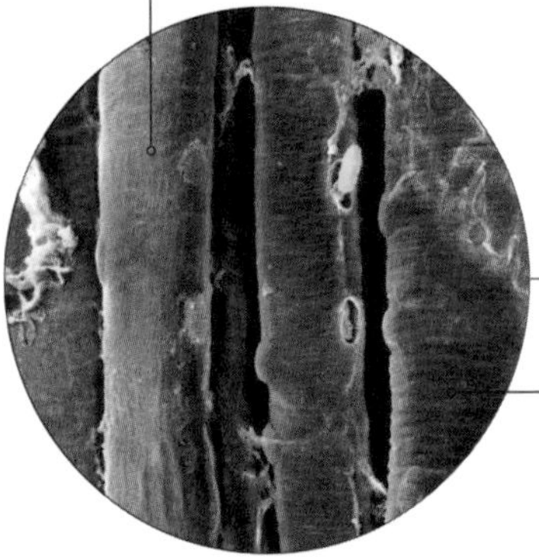

Vista microscópica de las miofibrillas musculares, dispuestas en paralelo
Las estrías son un reflejo de la disposición de las proteínas en el músculo

Fibras musculoesqueléticas

Están formadas por células cilíndricas alargadas y con múltiples núcleos compuestas de miles de miofibrillas que albergan las proteínas que hacen que el músculo se contraiga.

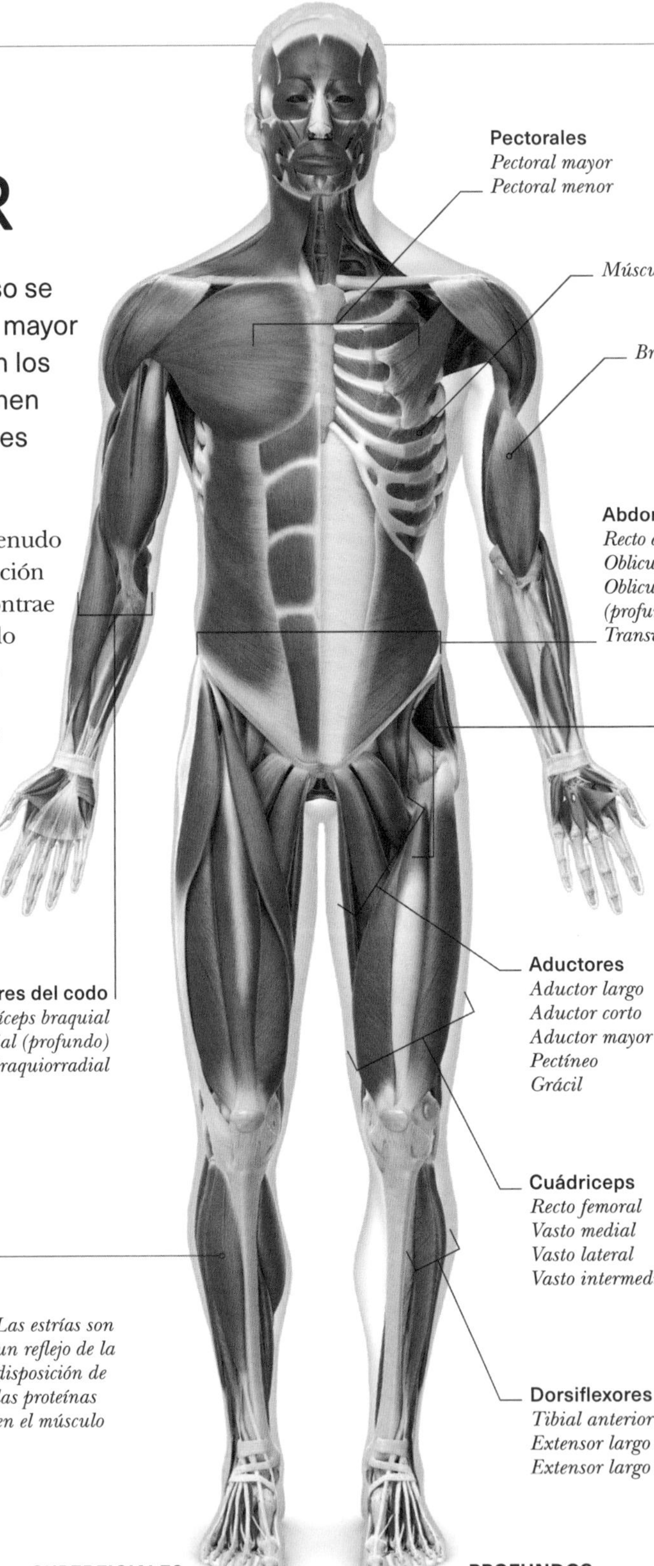

Pectorales
Pectoral mayor
Pectoral menor
Músculos intercostales
Braquial
Abdominales
Recto abdominal
Oblicuo externo abdominal
Oblicuo interno abdominal
(profundo, no se muestra)
Transverso abdominal
Flexores de la cadera
Iliopsoas (ilíaco y psoas mayor)
Recto femoral
(véase cuádriceps
Sartorio
Aductores
(más abajo)
Flexores del codo
Bíceps braquial
Braquial (profundo)
Braquiorradial
Aductores
Aductor largo
Aductor corto
Aductor mayor
Pectíneo
Grácil
Cuádriceps
Recto femoral
Vasto medial
Vasto lateral
Vasto intermedio
Dorsiflexores del tobillo
Tibial anterior
Extensor largo de los dedos
Extensor largo del dedo gordo
SUPERFICIALES
PROFUNDOS

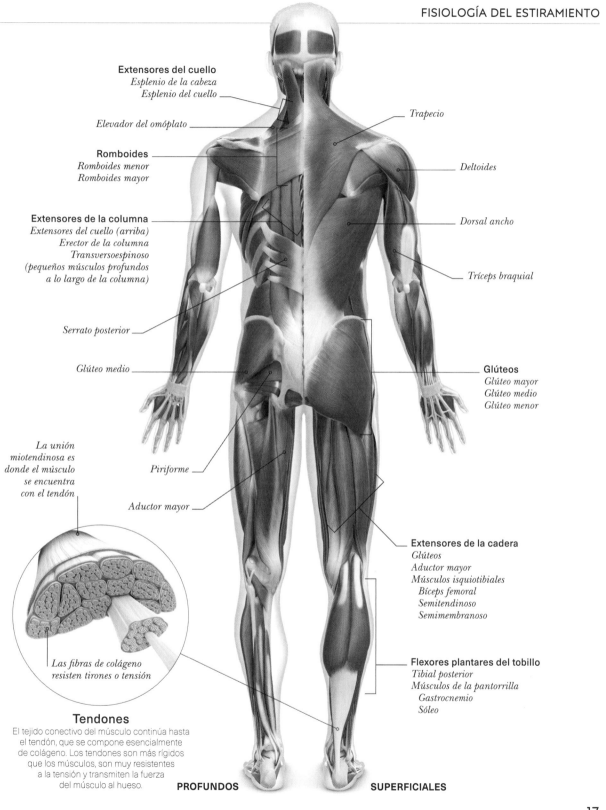

Extensores del cuello
Esplenio de la cabeza
Esplenio del cuello

Elevador del omóplato

Romboides
Romboides menor
Romboides mayor

Extensores de la columna
Extensores del cuello (arriba)
Erector de la columna
Transversoespinoso
*(pequeños músculos profundos
a lo largo de la columna)*

Serrato posterior

Glúteo medio

*La unión
miotendinosa es
donde el músculo
se encuentra
con el tendón*

Piriforme

Aductor mayor

Trapecio

Deltoides

Dorsal ancho

Tríceps braquial

Glúteos
Glúteo mayor
Glúteo medio
Glúteo menor

Extensores de la cadera
Glúteos
Aductor mayor
Músculos isquiotibiales
Bíceps femoral
Semitendinoso
Semimembranoso

Flexores plantares del tobillo
Tibial posterior
Músculos de la pantorrilla
Gastrocnemio
Sóleo

*Las fibras de colágeno
resisten tirones o tensión*

Tendones
El tejido conectivo del músculo continúa hasta
el tendón, que se compone esencialmente
de colágeno. Los tendones son más rígidos
que los músculos, son muy resistentes
a la tensión y transmiten la fuerza
del músculo al hueso.

PROFUNDOS

SUPERFICIALES

17

CADENAS Y GRUPOS MUSCULARES

Los músculos actúan como un sistema que permite al cuerpo moverse en diferentes planos. Se han planteado varias teorías para catalogar los músculos y conceptualizar su labor en función de la biomecánica y la anatomía.

En lugar de centrarse en su función muscular individual, puede ser de ayuda fijarse dónde se encuentran los músculos con respecto a las articulaciones que mueven. El *core* lo forman músculos globales, locales y vecinos, así como articulaciones del abdomen, la columna, la pelvis y las caderas. Estos músculos trabajan en bloque para crear y transferir fuerzas a través del cuerpo.

MÚSCULOS GLOBALES
Los músculos globales son más superficiales que los locales. También son más grandes y tienen más capacidad de generar fuerza en las articulaciones a las que se unen. Ambos grupos colaboran para transferir la carga entre las extremidades superiores e inferiores. Los programas de entrenamiento del *core* que trabajan los músculos globales y los locales, ya sea de manera individual o conjunta, así como los ejercicios generales, pueden aliviar el dolor de espalda.

    Los músculos globales son el cuadrado lumbar, el psoas mayor, los oblicuos externos e internos, el recto abdominal, el glúteo medio y todos los aductores de la cadera, incluyendo los aductores mayor, largo y corto, el grácil y el pectíneo.

MÚSCULOS LOCALES
Estos músculos son más profundos y se sujetan a una o más vértebras. Dada su localización y la proximidad a una articulación, participan de forma natural en el control y en los movimientos más pequeños de estos huesos. Sin embargo, por lo general no pueden realizar movimientos potentes o más amplios. Los músculos locales del *core* son el diafragma, el multífido, el transverso abdominal y los músculos del suelo pélvico. Una coordinación adecuada entre ellos puede ayudar a modular la presión intraabdominal, lo que a su vez puede afectar a la rigidez de la columna, así como al movimiento, la respiración y la continencia.

SISTEMA DEL MOVIMIENTO
Para crear movimiento, los músculos locales y globales trabajan con otros como el dorsal ancho, los flexores de la cadera y los cuádriceps. Hay varias teorías para entender cómo se transmite el movimiento entre grupos musculares, como las cadenas. Dado que la fascia, o tejido conectivo, recorre el cuerpo y proporciona soporte estructural, puede transmitir la fuerza que generan los músculos a los huesos. Conocer cómo trabajan los músculos en o cerca del tronco puede ayudarte a elegir mejor los ejercicios que se adapten a tus objetivos específicos.

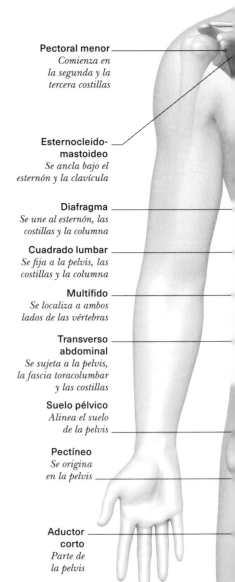

Pectoral menor
Comienza en la segunda y la tercera costillas

Esternocleido-mastoideo
Se ancla bajo el esternón y la clavícula

Diafragma
Se une al esternón, las costillas y la columna

Cuadrado lumbar
Se fija a la pelvis, las costillas y la columna

Multífido
Se localiza a ambos lados de las vértebras

Transverso abdominal
Se sujeta a la pelvis, la fascia toracolumbar y las costillas

Suelo pélvico
Alinea el suelo de la pelvis

Pectíneo
Se origina en la pelvis

Aductor corto
Parte de la pelvis

CORE INTERNO VS. *CORE* EXTERNO

En este dibujo aparecen en una capa superficial los músculos globales (el *core* externo). Son notablemente más grandes que los músculos locales. Estos conforman el *core* interno y se encuentran más profundos, cerca de la columna vertebral.

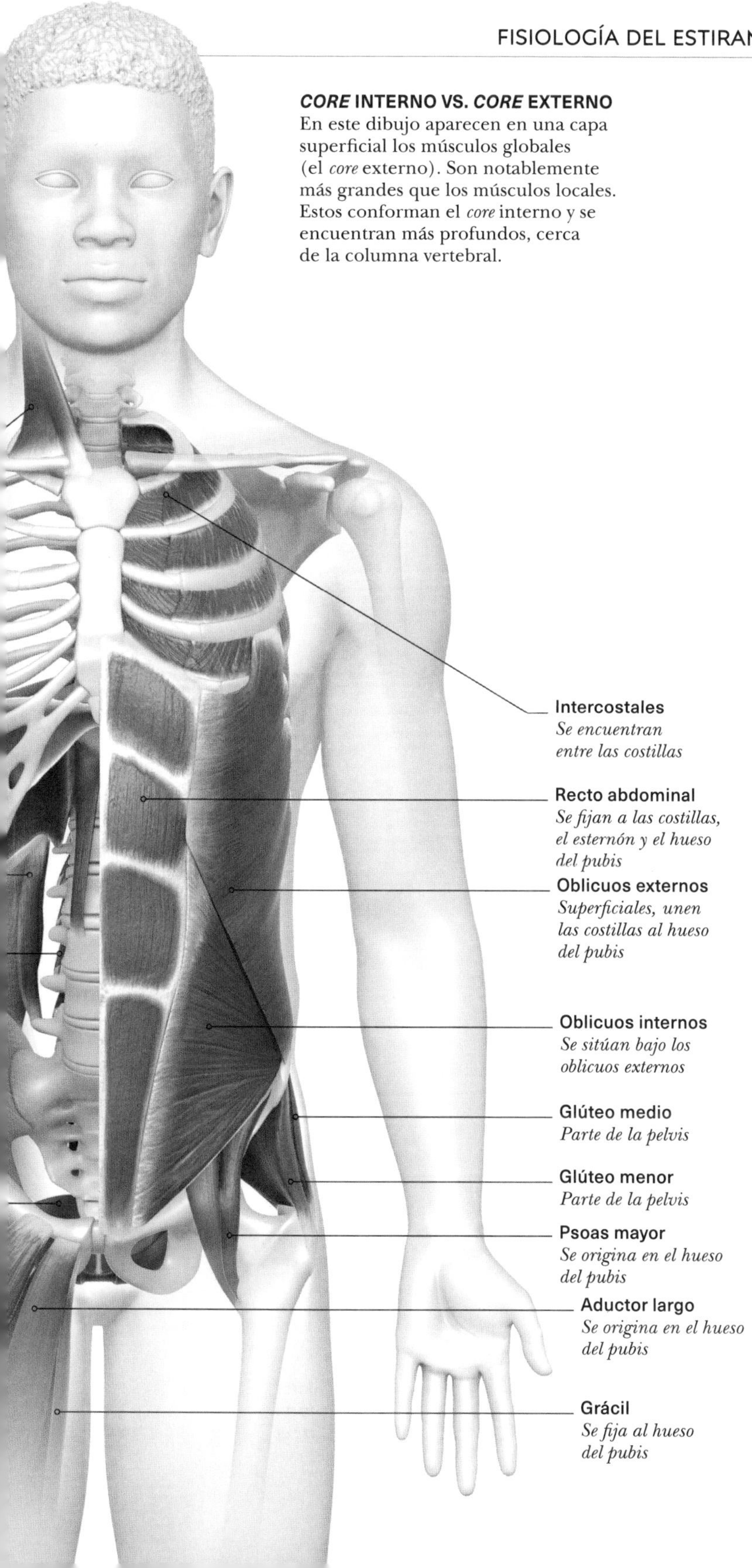

Intercostales
Se encuentran entre las costillas
Recto abdominal
Se fijan a las costillas, el esternón y el hueso del pubis
Oblicuos externos
Superficiales, unen las costillas al hueso del pubis
Oblicuos internos
Se sitúan bajo los oblicuos externos
Glúteo medio
Parte de la pelvis
Glúteo menor
Parte de la pelvis
Psoas mayor
Se origina en el hueso del pubis
Aductor largo
Se origina en el hueso del pubis
Grácil
Se fija al hueso del pubis

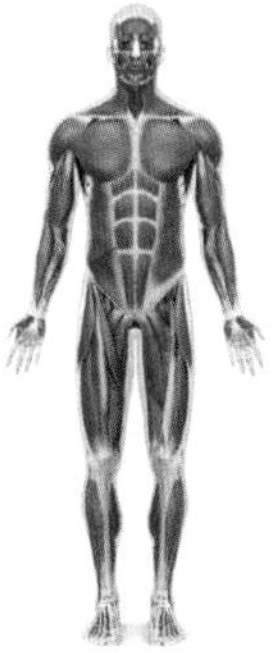

CADENA OBLICUA ANTERIOR
Incluye los oblicuos externos, los internos y los músculos aductores contralaterales. Estabiliza la cadera y la pelvis y ayuda a acelerar, rotar, frenar y cambiar de dirección en el deporte.

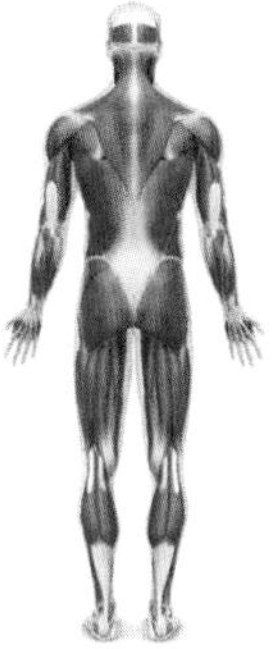

CADENA OBLICUA POSTERIOR
La forman el dorsal ancho, el glúteo mayor y la fascia toracolumbar. Da apoyo al tronco y la pelvis durante actividades como la fase de apoyo al caminar, así como en el momento de propulsarse hacia delante.

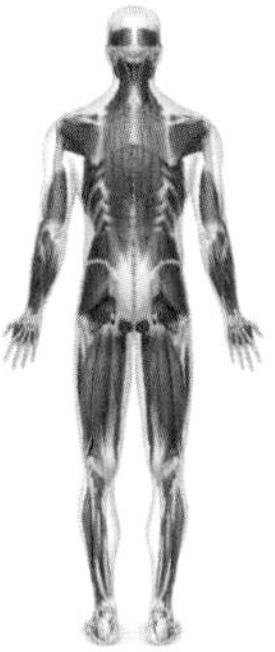

CADENA LONGITUDINAL PROFUNDA
Incluye los erectores de la columna, el multífido, el ligamento sacrotuberoso, la fascia toracolumbar y el bíceps femoral. Ayuda con los movimientos hacia delante y hacia atrás, así como a mantener el cuerpo erguido.

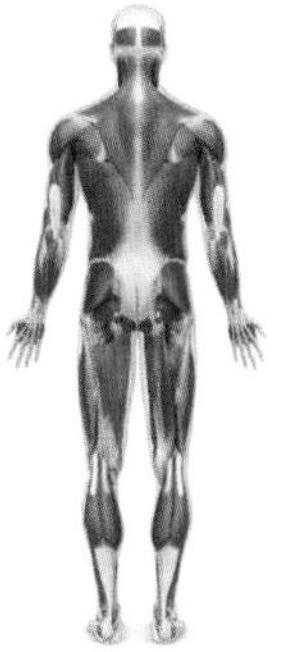

CADENA LATERAL
Está compuesta por el glúteo medio, el glúteo menor, el tensor de la fascia lata y la banda iliotibial. Este grupo ayuda con el movimiento en el plano frontal y estabiliza la cadera y la pelvis durante las actividades con una sola pierna.

CÓMO TRABAJAN LOS MÚSCULOS

Los músculos se unen a los huesos mediante los tendones. En el movimiento voluntario, el sistema nervioso emite una señal que hace que los músculos se contraigan de diversas maneras. Los tendones transmiten la fuerza que generan los músculos a los huesos, lo que permite el movimiento articular.

Las contracciones excéntricas y concéntricas son isotónicas, lo que implica que el músculo cambia de longitud. En las isométricas, el músculo que se activa no varía en longitud, por lo que el ángulo articular se mantiene constante. El músculo tiene cuatro propiedades que afectan a su rendimiento. La **extensibilidad** es la capacidad de alargarse cuando se aplica una fuerza externa, mientras que la **elasticidad** es la aptitud para recuperar la longitud en reposo. A través de la **contractilidad** se genera una tensión activa. La última, la **excitabilidad,** hace referencia a cómo responde un músculo a un estímulo.

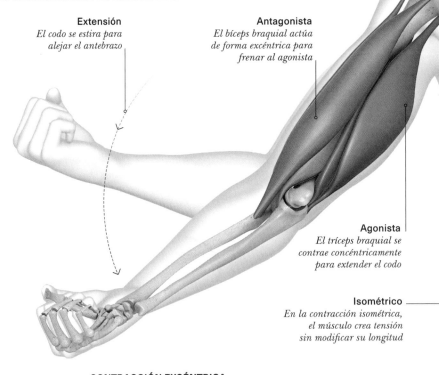

Extensión
El codo se estira para alejar el antebrazo

Antagonista
El bíceps braquial actúa de forma excéntrica para frenar al agonista

Agonista
El tríceps braquial se contrae concéntricamente para extender el codo

Isométrico
En la contracción isométrica, el músculo crea tensión sin modificar su longitud

CONTRACCIÓN EXCÉNTRICA
Una contracción excéntrica se da cuando un músculo se alarga porque la fuerza contráctil es menor que la resistiva que se aplica sobre él, como en la fase de descenso de un *curl* de bíceps. Los músculos pueden generar fuerzas excéntricas significativas, por lo que para este tipo de estiramiento debe realizarse un entrenamiento adecuado que reduzca el riesgo de lesiones.

ACCIÓN MUSCULAR CONJUNTA

El músculo motor o agonista colabora con los sinergistas para que se dé un movimiento. El músculo que se opone o frena al principal es el antagonista. Dado que los músculos solo pueden tirar y no empujar, para que se produzca el desplazamiento todos estos grupos soportan una cierta tensión.

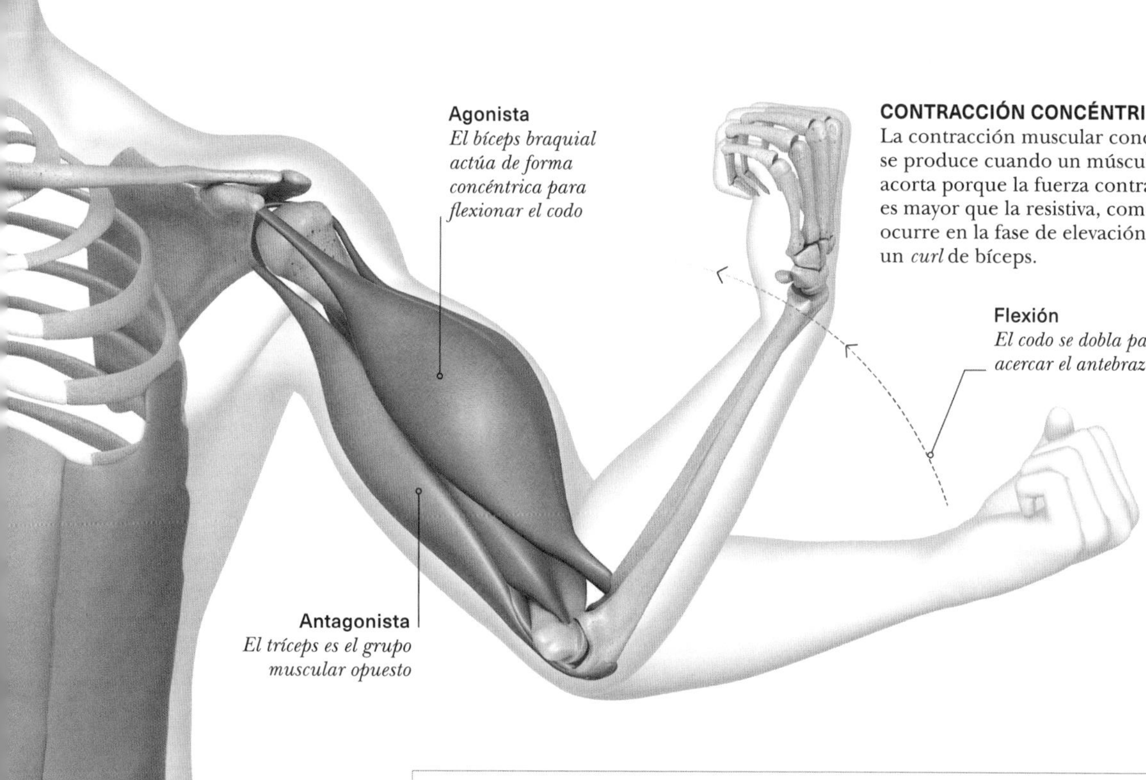

Agonista
El bíceps braquial actúa de forma concéntrica para flexionar el codo

CONTRACCIÓN CONCÉNTRICA
La contracción muscular concéntrica se produce cuando un músculo se acorta porque la fuerza contráctil es mayor que la resistiva, como ocurre en la fase de elevación de un *curl* de bíceps.

Flexión
El codo se dobla para acercar el antebrazo

Antagonista
El tríceps es el grupo muscular opuesto

Tensión muscular

La tensión activa es la fuerza que se crea cuando los filamentos de miosina (gruesos) y los de actina (finos) se solapan en el interior de los sarcómeros de un músculo, siendo mayor la tensión cuando alcanza su longitud en reposo. La tensión pasiva se produce cuando un músculo antagonista se alarga con o sin un agonista activo. A medida que el músculo se elonga, los tejidos pasivos alcanzan su longitud máxima y ofrecen resistencia. La mayoría de los estiramientos tienen como objetivo modificar este patrón.

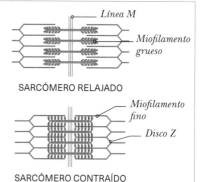

Línea M

Miofilamento grueso

SARCÓMERO RELAJADO

Miofilamento fino

Disco Z

SARCÓMERO CONTRAÍDO

ANATOMÍA MUSCULAR

Las células musculoesqueléticas son haces largos y cilíndricos de fibras más pequeñas denominadas miofibrillas. Estas están formadas por filamentos de actina y miosina que se deslizan entre sí para crear una contracción muscular. Las células tienen mitocondrias para producir energía y un sistema de membranas, el retículo sarcoplásmico, que almacena y libera iones de calcio para iniciar la contracción muscular.

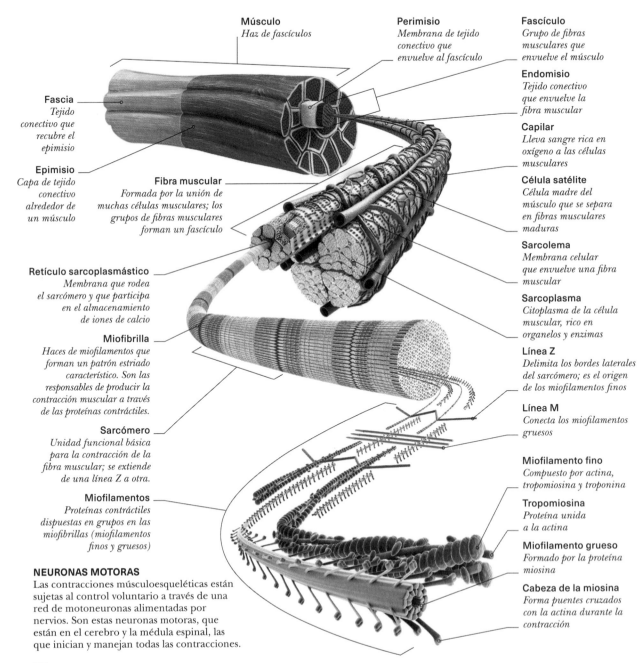

Músculo
Haz de fascículos

Perimisio
Membrana de tejido conectivo que envuelve al fascículo

Fascículo
Grupo de fibras musculares que envuelve el músculo

Endomisio
Tejido conectivo que envuelve la fibra muscular

Fascia
Tejido conectivo que recubre el epimisio

Epimisio
Capa de tejido conectivo alrededor de un músculo

Fibra muscular
Formada por la unión de muchas células musculares; los grupos de fibras musculares forman un fascículo

Capilar
Lleva sangre rica en oxígeno a las células musculares

Célula satélite
Célula madre del músculo que se separa en fibras musculares maduras

Sarcolema
Membrana celular que envuelve una fibra muscular

Retículo sarcoplasmástico
Membrana que rodea el sarcómero y que participa en el almacenamiento de iones de calcio

Sarcoplasma
Citoplasma de la célula muscular, rico en organelos y enzimas

Miofibrilla
Haces de miofilamentos que forman un patrón estriado característico. Son las responsables de producir la contracción muscular a través de las proteínas contráctiles.

Línea Z
Delimita los bordes laterales del sarcómero; es el origen de los miofilamentos finos

Línea M
Conecta los miofilamentos gruesos

Sarcómero
Unidad funcional básica para la contracción de la fibra muscular; se extiende de una línea Z a otra.

Miofilamento fino
Compuesto por actina, tropomiosina y troponina

Miofilamentos
Proteínas contráctiles dispuestas en grupos en las miofibrillas (miofilamentos finos y gruesos)

Tropomiosina
Proteína unida a la actina

Miofilamento grueso
Formado por la proteína miosina

NEURONAS MOTORAS

Las contracciones músculoesqueléticas están sujetas al control voluntario a través de una red de motoneuronas alimentadas por nervios. Son estas neuronas motoras, que están en el cerebro y la médula espinal, las que inician y manejan todas las contracciones.

Cabeza de la miosina
Forma puentes cruzados con la actina durante la contracción

Relación longitud-tensión

Este gráfico básico describe la cantidad de tensión y fuerza que un músculo es capaz de generar a diferentes longitudes. En general, los músculos generan más tensión a longitudes más cortas y menos tensión y fuerza a longitudes mayores a medida que aumenta la tensión pasiva (es decir, en el rango final de un estiramiento).

CLAVE

— Tensión total

••• Tensión pasiva

— Tensión activa

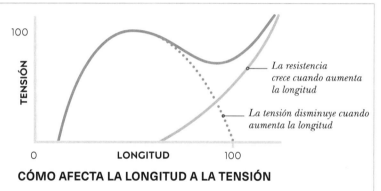

La resistencia crece cuando aumenta la longitud

La tensión disminuye cuando aumenta la longitud

CÓMO AFECTA LA LONGITUD A LA TENSIÓN

Contracción muscular a nivel microscópico

Acortar y alargar los músculos esqueléticos es un proceso complejo que implica la interacción de distintas proteínas y señales químicas. Una motoneurona y las fibras musculares a las que irriga forman una unidad motora. Desde la neurona motora se envían impulsos nerviosos a la fibra muscular, lo que desplaza a los filamentos de actina hacia el centro del sarcómero para crear tensión.

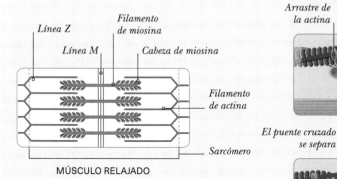

Línea Z

Línea M

Filamento de miosina

Cabeza de miosina

Filamento de actina

Sarcómero

MÚSCULO RELAJADO

Los puentes cruzados tiran de los filamentos de actina hacia dentro para generar tensión y contraer el músculo

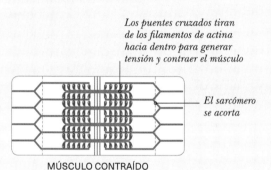

El sarcómero se acorta

MÚSCULO CONTRAÍDO

CICLO DE PUENTE CRUZADO

Filamento de actina

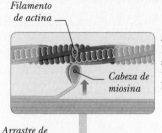

Cabeza de miosina

ACOPLAMIENTO

La cabeza de miosina activada se une a la actina, formando un «puente cruzado» entre los filamentos.

Arrastre de la actina

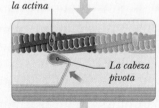

La cabeza pivota

GOLPE DE POTENCIA

Se liberan ADP y fosfato. La cabeza de la miosina pivota y se dobla, tirando del filamento de la actina hacia la línea M.

El puente cruzado se separa

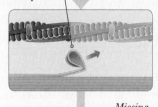

DESACOPLE

Una molécula de ATP (energía química) se une a la cabeza de la miosina, aflojando el agarre al filamento de la actina; la cabeza de miosina se desprende.

Miosina reenergizada

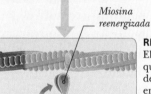

REENERGIZACIÓN

El ATP libera energía que provoca que la cabeza de la miosina se coloque en posición vertical y, ya energizada, esté lista para que comience un nuevo ciclo.

EL SISTEMA ESQUELÉTICO

El esqueleto adulto humano se compone de cartílagos y huesos. Proporciona soporte al cuerpo, protege los órganos vitales y permite el movimiento. Los huesos son tejidos conectivos vivos altamente especializados.

Se renuevan continuamente ya que tienen la capacidad de remodelarse según la carga que se les aplique. Sirven como reserva de minerales esenciales y médula ósea, que es la responsable de formar glóbulos rojos. Varían en tamaño, forma y resistencia.

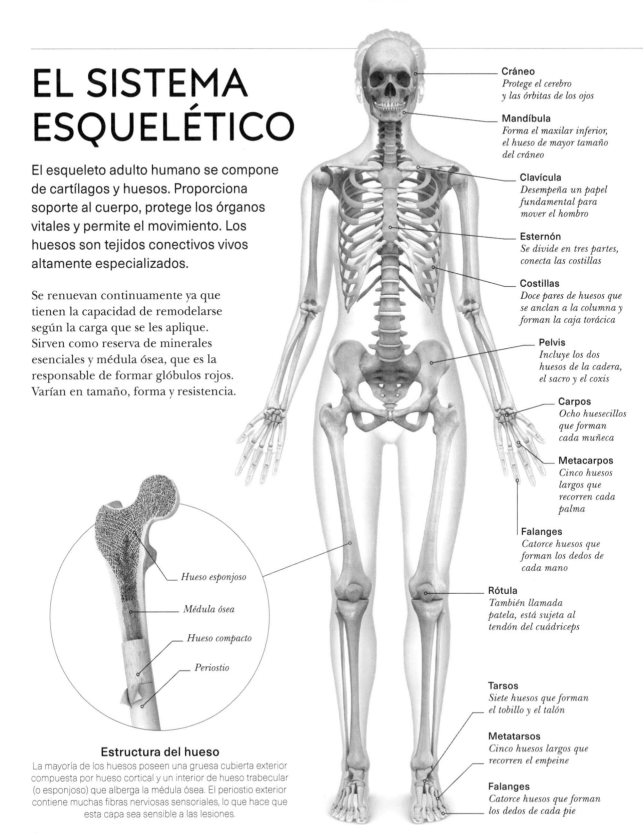

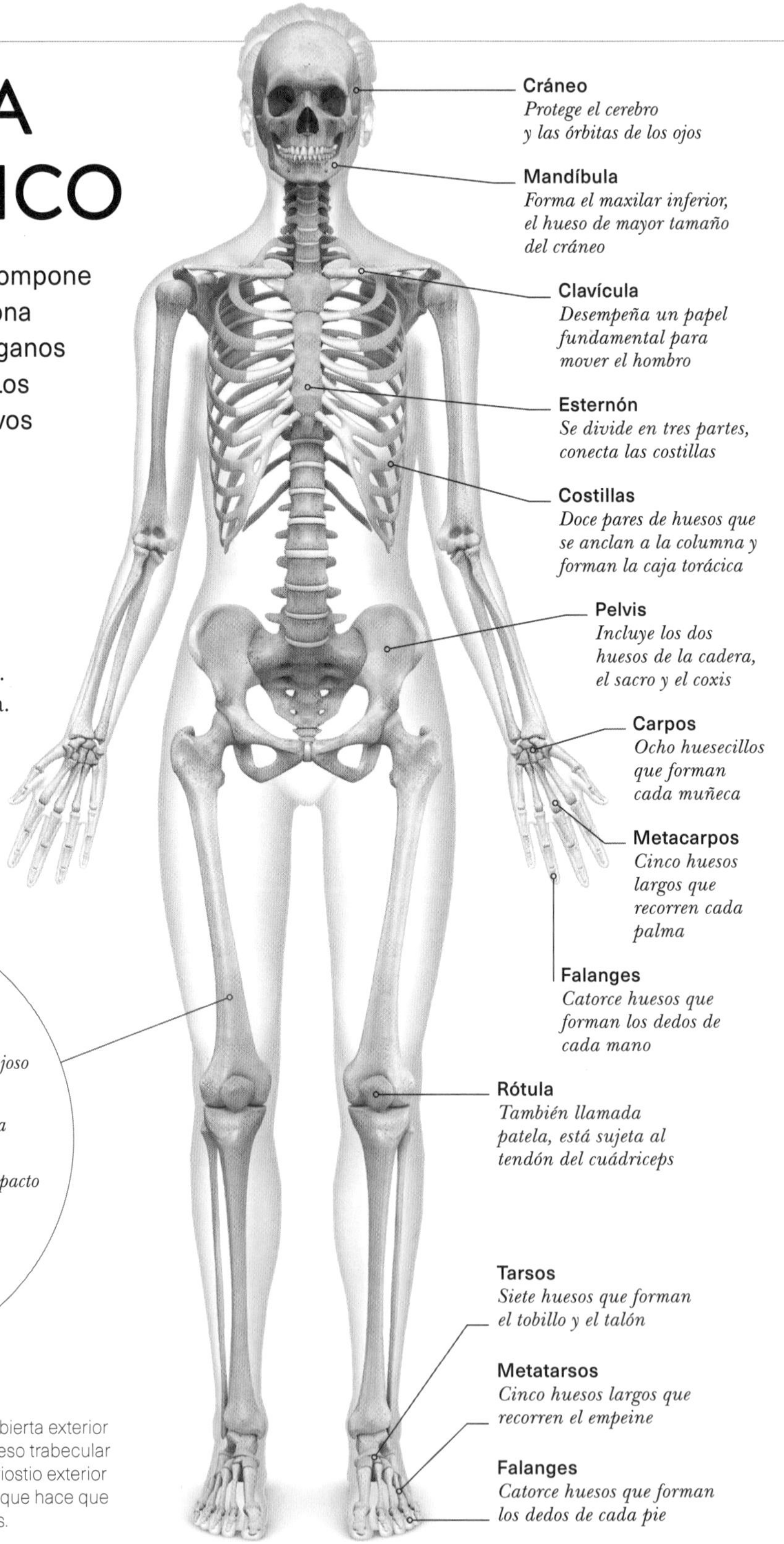
Cráneo
Protege el cerebro y las órbitas de los ojos
Mandíbula
Forma el maxilar inferior, el hueso de mayor tamaño del cráneo
Clavícula
Desempeña un papel fundamental para mover el hombro
Esternón
Se divide en tres partes, conecta las costillas
Costillas
Doce pares de huesos que se anclan a la columna y forman la caja torácica
Pelvis
Incluye los dos huesos de la cadera, el sacro y el coxis
Carpos
Ocho huesecillos que forman cada muñeca
Metacarpos
Cinco huesos largos que recorren cada palma
Falanges
Catorce huesos que forman los dedos de cada mano
Rótula
También llamada patela, está sujeta al tendón del cuádriceps
Tarsos
Siete huesos que forman el tobillo y el talón
Metatarsos
Cinco huesos largos que recorren el empeine
Falanges
Catorce huesos que forman los dedos de cada pie

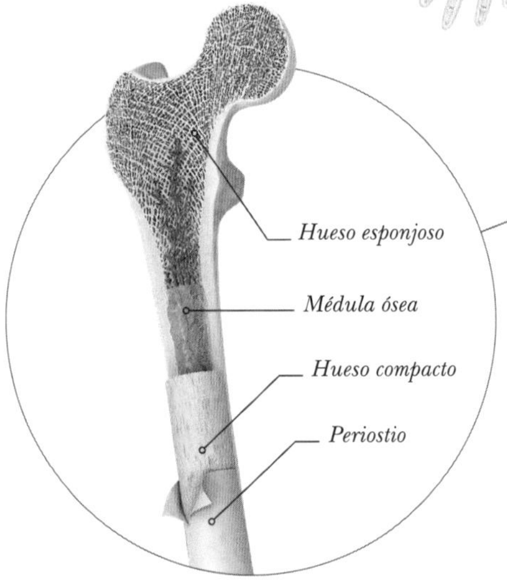
Hueso esponjoso
Médula ósea
Hueso compacto
Periostio

Estructura del hueso

La mayoría de los huesos poseen una gruesa cubierta exterior compuesta por hueso cortical y un interior de hueso trabecular (o esponjoso) que alberga la médula ósea. El periostio exterior contiene muchas fibras nerviosas sensoriales, lo que hace que esta capa sea sensible a las lesiones.

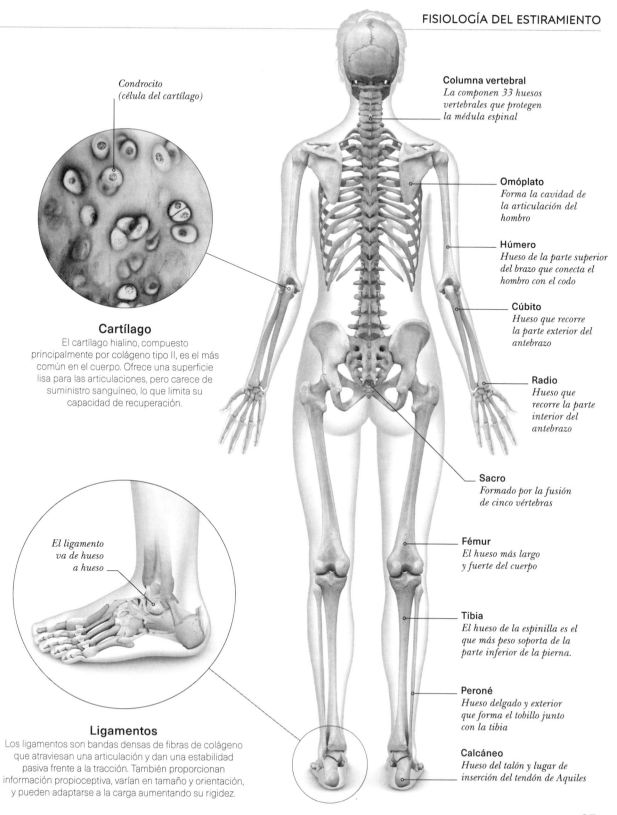

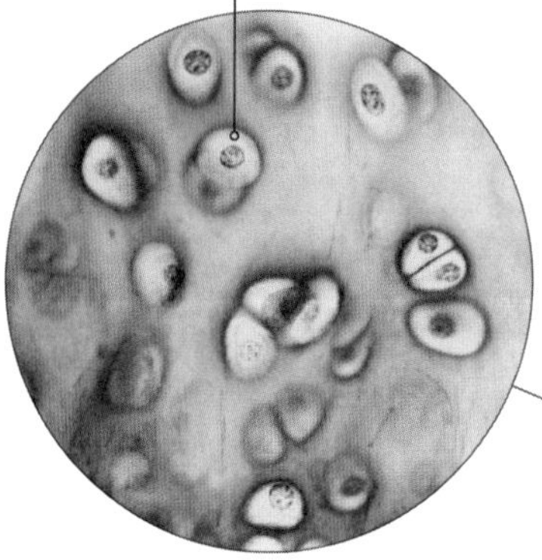
Condrocito (célula del cartílago)

Cartílago

El cartílago hialino, compuesto principalmente por colágeno tipo II, es el más común en el cuerpo. Ofrece una superficie lisa para las articulaciones, pero carece de suministro sanguíneo, lo que limita su capacidad de recuperación.

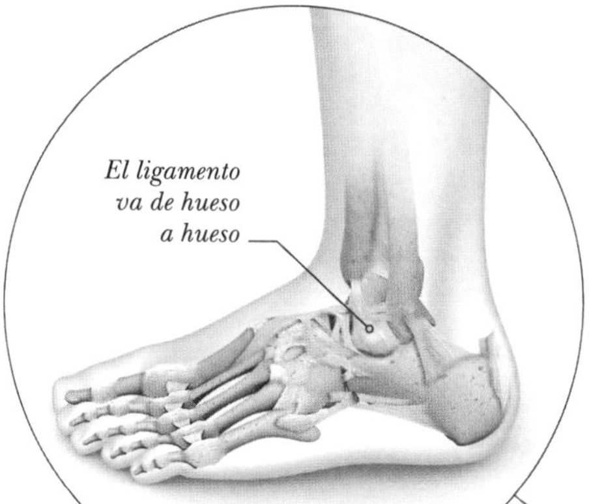
El ligamento va de hueso a hueso

Ligamentos

Los ligamentos son bandas densas de fibras de colágeno que atraviesan una articulación y dan una estabilidad pasiva frente a la tracción. También proporcionan información propioceptiva, varían en tamaño y orientación, y pueden adaptarse a la carga aumentando su rigidez.

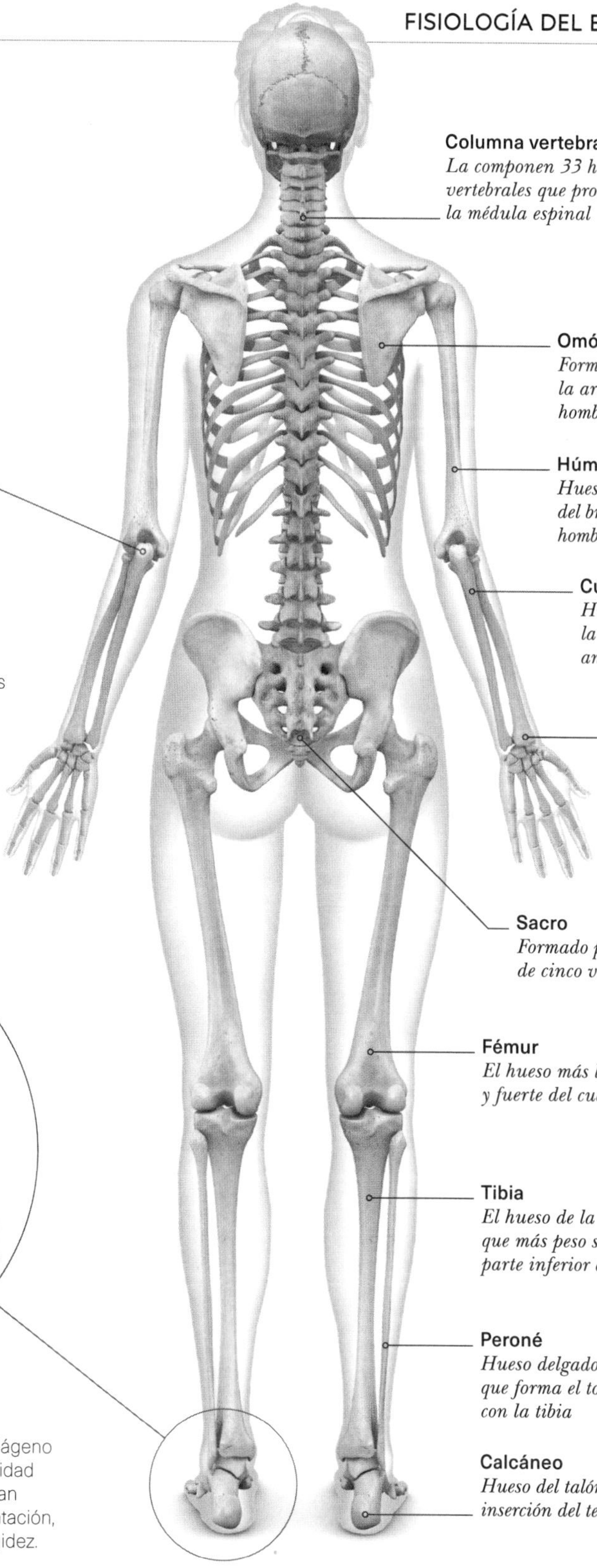
Columna vertebral
La componen 33 huesos vertebrales que protegen la médula espinal
Omóplato
Forma la cavidad de la articulación del hombro
Húmero
Hueso de la parte superior del brazo que conecta el hombro con el codo
Cúbito
Hueso que recorre la parte exterior del antebrazo
Radio
Hueso que recorre la parte interior del antebrazo
Sacro
Formado por la fusión de cinco vértebras
Fémur
El hueso más largo y fuerte del cuerpo
Tibia
El hueso de la espinilla es el que más peso soporta de la parte inferior de la pierna.
Peroné
Hueso delgado y exterior que forma el tobillo junto con la tibia
Calcáneo
Hueso del talón y lugar de inserción del tendón de Aquiles

LA COLUMNA VERTEBRAL

La columna vertebral está formada, por lo general, por 33 vértebras. El tamaño de los cuerpos vertebrales aumenta a medida que se acercan a la cadera para adaptarse al peso que soportan. La columna se curva de forma natural, tanto hacia dentro como hacia fuera, para permitir el equilibrio mecánico de la cabeza y el cuerpo en el plano sagital. Hay curvaturas anómalas que pueden ser congénitas o estar causadas por factores externos.

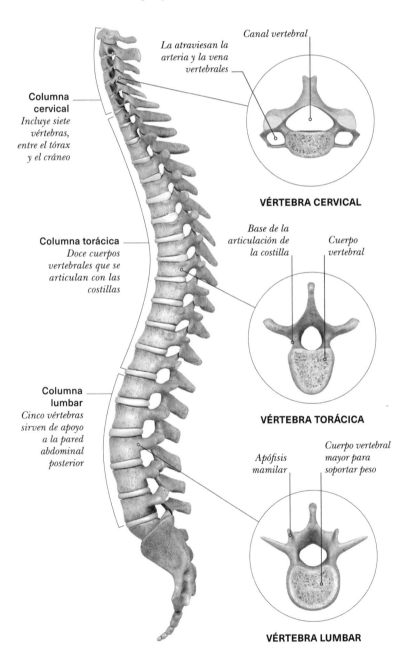

Columna cervical
Incluye siete vértebras, entre el tórax y el cráneo

Columna torácica
Doce cuerpos vertebrales que se articulan con las costillas

Columna lumbar
Cinco vértebras sirven de apoyo a la pared abdominal posterior

La atraviesan la arteria y la vena vertebrales

Canal vertebral

VÉRTEBRA CERVICAL

Base de la articulación de la costilla

Cuerpo vertebral

VÉRTEBRA TORÁCICA

Apófisis mamilar

Cuerpo vertebral mayor para soportar peso

VÉRTEBRA LUMBAR

Postura vs. anatomía

La postura es una respuesta adaptativa en la que influyen muchos factores, como la gravedad, el estado de ánimo, los hábitos de movimiento y la anatomía. Cuando duele la espalda y el cuello, no hay una única postura «ideal» para todo el mundo. La posición ideal, o neutra, es en la que cada individuo hace menor resistencia. A continuación, se presentan algunas curvaturas comunes.

Postura relajada y erguida

COLUMNA NEUTRA
Se considera una posición eficiente; en ella, la cabeza, la columna vertebral y la pelvis están casi alineadas. Es una postura que ofrece una menor cantidad de resistencia.

Mayor curvatura en la columna torácica

CIFOSIS TORÁCICA
Supone un aumento de la curvatura torácica de más de 50 grados. Es común en la osteoporosis.

Mayor curvatura en la columna lumbar

LORDOSIS LUMBAR
El aumento de la lordosis puede darse con una espalda encorvada o durante el embarazo debido al cambio en el centro de gravedad del cuerpo.

LA PELVIS

La pelvis incluye dos huesos, el sacro y el coxis. Sirve para conectar el esqueleto axial con la parte inferior del cuerpo y es el lugar donde se unen los potentes músculos que controlan la cadera y el *core*. La cavidad pélvica está a continuación de la abdominal y se sostiene sobre el suelo pélvico.

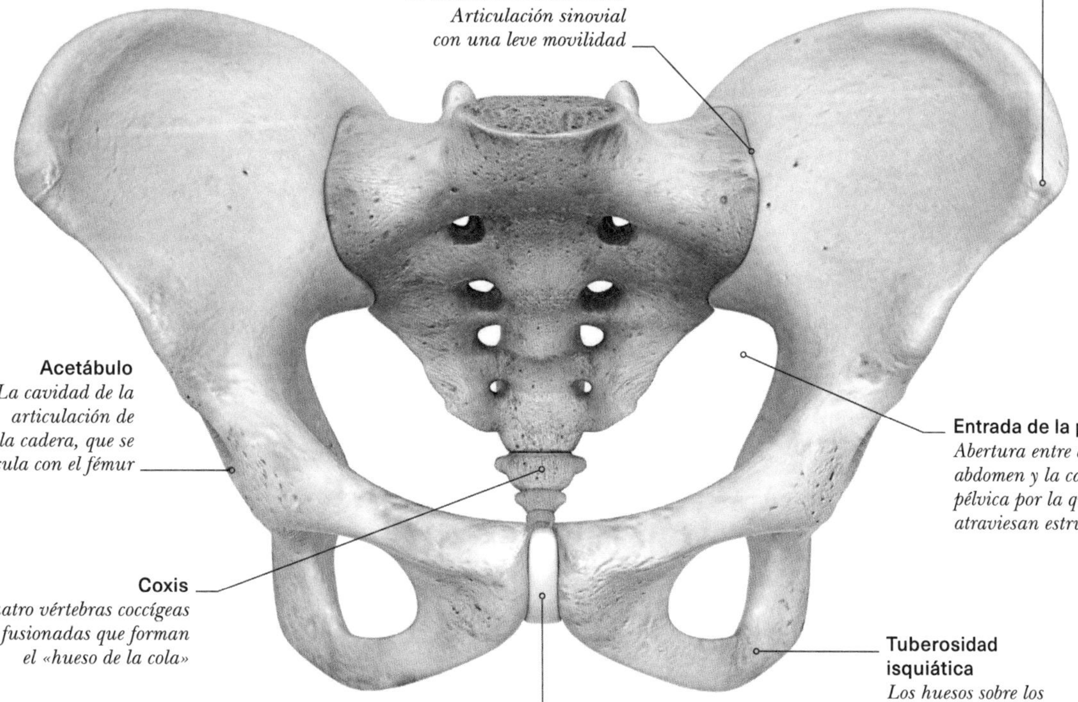

Espina ilíaca anterosuperior
Los huesos de las crestas ilíacas que se palpan en la pelvis

Articulación sacroilíaca
Articulación sinovial con una leve movilidad

Acetábulo
La cavidad de la articulación de la cadera, que se articula con el fémur

Entrada de la pelvis
Abertura entre el abdomen y la cavidad pélvica por la que atraviesan estructuras

Coxis
Cuatro vértebras coccígeas fusionadas que forman el «hueso de la cola»

Tuberosidad isquiática
Los huesos sobre los que nos sentamos, en la base de la pelvis

PELVIS FEMENINA

Sínfisis púbica
Articulación compuesta de fibrocartílago, similar a los discos intervertebrales

Conciencia lumbopélvica

El tono muscular, el dolor y la morfología ósea pueden influir en la posición de la pelvis y en su inclinación. Aunque lo ideal es mantener la pelvis en posición neutra, la inclinación varía considerablemente de una persona a otra. Entender el movimiento lumbopélvico puede ayudar a controlar la posición del *core* y la pelvis al realizar ejercicios concretos.

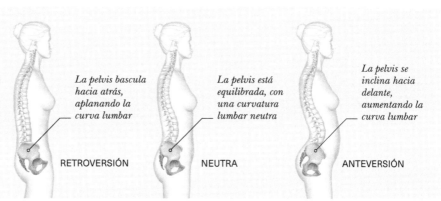

La pelvis bascula hacia atrás, aplanando la curva lumbar

RETROVERSIÓN

La pelvis está equilibrada, con una curvatura lumbar neutra

NEUTRA

La pelvis se inclina hacia delante, aumentando la curva lumbar

ANTEVERSIÓN

27

ARTICULACIONES

Los huesos se unen en las articulaciones. Hay tres tipos diferentes de articulaciones: fibrosas, cartilaginosas y sinoviales. Las primeras están fijas, como sucede en el cráneo. Las segundas implican al cartílago, como la sínfisis púbica.

Las articulaciones sinoviales se pueden mover con libertad e incluyen las que se disponen en bisagra, como el codo y la rodilla, que principalmente se flexionan y estiran. Las articulaciones esféricas tienen la capacidad para abducir, aducir y rotar, como el hombro y la cadera.

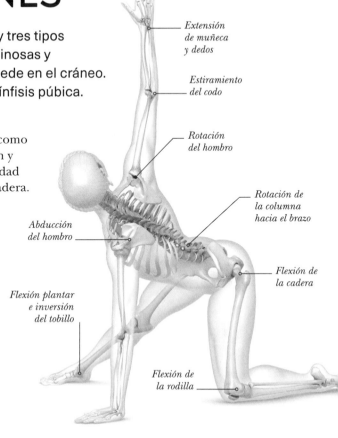

Extensión de muñeca y dedos

Estiramiento del codo

Rotación del hombro

Rotación de la columna hacia el brazo

Abducción del hombro

Flexión de la cadera

Flexión plantar e inversión del tobillo

Flexión de la rodilla

ENHEBRAR LA AGUJA (P. 94)

TIPOS DE MOVIMIENTO

Flexión	El ángulo de la articulación suele cerrarse
Extensión	El ángulo de la articulación suele abrirse
Abducción	La extremidad se aleja de la línea media del cuerpo
Aducción	La extremidad se acerca a la línea media del cuerpo
Rotación externa	La extremidad rota hacia fuera
Rotación interna	La extremidad rota hacia dentro
Rotación axial	La columna rota sobre su eje
Flexión plantar	La punta del pie se aleja del cuerpo
Dorsiflexión	La punta del pie se acerca al cuerpo

Dentro de una articulación

Las articulaciones sinoviales se caracterizan por su movilidad y por la cavidad articular que poseen. La membrana sinovial, un tejido conectivo especializado, produce un líquido que lubrica y proporciona nutrientes a las superficies articuladas. Las almohadillas adiposas, que se encuentran en la membrana sinovial y la cápsula, pueden moverse libremente a medida que las articulaciones cambian con el movimiento, sirviendo como un cojín entre los huesos.

ARTICULACIÓN SINOVIAL

El cartílago sinovial, un tipo de tejido conectivo, se encuentra en prácticamente todas las articulaciones. El cartílago proporciona apoyo estructural, amortigua y lubrica la articulación.

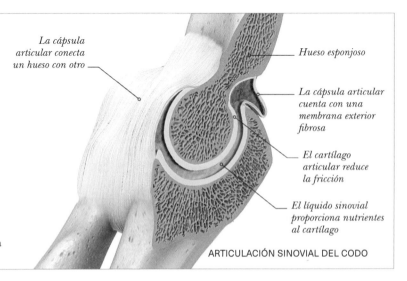

La cápsula articular conecta un hueso con otro

Hueso esponjoso

La cápsula articular cuenta con una membrana exterior fibrosa

El cartílago articular reduce la fricción

El líquido sinovial proporciona nutrientes al cartílago

ARTICULACIÓN SINOVIAL DEL CODO

EL RANGO DE MOVIMIENTO

La capacidad que tiene una articulación de moverse depende de muchos factores, como los músculos, la estructura ósea, los tejidos blandos, los ligamentos y los huesos que la rodean. Un ejemplo son el muslo y la pantorrilla cuando se juntan en la flexión de la rodilla.

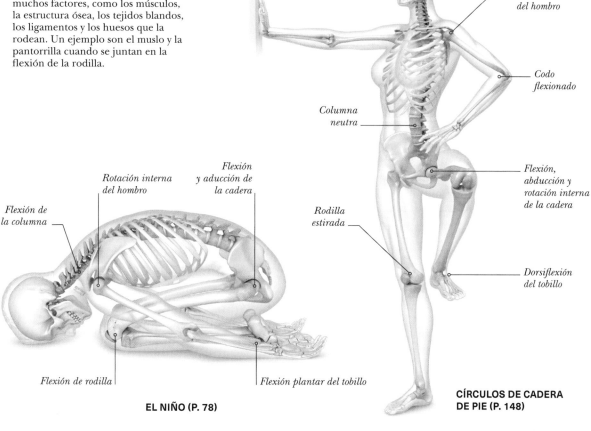

Abducción y rotación interna del hombro

Codo flexionado

Columna neutra

Flexión, abducción y rotación interna de la cadera

Rodilla estirada

Dorsiflexión del tobillo

Rotación interna del hombro

Flexión y aducción de la cadera

Flexión de la columna

Flexión de rodilla

Flexión plantar del tobillo

EL NIÑO (P. 78)

CÍRCULOS DE CADERA DE PIE (P. 148)

Artritis

La osteoartritis es una inflamación que afecta a la integridad del tejido articular. Aunque a veces es asintomática, quienes tienen síntomas experimentan dolor y rigidez en las articulaciones. Los principales cambios patológicos incluyen anomalías en el cartílago articular, el sinovio y el hueso subcondral. Los estiramientos permiten mantener el rango de movimiento y ayudar a controlar esta dolencia.

PROGRESIÓN

A medida que avanza, puede causar hinchazón ósea, engrosamiento capsular, efusión sinovial y osteofitos (espuelas óseas), lo que afecta al rango de movimiento y la función articular.

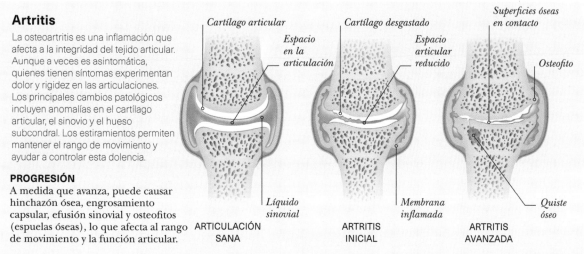

Cartílago articular

Espacio en la articulación

Cartílago desgastado

Espacio articular reducido

Superficies óseas en contacto

Osteofito

Líquido sinovial

Membrana inflamada

Quiste óseo

ARTICULACIÓN SANA

ARTRITIS INICIAL

ARTRITIS AVANZADA

EL SISTEMA NERVIOSO

El sistema nervioso es una red de células, tejidos y órganos que controlan y coordinan las respuestas del cuerpo a los estímulos internos y externos. Se divide en sistema nervioso central (SNC) y periférico (SNP).

El SNC, que comprende el cerebro y la médula espinal, procesa e interpreta los datos que le llegan del SNP y genera una respuesta. Este último se divide en un sistema somático, que controla el movimiento voluntario y la percepción sensorial, y el sistema nervioso autónomo (SNA), que regula funciones involuntarias como la frecuencia cardíaca y la respiración. El SNA se divide luego en sistema nervioso simpático y parasimpático. El sistema nervioso recibe información sensorial del cuerpo, como la posición de una pierna al estirar, y la emplea para ajustar y redefinir los movimientos.

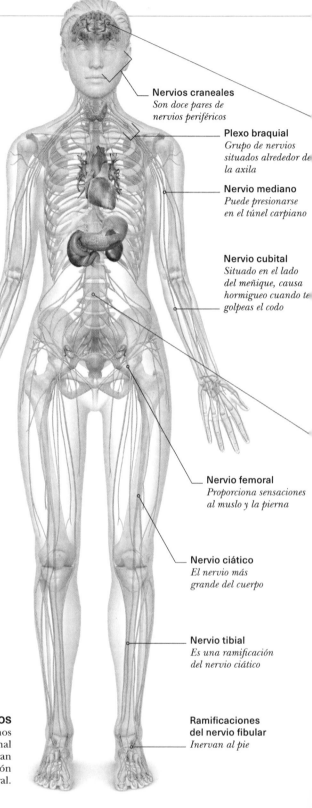

Nervios craneales
Son doce pares de nervios periféricos

Plexo braquial
Grupo de nervios situados alrededor de la axila

Nervio mediano
Puede presionarse en el túnel carpiano

Nervio cubital
Situado en el lado del meñique, causa hormigueo cuando te golpeas el codo

Nervio femoral
Proporciona sensaciones al muslo y la pierna

Nervio ciático
El nervio más grande del cuerpo

Nervio tibial
Es una ramificación del nervio ciático

Ramificaciones del nervio fibular
Inervan al pie

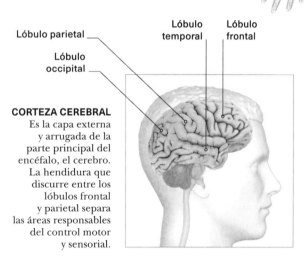

Lóbulo parietal

Lóbulo occipital

Lóbulo temporal

Lóbulo frontal

CORTEZA CEREBRAL
Es la capa externa y arrugada de la parte principal del encéfalo, el cerebro. La hendidura que discurre entre los lóbulos frontal y parietal separa las áreas responsables del control motor y sensorial.

NERVIOS PERIFÉRICOS
Son los nervios sensoriales, motores y autónomos que están fuera del cerebro y la médula espinal y conectan con el resto del cuerpo. Controlan el movimiento al transmitir información entre el cuerpo y el sistema nervioso central.

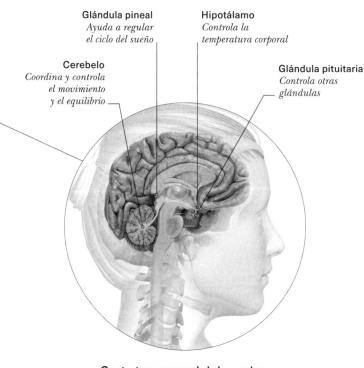

Glándula pineal
*Ayuda a regular
el ciclo del sueño*

Hipotálamo
*Controla la
temperatura corporal*

Cerebelo
*Coordina y controla
el movimiento
y el equilibrio*

Glándula pituitaria
*Controla otras
glándulas*

Corte transversal del cerebro

El cerebelo contribuye al aprendizaje motor y a la planificación y la ejecución de movimientos suaves y coordinados. Hay glándulas en el cerebro que controlan diversas funciones corporales al segregar hormonas en el torrente sanguíneo. Las hormonas transmiten mensajes a los órganos, los músculos y otros tejidos.

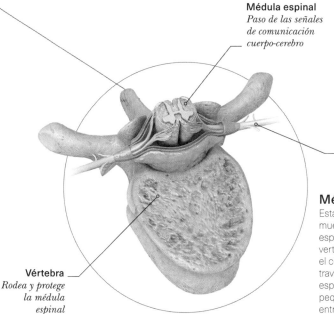

Médula espinal
*Paso de las señales
de comunicación
cuerpo-cerebro*

Nervio espinal
*Controla las sensaciones y el
movimiento de partes del cuerpo*

Médula espinal

Esta vista cenital de una vértebra muestra dónde se aloja la médula espinal en el interior de la columna vertebral. La información viaja entre el cerebro y el resto del cuerpo a través de ese cordón. Los nervios espinales se proyectan desde pequeñas aberturas a ambos lados entre las vértebras.

Vértebra
*Rodea y protege
la médula
espinal*

NEURODINÁMICA

Los nervios recorren el cuerpo y, con el movimiento, tienen que adaptarse a diversas cargas. El sistema musculo-esquelético funciona como una estructura en la que se encuentran los nervios. Incluye fascia, piel, hueso, músculo e incluso vasos sanguíneos. En caso de lesión o falta de movimiento, los nervios no se tensan con normalidad y eso puede provocar dolor. Las técnicas neurodinámicas para movilizarlos pueden reducir el dolor relacionado con los nervios.

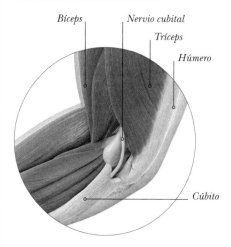

Bíceps

Nervio cubital

Tríceps

Húmero

Cúbito

ESTRUCTURA MUSCULOESQUELÉTICA

Los nervios, que atraviesan los músculos y rodean los huesos, están sujetos a fuerzas como la elongación, la compresión y el deslizamiento. Si el tejido neural se mueve de forma adecuada a través de la estructura mecánica, como aparece en el brazo del dibujo superior, favorece el movimiento fácil del cuerpo y las extremidades.

NATURALEZA Y TEORÍAS DEL DOLOR

Cada persona experimenta el dolor de forma diferente, en función de factores biológicos, psicológicos y sociales. Entender el papel del sistema nervioso es importante para desarrollar estrategias eficaces de gestión del dolor.

¿QUÉ ES EL DOLOR?

La Asociación Internacional para el Estudio del Dolor (IASP, por sus siglas en inglés) define el dolor como una «experiencia sensorial y emocional desagradable asociada, o parecida a la asociada, con un daño real o potencial en los tejidos». El dolor avisa al cuerpo de un peligro, como que acaba de tocar una estufa caliente o de que algo no funciona bien, como cuando se produce una fractura ósea.

El dolor puede variar mucho en intensidad, naturaleza y duración en función de la persona. No siempre indica que haya un daño en los tejidos, ni su intensidad coincide siempre con una amenaza potencial. Por ejemplo, un pequeño corte con un papel puede doler bastante pero no justifica una intervención quirúrgica. La IASP señala que el dolor es «siempre una experiencia personal en la que influyen, en diverso grado, factores biológicos, psicológicos y sociales», no solo las neuronas sensoriales. Puede ser una sensación temporal por una lesión específica y remitir a medida que la causa se resuelva. También puede ser algo crónico que persista durante semanas o años y tener un impacto significativo en la calidad de vida de una persona.

El dolor es multifactorial y, por ello, se puede manejar de diversas formas, desde medicamentos hasta otras opciones como la fisioterapia. Estirar y hacer ejercicio puede hacer que disminuya la percepción del dolor y favorecer el bienestar al mejorar el estado de ánimo y reducirse el estrés y la depresión que a menudo acompañan al dolor crónico. Para manejarlo, moverse puede ser muy importante, pero conviene consultar a un profesional de la salud qué tipos de ejercicios son los mejores en cada caso.

SENSIBILIZACIÓN CENTRAL

Los sistemas nerviosos central y periférico participan en todas las vías de percepción del dolor. El primero interpreta la información enviada por el último antes de crear una respuesta o señal de dolor. A veces, el cerebro amplifica esta señal, lo que hace que el sistema nervioso sea hipersensible al dolor y lleva a la sensibilización central. Este tipo de dolor puede presentarse de diversas maneras, incluido el estrés, el dolor musculoesquelético crónico, el dolor de estómago o los dolores de cabeza.

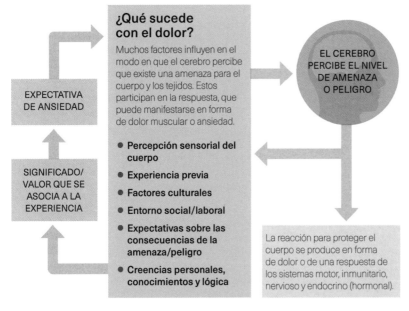

¿Qué sucede con el dolor?

Muchos factores influyen en el modo en que el cerebro percibe que existe una amenaza para el cuerpo y los tejidos. Estos participan en la respuesta, que puede manifestarse en forma de dolor muscular o ansiedad.

- **Percepción sensorial del cuerpo**
- **Experiencia previa**
- **Factores culturales**
- **Entorno social/laboral**
- **Expectativas sobre las consecuencias de la amenaza/peligro**
- **Creencias personales, conocimientos y lógica**

EXPECTATIVA DE ANSIEDAD

SIGNIFICADO/ VALOR QUE SE ASOCIA A LA EXPERIENCIA

EL CEREBRO PERCIBE EL NIVEL DE AMENAZA O PELIGRO

La reacción para proteger el cuerpo se produce en forma de dolor o de una respuesta de los sistemas motor, inmunitario, nervioso y endocrino (hormonal).

TIPOS DE DOLOR

El dolor musculoesquelético crónico, como el lumbar, es la principal causa de discapacidad en el mundo. Según la Organización Mundial de la Salud, hasta el 33 por ciento de la población mundial tiene algún tipo de dolor musculoesquelético. Entender los tipos más habituales puede ayudar a tratarlos, mejorar los resultados y reducir el coste económico.

TRES TIPOS DE DOLOR

Aunque hay muchos tipos de dolor, se pueden clasificar en tres principales: nociceptivo, neuropático y nociplástico.

El dolor nociceptivo surge de un daño real o una amenaza para el tejido no neural. Suele describirse como «agudo» y localizarse en un punto específico con una causa subyacente clara, como una lesión o inflamación.

El dolor neuropático es el que resulta del daño o deterioro de un nervio. La persona afectada puede describirlo como «ardor», «punzada» o «latido». También se manifiesta con un déficit sensorial, como disminución de la sensibilidad. Otra forma en la que se describe es como una sensación de «alfileres y agujas», debilidad o entumecimiento, especialmente en manos y pies y sobre todo en personas que reciben tratamiento contra el cáncer. El dolor neuropático también puede darse cuando hay dolencias ortopédicas (que pinzan un nervio) o afecciones metabólicas como la diabetes.

El dolor nociplástico, o psico-somático, puede surgir de una nocicepción alterada sin que haya evidencia de que exista un daño o amenaza en los tejidos. Se puede sentir en varias partes del cuerpo al mismo tiempo. Puede darse en caso de dolencias crónicas como la lumbalgia y la fibromialgia (un dolor musculoesquelético generalizado que se acompaña de fatiga y problemas de memoria y estado de ánimo).

DOLOR REFERIDO

El dolor referido se siente en un lugar diferente de donde se origina. Se desconocen al detalle los mecanismos exactos que lo causan, pero se cree que están relacionados con la forma en que se disponen en la médula espinal y el cerebro los nervios que transmiten las señales de dolor. Las redes que transmiten señales de dolor desde diferentes partes del cuerpo convergen en las mismas células nerviosas en la médula espinal, y esto puede confundir al cerebro a la hora de interpretar la señal. Por ejemplo, el corazón puede referir dolor al brazo y el hígado al hombro. Una subcategoría del dolor referido es el dolor irradiado, que se produce cuando los síntomas se sienten en un área que cuenta con la misma raíz nerviosa espinal (ver diagramas de dermatomas, izquierda).

El dolor referido puede tener diferentes patrones según su origen, y puede ayudar a diagnosticar algunas enfermedades.

Dermatomas

Se trata de áreas de la piel cuyos nervios sensitivos provienen, como se ve en el dibujo, de una única raíz nerviosa en la columna. Nuestro cuerpo posee 30 dermatomas: 8 nervios cervicales, 12 torácicos, 5 lumbares y 5 sacros. Cada raíz espinal envía información sensorial, como el dolor, al cerebro desde una zona determinada de la piel. Un mal funcionamiento o un daño del nervio espinal pueden causar dolor en la zona correspondiente (ver dolor referido, derecha).

CLAVE

- ⬤ Distribución del nervio trigémino (proporciona inervación sensorial a la piel del rostro)
- ⬤ Región cervical
- ⬤ Región torácica
- ⬤ Región lumbar
- ⬤ Región sacra

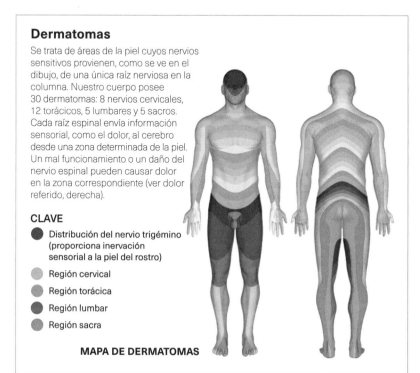

MAPA DE DERMATOMAS

MOVIMIENTO Y BENEFICIO PARA EL CEREBRO

El proceso de moverse comienza en el cerebro. La corteza premotora proyecta un plan y luego la motora primaria lo ejecuta comunicándose con los músculos. Lo hace enviando señales nerviosas a través de la vía motora principal, que facilita el movimiento voluntario.

CONTROL MUSCULAR

Para que se produzca ese movimiento voluntario y se dé la comunicación con los músculos es fundamental la vía corticoespinal, en la columna. Cuando va a dar una orden, el cerebro crea un plan motor. Luego envía una señal por la vía corticoespinal hasta las fibras musculares precisas, que se contraen para realizar la acción.

Además de la corteza motora, hay otras áreas del cerebro que trabajan para controlar y perfeccionar cada paso. Por ejemplo, el cerebelo y los ganglios basales ayudan a coordinar y garantizan que el proceso sea suave y preciso.

La información sensorial del cuerpo, como la conciencia de la postura y el tacto, permite ajustar y perfeccionar cada acción.

En resumen, el movimiento implica una compleja interacción entre el cerebro y las múltiples regiones y sistemas. Todos ellos trabajan juntos para coordinar y ejecutar las órdenes con precisión y exactitud.

APRENDIZAJE MOTOR
Con la práctica, el sistema nervioso se vuelve más eficiente a la hora de controlar el movimiento y reducir la coactivación muscular innecesaria, ya que aprende a estimular solo los que necesita y a suprimir los superfluos.

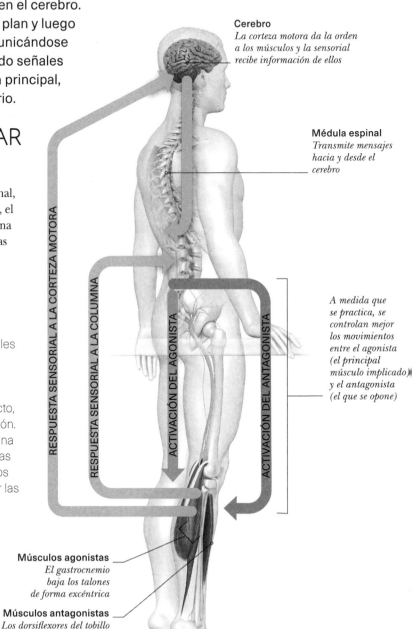

Cerebro
La corteza motora da la orden a los músculos y la sensorial recibe información de ellos

Médula espinal
Transmite mensajes hacia y desde el cerebro

RESPUESTA SENSORIAL A LA CORTEZA MOTORA

RESPUESTA SENSORIAL A LA COLUMNA

ACTIVACIÓN DEL AGONISTA

ACTIVACIÓN DEL ANTAGONISTA

A medida que se practica, se controlan mejor los movimientos entre el agonista (el principal músculo implicado) y el antagonista (el que se opone)

Músculos agonistas
El gastrocnemio baja los talones de forma excéntrica

Músculos antagonistas
Los dorsiflexores del tobillo trabajan en dirección opuesta a los flexores plantares

SALUD CEREBRAL

Se ha demostrado que el ejercicio regular tiene efectos neuroprotectores para el cerebro ya que fomenta la neurogénesis y la plasticidad cerebral. El aumento del flujo sanguíneo al cerebro permite aportar oxígeno y nutrientes que refuerzan la neurogénesis. El ejercicio de baja intensidad, como caminar o estirarse, aumenta la producción de factores neurotróficos que promueven el crecimiento y la supervivencia de las células nerviosas.

Neurogénesis

El ejercicio fomenta el crecimiento de nuevas neuronas (células nerviosas) en el hipocampo, una región del cerebro que desempeña un papel clave en el aprendizaje y la memoria. Los efectos del ejercicio en este proceso, llamado neurogénesis, pueden ser beneficiosos a cualquier edad y en personas con dolencias como el Alzheimer. Incluso un poco de actividad diaria puede repercutir de forma positiva en la salud cerebral en todas las etapas de la vida.

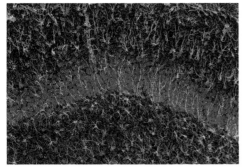

NUEVAS NEURONAS
Imagen microscópica del hipocampo, con los cuerpos celulares de las neuronas en rosa. El ejercicio favorece la formación de nuevas neuronas.

Conexión mente-músculo

Hace referencia a la capacidad de centrarse en la contracción de un músculo concreto y visualizar el movimiento durante el ejercicio. La activación muscular se puede potenciar y desarrollar. La práctica de este enfoque consciente conduce a la captación de más fibras musculares, lo que se traduce en un mejor control motor. De esta forma se contribuye a que el músculo crezca y gane fuerza. La conexión mente-músculo a menudo se usa en el entrenamiento de resistencia, pero también se aplica al estiramiento y otros tipos de ejercicio.

Neuroplasticidad

La neuroplasticidad es un proceso que implica cambios adaptativos, estructurales y funcionales en el cerebro. El ejercicio y la actividad física estimulan la formación de nuevas conexiones y reorganizan las existentes. Los movimientos que son más difíciles y requieren un aprendizaje promueven la neuroplasticidad, ya que hacen que el cerebro se adapte y reorganice en respuesta a nuevas demandas.

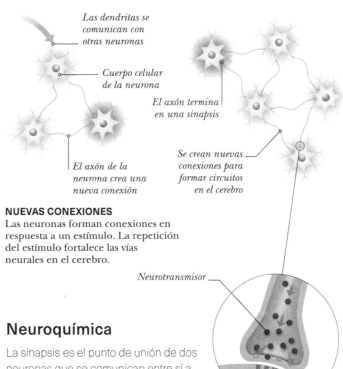

Las dendritas se comunican con otras neuronas

Cuerpo celular de la neurona

El axón termina en una sinapsis

Se crean nuevas conexiones para formar circuitos en el cerebro

El axón de la neurona crea una nueva conexión

NUEVAS CONEXIONES
Las neuronas forman conexiones en respuesta a un estímulo. La repetición del estímulo fortalece las vías neurales en el cerebro.

Neurotransmisor

Neuroquímica

La sinapsis es el punto de unión de dos neuronas que se comunican entre sí a través de neurotransmisores como la dopamina. Este proceso de comunicación a través de la sinapsis es la forma en que el cerebro procesa y transmite información, y desempeña un papel crucial en diversas funciones cerebrales como el aprendizaje, la memoria y el movimiento.

La sinapsis, de cerca
Una neurona envía una señal, o neurotransmisor, a través de la sinapsis, a otra neurona, que la recibe y responde.

RANGO DE MOVIMIENTO Y FLEXIBILIDAD

La biomecánica del movimiento articular, la activación muscular y la elasticidad de los tejidos influyen en la flexibilidad, que suele determinarse por el rango de movimiento (ROM) que hay alrededor de una articulación y por la forma en que se adaptan los tejidos blandos circundantes.

¿QUÉ SUCEDE AL ESTIRAR?

En pocas palabras, los músculos y los tejidos blandos se alargan más allá de su longitud de reposo, lo que puede llevar a diversas respuestas fisiológicas. El nivel en el que esto ocurre dependerá de factores individuales de la persona, como la edad y la fisiología, y de los parámetros del estiramiento, como la intensidad y la duración.

La capacidad de una persona para moverse depende de la amplitud de movimiento de las articulaciones, la fuerza, la coordinación y la propiocepción, que es la capacidad del cuerpo para percibir los cambios de la postura. Dado que la mayoría de los estiramientos y los ejercicios de movilidad se orientan a mejorar la amplitud de movimiento (ROM, por sus siglas en inglés), es importante especificar los términos para comprender la complejidad del cuerpo.

La «flexibilidad articular» hace referencia a la ROM disponible en una articulación o varias. Por ejemplo, la dorsiflexión del tobillo requiere el movimiento en muchas articulaciones. La ROM se puede lograr de manera activa o pasiva, según la tensión de los músculos. La ROM activa de una persona puede ser diferente de su ROM pasiva. La «movilidad articular» se refiere al movimiento en el interior de la cápsula articular que permite conectar las distintas superficies. Las limitaciones pueden suponer cambios en las superficies articulares, como ocurre en la osteoartritis, así como en la cápsula que rodea la articulación. La «extensibilidad muscular» es la capacidad del músculo para alargarse a través de una fuerza externa, como contraer el grupo muscular opuesto. La «contractilidad» es la capacidad del músculo para generar tensión de manera enérgica al tirar de sus puntos de inserción. La «elasticidad» es cuando el músculo regresa a su longitud original después de contraerse o alargarse.

REFLEJOS

Para que el cuerpo adopte ciertas posturas y se estire se dan muchos pasos. Los reflejos, principalmente el de estiramiento y el tendinoso de Golgi, protegen al cuerpo de lesiones.

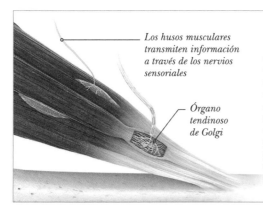

Los husos musculares transmiten información a través de los nervios sensoriales

Órgano tendinoso de Golgi

Retroalimentación al cerebro

Los husos musculares son órganos sensoriales que detectan cambios en la longitud del músculo. Las fibras que hay en su interior tienen terminaciones nerviosas que desencadenan un reflejo de estiramiento, lo que hace que el músculo se contraiga a modo de resistencia. El órgano tendinoso de Golgi (OTG) es un receptor sensorial ubicado en el tendón de un músculo. Juega un papel importante para evaluar la tensión o la fuerza muscular que se produce durante la contracción. Estos dos órganos colaboran para regular la longitud y la tensión y garantizan una función muscular adecuada.

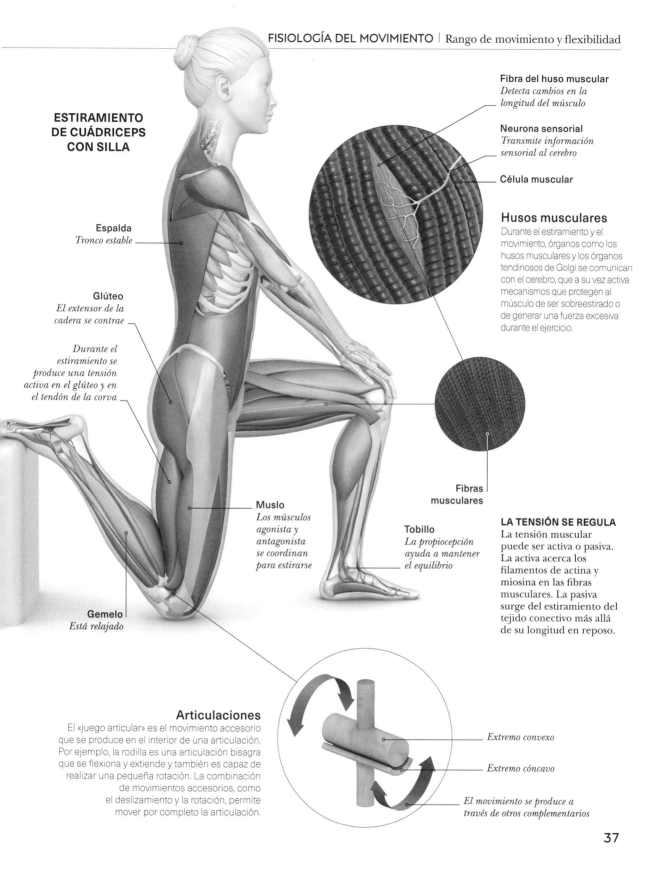

ESTIRAMIENTO DE CUÁDRICEPS CON SILLA

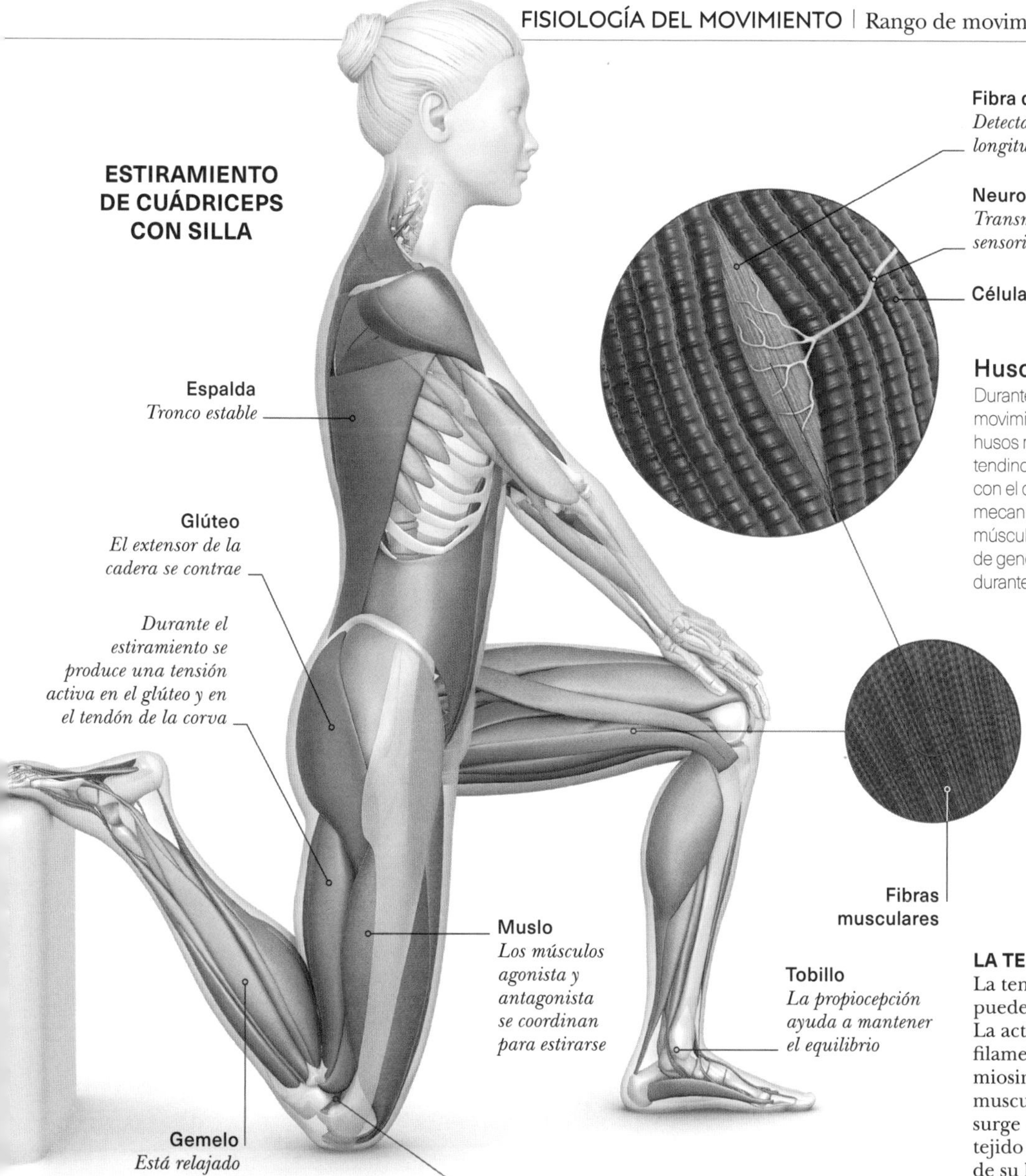
Fibra del huso muscular
Detecta cambios en la longitud del músculo
Neurona sensorial
Transmite información sensorial al cerebro
Célula muscular
Espalda
Tronco estable
Glúteo
El extensor de la cadera se contrae
Durante el estiramiento se produce una tensión activa en el glúteo y en el tendón de la corva
Fibras musculares
Muslo
Los músculos agonista y antagonista se coordinan para estirarse
Tobillo
La propiocepción ayuda a mantener el equilibrio
Gemelo
Está relajado

Husos musculares

Durante el estiramiento y el movimiento, órganos como los husos musculares y los órganos tendinosos de Golgi se comunican con el cerebro, que a su vez activa mecanismos que protegen al músculo de ser sobreestirado o de generar una fuerza excesiva durante el ejercicio.

LA TENSIÓN SE REGULA
La tensión muscular puede ser activa o pasiva. La activa acerca los filamentos de actina y miosina en las fibras musculares. La pasiva surge del estiramiento del tejido conectivo más allá de su longitud en reposo.

Articulaciones

El «juego articular» es el movimiento accesorio que se produce en el interior de una articulación. Por ejemplo, la rodilla es una articulación bisagra que se flexiona y extiende y también es capaz de realizar una pequeña rotación. La combinación de movimientos accesorios, como el deslizamiento y la rotación, permite mover por completo la articulación.

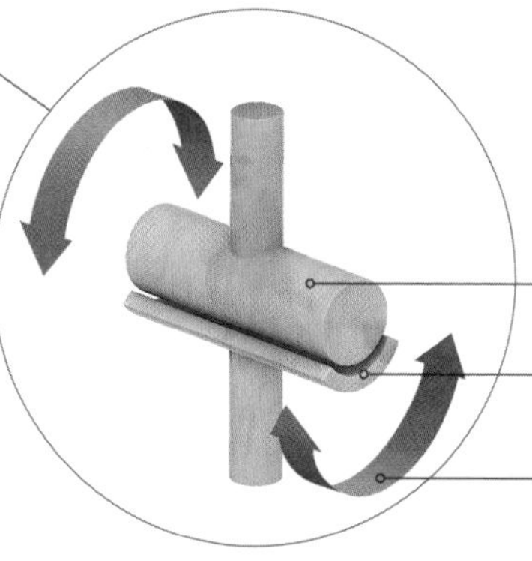
Extremo convexo
Extremo cóncavo
El movimiento se produce a través de otros complementarios

MEDIR LA RIGIDEZ Y FLEXIBILIDAD MUSCULAR

La rigidez muscular es una propiedad biomecánica del tejido muscular que puede afectar a su flexibilidad y, por tanto, al rango de movimiento de una articulación. Los métodos para medirla han avanzado con el tiempo.

El objetivo habitual de cualquier programa de estiramientos es mejorar el rango de movimiento de una articulación específica o un área corporal. A menudo como preparación para una actividad o deporte —como correr, jugar al tenis o ejercicios de fuerza—, como parte de una rutina de actividad física, o solo para mejorar la flexibilidad y reducir la rigidez muscular. Medir el rango de movimiento articular es la forma más común de evaluar los progresos.

RIGIDEZ VS. TENSIÓN PERCIBIDA

La rigidez muscular se manifiesta como la resistencia del músculo a estirarse o pérdida de flexibilidad.

Influyen en ella factores del músculo como la composición de su fibra y temperatura o la viscosidad o densidad de los tejidos circundantes. Siempre ha sido complejo medir la rigidez muscular debido a la falta de métodos cualificados para ello. Métodos tradicionales, como la palpación —presionando la superficie corporal para detectar anomalías—, son subjetivos y dependen de la pericia de quien la practica. La elastografía ecográfica, que determina el grado de rigidez de un tejido, es un nuevo método prometedor.

La tensión muscular percibida se refiere a la sensación de incomodidad o resistencia al movimiento que se nota en un

músculo. Es subjetiva y en ella influyen factores como la fatiga y dolores musculares o el estrés fisiológico y emocional. La tensión muscular percibida puede estar relacionada o no con la rigidez muscular y estar acompañada de otros trastornos del tejido conectivo. Se pueden recoger datos subjetivos para evaluar el estado de una persona, mediante cuestionarios o escalas visuales para valorar sus síntomas. Sin embargo, como la estimación subjetiva de la rigidez muscular puede depender de varios factores, debería combinarse con mediciones objetivas para hacer una evaluación completa de la función muscular.

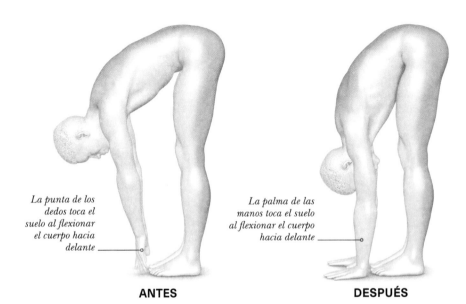

La punta de los dedos toca el suelo al flexionar el cuerpo hacia delante

ANTES

La palma de las manos toca el suelo al flexionar el cuerpo hacia delante

DESPUÉS

EVALUACIONES SENCILLAS
Evaluaciones sencillas del rango de movimiento —por ejemplo, tocarse los dedos de los pies— permiten observar los cambios en la flexibilidad tras un esfuerzo constante. Varias estructuras sufren estrés mecánico para que se produzca este movimiento, incluidos los músculos isquiotibiales, el nervio ciático y las articulaciones de la cadera.

EDAD, SEXO Y GENÉTICA

Estos tres factores pueden afectar a la flexibilidad muscular de varias maneras. Envejecer implica perder flexibilidad, mientras que las hormonas, la estructura de las articulaciones y la composición genética de músculos, tendones y tejidos conectivos también pueden influir.

La flexibilidad suele ir disminuyendo en el transcurso de la vida, desde que empieza la edad adulta hasta la vejez. Esto se debe a varios factores, como las alteraciones estructurales y del tejido conectivo y los cambios en la actividad física. Los ejercicios de resistencia pueden mejorar las funciones corporales y el ejercicio aeróbico beneficia la salud cardiovascular, pero también es necesaria la movilidad

básica para las tareas cotidianas. Mediante ejercicios de flexibilidad pueden lograrse cambios, como la estructura articular, aunque sean limitados. En particular, los centrados en los flexores de la cadera y las extremidades inferiores mejoran la marcha y el equilibrio y reducen el dolor lumbar de las personas mayores. La estructura articular puede diferir entre ambos sexos. Las mujeres tienden a

tener caderas más anchas y extremidades inferiores más flexibles. Sin embargo, las diferencias individuales en cuanto a flexibilidad pueden depender también de factores como el ejercicio y el estilo de vida. Algunos factores genéticos pueden marcar diferencias en las articulaciones y el colágeno, con posibles efectos en cuanto a rango de movimiento y características de músculos y tendones.

HIPERLAXITUD

La hiperlaxitud articular es una afección hereditaria que se caracteriza por un rango de movimiento excesivo en las articulaciones. A veces se asocia a la fibromialgia (dolores corporales generalizados), ansiedad y daños musculoesqueléticos.

La hiperlaxitud articular abarca una amplia escala, desde ser asintomática hasta los síndromes de Ehlers-Danlos (SED), una serie de afecciones genéticas hereditarias. La investigación sigue avanzando en la comprensión de estos trastornos, pero aún se sabe

poco de ellos. Los síntomas habituales incluyen molestias en las articulaciones que cargan peso, como las rodillas y dolores musculares y nerviosos. La diagnosis se suele hacer mediante una serie de pruebas. Hay una prevalencia de la hiperlaxitud entre

quienes practican algunas actividades, como *ballet,* gimnasia o natación. Quienes padecen SED pueden sufrir dolor articular o inestabilidad, tendencia a tener moretones en la piel o síntomas en los aparatos digestivo, urinario o cardiovascular.

Escala de síntomas de la hiperlaxitud

La hiperlaxitud es variable y los síntomas individuales son multifactoriales. El grado de hiperlaxitud no siempre se corresponde con la gravedad de los síntomas.

Hiperlaxitud articular periférica
- Afecta a manos y pies
- Asintomática

Hiperlaxitud articular localizada
- Afecta a escasas articulaciones
- Asintomática

Hiperlaxitud articular generalizada
- Afecta a cinco o más articulaciones
- Asintomática
- Sin comorbilidad (enfermedades asociadas)

Hiperlaxitud articular sintomática
- Síndrome de hiperlaxitud articular y SED
- Genética
- Afecta al sistema musculoesquelético
- Dolor y comorbilidad habituales

TIPOS DE ESTIRAMIENTO

Para simplificar, este libro incluye opciones de estiramientos estáticos y dinámicos, así como de facilitación neuromuscular propioceptiva (FNP). El tipo de estiramiento que se elija dependerá de las metas y las capacidades individuales.

ESTIRAMIENTO DINÁMICO

Este tipo de estiramiento implica mover una articulación en un rango de movimiento determinado de manera controlada y reiterada. Los dos principales tipos de estiramiento dinámico son los activos y balísticos.

En el estiramiento dinámico activo se desplaza una articulación o varias cubriendo todo su rango de movimiento de un extremo a otro, repitiendo la acción varias veces. Suele hacerse como calentamiento antes de practicar deporte u otra actividad y puede ajustarse para mejorar a corto plazo la ejecución de movimientos específicos.
El estiramiento dinámico se asocia con el incremento de la fuerza y la destreza y aumenta la capacidad de correr y saltar.

El estiramiento dinámico balístico (p. 42) implica movimientos rápidos y alternos o el impulso de una parte oscilante del cuerpo —una pierna, por ejemplo— para alargar el músculo. Esta técnica promueve un estiramiento reflejo, haciendo que los músculos se contraigan antes. Aunque puede mejorar la ejecución de un movimiento cuando se practica como calentamiento, el estiramiento balístico no es recomendable como tratamiento único para la flexibilidad, pues el ímpetu que requiere incrementa el riesgo de lesión.

MOVIMIENTO ACTIVO
A diferencia del estiramiento estático, que implica mantener una postura, el dinámico se vale de movimientos para aumentar el rango de movimiento del objetivo. En este estiramiento de enhebrar la aguja (p. 94), el brazo se desplaza repetidamente en todo su rango de movimiento.

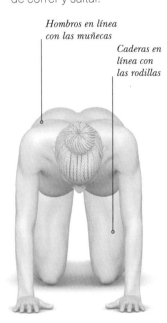

Hombros en línea con las muñecas

Caderas en línea con las rodillas

Mueve la pelvis con suavidad hacia atrás mientras cruzas el brazo

Dobla el brazo de apoyo para permitir al tronco moverse hacia el suelo

Pasa el brazo derecho bajo el izquierdo

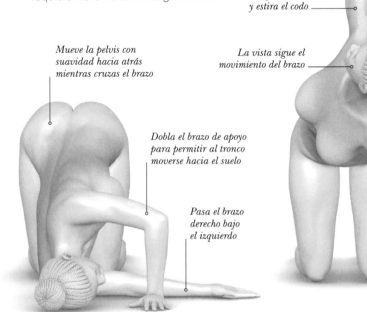

Alarga el brazo y estira el codo

La vista sigue el movimiento del brazo

ESTIRAMIENTO ESTÁTICO

Implica mantener una postura con el músculo en tensión en un punto en que haya sensación de estiramiento a fin de mejorar el rango de movimiento. Los estiramientos estáticos pueden hacerse valiéndose de un apoyo, como una pared, o sin él.

Esta técnica consiste en mantener un estiramiento durante un periodo largo, desde 15 o 30 segundos hasta más de 2 minutos. Es aconsejable para principiantes o para quienes no pueden ejecutar estiramientos dinámicos más complejos. La duración del estiramiento puede variar dependiendo del objetivo. Por ejemplo, para mejorar la flexibilidad en posturas de mayor alcance de movimiento, como la apertura de piernas, puede ser necesario mantenerlas más tiempo. La intensidad del estiramiento también puede afectar al resultado. Hay estudios que apuntan a que el ejercicio de resistencia puede ser tan eficaz para aumentar el rango de movimiento articular como un estiramiento suave. Si el estiramiento estático no funciona, prueba con ejercicios de fuerza, aumentando gradualmente el rango de movimiento.

CUÁNDO
Un estiramiento estático, como este de gemelos con rodilla flexionada (p. 168), suele realizarse cuando el cuerpo está en reposo, antes o después de una sesión de ejercicio o al comienzo o final de una clase de yoga.

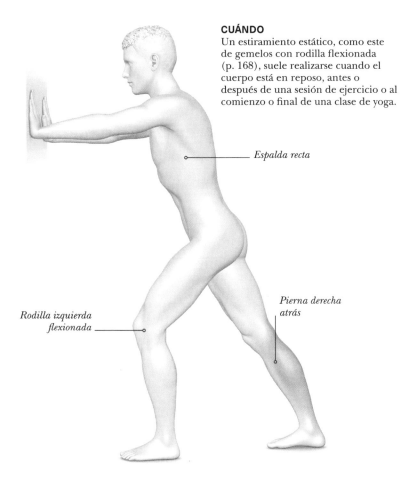

Espalda recta

Rodilla izquierda flexionada

Pierna derecha atrás

" "
El estiramiento estático como calentamiento previo a una actividad dinámica puede mejorar el rango de movimiento sin perjudicar la posterior práctica atlética.

FACILITACIÓN NEUROMUSCULAR PROPIOCEPTIVA (FNP)

El estiramiento FNP implica contraer y relajar los músculos estirados para incrementar su rango de movimiento. Es una de las técnicas más eficaces para obtener beneficios inmediatos.

El estiramiento FNP fue desarrollado por el doctor Herman Kabat y las fisioterapeutas Dorothy Voss y Maggie Knott en la década de 1940. Se usó como un enfoque práctico de tratamiento que permitía a los terapeutas analizar y evaluar los movimientos de un paciente al tiempo que facilitaba estrategias de movimiento funcional más eficaces. El estiramiento FNP se usa en casos diversos y puede obtener mejoras en flexibilidad, fuerza y potencia.

Según algunos estudios, los estiramientos FNP pueden aumentar la eficacia muscular en un ejercicio, pero solo si se hacen una vez acabado este, pues si se ejecutan antes, la reducen.

MÉTODO CONTRAER-RELAJAR

El método contraer-relajar (CR) de estiramiento FNP consiste en alargar un músculo y mantenerlo en una postura. Luego se contrae el músculo de forma isométrica (p. 20) al máximo de 3 a 10 segundos. A continuación, el músculo se relaja y estira pasivamente más lejos. La serie se repite entre 2 y 4 veces.

Los estudios sobre el método CR corroboran un aumento de la flexibilidad y rango de movimiento en varios grupos musculares, incluidos los isquiotibiales, gemelos, espalda y flexores de cadera. Una investigación determinó que el método CR es más efectivo que el estiramiento estático para la flexibilidad de los isquiotibiales, mientras que otra demostró sus beneficios para el rango de movimiento de la espalda. Por supuesto, los resultados más duraderos llegan tras varias semanas de práctica.

Otra teoría para explicar cómo funciona este método es la inhibición autogénica, un reflejo de relajación de un músculo que se produce cuando se contrae con gran fuerza

Estiramiento balístico

Los balanceos de pierna impulsada con potencia son un ejemplo de estiramiento balístico, que implican movimientos repetitivos cerca del límite del rango de movimiento. Suelen hacerse para aumentar la movilidad y flexibilidad. El estiramiento balístico solo es recomendable para atletas experimentados y profesionales cualificados.

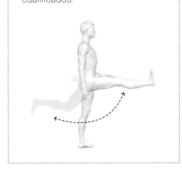

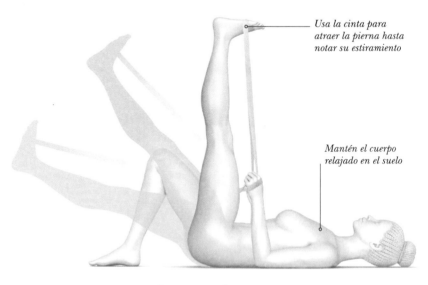

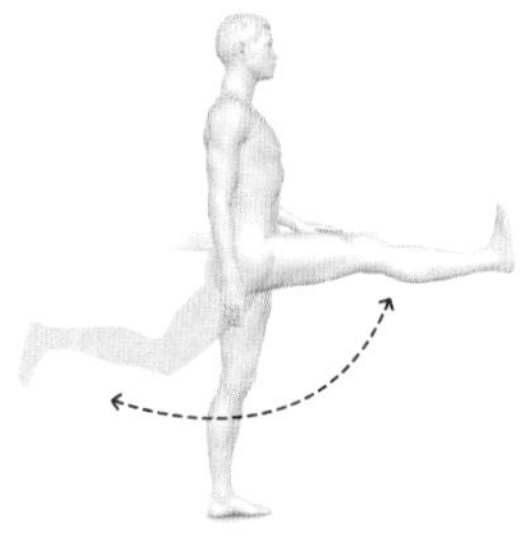

Usa la cinta para atraer la pierna hasta notar su estiramiento

Mantén el cuerpo relajado en el suelo

ESTIRAMIENTO CONTRACCIÓN-RELAJACIÓN
El método contraer-relajar puede hacerse con una cinta o ayuda de alguien. Hay que llevar la pierna a un estiramiento ligero o moderado antes de contraerla.

ESTIRAMIENTO PASIVO: 10 S

SUJECIÓN ISOMÉTRICA: 6 S

ESTIRAMIENTO PASIVO: 30 S

MÉTODO MANTENER-RELAJAR (MR)

Este es el tipo más común de estiramiento FNP. Hay que contraer los músculos de forma isométrica frente a la resistencia (en este caso, alguien que ayuda). Los cuádriceps y flexores de la cadera se empujan de forma pasiva hacia un rango de movimiento más lejano para un mayor estiramiento. Tanto el método CR como el CRAC utilizan un estiramiento pasivo seguido de una tensión activa.

para aumentar el rango de movimiento.

Este reflejo lo activa el órgano tendinoso de Golgi. La activación del reflejo miotático inverso o inhibición autogénica ayuda a aumentar la relajación muscular, propiciando más flexibilidad y rango de movimiento.

CR-AGONISTA-CONTRAER

Con el método de contraer-relajar-agonista-contraer (CRAC) se sigue el mismo proceder que con el CR. Sin embargo, añade otro componente. En vez de alargar de forma pasiva el músculo deseado, hay que contraer su músculo antagonista de manera activa e isométrica contra la resistencia durante un tiempo.

Al valerse de la contracción de grupos musculares opuestos, el método CRAC ofrece un estiramiento más amplio, que abarca al músculo agonista y al antagonista. Se cree que este método también funciona a través del reflejo miotático inverso o inhibición autogénica. Al alterar la respuesta al estiramiento, la

articulación se mueve en un rango mayor. Hay estudios que demuestran que el método CRAC es eficaz para aumentar la flexibilidad de varios grupos musculares, como los isquiotibiales, flexores de cadera, aductores y cuádriceps.

El método CRAC puede ser de especial utilidad para recuperarse de heridas o cirugías. Sobre todo es una herramienta valiosa para

aumentar el rango de movimiento y la flexibilidad. Es importante señalar que los métodos de estiramiento FNP pueden ser intensos y solo deberían practicarse bajo la guía de profesionales con experiencia. Además, quienes sufran ciertas dolencias —lesiones musculares o articulares, por ejemplo— pueden tener que prescindir de este tipo de estiramiento o modificarlo para adaptarlo a sus necesidades.

Tipos de estiramiento: pros y contras

ESTIRAMIENTO	PROS	CONTRAS
Estático	Bueno para principiantes y personas mayores; amplía el rango de movimiento	Requiere tiempo; puede empeorar la ejecución del ejercicio
Dinámico	Puede ayudar a ejecutar el ejercicio y se hace con rapidez	Puede no ampliar el rango de movimiento; su aprendizaje es progresivo; requiere de fuerza
FNP	Aumenta el rango de movimiento con rapidez; puede mejorar la ejecución del ejercicio y el control neuromuscular	Puede ser intenso y requerir tiempo; su aprendizaje es progresivo

EFECTOS Y BENEFICIOS DEL ESTIRAMIENTO

El ejercicio y la actividad física tienen innegables efectos positivos en el cerebro y el cuerpo. Estirar puede ser un modo de mantenerse activo, una práctica que la sociedad necesita. Sus beneficios más notables afectan al rango de movimiento.

TEORÍAS DE LA ADAPTACIÓN AL ESTIRAMIENTO

Sea cual sea el tipo de estiramiento realizado, hay dos teorías principales que explican las adaptaciones del cuerpo a los estiramientos. Se trata de la teoría sensorial y la mecánica.

Todos los tipos de estiramientos mejoran el rango de movimiento. Los científicos han propuesto diferentes mecanismos que explican lo que ocurre después de que los músculos se estiren y cómo afecta a la flexibilidad articular. Varios factores intervienen en la respuesta de cada persona al estiramiento, incluidas su edad, experiencia y características físicas. Sin embargo, la ciencia ha intentado explicar esos mecanismos basándose en la fisiología humana en general.

TEORÍA SENSORIAL

La teoría sensorial propone que la adaptación al estiramiento es sobre todo el resultado de cambios en la tolerancia a ese ejercicio como resultado de adaptaciones neurológicas. Esto incluye el papel que desempeñan el órgano tendinoso de Golgi y el huso neuromuscular en la regulación de la tensión muscular durante el estiramiento (p. 36). La teoría sugiere que cuando un músculo se estira, se estimulan receptores sensoriales que hay en él y el tejido conectivo circundante. En el caso de la inhibición recíproca y la autogénica, el órgano tendinoso de Golgi ayuda a regular la tensión muscular (p. 36).

La inhibición recíproca implica la contracción del grupo muscular antagonista para inhibir al músculo estirado, mientras que la autogénica supone contraer el músculo estirado para estimular al órgano tendinoso de Golgi e inhibir una contracción mayor. Los receptores sensoriales envían señales al sistema nervioso central, que modula la sensibilidad de los receptores. Con estiramientos estáticos repetidos, los husos neuromusculares se pueden

¿Lo sabías?

EN ALGUNOS **PROGRAMAS DE ESTIRAMIENTOS** DE VARIAS SEMANAS DE DURACIÓN HUBO **AUMENTOS DEL ÁNGULO ARTICULAR** DE **17 GRADOS.**

“ ”

Las futuras investigaciones sobre el estiramiento puede que indaguen sobre los efectos de diferentes técnicas, duraciones y frecuencias, así como los mecanismos en los que se basa la adaptación.

adaptar y volverse menos sensibles, permitiendo al músculo estirarse más sin activar el reflejo de estiramiento. Con el tiempo, esta modulación de los impulsos sensoriales deriva en un aumento del rango de movimiento percibido. Algunos estudios han revelado que la teoría sensorial es evidente en sesiones únicas de estiramiento y programas de estiramiento de 3 a 8 semanas. En esos estudios, la intensidad del estiramiento no fue en aumento y la fuerza muscular se mantuvo constante. Quienes participaron fueron instruidos para moverse hasta sentir un estiramiento cómodo y mantenerlo sin recibir más indicaciones. Se observó un aumento de la flexibilidad con intervalos de 10 a 90 segundos. En los estudios que duraron varias semanas se observaron incrementos de 17 grados en el ángulo articular, pese a que la autoevaluación sobre la intensidad del estiramiento no variaba.

TEORÍA MECÁNICA

El músculo es «viscoelástico». Esto significa que los músculos y sus tendones son viscosos y elásticos, lo que les permite deformarse y volver a su forma original al aplicarles fuerza, como un estiramiento. Cuando se aplica un estiramiento a los músculos y el tejido conectivo, se someten a un proceso llamado deformación viscoelástica, en el que de modo gradual se alargan y adaptan a la nueva longitud.

Las teorías que explican la adaptación al estiramiento a nivel de las células musculares son complejas. Un mecanismo implica proteínas estructurales y contráctiles. Mientras que la actina y la miosina son proteínas contráctiles que generan fuerza durante la contracción muscular (p. 21), la titina es una proteína estructural que aporta elasticidad y ayuda a mantener la integridad estructural de la célula muscular. Cuando el músculo se estira, las moléculas de titina también lo hacen. Se cree que este aumento de la tensión pasiva alarga la célula muscular y contribuye a su adaptación mecánica. Otra posibilidad es que el estiramiento estimule la producción de nuevo tejido conectivo, como el colágeno, lo que puede aumentar la elasticidad y la fuerza muscular.

Con el tiempo, estos cambios llevan a un crecimiento de la viscoelasticidad de los tejidos, permitiéndoles soportar mayores fuerzas y alargarse con más facilidad. Se piensa que el estiramiento FNP (p. 42) afecta tanto a las propiedades sensoriales como mecánicas del músculo, incluidos los receptores y cambios en las propiedades viscoelásticas del tejido muscular.

En general, la teoría mecánica sugiere que el estiramiento puede propiciar cambios físicos en el tejido muscular, derivando en un incremento del rango de movimiento y flexibilidad.

Sin embargo, aún está en debate la importancia que tienen la teoría mecánica y la sensorial sobre la adaptación al estiramiento.

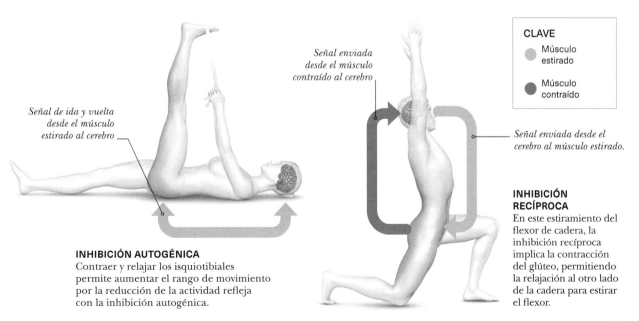

Señal enviada desde el músculo contraído al cerebro

Señal de ida y vuelta desde el músculo estirado al cerebro

CLAVE
- Músculo estirado
- Músculo contraído

Señal enviada desde el cerebro al músculo estirado.

INHIBICIÓN AUTOGÉNICA
Contraer y relajar los isquiotibiales permite aumentar el rango de movimiento por la reducción de la actividad refleja con la inhibición autogénica.

INHIBICIÓN RECÍPROCA
En este estiramiento del flexor de cadera, la inhibición recíproca implica la contracción del glúteo, permitiendo la relajación al otro lado de la cadera para estirar el flexor.

“ ”

Una actividad física regular que incluya estiramientos simples o ejercicio de baja intensidad puede ayudar a las personas mayores a mantener su autonomía.

Envejecimiento saludable

Las adaptaciones microvasculares observadas en la población de edad avanzada tras practicar estiramientos con regularidad puede tener consecuencias significativas para su salud y calidad de vida. Al mejorar el flujo sanguíneo y el aporte de nutrientes a los músculos, el estiramiento puede favorecer la regeneración y reparación de estos, mejorando su vigor y funcionamiento. Además, una mejora de la función microvascular puede ayudar a prevenir o mitigar dolencias vinculadas al envejecimiento, como enfermedades cardiovasculares, deterioro cognitivo y pérdida de movilidad. Estos beneficios potenciales sugieren que hacer estiramientos con regularidad puede ser una forma sencilla y eficaz de mantener su salud y autonomía.

BENEFICIO ESTRUCTURAL MICROVASCULAR

Se ha descubierto que el estiramiento mejora la estructura y el funcionamiento de los vasos sanguíneos menores (microvasculares). No está claro cómo varía según cada persona ni qué tipos de estiramiento son mejores para lograr estos efectos, pero plantea interesantes posibilidades para la salud vascular.

Hacer estiramientos con regularidad eleva el número y la densidad de los capilares en los músculos, lo que mejora la circulación de la sangre y la oxigenación. Esta mejora del riego sanguíneo puede ayudar a eliminar mejor los desechos de los músculos, lo cual beneficia su salud. Además, el estiramiento es beneficioso para el estado y funcionamiento del endotelio, el tejido que reviste el interior de los vasos sanguíneos. Esto mejora la salud vascular al reducir el riesgo de dolencias cardiovasculares como la hipertensión.

Según un estudio, los estiramientos pueden mejorar la densidad microvascular en las personas mayores, lo cual potenciaría el flujo sanguíneo y el aporte de nutrientes a los músculos. Es necesario profundizar en estas investigaciones para entender los mecanismos de estas adaptaciones microvasculares y sus implicaciones.

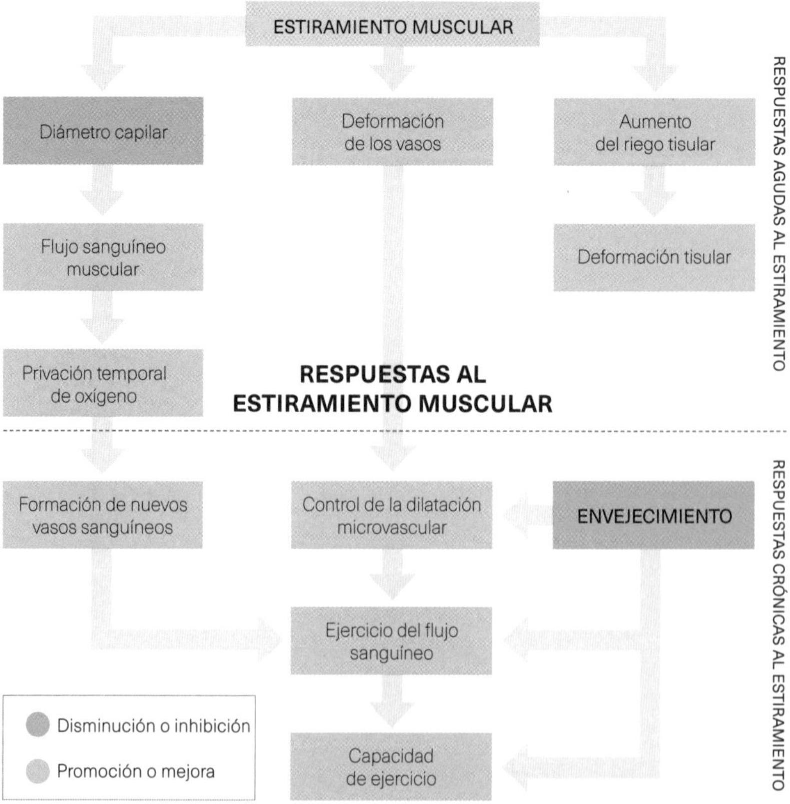

ESTIRAMIENTO MUSCULAR
Diámetro capilar
Deformación de los vasos
Aumento del riego tisular
Flujo sanguíneo muscular
Deformación tisular
Privación temporal de oxígeno
RESPUESTAS AL ESTIRAMIENTO MUSCULAR
Formación de nuevos vasos sanguíneos
Control de la dilatación microvascular
ENVEJECIMIENTO
Ejercicio del flujo sanguíneo
Capacidad de ejercicio
Disminución o inhibición
Promoción o mejora
RESPUESTAS AGUDAS AL ESTIRAMIENTO
RESPUESTAS CRÓNICAS AL ESTIRAMIENTO

BENEFICIOS SISTÉMICOS

La actividad física, incluido el estiramiento, beneficia nuestro cuerpo de varias maneras. La baja intensidad del estiramiento, con frecuencia dirigido a mejorar la flexibilidad articular, ha resultado ser beneficiosa también para otras áreas, como el cerebro y la salud mental.

DISMINUYE LA PRESIÓN SANGUÍNEA

Practicar estiramientos con regularidad puede reducir la hipertensión. Cuando los músculos se estiran, también lo hacen los vasos sanguíneos y los posibles cambios microvasculares pueden repercutir en el flujo sanguíneo.

PROMUEVE LA NEUROPLASTICIDAD

El estiramiento y el ejercicio de baja intensidad aumentan el riego sanguíneo al cerebro, promoviendo la neuroplasticidad y la función cognitiva al mejorar el factor neurotrófico derivado del cerebro y otros elementos de crecimiento nervioso.

REDUCE LOS DOLORES ASOCIADOS AL TRABAJO

Hacer pausas con regularidad para estirarse se ha demostrado beneficioso para que quienes trabajan como oficinistas sufran menos dolor de cuello y espalda, en comparación con quienes se limitan a usar equipos ergonómicos.

INCREMENTA LA MOVILIDAD

El estiramiento puede ayudar a mantener y aumentar la flexibilidad, lo que puede mejorar la calidad de vida, sobre todo en la vejez.

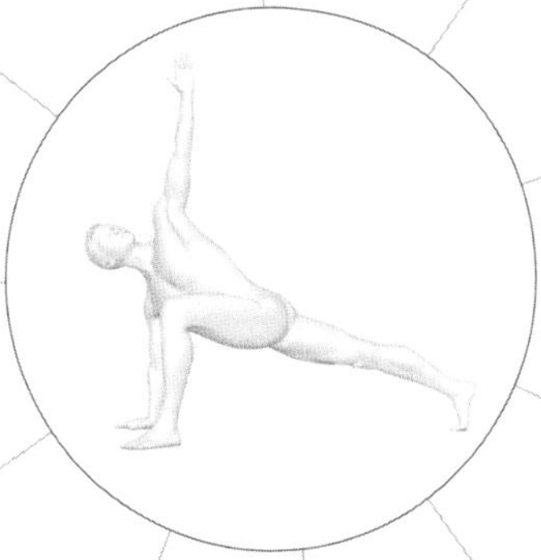

PRESERVA LA FUNCIÓN COGNITIVA

Los mayores de 65 años que hacen ejercicio con asiduidad, incluidos estiramientos, tienden a tener mejores resultados en las pruebas de memoria y menos riesgo de demencia.

MEJOR FUNCIONAMIENTO NEUROMUSCULAR

Someter con regularidad los músculos a estiramientos dinámicos, como las técnicas FNP, puede mejorar su funcionamiento y el control del movimiento.

FAVORECE LA SALUD MENTAL

Hay estudios que han encontrado mejoría del estado de ánimo, la depresión y la ansiedad y más aporte de serotonina al cerebro tras practicar estiramientos y ejercicios de baja intensidad.

MEJORA LA CALIDAD DEL SUEÑO

Practicar estiramientos con regularidad puede mejorar la calidad del sueño, sobre todo en personas de edad avanzada con perturbaciones cognitivas.

MEJORA EL ÁNIMO Y LA FUNCIÓN COGNITIVA

El estiramiento intensivo mejora el estado de ánimo, lo que puede tener un efecto positivo sobre la función cognitiva en las personas sin actividad física.

REDUCE EL SEDENTARISMO

Seguir un programa habitual de estiramientos es un ejercicio de baja intensidad que reduce el sedentarismo y sus consecuencias negativas.

ESTIRAMIENTO Y FORMA FÍSICA

La actividad física es clave para un estilo de vida sano. La práctica de ejercicio es un objetivo primordial en cualquier iniciativa de salud a nivel mundial. Se ha demostrado que los estiramientos influyen positivamente en la forma física.

LA IMPORTANCIA DE MANTENERSE EN FORMA

Hay pruebas sólidas que apoyan la idea de que la actividad física regular y el ejercicio son esenciales para mantener y mejorar la forma física. Los progresos en fuerza y resistencia pueden optimizar la salud y el bienestar.

Mantenerse en forma es un estado de bienestar que abarca la salud física y mental. Es la capacidad de realizar las tareas cotidianas con facilidad, sin excesiva fatiga y con energía suficiente para implicarse en actividades de ocio.

Incluye varios elementos, como la capacidad cardiorrespiratoria, la fuerza y resistencia muscular, la flexibilidad, la composición corporal y otras habilidades y aptitudes, como son la agilidad, el equilibrio, la coordinación, la potencia, los reflejos y la velocidad. Es posible mantenerse en forma por medio de una actividad física habitual adaptada a las metas y necesidades individuales. Los ejercicios de flexibilidad, mediante estiramientos, requieren de constancia y dedicación porque el cuerpo necesita tiempo para adaptarse. El rango de movimiento es un modo de medir la flexibilidad; otros son la tolerancia al movimiento, la calidad de este y la experiencia personal para lograrlo.

Con esto en mente, puedes proponerte completar tus rutinas de actividad física con ejercicios de movilidad y estiramiento adecuados a tus objetivos, y beneficiar así la forma física durante toda la vida.

METAS Y RUTINAS

Fijarse objetivos cuando se emprende un plan puede mejorar la forma física, e incorporar estiramientos a los programas de ejercicio con fines concretos puede ayudar a maximizar sus logros. No obstante, la constancia es clave para cualquier cambio corporal. Al fijarse metas, hay que tener en cuenta factores como las actuales capacidades, el tiempo, las circunstancias del entorno y el tipo de ejercicio.

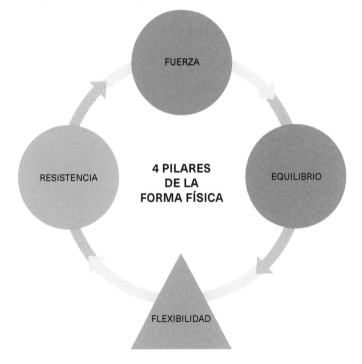

FUERZA

EQUILIBRIO

RESISTENCIA

4 PILARES DE LA FORMA FÍSICA

FLEXIBILIDAD

Fuerza

La fuerza muscular es la capacidad de un músculo o un grupo de ellos para generar la máxima potencia frente a una resistencia en un rango completo de movimiento. La fuerza puede mejorar la densidad ósea, el nivel de azúcar en la sangre, la presión arterial y la salud cardiovascular. Los ejercicios básicos típicos consisten en movimientos multiarticulares dirigidos a los principales grupos musculares. La ayuda de especialistas en entrenamiento personal puede ayudar en la tarea.

Consejos para el entrenamiento

Centrarse en todos los principales grupos musculares al menos dos veces por semana.

Hacer entre 1 y 3 series de 8 a 12 repeticiones con un peso de entre el 60-80 por ciento de tu capacidad de carga máxima.

- **Sugerencias para la mitad inferior del cuerpo:** sentadillas, zancadas, peso muerto.
- **Sugerencias para la mitad superior del cuerpo:** *press* de banca, *press* militar, *curl* de bíceps, extensión de tríceps, elevación frontal.
- **Sugerencias para el *core*:** plancha, abdominales.

Equilibrio

El equilibrio es la capacidad de mantener o hacer que el centro de gravedad corporal vuelva a estabilizarse sobre un punto de apoyo en cualquier circunstancia. Los ejercicios de equilibrio pueden desarrollar la propiocepción y el control neuromuscular, reduciendo el riesgo de caída y mejorando la habilidad funcional. Incorporar el equilibrio a un buen programa de entrenamiento físico incluye el uso de diferentes superficies o ejercicios unilaterales.

Consejos para el entrenamiento

Incorporar ejercicios variados para poner a prueba los diferentes sistemas sensoriales y motores. Practicar en un entorno seguro y con la supervisión adecuada.

Sugerencias de ejercicio: equilibrio sobre una pierna, sentadillas con una sola pierna, equilibrio sobre una almohadilla de espuma u otra superficie inestable. Poner a prueba el sistema sensorial abriendo y cerrando los ojos, o girando la cabeza mientras se mantiene el equilibrio sobre una pierna.

Flexibilidad

La flexibilidad es la capacidad de una articulación o grupo de ellas de desplazarse sin restricciones en un rango de movimiento completo. Es posible aumentarla practicando con regularidad ejercicios de estiramiento centrados en los principales grupos musculares. El estiramiento puede realizarse para mantenerse en forma, antes de ejercitarse o como parte de un entrenamiento deportivo.

Consejos para el entrenamiento

Mantenerse en forma: entre 2-3 series de 15-30 segundos de estiramiento estático, 2-3 días por semana.

Antes de ejercitarse: Entre 2-4 series de 10-15 repeticiones dinámicas. Si se opta por estiramiento estático, seguir a continuación una actividad dinámica.

Deportes: los anteriores programas de flexibilidad deberían hacerse más tiempo y con mayor intensidad. Programar sesiones de 10-15 minutos entre 3-4 días por semana.

Resistencia

La resistencia es la capacidad de hacer una actividad física o ejercicio durante periodos prolongados. Es un componente importante de la forma física y habitualmente se evalúa midiendo factores como la absorción máxima de oxígeno o la capacidad para mantener un ritmo o esfuerzo un tiempo determinado. Esto podría referirse a resistencia aeróbica, anaeróbica o muscular.

Consejos para el entrenamiento

- Entrenamiento con regularidad y progresivo.
- Aumento gradual de la duración, intensidad o volumen de ejercicio a medida que pasa el tiempo.
- Periodo adecuado de descanso y recuperación entre sesiones.
- Ejercitarse a intervalos.

Sugerencias de entrenamiento aeróbico: correr, ciclismo, natación.
Sugerencias de entrenamiento anaeróbico: esprintar, pesas.
Sugerencia de entrenamiento muscular: calistenia, ejercicios pliométricos o isométricos, series largas de pesas, circuito de entrenamiento.

ESTIRAMIENTO PARA RECUPERARSE DE UNA LESIÓN Y ALIVIAR EL DOLOR

El dolor es complejo y las lesiones son multifactoriales. El papel del estiramiento en ambos casos depende de muchos factores. Dado que el estiramiento se ha considerado siempre un tratamiento para la preparación atlética y el alivio del dolor, vale la pena revisar sus conceptos básicos.

REDUCCIÓN GENERALIZADA DE LESIONES

Las lesiones sobrevienen por muchas causas y aunque no es posible prevenirlas todas, sí se puede reducir el riesgo. Los factores que las originan son muy diversos —como la sobrecarga—, por lo que las estrategias de prevención y de rehabilitación deben ajustarse a cada caso y al deporte, actividad o lesión concretos.

Hay diferentes tipos de estiramiento preferibles para diferentes actividades. Aunque suele hacerse antes de ejercitarse y puede aumentar la flexibilidad, su relevancia para prevenir lesiones musculoesqueléticas aún no se comprende bien.

Los indicios apuntan a que es necesario un enfoque multidisciplinario para reducir el riesgo de lesión y que el estiramiento por sí solo es insuficiente para prevenirla en todas sus variedades. En cambio deberían priorizarse aspectos como el manejo de los pesos, dormir bien, la recuperación, la nutrición, el entrenamiento de fuerza y la actividad preparatoria. El estiramiento puede usarse como un complemento a un programa de ejercicios completo e individualizado para que la prevención de lesiones sea exitosa.

El estiramiento puede ser beneficioso para mitigar ciertas dolencias, como el dolor lumbar crónico. Sin embargo, cualquier estiramiento enfocado en una lesión o dolor debe practicarse de forma segura y controlada, cuidándose de evitar sobrestiramientos o agravar daños.

Perfil de riesgo de lesión

¿Por qué se producen las lesiones? Una compleja combinación de factores conforma el perfil individual de riesgo de lesión de cada persona. Ese peligro se acrecienta o disminuye dependiendo de la interacción entre factores internos y externos.

INTERNOS/PERSONALES	EXTERNOS/AMBIENTALES
Biológicos	**Físicos**
Estos factores internos representan características físicas y fisiológicas de una persona. Incluyen aspectos como la edad, talla, nivel de fatiga, lesiones previas, forma física, programa de ejercicios y factores biomecánicos.	Abarcan el entorno físico en el cual se produce la participación individual en el ejercicio: condiciones meteorológicas, instalaciones disponibles, terreno y equipamiento. Estas características son independientes de la persona.
Psicológicos	**Socioculturales**
Estos factores internos de riesgo se refieren a todas las diferentes características mentales de una persona. Incluyen elementos como las circunstancias vitales y acontecimientos estresantes, carácter, capacidad para sobrellevar la adversidad, creencias y personalidad. Todos esos factores combinados afectan al bienestar mental.	Se trata de influencias externas, como la calidad del arbitraje en un deporte determinado, el entrenamiento y las presiones sociales para practicarlo. Son características que encarnan el entorno sociocultural en el que se halla una persona.

" "

El riesgo de lesión cambia dependiendo de la interacción entre factores individuales internos y externos.

LESIONES MUSCULOESQUELÉTICAS

Este apartado explica las diferencias entre los tipos de lesiones más habituales. Las lesiones pueden ser desalentadoras, pero aprender la estructura fisiológica del cuerpo puede ayudarnos a darle lo que necesita para adaptarse y sanar.

Las lesiones musculoesqueléticas son comunes y afectan a huesos, tendones, ligamentos, músculos y tejidos blandos. El tiempo de recuperación depende de variables como la gravedad de la lesión, los tejidos implicados y la persona.

La rehabilitación requiere de un plan individual trazado por profesionales cualificados para ayudar a la parte afectada a reanudar sus funciones, como volver a correr o caminar tras romperse un tobillo. Es frecuente que los tejidos pierdan flexibilidad tras un periodo de inmovilidad. Cuando algunas opciones de entrenamiento de resistencia son aún inviables, unos estiramientos guiados u otros ejercicios de baja intensidad pueden ayudar a que la articulación recobre su rango de movimiento. Sea cual sea el tipo de lesión, entre los objetivos habituales de la rehabilitación está controlar el dolor y la hinchazón y recuperar la movilidad articular, entrenar la propiocepción, el reforzamiento y el control neuromuscular, así como un plan para volver a la actividad normal. Aunque el estiramiento debería incluirse en un programa de rehabilitación, siempre debería ser dentro de un plan global.

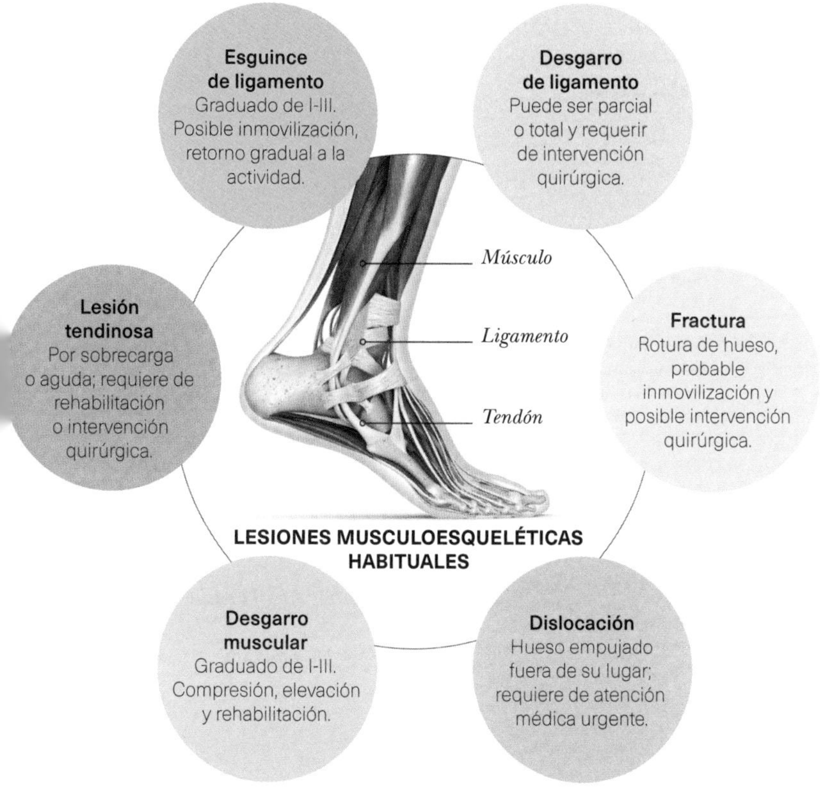
Esguince de ligamento
Graduado de I-III. Posible inmovilización, retorno gradual a la actividad.
Desgarro de ligamento
Puede ser parcial o total y requerir de intervención quirúrgica.
Músculo
Ligamento
Tendón
Lesión tendinosa
Por sobrecarga o aguda; requiere de rehabilitación o intervención quirúrgica.
Fractura
Rotura de hueso, probable inmovilización y posible intervención quirúrgica.
LESIONES MUSCULOESQUELÉTICAS HABITUALES
Desgarro muscular
Graduado de I-III. Compresión, elevación y rehabilitación.
Dislocación
Hueso empujado fuera de su lugar; requiere de atención médica urgente.

Desgarro y esguince

Ambos términos se refieren a lesiones, pero en estructuras diferentes. Un desgarro muscular es un estiramiento excesivo o desgarro en un músculo o tendón, mientras que un esguince se produce en ligamentos o cápsulas articulares.

- **Desgarros:** fuerza excesiva o tensión en el músculo más allá de lo que puede soportar. Ejemplos: desgarros de cuádriceps, isquiotibial o bíceps.
- **Esguinces:** la articulación es forzada a sobrepasar sus límites anatómicos, lo cual daña los ligamentos. Ejemplo: esguince de tobillo.
- **Graduación:** en una escala del I al III.

TIPOS DE LESIÓN

Aguda, crónica o por sobrecarga son diferentes patrones de lesión musculoesquelética. Las lesiones agudas vienen de impactos o traumas súbitos y contundentes. Sus síntomas suelen ser inmediatos y pueden requerir atención médica de urgencia. Ejemplos de lesión aguda son las fracturas, esguinces y desgarros musculares. Las lesiones crónicas duran mucho tiempo o son recurrentes, como el dolor lumbar. Las lesiones por sobrecarga son el resultado de un esfuerzo repetitivo o una rotura. Ejemplo de ellas son la tendinopatía y las fracturas por sobrecarga.

El tratamiento de estos tipos de lesión puede variar, pero por lo general incluye mitigar el dolor y la inflamación, fisioterapia, cirugía u otro plan de cuidados. Para las lesiones crónicas o por sobrecarga, el tratamiento puede implicar cambios en la actividad o el modo de vida, así como rehabilitación y gestión de enfermedades subyacentes.

OPCIONES PARA TRATAR EL DOLOR

La actividad física puede ser eficaz para tratar el dolor, como los estiramientos, en especial en un contexto de dolor musculoesquelético. El ejercicio habitual puede incluso reducir la necesidad de analgésicos. Dado que el dolor es complejo existen muchas formas para tratarlo.

Algunos estudios han demostrado que la actividad física regular puede aliviar de forma significativa a personas con dolor crónico, así como reducir los costes sanitarios y la necesidad de analgésicos. El estiramiento, en particular, ayuda en casos de dolor lumbar, osteoartritis de rodilla y dolor crónico de cuello. Los estiramientos pueden contribuir a que aumente la flexibilidad, disminuya la rigidez y se alivie el dolor en personas con afecciones musculoesqueléticas. Sin embargo, es importante trabajar con especialistas sanitarios para desarrollar un plan individualizado contra el dolor que tenga en cuenta su tipología y severidad, así como la salud y estilo de vida del paciente.

UNA SEÑAL DEL CUERPO

El dolor es una señal del cuerpo que puede indicar que hay tejidos dañados, aunque no siempre sea así. Otros enfoques exitosos para el alivio del dolor incluyen *mindfulness,* control de la respiración y terapia cognitivo-conductual (TCC). *Mindfulness* se refiere a vivir el presente con actitud abierta y sin prejuicios. El control de la respiración implica usar técnicas de inhalación y espiración para relajarse. Puede ayudar a mitigar el dolor reduciendo el estrés y la tensión. La TCC puede contribuir a cambiar cómo se piensa y se responde al dolor. Estos enfoques pueden aplicarse por sí solos o en combinación con otras estrategias contra el dolor, como analgésicos o fisioterapia.

MOVIMIENTO Y ALIVIO DEL DOLOR
El dolor es una experiencia personal en la que influyen diversas variables. Hay varias vías ajenas a la farmacología para aliviarlo, incluida la práctica regular de ejercicio suave.

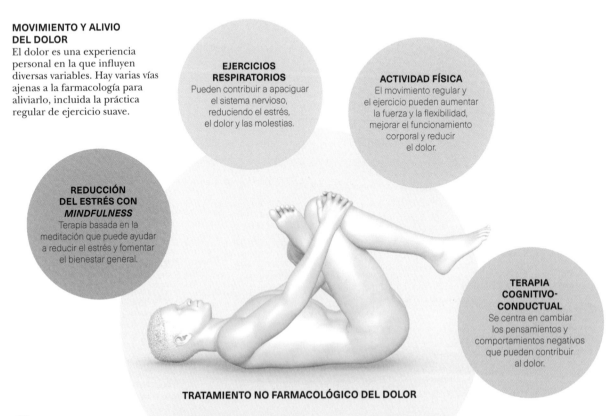

EJERCICIOS RESPIRATORIOS
Pueden contribuir a apaciguar el sistema nervioso, reduciendo el estrés, el dolor y las molestias.

ACTIVIDAD FÍSICA
El movimiento regular y el ejercicio pueden aumentar la fuerza y la flexibilidad, mejorar el funcionamiento corporal y reducir el dolor.

REDUCCIÓN DEL ESTRÉS CON MINDFULNESS
Terapia basada en la meditación que puede ayudar a reducir el estrés y fomentar el bienestar general.

TERAPIA COGNITIVO-CONDUCTUAL
Se centra en cambiar los pensamientos y comportamientos negativos que pueden contribuir al dolor.

TRATAMIENTO NO FARMACOLÓGICO DEL DOLOR

LA IMPORTANCIA DE LA RESPIRACIÓN

La respiración no solo desempeña un papel en la reducción del estrés y las constantes vitales, sino que los músculos implicados en ella pueden influir en el movimiento y gestionar la presión en la cavidad abdominal.

Los músculos respiratorios primarios son el diafragma y los intercostales. El diafragma es clave, pues su contracción y relajación mueve el aire de los pulmones. Los músculos intercostales ayudan a expandir el tórax y aumentar la capacidad pulmonar al inhalar.

Los músculos respiratorios complementarios intervienen cuando los primarios necesitan apoyo, como al practicar ejercicio o en casos de enfermedad. Entre estos músculos están los abdominales y el esternocleidomastoideo, los escalenos y el trapecio, situados en el cuello y la espalda. Pueden ser de ayuda, pero abusar de ellos para respirar puede originarles distensiones y fatiga.

MECÁNICA RESPIRATORIA

La respiración tranquila es la normal y automática cuando el cuerpo está en reposo. El diafragma y los músculos intercostales trabajan juntos para expandir el tórax y llevar aire a los pulmones, sin necesidad de esfuerzo o control voluntario. En cambio, la respiración activa implica un control más consciente del proceso respiratorio. Abarca técnicas como la respiración profunda o la abdominal.

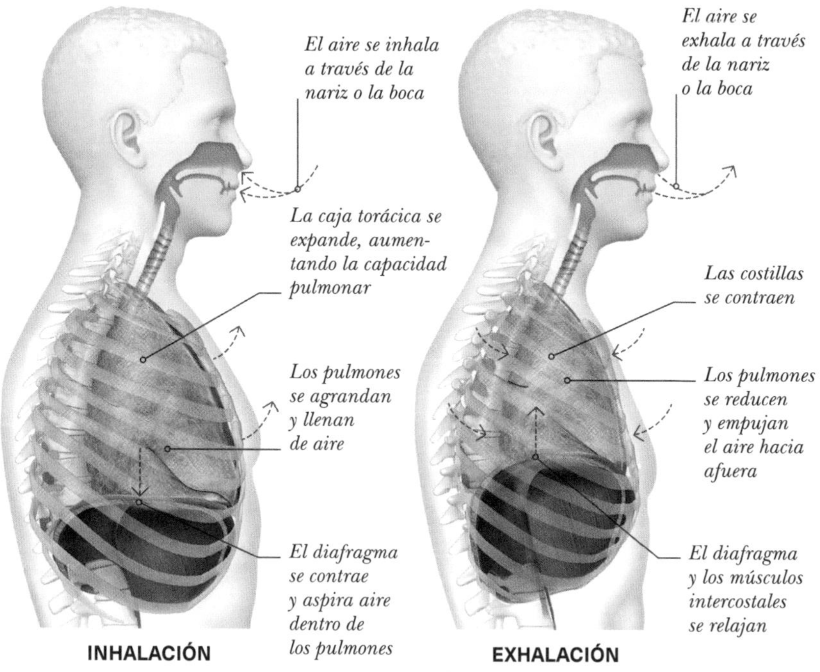
El aire se inhala a través de la nariz o la boca
La caja torácica se expande, aumentando la capacidad pulmonar
Los pulmones se agrandan y llenan de aire
El diafragma se contrae y aspira aire dentro de los pulmones
INHALACIÓN
El aire se exhala a través de la nariz o la boca
Las costillas se contraen
Los pulmones se reducen y empujan el aire hacia afuera
El diafragma y los músculos intercostales se relajan
EXHALACIÓN

> *Los ejercicios respiratorios orientados a la relajación pueden ser una herramienta útil para mejorar la movilidad y reducir el dolor de cuello, pecho y hombros.*

CONTROL CONSCIENTE

El control consciente de la respiración durante una actividad puede reducir la tensión muscular y la ansiedad, convirtiéndose en una herramienta útil para mitigar el dolor. En la respiración diafragmática se usa el diafragma, un músculo en forma de bóveda bajo los pulmones, para llevar más aire a estos y oxígeno al cerebro. Eso ralentiza el corazón y baja la presión arterial.

ESTIRAMIENTO Y ENVEJECIMIENTO SALUDABLE

La masa y fuerza musculares declinan de forma natural con la edad en un proceso llamado sarcopenia, que puede derivar en movilidad reducida. Mantenerse físicamente activo ayuda a seguir teniendo plena funcionalidad y autonomía.

CARACTERÍSTICAS MUSCULARES EN EL TRANSCURSO DE LA VIDA

El envejecimiento del músculo esquelético sufre varios cambios, como la reducción del tamaño y cantidad de fibras, la capacidad de generar fuerza con rapidez y la flexibilidad articular. Todos esos aspectos pueden afectar al desarrollo de las tareas cotidianas.

El músculo esquelético sufre varios cambios que contribuyen al declive de su masa y fuerza al envejecer. Primero hay una pérdida progresiva de fibras musculares y una reducción generalizada de la fuerza muscular. También hay un declive en la cantidad y funcionamiento de las neuronas motoras que controlan la contracción muscular. Un descenso en la síntesis de proteína muscular y un aumento de

su descomposición puede contribuir con el tiempo a que los músculos pierdan masa. Circunstancias metabólicas como la disminución del metabolismo energético también pueden perjudicar el funcionamiento muscular.

Las propiedades de los tendones también cambian con la edad. Se vuelven rígidos y menos funcionales, lo que puede afectar de forma negativa a

la movilidad. Los tendones se encargan de transmitir la fuerza del músculo al hueso y su creciente rigidez puede interferir en ese proceso.

La combinación de cambios en las características de los músculos y los tendones al envejecer puede afectar negativamente la función física y la movilidad, y derivar en caídas que tienen consecuencias significativas en la calidad de vida de una persona mayor.

Sarcopenia

Término que describe la pérdida de masa, fuerza y funcionalidad en el músculo esquelético envejecido. Las mitocondrias del músculo degeneran con la edad y la inactividad. Para prevenir y tratar la sarcopenia es importante mantener la actividad física, comer bien y hacer ejercicios de resistencia.

JUVENTUD/FÍSICAMENTE ACTIVO	VEJEZ/FÍSICAMENTE ACTIVO	VEJEZ/SEDENTARIO

Músculo	**Músculo**	**Músculo**
El músculo esquelético tiene masa, fuerza y funcionalidad normales. Aumenta con facilidad en respuesta a los estímulos adecuados.	Con una actividad adecuada, el músculo esquelético puede mantener cierto nivel de fuerza y masa, lo cual beneficia su funcionamiento.	El músculo esquelético pierde masa y fuerza, lo que repercute negativamente en su funcionamiento.
Mitocondria	**Mitocondria**	**Mitocondria**
El músculo joven y activo tiene más mitocondrias, responsables de la producción de energía y el buen funcionamiento del esqueleto.	La salud y funcionalidad de las mitocondrias se conserva con el ejercicio, lo que las permite seguir produciendo energía.	Las mitocondrias del músculo esquelético anciano y sedentario han perdido contenido y funcionalidad, con más declive que producción.

La sarcopenia es un síndrome progresivo relacionado con la edad que causa pérdida de dureza ósea, a menudo antes de que disminuya la masa y funcionalidad de los músculos.

Sin embargo, puede prevenirse, tratarse y controlarse, dependiendo de su causa y duración.

Pese a todos los cambios por la edad, el ejercicio regular puede contribuir a mitigar el declive de músculos y tendones. El ejercicio de resistencia y otros que impliquen cargar peso pueden ayudar a mantener y mejorar la fuerza y masa muscular y estimular el crecimiento tendinoso. Con entrenamiento y práctica, las personas mayores pueden seguir haciendo todo tipo de ejercicio con seguridad.

ADAPTACIÓN MUSCULAR

Aunque el envejecimiento deriva en un declive de la fuerza y masa muscular, el músculo esquelético conserva la capacidad de adaptarse si se le ejercita de manera adecuada.

La investigación sugiere que los músculos viejos responden al ejercicio tanto como los jóvenes, aunque sus efectos sean menores.

Los estiramientos estáticos y dinámicos, como muestra este libro, se muestran eficaces para mejorar la flexibilidad muscular y el rango de movimiento articular en la vejez.

La adecuada ingesta proteínica también es esencial para promover la síntesis de proteína muscular y la hipertrofia (musculación) en respuesta a un programa regular de ejercicio.

En resumen, aunque el estiramiento puede beneficiar el mantenimiento de la flexibilidad y el rango de movimiento en la musculatura esquelética envejecida, debería combinarse con otros tipos de ejercicio —como el de resistencia— y con una nutrición adecuada, para optimizar la salud y funcionamiento musculares.

REQUISITOS DE ACTIVIDAD FÍSICA

La inactividad física es uno de los principales factores de riesgo de muchas enfermedades crónicas y muertes en todo el mundo. Para tratar de rectificarlo, la Organización Mundial de la Salud (OMS) ha elaborado directrices sobre el ejercicio físico.

Se recomienda que los adultos de 18 a 64 años realicen al menos 150 minutos de actividad física aeróbica moderada o 75 minutos si es intensa, en el transcurso de la semana, o una combinación equivalente de ambas. También deberían practicar ejercicios de resistencia para fortalecer los músculos al menos dos veces por semana. Estas actividades deben centrarse en los principales grupos musculares, como los flexores de la cadera, extensores de rodilla y músculos de la espalda, y ejecutarse con una intensidad de moderada a alta. Poca actividad física es mejor que ninguna; hay que intentar hacer tanta actividad física como sea posible, acorde con la capacidad y circunstancias. Las personas sedentarias deben aumentar gradualmente los niveles de actividad física con el tiempo, consultando con su médico, si es necesario.

El objetivo de aumentar la actividad física es reducir las enfermedades crónicas y mejorar la salud mental y calidad de vida en general. Las directrices reconocen que la actividad física puede desarrollarse en la vida cotidiana de varias maneras y que cada cual puede elegir actividades adecuadas para su estado de forma física y capacidad.

PAUTAS DE ACTIVIDAD FÍSICA
Se recomienda que las personas mayores realicen actividad física moderada o intensa, o ambas, a lo largo de la semana.

AL MENOS
150-300
MINUTOS

Cantidad semanal recomendada de actividad aeróbica moderada. Incluye pasear rápido y hacer tareas domésticas fatigosas.

O AL MENOS
75-150
MINUTOS

Cantidad semanal recomendada de actividad aeróbica intensa. Incluye senderismo, correr, deportes o cargar peso.

COMO
MÍNIMO

Las personas mayores deberían limitar el sedentarismo y sustituirlo por actividades de poca intensidad, como andar, estiramientos y taichí.

PAUTAS DE ESTIRAMIENTO PARA MAYORES

Con la edad es más importante que nunca mantener la actividad física. Los ejercicios de fuerza y los aeróbicos son dos modalidades que debería incluir cualquier rutina deportiva para mantener las funciones corporales. El estiramiento puede hacer la actividad física más fácil y grata para las personas de edad avanzada, lo que redundará en su salud y bienestar.

En la vejez es prioritario ser capaces de hacer las tareas cotidianas y reducir el riesgo de caídas o heridas. Los ejercicios recomendables incluyen reducir el sedentarismo y reemplazarlo con movimiento de baja intensidad, como estiramientos o taichí. La flexibilidad de la parte superior del cuerpo es importante para actividades como vestirse y alcanzar objetos, mientras que en la parte inferior es clave para andar o agacharse. Deberían incluirse estiramientos centrados en las articulaciones usadas en las tareas cotidianas.

Por supuesto, las personas de edad avanzada pueden —y deben— ejercitarse para lograr metas de movilidad más ambiciosas. Su movimiento debería ser variado y poner énfasis en el equilibrio y la fuerza, preferiblemente con intensidad moderada o alta. Es recomendable seguir esa pauta tres o más días por semana, junto con programas de estiramiento, para mejorar la capacidad física y minimizar el riesgo de caídas.

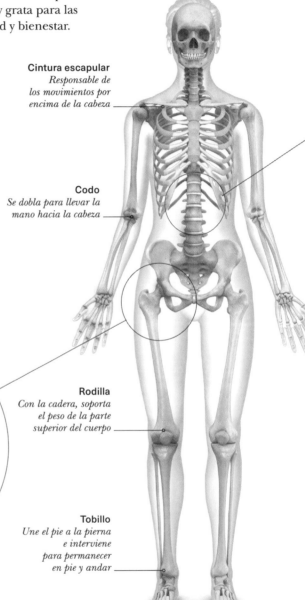

Cintura escapular
Responsable de los movimientos por encima de la cabeza

Codo
Se dobla para llevar la mano hacia la cabeza

Psoas mayor
Flexor primario de la cadera

Músculo ilíaco
En conjunción con el psoas, ayuda a flexionar la rodilla

Aductor largo del muslo
Contribuye a flexionar la cadera y estabiliza la pelvis cuando se mueve

Rodilla
Con la cadera, soporta el peso de la parte superior del cuerpo

Tobillo
Une el pie a la pierna e interviene para permanecer en pie y andar

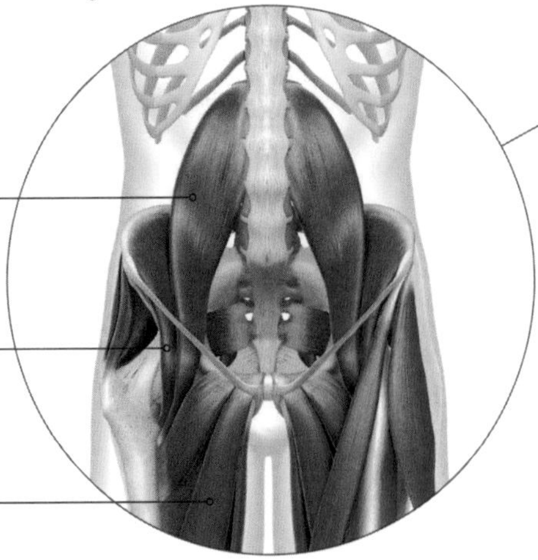

Flexores de la cadera
Estirar los flexores y extensores de la cadera ayuda a que las personas mayores caminen mejor. Esto es de especial importancia para reducir el riesgo de caídas y mantener la movilidad y autonomía.

VISTA FRONTAL

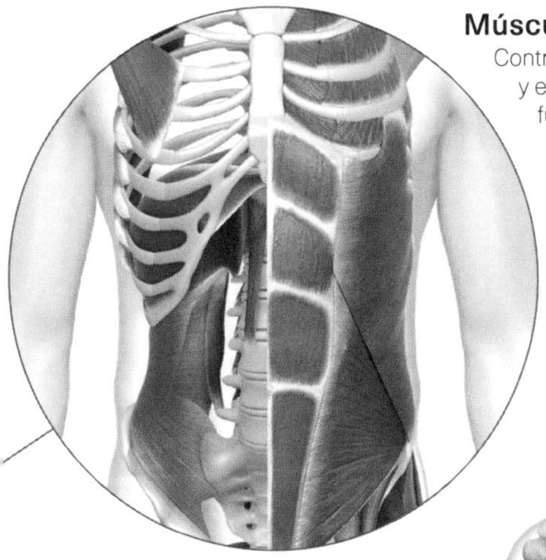

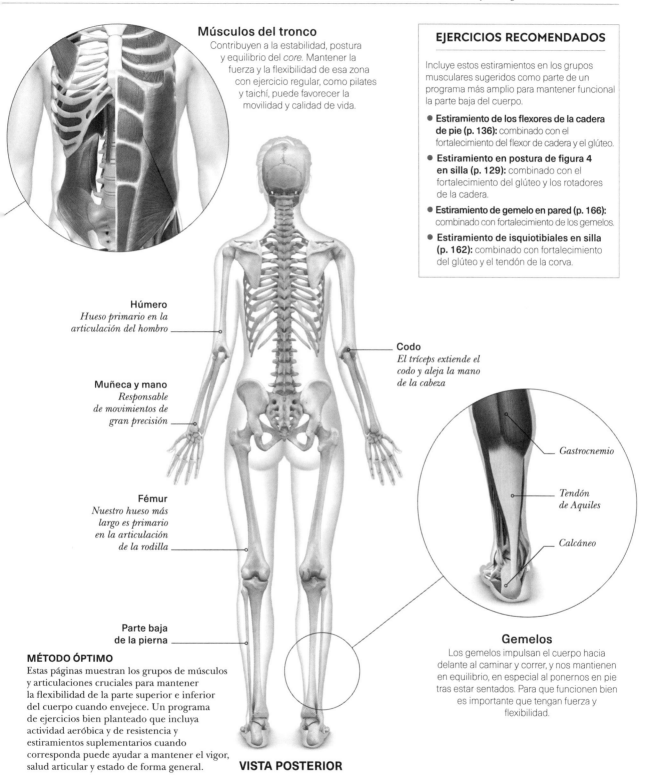

Músculos del tronco

Contribuyen a la estabilidad, postura y equilibrio del *core*. Mantener la fuerza y la flexibilidad de esa zona con ejercicio regular, como pilates y taichí, puede favorecer la movilidad y calidad de vida.

EJERCICIOS RECOMENDADOS

Incluye estos estiramientos en los grupos musculares sugeridos como parte de un programa más amplio para mantener funcional la parte baja del cuerpo.

- **Estiramiento de los flexores de la cadera de pie (p. 136):** combinado con el fortalecimiento del flexor de cadera y el glúteo.
- **Estiramiento en postura de figura 4 en silla (p. 129):** combinado con el fortalecimiento del glúteo y los rotadores de la cadera.
- **Estiramiento de gemelo en pared (p. 166):** combinado con fortalecimiento de los gemelos.
- **Estiramiento de isquiotibiales en silla (p. 162):** combinado con fortalecimiento del glúteo y el tendón de la corva.

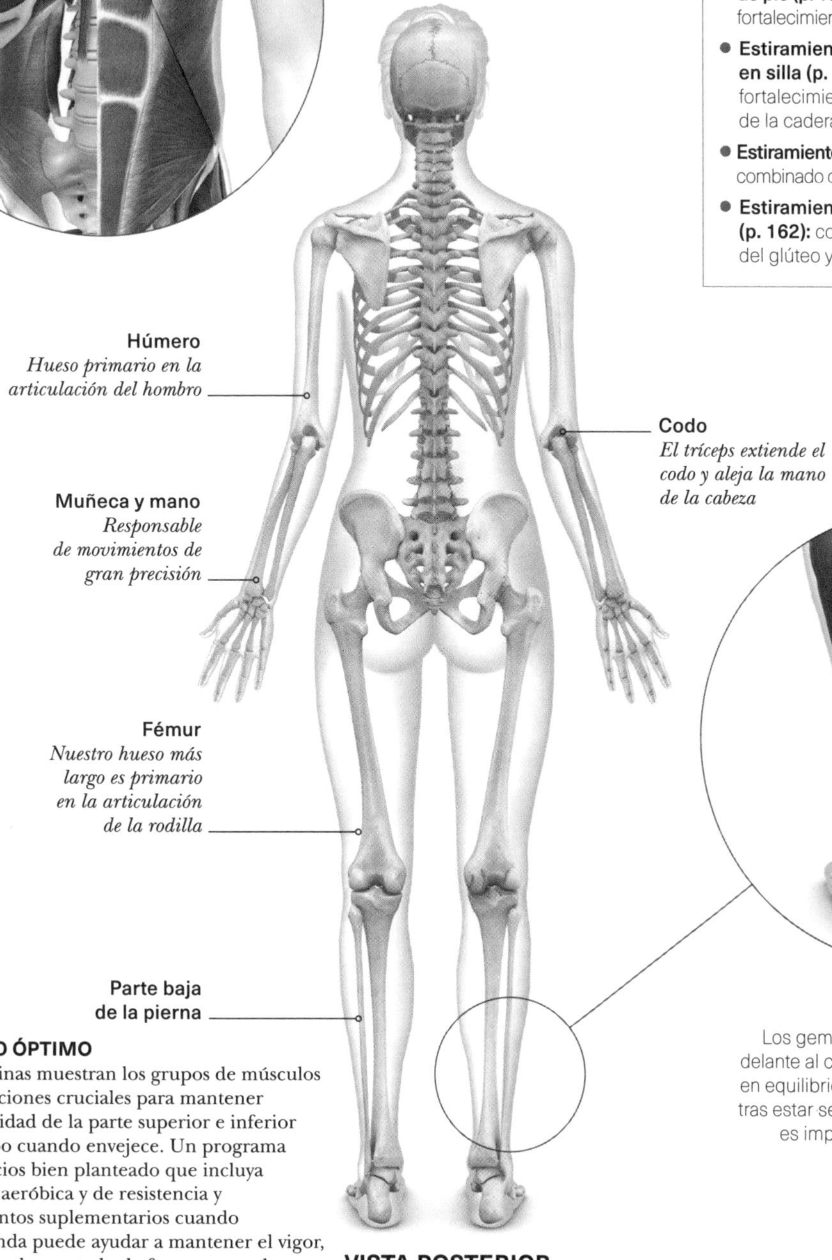
Húmero
Hueso primario en la articulación del hombro
Codo
El tríceps extiende el codo y aleja la mano de la cabeza
Muñeca y mano
Responsable de movimientos de gran precisión
Fémur
Nuestro hueso más largo es primario en la articulación de la rodilla
Parte baja de la pierna

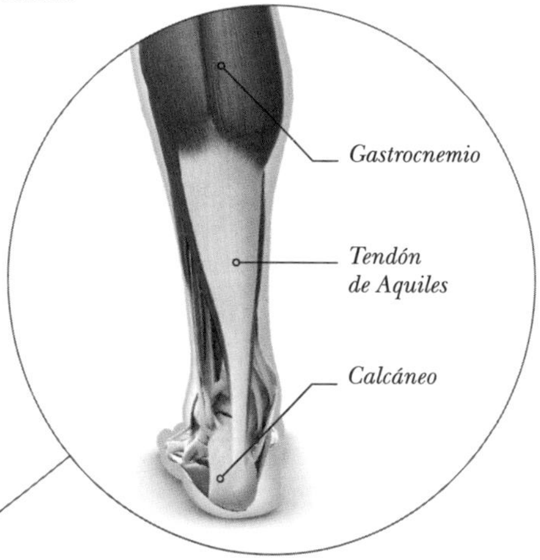
Gastrocnemio
Tendón de Aquiles
Calcáneo

Gemelos

Los gemelos impulsan el cuerpo hacia delante al caminar y correr, y nos mantienen en equilibrio, en especial al ponernos en pie tras estar sentados. Para que funcionen bien es importante que tengan fuerza y flexibilidad.

MÉTODO ÓPTIMO

Estas páginas muestran los grupos de músculos y articulaciones cruciales para mantener la flexibilidad de la parte superior e inferior del cuerpo cuando envejece. Un programa de ejercicios bien planteado que incluya actividad aeróbica y de resistencia y estiramientos suplementarios cuando corresponda puede ayudar a mantener el vigor, salud articular y estado de forma general.

VISTA POSTERIOR

CUÁNDO NO ESTIRAR

Es importante conocer las precauciones generales y las contraindicaciones a la hora de estirar. Siempre debería consultarse a profesionales con experiencia para tratar lesiones específicas y afecciones de salud.

PRECAUCIONES GENERALES

Está demostrado que el estiramiento beneficia la movilidad articular y flexibilidad, pero hacer hincapié en las medidas de seguridad es clave para minimizar el peligro de lesión y el agravamiento de dolencias. Teniendo la debida precaución y bajo la supervisión profesional, es posible mejorar la flexibilidad y función corporal, así como reducir el riesgo de lesiones.

Hay situaciones en las que no todos los estiramientos son apropiados y deberían tener supervisión profesional. Es el caso de las lesiones agudas, como desgarros musculares o esguinces, articulaciones inestables o tras una reciente cirugía de prótesis articular. También si se tienen heridas abiertas, articulaciones dislocadas o infección. En esas circunstancias, el tratamiento del dolor y otros protocolos son prioritarios.

NORMAL

HALLUX LIMITUS

HALLUX RIGIDUS

En algunos casos es preciso inmovilizar la articulación u otras medidas protectoras en el área afectada. Estos tratamientos, que pueden ser temporales, propician que sanen los tejidos.

También es aconsejable tener cautela con dolencias no agudas y el embarazo. Por ejemplo, personas con dolor crónico, osteoporosis o artritis reumatoide pueden tener que modificar o evitar algunos estiramientos para prevenir lesiones o molestias. Durante el embarazo puede ser necesario adaptar algunos estiramientos. Debería consultarse con un profesional sanitario o deportivo para aliviar cualquier patología que pueda afectar a la capacidad de realizar estiramientos o ejercicio de forma segura y eficaz.

ALTERACIONES ARTICULARES

Las alteraciones articulares pueden afectar al rango de movimiento al

TRASTORNOS DEL DEDO GORDO DEL PIE

El rango normal de movilidad del dedo gordo del pie permite doblar su articulación con facilidad. Con *hallux limitus* está mucho más rígido y solo se mueve un poco; con *hallux rigidus* su inmovilidad es total.

modificar la estructura y funcionamiento de los huesos. Por ejemplo, la osteoartritis puede contribuir a la pérdida de cartílago y el desarrollo de espolones óseos, que pueden limitar el movimiento articular. La alteración de la cápsula articular o los tejidos adyacentes también pueden reducir su movilidad. La respuesta propioceptiva de la articulación puede cambiar, derivando en menor percepción sensorial y peor control del movimiento. En esa situación, hay que tener cuidado al estirar o tratar de ganar movilidad.

Por ejemplo, *hallux limitus* es un trastorno en el que la articulación del dedo gordo del pie sufre rigidez y pérdida de movilidad parcial, causadas a menudo por el desarrollo de osteoartritis u otra alteración de la superficie articular. *Hallux rigidus* es una forma más severa de esta dolencia, en la que la articulación del dedo gordo del pie pierde la movilidad casi por completo, debido al agravamiento de las alteraciones superficiales o crecimiento óseo que limita el movimiento y causa dolor y molestias.

Atrapamiento femoroacetabular

Las articulaciones de la cadera varían en forma y tamaño. Alguna variaciones pueden dar lugar a choque o atrapamiento femoroacetabular (AFA), en la que la cabeza femoral roza con el acetábulo, causando dolor, rigidez y disminución del movimiento. Hay tratamientos de rehabilitación para mejorar la estabilidad de la cadera, el control neuromuscular, la fuerza, el rango de movimiento y los patrones de movimiento.

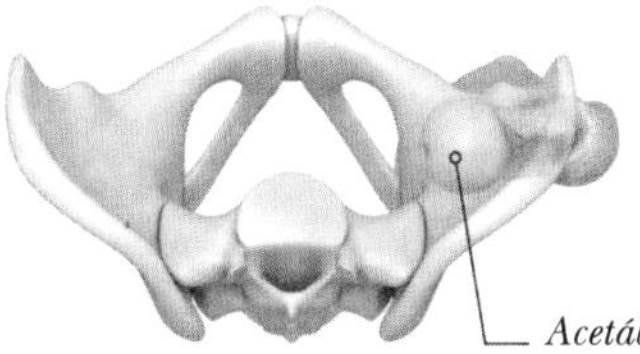
Acetábulo y cabeza femoral
VISTA SUPERIOR

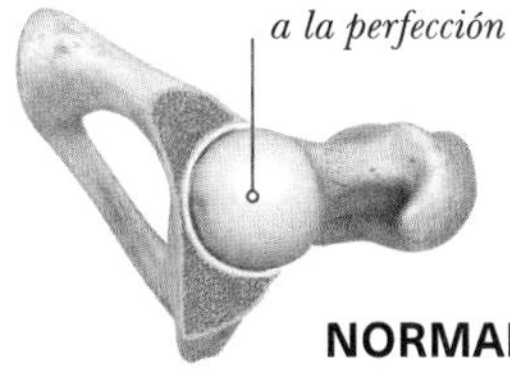
Los huesos encajan a la perfección
NORMAL

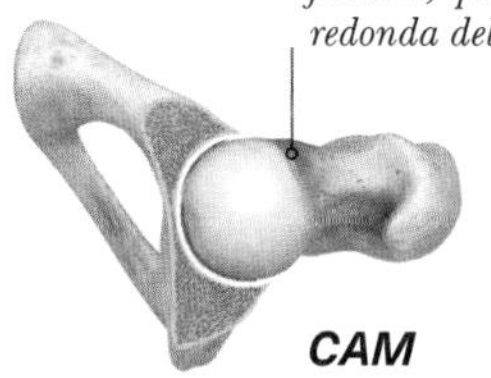
Engrosamiento excesivo de la cabeza femoral, que no es redonda del todo.
CAM

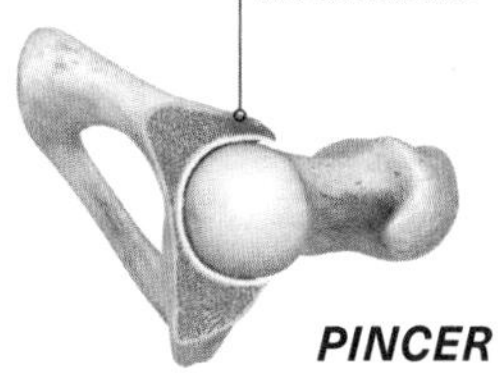
Engrosamiento excesivo del borde del acetábulo.
PINCER

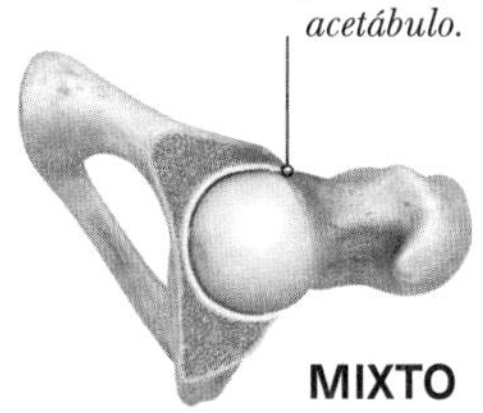
Engrosamiento excesivo de la cabeza femoral y el borde del acetábulo.
MIXTO

Algunas posibles señales de limitaciones de la movilidad de origen articular son:

- Dolor, que puede empeorar con el movimiento.
- Movimiento dificultoso, en especial por la mañana o tras una prolongada inactividad.
- Inflamación que causa dolor o rigidez.
- Disminución del rango de movimiento.
- Contracciones con chasquido.

ANATOMÍA ESTRUCTURAL

Algunas alteraciones naturales de la morfología articular pueden limitar el rango de movimiento y generar dolor o lesiones si se sobrecarga o fuerza. Estas variaciones pueden darse en diferentes zonas del cuerpo y ser desde relativamente comunes hasta poco frecuentes.

En la articulación de la cadera, por ejemplo, una morfología anormal de la cabeza del fémur o la cavidad pélvica en la que encaja, el acetábulo, pueden dar lugar a atrapamientos de tipo *cam* y *pincer* que afectan a la movilidad, en especial la flexión y rotación (ver recuadro superior).

La retroversión acetabular se produce cuando el acetábulo se orienta hacia la parte trasera de la pelvis, propiciando una pérdida del rango de movimiento entre el fémur y el acetábulo. La anteversión acetabular se da cuando el acetábulo se orienta hacia el área pélvica frontal. Estas alteraciones pueden ser asintomáticas. Si causan limitaciones, se puede recurrir a tratamientos como la fisioterapia.

Seguridad y límites

Si la estructura articular es un factor limitante, la flexibilidad podría disminuir y los beneficios reducirse. Es importante tener en cuenta estas limitaciones y saber cuándo no excederse con actividades como el estiramiento. Ten en cuenta estos consejos:

- **Molestias agudas y duraderas** son señal de agravamiento.
- **Evitar forzar** en los límites del rango de movimiento.
- **Esfuerzo máximo** en el rango en que es posible.
- **Incremento gradual** de la actividad física y la intensidad del ejercicio.
- **Adaptar la postura de estiramiento** por comodidad. Muchos de los estiramientos explicados en este libro incluyen variaciones que modifican su intensidad y ofrecen opciones de pie y en asiento.
- **Consultar a profesionales** para que te den indicaciones.

EJERCICIOS DE ESTIRAMIENTO

Este capítulo ofrece una guía clara y detallada de una serie de estiramientos cuidadosamente seleccionados. Están organizados por áreas corporales, para que te asegures de estirar por completo, incluso las muñecas. Los ejercicios no precisan de equipamiento, están al alcance de todos y hay muchas formas de incluirlos en cualquier rutina. Las variaciones y los avisos de seguridad permiten que personas de todos los niveles mejoren su movilidad y flexibilidad sin temor a lesionarse.

INTRODUCCIÓN A LOS EJERCICIOS

Los estiramientos han evolucionado mucho, tanto en la forma en que se realizan como en lo que se sabe de ellos. La investigación continúa estudiando los efectos que tienen en el cuerpo y las repercusiones que afectan a nivel corporal.

Antes de comenzar a realizar estiramientos, es importante entender algunos factores. Una vez que se haya dominado la técnica de un estiramiento estático, conviene mantenerlo 15 a 30 segundos, y hasta un máximo de 60 segundos cuando te acostumbres, para obtener el beneficio óptimo en flexibilidad. Sin embargo, para un mayor rango de movimiento y para entrenar (como en gimnasia), puede ser necesario aumentar la intensidad y la duración de los estiramientos.

Además de los estiramientos que hay en este libro, el entrenamiento completo de resistencia también es una opción viable para mejorar el rango de movimiento articular y desempeña un papel importante en la tolerancia del tejido. El mejor consejo es tratar de mantenerse físicamente activo tanto tiempo como se pueda a lo largo de la vida.

INTENCIONES Y OBJETIVOS

Los estiramientos dependerán de los objetivos de cada uno. Existe la opción de estirar para tener una movilidad funcional básica o entrenar la flexibilidad. Es posible usar estiramientos dinámicos para complementar una actividad, ya sea correr o jugar al fútbol. Se pueden elegir estiramientos estáticos para aumentar la flexibilidad necesaria para un deporte específico, o tal vez simplemente se quiera mejorar el movimiento en general.

Conviene saber que puede haber días en los que el rango de movimiento parezca diferente al del día anterior, o días en los que parece que haya mejorado. Hay que irse dando cuenta de las sensaciones y de la evolución de la calidad del movimiento. El cuerpo necesita tiempo y esfuerzos repetidos para adaptarse. Cada lector puede usar este libro como quiera. Su finalidad es aportar los últimos conocimientos y eliminar barreras para ejercitarse y hacer actividad física.

ESTIRAR AMBOS LADOS

Muchos de los ejercicios que siguen, como la postura de la media luna de pie (p. 92), explican cómo estirar un lado del cuerpo (izquierdo o derecho). Es importante tener en cuenta que hay que repetir el mismo estiramiento en el otro lado del cuerpo.

Equipamiento

Muchos de los ejercicios se pueden realizar sin equipamiento. Pero unos mínimos accesorios pueden aportar comodidad y aumentar la intensidad o aportar beneficios con estiramientos activos. Algunos ejemplos incluyen bandas de resistencia, bloques de yoga, esterillas o un banco. Los bloques de yoga son excelentes para modificar el alcance del estiramiento. Las bandas de resistencia se pueden incorporar a movimientos activos, como rotaciones en pared. Algunos de los ejercicios presentados en este libro incluyen estos elementos.

- **Bandas de resistencia:** por lo general, vienen en tiras individuales o en bandas cerradas. Se pueden sumar a varios estiramientos para fortalecer.

- **Bloques de yoga:** los bloques o *bolsters* pueden ayudar a modificar el rango de movimiento y ofrecen soporte.

- **Esterillas:** aportan comodidad en una superficie dura y vienen en varios grosores.

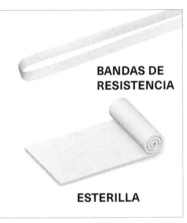

BANDAS DE RESISTENCIA

BLOQUES DE YOGA

ESTERILLA

DIFERENTES DISCIPLINAS PARA ESTIRAR

Cada tipo de disciplina de estiramiento tiene su propia historia, principios, enfoque y método. Algunos de los ejercicios que se muestran son un reflejo de estas disciplinas, pero también hay nuevos estiramientos que es posible que resulten inéditos al lector.

Algunas de las más conocidas que incluyen el uso de estiramientos son el yoga, el pilates o el taichí. También existen otros programas de movilidad que utilizan sus propias filosofías, pautas e intenciones. Muchos de los ejercicios pueden llamarse igual o variar ligeramente.

Por ejemplo, la postura del niño (p. 78) se practica en yoga y en muchos otros entornos de acondicionamiento físico. El gato y la vaca (p. 74) también se realiza en diferentes disciplinas. Pueden formar parte de una secuencia más extensa de yoga y también combinarse con otras posturas, técnicas de respiración y prácticas de meditación.

En general, las diferencias entre estas disciplinas reflejan una gama de objetivos y preferencias diversa entre quienes realizan actividad física, así como las necesidades y requisitos específicos de distintos tipos de atletas o poblaciones.

ELEGIR EL EJERCICIO ADECUADO

La elección del ejercicio más adecuado dependerá de los objetivos, de las capacidades físicas y de las dolencias o lesiones. Este libro proporciona pautas, pero existen variaciones normales en el movimiento. Es posible optar por estirar las zonas cuya flexibilidad se

Este libro trata de:

Su objetivo es difundir los últimos conceptos sobre los estiramientos, eliminar barreras para la actividad física y fomentar el movimiento.

- ✓ Introduce conceptos e investigaciones actualizadas.
- ✓ Movimiento en general.
- ✓ Es un recurso para valorar el movimiento y la capacidad de cada cuerpo.

Este libro no trata de:

El propósito de este libro no es reemplazar a los especialistas médicos ni ser un medio para tratarse uno mismo. Cualquier preocupación individual ha de consultarse a un profesional.

- ✗ No es un consejo médico.
- ✗ Las limitaciones individuales pueden afectar el rendimiento de los ejercicios. El dolor y las lesiones siempre deben ser evaluados adecuadamente.

desee mejorar, o reforzar alguna actividad física concreta. Muchos estiramientos pueden tener una postura unilateral o asimétrica que se ha de realizar en ambos lados.

Hay que recordar que cuando se comienza un plan de estiramiento es fundamental, para obtener mejores resultados, incorporar otro tipo de ejercicios. Aunque las molestias son normales, deberían ser temporales. Si el dolor persiste o se tienen dudas concretas sobre la salud, conviene consultar a un profesional cualificado, como un fisioterapeuta o un entrenador personal.

EL COMÚN DENOMINADOR

Los estiramientos se pueden encontrar en todo tipo de actividades, como el yoga, el pilates y el entrenamiento físico en general. Aunque sus objetivos y filosofías pueden diferir, coinciden todos en que el movimiento es clave.

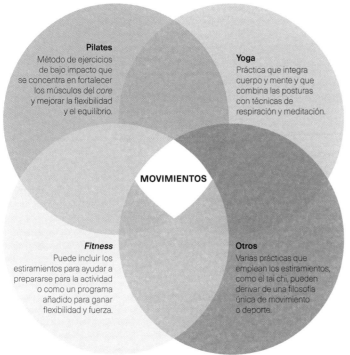

Pilates
Método de ejercicios de bajo impacto que se concentra en fortalecer los músculos del *core* y mejorar la flexibilidad y el equilibrio.

Yoga
Práctica que integra cuerpo y mente y que combina las posturas con técnicas de respiración y meditación.

MOVIMIENTOS

Fitness
Puede incluir los estiramientos para ayudar a prepararse para la actividad o como un programa añadido para ganar flexibilidad y fuerza.

Otros
Varias prácticas que emplean los estiramientos, como el tai chi, pueden derivar de una filosofía única de movimiento o deporte.

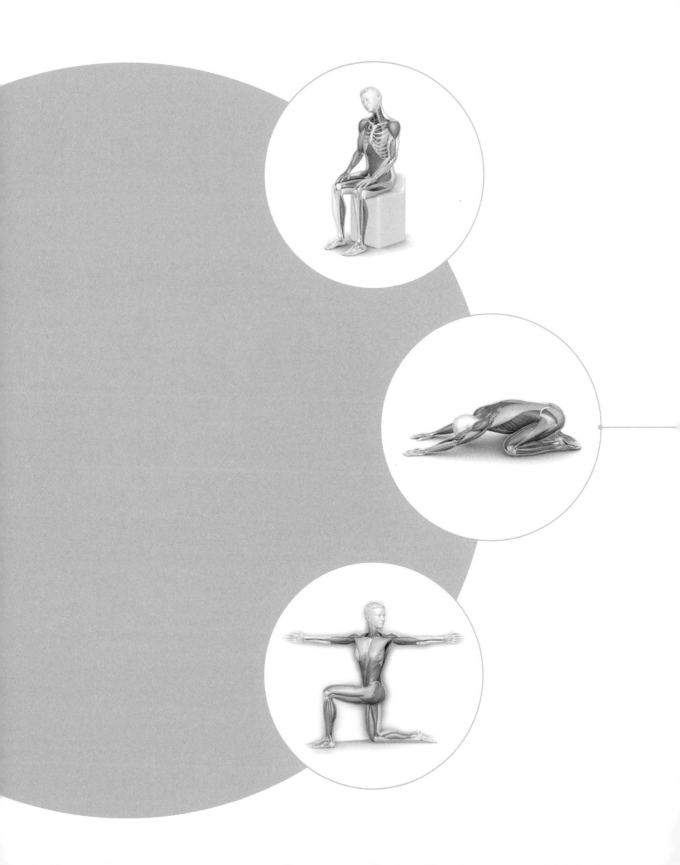

EJERCICIOS DE CUELLO Y COLUMNA

La columna vertebral es una de la partes más importantes del cuerpo. Permite el movimiento del tronco en múltiples planos: hacia delante y hacia atrás, de un lado a otro, y giros a la derecha e izquierda. También sostiene el cuerpo y la función respiratoria y protege la médula espinal y los nervios. El cuello, o la región cervical, es la zona más móvil de la columna y puede doler con el uso excesivo. Estos ejercicios fomentan la movilidad de la columna vertebral al completo, lo que puede ayudar a reducir el dolor y la rigidez, y a mejorar su función.

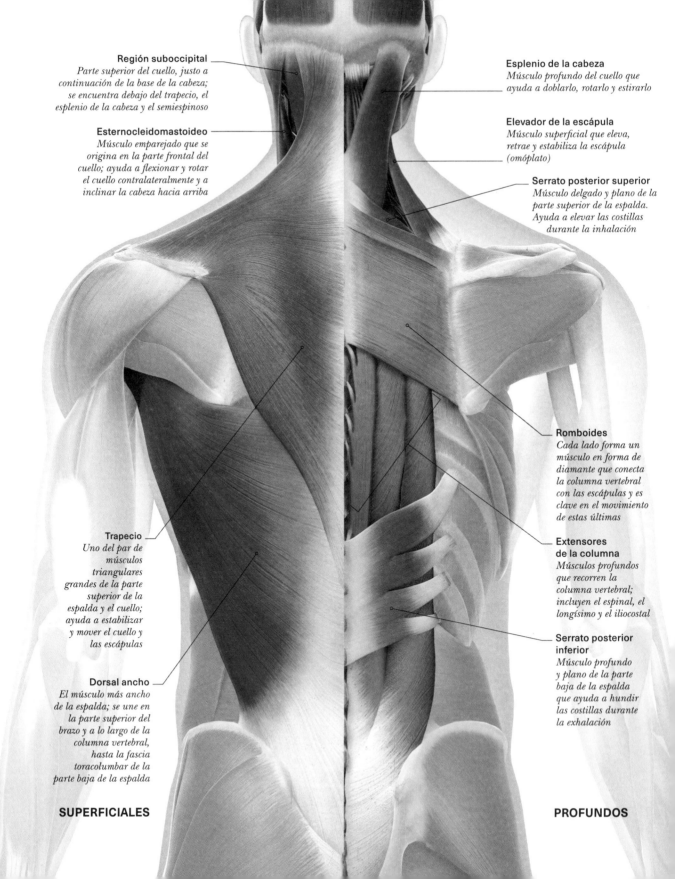

Región suboccipital
Parte superior del cuello, justo a continuación de la base de la cabeza; se encuentra debajo del trapecio, el esplenio de la cabeza y el semiespinoso

Esternocleidomastoideo
Músculo emparejado que se origina en la parte frontal del cuello; ayuda a flexionar y rotar el cuello contralateralmente y a inclinar la cabeza hacia arriba

Esplenio de la cabeza
Músculo profundo del cuello que ayuda a doblarlo, rotarlo y estirarlo

Elevador de la escápula
Músculo superficial que eleva, retrae y estabiliza la escápula (omóplato)

Serrato posterior superior
Músculo delgado y plano de la parte superior de la espalda. Ayuda a elevar las costillas durante la inhalación

Romboides
Cada lado forma un músculo en forma de diamante que conecta la columna vertebral con las escápulas y es clave en el movimiento de estas últimas

Extensores de la columna
Músculos profundos que recorren la columna vertebral; incluyen el espinal, el longísimo y el iliocostal

Trapecio
Uno del par de músculos triangulares grandes de la parte superior de la espalda y el cuello; ayuda a estabilizar y mover el cuello y las escápulas

Serrato posterior inferior
Músculo profundo y plano de la parte baja de la espalda que ayuda a hundir las costillas durante la exhalación

Dorsal ancho
El músculo más ancho de la espalda; se une en la parte superior del brazo y a lo largo de la columna vertebral, hasta la fascia toracolumbar de la parte baja de la espalda

SUPERFICIALES

PROFUNDOS

VISTA GENERAL DEL CUELLO Y LA COLUMNA

Los principales músculos del cuello y la espalda son el trapecios, el romboides, los músculos erectores de la columna, el dorsal ancho y los músculos de la zona cervical, como los flexores profundos, el esplenio, el esternocleidomastoideo y el escaleno. Estos músculos son cruciales para mantener la postura y la estabilidad del tronco, así como para mover el cuello.

Los músculos del cuello y la espalda desempeñan una función importante para sujetar la cabeza, y mantener la postura y facilitan el movimiento en múltiples planos. También ayudan en la respiración. El trapecio y el romboides son importantes para mover las escápulas, lo que ayuda en el movimiento y la estabilidad del hombro. El dorsal ancho puede aducir y estirar el hombro y es un músculo fundamental para remar, nadar y escalar. Los extensores espinales estiran la espalda y contribuyen a estabilizar la postura en actividades cotidianas como sentarse erguido, cargar objetos y mirar alrededor.

Estirar y fortalecer estos músculos puede reducir la tensión y mejorar el rango de movimiento, la fuerza y la resistencia. Entre los ejercicios de fuerza para este grupo figuran los de polea y remo.

CONTENIDO DEL CAPÍTULO

ESTIRAMIENTO DEL ELEVADOR DE LA ESCÁPULA

El cuello es una zona del cuerpo que acumula tensión por diversas razones. Una de ellas puede ser pasar mucho tiempo con los hombros elevados, como cuando se está sentado en un escritorio durante largos períodos. Centrarse en los músculos que elevan los hombros puede aliviar.

El músculo elevador de la escápula se encuentra a cada lado del cuello y va de la escápula medial a la base del cráneo. Es recomendable incluirlo en un programa de ejercicios para el cuello y los hombros o como estiramiento según sea necesario.

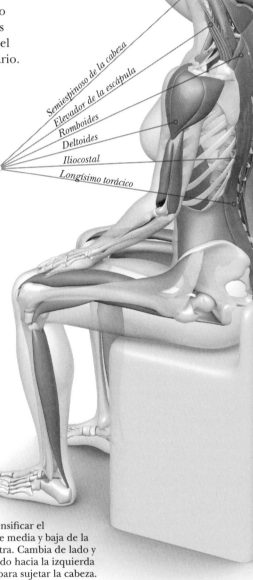

Semiespinoso de la cabeza

Elevador de la escápula

Romboides

Deltoides

Iliocostal

Longísimo torácico

CLAVE

- •-- *Articulaciones*
- ○- *Músculos*
- ● Se acorta con tensión
- ● Se alarga con tensión
- ● Se alarga sin tensión
- ● En tensión sin movimiento

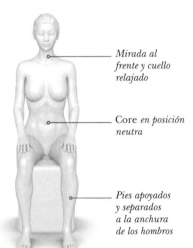

Mirada al frente y cuello relajado

Core *en posición neutra*

Pies apoyados y separados a la anchura de los hombros

FASE PREPARATORIA
Siéntate con los pies apoyados en el suelo y relaja los hombros. La mirada va al frente y la columna está en posición neutra; las manos descansan sobre los muslos.

Brazos y cuello
El brazo derecho facilita el estiramiento del músculo **elevador de la escápula** en el lado opuesto del cuello y el **omóplato,** con el esternón mirando hacia delante. Puede sentirse la elongación desde la **parte posterior del cuello** hasta el **borde medial** de la escápula.

PRIMERA/SEGUNDA FASE
Gira la cabeza y el cuello hacia la derecha y ligeramente hacia abajo, mirando hacia la axila derecha. Coloca la palma de la mano derecha en la parte posterior de la cabeza, tirando hacia abajo para intensificar el estiramiento. Mantén la parte media y baja de la espalda en una posición neutra. Cambia de lado y repite el estiramiento, mirando hacia la izquierda y usando el brazo izquierdo para sujetar la cabeza.

ESTIRAMIENTO SUBOCCIPITAL MANUAL

Este agradable ejercicio puede reducir la tensión de los cuatro músculos suboccipitales ubicados en la base del cráneo, que son los responsables de inclinar la cabeza y elevar la barbilla. Retraer y encoger el mentón en una flexión cervical superior permite estirar estos músculos.

Este estiramiento puede ayudar a aliviar síntomas relacionados con el dolor en la articulación temporomandibular —que conecta la mandíbula inferior con el cráneo—, en el cuello o los dolores de cabeza tensionales. Puede emplearse dentro de un programa para el cuello o la mandíbula o simplemente para estirar cuando sea necesario, especialmente quienes trabajan de forma habitual delante de un ordenador.

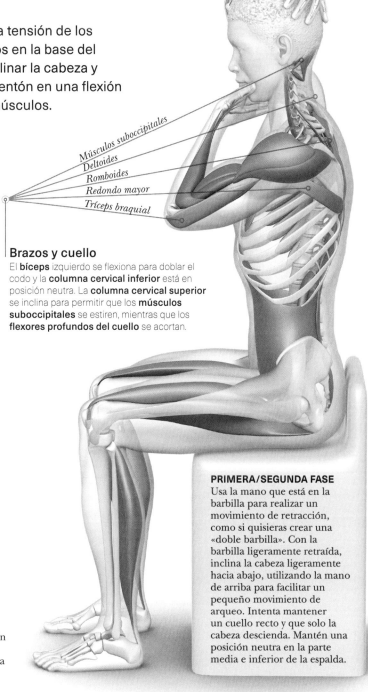

Músculos suboccipitales
Deltoides
Romboides
Redondo mayor
Tríceps braquial

Brazos y cuello

El **bíceps** izquierdo se flexiona para doblar el codo y la **columna cervical inferior** está en posición neutra. La **columna cervical superior** se inclina para permitir que los **músculos suboccipitales** se estiren, mientras que los **flexores profundos del cuello** se acortan.

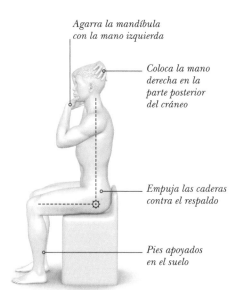

Agarra la mandíbula con la mano izquierda

Coloca la mano derecha en la parte posterior del cráneo

Empuja las caderas contra el respaldo

Pies apoyados en el suelo

FASE PREPARATORIA
Con los pies apoyados en el suelo, la mirada va hacia delante y la columna vertebral se mantiene en posición neutra. Sujeta la barbilla con la mano izquierda, utilizando el espacio entre el pulgar y el índice. Coloca la mano derecha en la parte posterior del cráneo.

PRIMERA/SEGUNDA FASE
Usa la mano que está en la barbilla para realizar un movimiento de retracción, como si quisieras crear una «doble barbilla». Con la barbilla ligeramente retraída, inclina la cabeza ligeramente hacia abajo, utilizando la mano de arriba para facilitar un pequeño movimiento de arqueo. Intenta mantener un cuello recto y que solo la cabeza descienda. Mantén una posición neutra en la parte media e inferior de la espalda.

ESTIRAMIENTO DEL ESTERNOCLEIDOMASTOIDEO

El esternocleidomastoideo (SCM) es un músculo de dos cabezas que parte de la clavícula y llega hasta cerca de la mandíbula. Es el responsable de inclinar la cabeza hacia arriba y llevar el cuello hacia delante. Puede acumular tensión por mantener la misma postura en el cuello o por unos hábitos respiratorios forzados.

Este estiramiento alivia los dolores de la articulación temporomandibular (alrededor de la mandíbula), de cuello o tensionales de cabeza. Se puede incluir en un plan específico para el cuello, la mandíbula y los hombros, o como estiramiento cuando se precise. Se puede modificar haciendo solo la primera fase si sientes que es suficiente; debería ser un movimiento cómodo. Asegúrate de que no duela en ningún momento.

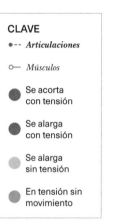

CLAVE

●-- *Articulaciones*

○— *Músculos*

● Se acorta con tensión

● Se alarga con tensión

● Se alarga sin tensión

● En tensión sin movimiento

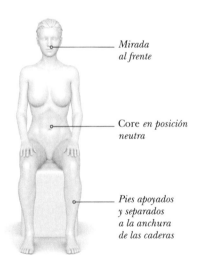

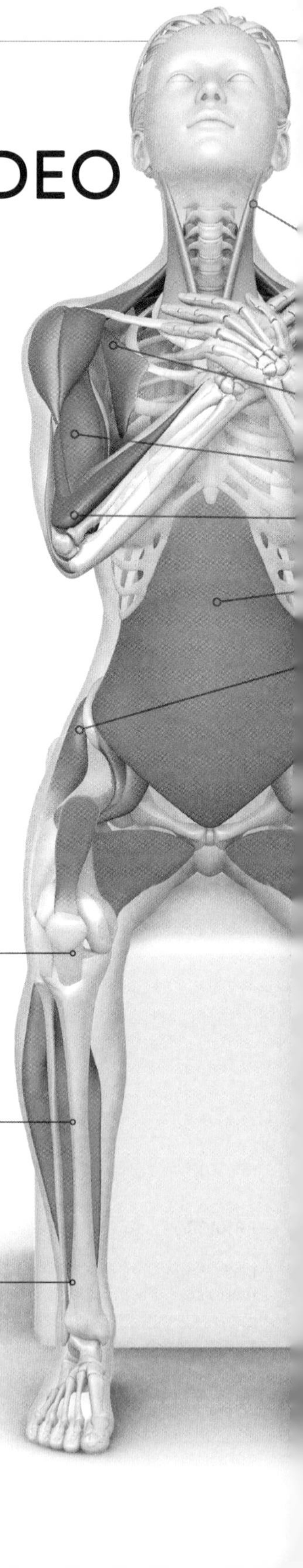

Mirada al frente

Core *en posición* neutra

Pies apoyados y separados a la anchura de las caderas

FASE PREPARATORIA
La postura parte de una posición relajada, con los pies apoyados en el suelo, la mirada al frente y la columna neutra.

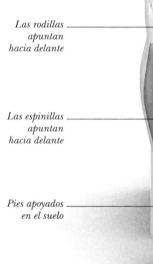

Las rodillas apuntan hacia delante

Las espinillas apuntan hacia delante

Pies apoyados en el suelo

70

" "

El esternocleidomastoideo tiene dos cabezas que trabajan juntas o por separado

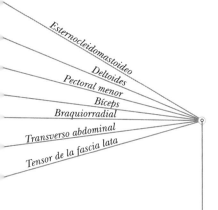

Esternocleidomastoideo
Deltoides
Pectoral menor
Bíceps
Braquiorradial
Transverso abdominal
Tensor de la fascia lata

Tronco
A medida que la cabeza se inclina hacia atrás, el **esternocleidomastoideo** se alarga. Las **manos** proporcionan un contraestiramiento cerca de la **cabeza del esternón.**

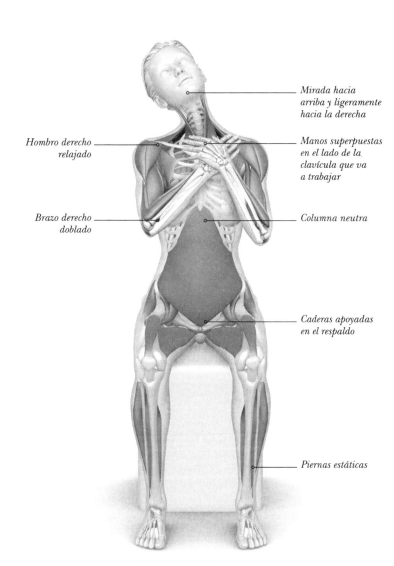

Mirada hacia arriba y ligeramente hacia la derecha

Hombro derecho relajado

Manos superpuestas en el lado de la clavícula que va a trabajar

Brazo derecho doblado

Columna neutra

Caderas apoyadas en el respaldo

Piernas estáticas

PRIMERA FASE
Coloca la mano derecha sobre la clavícula izquierda y sujeta esa mano con la izquierda. Comienza a inclinar la cabeza hacia el techo y mantén una respiración relajada.

SEGUNDA FASE
Con la barbilla inclinada hacia arriba y el cuello ligeramente estirado, gira la cabeza y el cuello hacia la derecha. Mantén la espalda media y baja en posición neutra. Vuelve a la fase preparatoria y repite con el otro lado.

ESTIRAMIENTO DEL ESCALENO

Los tres músculos escalenos se sitúan más profundos que el esternocleidomastoideo y a los lados de la columna cervical, uniendo las vértebras a las dos primeras costillas. Contribuyen a la respiración al elevar estas últimas, así como al movimiento de la cabeza y el cuello.

Un aumento de la tensión o una disfunción en el escaleno puede ocasionar dolor de cuello, síndrome del opérculo torácico (compresión de nervios, arterias y venas en el cuello y en el pecho) y una menor capacidad respiratoria. Estirar el escaleno puede incorporarse a un programa de ejercicios de cuello y hombros o como simple estiramiento cuando se necesite. Se puede adaptar realizando únicamente la primera fase. Dado que la zona tiene nervios y otras estructuras, es importante permanecer en un rango cómodo.

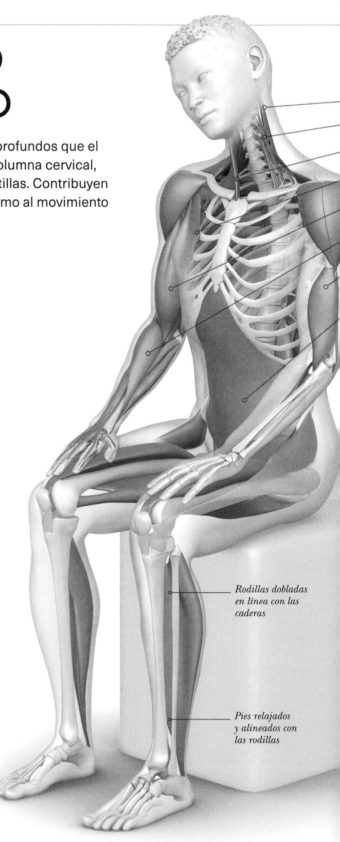

Rodillas dobladas
en línea con las
caderas

Pies relajados
y alineados con
las rodillas

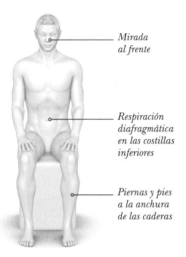

Mirada
al frente

Respiración
diafragmática
en las costillas
inferiores

Piernas y pies
a la anchura
de las caderas

FASE PREPARATORIA
Siéntate con los hombros relajados y los pies apoyados en el suelo. Mantén la mirada hacia delante y la columna neutra.

72

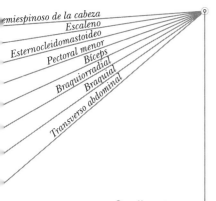

Semiespinoso de la cabeza
Escaleno
Esternocleidomastoideo
Pectoral menor
Bíceps
Braquiorradial
Braquial
Transverso abdominal

" "

*El plexo braquial, la arteria
y la vena subclavias y el nervio
frénico son estructuras
que pasan por los escalenos
en varios puntos.*

Cuello y tronco

El **músculo esternocleidomastoideo**
derecho flexiona el cuello lateralmente
y los **intercostales** hacen bajar
las **costillas** al exhalar para facilitar
el estiramiento de los **escalenos**.

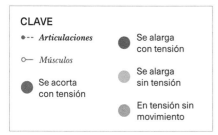

CLAVE

- •-- *Articulaciones*
- ○— *Músculos*
- ● Se acorta con tensión
- ● Se alarga con tensión
- ● Se alarga sin tensión
- ● En tensión sin movimiento

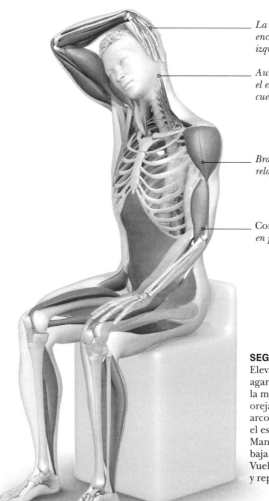

*La mano derecha
encima de la oreja
izquierda*

*Aumenta ligeramente
el estiramiento del
cuello hacia la derecha*

*Brazo derecho
relajado*

*Core y espalda baja
en posición neutra*

PRIMERA FASE

Flexiona la cabeza y el
cuello hacia la derecha.
Mantén una respiración
relajada y la mirada
hacia delante.

SEGUNDA FASE

Eleva el brazo derecho y
agarra la cabeza colocando
la mano derecha sobre la
oreja izquierda. Realiza un
arco lateral para aumentar
el estiramiento, sin forzar.
Mantén el *core* y la espalda
baja en posición neutra.
Vuelve a la fase preparatoria
y repite con el otro lado.

73

EL GATO
Y LA VACA

La postura del gato imita la posición de un gato asustado; la de la vaca toma su nombre de la ligera hendidura que se aprecia en la espalda de las vacas. La secuencia con los dos es un gran estiramiento que favorece la movilidad de la columna.

El movimiento de flexión y extensión moviliza la columna e implica a los músculos abdominales y pectorales. Es ideal para reducir la rigidez articular y puede usarse como calentamiento para cualquier rutina diaria.

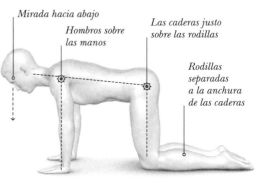

Mirada hacia abajo
Hombros sobre las manos
Las caderas justo sobre las rodillas
Rodillas separadas a la anchura de las caderas

FASE PREPARATORIA
En posición de cuatro patas, coloca los hombros sobre las muñecas, las caderas sobre las rodillas y la cabeza y el cuello en línea. Mantén la columna neutra, en una zona cómoda entre la flexión y la extensión total.

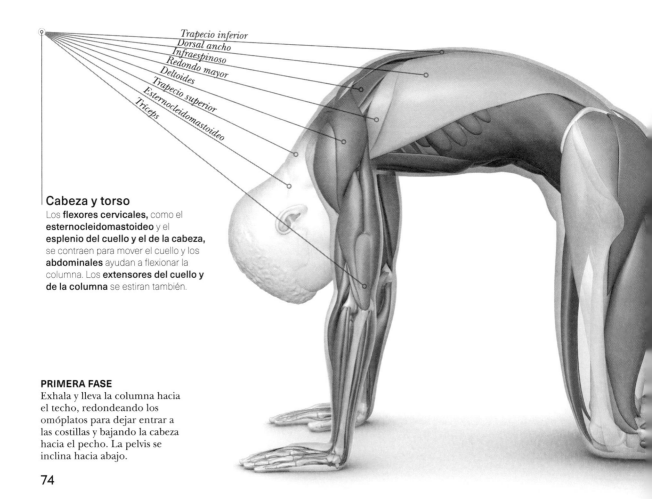

Trapecio inferior
Dorsal ancho
Infraespinoso
Redondo mayor
Deltoides
Trapecio superior
Esternocleidomastoideo
Tríceps

Cabeza y torso
Los **flexores cervicales,** como el **esternocleidomastoideo** y el **esplenio del cuello y el de la cabeza,** se contraen para mover el cuello y los **abdominales** ayudan a flexionar la columna. Los **extensores del cuello y de la columna** se estiran también.

PRIMERA FASE
Exhala y lleva la columna hacia el techo, redondeando los omóplatos para dejar entrar a las costillas y bajando la cabeza hacia el pecho. La pelvis se inclina hacia abajo.

CLAVE

- ●-- *Articulaciones*
- ○— *Músculos*
- ● Se acorta con tensión
- ● Se alarga con tensión
- ● Se alarga sin tensión
- ● En tensión sin movimiento

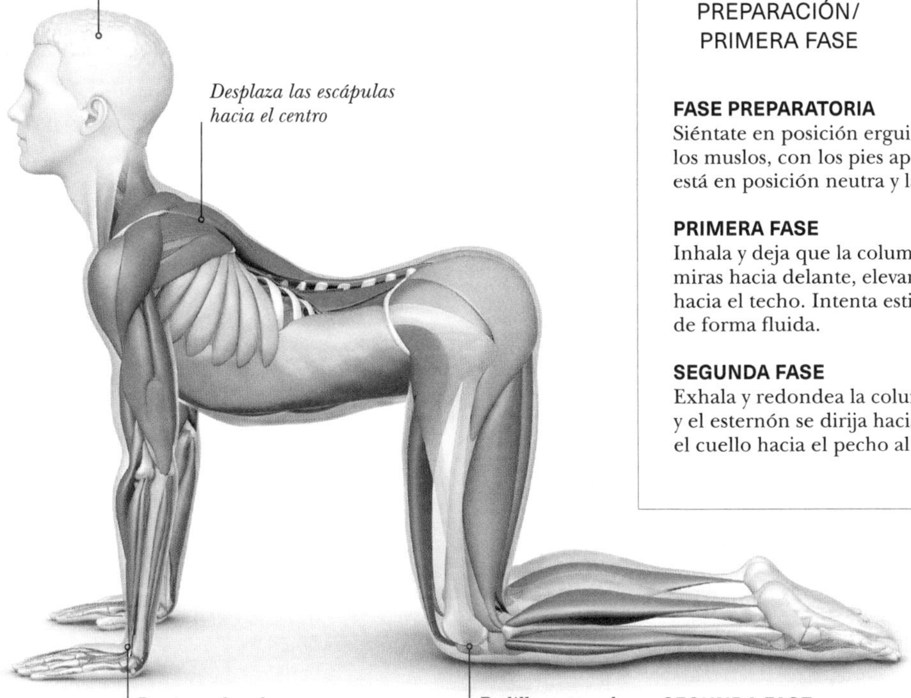

VARIACIÓN: EN SILLA

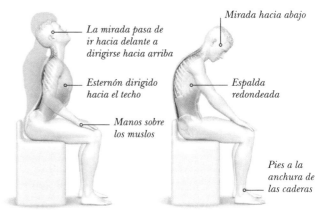

La mirada pasa de ir hacia delante a dirigirse hacia arriba

Mirada hacia abajo

Esternón dirigido hacia el techo

Espalda redondeada

Manos sobre los muslos

Pies a la anchura de las caderas

PREPARACIÓN/ PRIMERA FASE

SEGUNDA FASE

FASE PREPARATORIA

Siéntate en posición erguida y pon las manos encima de los muslos, con los pies apoyados en el suelo. La columna está en posición neutra y la postura ha de ser cómoda.

PRIMERA FASE

Inhala y deja que la columna se arquee mientras miras hacia delante, elevando a la vez el esternón hacia el techo. Intenta estirar y realizar el movimiento de forma fluida.

SEGUNDA FASE

Exhala y redondea la columna para que la cabeza bascule y el esternón se dirija hacia las caderas. Inclina la cabeza y el cuello hacia el pecho al mismo tiempo.

Cabeza alta y mirada al frente

Desplaza las escápulas hacia el centro

Presiona el suelo con las palmas

Rodillas separadas a la distancia de las caderas

SEGUNDA FASE

Inhala y deja que el ombligo se dirija hacia el suelo, elevando la cabeza y el cuello y curvando la columna hacia abajo de forma simultánea. Intenta estirar toda la columna en un movimiento fluido.

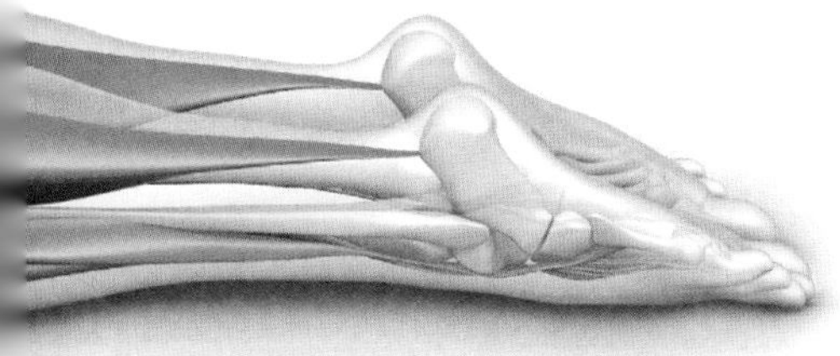

ESTIRAMIENTO DEL CUADRADO LUMBAR

El cuadrado lumbar, situado en la pared abdominal posterior, es el músculo más profundo de la espalda. Contribuye a estabilizar la columna lumbar, a inclinarse hacia el lado y ayuda también en la respiración. Sobrecargar este músculo puede provocar dolor.

Estirar el cuadrado lumbar puede reducir la tensión de espalda, hombro y parte externa de la cadera. Si cruzas una pierna e inclinas la cabeza hacia delante, se estiran los músculos laterales, desde el hombro hasta debajo de la pelvis. Utiliza este estiramiento dentro de un programa para la cadera, la espalda o el hombro, o cuando lo necesites.

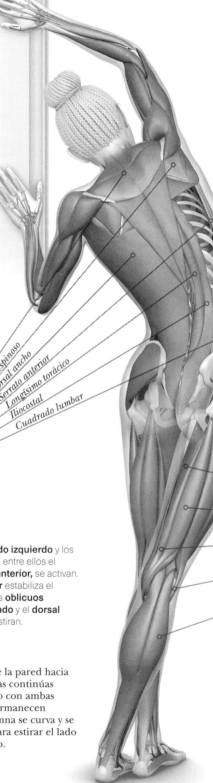

Trapecio
Infraespinoso
Dorsal ancho
Serrato anterior
Longísimo torácico
Iliocostal
Cuadrado lumbar

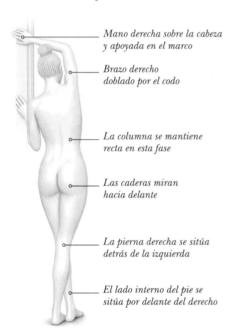

Mano derecha sobre la cabeza y apoyada en el marco

Brazo derecho doblado por el codo

La columna se mantiene recta en esta fase

Las caderas miran hacia delante

La pierna derecha se sitúa detrás de la izquierda

El lado interno del pie se sitúa por delante del derecho

FASE PREPARATORIA
Colócate frente a una puerta y cruza la pierna izquierda por delante de la derecha. Levanta el brazo derecho, sobre la cabeza, y ponlo en el marco; apoya también el izquierdo en el marco, con el codo doblado. En posición erguida, mira hacia delante.

Tren superior
Los **flexores del codo izquierdo** y los del hombro derecho, entre ellos el **deltoides medio** y **anterior,** se activan. El **manguito rotador** estabiliza el hombro derecho. Los **oblicuos derechos,** el **cuadrado** y el **dorsal ancho** también se estiran.

PRIMERA FASE
Aleja las caderas de la pared hacia la derecha, mientras continúas agarrando el marco con ambas manos. Los pies permanecen apoyados y la columna se curva y se aleja de la pared para estirar el lado derecho del cuerpo.

CLAVE

●-- *Articulaciones*

○- *Músculos*

● Se acorta
con tensión

● Se alarga
con tensión

● Se alarga
sin tensión

● En tensión sin
movimiento

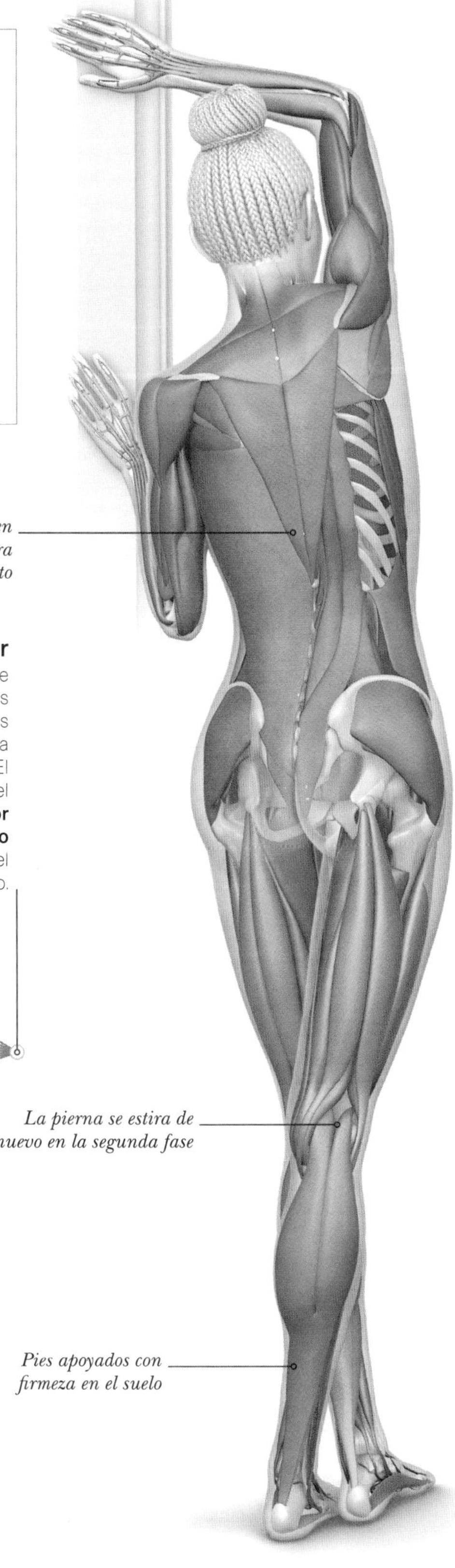

El tronco permanece en
posición neutra
durante el estiramiento

Tren inferior

El **gastrocnemio** se
estira, mientras que los
isquiotibiales y los
glúteos contribuyen a
estabilizar la cadera. El
tibial posterior, el
peroneo y el **flexor
largo del dedo gordo**
hacen lo propio con el
pie y el tobillo izquierdo.

Glúteo medio
Vasto lateral
Aductor mayor
Semitendinoso
emimembranoso
Bíceps femoral
Gastrocnemio

La pierna se estira de
nuevo en la segunda fase

Pies apoyados con
firmeza en el suelo

VARIACIÓN: EN SILLA

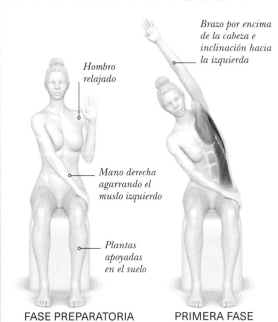

Brazo por encima
de la cabeza e
inclinación hacia
la izquierda

Hombro
relajado

Mano derecha
agarrando el
muslo izquierdo

Plantas
apoyadas
en el suelo

FASE PREPARATORIA   PRIMERA FASE

FASE PREPARATORIA

Siéntate con los pies apoyados en el suelo,
la columna neutra y la mirada hacia delante.
Coloca la mano derecha en la parte superior
del muslo izquierdo y levanta la mano izquierda
a la altura del hombro aproximadamente.

PRIMERA FASE

Lleva el brazo izquierdo por encima de la cabeza
y arquéate hacia la derecha mientras mantienes
la mano derecha sobre el muslo izquierdo.
Exhala mientras realizas el movimiento.
La columna se inclina hacia la derecha.

SEGUNDA FASE

Vuelve a la fase preparatoria llevando el brazo
izquierdo de nuevo a la altura del hombro y
estirando la columna.

SEGUNDA FASE

Lleva las caderas hacia la puerta
para estirar la columna de nuevo.
Los brazos vuelven a la fase
preparatoria, con la mirada al
frente y la postura erguida.

77

EL NIÑO

Este estiramiento de recuperación relaja
la espalda y la pelvis y estira los brazos y los
tobillos. La agradable flexión de la columna
alivia la tensión, sobre todo la de la zona lumbar.
También puede reducir la rigidez articular.

Se puede añadir una variación lateral (ver imagen
de la derecha) para estirar los costados y el dorsal
ancho. Conviene no sobrepasar un rango de
movimiento cómodo. Emplea la respiración para
relajarte durante este estiramiento.

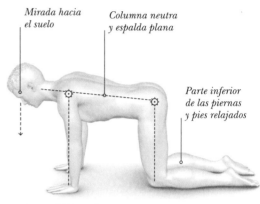

Mirada hacia
el suelo

Columna neutra
y espalda plana

Parte inferior
de las piernas
y pies relajados

FASE PREPARATORIA
En posición de cuadrupedia, con los hombros
en línea con las muñecas y las caderas con las rodillas,
mantén la cabeza alineada con el cuello. La columna
permanece neutra, en una curvatura cómoda en la
que ni se estira ni se flexiona por completo.

Cuello y brazos
El **esplenio de la cabeza** y el **cervical** se
estiran, además del **deltoides posterior**.
Los **músculos del brazo** sirven de anclaje
al estirar los hombros hacia delante.

CLAVE

•-- *Articulaciones*

○— *Músculos*

● Se acorta
con tensión

● Se alarga
con tensión

● Se alarga
sin tensión

● En tensión sin
movimiento

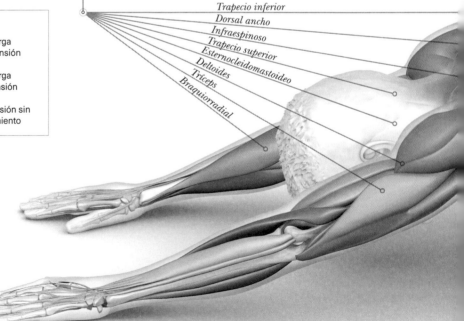

Trapecio inferior
Dorsal ancho
Infraespinoso
Trapecio superior
Esternocleidomastoideo
Deltoides
Tríceps
Braquiorradial

PRIMERA FASE
Siéntate despacio sobre
los talones y estira los
brazos hacia delante
apoyando las palmas en
el suelo. Deja que el
torso se pliegue entre las
piernas y relaja la espalda
y los hombros al exhalar.

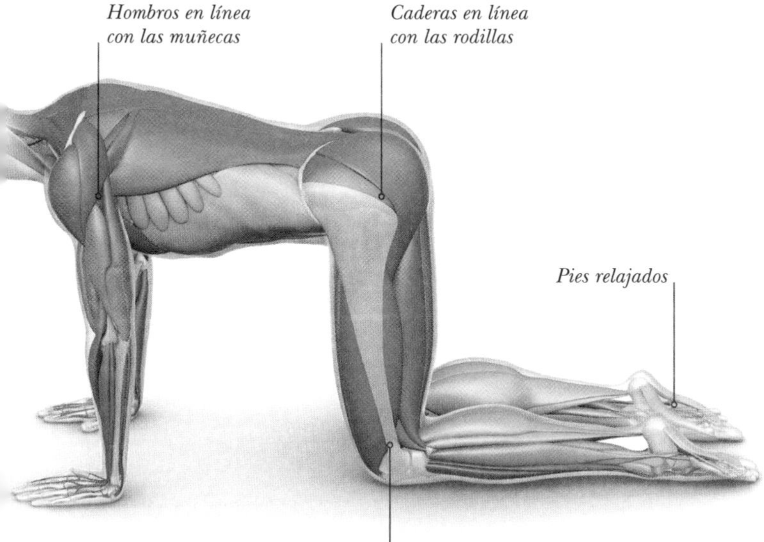

Hombros en línea con las muñecas
Caderas en línea con las rodillas
Pies relajados
Rodillas dobladas a 90°

SEGUNDA FASE
Vuelve a cuadrupedia con los hombros en línea con las muñecas, las caderas con las rodillas y la cabeza con el cuello.

VARIACIÓN: LATERAL

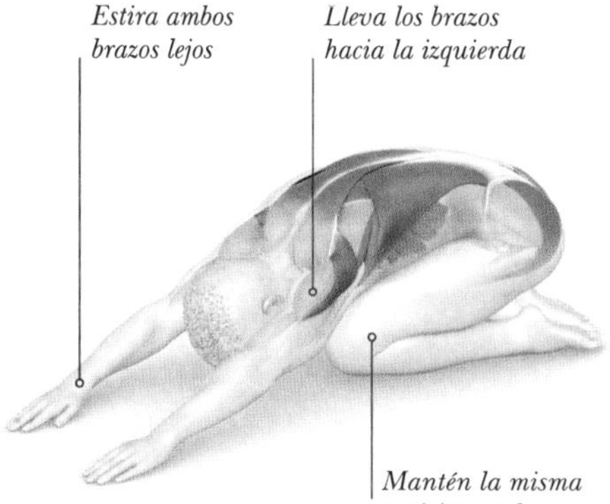

Estira ambos brazos lejos
Lleva los brazos hacia la izquierda
Mantén la misma posición en las rodillas

ALTERNATIVA A LA SEGUNDA FASE
Camina con las manos hacia un lateral y mantén el estiramiento. Repite con el otro lado.

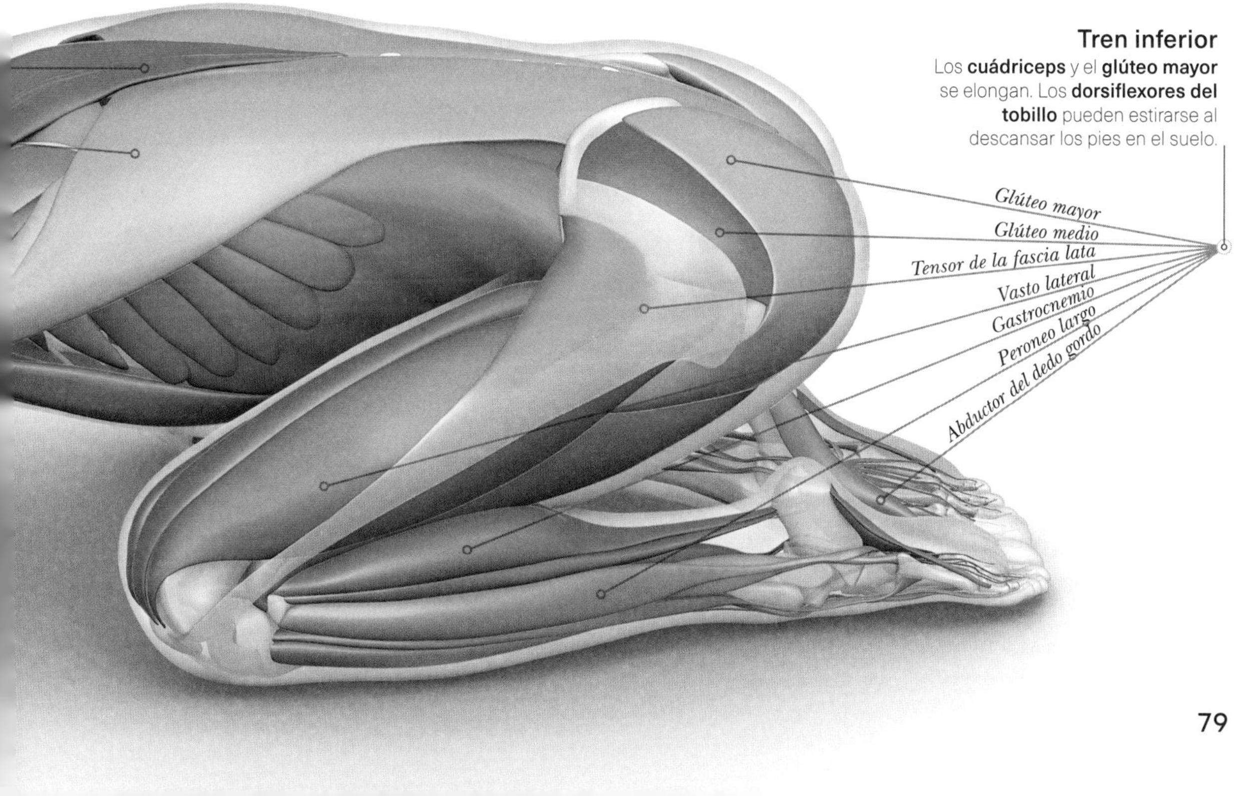

Tren inferior
Los **cuádriceps** y el **glúteo mayor** se elongan. Los **dorsiflexores del tobillo** pueden estirarse al descansar los pies en el suelo.
Glúteo mayor
Glúteo medio
Tensor de la fascia lata
Vasto lateral
Gastrocnemio
Peroneo largo
Abductor del dedo gordo

LA COBRA

La cobra es una popular posición de yoga con la que se estiran los abdominales y los flexores de la cadera. Favorece también la movilidad de la columna al extenderla, por lo que puede servir para mejorar la flexibilidad o puede incluirse dentro de una rutina diaria de estiramientos.

Durante este ejercicio, el pecho, los abdominales y las caderas se estiran, mientras los músculos de la espalda, los hombros y los brazos se activan para mantener la postura. Presta atención a cualquier dolor o molestia en la espalda o los hombros y haz las variaciones necesarias, como no subir demasiado, hasta acostumbrarte al estiramiento.

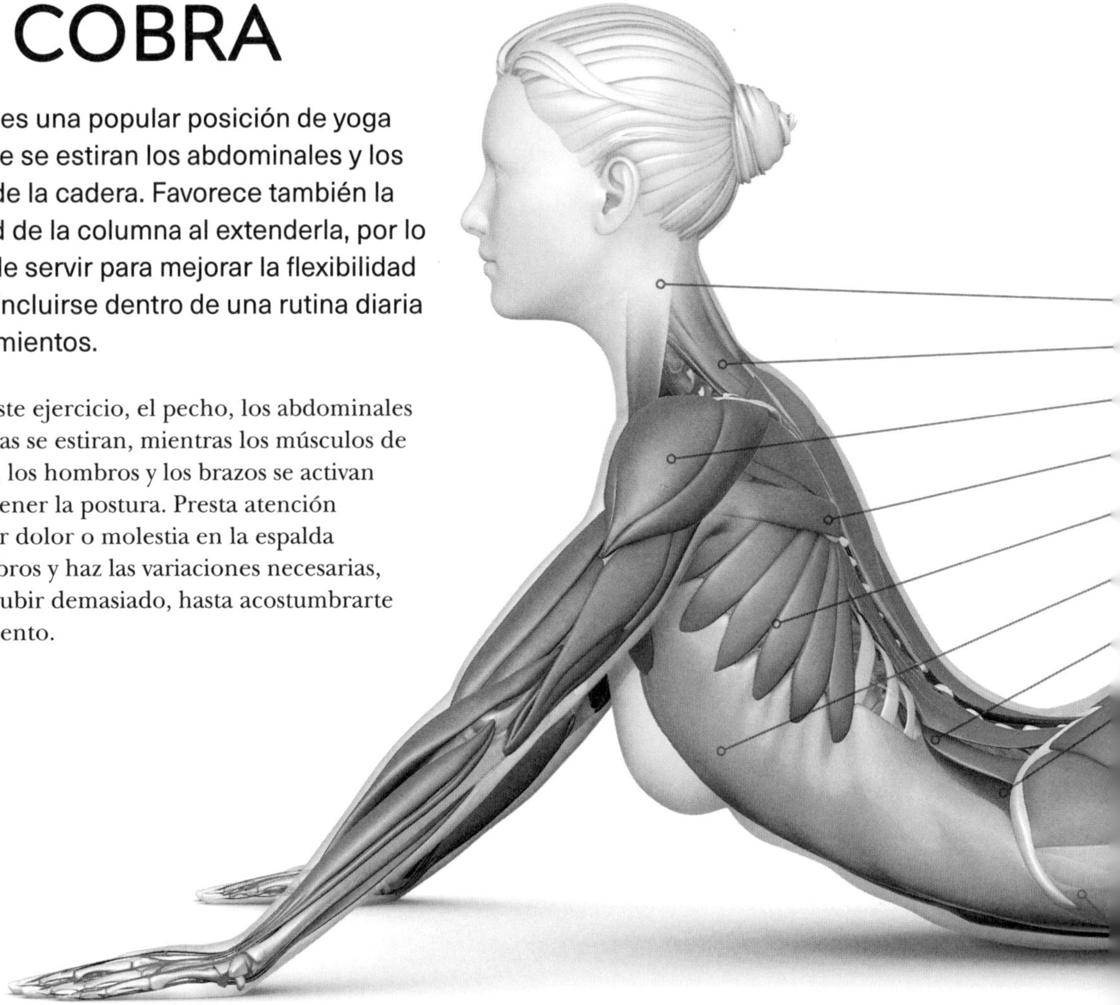

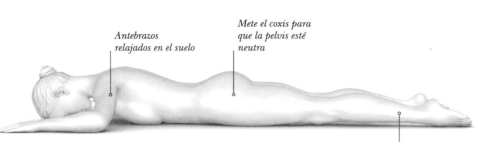

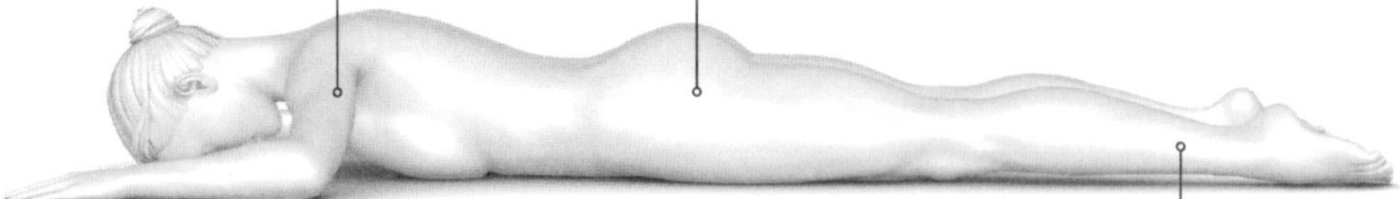
Antebrazos relajados en el suelo
Mete el coxis para que la pelvis esté neutra
Rotación hacia fuera de piernas y pies

FASE PREPARATORIA
Boca abajo, en el suelo, separa las piernas a una distancia algo superior al ancho de las caderas. Apoya la frente en el suelo, alarga el cuello y mete ligeramente la barbilla. Coloca los brazos a los lados, con los codos doblados a 90°, los antebrazos apoyados en el suelo y las palmas apuntando hacia abajo. Inhala y mete el coxis.

CLAVE

- ●-- *Articulaciones*
- o— *Músculos*
- Se acorta con tensión
- Se alarga con tensión
- Se alarga sin tensión
- En tensión sin movimiento

Tren superior
Los **extensores del cuello** mantienen la cabeza erguida, mientras que los de la **columna** se activan para estirarla. Los **músculos abdominales** se elongan y los **periescapulares** trabajan para juntar las escápulas.

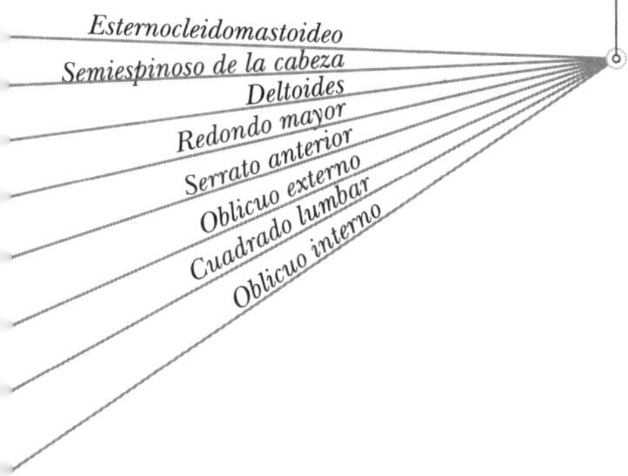
Esternocleidomastoideo
Semiespinoso de la cabeza
Deltoides
Redondo mayor
Serrato anterior
Oblicuo externo
Cuadrado lumbar
Oblicuo interno

VARIACIÓN: LA COBRA CON GIRO

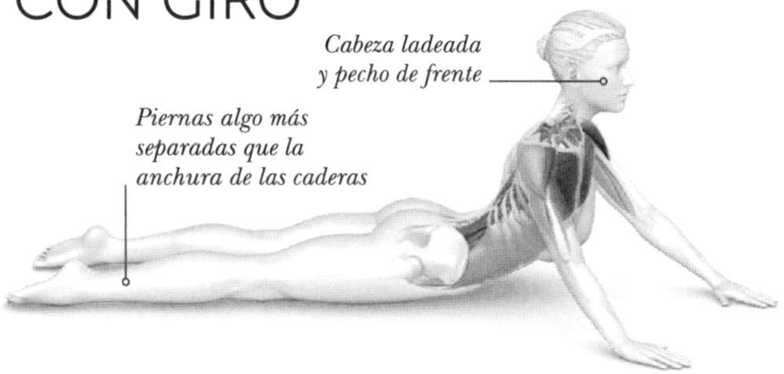
Cabeza ladeada y pecho de frente
Piernas algo más separadas que la anchura de las caderas

PRIMERA FASE
Desde la posición de la cobra, camina con las manos hacia la derecha, manteniendo los codos estirados. El tronco está largo, sin derrumbarse hacia el lado. Mantén el pecho alto y las clavículas anchas. Inhala y mantén la postura; exhala y lleva las manos hacia el lado izquierdo para repetir.

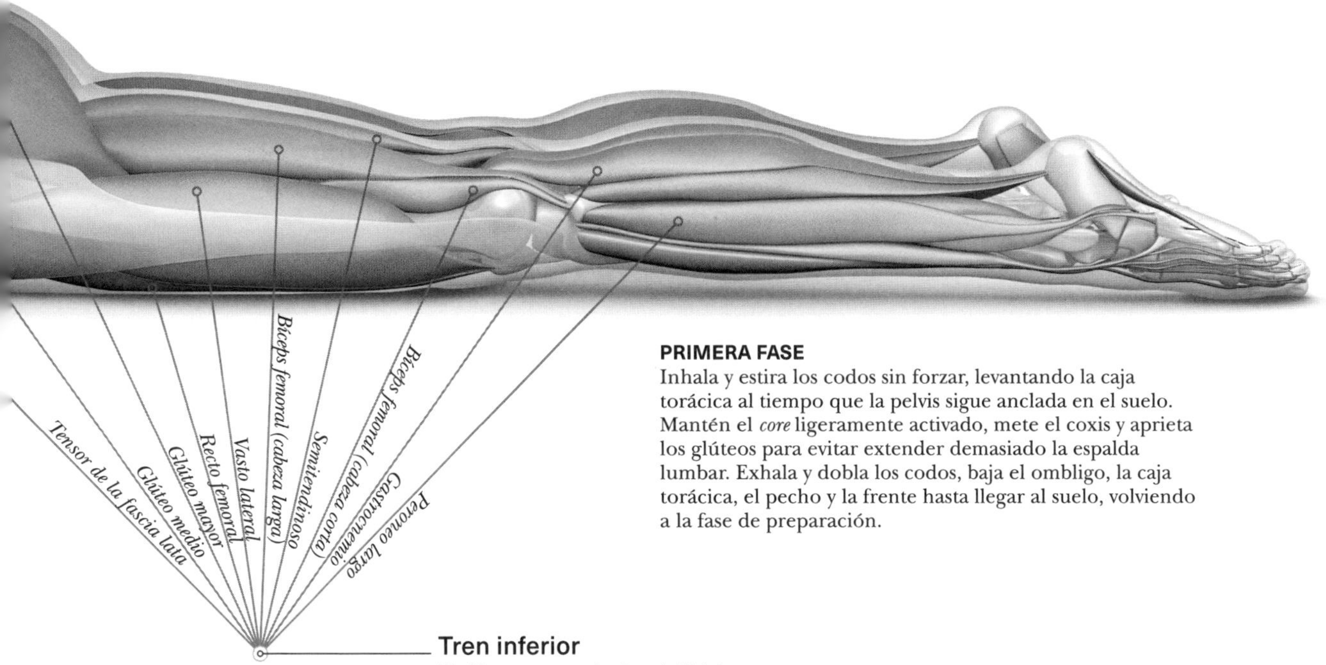
Tensor de la fascia lata
Glúteo medio
Glúteo mayor
Recto femoral
Vasto lateral
Bíceps femoral (cabeza larga)
Semitendinoso
Bíceps femoral (cabeza corta)
Gastrocnemio
Peroneo largo

PRIMERA FASE
Inhala y estira los codos sin forzar, levantando la caja torácica al tiempo que la pelvis sigue anclada en el suelo. Mantén el *core* ligeramente activado, mete el coxis y aprieta los glúteos para evitar extender demasiado la espalda lumbar. Exhala y dobla los codos, baja el ombligo, la caja torácica, el pecho y la frente hasta llegar al suelo, volviendo a la fase de preparación.

Tren inferior
El **glúteo mayor** y los **isquiotibiales** sujetan las caderas en esta postura. Los **flexores de la cadera** se alargan. El **glúteo medio** y el **menor** ayudan a estabilizar las caderas. Los **cuádriceps,** en la parte frontal del muslo, se activan para ayudar a estirar la rodilla.

» VARIACIONES

Estas dos variaciones de la cobra ejercen menos presión en el hombro y crean un ángulo menor en la zona lumbar. Son ideales para quienes quieren estirar la columna pero tienen limitaciones de muñeca u hombro.

MANOS LEJOS

Si las manos se alejan del cuerpo, la zona lumbar se tensa menos. Esta variación es adecuada para quienes tienen dolor, o limitaciones, al estirar la columna. También se puede empezar con esta postura e ir estirando acercando las manos hacia los lados para subir más.

CLAVE

● Principal músculo ejercitado

● Otros músculos implicados

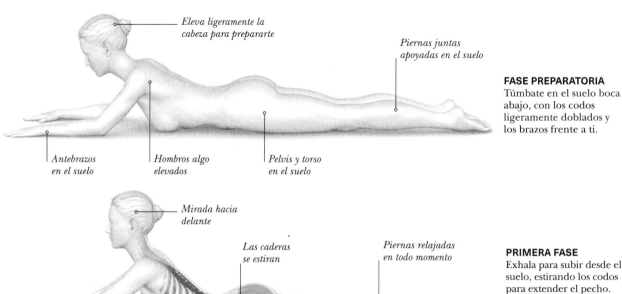

Eleva ligeramente la cabeza para prepararte

Piernas juntas apoyadas en el suelo

Antebrazos en el suelo

Hombros algo elevados

Pelvis y torso en el suelo

FASE PREPARATORIA
Túmbate en el suelo boca abajo, con los codos ligeramente doblados y los brazos frente a ti.

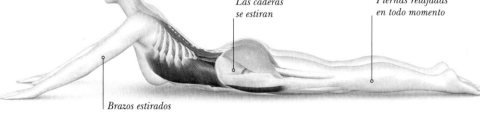

Mirada hacia delante

Las caderas se estiran

Piernas relajadas en todo momento

Brazos estirados

PRIMERA FASE
Exhala para subir desde el suelo, estirando los codos para extender el pecho. Activa ligeramente el *core*, mete el coxis y aprieta los glúteos. Levanta un poco el vientre del suelo.

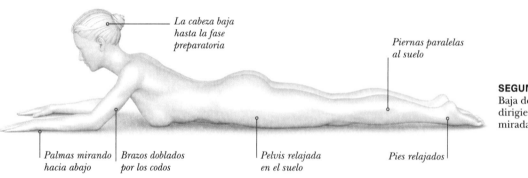

La cabeza baja hasta la fase preparatoria

Piernas paralelas al suelo

Palmas mirando hacia abajo

Brazos doblados por los codos

Pelvis relajada en el suelo

Pies relajados

SEGUNDA FASE
Baja despacio, dirigiendo de nuevo la mirada hacia el suelo.

Los estiramientos y los ejercicios pueden adaptarse a la capacidad de cada persona, que también puede variar según el momento.

APOYO EN LOS CODOS

Esta variación de la cobra ejerce menos presión en los hombros y las manos, y menos extensión también en la zona lumbar. Es útil para quienes tienen limitaciones de muñeca u hombro y no pueden presionar hacia arriba pero siguen queriendo estirar la columna. Puede usarse dentro de una rutina diaria de estiramientos o para mejorar la movilidad de la columna.

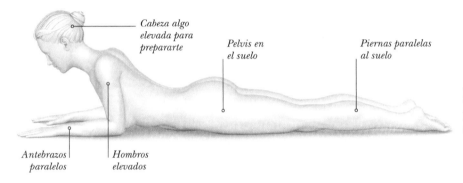

Cabeza algo elevada para prepararte

Pelvis en el suelo

Piernas paralelas al suelo

Antebrazos paralelos

Hombros elevados

FASE PREPARATORIA
Túmbate boca abajo, con los codos doblados y los antebrazos paralelos.

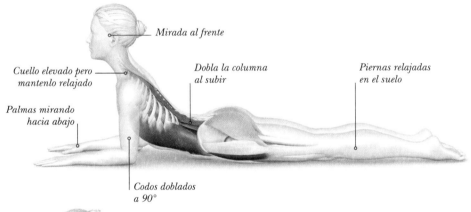

Mirada al frente

Cuello elevado pero mantenlo relajado

Dobla la columna al subir

Piernas relajadas en el suelo

Palmas mirando hacia abajo

Codos doblados a 90°

PRIMERA FASE
Exhala y levántate del suelo, presionando con los antebrazos para estirar el pecho al tiempo que exhalas. Activa un poco el *core*, mete el coxis y aprieta los glúteos para evitar una hiperextensión de la zona lumbar. Finalmente, levanta el vientre del suelo.

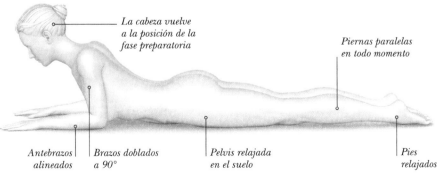

La cabeza vuelve a la posición de la fase preparatoria

Piernas paralelas en todo momento

SEGUNDA FASE
Desciende despacio y vuelve a mirar al suelo.

Antebrazos alineados

Brazos doblados a 90°

Pelvis relajada en el suelo

Pies relajados

ESTIRAMIENTO DEL TÓRAX DE PIE EN PARED

Para realizar este sencillo estiramiento, que ayuda con la rigidez del hombro y la parte superior de la espalda, todo lo que necesitas es una pared. Se puede usar como parte de una rutina diaria de estiramientos o para mejorar la movilidad de la columna vertebral y el rango de movimiento del hombro y aliviar el dolor de cuello.

La movilidad torácica puede influir en el rango de movimiento del hombro y en la postura, especialmente en la región media e inferior de la espalda. Mantener esta zona móvil puede ser extremadamente beneficioso para una función saludable de la parte superior del cuerpo. Este estiramiento alarga la parte superior de la espalda y a menudo se recomienda para quienes tienen dolor en el cuello, hombros o espalda alta. Puedes separar los dedos a la distancia que te resulte más cómoda.

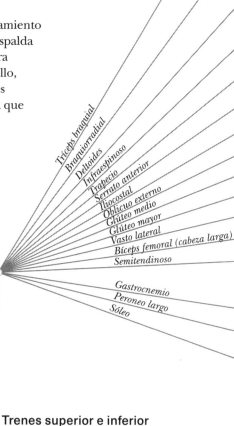

Tríceps braquial
Braquiorradial
Deltoides
Infraespinoso
Trapecio
Serrato anterior
Iliocostal
Oblicuo externo
Glúteo medio
Glúteo mayor
Vasto lateral
Bíceps femoral (cabeza larga)
Semitendinoso

Gastrocnemio
Peroneo largo
Sóleo

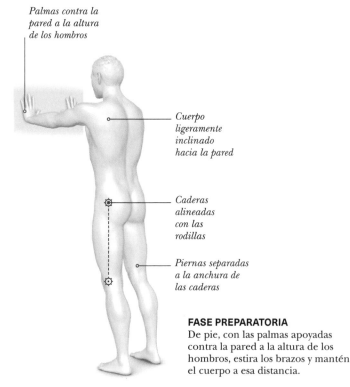

Palmas contra la pared a la altura de los hombros

Cuerpo ligeramente inclinado hacia la pared

Caderas alineadas con las rodillas

Piernas separadas a la anchura de las caderas

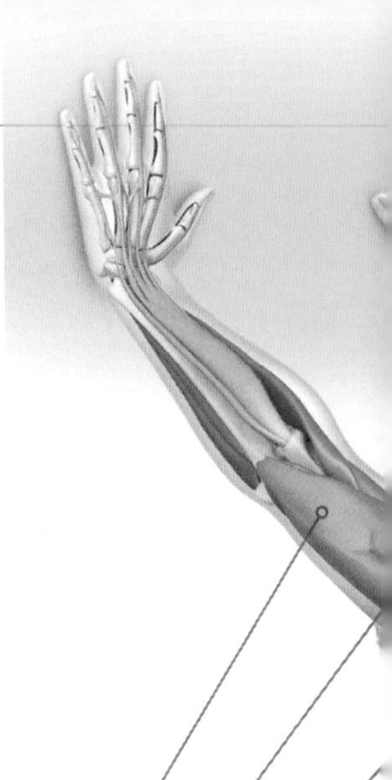

FASE PREPARATORIA
De pie, con las palmas apoyadas contra la pared a la altura de los hombros, estira los brazos y mantén el cuerpo a esa distancia.

Trenes superior e inferior
Los **tríceps** estabilizan los codos y los **serratos anteriores** y los **pectorales** ayudan a estabilizar los hombros en la flexión. El **dorsal ancho** y el **subescapular** también se estiran. Los **extensores de la columna** vertebral alargan la columna torácica. Los **flexores de la cadera** y los **cuádriceps** se activan para doblar las caderas y estabilizar las rodillas y permiten que los **isquiotibiales** se estiren.

CLAVE

- *Articulaciones*
- *Músculos*
- Se acorta con tensión
- Se alarga con tensión
- Se alarga sin tensión
- En tensión sin movimiento

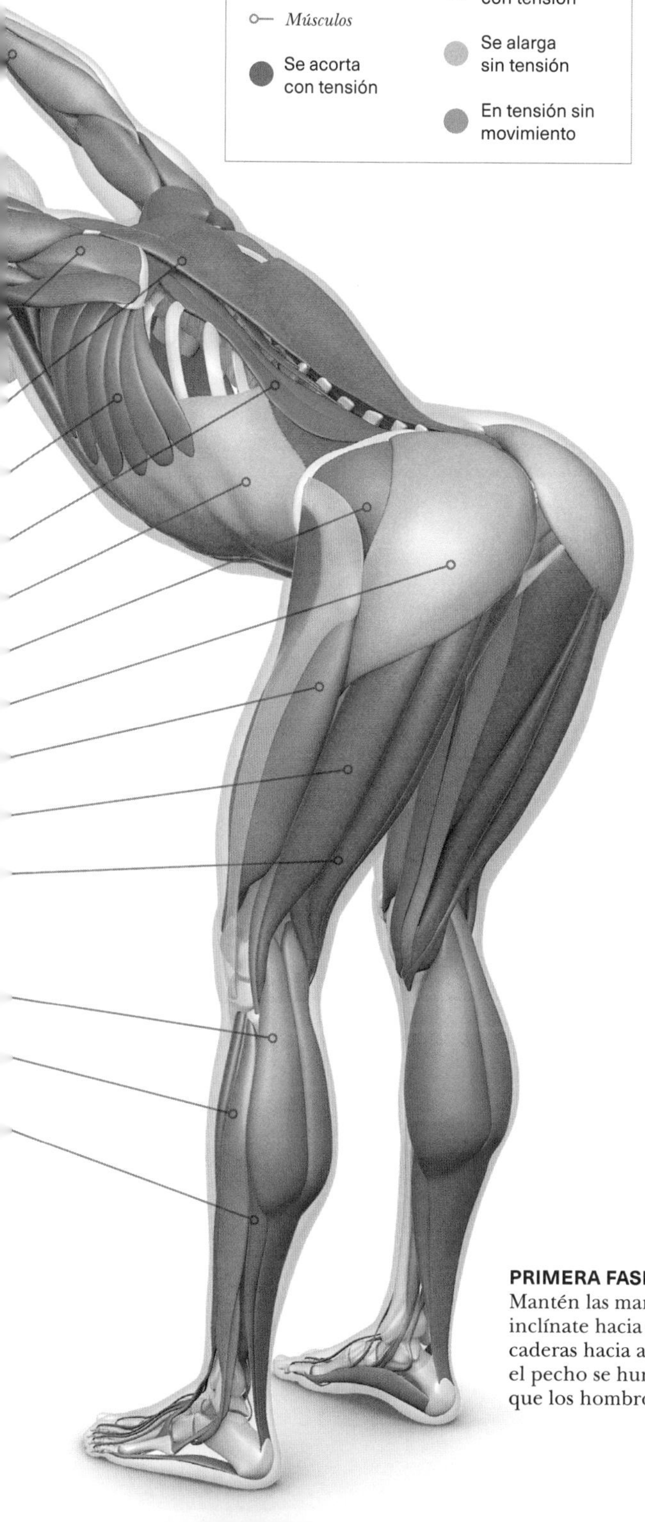

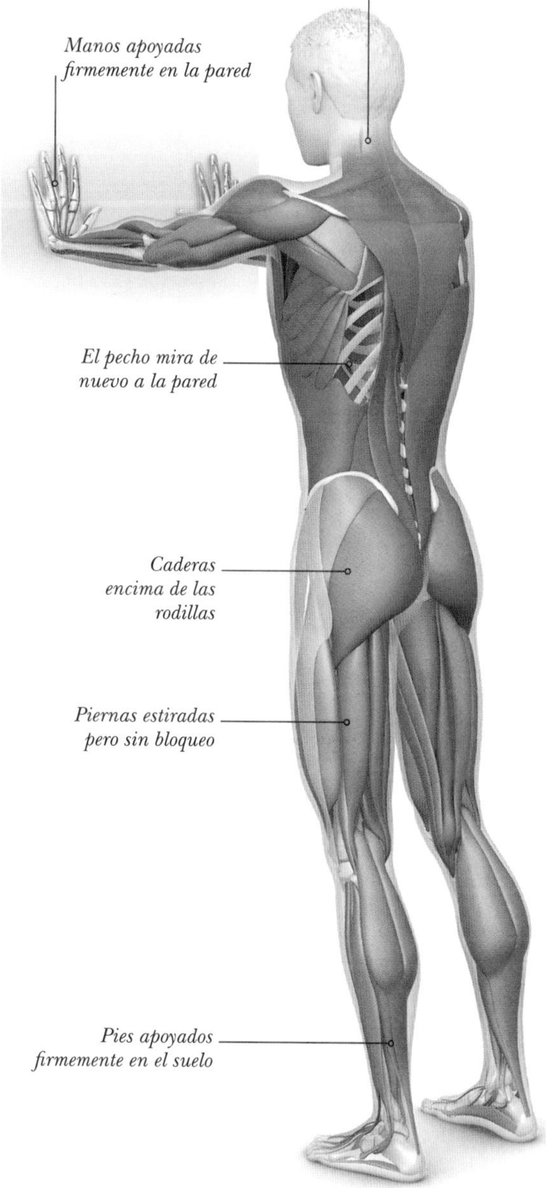
Relaja la columna al volver a la posición de partida
Manos apoyadas firmemente en la pared
El pecho mira de nuevo a la pared
Caderas encima de las rodillas
Piernas estiradas pero sin bloqueo
Pies apoyados firmemente en el suelo

PRIMERA FASE
Mantén las manos en la pared e inclínate hacia abajo empujando las caderas hacia atrás mientras dejas que el pecho se hunda hacia el suelo. Deja que los hombros se estiren hacia arriba.

SEGUNDA FASE
Vuelve lentamente a la posición erguida, con las manos apoyadas en la pared aproximadamente a la altura de los hombros.

» VARIACIONES

CLAVE

- Principal músculo ejercitado
- Otros músculos implicados

Estas variaciones pueden realizarse en el suelo, lo que implica menos activación de los isquiotibiales que cuando se hace en pared. Puede ser una postura más exigente para los brazos pero permite una extensión torácica más intensa.

APOYO EN SILLA

Esta alternativa es una forma estupenda de intensificar el estiramiento doblando los codos y alargando a una distancia más corta. Este ejercicio trabaja la movilidad torácica, del hombro y la flexibilidad del dorsal ancho. Puede emplearse también para aliviar el dolor o la rigidez del cuello y los hombros.

FASE PREPARATORIA
Arrodíllate, apoya los codos en una silla y deja las manos relajadas en la parte superior de la espalda. Flexiona la parte superior de la espalda sobre la silla.

PRIMERA FASE
Extiende lentamente la parte superior de la espalda y siéntate hacia los talones. Deja que el cuello y la columna torácica se estiren de forma natural.

SEGUNDA FASE
Empújate hacia arriba para volver a la posición de partida y salir del estiramiento.

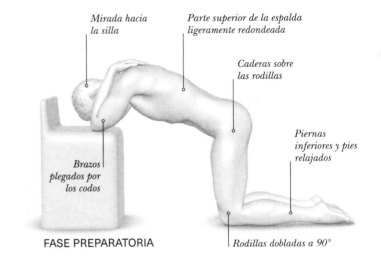

Mirada hacia la silla
Parte superior de la espalda ligeramente redondeada
Caderas sobre las rodillas
Piernas inferiores y pies relajados
Brazos plegados por los codos
Rodillas dobladas a 90°

FASE PREPARATORIA

EL CACHORRO

Se trata de una postura de yoga que genera la misma extensión torácica que el ejercicio clásico pero con los brazos estirados y en el suelo. Es ideal para relajarse y puede hacerse dentro de una rutina diaria o para mejorar la movilidad de las caderas.

FASE PREPARATORIA
En cuadrupedia, coloca los brazos un poco por delante de los hombros.

PRIMERA FASE
Camina con las manos algo más hacia delante y deja que descienda el pecho al tiempo que mantienes las caderas altas y las rodillas dobladas.

SEGUNDA FASE
Vuelve a la posición de partida.

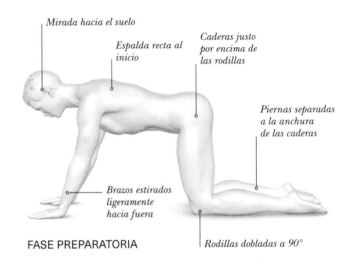

Mirada hacia el suelo
Espalda recta al inicio
Caderas justo por encima de las rodillas
Piernas separadas a la anchura de las caderas
Brazos estirados ligeramente hacia fuera
Rodillas dobladas a 90°

FASE PREPARATORIA

"

Variar la posición de las manos y los hombros cambia el foco principal del estiramiento.

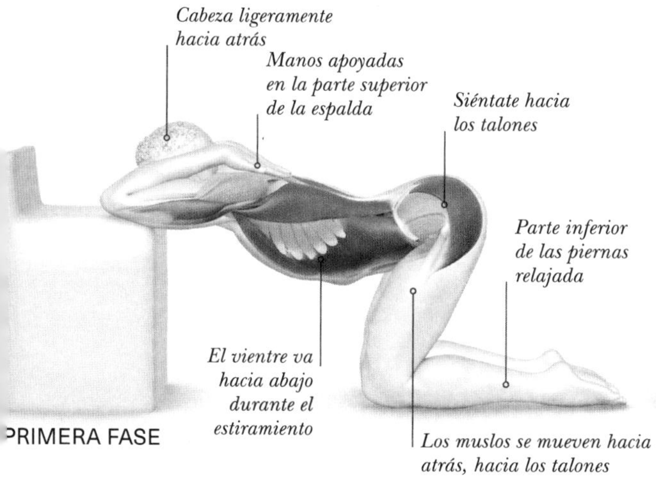
Cabeza ligeramente hacia atrás
Manos apoyadas en la parte superior de la espalda
Siéntate hacia los talones
Parte inferior de las piernas relajada
El vientre va hacia abajo durante el estiramiento
PRIMERA FASE
Los muslos se mueven hacia atrás, hacia los talones

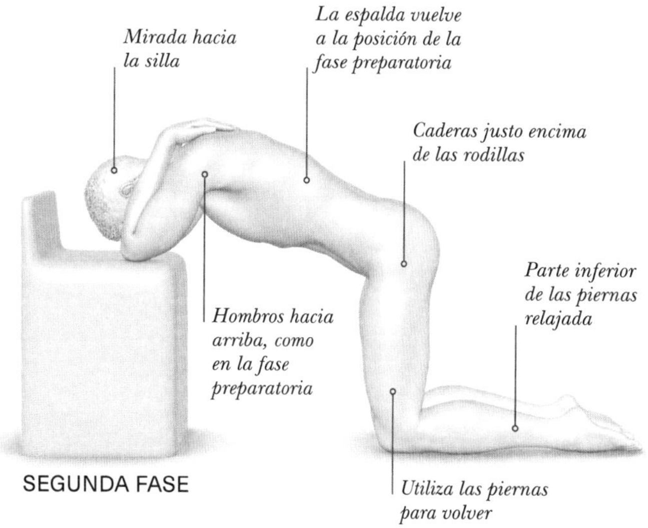
Mirada hacia la silla
La espalda vuelve a la posición de la fase preparatoria
Caderas justo encima de las rodillas
Parte inferior de las piernas relajada
Hombros hacia arriba, como en la fase preparatoria
SEGUNDA FASE
Utiliza las piernas para volver

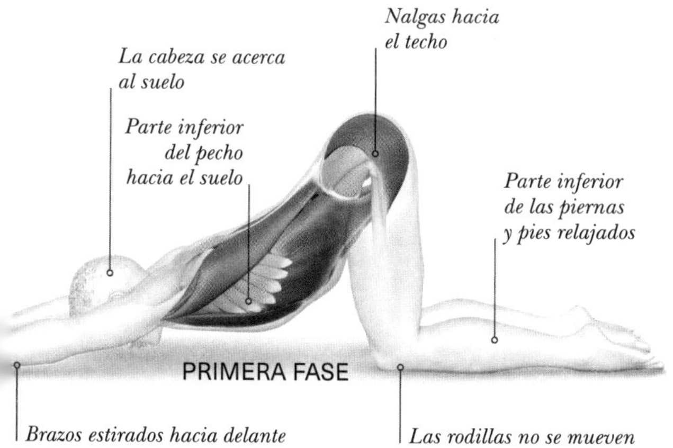
Nalgas hacia el techo
La cabeza se acerca al suelo
Parte inferior del pecho hacia el suelo
Parte inferior de las piernas y pies relajados
PRIMERA FASE
Brazos estirados hacia delante
Las rodillas no se mueven

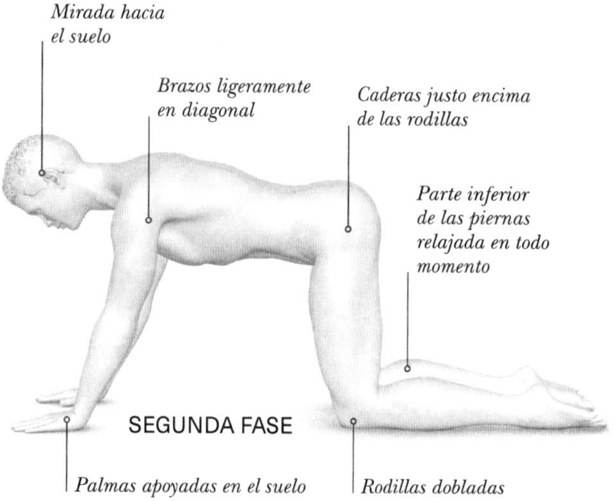
Mirada hacia el suelo
Brazos ligeramente en diagonal
Caderas justo encima de las rodillas
Parte inferior de las piernas relajada en todo momento
SEGUNDA FASE
Palmas apoyadas en el suelo
Rodillas dobladas

ROTACIÓN TORÁCICA EN POSICIÓN DE CABALLERO

La rotación del tórax (entre el cuello y el diafragma), el control motor y la fuerza son necesarios para cualquier actividad multiplanar que implique desplazar el cuerpo de arriba abajo, de un lado a otro y hacia delante y hacia atrás. Abordar regularmente la movilidad del tórax puede reducir la carga o el estrés de zonas vecinas como el hombro o el cuello. Este movimiento de apertura del tórax es un excelente ejercicio para estas áreas.

Se trata de un estiramiento ideal para cualquier atleta multidireccional, especialmente para quienes practican baloncesto, tenis, golf y fútbol. La posición de caballero, contra una pared, evita que la región lumbar se desplace para compensar. A menudo se recomienda para el dolor de espalda, del cuello o de los hombros.

Tronco y parte inferior del cuerpo

Los **oblicuos externos** del lado derecho se contraen para rotar el cuerpo hacia la izquierda. Los **flexores** y **aductores de la cadera** izquierda estabilizan la pierna de ese lado, mientras que el **gastrocnemio** y los **estabilizadores del tobillo** trabajan para mantener el pie y el tobillo equilibrados.

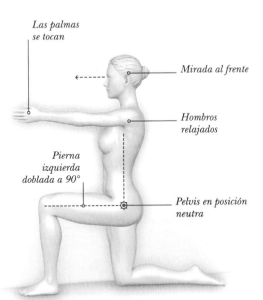

Las palmas se tocan

Mirada al frente

Hombros relajados

Pierna izquierda doblada a 90°

Pelvis en posición neutra

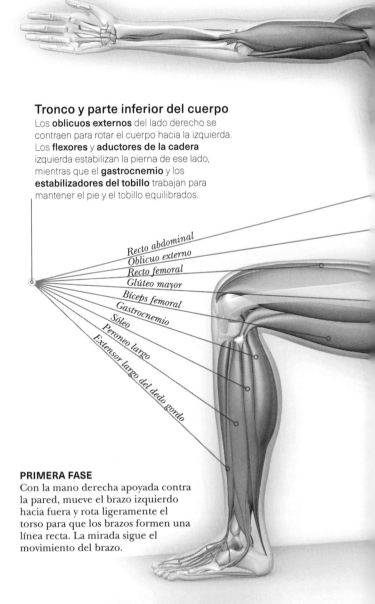

Recto abdominal
Oblicuo externo
Recto femoral
Glúteo mayor
Bíceps femoral
Gastrocnemio
Sóleo
Peroneo largo
Extensor largo del dedo gordo

FASE PREPARATORIA
Partiendo de la posición de caballero, coloca la rodilla derecha en el suelo junto a una pared y la rodilla izquierda al frente, doblada a 90°. Estira ambos brazos hacia delante, con las palmas tocándose y las caderas en posición neutra. La mano derecha se apoya en la pared.

PRIMERA FASE
Con la mano derecha apoyada contra la pared, mueve el brazo izquierdo hacia fuera y rota ligeramente el torso para que los brazos formen una línea recta. La mirada sigue el movimiento del brazo.

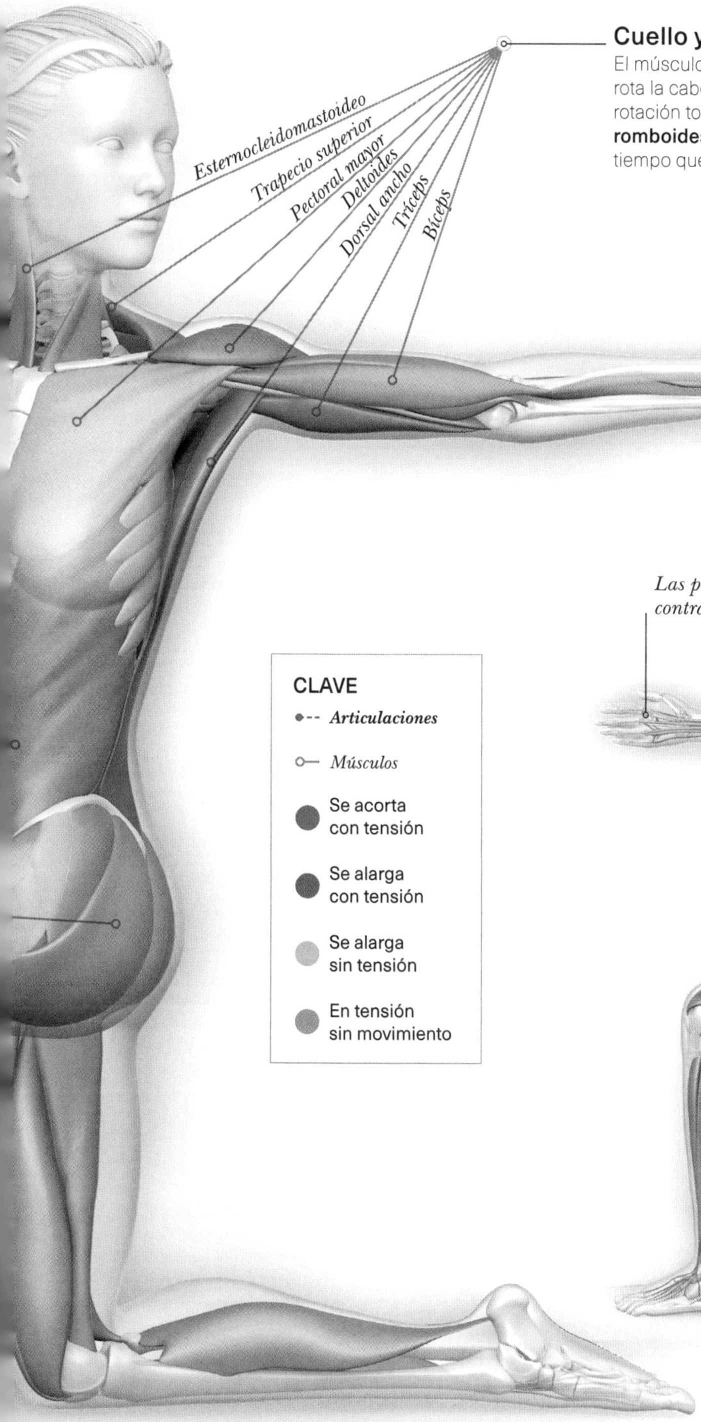
Esternocleidomastoideo
Trapecio superior
Pectoral mayor
Deltoides
Dorsal ancho
Tríceps
Bíceps

Cuello y tronco

El músculo **esternocleidomastoideo** derecho rota la cabeza. El **tríceps** estira el codo. Con la rotación torácica, el **deltoides,** el **trapecio** y el **romboides** abducen el hombro en horizontal, al tiempo que los **pectorales** se estiran.

CLAVE

- ●-- *Articulaciones*
- ○— *Músculos*
- Se acorta con tensión
- Se alarga con tensión
- Se alarga sin tensión
- En tensión sin movimiento

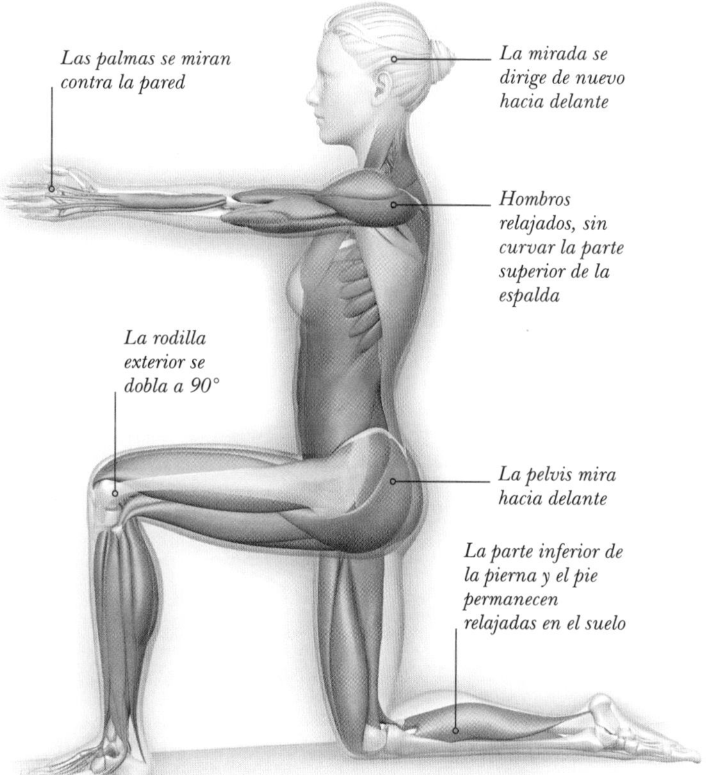
Las palmas se miran contra la pared
La mirada se dirige de nuevo hacia delante
Hombros relajados, sin curvar la parte superior de la espalda
La rodilla exterior se dobla a 90°
La pelvis mira hacia delante
La parte inferior de la pierna y el pie permanecen relajadas en el suelo

SEGUNDA FASE
Vuelve lentamente de la rotación hasta que las palmas se junten de nuevo.

» VARIACIONES

Dependiendo de la capacidad para arrodillarse o del rango de movimiento de la cadera, la variante de pie de la rotación torácica puede ser una opción más cómoda para la parte inferior del cuerpo.

CLAVE
- Principal músculo ejercitado
- Otros músculos implicados

ROTACIÓN TORÁCICA DE PIE

Esta variante se puede añadir con facilidad al principio o al final de una rutina o incluirla durante un descanso, por ejemplo para comer. Dado que el tronco no está fijo, como cuando el ejercicio se hace en el suelo, la pelvis se moverá contigo al rotar.

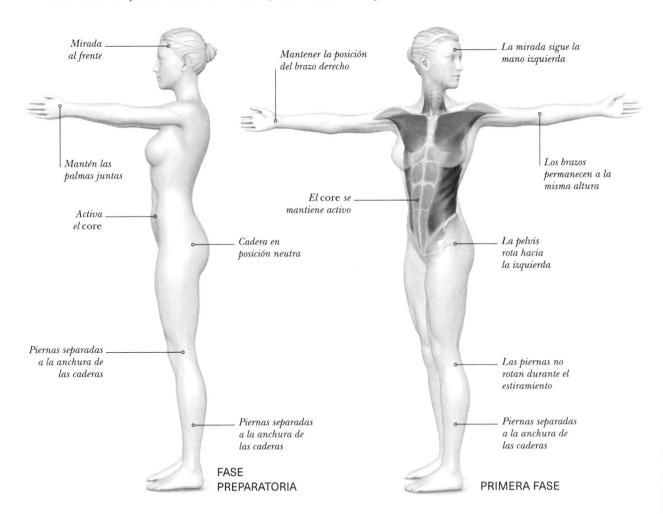

Mirada al frente
Mantén las palmas juntas
Activa el core
Cadera en posición neutra
Piernas separadas a la anchura de las caderas
Piernas separadas a la anchura de las caderas
FASE PREPARATORIA

Mantener la posición del brazo derecho
La mirada sigue la mano izquierda
Los brazos permanecen a la misma altura
El core se mantiene activo
La pelvis rota hacia la izquierda
Las piernas no rotan durante el estiramiento
Piernas separadas a la anchura de las caderas
PRIMERA FASE

FASE PREPARATORIA
De pie, separa las piernas a la anchura de las caderas y mantén la columna vertebral y la pelvis en posición neutra. Con las palmas mirándose, levanta los brazos a la altura de los hombros, que permanecen relajados.

PRIMERA FASE
Exhala para abrir el brazo izquierdo hacia fuera y llévalo tan atrás como puedas, rotando al tiempo la columna y la cabeza. El brazo derecho se mantiene extendido y quieto.

SEGUNDA FASE
Inhala para volver a la posición preparatoria. Repite con el lado contrario y continúa alternando ambos lados.

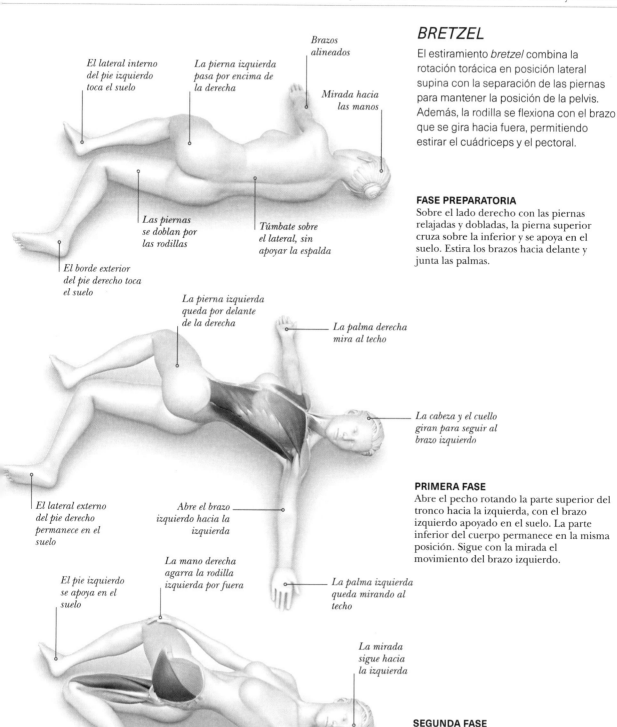

BRETZEL

El estiramiento *bretzel* combina la rotación torácica en posición lateral supina con la separación de las piernas para mantener la posición de la pelvis. Además, la rodilla se flexiona con el brazo que se gira hacia fuera, permitiendo estirar el cuádriceps y el pectoral.

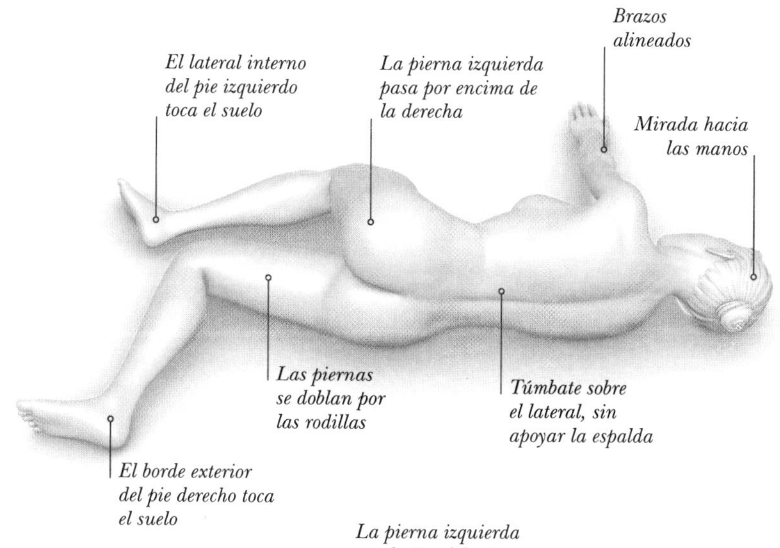
Brazos alineados
El lateral interno del pie izquierdo toca el suelo
La pierna izquierda pasa por encima de la derecha
Mirada hacia las manos
Las piernas se doblan por las rodillas
Túmbate sobre el lateral, sin apoyar la espalda
El borde exterior del pie derecho toca el suelo

FASE PREPARATORIA
Sobre el lado derecho con las piernas relajadas y dobladas, la pierna superior cruza sobre la inferior y se apoya en el suelo. Estira los brazos hacia delante y junta las palmas.

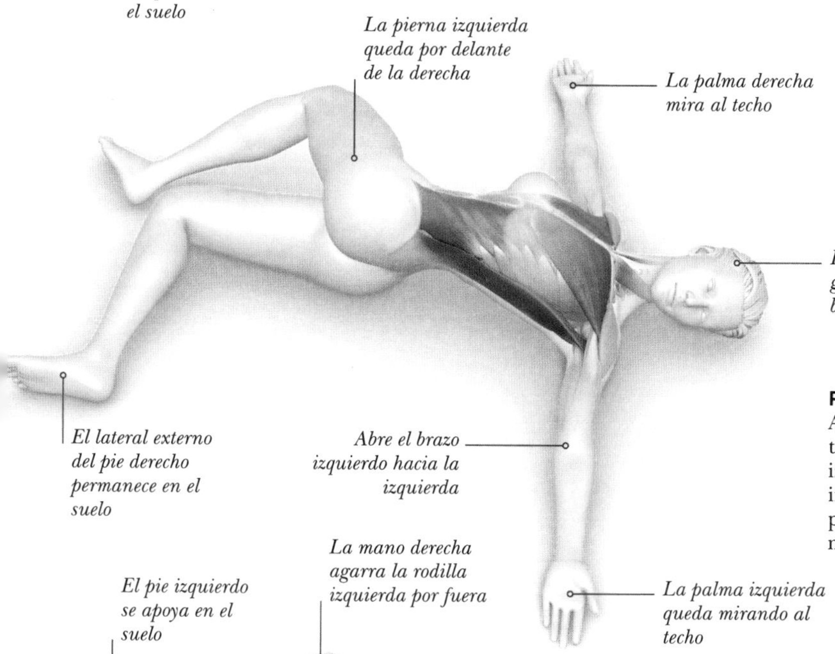
La pierna izquierda queda por delante de la derecha
La palma derecha mira al techo
La cabeza y el cuello giran para seguir al brazo izquierdo
El lateral externo del pie derecho permanece en el suelo
Abre el brazo izquierdo hacia la izquierda
La palma izquierda queda mirando al techo

PRIMERA FASE
Abre el pecho rotando la parte superior del tronco hacia la izquierda, con el brazo izquierdo apoyado en el suelo. La parte inferior del cuerpo permanece en la misma posición. Sigue con la mirada el movimiento del brazo izquierdo.

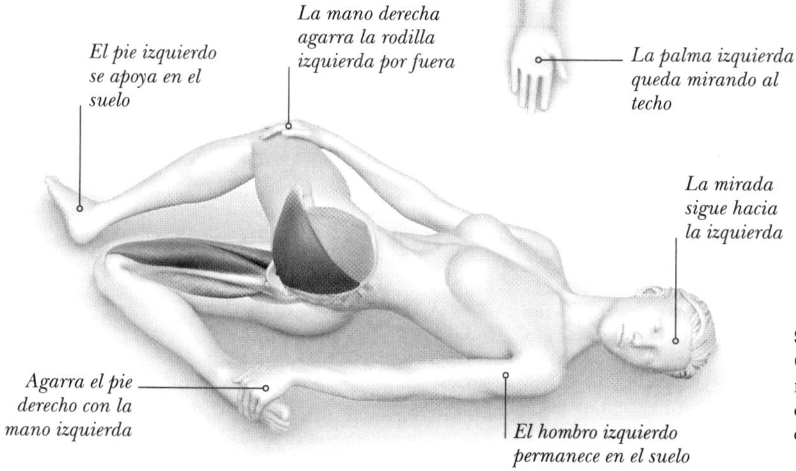
El pie izquierdo se apoya en el suelo
La mano derecha agarra la rodilla izquierda por fuera
La mirada sigue hacia la izquierda
Agarra el pie derecho con la mano izquierda
El hombro izquierdo permanece en el suelo

SEGUNDA FASE
Coloca la mano derecha encima de la rodilla izquierda y agarra el pie derecho con la mano izquierda, favoreciendo el estiramiento del tren inferior.

MEDIA LUNA DE PIE

Este ejercicio, que se realiza contra una pared, es excelente para trabajar la rotación de la parte superior de la espalda. Ayuda a mejorar la movilidad de la columna, del cuello y los hombros, y es ideal dentro de una rutina diaria de estiramientos.

La variación en suelo es una buena alternativa y es menos intensa para el lado que rota. Es una opción excelente para quienes no pueden hacer la versión de pie, como quienes experimentan dolor al rotar o tienen problemas para mantener los brazos en el aire.

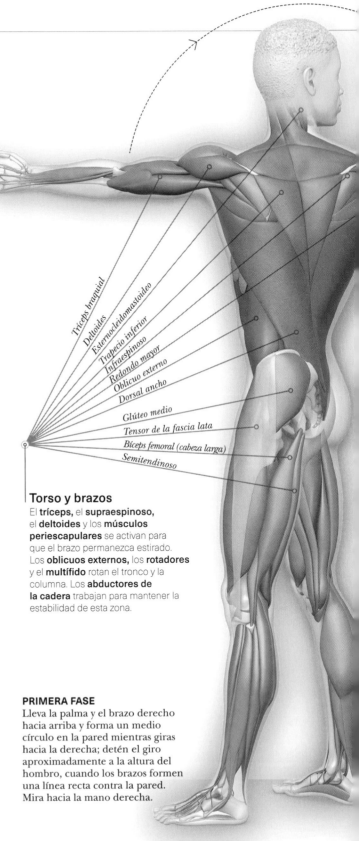

Tríceps braquial
Deltoides
Esternocleidomastoideo
Trapecio inferior
Infraespinoso
Redondo mayor
Oblicuo externo
Dorsal ancho
Glúteo medio
Tensor de la fascia lata
Bíceps femoral (cabeza larga)
Semitendinoso

Torso y brazos
El **tríceps**, el **supraespinoso**, el **deltoides** y los **músculos periescapulares** se activan para que el brazo permanezca estirado. Los **oblicuos externos,** los **rotadores** y el **multífido** rotan el tronco y la columna. Los **abductores de la cadera** trabajan para mantener la estabilidad de esta zona.

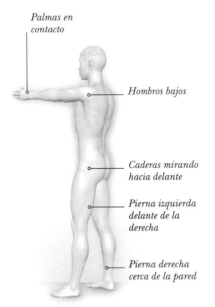

Palmas en contacto

Hombros bajos

Caderas mirando hacia delante

Pierna izquierda delante de la derecha

Pierna derecha cerca de la pared

FASE PREPARATORIA
Colócate junto a una pared que te quede a la derecha. Separa las piernas, pon la izquierda ligeramente por delante de la derecha y estira los brazos hacia delante. Coloca las palmas de las manos una contra la otra y mantén las caderas alineadas, mirando hacia delante.

PRIMERA FASE
Lleva la palma y el brazo derecho hacia arriba y forma un medio círculo en la pared mientras giras hacia la derecha; detén el giro aproximadamente a la altura del hombro, cuando los brazos formen una línea recta contra la pared. Mira hacia la mano derecha.

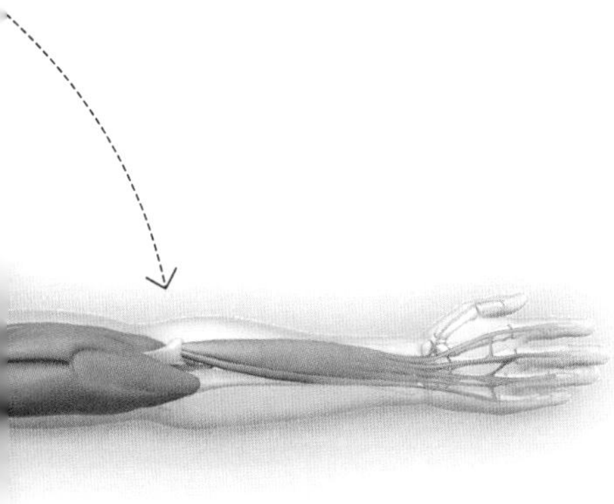

VARIACIÓN: EN SUELO

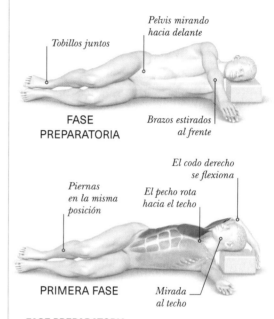

Tobillos juntos

Pelvis mirando hacia delante

FASE PREPARATORIA

Brazos estirados al frente

Piernas en la misma posición

El codo derecho se flexiona

El pecho rota hacia el techo

PRIMERA FASE

Mirada al techo

FASE PREPARATORIA
Túmbate sobre el lado izquierdo y apoya la cabeza en un bloque; estira las manos al frente y haz que las palmas se miren. Las piernas están dobladas por las caderas y las rodillas.

PRIMERA FASE
Deja el brazo izquierdo estirado delante y lleva la palma y el brazo derecho hacia arriba y luego hacia la derecha, formando un semicírculo y dejando que la columna y la cabeza roten hacia ese lado.

SEGUNDA FASE
Vuelve a llevar la mano derecha hacia el lado izquierdo, deshaciendo el semicírculo y rotando el torso de nuevo hacia delante hasta colocar las manos juntas.

CLAVE

●-- *Articulaciones*

○— *Músculos*

● Se acorta con tensión

● Se alarga con tensión

● Se alarga sin tensión

● En tensión sin movimiento

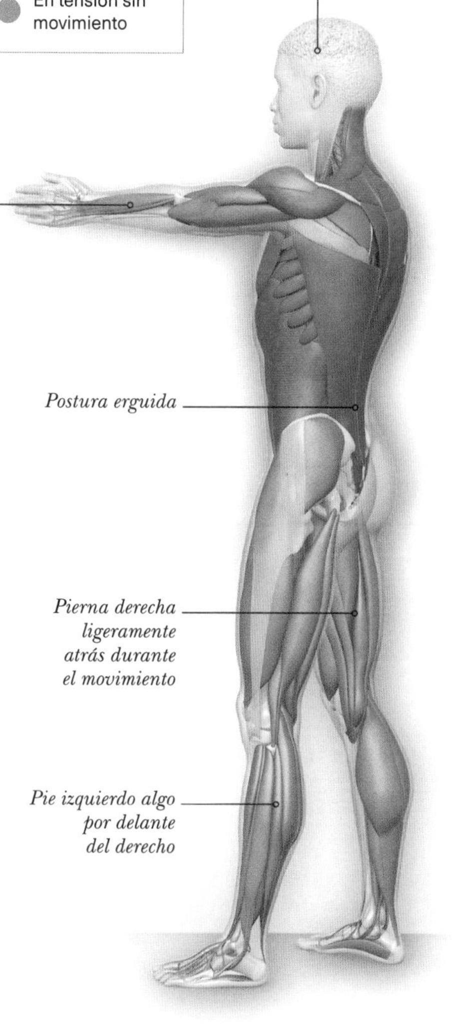

Mirada hacia delante

La mano derecha vuelve a la posición de partida

Postura erguida

Pierna derecha ligeramente atrás durante el movimiento

Pie izquierdo algo por delante del derecho

SEGUNDA FASE
La palma derecha vuelve a su sitio, creando el mismo semicírculo y rotando el torso para mirar de nuevo hacia delante.

! Precaución
Crea un movimiento amplio con el brazo para facilitar el movimiento escapular. En caso de malestar o dolor en el cuello, la espalda o los hombros, haz las modificaciones necesarias. Una de ellas puede ser no llevar tan lejos el estiramiento.

ENHEBRAR LA AGUJA

Este sencillo ejercicio de movilidad ayuda a reducir la rigidez y mejorar la rotación en la columna torácica. También contribuye a mejorar la función y movilidad en el cuello y los hombros.

Este movimiento implica rotar la parte superior de la espalda al tiempo que el otro brazo sirve de ancla. Se puede realizar para calentar, estirar a diario o dentro de un programa enfocado a la parte superior del cuerpo. Se suele usar dentro de una secuencia más amplia de movilidad para la parte superior del cuerpo, y también lo hacen quienes practican deportes de rotación como el tenis. También es un ejercicio popular en las clases de yoga y pilates.

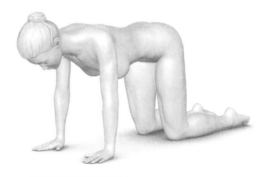

FASE PREPARATORIA
En posición de cuadrupedia, con los hombros en línea con las muñecas y las caderas con las rodillas, mantén la cabeza y el cuello en línea. La columna y la pelvis permanecen neutras.

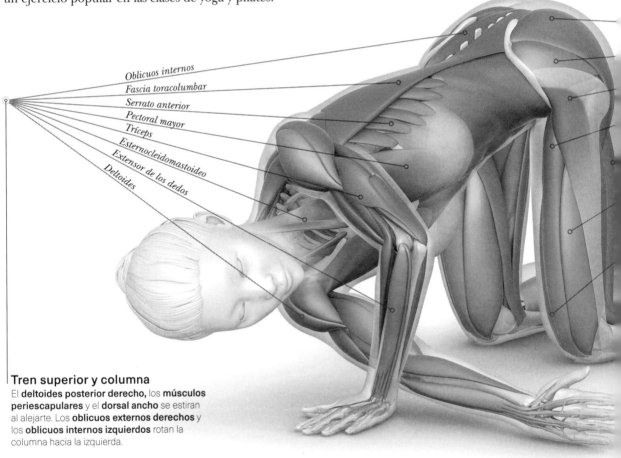

Oblicuos internos

Fascia toracolumbar

Serrato anterior

Pectoral mayor

Tríceps

Esternocleidomastoideo

Extensor de los dedos

Deltoides

Tren superior y columna
El **deltoides posterior derecho**, los **músculos periescapulares** y el **dorsal ancho** se estiran al alejarte. Los **oblicuos externos derechos** y los **oblicuos internos izquierdos** rotan la columna hacia la izquierda.

94

! Precaución

Muévete con cuidado y control, siguiendo con la cabeza y el cuello el brazo que se extiende. En caso de que te duela la muñeca, pon una toalla enrollada debajo de las palmas. Si duelen las rodillas, coloca un cojín debajo.

Tren inferior

Los **glúteos** y los **abductores de la cadera** contribuyen a estabilizar las caderas, mientras el tronco baja y rota. Los **extensores del dedo gordo del pie** y los **dorsiflexores del tobillo** se estiran contra el suelo.

Glúteo mayor
Glúteo medio
Tensor de la fascia lata
Recto femoral
Bíceps femoral (cabeza larga)
Vasto lateral
Vasto medial

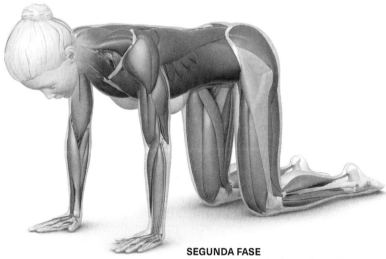

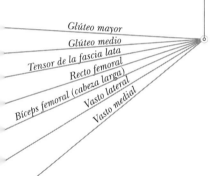

SEGUNDA FASE

Vuelve a la posición de cuadrupedia, con los hombros sobre las muñecas y las caderas sobre las rodillas. La cabeza y el cuello también están alineados. Puedes añadir la variación de estirar el brazo derecho hacia el techo, para aumentar la rotación en sentido contrario.

66 99

El elemento de rotación de esta postura permite movilizar la zona torácica, una región importante para mejorar la función del hombro y el cuello.

PRIMERA FASE

Dejando la mano izquierda fija en el suelo, pasa por el espacio que deja el brazo izquierdo y los muslos y rota la columna torácica.

CLAVE

•-- *Articulaciones*

○— *Músculos*

● Se acorta con tensión

● Se alarga con tensión

● Se alarga sin tensión

● En tensión sin movimiento

» VARIACIONES

La movilidad torácica se puede mejorar con una serie de estiramientos que incrementan el giro en esta zona de la columna vertebral. Estos ejercicios pueden ser muy beneficiosos para ayudar a desplazarte a través de diferentes planos.

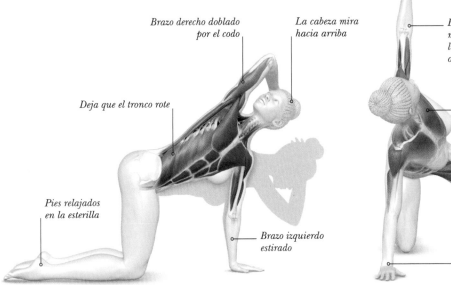

Brazo derecho doblado por el codo

La cabeza mira hacia arriba

Deja que el tronco rote

Pies relajados en la esterilla

Brazo izquierdo estirado

FASE PREPARATORIA/PRIMERA FASE

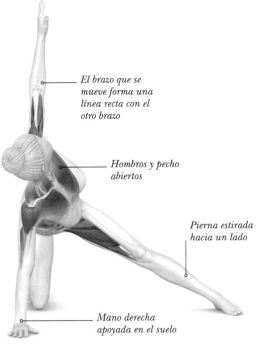

El brazo que se mueve forma una línea recta con el otro brazo

Hombros y pecho abiertos

Pierna estirada hacia un lado

Mano derecha apoyada en el suelo

PRIMERA FASE

MANO DETRÁS DE LA CABEZA

Si colocas la mano detrás de la cabeza, se reduce la longitud del brazo que hace de palanca, lo que ayuda en caso de que haya rigidez o sensibilidad en los hombros. De esta forma, puedes concentrarte más en rotar el tronco en lugar del brazo. Asegúrate de mantener las caderas estáticas al realizar esta variación.

FASE PREPARATORIA
Arrodíllate y coloca los hombros sobre las muñecas y las caderas sobre las rodillas. Con la mirada hacia el suelo, levanta la mano derecha y colócala en el lateral de la cabeza.

PRIMERA FASE
Inhala y gira el cuerpo desde la cintura y el tronco, abriendo el pecho y los hombros hacia el lado derecho. Mira hacia arriba, hacia el codo derecho.

SEGUNDA FASE
Exhala mientras regresas a la posición de partida en cuadrupedia. Baja el brazo derecho y vuelve a mirar al suelo. Repite la secuencia de 3 a 6 veces, luego cambia de lado.

ENHEBRAR LA AGUJA CON ESTIRAMIENTO DE ADUCTORES

Esta variación tiene la ventaja de estirar la parte interna de los muslos, a la vez que permite un buen estiramiento torácico y del tren superior. Es un ejercicio que beneficia a todo el cuerpo. Conviene no forzar si se tiene dolor pélvico.

FASE PREPARATORIA
Partiendo de la posición de cuadrupedia, estira la pierna izquierda hacia el lado. Exhala y lleva el brazo izquierdo por debajo del derecho, lo que hará que el pecho y el hombro izquierdos miren hacia el suelo.

PRIMERA FASE
Inhala y abre el brazo izquierdo hacia el techo. Deja que el tronco rote y síguelo con el pecho y la cabeza. Mira hacia arriba, hacia la mano izquierda.

SEGUNDA FASE
Vuelve a bajar el brazo izquierdo y pásalo de nuevo bajo el derecho. Repite la secuencia y vuelve a la fase preparatoria en cuadrupedia.

LA SIRENA

Este estiramiento alarga y abre los costados, al tiempo que moviliza la columna torácica. Al realizar la sirena, se crea espacio en la caja torácica, favoreciendo la respiración lateral.

CLAVE

- Principal músculo ejercitado
- Otros músculos implicados

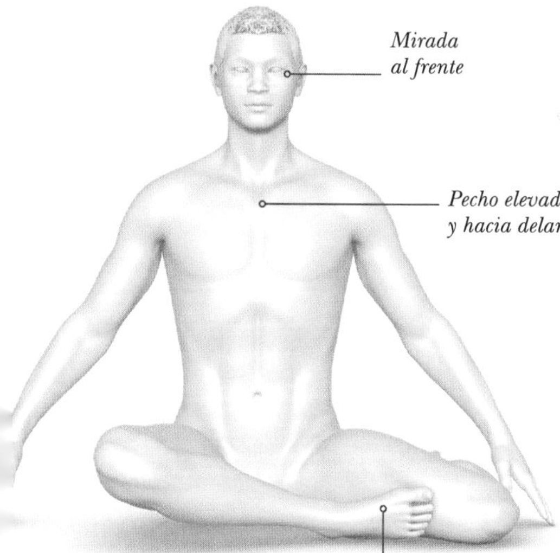
Mirada al frente
Pecho elevado y hacia delante
Coloca la planta del pie derecho sobre el muslo izquierdo

FASE PREPARATORIA

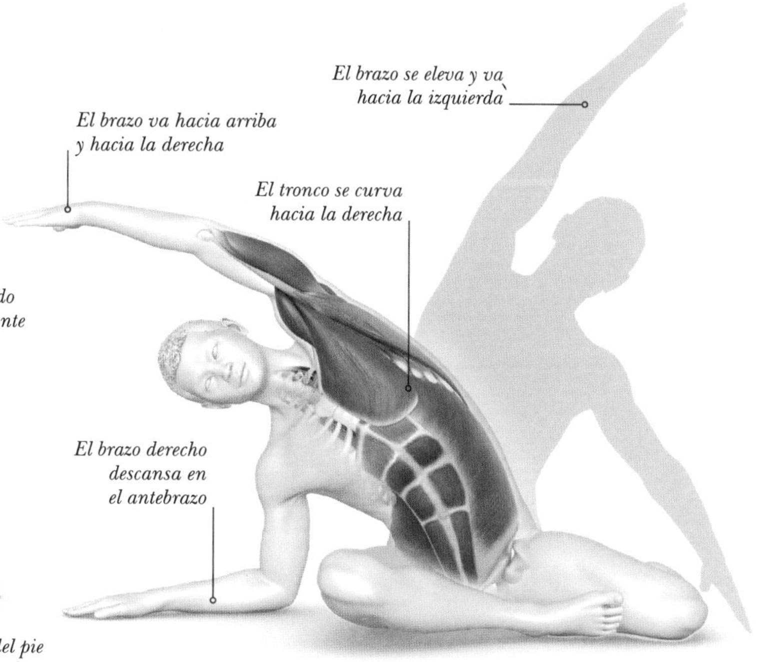
El brazo se eleva y va hacia la izquierda
El brazo va hacia arriba y hacia la derecha
El tronco se curva hacia la derecha
El brazo derecho descansa en el antebrazo

PRIMERA/SEGUNDA FASE

FASE PREPARATORIA
Siéntate en posición erguida, con la cabeza, el cuello, la columna y la pelvis en posición neutra y las piernas flexionadas hacia el lado izquierdo. Coloca la planta del pie derecho en contacto con el muslo izquierdo. Estira los brazos a los lados y apoya las puntas de los dedos en el suelo.

PRIMERA FASE
Inspira y eleva el brazo izquierdo hacia el lado, por encima de la cabeza. Inhala de nuevo y llévalo hacia la derecha, curvando la columna hacia ese lado. Desliza el brazo derecho por la esterilla hasta apoyar el antebrazo y la palma de la mano.

SEGUNDA FASE
Vuelve a la posición sentada de la fase preparatoria con los brazos a los lados del cuerpo. Eleva el brazo derecho y llévalo hacia la izquierda, permitiendo que la columna se curve hacia ese lado.

“ ”

Colocar las caderas en diferentes posiciones al estirar y rotar puede ayudar con el movimiento en múltiples planos de la columna torácica.

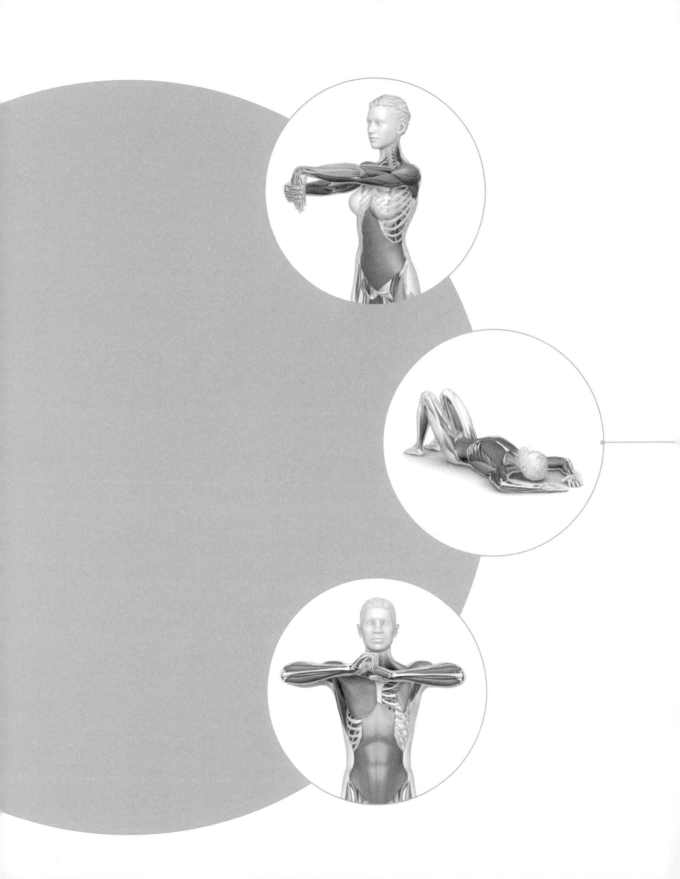

EJERCICIOS DE HOMBROS, BRAZOS Y MANOS

El hombro es la articulación más móvil del cuerpo y las extremidades superiores son clave para llevar a cabo las tareas cotidianas. El rango de movimiento que se necesita para el deporte y para realizar actividades de la vida diaria, como alcanzar algo que está por encima de la cabeza, exige flexibilidad y fuerza de hombros y brazos. A menudo se descuidan las muñecas y las manos en lo que a estiramientos se refiere, pero es importante mantenerlas flexibles y en correcto funcionamiento. Los siguientes ejercicios ayudan a mejorar la movilidad de estas zonas.

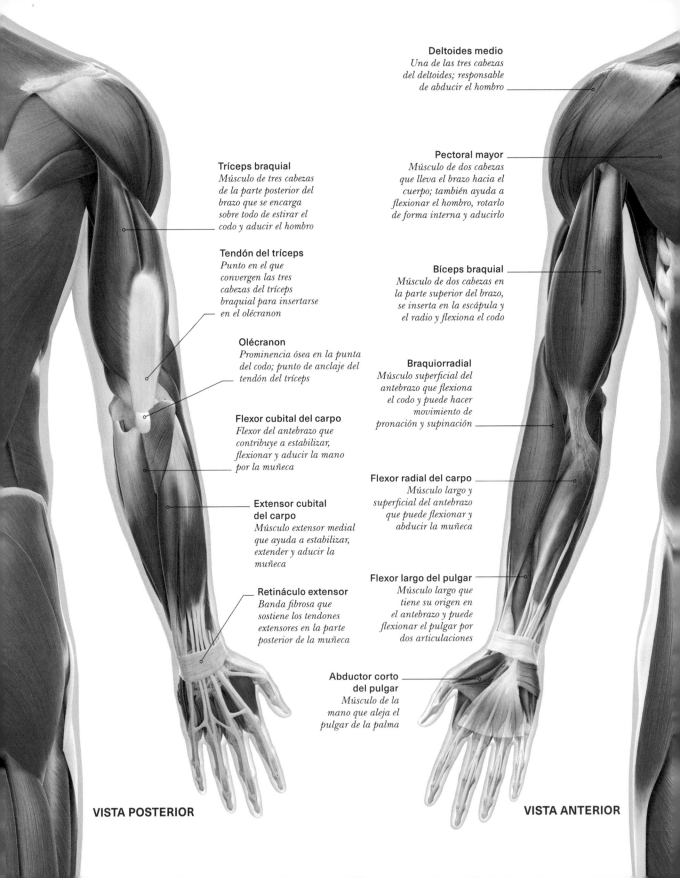

Deltoides medio
Una de las tres cabezas del deltoides; responsable de abducir el hombro

Tríceps braquial
Músculo de tres cabezas de la parte posterior del brazo que se encarga sobre todo de estirar el codo y aducir el hombro

Pectoral mayor
Músculo de dos cabezas que lleva el brazo hacia el cuerpo; también ayuda a flexionar el hombro, rotarlo de forma interna y aducirlo

Tendón del tríceps
Punto en el que convergen las tres cabezas del tríceps braquial para insertarse en el olécranon

Bíceps braquial
Músculo de dos cabezas en la parte superior del brazo, se inserta en la escápula y el radio y flexiona el codo

Olécranon
Prominencia ósea en la punta del codo; punto de anclaje del tendón del tríceps

Braquiorradial
Músculo superficial del antebrazo que flexiona el codo y puede hacer movimiento de pronación y supinación

Flexor cubital del carpo
Flexor del antebrazo que contribuye a estabilizar, flexionar y aducir la mano por la muñeca

Flexor radial del carpo
Músculo largo y superficial del antebrazo que puede flexionar y abducir la muñeca

Extensor cubital del carpo
Músculo extensor medial que ayuda a estabilizar, extender y aducir la muñeca

Flexor largo del pulgar
Músculo largo que tiene su origen en el antebrazo y puede flexionar el pulgar por dos articulaciones

Retináculo extensor
Banda fibrosa que sostiene los tendones extensores en la parte posterior de la muñeca

Abductor corto del pulgar
Músculo de la mano que aleja el pulgar de la palma

VISTA POSTERIOR

VISTA ANTERIOR

VISTA GENERAL DEL HOMBRO, EL BRAZO Y LA MANO

Los músculos del hombro, el brazo y la mano incluyen el serrato anterior, el deltoides, el manguito rotador, el bíceps, el tríceps, los flexores y los extensores del antebrazo, y los músculos intrínsecos de la mano. Juntos controlan el movimiento del hombro y del codo y permiten muchas acciones cotidianas.

Los músculos del hombro, el brazo y la mano permiten alcanzar, levantar, agarrar y realizar acciones motoras finas. El deltoides y los músculos del manguito rotador estabilizan y mueven el hombro, lo que permite alcanzar y levantar objetos. El bíceps y el tríceps ayudan a mover el codo, importante para levantar, empujar o tirar de objetos. Los flexores y extensores del antebrazo controlan los movimientos de la muñeca y la fuerza de agarre. Los músculos intrínsecos de la mano permiten habilidades motoras finas como escribir y manipular objetos.

Entrenar la flexibilidad y la fuerza favorece la movilidad articular de los brazos, mejorando la función en las tareas diarias y también en muchos deportes que implican usar los brazos, como baloncesto, tenis, escalada, gimnasia o natación.

CONTENIDO DEL CAPÍTULO

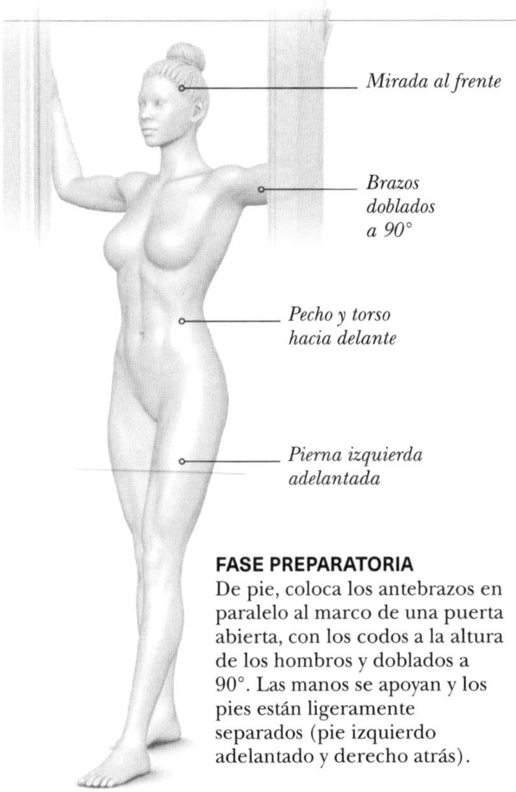
Mirada al frente
Brazos doblados a 90°
Pecho y torso hacia delante
Pierna izquierda adelantada

FASE PREPARATORIA
De pie, coloca los antebrazos en paralelo al marco de una puerta abierta, con los codos a la altura de los hombros y doblados a 90°. Las manos se apoyan y los pies están ligeramente separados (pie izquierdo adelantado y derecho atrás).

PRIMERA FASE
Mantén las manos y los antebrazos en el marco y ve hacia delante hasta que sientas que se estiran el pecho y los hombros.

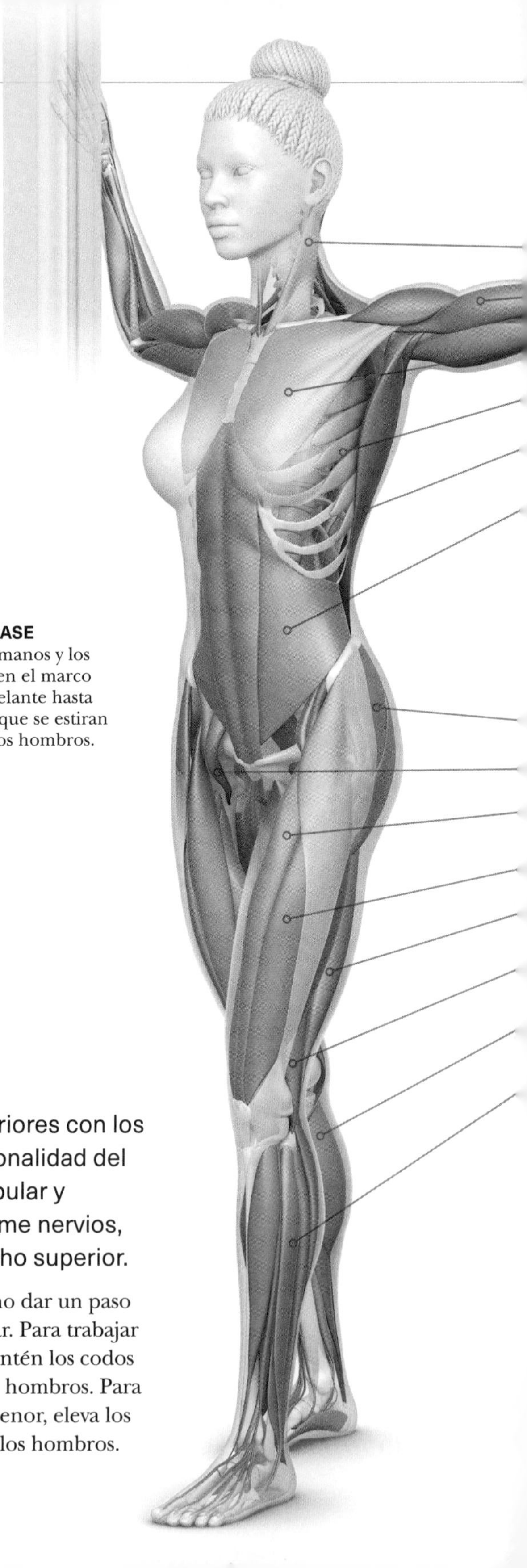

ESTIRAMIENTO DE PECTORALES EN EL MARCO DE UNA PUERTA

Los pectorales, que conectan las extremidades superiores con los costados del tórax, influyen en la movilidad y la funcionalidad del hombro. La tensión puede afectar a la posición escapular y contribuir al síndrome de salida torácica, que comprime nervios, arterias y venas en la parte inferior del cuello y el pecho superior.

Lleva las escápulas hacia la columna al ir hacia delante. Percátate de cualquier molestia o dolor en el cuello, la espalda o los hombros y rectifica haciendo cambios como mover los brazos hacia arriba o hacia abajo ligeramente o no dar un paso tan profundo al estirar. Para trabajar el pectoral mayor, mantén los codos más nivelados con los hombros. Para trabajar el pectoral menor, eleva los codos por encima de los hombros.

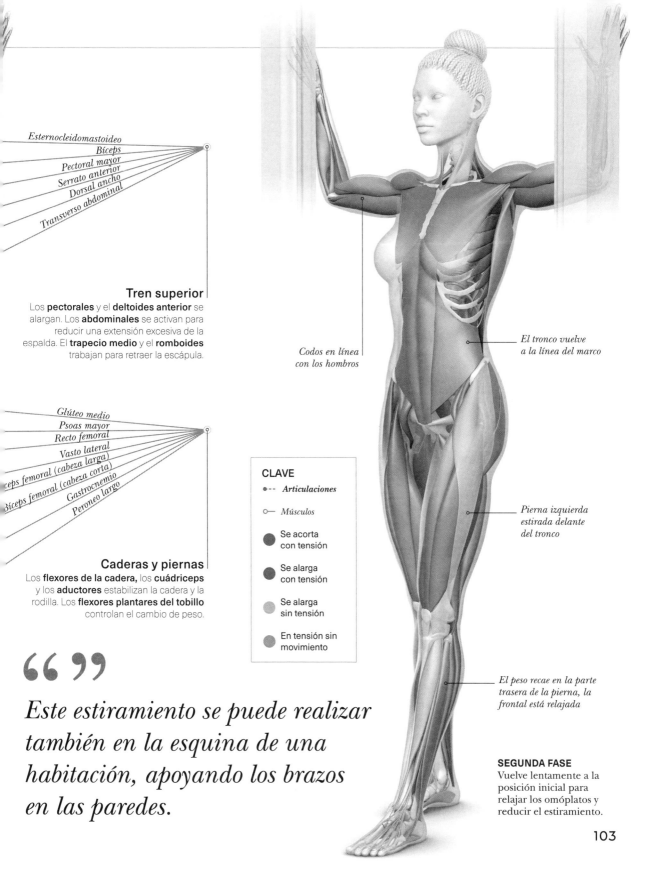

Esternocleidomastoideo
Bíceps
Pectoral mayor
Serrato anterior
Dorsal ancho
Transverso abdominal

Tren superior

Los **pectorales** y el **deltoides anterior** se alargan. Los **abdominales** se activan para reducir una extensión excesiva de la espalda. El **trapecio medio** y el **romboides** trabajan para retraer la escápula.

Glúteo medio
Psoas mayor
Recto femoral
Vasto lateral
Bíceps femoral (cabeza larga)
Bíceps femoral (cabeza corta)
Gastrocnemio
Peroneo largo

Caderas y piernas

Los **flexores de la cadera**, los **cuádriceps** y los **aductores** estabilizan la cadera y la rodilla. Los **flexores plantares del tobillo** controlan el cambio de peso.

Codos en línea
con los hombros

El tronco vuelve
a la línea del marco

CLAVE

●-- *Articulaciones*

○— *Músculos*

● Se acorta
con tensión

● Se alarga
con tensión

● Se alarga
sin tensión

● En tensión sin
movimiento

Pierna izquierda
estirada delante
del tronco

El peso recae en la parte
trasera de la pierna, la
frontal está relajada

6 6 9 9

Este estiramiento se puede realizar también en la esquina de una habitación, apoyando los brazos en las paredes.

SEGUNDA FASE
Vuelve lentamente a la posición inicial para relajar los omóplatos y reducir el estiramiento.

» VARIACIONES

El hombro es una de las articulaciones más móviles del cuerpo. Estirar en distintas posturas puede ayudar a reforzar la movilidad en esta zona.

CLAVE

- ● Principal músculo ejercitado
- ● Otros músculos implicados

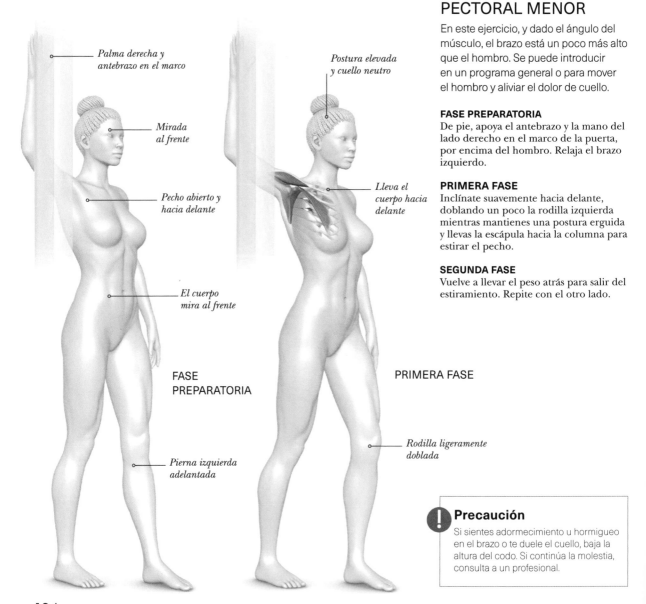

Palma derecha y antebrazo en el marco
Mirada al frente
Pecho abierto y hacia delante
El cuerpo mira al frente
Pierna izquierda adelantada
FASE PREPARATORIA
Postura elevada y cuello neutro
Lleva el cuerpo hacia delante
PRIMERA FASE
Rodilla ligeramente doblada

ESTIRAMIENTO DEL PECTORAL MENOR

En este ejercicio, y dado el ángulo del músculo, el brazo está un poco más alto que el hombro. Se puede introducir en un programa general o para mover el hombro y aliviar el dolor de cuello.

FASE PREPARATORIA
De pie, apoya el antebrazo y la mano del lado derecho en el marco de la puerta, por encima del hombro. Relaja el brazo izquierdo.

PRIMERA FASE
Inclínate suavemente hacia delante, doblando un poco la rodilla izquierda mientras mantienes una postura erguida y llevas la escápula hacia la columna para estirar el pecho.

SEGUNDA FASE
Vuelve a llevar el peso atrás para salir del estiramiento. Repite con el otro lado.

! Precaución

Si sientes adormecimiento u hormigueo en el brazo o te duele el cuello, baja la altura del codo. Si continúa la molestia, consulta a un profesional.

ESTIRAMIENTO CON BRAZO CRUZADO

Este excelente estiramiento se centra en los músculos de la parte posterior del hombro. Se puede hacer dentro de una rutina diaria o para ganar movilidad en los hombros.

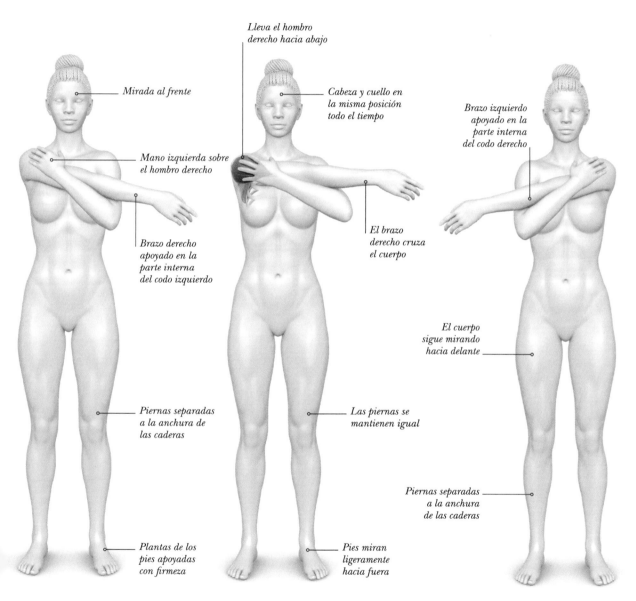

Mirada al frente

Mano izquierda sobre el hombro derecho

Brazo derecho apoyado en la parte interna del codo izquierdo

Piernas separadas a la anchura de las caderas

Plantas de los pies apoyadas con firmeza

Lleva el hombro derecho hacia abajo

Cabeza y cuello en la misma posición todo el tiempo

El brazo derecho cruza el cuerpo

Las piernas se mantienen igual

Pies miran ligeramente hacia fuera

Brazo izquierdo apoyado en la parte interna del codo derecho

El cuerpo sigue mirando hacia delante

Piernas separadas a la anchura de las caderas

FASE PREPARATORIA
De pie, cruza el brazo derecho por delante y llévalo hacia ti, apoyándolo en la parte interior del codo izquierdo.

PRIMERA FASE
Agarra el hombro derecho con la palma izquierda y tira suavemente del hombro hacia abajo, de modo que el brazo derecho se estire en diagonal. Las rodillas están en línea con las caderas y el cuerpo mira hacia delante.

SEGUNDA FASE
Relaja y repite con el brazo contrario, partiendo de la posición preparatoria, con el brazo izquierdo cruzado, y tira del hombro izquierdo hacia abajo para ganar estiramiento.

ÁNGEL EN EL SUELO

Este estiramiento es un ejercicio sencillo en el que se trabaja la tensión de los pectorales. También ayuda a abrir los hombros, al tiempo que implica a los músculos posturales que controlan los omóplatos.

El apoyo de los omóplatos y las manos en el suelo contribuye a una buena retracción escapular y a rotar los hombros hacia fuera. Este ejercicio se puede adaptar y hacer también en pared. Se puede incorporar a una rutina diaria de estiramientos o realizar para mejorar la movilidad de los hombros y reducir la tensión del cuello.

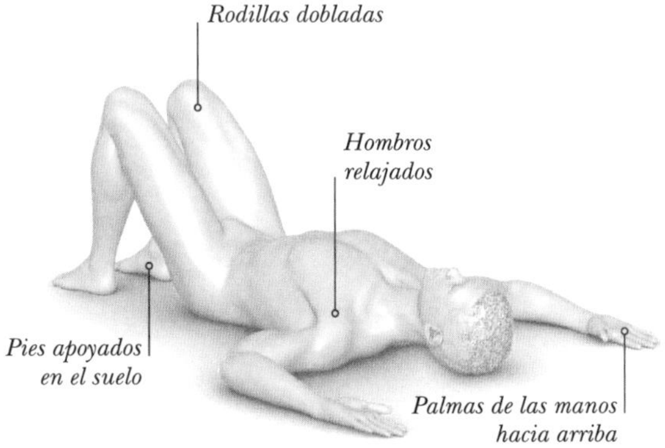

Rodillas dobladas
Hombros relajados
Pies apoyados en el suelo
Palmas de las manos hacia arriba

FASE PREPARATORIA
Túmbate en el suelo, dobla las rodillas y apoya los pies. Los brazos descansan en el suelo, por encima de la cabeza y los codos se doblan casi a 90° a la altura de los hombros.

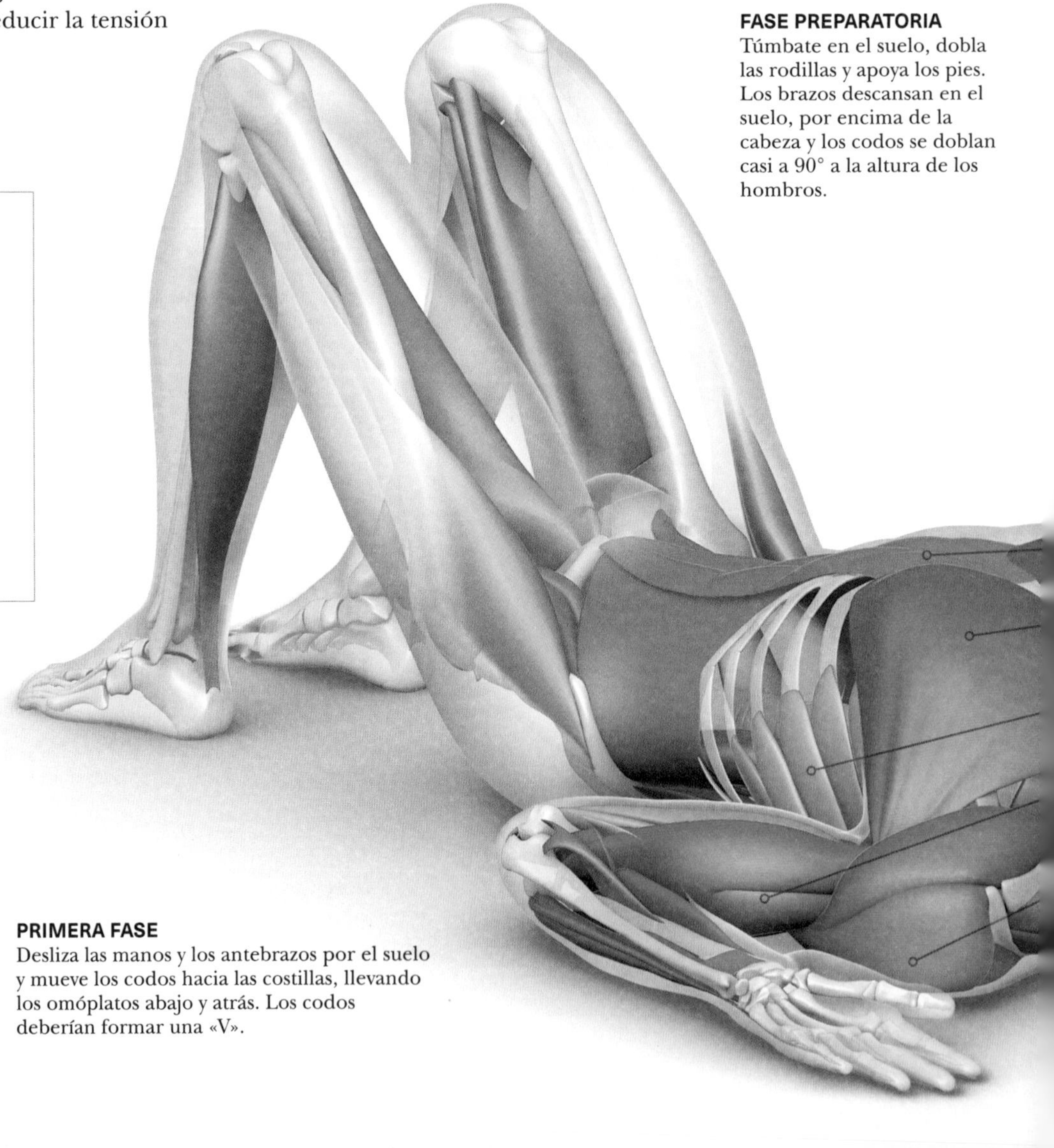

CLAVE

- ●-- *Articulaciones*
- ○— *Músculos*
- Se acorta con tensión
- Se alarga con tensión
- Se alarga sin tensión
- En tensión sin movimiento

PRIMERA FASE
Desliza las manos y los antebrazos por el suelo y mueve los codos hacia las costillas, llevando los omóplatos abajo y atrás. Los codos deberían formar una «V».

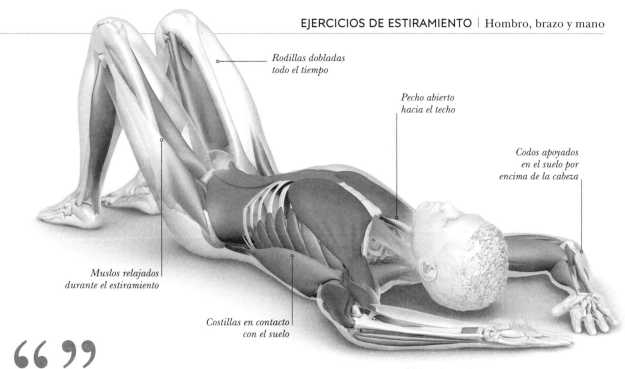

Rodillas dobladas todo el tiempo

Pecho abierto hacia el techo

Codos apoyados en el suelo por encima de la cabeza

Muslos relajados durante el estiramiento

Costillas en contacto con el suelo

❝ ❞

El ángel en el suelo ayuda a tomar conciencia de la postura al centrarse en los músculos del omóplato y en el manguito rotador.

SEGUNDA FASE

Desliza las manos y antebrazos por el suelo y llévalos hacia atrás, de manera que los codos queden por encima de la cabeza y las manos detrás de ella. Las puntas de los dedos se miran. Vuelve a la posición inicial para repetir el estiramiento.

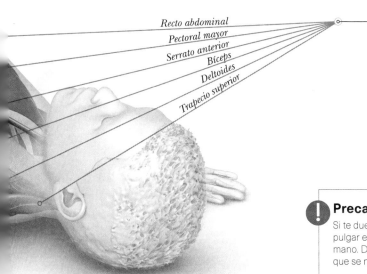

Recto abdominal
Pectoral mayor
Serrato anterior
Bíceps
Deltoides
Trapecio superior

Tren superior y pecho

Los **abdominales** se activan para mantener la posición de la columna. Los **pectorales** y el **deltoides anterior** se estiran mientras que el **redondo mayor**, el **dorsal ancho**, el **trapecio medio** e **inferior** y el **romboides** llevan las escápulas abajo y atrás. El **infraespinoso** y el **redondo menor** mantienen la rotación externa del hombro llevándolo hacia el suelo.

❗ Precaución

Si te duele el hombro, vuelve a llevar las palmas a 90° para que el pulgar esté en contacto con el suelo en lugar de la palma de la mano. De esta manera reduces la rotación externa del hombro que se necesita para completar el estiramiento.

EXTENSIÓN DE MUÑECA

Esta sencilla extensión de muñeca ayuda a crear tensión en las muñecas, los antebrazos y los flexores de los dedos. No es necesario equipo, por lo que se puede practicar en silla y en cualquier momento y lugar.

Los músculos del antebrazo anterior (los flexores) controlan la muñeca y los dedos y los unen al codo medio. Incorporar este ejercicio a una rutina diaria de estiramientos ayuda a mejorar la movilidad de la muñeca. Puede ser de especial ayuda para quienes usan con frecuencia las manos para teclear o realizan un trabajo manual.

CLAVE

●-- *Articulaciones*

○— *Músculos*

● Se acorta
con tensión

● Se alarga
con tensión

● Se alarga
sin tensión

● En tensión sin
movimiento

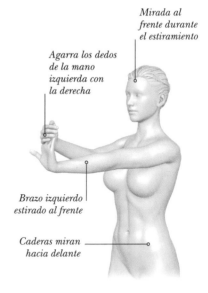

*Mirada al
frente durante
el estiramiento*

*Agarra los dedos
de la mano
izquierda con
la derecha*

*Brazo izquierdo
estirado al frente*

*Caderas miran
hacia delante*

FASE PREPARATORIA
De pie, estira el brazo izquierdo
al frente. La palma mirando hacia
arriba y la mano derecha agarra
los dedos de la mano izquierda.

FLEXIÓN DE MUÑECA

Este estiramiento es fácil de realizar en cualquier lugar y no exige equipo. Trabaja la tensión de la muñeca, el antebrazo y los extensores de los dedos.

Los músculos de los extensores del antebrazo posterior controlan la muñeca y los dedos y se anclan al codo lateral. Incorpora este estiramiento en el día a día o para trabajar la movilidad. Se puede realizar conjuntamente con la extensión de muñeca.

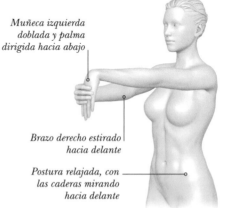

*Muñeca izquierda
doblada y palma
dirigida hacia abajo*

*Brazo derecho estirado
hacia delante*

*Postura relajada, con
las caderas mirando
hacia delante*

FASE PREPARATORIA
De pie, estira el brazo izquierdo al frente
y agarra los dedos de la mano izquierda
con la derecha. La palma mira hacia ti y
se dirige hacia el suelo.

PRIMERA FASE
Utiliza la mano derecha para tirar suavemente de la izquierda y los dedos hacia ti para aumentar la extensión.

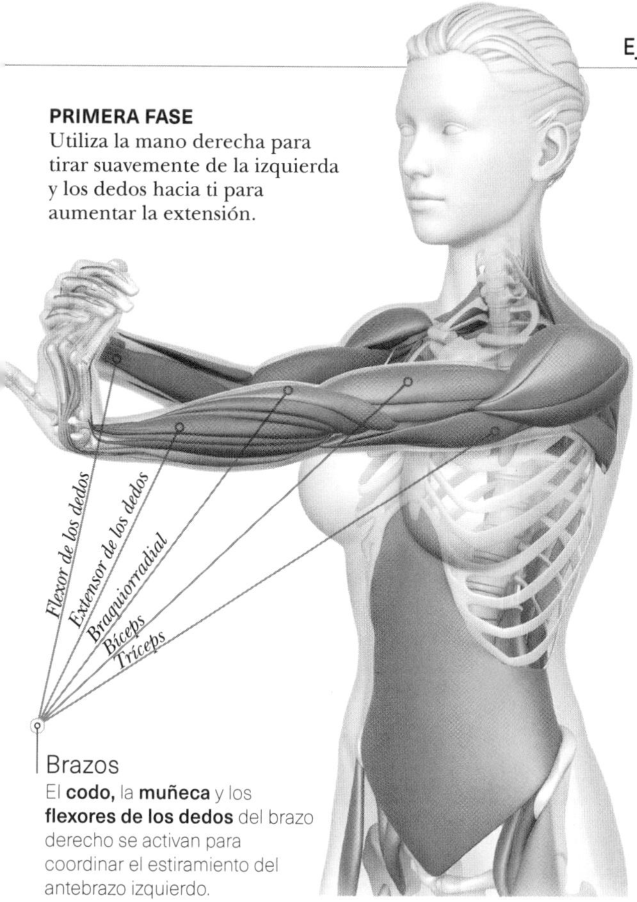
Flexor de los dedos
Extensor de los dedos
Braquiorradial
Bíceps
Tríceps

Brazos
El **codo,** la **muñeca** y los **flexores de los dedos** del brazo derecho se activan para coordinar el estiramiento del antebrazo izquierdo.

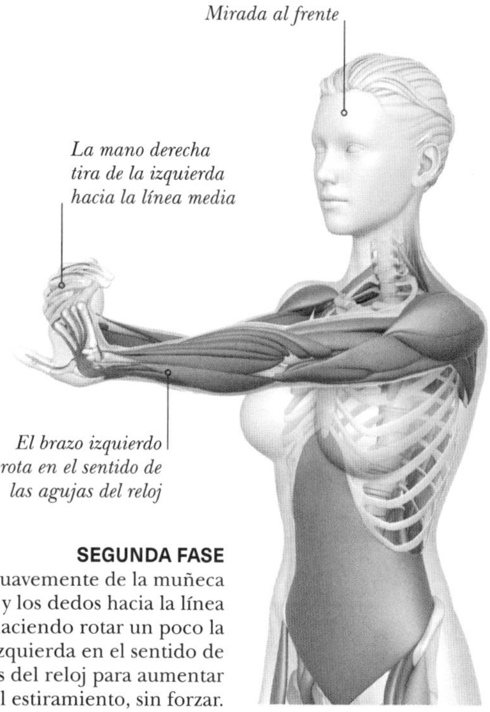
Mirada al frente
La mano derecha tira de la izquierda hacia la línea media
El brazo izquierdo rota en el sentido de las agujas del reloj

SEGUNDA FASE
Tira suavemente de la muñeca izquierda y los dedos hacia la línea media, haciendo rotar un poco la mano izquierda en el sentido de las agujas del reloj para aumentar el estiramiento, sin forzar.

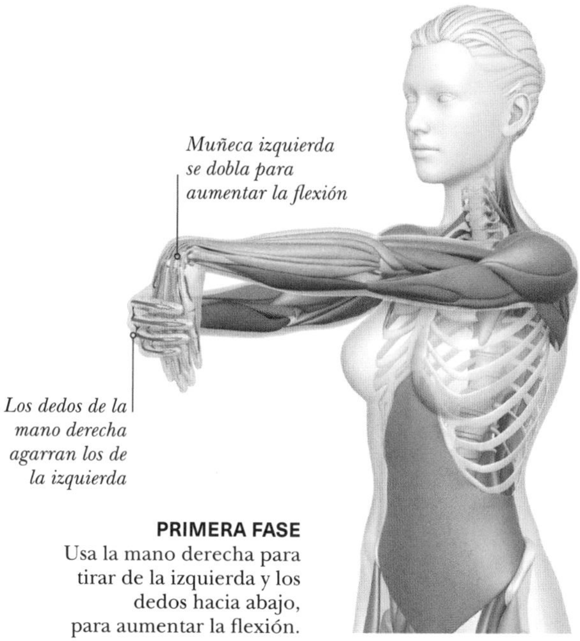
Muñeca izquierda se dobla para aumentar la flexión
Los dedos de la mano derecha agarran los de la izquierda

PRIMERA FASE
Usa la mano derecha para tirar de la izquierda y los dedos hacia abajo, para aumentar la flexión.

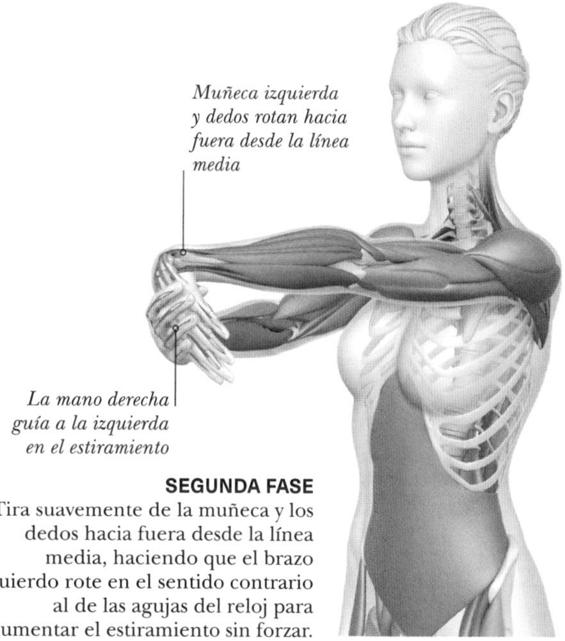
Muñeca izquierda y dedos rotan hacia fuera desde la línea media
La mano derecha guía a la izquierda en el estiramiento

SEGUNDA FASE
Tira suavemente de la muñeca y los dedos hacia fuera desde la línea media, haciendo que el brazo izquierdo rote en el sentido contrario al de las agujas del reloj para aumentar el estiramiento sin forzar.

» VARIACIONES

Muchas actividades y deportes como la gimnasia o el yoga exigen que el cuerpo se apoye en las manos y las muñecas. Practicar estas variaciones para ganar movilidad en esta zona puede ayudar a evitar lesiones.

CLAVE
- Principal músculo ejercitado
- Otros músculos implicados

EXTENSIÓN DE MUÑECA EN EL SUELO

Se trata de un estiramiento ideal para quienes prefieren ejercitarse en el suelo. Trabaja los músculos del antebrazo y, con la ayuda del suelo, te permite escoger la presión que pones sobre él.

FASE PREPARATORIA
Partiendo de cuadrupedia, las palmas están apoyadas en el suelo y los dedos apuntan hacia las rodillas.

PRIMERA FASE
Siéntate suavemente sobre los talones para sentir una ligera presión en los dedos y las palmas, estirando el antebrazo anterior. Asegúrate de que el codo apunta hacia delante. Las palmas pueden levantarse ligeramente del suelo al bajar.

SEGUNDA FASE
Cambia el peso hacia delante para salir del estiramiento.

Mirada hacia el suelo
Hombros sobre las muñecas
Caderas sobre las rodillas
Parte inferior de las piernas y pies relajados
Codos frente a las muñecas
FASE PREPARATORIA
Los dedos apuntan hacia las rodillas
Rodillas en línea con las caderas

FLEXIÓN DE MUÑECA EN SUELO

Este ejercicio puede realizarse junto con la variación anterior para favorecer un estiramiento suave de los extensores de la muñeca. Trabaja los músculos del antebrazo y permite aplicar toda la presión que puedas aguantar.

FASE PREPARATORIA
En cuadrupedia, flexiona las muñecas, con el dorso de las manos en el suelo y los hombros por delante de las manos.

PRIMERA FASE
Cambia el peso hacia atrás, con suavidad, para sentir una flexión mayor. Los codos rotan para mirar hacia delante.

SEGUNDA FASE
Lleva el peso hacia delante para salir del estiramiento.

Mirada hacia el suelo
Hombros ligeramente por delante de las manos
Caderas fijas sobre las rodillas
Parte inferior de las piernas y pies relajados
Brazos ligeramente por detrás de los hombros
FASE PREPARATORIA
Palmas de las manos hacia arriba
Rodillas en línea con las caderas

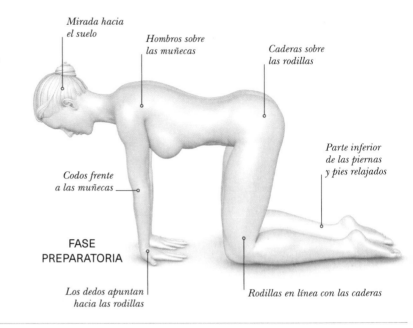

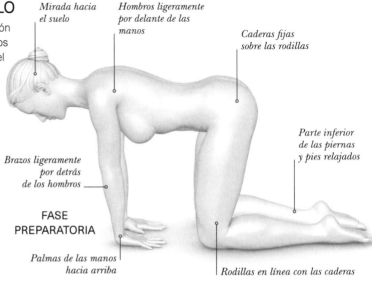

“ ”

La intensidad del estiramiento puede modificarse a través del rango de movimiento y la cantidad de peso que se coloque sobre las muñecas.

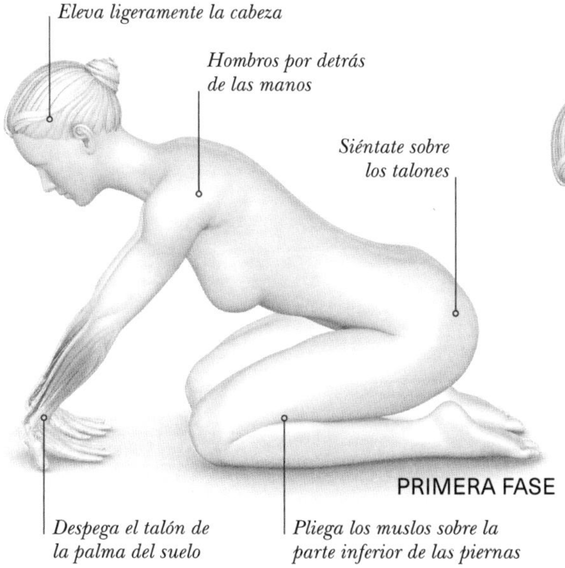
Eleva ligeramente la cabeza
Hombros por detrás de las manos
Siéntate sobre los talones
PRIMERA FASE
Despega el talón de la palma del suelo
Pliega los muslos sobre la parte inferior de las piernas

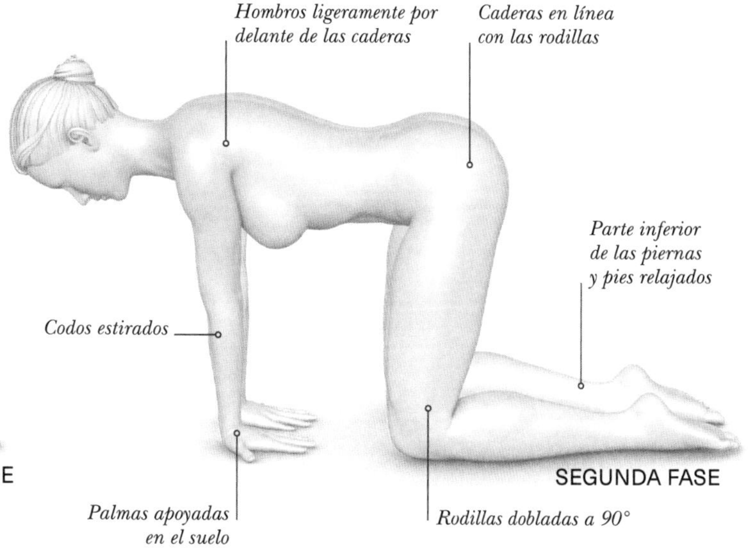
Hombros ligeramente por delante de las caderas
Caderas en línea con las rodillas
Parte inferior de las piernas y pies relajados
Codos estirados
SEGUNDA FASE
Palmas apoyadas en el suelo
Rodillas dobladas a 90°

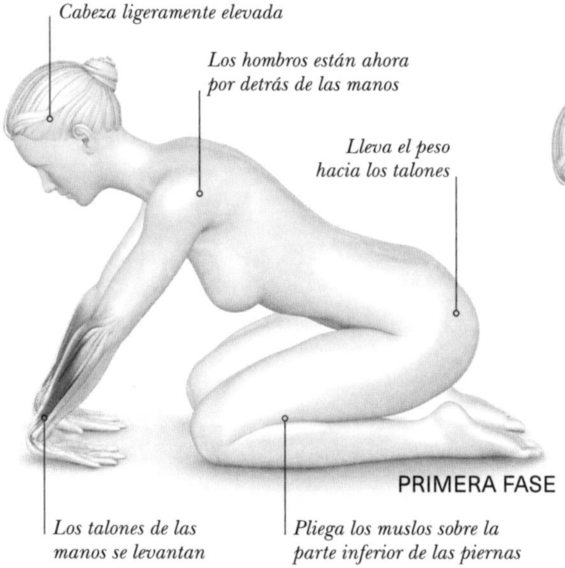
Cabeza ligeramente elevada
Los hombros están ahora por detrás de las manos
Lleva el peso hacia los talones
PRIMERA FASE
Los talones de las manos se levantan
Pliega los muslos sobre la parte inferior de las piernas

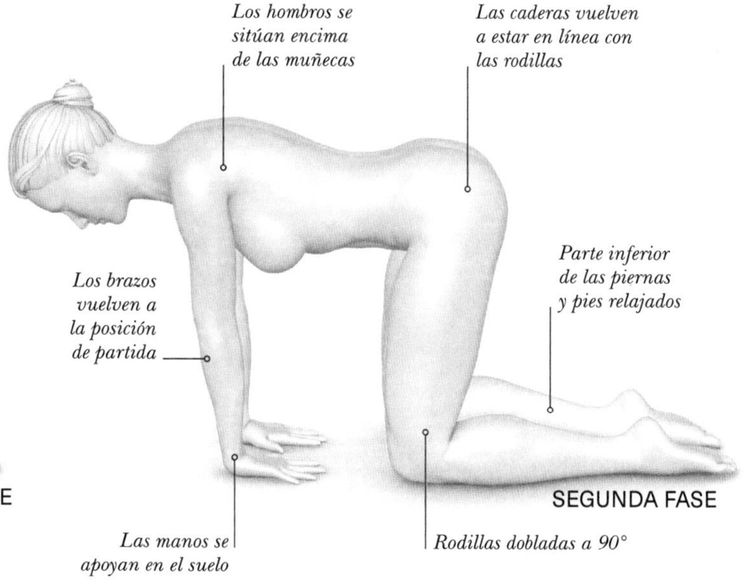
Los hombros se sitúan encima de las muñecas
Las caderas vuelven a estar en línea con las rodillas
Parte inferior de las piernas y pies relajados
Los brazos vuelven a la posición de partida
SEGUNDA FASE
Las manos se apoyan en el suelo
Rodillas dobladas a 90°

ESTIRAMIENTO LUMBRICAL

Este estiramiento se centra en la mano y en las articulaciones metacarpofalángicas (MCP), comúnmente conocidas como los nudillos grandes. Los lumbricales se originan en los tendones del flexor profundo de los dedos de la mano. Al unir los tendones flexores con los extensores, pueden flexionar las articulaciones MCP mientras estiran el dedo.

Dado que los lumbricales contribuyen a la fuerza de agarre, su estiramiento puede ser especialmente útil para quienes realizan tareas motoras finas con las manos, como la mecanografía, el arte o la música. También puede ayudar a las personas que realizan trabajos manuales o escalada en roca. Se puede realizar cuando hay fatiga o tensión en la mano o dentro de un programa de movilidad más amplio.

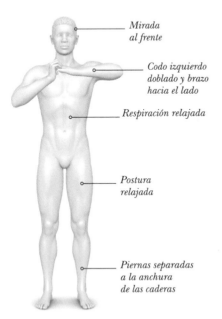

- Mirada al frente
- Codo izquierdo doblado y brazo hacia el lado
- Respiración relajada
- Postura relajada
- Piernas separadas a la anchura de las caderas

FASE PREPARATORIA
De pie, coloca la mano derecha en forma de copa sobre los dedos y nudillos de la mano izquierda.

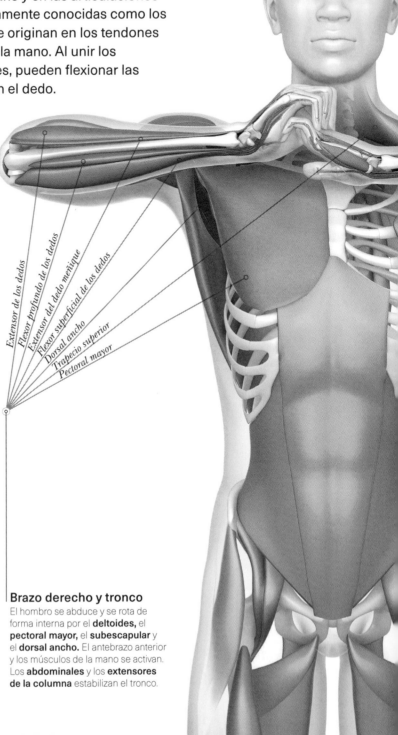

- Extensor de los dedos
- Flexor profundo de los dedos
- Extensor del dedo meñique
- Flexor superficial de los dedos
- Dorsal ancho
- Trapecio superior
- Pectoral mayor

Brazo derecho y tronco
El hombro se abduce y se rota de forma interna por el **deltoides**, el **pectoral mayor**, el **subescapular** y el **dorsal ancho**. El antebrazo anterior y los músculos de la mano se activan. Los **abdominales** y los **extensores de la columna** estabilizan el tronco.

CLAVE

- *Articulaciones*
- *Músculos*
- Se acorta con tensión
- Se alarga con tensión
- Se alarga sin tensión
- En tensión sin movimiento

"

Hay cuatro músculos lumbricales, cada uno asociado a un dedo, exceptuando el pulgar.

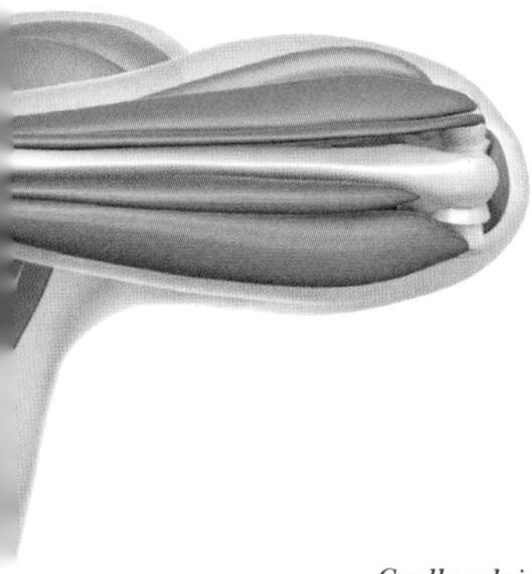

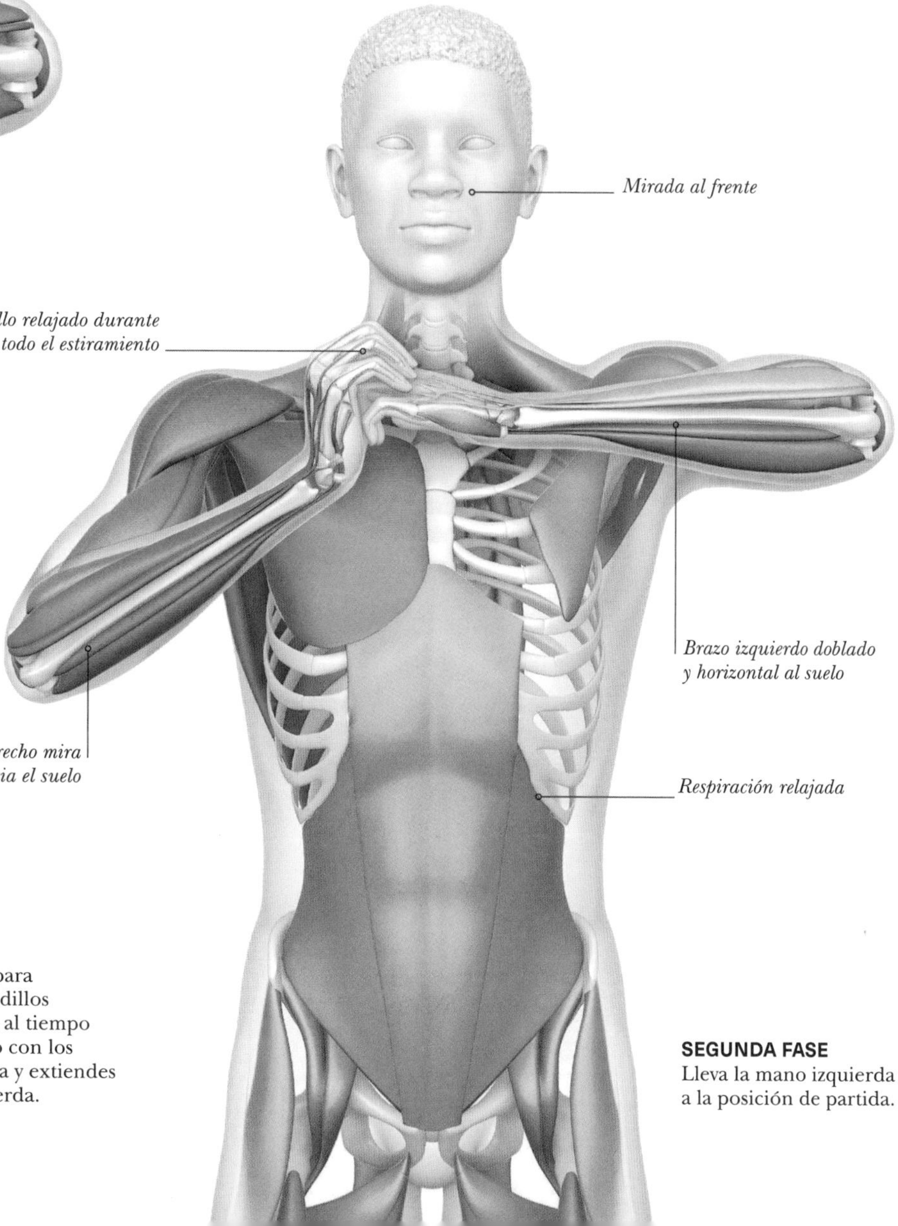
Mirada al frente
Cuello relajado durante todo el estiramiento
Brazo izquierdo doblado y horizontal al suelo
Codo derecho mira hacia el suelo
Respiración relajada

PRIMERA FASE
Utiliza la mano derecha para estirar suavemente los nudillos (las articulaciones MCP), al tiempo que presionas hacia abajo con los dedos de la mano derecha y extiendes también la muñeca izquierda.

SEGUNDA FASE
Lleva la mano izquierda a la posición de partida.

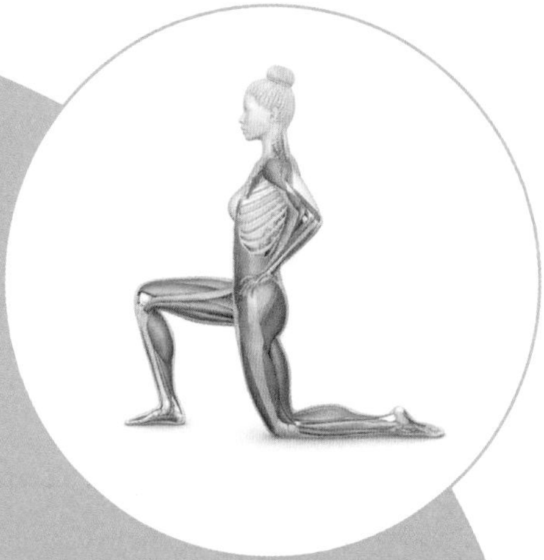

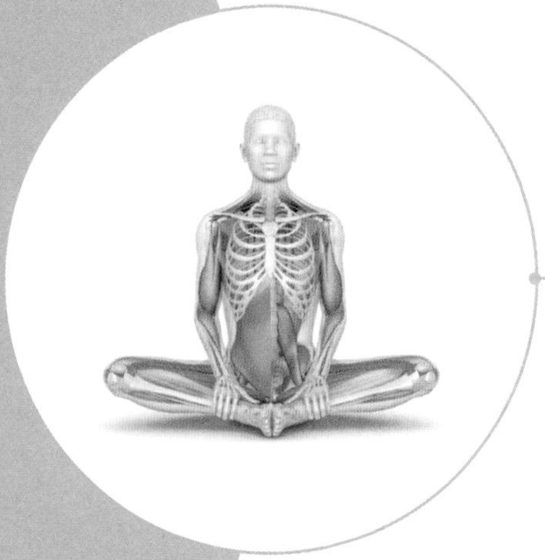

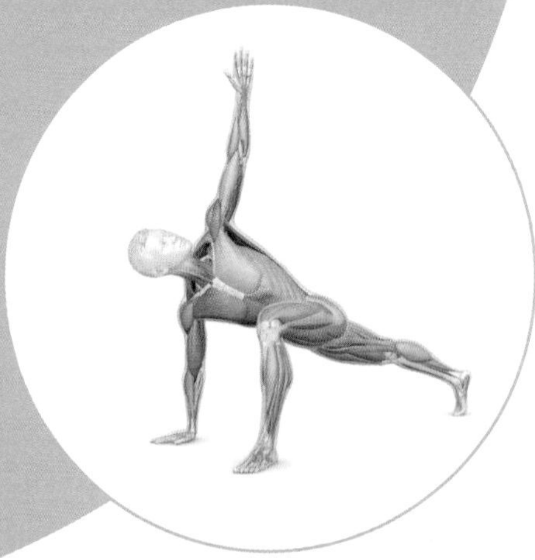

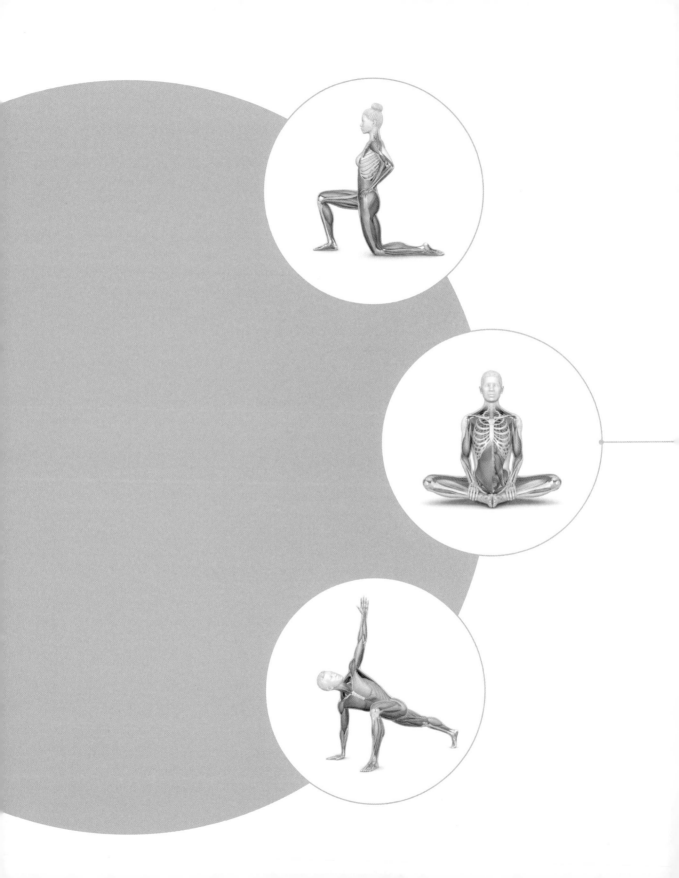

EJERCICIOS DE CADERA

La articulación de la cadera desempeña un papel crucial ya que proporciona estabilidad y soporte a la parte superior del cuerpo y lleva a cabo actividades de carga, al tiempo que tiene la capacidad de moverse en todos los planos de movimiento. Este capítulo incluye ejercicios que se centran en los músculos de la cadera y tienen como objetivo mejorar el rango de movimiento en esta importante articulación.

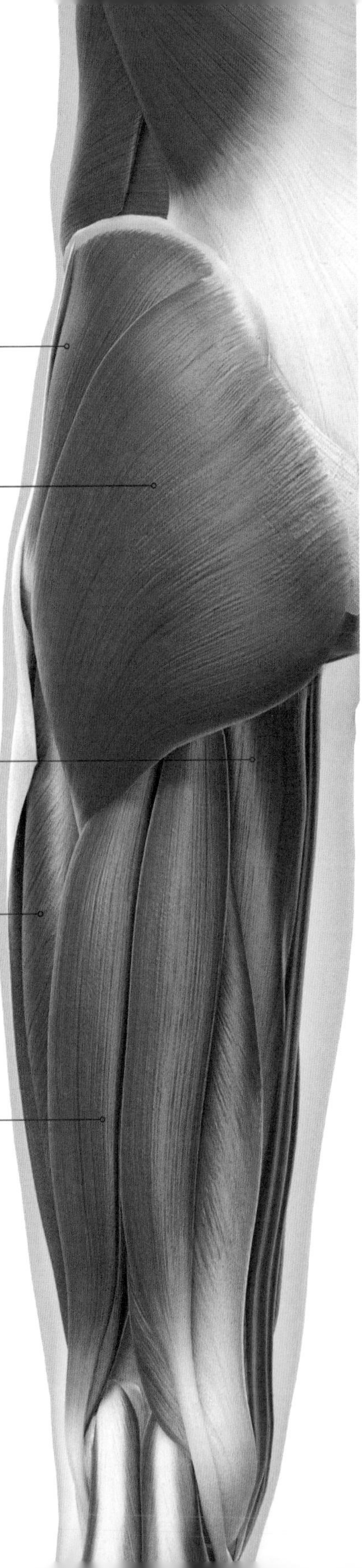
Glúteo medio
Estira y abduce la cadera; uno de los principales estabilizadores de la cadera
Glúteo mayor
El mayor de los músculos glúteos
Aductor mayor
El mayor, más fuerte y más posterior del grupo de los aductores
Vasto lateral
Situado en la parte exterior del muslo, es uno de los músculos del cuádriceps
Bíceps femoral
El más lateral de los tres isquiotibiales tiene dos cabezas
VISTA POSTERIOR

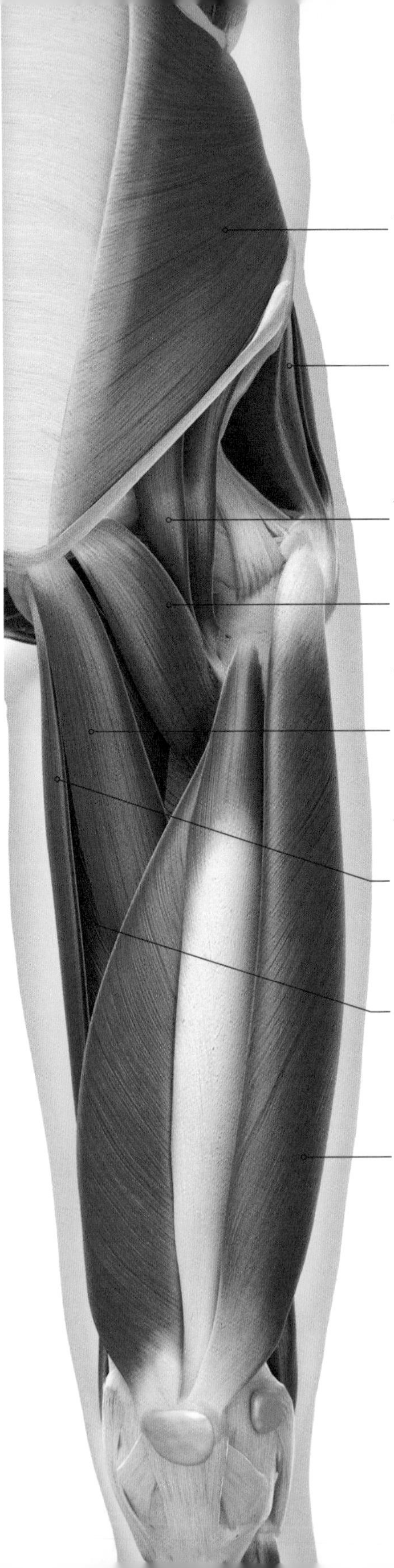
Oblicuo interno
Músculos abdominales situados a los lados del tronco, más profundos que los oblicuos externos
Glúteo menor
El músculo glúteo más pequeño se sitúa más profundo que el glúteo medio
Psoas mayor
Se une con el ilíaco para formar el iliopsoas, actúa como principal flexor de la cadera y puede flexionar el tronco
Pectíneo
Ayuda a conectar los m medio y anterior; puede flexionar, aducir y rotar cadera de forma interna
Aductor largo
Músculo cuadrangular ayuda a conectar los mu anterior y medio; puede flexionar, aducir y rotar cadera de forma interna
Grácil
Músculo largo, delgado y superficial que ayuda a flexionar y aducir po la cadera y la rodilla
Sartorio
El músculo más largo del cuerpo, cruza las articulaciones de la cadera y la rodilla; pue flexionar y rotar ambas
Vasto lateral
El más lateral de los músculos del cuádricep se considera el más fuerte de todos ellos
VISTA ANTERIOR

VISTA GENERAL DE LA CADERA

Los principales músculos de la cadera y el muslo incluyen los glúteos (glúteo mayor, medio y menor), el ilíaco y el psoas mayor, los cuádriceps (recto femoral, vasto lateral, vasto medial y vasto intermedio), los isquiotibiales (bíceps femoral, semitendinoso y semimembranoso) y los aductores.

Los músculos de esta zona realizan diferentes acciones que ayudan con el movimiento multidireccional y proporcionan estabilidad a la pelvis y las caderas. Músculos como el iliopsoas y el recto femoral participan en la flexión de la cadera, mientras que otros, como los glúteos y los isquiotibiales, permiten extenderla.

Los abductores de cadera, como el glúteo medio y el tensor de la fascia lata, estabilizan la pelvis cuando se está a la pata coja. Los aductores contribuyen a muchos movimientos además de la aducción, mientras que varios músculos participan en la rotación de cadera. Los cuádriceps estiran la rodilla y los isquiotibiales ayudan a flexionarla y asisten en la extensión de cadera, fundamental para actividades como correr, jugar al fútbol y levantar pesas.

CONTENIDO DEL CAPÍTULO

MOVILIDAD DE CADERA EN CUADRUPEDIA

Este estiramiento, estupendo para ganar movilidad en la cadera, resulta fácil para principiantes. La flexión de caderas se consigue balanceando la pelvis y el tronco hacia atrás mientras las manos y las rodillas permanecen en el suelo.

Este suave ejercicio es adecuado para principiantes o para aquellos que se encuentran en la fase inicial de una rehabilitación de cadera. Puede ayudar a aumentar gradualmente el rango de movimiento al desplazar la pelvis desde la articulación de la cadera, lo que puede resultar más fácil para quienes tienen limitaciones para moverse de forma activa.

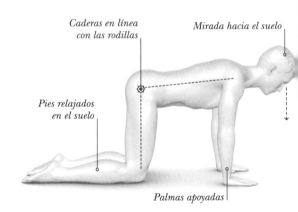

Caderas en línea con las rodillas

Mirada hacia el suelo

Pies relajados en el suelo

Palmas apoyadas

FASE PREPARATORIA
Partiendo de cuadrupedia, con los hombros sobre las muñecas y las caderas sobre las rodillas, mantén la cabeza y el cuello en línea. La columna está en posición neutra; es decir, de un modo que la postura resulte cómoda, entre la flexión y la extensión completas.

Tren superior y espalda
El **erector de la columna** mantiene la posición de la espalda. Los **flexores de la cadera** también participan, al igual que los **glúteos,** que se alargan a medida que las caderas se mueven hacia atrás.

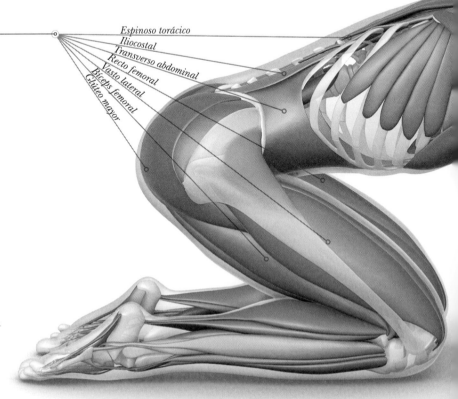

Espinoso torácico
Iliocostal
Transverso abdominal
Recto femoral
Vasto lateral
Bíceps femoral
Glúteo mayor

PRIMERA FASE
Lleva suavemente las caderas hacia atrás, hasta que sientas que toda esa zona se estira. Mantén la espalda en una postura cómoda. La posición de la pelvis puede afectar a la profundidad del estiramiento; conviene que este sea agradable y permanece en él unos segundos.

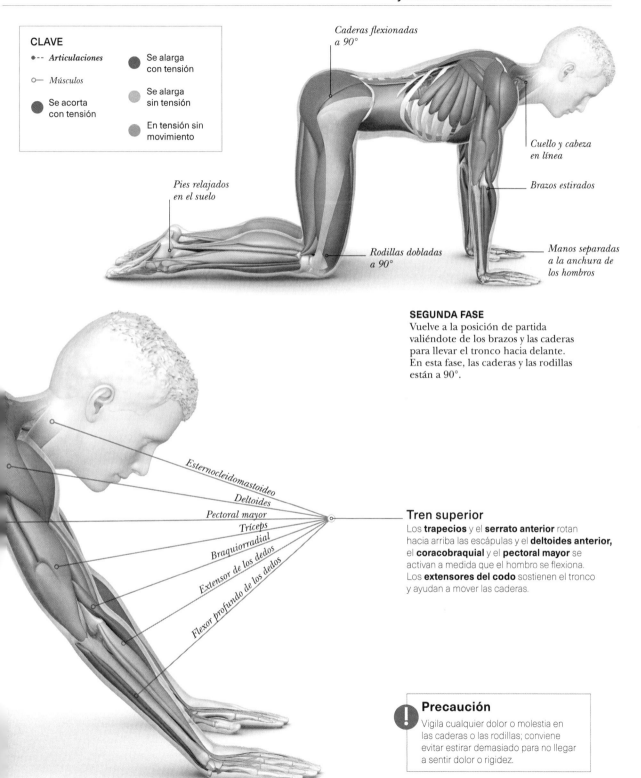

CLAVE

- *Articulaciones*
- *Músculos*
- Se acorta con tensión
- Se alarga con tensión
- Se alarga sin tensión
- En tensión sin movimiento

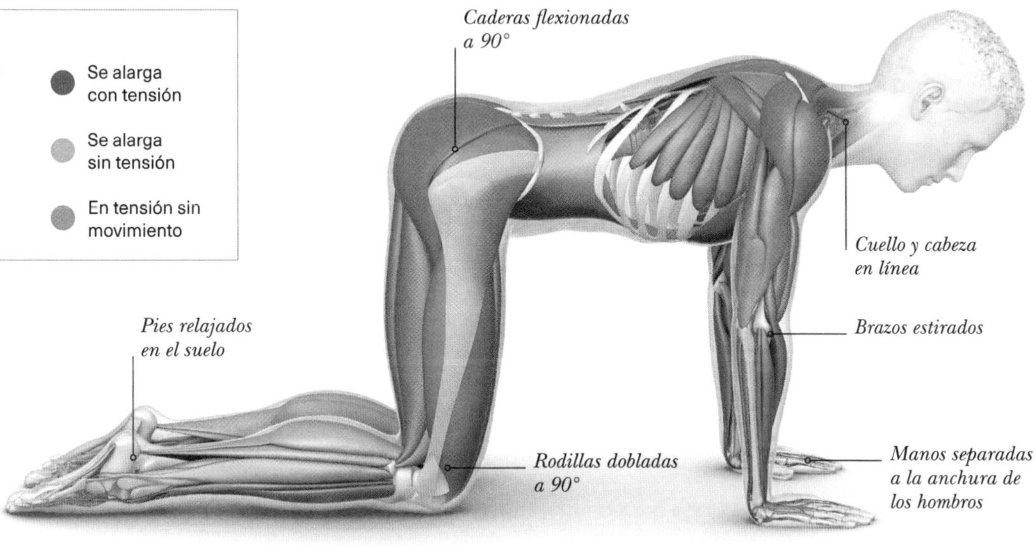

Caderas flexionadas a 90°
Cuello y cabeza en línea
Brazos estirados
Pies relajados en el suelo
Rodillas dobladas a 90°
Manos separadas a la anchura de los hombros

SEGUNDA FASE
Vuelve a la posición de partida valiéndote de los brazos y las caderas para llevar el tronco hacia delante. En esta fase, las caderas y las rodillas están a 90°.

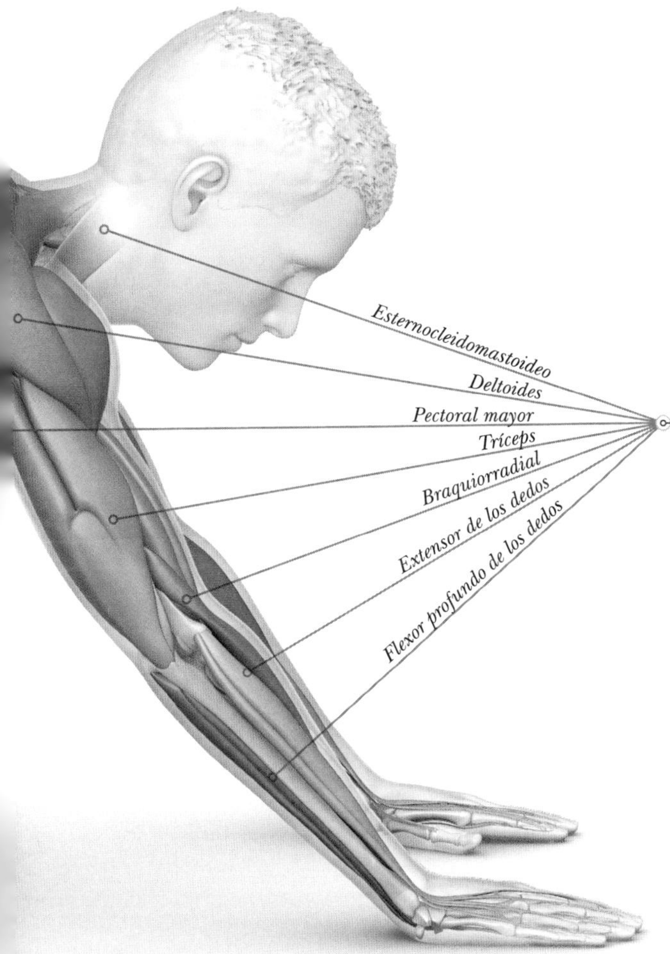

Esternocleidomastoideo
Deltoides
Pectoral mayor
Tríceps
Braquiorradial
Extensor de los dedos
Flexor profundo de los dedos

Tren superior

Los **trapecios** y el **serrato anterior** rotan hacia arriba las escápulas y el **deltoides anterior,** el **coracobraquial** y el **pectoral mayor** se activan a medida que el hombro se flexiona. Los **extensores del codo** sostienen el tronco y ayudan a mover las caderas.

Precaución

Vigila cualquier dolor o molestia en las caderas o las rodillas; conviene evitar estirar demasiado para no llegar a sentir dolor o rigidez.

» VARIACIONES

Estas modificaciones del ejercicio de movilidad de cadera en cuadrupedia implican a otros grupos musculares. Son excelentes opciones dinámicas antes de una actividad o deporte que trabaje la parte inferior del cuerpo.

CLAVE

- Principal músculo ejercitado
- Otros músculos implicados

ADUCTORES EN CUADRUPEDIA

Este estiramiento dinámico unilateral se centra en la movilidad de los aductores y de la cadera. Puede usarse como una progresión desde la versión a cuatro patas o integrar un calentamiento dinámico o una rutina diaria de estiramientos.

FASE PREPARATORIA
De rodillas, con la pierna izquierda estirada hacia un lado, las palmas de las manos permanecen apoyadas en el suelo.

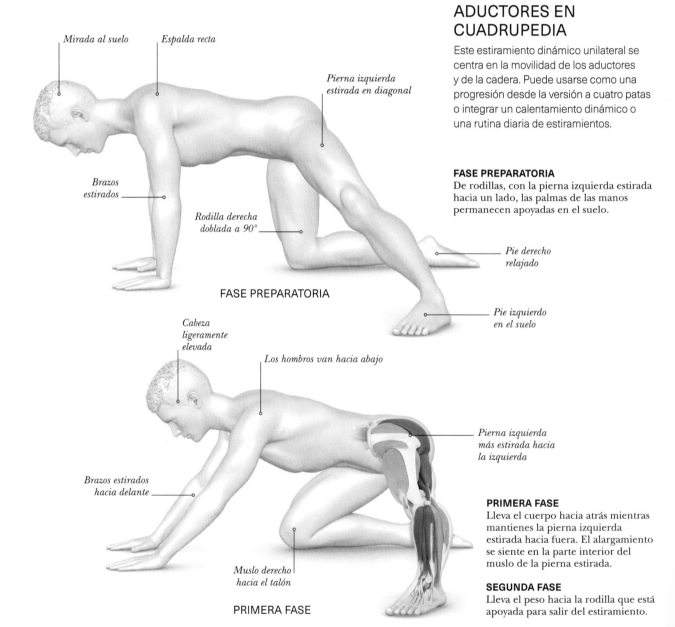

Mirada al suelo
Espalda recta
Pierna izquierda estirada en diagonal
Brazos estirados
Rodilla derecha doblada a 90°
Pie derecho relajado
Pie izquierdo en el suelo

FASE PREPARATORIA

Cabeza ligeramente elevada
Los hombros van hacia abajo
Pierna izquierda más estirada hacia la izquierda
Brazos estirados hacia delante
Muslo derecho hacia el talón

PRIMERA FASE

PRIMERA FASE
Lleva el cuerpo hacia atrás mientras mantienes la pierna izquierda estirada hacia fuera. El alargamiento se siente en la parte interior del muslo de la pierna estirada.

SEGUNDA FASE
Lleva el peso hacia la rodilla que está apoyada para salir del estiramiento.

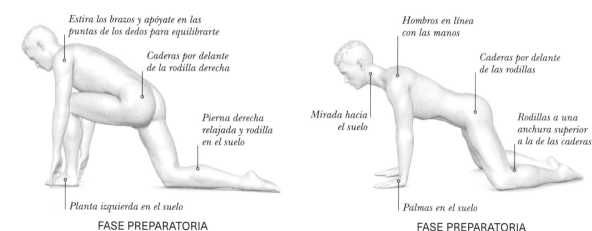

Estira los brazos y apóyate en las puntas de los dedos para equilibrarte

Caderas por delante de la rodilla derecha

Pierna derecha relajada y rodilla en el suelo

Planta izquierda en el suelo

FASE PREPARATORIA

Hombros en línea con las manos

Caderas por delante de las rodillas

Mirada hacia el suelo

Rodillas a una anchura superior a la de las caderas

Palmas en el suelo

FASE PREPARATORIA

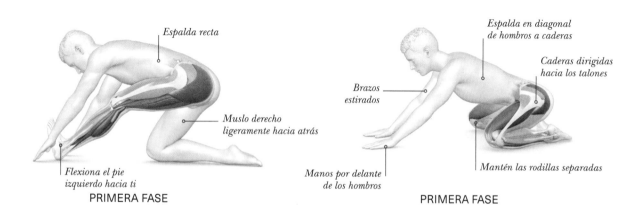

Espalda recta

Muslo derecho ligeramente hacia atrás

Flexiona el pie izquierdo hacia ti

PRIMERA FASE

Espalda en diagonal de hombros a caderas

Caderas dirigidas hacia los talones

Brazos estirados

Manos por delante de los hombros

Mantén las rodillas separadas

PRIMERA FASE

ISQUIOTIBIALES EN CUADRUPEDIA

Este estiramiento dinámico permite flexionar la cadera y extender la rodilla de la pierna estirada, en este caso, la izquierda. Es un alargamiento ideal para quienes corren o realizan cualquier ejercicio exigente para las piernas.

FASE PREPARATORIA
De rodillas, apoya la rodilla derecha y el pie izquierdo en el suelo. Apoya las puntas o las manos en el suelo para equilibrarte y flexiona el tronco hacia delante.

PRIMERA FASE
Lleva el cuerpo hacia atrás al tiempo que estiras la rodilla izquierda, manteniendo la espalda recta y las manos en el suelo. Lleva los dedos del pie izquierdo hacia ti para incrementar el estiramiento de los isquiotibiales de la izquierda.

SEGUNDA FASE
Cambia el peso hacia delante para salir del estiramiento.

LA RANA

Este estiramiento dinámico se centra en la abducción de las caderas y en la rotación externa al tiempo que se alargan los músculos del muslo interno. Es un ejercicio bilateral que puede hacerse dentro de una rutina de movilidad de la cadera o como calentamiento.

FASE PREPARATORIA
En cuadrupedia, mantén las palmas apoyadas y las rodillas separadas a una anchura superior a la de las caderas. Los dedos gordos de los pies están en contacto.

PRIMERA FASE
Cambia el peso para profundizar el estiramiento, lleva las caderas hacia los talones y mantén las rodillas separadas.

SEGUNDA FASE
Cambia el peso hacia delante para salir del estiramiento.

ESTIRAMIENTO DE FLEXORES EN POSICIÓN DE CABALLERO

Este ejercicio estira de forma dinámica la cadera anterior, incluidos los cuádriceps y el iliopsoas. La posición de caballero facilita el movimiento de estocada.

Flexionar la rodilla de la pierna de atrás alarga el cuádriceps desde la articulación de la rodilla, y desplazar la cadera hacia atrás aumenta el estiramiento en su inserción proximal. Este ejercicio dinámico es diferente del estático, en el que el balanceo permite mover la cadera y el tobillo de la pierna adelantada, además de estirar la de detrás. Se puede usar como calentamiento para la parte inferior del cuerpo.

Precaución

Mete ligeramente el coxis y mantén el control del estiramiento para reducir una curvatura excesiva de las lumbares. Si te duele la cadera o la espalda al desplazarte, modifica el rango de movimiento u opta por un estiramiento estático.

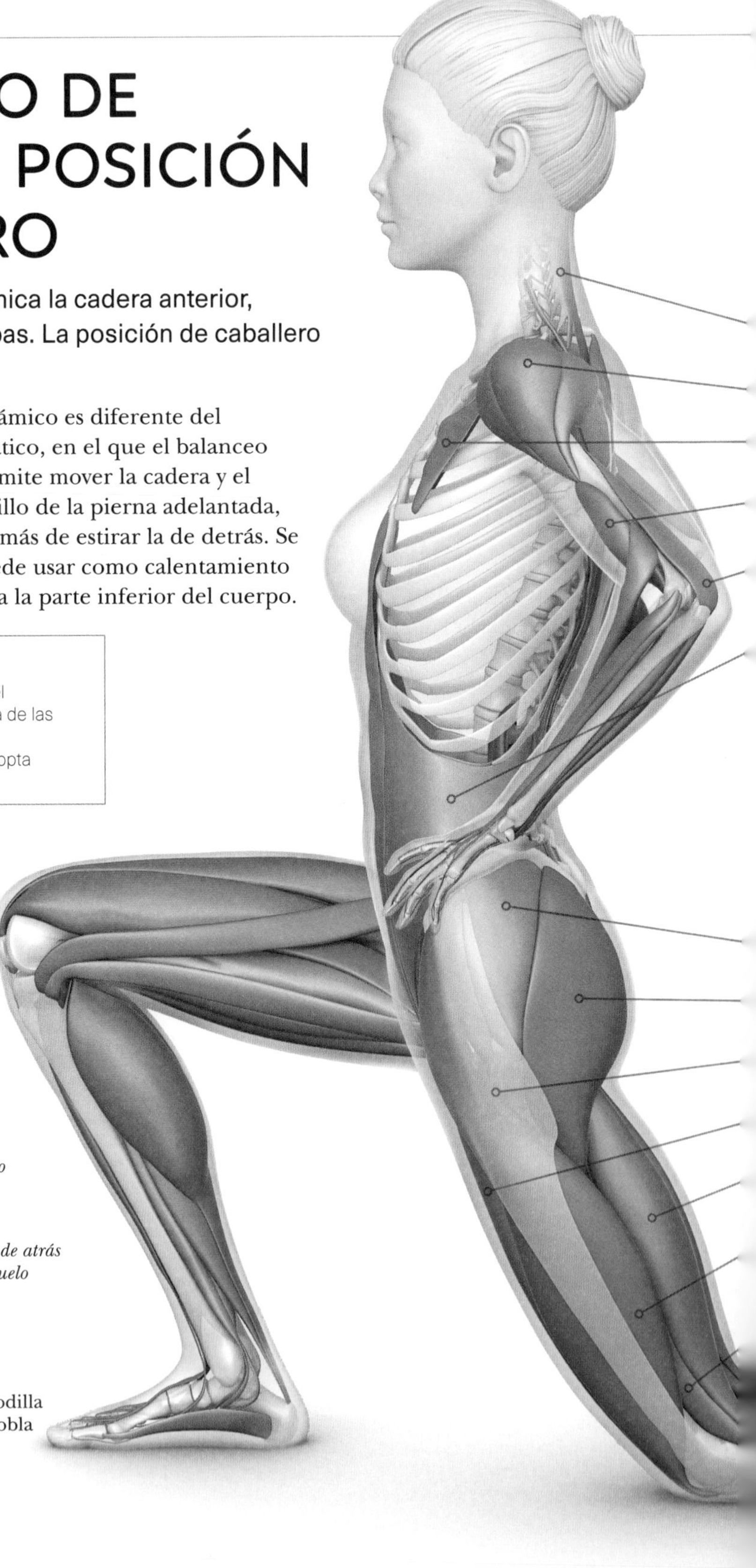

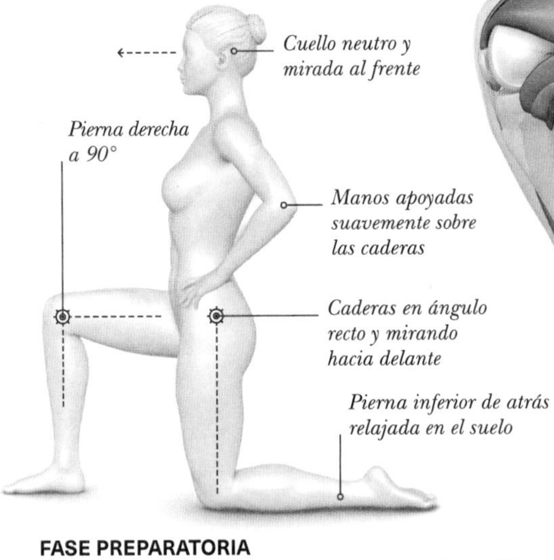

Cuello neutro y mirada al frente
Pierna derecha a 90°
Manos apoyadas suavemente sobre las caderas
Caderas en ángulo recto y mirando hacia delante
Pierna inferior de atrás relajada en el suelo

FASE PREPARATORIA

Partiendo de la posición de caballero, con la rodilla izquierda en el suelo, apoya el pie derecho y dobla la rodilla en ángulo recto. La columna está en posición neutra y la mirada al frente.

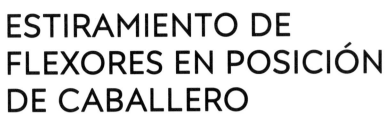

Tren superior y tronco

Los **bíceps** están ligeramente activados por el apoyo de las manos en las caderas. Los **extensores de la columna** y los **oblicuos** trabajan con los **abdominales** para estabilizar el torso durante el estiramiento.

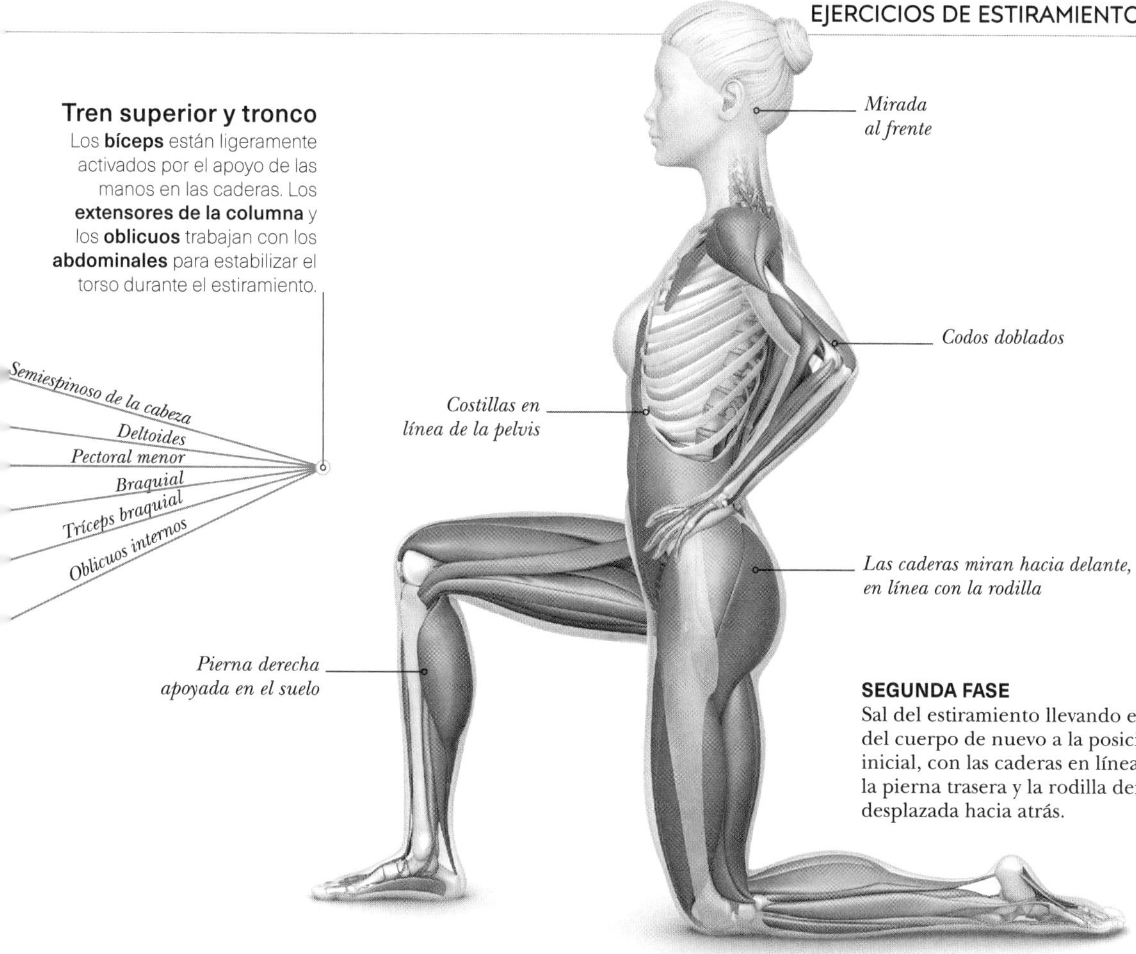
Mirada
al frente
Codos doblados
Costillas en
línea de la pelvis
Las caderas miran hacia delante,
en línea con la rodilla
Pierna derecha
apoyada en el suelo
Semiespinoso de la cabeza
Deltoides
Pectoral menor
Braquial
Tríceps braquial
Oblicuos internos

SEGUNDA FASE
Sal del estiramiento llevando el peso del cuerpo de nuevo a la posición inicial, con las caderas en línea con la pierna trasera y la rodilla derecha desplazada hacia atrás.

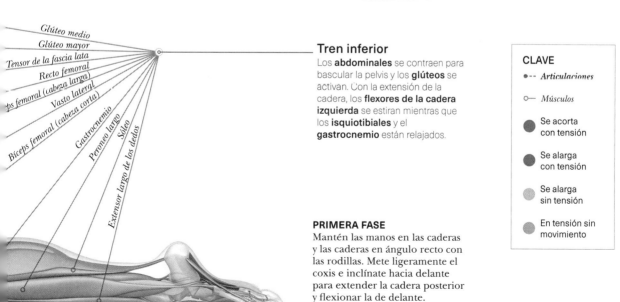

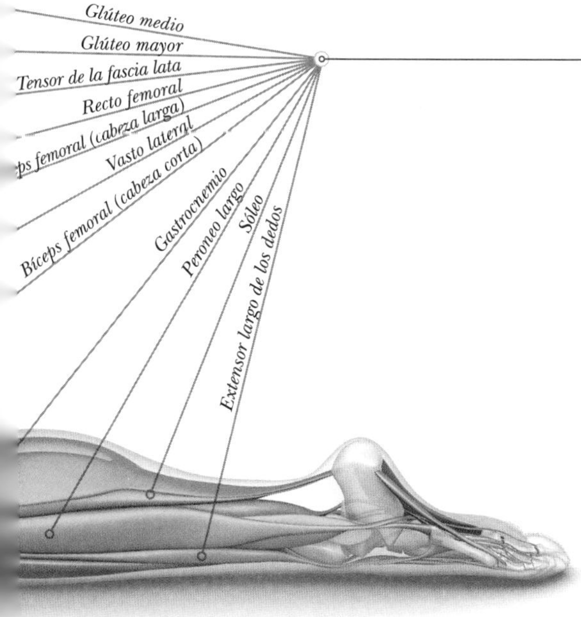
Glúteo medio
Glúteo mayor
Tensor de la fascia lata
Recto femoral
ps femoral (cabeza larga)
Vasto lateral
Bíceps femoral (cabeza corta)
Gastrocnemio
Peroneo largo
Sóleo
Extensor largo de los dedos

Tren inferior

Los **abdominales** se contraen para bascular la pelvis y los **glúteos** se activan. Con la extensión de la cadera, los **flexores de la cadera izquierda** se estiran mientras que los **isquiotibiales** y el **gastrocnemio** están relajados.

CLAVE

- •-- *Articulaciones*
- o— *Músculos*
- Se acorta con tensión
- Se alarga con tensión
- Se alarga sin tensión
- En tensión sin movimiento

PRIMERA FASE
Mantén las manos en las caderas y las caderas en ángulo recto con las rodillas. Mete ligeramente el coxis e inclínate hacia delante para extender la cadera posterior y flexionar la de delante.

≫ VARIACIONES

En el músculo de la cadera influyen muchos grupos musculares, como los extensores, los flexores, los abductores y los aductores. Estas variaciones pueden hacerse de forma secuencial para mejorar la movilidad de ambas caderas.

Precaución

Haz modificaciones de la postura si te duele o tienes molestias en las caderas, la espalda o las rodillas. Deben ser movimientos cómodos para ambas caderas.

FLEXORES EN DIAGONAL

Esta versión permite un mayor estiramiento dinámico desde los músculos del muslo interior y la ingle al situarse la cadera en un ángulo de 45° desde la línea media antes del movimiento hacia delante.

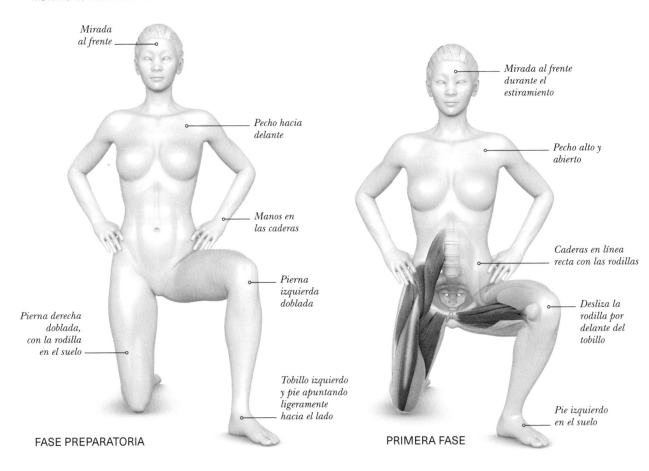

Mirada al frente

Pecho hacia delante

Manos en las caderas

Pierna izquierda doblada

Pierna derecha doblada, con la rodilla en el suelo

Tobillo izquierdo y pie apuntando ligeramente hacia el lado

FASE PREPARATORIA

Mirada al frente durante el estiramiento

Pecho alto y abierto

Caderas en línea recta con las rodillas

Desliza la rodilla por delante del tobillo

Pie izquierdo en el suelo

PRIMERA FASE

FASE PREPARATORIA
Partiendo de la posición de caballero, con las rodillas a 90°, la pierna izquierda se desplaza ligeramente a la izquierda desde la línea media. Coloca las manos en las caderas y mantén la columna neutra y la mirada hacia delante.

PRIMERA FASE
Mantén las manos en las caderas y las caderas en ángulo recto con las rodillas. Mete ligeramente el coxis y cambia el peso hacia el tobillo izquierdo para estirar la cadera de la pierna de detrás y flexionar la de delante.

SEGUNDA FASE
Lleva el peso de nuevo hacia atrás para salir del estiramiento.

124

CLAVE

● Principal músculo ejercitado ● Otros músculos implicados

FLEXORES LATERALES

Esta variación proporciona un estiramiento dinámico de los músculos del muslo interno y la ingle, ya que la cadera se posiciona lateralmente desde la línea media antes del desplazamiento hacia delante. Es un excelente ejercicio para abrir las caderas y mejorar la movilidad dinámica del grupo de aductores.

El grupo de los aductores ayuda a mover la cadera y se estira en ambos lados con cada una de las variaciones.

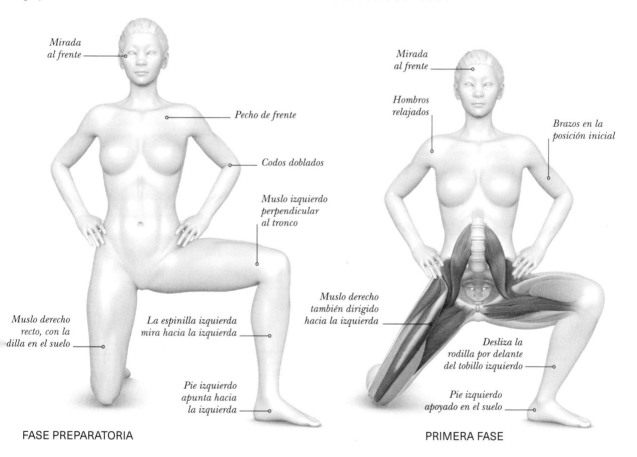

Mirada al frente

Pecho de frente

Codos doblados

Muslo izquierdo perpendicular al tronco

Muslo derecho recto, con la dilla en el suelo

La espinilla izquierda mira hacia la izquierda

Pie izquierdo apunta hacia la izquierda

FASE PREPARATORIA

Mirada al frente

Hombros relajados

Brazos en la posición inicial

Muslo derecho también dirigido hacia la izquierda

Desliza la rodilla por delante del tobillo izquierdo

Pie izquierdo apoyado en el suelo

PRIMERA FASE

FASE PREPARATORIA
En posición de caballero, lleva la pierna izquierda doblada a 90° hacia fuera desde la línea media, completamente abducida. La columna está en posición neutra y la mirada al frente.

PRIMERA FASE
Mantén las manos en las caderas y las caderas en ángulo recto con las rodillas. Mete ligeramente el coxis y desplaza el peso hacia el tobillo izquierdo. De esta forma estiras/abduces la cadera de la pierna de detrás y flexionas/abduces la de delante.

SEGUNDA FASE
Vuelve a llevar el peso atrás para salir del estiramiento.

SENTADILLA EN GUIRNALDA

Esta sentadilla puede ayudar a abrir las caderas, estirar los tobillos y alargar el suelo pélvico. Se puede realizar con o sin apoyo y es una buena manera de progresar en el rango de movimiento hacia una sentadilla profunda.

Si al principio no puedes bajar cómodamente, puedes colocar un soporte debajo, como un bloque de yoga, como referencia. Ayudarte de los codos para abrir las rodillas hacia fuera permite rotar la cadera en la parte inferior del rango. Se puede practicar dentro de una rutina diaria de estiramientos o para mejorar la movilidad de caderas, rodillas y tobillos en el calentamiento.

> ## ! Precaución
> Evita ahondar en la postura si tienes un pinzamiento o rigidez excesiva en la cadera. Las articulaciones de cadera varían en formas y tamaños, y las variaciones estructurales pueden limitar el rango de movimiento. Aunque un estiramiento te parezca novedoso, realiza algún cambio ante cualquier molestia.

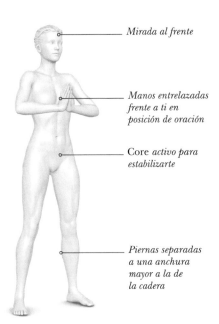

Mirada al frente

Manos entrelazadas frente a ti en posición de oración

Core *activo para estabilizarte*

Piernas separadas a una anchura mayor a la de la cadera

FASE PREPARATORIA
De pie, separa las piernas a un ancho superior al de las caderas. Los pies miran ligeramente hacia fuera.

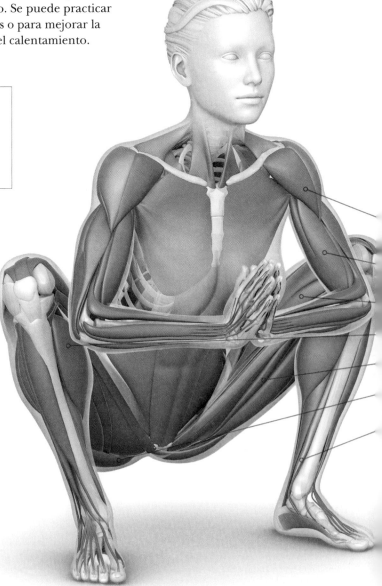

126

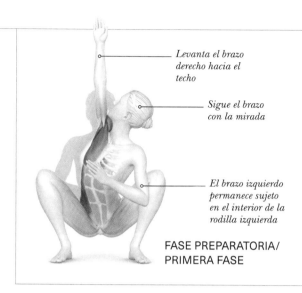

Levanta el brazo
derecho hacia el
techo

Sigue el brazo
con la mirada

El brazo izquierdo
permanece sujeto
en el interior de la
rodilla izquierda

FASE PREPARATORIA/
PRIMERA FASE

VARIACIÓN: CON UN BRAZO ESTIRADO

FASE PREPARATORIA

Partiendo de la primera fase de la sentadilla en guirnalda,
con las caderas abajo, coloca las manos en posición de oración
delante de ti.

PRIMERA FASE

Estira el brazo derecho hacia el techo y síguelo con la cabeza
y el cuello al tiempo que mantienes la columna elevada y
el brazo izquierdo sujeto con la rodilla del mismo lado.

SEGUNDA FASE

Baja la mano derecha hasta situarla en la parte interna
de la rodilla derecha y repite con el brazo izquierdo.

Brazos y piernas

Los **flexores de la muñeca** se alargan,
mientras trabajan también los **flexores del
codo** y los **abductores de los hombros**.
Los **glúteos** y los **aductores** se alargan con
tensión. Los **flexores plantares** y los
dorsiflexores del tobillo también se activan.

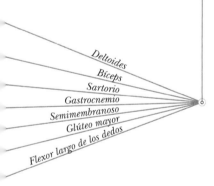

Deltoides
Bíceps
Sartorio
Gastrocnemio
Semimembranoso
Glúteo mayor
Flexor largo de los dedos

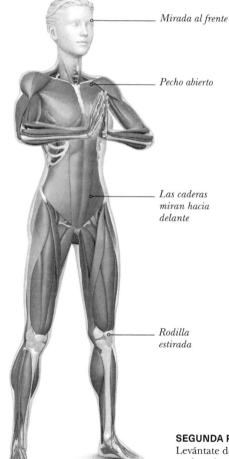

Mirada al frente

Pecho abierto

Las caderas
miran hacia
delante

Rodilla
estirada

CLAVE

- ●--- *Articulaciones*

- ○— *Músculos*

● Se acorta
con tensión

● Se alarga
con tensión

● Se alarga
sin tensión

● En tensión sin
movimiento

PRIMERA FASE

Realiza una sentadilla profunda,
colocando los codos por dentro de las
rodillas, para que presionen hacia fuera
como si estuvieran abriendo las caderas.
Si quieres, puedes cambiar el peso de
derecha a izquierda.

SEGUNDA FASE

Levántate del suelo y
vuelve a la posición de
partida de pie.

127

ESTIRAMIENTO EN POSTURA DE FIGURA 4

Este estiramiento, que se realiza tumbado en el suelo, es excelente para trabajar la rotación externa al centrarse en los glúteos y los rotadores de cadera. Puede ser útil para aliviar la tensión en la cadera.

Este ejercicio permite movilizar las caderas o reducir la tensión en los glúteos, lo que puede estar ocasionando molestias como el dolor ciático. En la postura clásica, en el suelo, la espalda está apoyada cómodamente, mientras que si se hace en silla se puede realizar delante de un escritorio. Este estiramiento a menudo se incluye en programas cuyo objetivo es mejorar la movilidad de la cadera.

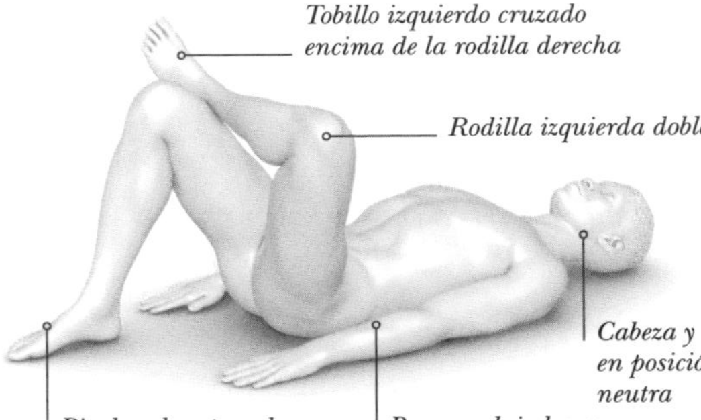
Tobillo izquierdo cruzado encima de la rodilla derecha
Rodilla izquierda doblada
Cabeza y cuello en posición neutra
Pie derecho apoyado en el suelo
Brazos relajados en el suelo; las palmas miran hacia abajo

FASE PREPARATORIA
Túmbate sobre la espalda, relaja los brazos en el suelo y apoya el tobillo izquierdo cruzado sobre la rodilla derecha.

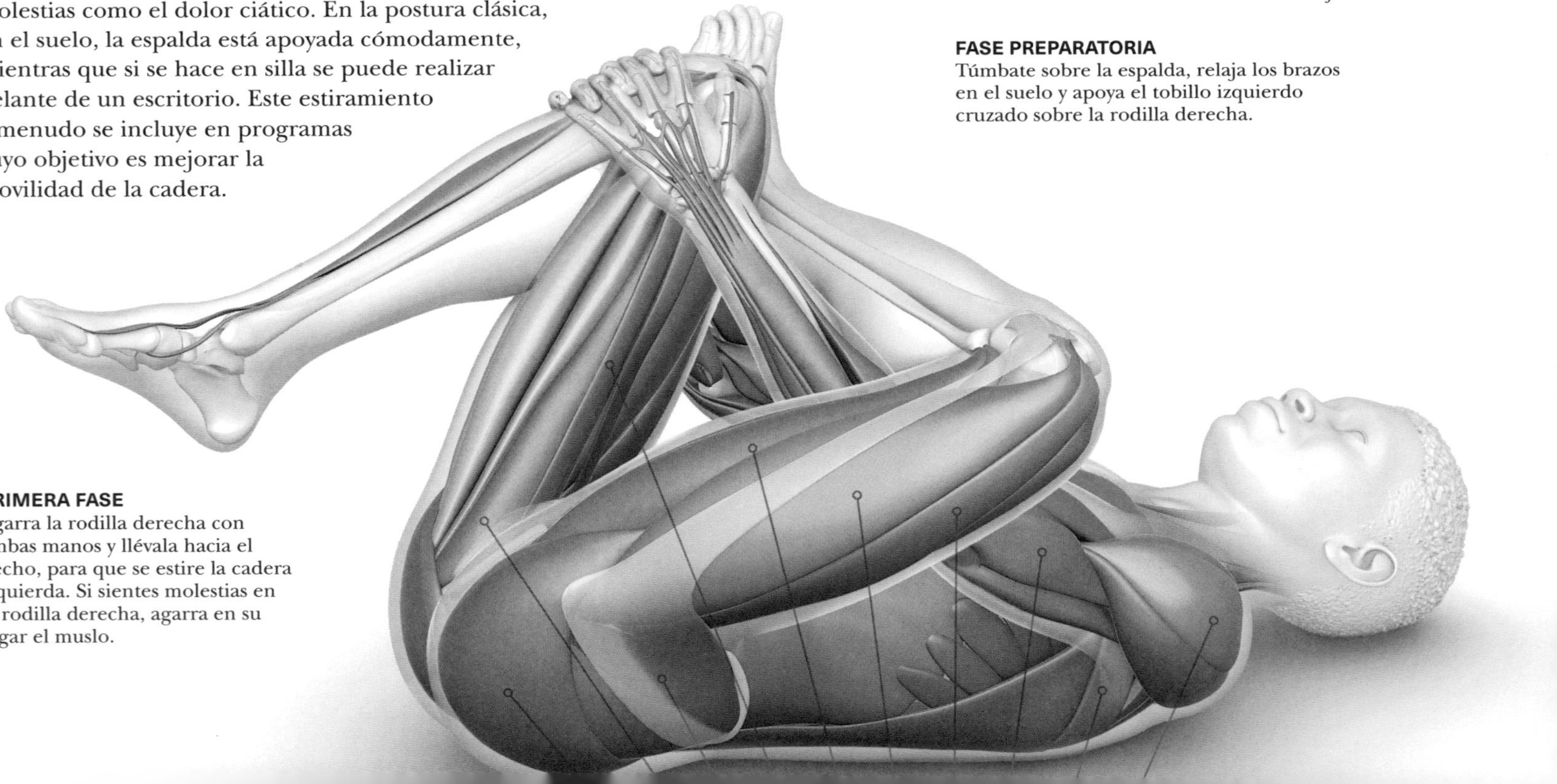

PRIMERA FASE
Agarra la rodilla derecha con ambas manos y llévala hacia el pecho, para que se estire la cadera izquierda. Si sientes molestias en la rodilla derecha, agarra en su lugar el muslo.

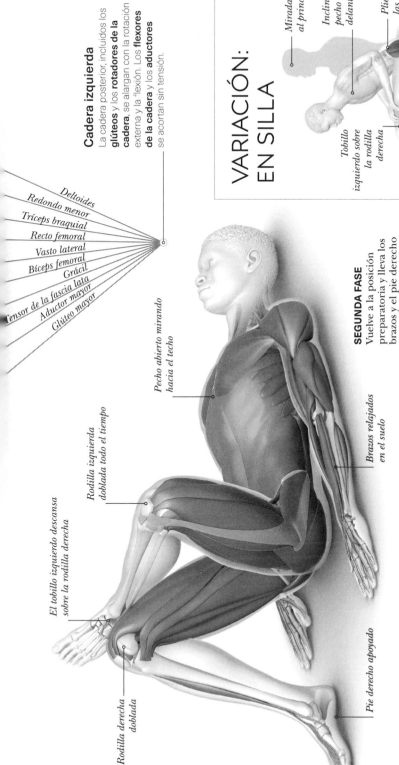

Cadera izquierda

La cadera posterior, incluidos los **glúteos** y los **rotadores de la cadera**, se alargan con la rotación externa y la ªflexión. Los **flexores de la cadera** y los **aductores** se acortan sin tensión.

Deltoides
Redondo menor
Tríceps braquial
Recto femoral
Vasto lateral
Bíceps femoral
Grácil
Tensor de la fascia lata
Aductor mayor
Glúteo mayor

Pecho abierto mirando hacia el techo

El tobillo izquierdo descansa sobre la rodilla derecha

Rodilla izquierda doblada todo el tiempo

Rodilla derecha doblada

Pie derecho apoyado

Brazos relajados en el suelo

SEGUNDA FASE
Vuelve a la posición preparatoria y lleva los brazos y el pie derecho de nuevo al suelo.

66 99

Hay seis rotadores profundos de la cadera que están por debajo de los músculos glúteos, más grandes y superficiales. Se encargan de estirar y abducir la cadera.

CLAVE

●-- *Articulaciones*
○— *Músculos*
● Se acorta con tensión
● Se alarga con tensión
● Se alarga sin tensión
● En tensión sin movimiento

VARIACIÓN: EN SILLA

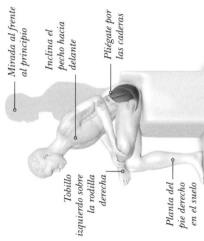

Mirada al frente al principio

Inclina el pecho hacia delante

Pliégate por las caderas

Tobillo izquierdo sobre la rodilla derecha

Planta del pie derecho en el suelo

FASE PREPARATORIA
Siéntate y cruza el tobillo izquierdo sobre la rodilla derecha. Las manos descansan en el tobillo y la rodilla de la pierna izquierda.

PRIMERA FASE
Con la columna recta y estirada, pliégate por las caderas para notar el estiramiento en la cadera izquierda.

SEGUNDA FASE
Vuelve a la posición preparatoria.

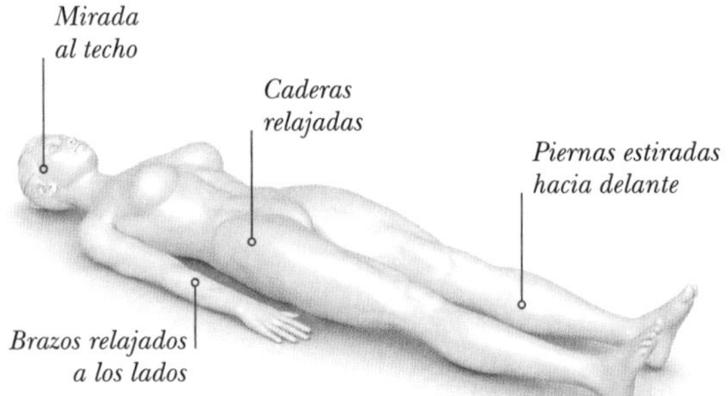
Mirada
al techo
Caderas
relajadas
Piernas estiradas
hacia delante
Brazos relajados
a los lados

FASE PREPARATORIA
Túmbate en el suelo con las piernas estiradas y los brazos relajados a los lados.

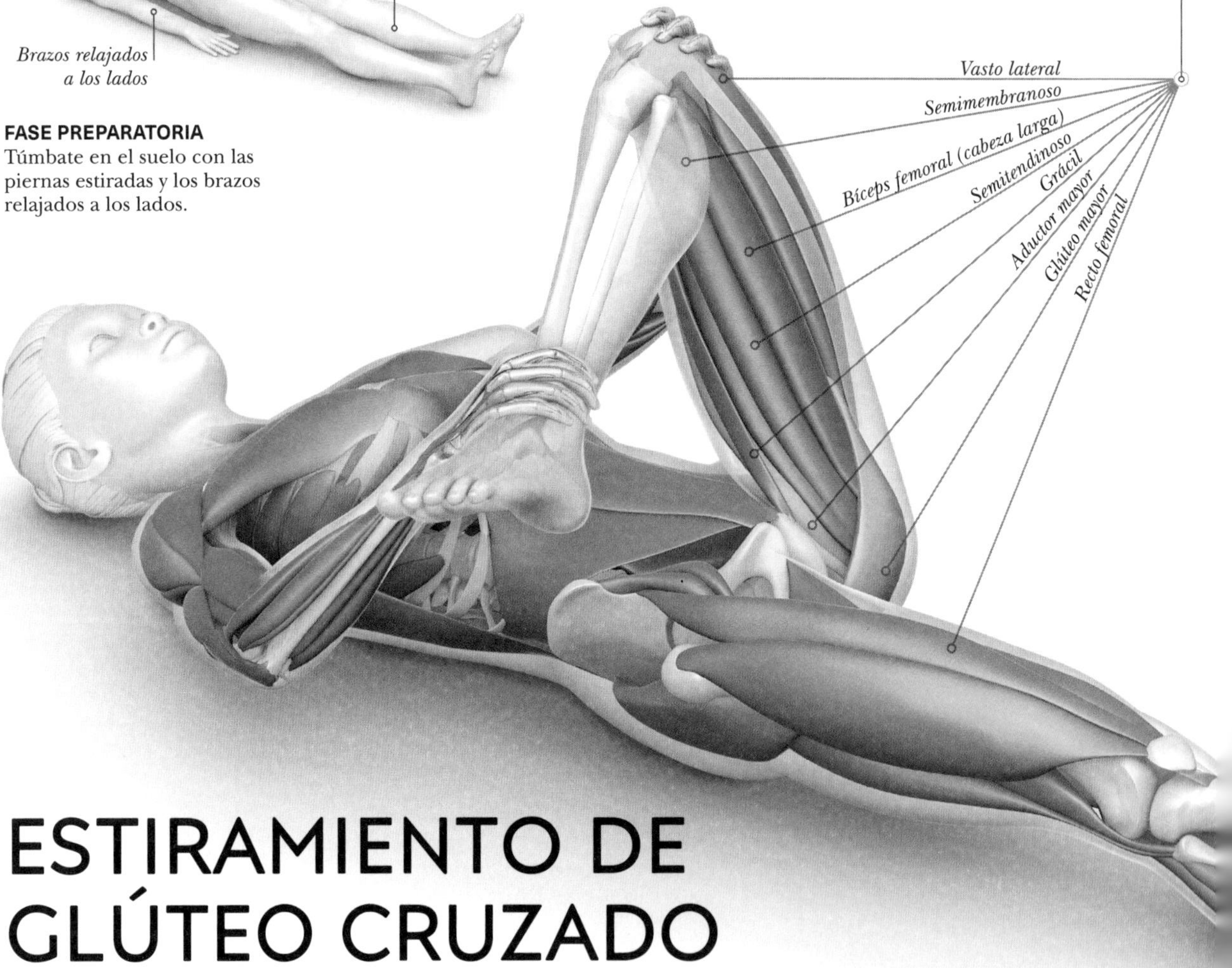
Caderas y piernas
Los **rotadores de la cadera izquierda** y los **glúteos** se estiran a medida que la cadera rota externamente y se aduce. Dependiendo de la persona, los **flexores de la cadera derecha** también pueden estirarse.
Vasto lateral
Semimembranoso
Bíceps femoral (cabeza larga)
Semitendinoso
Grácil
Aductor mayor
Glúteo mayor
Recto femoral

ESTIRAMIENTO DE GLÚTEO CRUZADO

Este estiramiento se utiliza habitualmente para trabajar el grupo del glúteo posterior y los rotadores de la cadera. Se puede hacer como un ejercicio simple de movilidad de cadera o para reducir la tensión en el glúteo, que pueda estar produciendo molestias en la región de la cadera.

El ángulo de tracción de este estiramiento es ligeramente diferente al de la figura 4 (p. 128). También requiere un rango de movimiento diferente en la cadera. La postura clásica, en el suelo, es cómoda para la espalda, pero si se prefiere se puede optar por la variante en silla. Conviene practicar esta opción durante la jornada laboral, cuando se está delante del escritorio. Entra gradualmente en el ejercicio y mantén la posición en el punto donde sientas un buen estiramiento en el glúteo.

CLAVE

●-- *Articulaciones*

○— *Músculos*

● Se acorta
  con tensión

● Se alarga
  con tensión

● Se alarga
  sin tensión

● En tensión sin
  movimiento

Precaución

Conviene recordar que las variaciones estructurales de la cadera
pueden limitar el rango individual
de movimiento. Trata de estirar en
los ángulos que puedas tolerar.

VARIACIÓN: EN SILLA

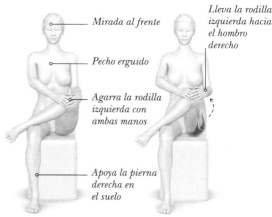

Mirada al frente

Lleva la rodilla
izquierda hacia
el hombro
derecho

Pecho erguido

Agarra la rodilla
izquierda con
ambas manos

Apoya la pierna
derecha en
el suelo

FASE PREPARATORIA
Siéntate y cruza el tobillo izquierdo en diagonal sobre
la rodilla derecha. Agarra la rodilla izquierda con las
dos manos.

PRIMERA FASE
Mantén la columna recta y elevada, tira de la rodilla
izquierda hacia el hombro contrario para estirar la
cadera posterior. Vuelve a la posición preparatoria.

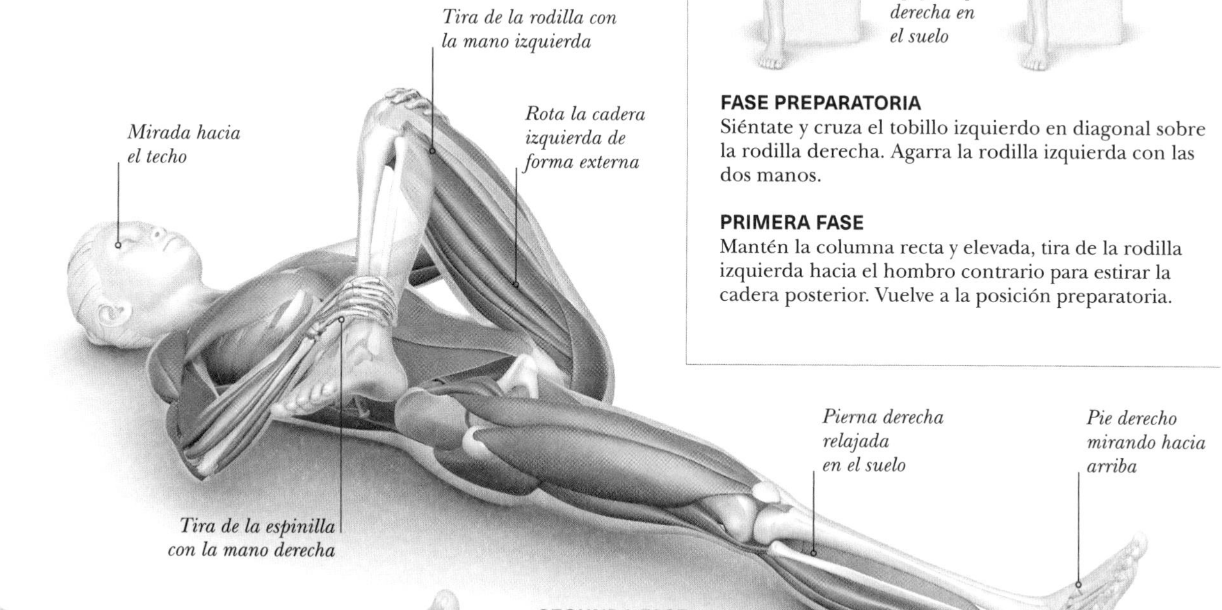

Tira de la rodilla con
la mano izquierda

Rota la cadera
izquierda de
forma externa

Mirada hacia
el techo

Pierna derecha
relajada
en el suelo

Pie derecho
mirando hacia
arriba

Tira de la espinilla
con la mano derecha

SEGUNDA FASE
Usa los brazos para llevar la cadera
hacia la línea media y estirar así la
parte posterior de la cadera.

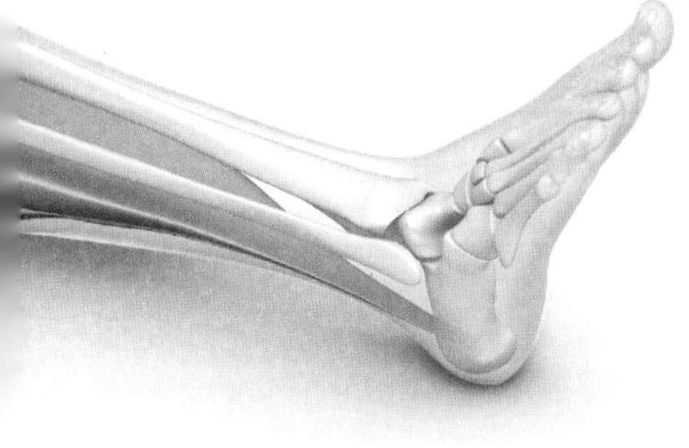

❝ ❞

*Este estiramiento de glúteo es
adecuado para quienes tienen un
movimiento limitado de la
rotación externa de la cadera.*

PRIMERA FASE
Levanta la cadera izquierda y rótala de
forma suave hacia fuera, colocando la
mano izquierda en la rodilla y la derecha
en la parte inferior de la espinilla.

ESTIRAMIENTO EN POSTURA DE FIGURA 4 CON ROTACIÓN INTERNA DE CADERA

Este es un buen estiramiento para las caderas y supone también una rotación suave de la columna lumbar. El ligero elongamiento en la rotación interna de la cadera, en una posición menos flexionada, puede ser útil para quienes carecen de un rango de movimiento cómodo en la flexión y rotación interna de la cadera.

La movilidad de rotación interna de la cadera es necesaria para actividades diarias como entrar y salir de un coche y cambiar de dirección cuando se practica un deporte. La falta de rotación interna puede limitar la función de la cadera.

Este sencillo ejercicio puede aliviar la tensión en la parte baja de la espalda al estirar suavemente la cadera. Hazlo con control y varía el ángulo de flexión de la cadera alejando el pie izquierdo o elevándolo.

> **! Precaución**
> Si experimentas dolor al flexionar la cadera, al rotarla de forma interna o aducirla, reduce el rango de movimiento en el estiramiento.

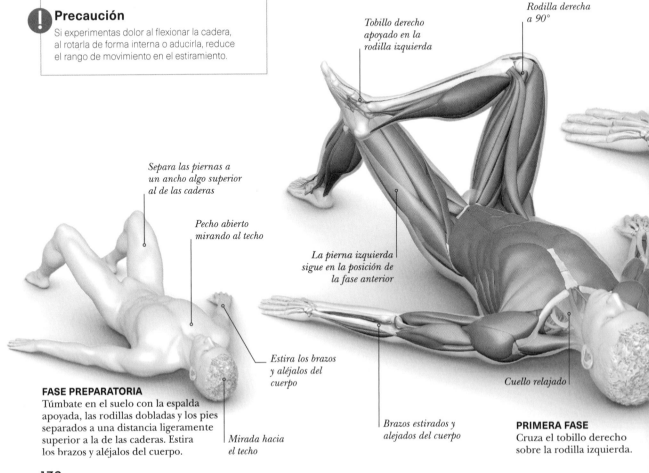

Rodilla derecha a 90°

Tobillo derecho apoyado en la rodilla izquierda

Separa las piernas a un ancho algo superior al de las caderas

Pecho abierto mirando al techo

La pierna izquierda sigue en la posición de la fase anterior

Estira los brazos y aléjalos del cuerpo

Cuello relajado

FASE PREPARATORIA
Túmbate en el suelo con la espalda apoyada, las rodillas dobladas y los pies separados a una distancia ligeramente superior a la de las caderas. Estira los brazos y aléjalos del cuerpo.

Mirada hacia el techo

Brazos estirados y alejados del cuerpo

PRIMERA FASE
Cruza el tobillo derecho sobre la rodilla izquierda.

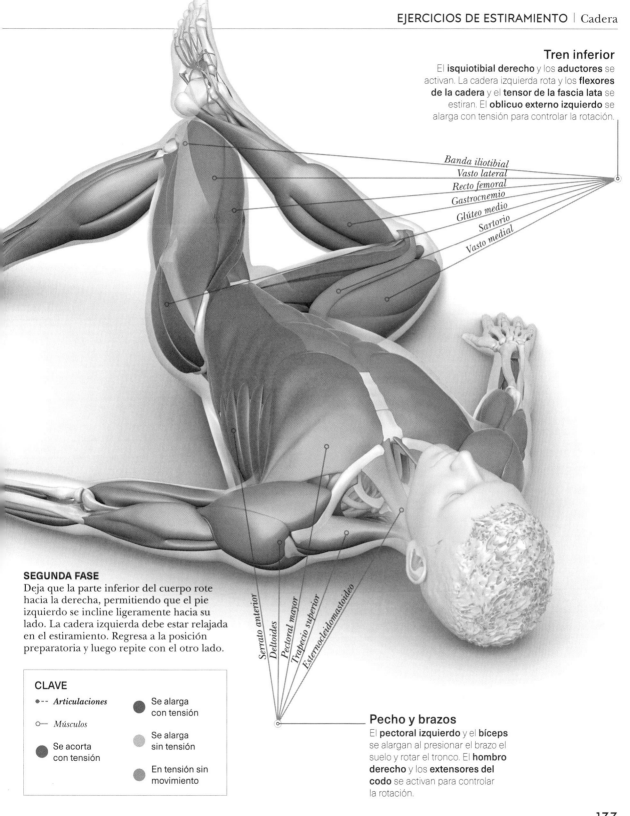

Tren inferior

El **isquiotibial derecho** y los **aductores** se activan. La cadera izquierda rota y los **flexores de la cadera** y el **tensor de la fascia lata** se estiran. El **oblicuo externo izquierdo** se alarga con tensión para controlar la rotación.

Banda iliotibial
Vasto lateral
Recto femoral
Gastrocnemio
Glúteo medio
Sartorio
Vasto medial

Serrato anterior
Deltoides
Pectoral mayor
Trapecio superior
Esternocleidomastoideo

SEGUNDA FASE

Deja que la parte inferior del cuerpo rote hacia la derecha, permitiendo que el pie izquierdo se incline ligeramente hacia su lado. La cadera izquierda debe estar relajada en el estiramiento. Regresa a la posición preparatoria y luego repite con el otro lado.

CLAVE

- •-- *Articulaciones*
- ○— *Músculos*
- ● Se acorta con tensión
- ● Se alarga con tensión
- ● Se alarga sin tensión
- ● En tensión sin movimiento

Pecho y brazos

El **pectoral izquierdo** y el **bíceps** se alargan al presionar el brazo el suelo y rotar el tronco. El **hombro derecho** y los **extensores del codo** se activan para controlar la rotación.

133

ESTIRAMIENTO DE FLEXORES DE CADERA EN POSICIÓN DE CABALLERO

Este ejercicio es excelente para estirar la cadera anterior, incluidos los cuádriceps y el flexor de la cadera. La posición de caballero, con ambas piernas en ángulo recto, facilita el estiramiento, debido a que las palancas son más cortas.

Este alargamiento permite aliviar la tensión causada por una extensión excesiva de la cadera. A través de la respiración y la contracción de los glúteos, los flexores de la cadera experimentan un estiramiento recíproco. Alargar sin que cambie mucho la posición articular puede ser mejor opción para quienes tienen limitaciones en el rango de movimiento o un desgarro del labrum, una lesión en el tejido de la articulación de la cadera.

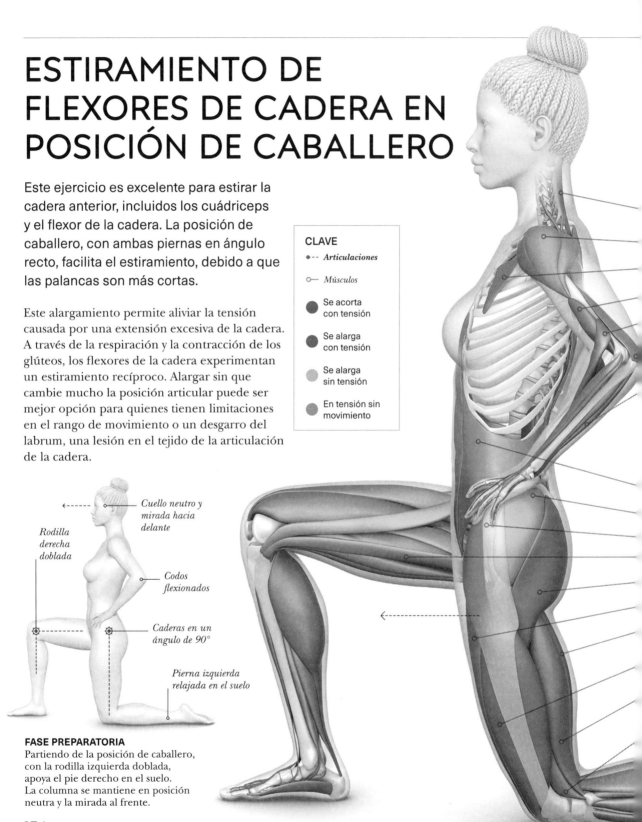

CLAVE

- ●-- *Articulaciones*
- ○— *Músculos*
- Se acorta con tensión
- Se alarga con tensión
- Se alarga sin tensión
- En tensión sin movimiento

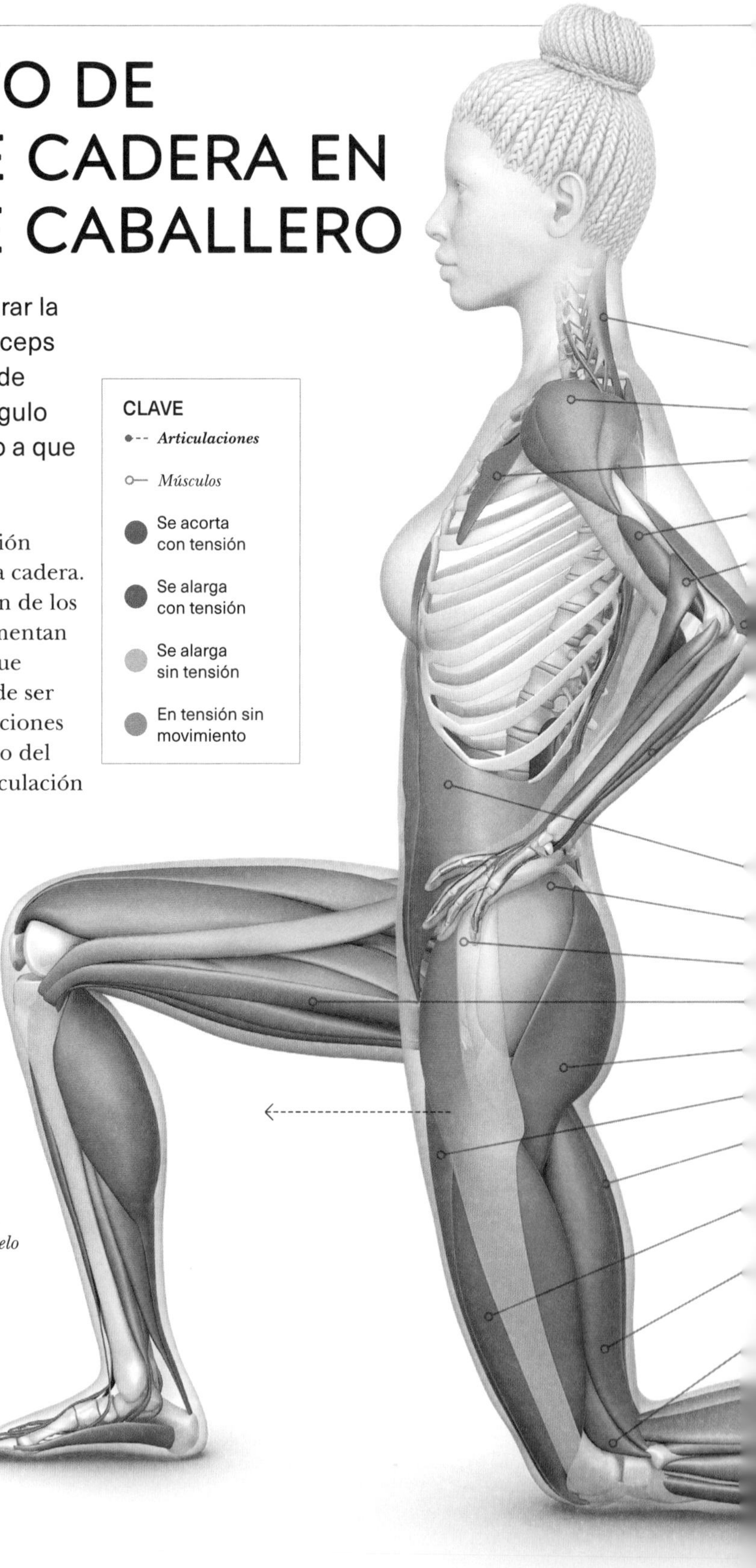

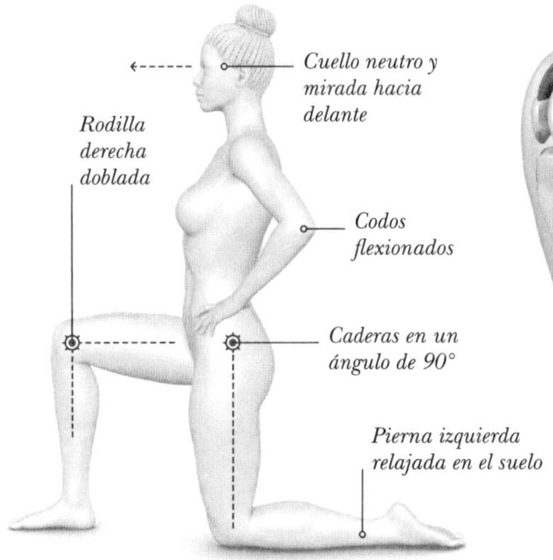

Cuello neutro y mirada hacia delante
Rodilla derecha doblada
Codos flexionados
Caderas en un ángulo de 90°
Pierna izquierda relajada en el suelo

FASE PREPARATORIA
Partiendo de la posición de caballero, con la rodilla izquierda doblada, apoya el pie derecho en el suelo. La columna se mantiene en posición neutra y la mirada al frente.

Tren superior

Los **bíceps** se activan ligeramente para mantener las manos en las caderas. Los **extensores de la columna** y los **oblicuos** estabilizan el torso junto con los **abdominales.**

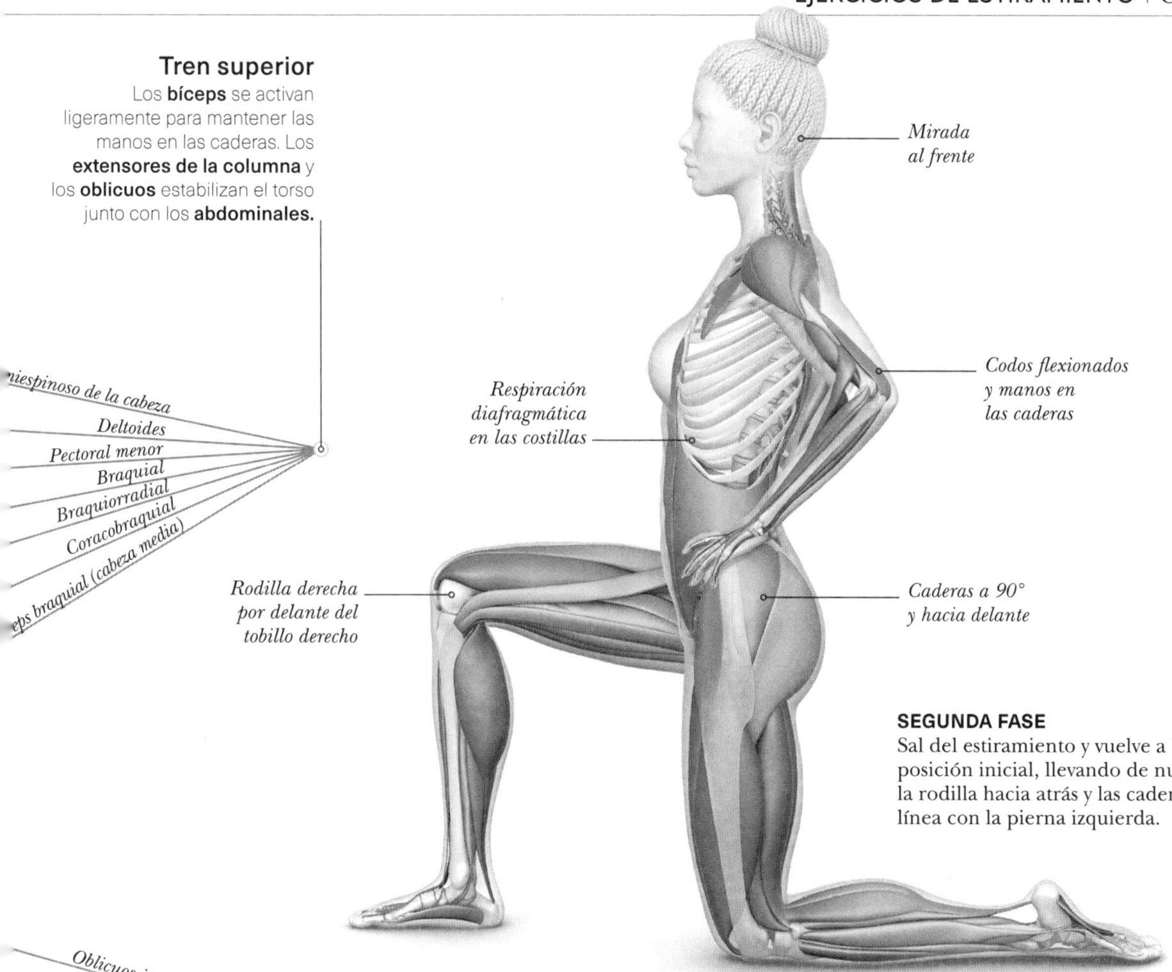
niespinoso de la cabeza
Deltoides
Pectoral menor
Braquial
Braquiorradial
Coracobraquial
eps braquial (cabeza media)
Mirada al frente
Respiración diafragmática en las costillas
Codos flexionados y manos en las caderas
Rodilla derecha por delante del tobillo derecho
Caderas a 90° y hacia delante

SEGUNDA FASE
Sal del estiramiento y vuelve a la posición inicial, llevando de nuevo la rodilla hacia atrás y las caderas en línea con la pierna izquierda.

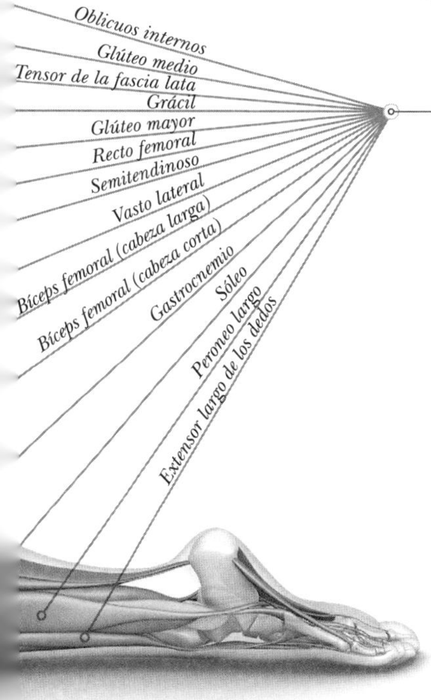
Oblicuos internos
Glúteo medio
Tensor de la fascia lata
Grácil
Glúteo mayor
Recto femoral
Semitendinoso
Vasto lateral
Bíceps femoral (cabeza larga)
Bíceps femoral (cabeza corta)
Gastrocnemio
Sóleo
Peroneo largo
Extensor largo de los dedos

Abdominales y piernas

Los **abdominales** se contraen para bascular la pelvis y los **glúteos** se activan. Los **cuádriceps izquierdos** y el **psoas** se acortan a medida que la cadera se estira. Los **isquiotibiales** y el **gastrocnemio** permanecen relajados. El **recto femoral** se alarga desde la cadera.

Precaución

Presta atención a cualquier molestia o dolor en la cadera, la espalda o las rodillas y haz las modificaciones necesarias. Siente un estiramiento cómodo en la parte delantera de la cadera. Mantente dentro de un rango de movimiento que no duela en todas las fases.

PRIMERA FASE
Con las manos en las caderas y estas alineadas, mete ligeramente el coxis, contrae el glúteo izquierdo y cambia el peso hacia la pierna de delante para conseguir el estiramiento.

» VARIACIONES

La movilidad de los flexores de la cadera puede influir en la extensión de esta articulación. Las variaciones de pie con una ligera flexión de rodilla son una buena alternativa y se replican en actividades como subir escaleras.

CLAVE
- ● Principal músculo ejercitado
- ● Otros músculos implicados

ESTIRAMIENTO DE LOS FLEXORES DE LA CADERA DE PIE

Este estiramiento es una alternativa ideal para quienes tienen algún problema para hacer el ejercicio en posición de caballero (p. 134). La posición de la pelvis y el glúteo permite estirar los flexores de la cadera, reducir la tensión del músculo y mejorar la flexibilidad.

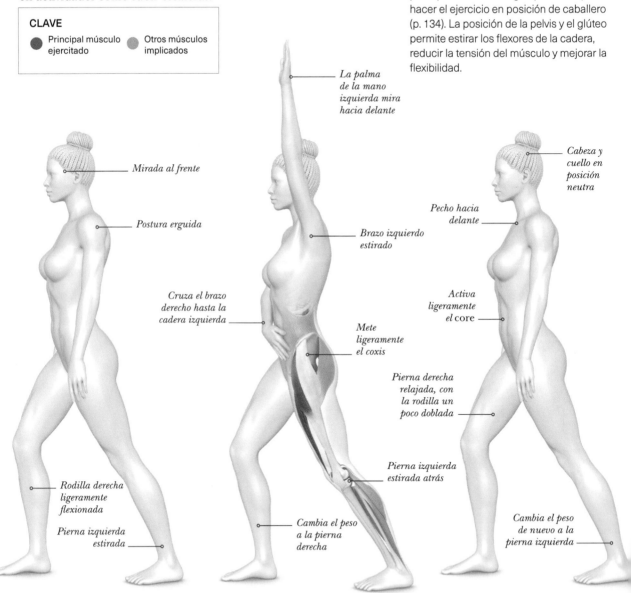

Mirada al frente

Postura erguida

Rodilla derecha ligeramente flexionada

Pierna izquierda estirada

La palma de la mano izquierda mira hacia delante

Brazo izquierdo estirado

Cruza el brazo derecho hasta la cadera izquierda

Mete ligeramente el coxis

Pierna izquierda estirada atrás

Cambia el peso a la pierna derecha

Cabeza y cuello en posición neutra

Pecho hacia delante

Activa ligeramente el core

Pierna derecha relajada, con la rodilla un poco doblada

Cambia el peso de nuevo a la pierna izquierda

FASE PREPARATORIA
Separa un poco las piernas y dobla ligeramente la derecha. La izquierda estirada se sitúa hacia atrás.

PRIMERA FASE
Mete ligeramente el coxis y cambia el peso del cuerpo hacia la pierna de delante mientras estiras el brazo izquierdo hacia arriba. Al mismo tiempo, cruza el brazo derecho y llévalo a la cadera izquierda.

SEGUNDA FASE
Baja el brazo izquierdo, lleva el brazo derecho de nuevo a su lugar y cambia el peso a la pierna de atrás.

ESTIRAMIENTO DE LOS FLEXORES DE LA CADERA EN SILLA

Esta alternativa es perfecta para quienes tienen un rango de movimiento limitado para extender la cadera. La silla permite flexionar la cadera opuesta, lo que facilita un buen estiramiento del flexor de la cadera.

Precaución

Vigila cualquier molestia en la cadera. Las variaciones o cambios estructurales en esta zona pueden afectar al rango de movimiento de la articulación de la cadera. Puedes modificar la postura para no tensar tanto la pierna de apoyo.

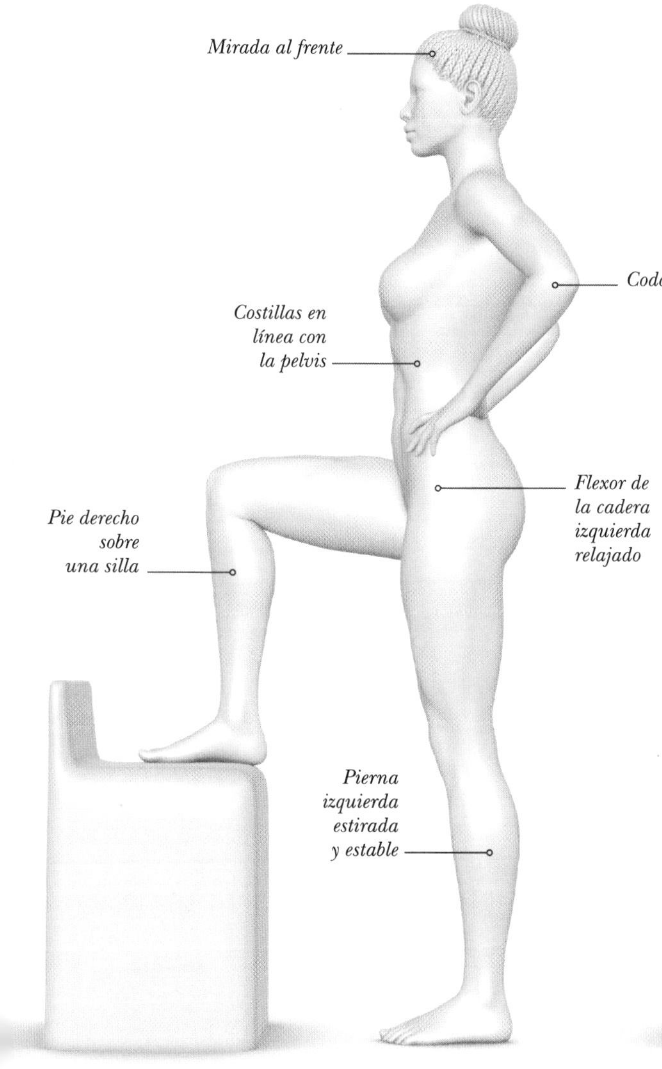
Mirada al frente
Codos doblados
Costillas en línea con la pelvis
Flexor de la cadera izquierda relajado
Pie derecho sobre una silla
Pierna izquierda estirada y estable

FASE PREPARATORIA

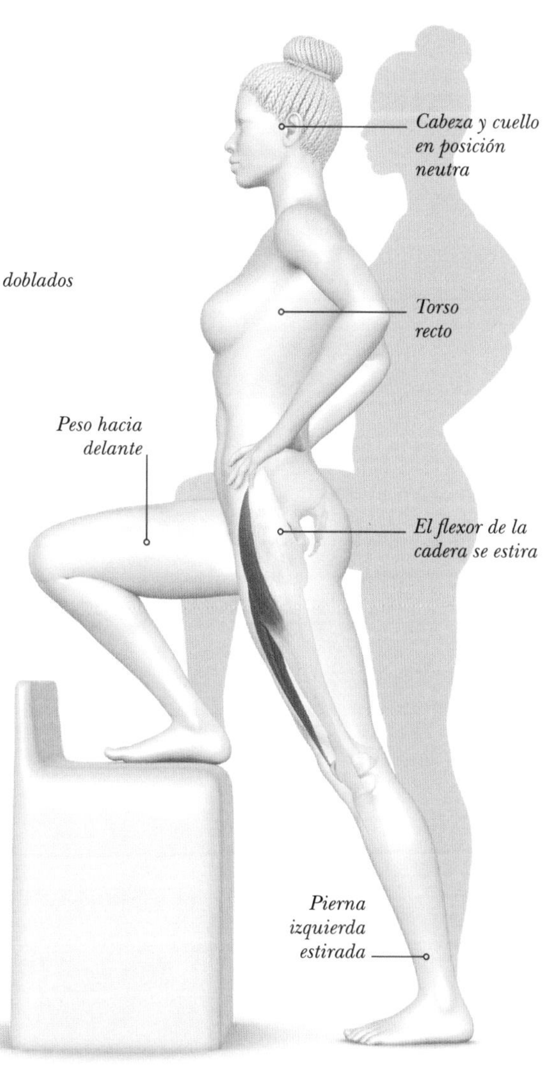
Cabeza y cuello en posición neutra
Torso recto
Peso hacia delante
El flexor de la cadera se estira
Pierna izquierda estirada

PRIMERA FASE

FASE PREPARATORIA
Coloca el pie derecho sobre una silla o un banco. De esta forma elevas la pierna y consigues separar las piernas.

PRIMERA FASE
Presiona el suelo con el talón para estirar la pierna de detrás, al tiempo que cambias ligeramente el peso hacia delante para sentir el estiramiento en el flexor de la cadera de la pierna izquierda.

SEGUNDA FASE
Lleva el peso de nuevo atrás para salir del estiramiento.

LA PALOMA

Los rotadores de la cadera pueden estirarse de varias formas. La paloma en silla permite controlar la intensidad del estiramiento en función del peso que se ponga.

No es extraño que esta zona se tense dado al alto volumen de ejercicio de la parte inferior del cuerpo y los movimientos de rotación. Ajusta el ángulo de la cadera que se quiere trabajar y ahonda la postura con suavidad para lograr el estiramiento. Deberías sentirlo en la cadera posterior y en el glúteo.

CLAVE

- *Articulaciones*
- *Músculos*
- Se acorta con tensión
- Se alarga con tensión
- Se alarga sin tensión
- En tensión sin movimiento

Cadera anterior y pierna

Los **aductores derechos** se activan y el **glúteo derecho** y los **rotadores de la cadera** se alargan con tensión. Los **flexores de la cadera izquierda** se alargan, mientras que los **cuádriceps** y los **extensores de la cadera** extienden la pierna.

FASE PREPARATORIA
Partiendo de posición de cuadrupedia, con los codos estirados y las manos debajo de los hombros, alinea las rodillas con las caderas.

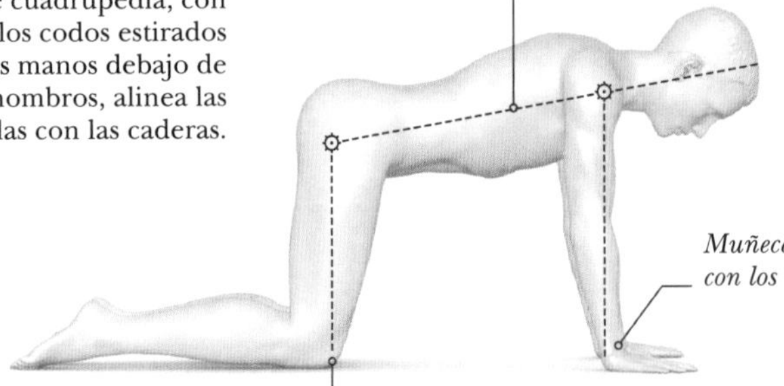

Espalda recta y columna neutra
Muñecas alineadas con los hombros
Rodillas en línea con las caderas

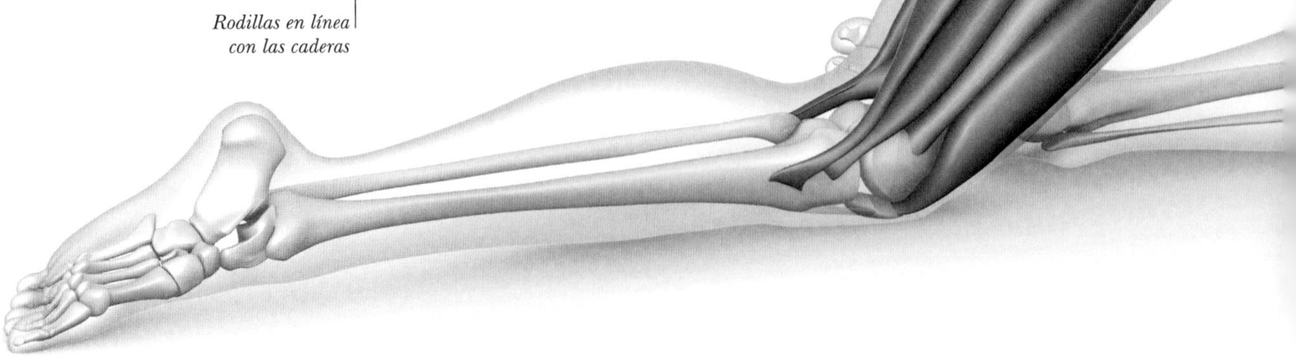

Glúteo mayor
Aductor mayor
Recto femoral
Vasto medial
Semimembranoso
Semitendinoso

SEGUNDA FASE
Apoya los antebrazos sobre el suelo para llevar el estiramiento a la profundidad deseada. Ajusta el ángulo desplazando la rodilla arriba o abajo para cambiar el ángulo de flexión de la cadera. Luego extiende los brazos y descruza la pierna para repetir con el otro lado.

PRIMERA FASE
Cruza la pierna derecha por delante de la izquierda para que la rodilla derecha esté en línea con el hombro izquierdo. La cadera derecha puede girar ligeramente hacia afuera para lograr esta posición.

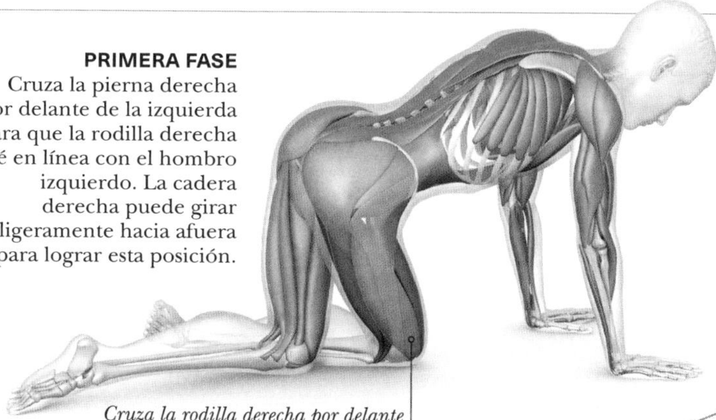
Cruza la rodilla derecha por delante de la izquierda, colocándola en línea con el hombro contrario

Tren superior

Los **tríceps** y los **pectorales** se activan para sostener la parte superior del cuerpo. Los **abdominales** y los **extensores de la columna** trabajan para controlar el tronco y la pelvis.

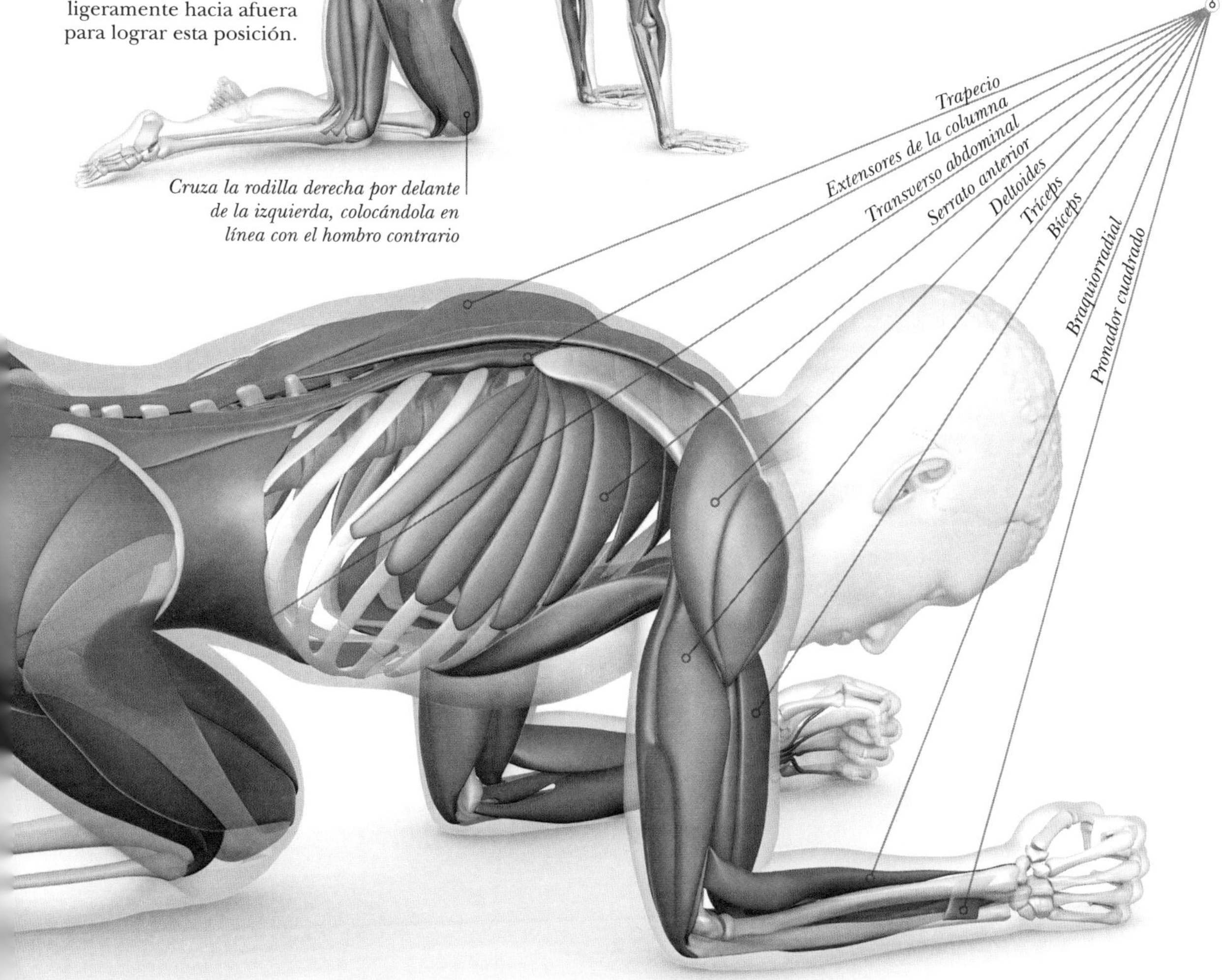
Trapecio
Extensores de la columna
Transverso abdominal
Serrato anterior
Deltoides
Tríceps
Bíceps
Braquiorradial
Pronador cuadrado

VARIACIÓN: SENTADA

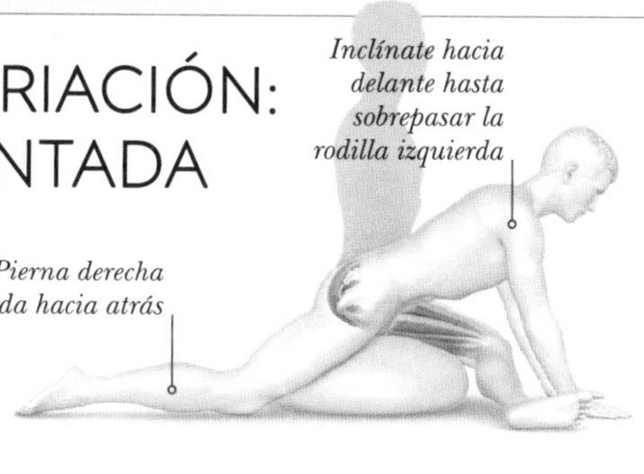
Inclínate hacia delante hasta sobrepasar la rodilla izquierda
Pierna derecha estirada hacia atrás

FASE PREPARATORIA
Siéntate sobre un bloque o una almohada, estira hacia atrás la pierna derecha y rota la izquierda de forma externa. Equilíbrate colocando las puntas de los dedos en el suelo a cada lado de la pierna doblada o, si usas una almohada, sobre ella. Si no llegas al suelo, pon un bloque de yoga bajo cada mano.

PRIMERA FASE
Mueve las manos hacia delante y vete inclinándote hacia el suelo. Pliégate sobre la cadera izquierda para estirar por completo.

SEGUNDA FASE
Levanta de nuevo el tronco y deja que las manos descansen a cada lado del cuerpo, como en la posición de partida.

EL MEJOR ESTIRAMIENTO DEL MUNDO

Este estiramiento dinámico hace honor a su nombre, ya que estira las caderas, los tobillos y la columna torácica. Es uno de los favoritos de atletas y personas activas, ya que fortalece y alarga el cuerpo a través del movimiento.

Se trata de un estiramiento en tres partes que trabaja múltiples áreas en una sola secuencia. El paso adelante trabaja la movilidad de la cadera, mientras que el codo al suelo y la rotación favorecen la movilidad torácica. Requiere coordinación y control corporal y puede servir como un excelente calentamiento dinámico para cualquier entrenamiento, como levantamiento de pesas o carrera, y es especialmente bueno para deportes que exigen múltiples planos, como el fútbol, el béisbol o el voleibol.

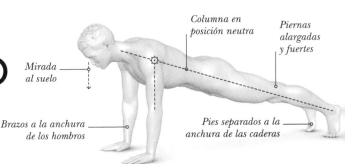

Mirada al suelo

Columna en posición neutra

Piernas alargadas y fuertes

Brazos a la anchura de los hombros

Pies separados a la anchura de las caderas

FASE PREPARATORIA
Colócate en posición de plancha alta, apoyándote en las manos y en los dedos de los pies. La columna está en posición neutra y las manos separadas a la distancia de los hombros.

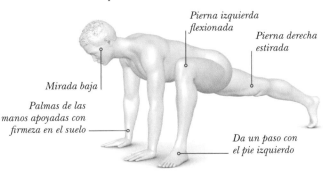

Pierna izquierda flexionada

Pierna derecha estirada

Mirada baja

Palmas de las manos apoyadas con firmeza en el suelo

Da un paso con el pie izquierdo

PRIMERA FASE
Da un paso con el pie izquierdo y colócalo junto a la mano izquierda, en la parte exterior, en una posición de zancada.

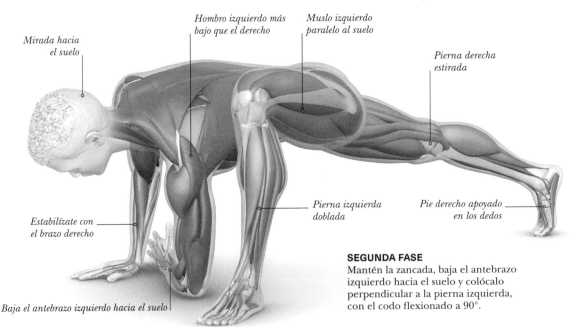

Mirada hacia el suelo

Hombro izquierdo más bajo que el derecho

Muslo izquierdo paralelo al suelo

Pierna derecha estirada

Estabilízate con el brazo derecho

Pierna izquierda doblada

Pie derecho apoyado en los dedos

Baja el antebrazo izquierdo hacia el suelo

SEGUNDA FASE
Mantén la zancada, baja el antebrazo izquierdo hacia el suelo y colócalo perpendicular a la pierna izquierda, con el codo flexionado a 90°.

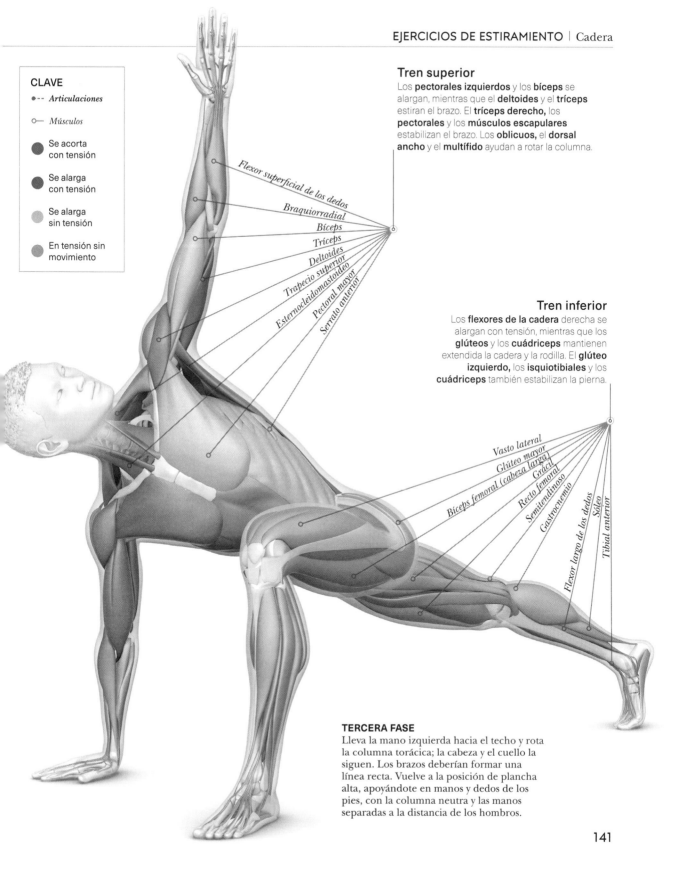

CLAVE

- •-- *Articulaciones*
- ○— *Músculos*
- ● Se acorta con tensión
- ● Se alarga con tensión
- ● Se alarga sin tensión
- ● En tensión sin movimiento

Tren superior

Los **pectorales izquierdos** y los **bíceps** se alargan, mientras que el **deltoides** y el **tríceps** estiran el brazo. El **tríceps derecho,** los **pectorales** y los **músculos escapulares** estabilizan el brazo. Los **oblicuos,** el **dorsal ancho** y el **multífido** ayudan a rotar la columna.

Tren inferior

Los **flexores de la cadera** derecha se alargan con tensión, mientras que los **glúteos** y los **cuádriceps** mantienen extendida la cadera y la rodilla. El **glúteo izquierdo,** los **isquiotibiales** y los **cuádriceps** también estabilizan la pierna.

Flexor superficial de los dedos
Braquiorradial
Bíceps
Tríceps
Deltoides
Trapecio superior
Esternocleidomastoideo
Pectoral mayor
Serrato anterior

Vasto lateral
Glúteo mayor
Bíceps femoral (cabeza larga)
Grácil
Recto femoral
Semitendinoso
Gastrocnemio
Flexor largo de los dedos
Sóleo
Tibial anterior

TERCERA FASE

Lleva la mano izquierda hacia el techo y rota la columna torácica; la cabeza y el cuello la siguen. Los brazos deberían formar una línea recta. Vuelve a la posición de plancha alta, apoyándote en manos y dedos de los pies, con la columna neutra y las manos separadas a la distancia de los hombros.

141

EL *PANCAKE*

El objetivo final de este ejercicio es lograr una postura completamente plana, como un panqueque, algo que requiere práctica. Proporciona un estiramiento activo para las caderas, los músculos isquiotibiales, la parte baja de la espalda y los aductores (los muslos internos).

Este ejercicio implica plegar el tronco hacia delante. Se realiza en el suelo dentro de una rutina de estiramiento de la parte inferior del cuerpo y es particularmente útil para bailarines. Usa las manos para apoyarte y ver lo lejos que puedes bajar cómodamente; separa las piernas todo lo que puedas. Con el tiempo y la práctica podrás estirar más. Prueba la variación en silla si te resulta difícil estirar en el suelo.

66 99

El grupo muscular de los aductores se extiende en la zona interna del muslo y se encarga sobre todo de aducir la pierna, aunque también ayuda en otros movimientos.

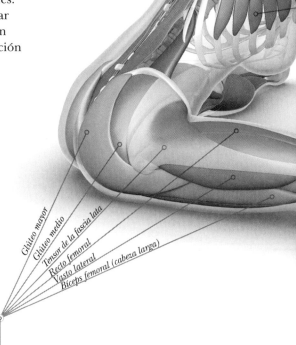

Glúteo mayor
Glúteo medio
Tensor de la fascia lata
Recto femoral
Vasto lateral
Bíceps femoral (cabeza larga)

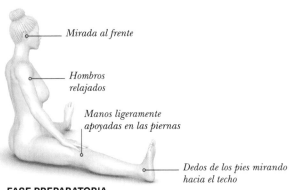

Mirada al frente

Hombros relajados

Manos ligeramente apoyadas en las piernas

Dedos de los pies mirando hacia el techo

FASE PREPARATORIA
En posición sentada, separa las piernas en «V» y apoya las manos sobre las piernas.

Tren inferior y pelvis

Los **flexores de la cadera** se contraen para que el tronco descienda. Los **aductores**, el **semitendinoso**, el **semimembranoso**, el **bíceps femoral** y los **gemelos** se alargan mientras las caderas se flexionan y se abducen con extensión de rodilla y dorsiflexión de tobillo.

Precaución

Los muslos internos no deben doler. Aumenta poco a poco la intensidad del estiramiento y asegúrate de realizar alguna modificación si sientes dolor.

Tren superior y espalda

Los **extensores de la espalda** se activan para mantener la columna elevada. Los **tríceps** permiten sujetar el peso de la parte superior del cuerpo.

CLAVE

- •-- *Articulaciones*
- o— *Músculos*
- Se acorta con tensión
- Se alarga con tensión
- Se alarga sin tensión
- En tensión sin movimiento

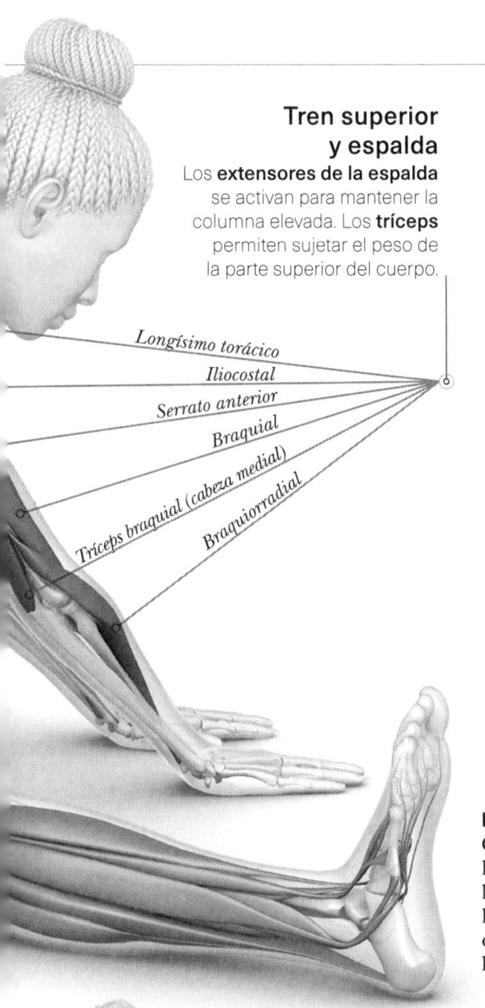
Longísimo torácico
Iliocostal
Serrato anterior
Braquial
Tríceps braquial (cabeza medial)
Braquiorradial

PRIMERA FASE
Camina con las manos hacia delante y ve bajando lentamente el tronco hacia el suelo, sin sentir dolor. Intenta mantener la columna recta al bajar.

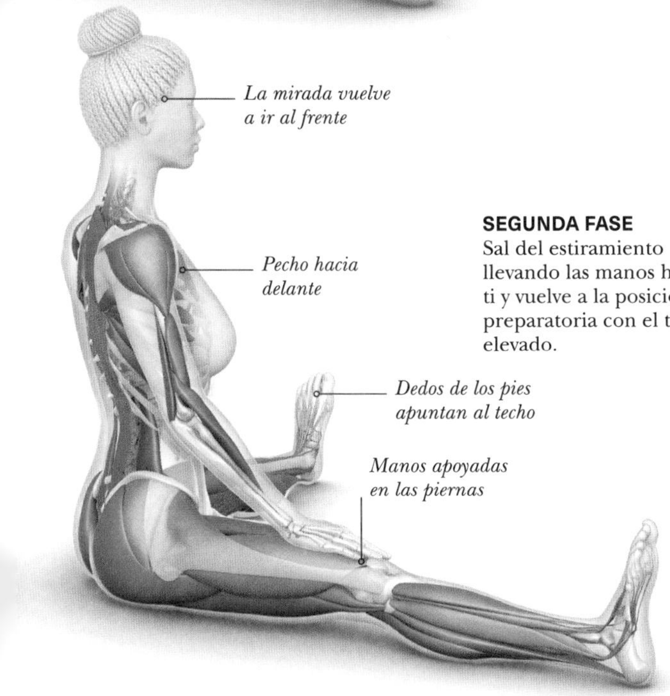
La mirada vuelve a ir al frente
Pecho hacia delante
Dedos de los pies apuntan al techo
Manos apoyadas en las piernas

SEGUNDA FASE
Sal del estiramiento llevando las manos hacia ti y vuelve a la posición preparatoria con el tronco elevado.

VARIACIÓN: EN SILLA

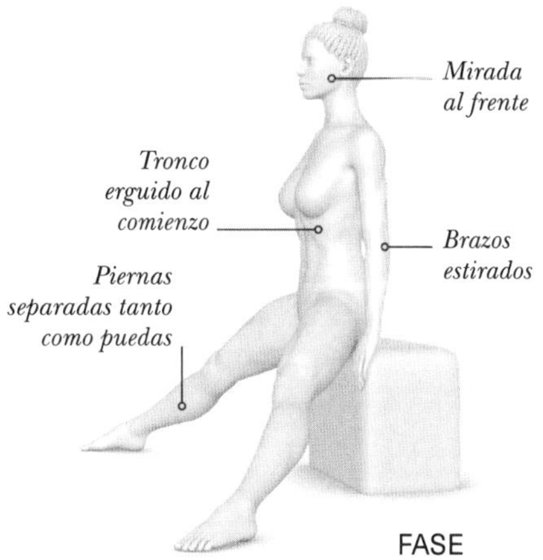
Mirada al frente
Tronco erguido al comienzo
Brazos estirados
Piernas separadas tanto como puedas

FASE PREPARATORIA

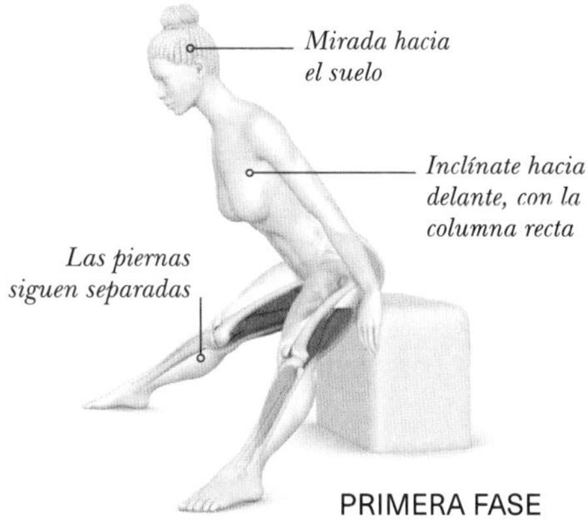
Mirada hacia el suelo
Inclínate hacia delante, con la columna recta
Las piernas siguen separadas

PRIMERA FASE

FASE PREPARATORIA
En posición sentada, separa las piernas tanto como puedas hasta lograr una posición en forma de «V». Los pies están relajados y las manos agarran la silla.

PRIMERA FASE
Con la espalda recta, inclínate hacia delante, plegándote por las caderas para estirar los isquiotibiales y los aductores.

SEGUNDA FASE
Con la espalda recta, vuelve a la fase inicial.

EL BEBÉ FELIZ

Cuando estás en esta postura, boca arriba y
agarrándote los pies, te pareces a un bebé feliz.
Esta suave apertura estira las caderas y los tobillos,
relaja el suelo pélvico y puede reducir la tensión
en la parte baja de la espalda y las caderas.

Al llevar las rodillas hacia el pecho, abrir las caderas y concentrarte
en la respiración diafragmática en las costillas, el suelo pélvico
se relaja. Si te resulta complicado llegar a los pies, puedes agarrar
en su lugar los tobillos o las espinillas. El suave balanceo lateral
es opcional, pero proporciona una mayor relajación.

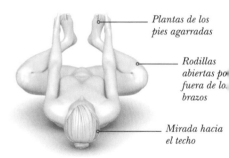

Plantas de los
pies agarradas

Rodillas
abiertas por
fuera de los
brazos

Mirada hacia
el techo

FASE PREPARATORIA
Túmbate sobre la espalda. Acerca
las rodillas al pecho y agarra la
parte exterior de los pies.

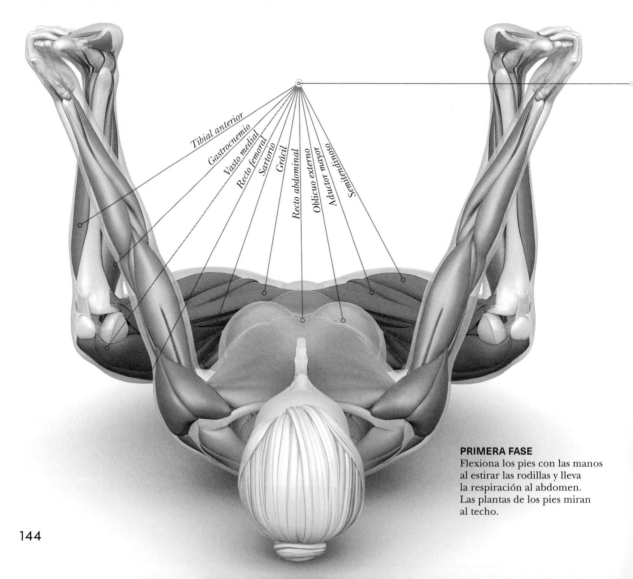

Tibial anterior
Gastrocnemio
Vasto medial
Recto femoral
Sartorio
Grácil
Recto abdominal
Oblicuo externo
Aductor mayor
Semitendinoso

PRIMERA FASE
Flexiona los pies con las manos
al estirar las rodillas y lleva
la respiración al abdomen.
Las plantas de los pies miran
al techo.

VARIACIÓN: CON UNA PIERNA

FASE PREPARATORIA
Túmbate boca arriba. Agarra la parte externa del pie izquierdo con la mano de ese lado y acerca la rodilla hacia el pecho mientras la pierna derecha está estirada y relajada.

PRIMERA FASE
Flexiona el pie izquierdo con la mano y estira la rodilla, llevando la respiración al abdomen. La pierna derecha está estirada frente a ti.

SEGUNDA FASE
Balancéate lateralmente mientras mantienes el estiramiento de la pierna izquierda y usa la mano derecha, que está en el suelo, para controlar el movimiento.

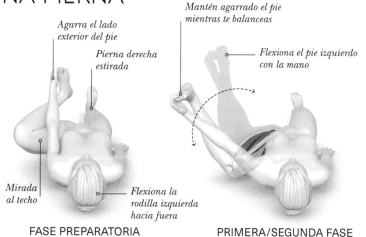

Agarra el lado exterior del pie

Pierna derecha estirada

Mantén agarrado el pie mientras te balanceas

Flexiona el pie izquierdo con la mano

Mirada al techo

Flexiona la rodilla izquierda hacia fuera

FASE PREPARATORIA

PRIMERA/SEGUNDA FASE

Pelvis y piernas
El pecho se dirige hacia delante mientras las manos tiran de las piernas para estirar. Los **aductores de la cadera,** los **isquiotibiales** y los **gemelos** se alargan en esta posición. Los **tobillos** están en dorsiflexión y las **caderas,** flexionadas y abducidas.

 Precaución
Conviene tener cuidado si te duele la cadera o la rodilla. No se recomienda hacer este estiramiento en el primer trimestre del embarazo.

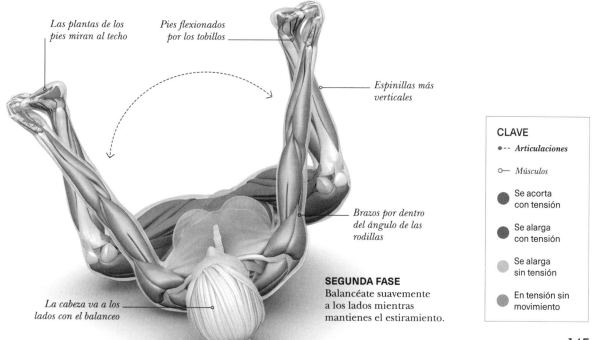

Las plantas de los pies miran al techo

Pies flexionados por los tobillos

Espinillas más verticales

Brazos por dentro del ángulo de las rodillas

La cabeza va a los lados con el balanceo

SEGUNDA FASE
Balancéate suavemente a los lados mientras mantienes el estiramiento.

CLAVE
- - - *Articulaciones*

○— *Músculos*

● Se acorta con tensión

● Se alarga con tensión

○ Se alarga sin tensión

● En tensión sin movimiento

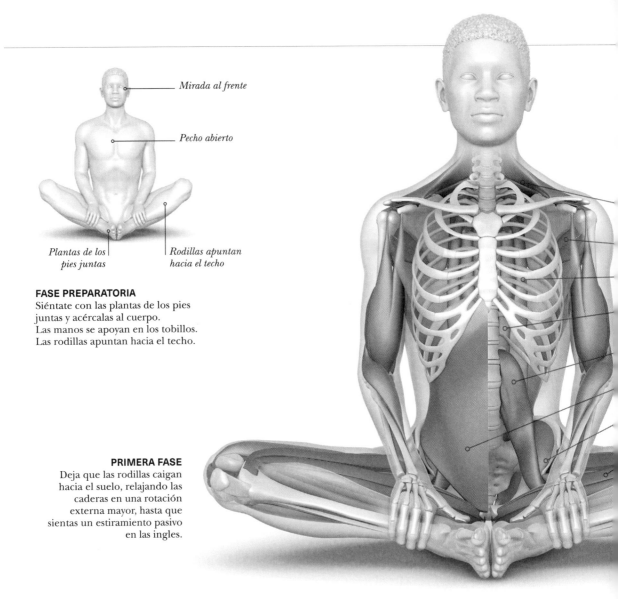

Mirada al frente

Pecho abierto

Plantas de los
pies juntas

Rodillas apuntan
hacia el techo

FASE PREPARATORIA
Siéntate con las plantas de los pies
juntas y acércalas al cuerpo.
Las manos se apoyan en los tobillos.
Las rodillas apuntan hacia el techo.

PRIMERA FASE
Deja que las rodillas caigan
hacia el suelo, relajando las
caderas en una rotación
externa mayor, hasta que
sientas un estiramiento pasivo
en las ingles.

LA MARIPOSA

Este ejercicio es excelente para estirar las caderas y los aductores (la parte interna de los muslos), ya que se profundiza la abducción y la rotación externa. Reducir la tensión en los aductores puede ser útil para controlar el dolor de cadera y rodilla.

La mariposa es un ejercicio habitual en el yoga y también se usa para estirar en muchas clases de *fitness*. Puedes inclinarte hacia delante para intensificar el estiramiento, o centrarte en trabajar la ingle y el muslo interno mientras las caderas rotan externamente ayudándose de la gravedad o de una presión externa adicional. Si no puedes acercar completamente los tobillos, llévalos hasta donde puedas. Si el estiramiento es demasiado intenso, coloca almohadas debajo de las rodillas para reducir el rango de movimiento.

VARIACIÓN: SUPINA

Tronco y tren inferior

Los **extensores de la espalda** mantienen la columna erguida. El **pectíneo,** el **aductor largo** y el **aductor corto** son los aductores que más se alargan sin tensión.

Esternocleidomastoideo
Redondo menor
Iliocostal
Longísimo torácico
Psoas mayor
Transverso abdominal
Ilíaco
Grácil
Sartorio
Vasto medial

Mirada al techo

Rodillas flexionadas

Plantas de los pies apoyadas en el suelo

Brazos relajados en el suelo

Las rodillas caen hacia fuera

FASE PREPARATORIA

Túmbate sobre la espalda, con las rodillas flexionadas, los pies relajados y los brazos estirados a ambos lados del cuerpo.

PRIMERA FASE

Deja que las rodillas caigan lentamente hacia fuera para estirar hasta donde desees. Lleva de nuevo las rodillas al centro para salir del estiramiento.

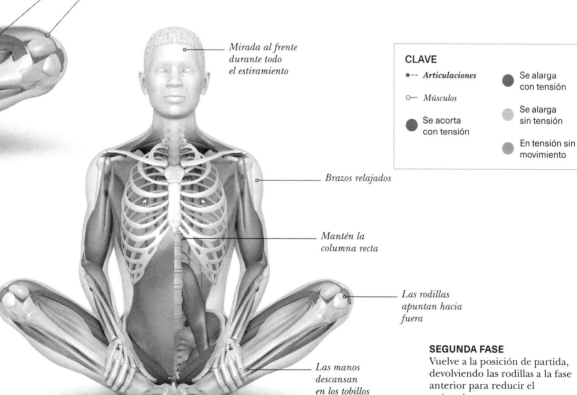

Mirada al frente durante todo el estiramiento

CLAVE

●-- *Articulaciones*

○— *Músculos*

● Se acorta con tensión

● Se alarga con tensión

● Se alarga sin tensión

● En tensión sin movimiento

Brazos relajados

Mantén la columna recta

Las rodillas apuntan hacia fuera

SEGUNDA FASE

Vuelve a la posición de partida, devolviendo las rodillas a la fase anterior para reducir el estiramiento.

Las manos descansan en los tobillos

147

CÍRCULOS DE CADERA DE PIE

Estas rotaciones articulares controladas permiten utilizar activamente todo el rango articular disponible en la cadera. Favorecen la movilidad activa en la articulación, al tiempo que mejoran el equilibrio y la estabilidad en la pierna de apoyo. Existen también variaciones (p. 150) de rodillas y acostado.

Los círculos de cadera trabajan la movilidad, la fuerza y la coordinación, y pueden utilizarse a diario para movilizar la zona, dentro de un programa para la cadera o el tren inferior, y como calentamiento. Es importante evaluar cuál es la movilidad disponible para saber el rango articular que se tiene. Entender y practicar estos círculos de cadera puede servir de precursor para entrenar más la fuerza y aumentar la resistencia articular de cara a la práctica de ciertos deportes.

> **Precaución**
>
> Presta atención a cualquier molestia o dolor en la cadera, la espalda o las rodillas. Los ruidos no dolorosos en las articulaciones suelen ser normales. Si sientes un pellizco o dolor agudo, no fuerces; mantente dentro de un rango de movimiento que no duela en todas las fases.

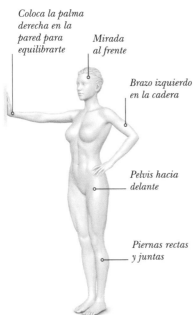

Coloca la palma derecha en la pared para equilibrarte

Mirada al frente

Brazo izquierdo en la cadera

Pelvis hacia delante

Piernas rectas y juntas

FASE PREPARATORIA
De pie, con el peso repartido entre ambas piernas, coloca la mano derecha en una pared para que te sirva de apoyo al entrar en la primera fase.

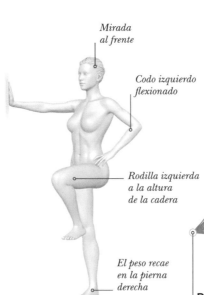

Mirada al frente

Codo izquierdo flexionado

Rodilla izquierda a la altura de la cadera

El peso recae en la pierna derecha

PRIMERA FASE
Cambia el peso a la pierna derecha y permanece en posición erguida. Sube la rodilla izquierda hasta donde puedas.

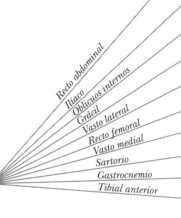

Recto abdominal
Ilíaco
Oblicuos internos
Grácil
Vasto lateral
Recto femoral
Vasto medial
Sartorio
Gastrocnemio
Tibial anterior

Pierna de apoyo y abdomen
Los **abdominales**, el **tensor de la fascia lata** y los **glúteos** estabilizan las caderas. Los **cuádriceps** ayudan a mantener la extensión de la rodilla. El **gastrocnemio**, el **tibial anterior** y otros músculos de la parte inferior de la pierna dan estabilidad al pie y el tobillo.

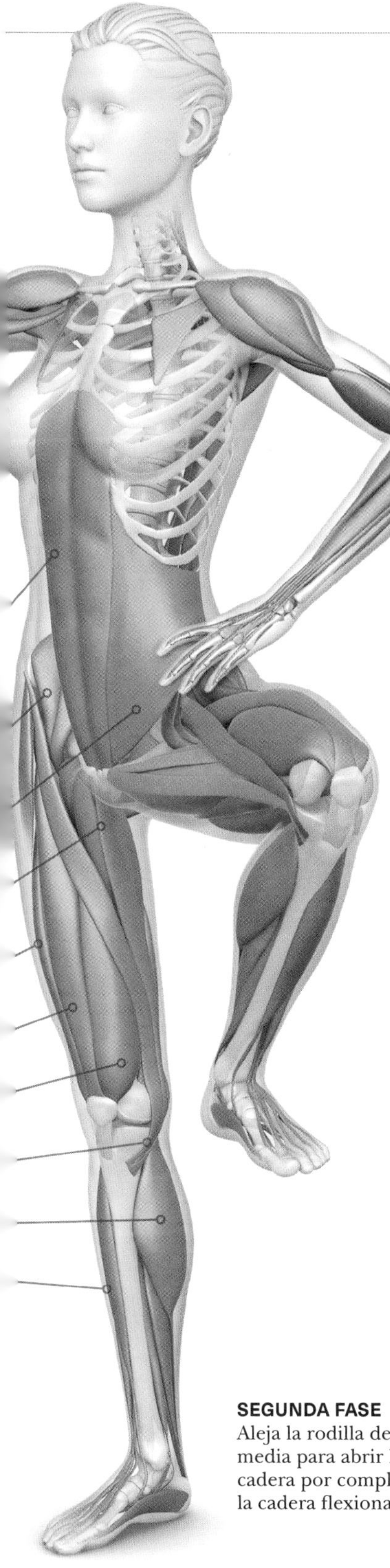

SEGUNDA FASE
Aleja la rodilla de la línea media para abrir la cadera por completo con la cadera flexionada.

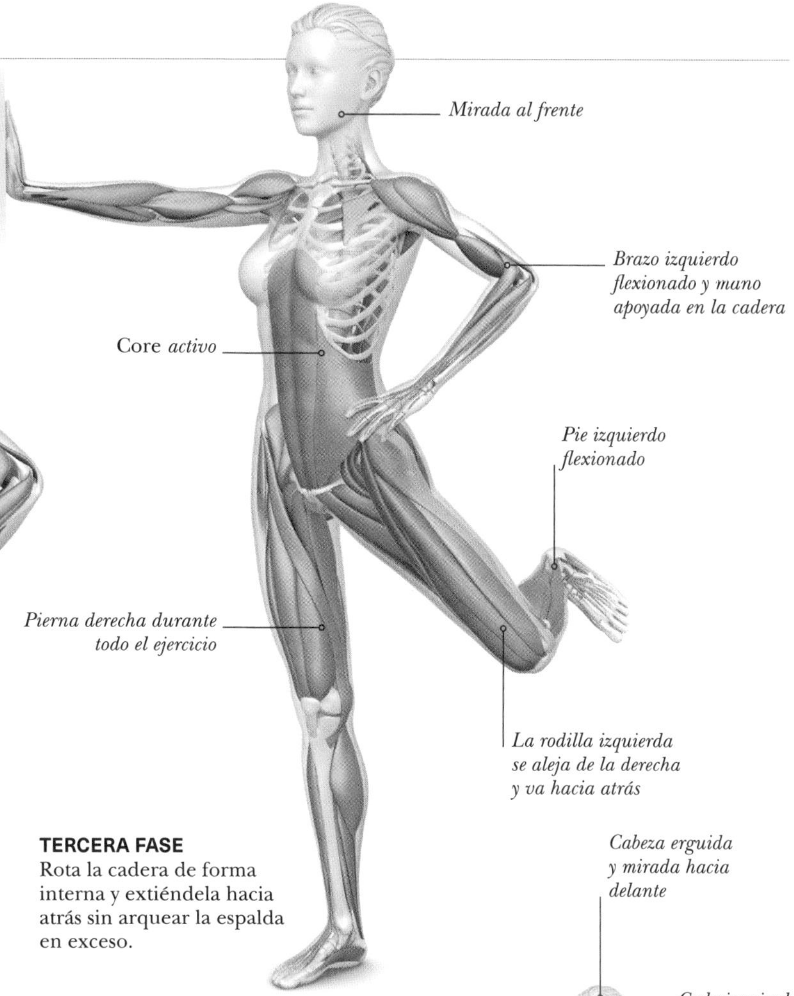

Mirada al frente
Brazo izquierdo flexionado y mano apoyada en la cadera
Core *activo*
Pie izquierdo flexionado
Pierna derecha durante todo el ejercicio
La rodilla izquierda se aleja de la derecha y va hacia atrás

TERCERA FASE
Rota la cadera de forma interna y extiéndela hacia atrás sin arquear la espalda en exceso.

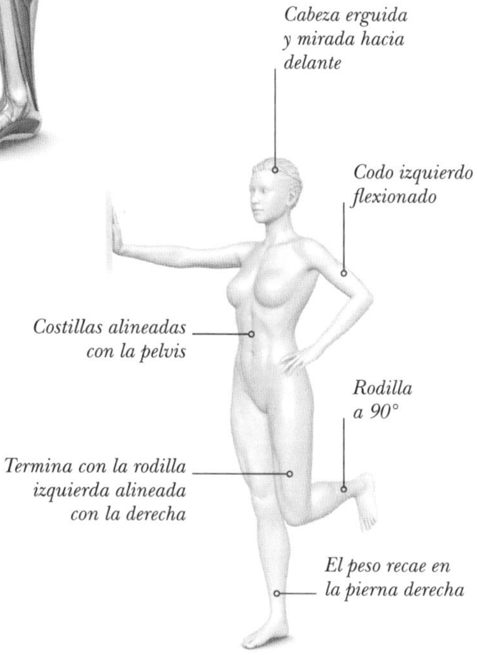

Cabeza erguida y mirada hacia delante
Codo izquierdo flexionado
Costillas alineadas con la pelvis
Rodilla a 90°
Termina con la rodilla izquierda alineada con la derecha
El peso recae en la pierna derecha

CLAVE
- ●-- ***Articulaciones***
- ○— *Músculos*
- Se acorta con tensión
- Se alarga con tensión
- Se alarga sin tensión
- En tensión sin movimiento

CUARTA FASE
Lleva la rodilla izquierda hacia delante hasta que esté en línea con la derecha y se complete la serie.

» VARIACIONES

Los círculos de cadera se pueden practicar en distintas posiciones, según el nivel o las demandas musculares que se desea trabajar.

CLAVE

- Principal músculo ejercitado
- Otros músculos implicados

CÍRCULOS DE CADERA EN CUADRUPEDIA

La variación en cuadrupedia proporciona el desafío de realizar el movimiento contra la gravedad. Esta opción es menos intensa que la versión de pie y es mejor para quienes tienen caderas sensibles y con una fuerza limitada.

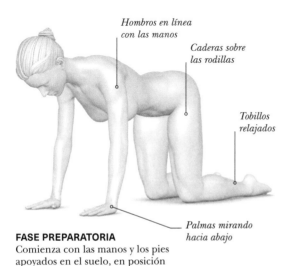

Hombros en línea con las manos
Caderas sobre las rodillas
Tobillos relajados
Palmas mirando hacia abajo

FASE PREPARATORIA
Comienza con las manos y los pies apoyados en el suelo, en posición de cuadrupedia.

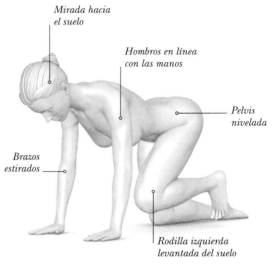

Mirada hacia el suelo
Hombros en línea con las manos
Pelvis nivelada
Brazos estirados
Rodilla izquierda levantada del suelo

PRIMERA FASE
Levanta la rodilla izquierda y flexiona la cadera hacia el codo izquierdo, al tiempo que mantienes la pelvis nivelada y la columna lumbar estable.

CÍRCULOS DE CADERA DE LADO

Esta alternativa de lado implica moverse contra la gravedad en el plano frontal. Puede ser una alternativa cómoda para quienes no pueden estar en cuadrupedia o hacer la posición clásica de pie. Puede ser mejor opción también si se tienen caderas sensibles o débiles.

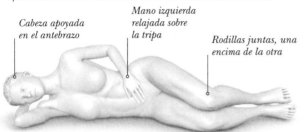

Cabeza apoyada en el antebrazo
Mano izquierda relajada sobre la tripa
Rodillas juntas, una encima de la otra

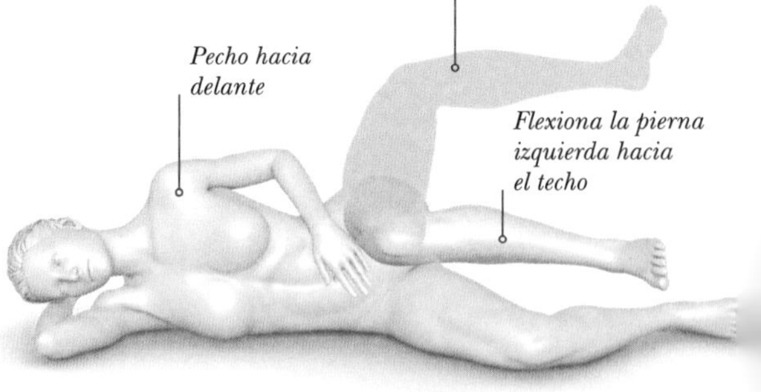

Lleva la pierna izquierda hacia arriba y hacia fuera
Pecho hacia delante
Flexiona la pierna izquierda hacia el techo

FASE PREPARATORIA
Túmbate sobre el lado derecho, con las caderas flexionadas y las rodillas y los tobillos juntos. La cabeza descansa en el antebrazo derecho.

PRIMERA FASE
Flexiona la cadera izquierda hacia el pecho al tiempo que mantienes la pelvis a 90° y minimiza el movimiento en la columna lumbar.

SEGUNDA FASE
Aleja la rodilla de la línea media para abrir las caderas. Intenta evitar cualquier balanceo del tronco o las caderas al realizar este movimiento.

" "

Elige una alternativa que suponga un nivel de exigencia adecuado para el core y la pelvis.

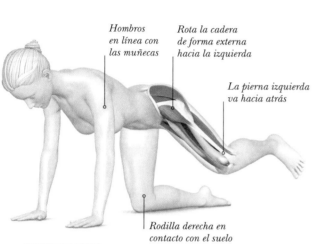

Hombros en línea con las muñecas

Rota la cadera de forma externa hacia la izquierda

La pierna izquierda va hacia atrás

Rodilla derecha en contacto con el suelo

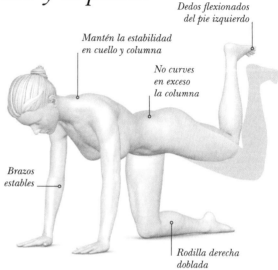

Dedos flexionados del pie izquierdo

Mantén la estabilidad en cuello y columna

No curves en exceso la columna

Brazos estables

Rodilla derecha doblada

SEGUNDA FASE
Aleja la rodilla de la línea media y abre por completo la cadera hacia la izquierda, mientras mantienes los otros tres puntos de contacto con el suelo.

TERCERA FASE
Estira la cadera izquierda hacia atrás y eleva la pierna para que la planta del pie mire al techo y la rodilla al suelo.

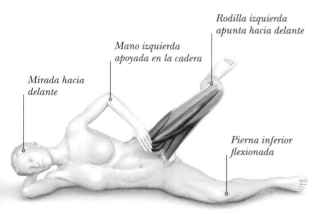

Rodilla izquierda apunta hacia delante

Mano izquierda apoyada en la cadera

Mirada hacia delante

Pierna inferior flexionada

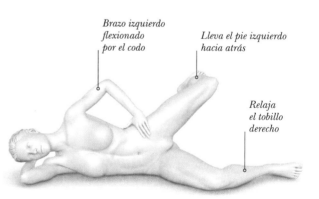

Brazo izquierdo flexionado por el codo

Lleva el pie izquierdo hacia atrás

Relaja el tobillo derecho

TERCERA FASE
Rota la cadera de forma interna y llévala hacia atrás sin arquear la espalda en exceso. Puedes colocar la mano izquierda en la cadera de ese lado para tomar consciencia de la postura y evitar arquearte.

CUARTA FASE
Extiende la cadera izquierda completamente para que el pie vaya hacia atrás y la rodilla apunte hacia delante. Vuelve a la posición preparatoria, con las rodillas y los tobillos juntos.

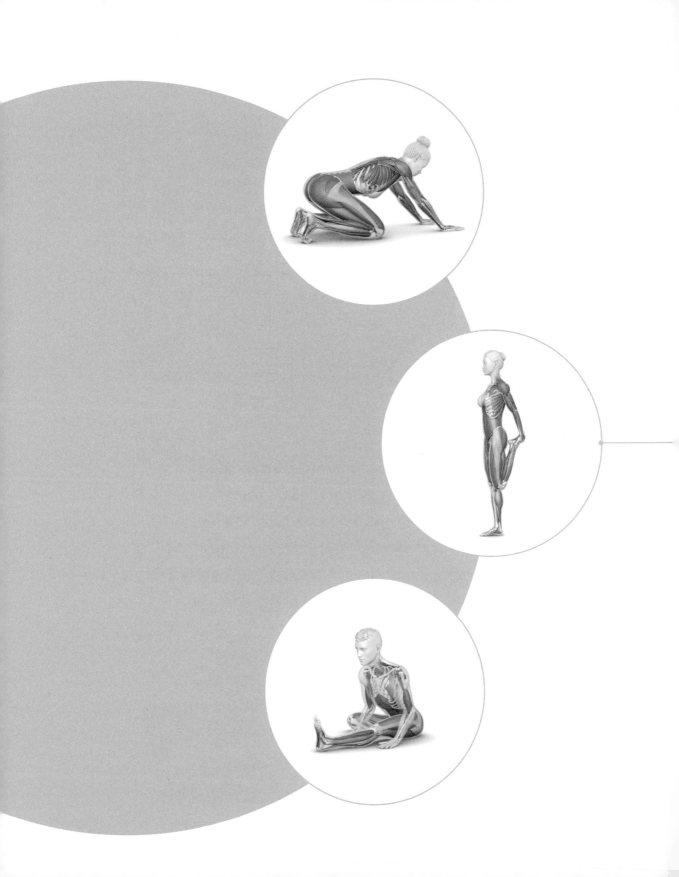

EJERCICIOS DE PIERNA Y PIE

Las piernas desempeñan un papel fundamental para sostener el peso del cuerpo, además de facilitar el movimiento y mantener el equilibrio. Estirar para conservar un rango articular adecuado en rodillas, pies y tobillos permite patrones de movimiento naturales como caminar y facilita tareas como subir escaleras. Unas piernas y unos pies flexibles y fuertes también mejoran el rendimiento en deportes como correr y montar en bicicleta.

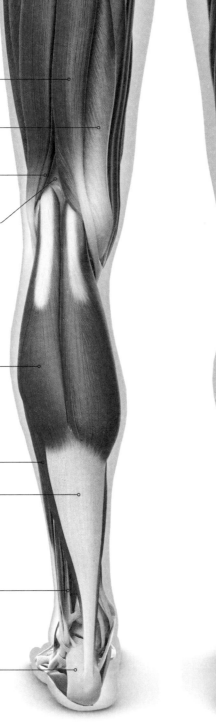

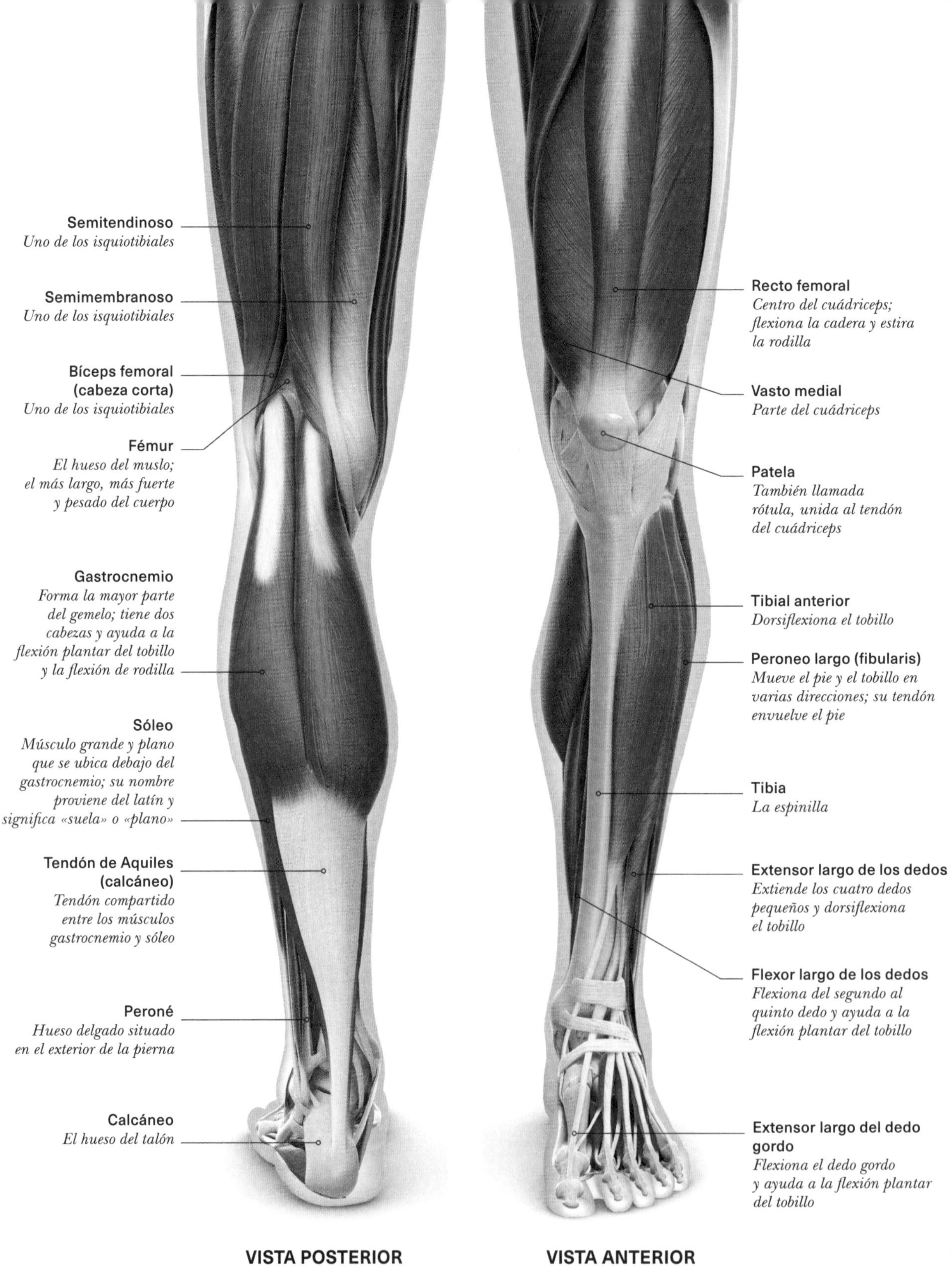

Semitendinoso
Uno de los isquiotibiales

Semimembranoso
Uno de los isquiotibiales

**Bíceps femoral
(cabeza corta)**
Uno de los isquiotibiales

Fémur
*El hueso del muslo;
el más largo, más fuerte
y pesado del cuerpo*

Gastrocnemio
*Forma la mayor parte
del gemelo; tiene dos
cabezas y ayuda a la
flexión plantar del tobillo
y la flexión de rodilla*

Sóleo
*Músculo grande y plano
que se ubica debajo del
gastrocnemio; su nombre
proviene del latín y
significa «suela» o «plano»*

**Tendón de Aquiles
(calcáneo)**
*Tendón compartido
entre los músculos
gastrocnemio y sóleo*

Peroné
*Hueso delgado situado
en el exterior de la pierna*

Calcáneo
El hueso del talón

Recto femoral
*Centro del cuádriceps;
flexiona la cadera y estira
la rodilla*

Vasto medial
Parte del cuádriceps

Patela
*También llamada
rótula, unida al tendón
del cuádriceps*

Tibial anterior
Dorsiflexiona el tobillo

Peroneo largo (fibularis)
*Mueve el pie y el tobillo en
varias direcciones; su tendón
envuelve el pie*

Tibia
La espinilla

Extensor largo de los dedos
*Extiende los cuatro dedos
pequeños y dorsiflexiona
el tobillo*

Flexor largo de los dedos
*Flexiona del segundo al
quinto dedo y ayuda a la
flexión plantar del tobillo*

**Extensor largo del dedo
gordo**
*Flexiona el dedo gordo
y ayuda a la flexión plantar
del tobillo*

VISTA POSTERIOR

VISTA ANTERIOR

VISTA GENERAL DE LA PIERNA Y EL PIE

Los principales músculos de la pierna, el tobillo y el pie incluyen los del gemelo (gastrocnemio y sóleo), el tibial anterior, el tibial posterior, los músculos peroneos, los flexores de los dedos del pie y los músculos intrínsecos del pie. Participan en la flexión plantar, la dorsiflexión, la inversión, la eversión y los movimientos de los dedos del pie.

Los músculos de la pierna y el pie ayudan a estabilizar y propulsar el cuerpo hacia delante. Los del gemelo son cruciales para actividades cotidianas que requieren levantarse del suelo, como caminar, correr y saltar. Otros músculos como el tibial anterior, los peroneos, el tibial posterior y el flexor largo del dedo gordo permiten controlar el tobillo y el pie, mientras que los músculos intrínsecos del pie mantienen los arcos, el equilibrio y los movimientos de los dedos.

Los ejercicios de flexibilidad, como los estiramientos de gemelo, favorecen el rango de movimiento en esta zona, mientras que entrenar la fuerza de estos grupos musculares mejora la estabilidad, la potencia y la resistencia.

Desarrollar músculos fuertes y flexibles en la zona de la pierna y el pie ayuda a realizar actividades cotidianas con facilidad y reduce el riesgo de lesiones que puede ocurrir tanto en la vida diaria como en el deporte.

CONTENIDO DEL CAPÍTULO

ESTIRAMIENTO DE CUÁDRICEPS DE PIE

Este sencillo estiramiento es muy versátil: se puede practicar en cualquier lugar, ya sea en casa o durante una carrera o caminata. Estira los cuádriceps, situados en la parte frontal del muslo, que extienden la rodilla y flexionan la cadera.

Si no llegas al tobillo con la mano, intenta colocar un cinturón alrededor del pie. Si lo necesitas, apoya una mano contra una pared o barandilla para mantener el equilibrio. Este ejercicio puede incluirse en una rutina para la parte inferior del cuerpo o usarse como estiramiento diario. Para maximizar la elongación muscular, ten cuidado de que la rodilla no vaya hacia delante o que la espalda no se arquee en exceso.

Precaución

Mete un poco el coxis para que la pelvis ayude a resistir la inclinación compensatoria que lleva a extender la parte baja de la espalda. Presta atención a cualquier limitación en el rango de movimiento de las rodillas o a algún dolor que impida realizar este estiramiento cómodamente.

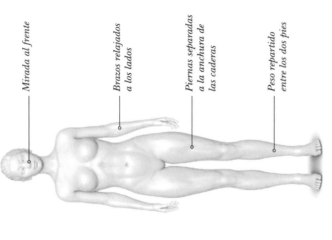

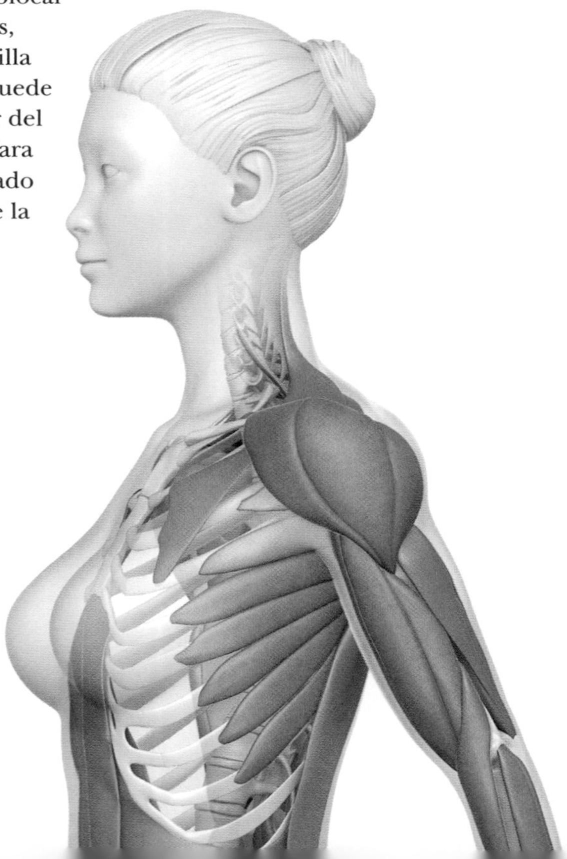

Mirada al frente

Brazos relajados a los lados

Piernas separadas a la anchura de las caderas

Peso repartido entre los dos pies

FASE PREPARATORIA
Separa los pies a la anchura de las caderas y deja los brazos relajados a los lados del cuerpo.

CLAVE

- --- *Articulaciones*
- ○— *Músculos*

- ● Se alarga con tensión
- ● Se alarga sin tensión
- ● Se acorta con tensión
- ● En tensión sin movimiento

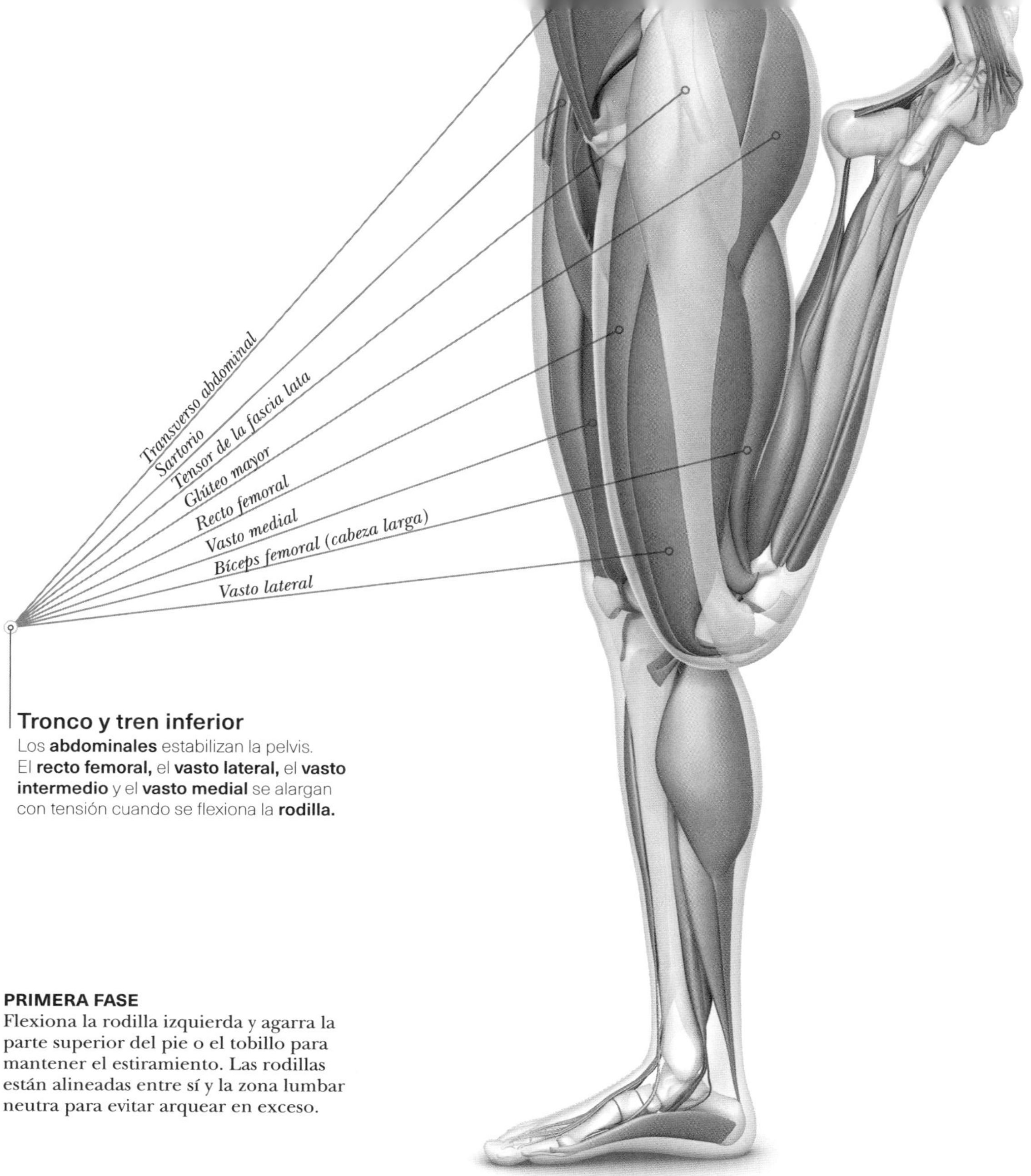
Transverso abdominal
Sartorio
Tensor de la fascia lata
Glúteo mayor
Recto femoral
Vasto medial
Bíceps femoral (cabeza larga)
Vasto lateral

Tronco y tren inferior

Los **abdominales** estabilizan la pelvis. El **recto femoral,** el **vasto lateral,** el **vasto intermedio** y el **vasto medial** se alargan con tensión cuando se flexiona la **rodilla.**

PRIMERA FASE
Flexiona la rodilla izquierda y agarra la parte superior del pie o el tobillo para mantener el estiramiento. Las rodillas están alineadas entre sí y la zona lumbar neutra para evitar arquear en exceso.

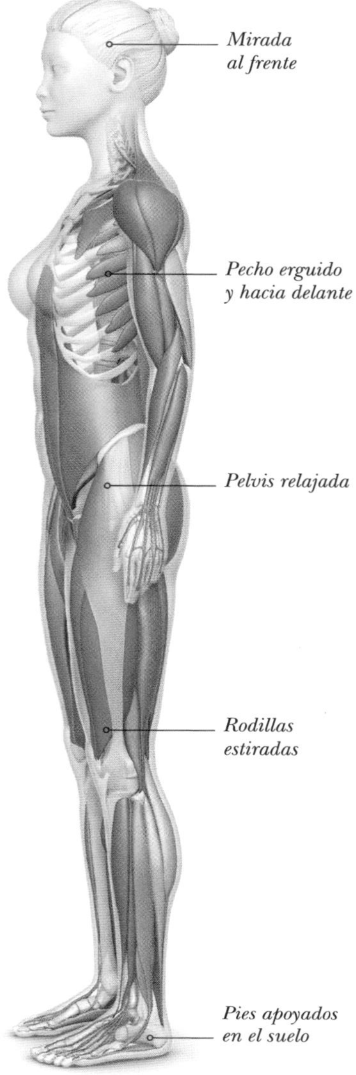
Mirada
al frente
Pecho erguido
y hacia delante
Pelvis relajada
Rodillas
estiradas
Pies apoyados
en el suelo

SEGUNDA FASE
Suelta el tobillo izquierdo y vuelve a la posición de pie, luego repite con el otro lado.

» VARIACIONES

Hay estiramientos de cuádriceps diferentes a la postura clásica que pueden resultar más adecuados para algunas personas, según su rango de movimiento, capacidad o intensidad del estiramiento deseada. La alternativa con un pie elevado es más suave y el estiramiento en el sofá supone una mayor intensidad.

Precaución

Si sientes molestias o dolor en la cadera, la espalda o las rodillas, haz los cambios necesarios. Se trata de un movimiento cómodo de la parte frontal de la cadera y el muslo.

CON EL PIE ELEVADO

Esta opción es excelente para quienes tienen una flexión limitada de la rodilla o no alcanzan el pie con la mano. Si necesitas ayuda para mantener el equilibrio, coloca las manos contra una pared cercana.

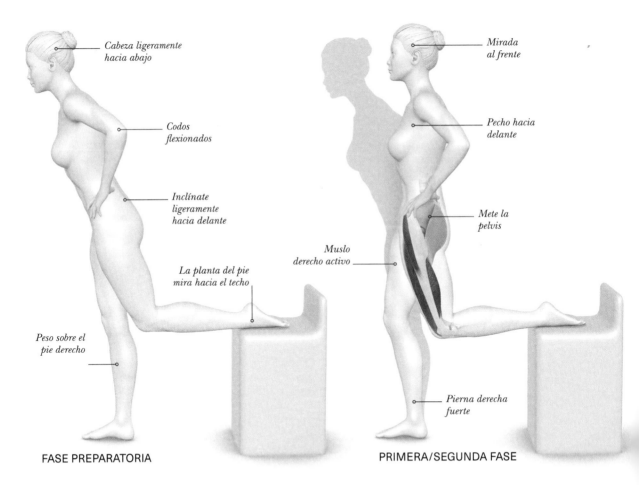

Cabeza ligeramente hacia abajo

Codos flexionados

Inclínate ligeramente hacia delante

La planta del pie mira hacia el techo

Peso sobre el pie derecho

FASE PREPARATORIA

Mirada al frente

Pecho hacia delante

Mete la pelvis

Muslo derecho activo

Pierna derecha fuerte

PRIMERA/SEGUNDA FASE

FASE PREPARATORIA
De pie, pon el empeine izquierdo sobre una silla con la planta del pie hacia arriba. Coloca las manos en las caderas o, en caso de necesitar ayuda para equilibrarte, apoya la mano derecha en una pared.

PRIMERA FASE
Mete ligeramente la pelvis y extiende el tronco para estirar el músculo anterior del cuádriceps izquierdo.

SEGUNDA FASE
Relaja la pelvis e inclínate hacia delante para salir del estiramiento, volviendo a la fase preparatoria ligeramente inclinada.

" "

Cuanto más se flexione la rodilla, más se sentirá el estiramiento en el cuádriceps.

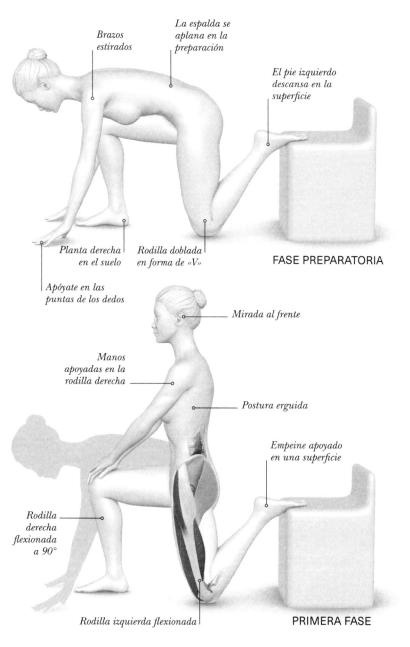

Brazos
estirados

La espalda se
aplana en la
preparación

El pie izquierdo
descansa en la
superficie

Planta derecha
en el suelo

Rodilla doblada
en forma de «V»

Apóyate en las
puntas de los dedos

FASE PREPARATORIA

Mirada al frente

Manos
apoyadas en la
rodilla derecha

Postura erguida

Empeine apoyado
en una superficie

Rodilla
derecha
flexionada
a 90°

Rodilla izquierda flexionada

PRIMERA FASE

CUÁDRICEPS CON UNA RODILLA APOYADA

Este estiramiento trabaja el cuádriceps y los flexores de la cadera. Para realizarlo correctamente tienes que poder mantener la presión en la rodilla, además de flexionarla.

FASE PREPARATORIA
Comienza con una rodilla apoyada y el empeine apoyado en una silla o sofá. Inclínate hacia delante con la espalda plana, apoyándote en el suelo con las puntas de los dedos.

PRIMERA FASE
Eleva el tronco y coloca los brazos sobre la rodilla derecha. Mete un poco el coxis para evitar una extensión lumbar excesiva.

SEGUNDA FASE
Desciende para salir del estiramiento y vuelve a la posición de partida, colocando las puntas de los dedos en el suelo.

CLAVE

● Principal músculo ejercitado

● Otros músculos implicados

159

ESTIRAMIENTO ESTÁTICO DE ISQUIOTIBIALES

El objetivo de este estiramiento clásico son los músculos isquiotibiales. Puede integrarse en un programa para la parte inferior del cuerpo o emplearse para mejorar la movilidad de la rodilla y la cadera. El estiramiento se siente en la parte posterior del muslo.

Los isquiotibiales tienen su origen en la pelvis y recorren la parte posterior del fémur, insertándose por debajo de la rodilla. Estos músculos desempeñan un papel fundamental en la extensión de la cadera y la flexión de la rodilla. Si son rígidos, es posible que tengas una eficiencia limitada al estirar la rodilla y que te

duela. Una movilidad limitada en el nervio ciático, que va de la parte posterior de la pelvis hasta los pies, también puede repercutir en los isquiotibiales.

Combina este estiramiento con el entrenamiento de fuerza para mejorar la fuerza y la flexibilidad en este importante grupo muscular.

CLAVE

- ●-- *Articulaciones*
- ○— *Músculos*
- ● Se acorta con tensión
- ● Se alarga con tensión
- ● Se alarga sin tensión
- ● En tensión sin movimiento

" "

Los isquiotibiales están formados por tres músculos diferentes: el semitendinoso, el semimembranoso y el bíceps femoral

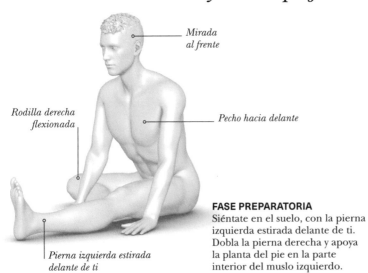

Mirada al frente

Rodilla derecha flexionada

Pecho hacia delante

Pierna izquierda estirada delante de ti

FASE PREPARATORIA
Siéntate en el suelo, con la pierna izquierda estirada delante de ti. Dobla la pierna derecha y apoya la planta del pie en la parte interior del muslo izquierdo.

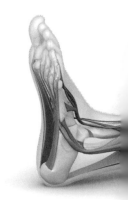

Tren inferior
Los **isquiotibiales** se alargan con tensión al estar la **cadera** flexionada y la **rodilla** estirada. El **gastrocnemio** se estira sin tensión, mientras que el **tobillo** está en dorsiflexión.

PRIMERA FASE
Inclínate hacia delante, llevando el pecho a la rodilla, dobla los codos y mantén la columna estirada.

Tren superior

Los **extensores de la espalda** mantienen la columna elevada al ir hacia delante, contrarrestando la tracción sobre la pelvis de los **isquiotibiales** y facilitando así el estiramiento.

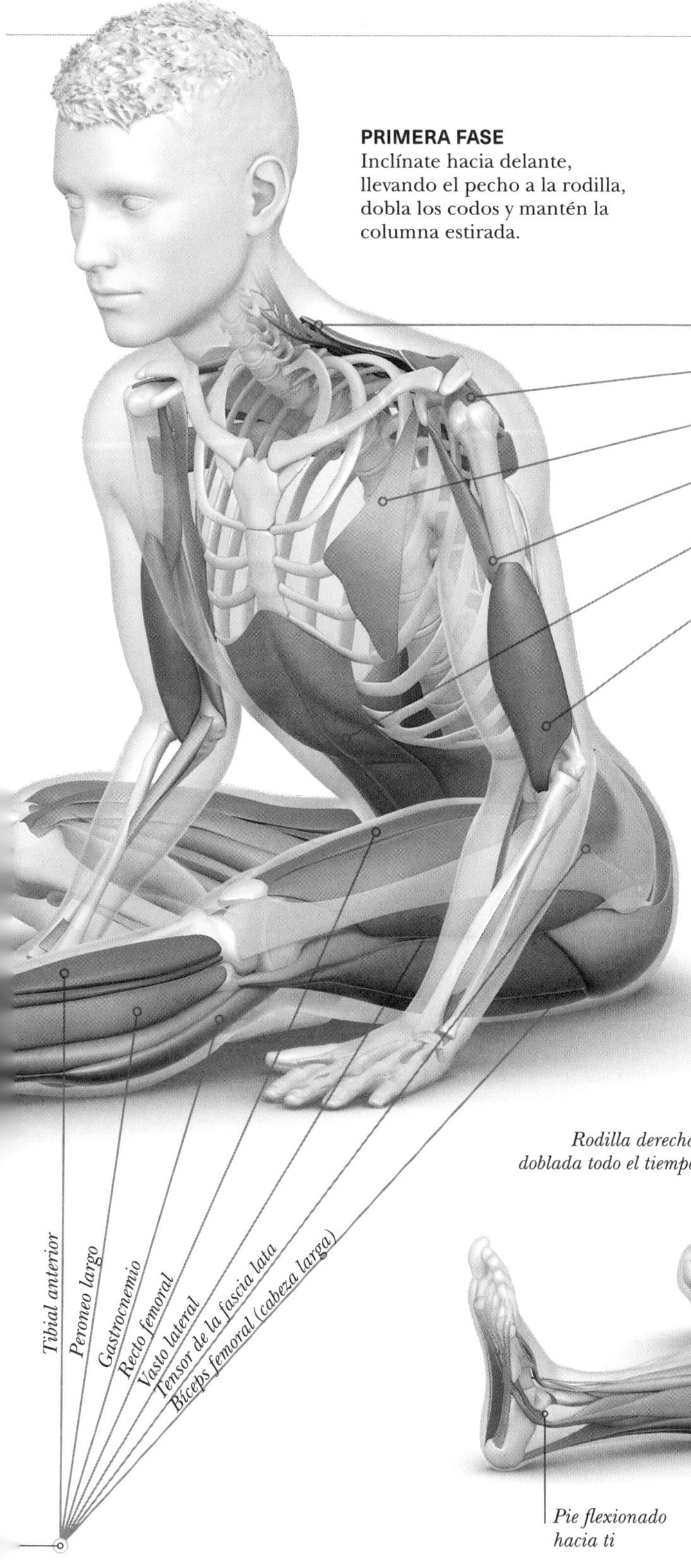
Romboides
Infraespinoso
Pectoral menor
Coracobraquial
Recto abdominal
Braquial
Tibial anterior
Peroneo largo
Gastrocnemio
Recto femoral
Vasto lateral
Tensor de la fascia lata
Bíceps femoral (cabeza larga)

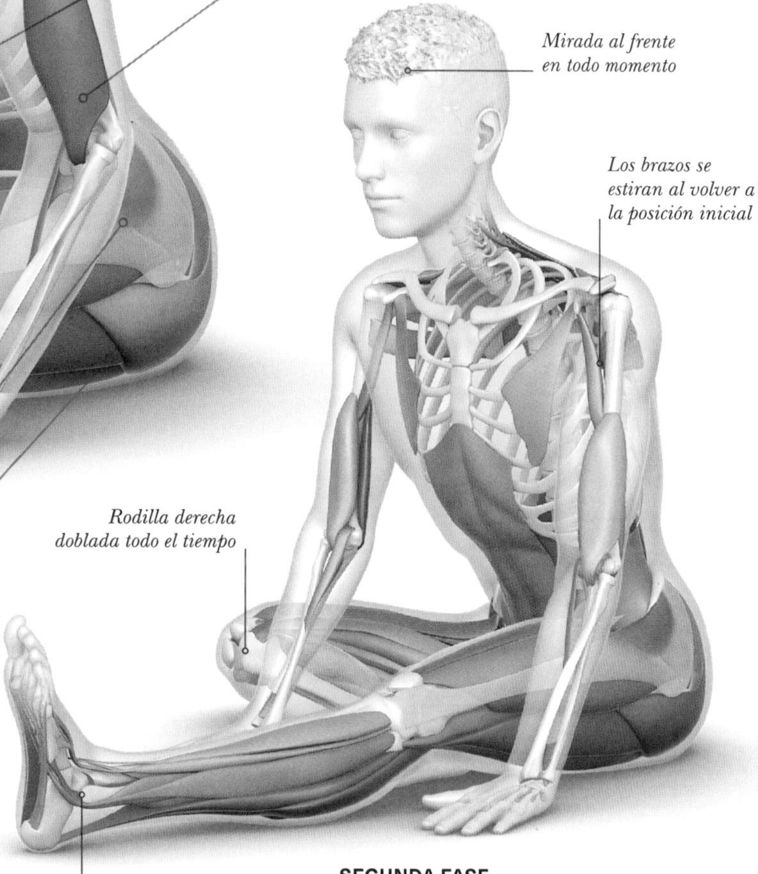
Mirada al frente en todo momento
Los brazos se estiran al volver a la posición inicial
Rodilla derecha doblada todo el tiempo
Pie flexionado hacia ti

SEGUNDA FASE
Vuelve a la posición de partida, cambia de lado y repite el ejercicio.

» VARIACIONES

Estas alternativas para estirar los isquiotibiales son menos intensas que el ejercicio estático (p. 160). Son perfectas para aliviar la tensión y favorecer un mayor rango de movimiento.

(p. 160)

Precaución

Si notas alguna molestia en la espalda o una sensación de ardor en las piernas, intenta reducir el rango de movimiento o mantener la espalda plana. Si los síntomas persisten, consulta a un profesional.

ESTIRAMIENTO DE ISQUIOTIBIALES EN SILLA

Esta versión en silla es una excelente manera de estirarse cuando se está delante de un escritorio o sentado durante períodos prolongados de tiempo. Puede incluirse en un programa de ejercicios para la parte inferior del cuerpo o ser un ejercicio útil para mejorar la movilidad de las rodillas y las caderas. Al realizarlo, tienes que sentir un buen estiramiento en la parte posterior del muslo.

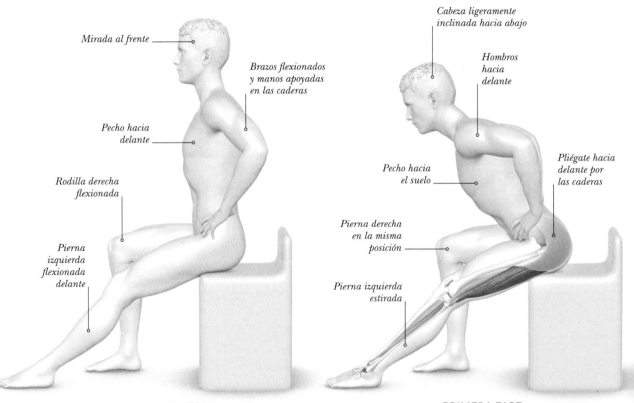

Mirada al frente

Brazos flexionados y manos apoyadas en las caderas

Pecho hacia delante

Rodilla derecha flexionada

Pierna izquierda flexionada delante

Cabeza ligeramente inclinada hacia abajo

Hombros hacia delante

Pecho hacia el suelo

Pliégate hacia delante por las caderas

Pierna derecha en la misma posición

Pierna izquierda estirada

FASE PREPARATORIA

PRIMERA FASE

FASE PREPARATORIA
Siéntate en el borde de una silla y estira la pierna izquierda por delante, con la rodilla ligeramente flexionada. Coloca las manos en las caderas.

PRIMERA FASE
Inclínate hacia delante, mantén la columna recta y pliégate por las caderas.

SEGUNDA FASE
Vuelve a la fase preparatoria, elevando la espalda hasta la posición de partida.

162

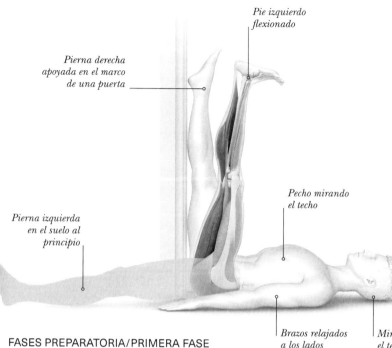

Pie izquierdo flexionado

Pierna derecha apoyada en el marco de una puerta

Pecho mirando el techo

Pierna izquierda en el suelo al principio

Brazos relajados a los lados

Mirada hacia el techo

FASES PREPARATORIA/PRIMERA FASE

ESTIRAMIENTO DINÁMICO DE ISQUIOTIBIALES

Este estiramiento puede incluirse en el calentamiento previo a un ejercicio o deporte. Implica estirar de forma estática la pierna que no se mueve, mientras se baja y eleva la pierna contraria. Este movimiento activo de los isquiotibiales y los flexores de cadera proporciona un estiramiento dinámico.

FASE PREPARATORIA
Túmbate en el suelo, con la pierna derecha arriba, apoyada en el marco de una puerta, a una distancia y ángulo suficiente para notar un estiramiento suave. La pierna izquierda permanece relajada en el suelo.

PRIMERA FASE
Eleva la pierna izquierda del suelo y llévala hacia el pecho, sobrepasando la pierna derecha. El pie izquierdo está en flexión.

CLAVE
- Principal músculo ejercitado
- Otros músculos implicados

" "

Mantener elevada la pierna a ras del suelo aumenta la exigencia del estiramiento.

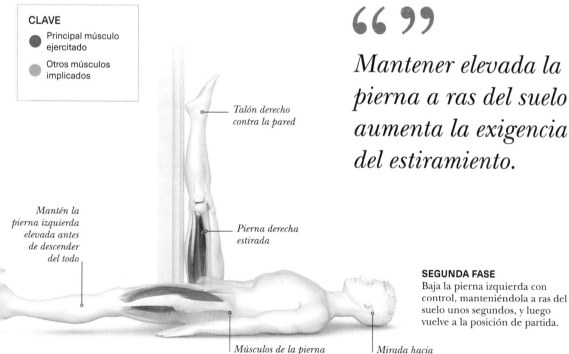

Talón derecho contra la pared

Mantén la pierna izquierda elevada antes de descender del todo

Pierna derecha estirada

SEGUNDA FASE
Baja la pierna izquierda con control, manteniéndola a ras del suelo unos segundos, y luego vuelve a la posición de partida.

SEGUNDA FASE

Músculos de la pierna izquierda activados

Mirada hacia el techo

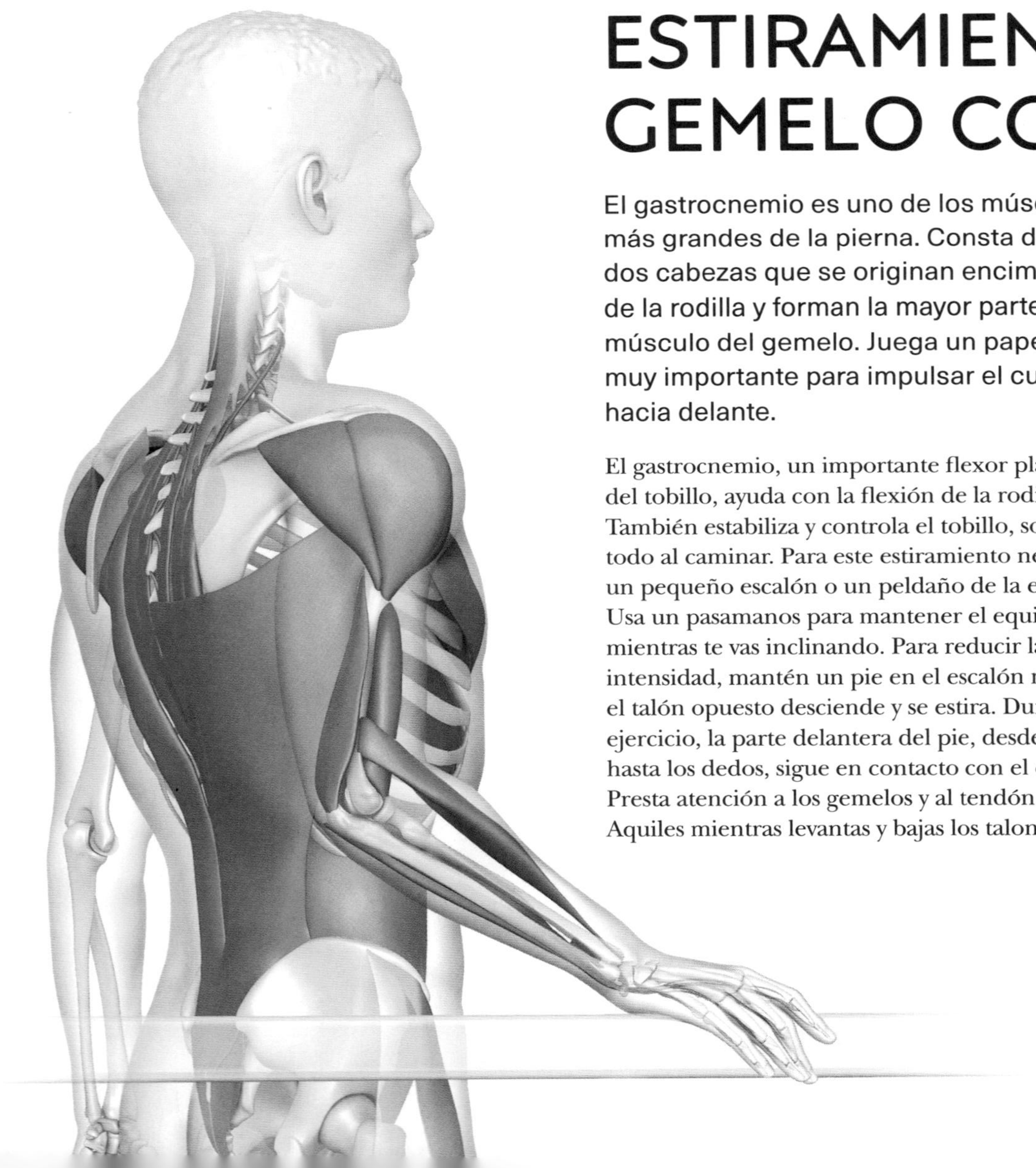

ESTIRAMIENTO DE GEMELO CON ALTURA

El gastrocnemio es uno de los músculos más grandes de la pierna. Consta de dos cabezas que se originan encima de la rodilla y forman la mayor parte del músculo del gemelo. Juega un papel muy importante para impulsar el cuerpo hacia delante.

El gastrocnemio, un importante flexor plantar del tobillo, ayuda con la flexión de la rodilla. También estabiliza y controla el tobillo, sobre todo al caminar. Para este estiramiento necesitas un pequeño escalón o un peldaño de la escalera. Usa un pasamanos para mantener el equilibrio mientras te vas inclinando. Para reducir la intensidad, mantén un pie en el escalón mientras el talón opuesto desciende y se estira. Durante el ejercicio, la parte delantera del pie, desde la bola hasta los dedos, sigue en contacto con el escalón. Presta atención a los gemelos y al tendón de Aquiles mientras levantas y bajas los talones.

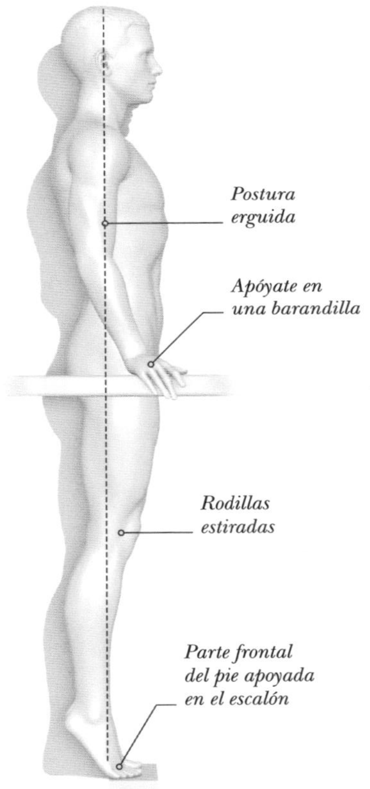
Postura erguida
Apóyate en una barandilla
Rodillas estiradas
Parte frontal del pie apoyada en el escalón

FASE PREPARATORIA
Coloca los pies bajo las caderas y apoya desde la bola hasta la punta de los pies en el escalón. Reparte el peso entre ambas puntas, con los pies paralelos al suelo. Eleva los talones tanto como puedas.

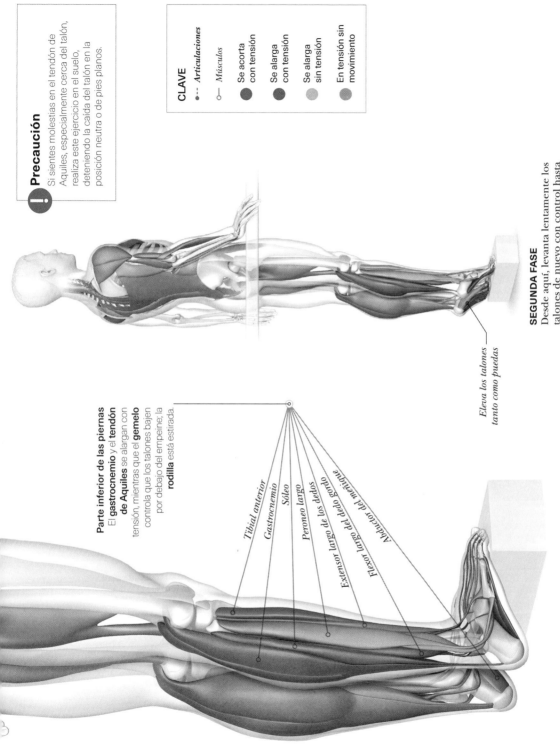

Precaución

Si sientes molestias en el tendón de Aquiles, especialmente cerca del talón, realiza este ejercicio en el suelo, deteniendo la caída del talón en la posición neutra o de pies planos.

CLAVE

- - - *Articulaciones*

○— *Músculos*

● Se acorta con tensión

● Se alarga con tensión

○ Se alarga sin tensión

● En tensión sin movimiento

Parte inferior de las piernas
El **gastrocnemio** y el **tendón de Aquiles** se alargan con tensión, mientras que el **gemelo** controla que los talones bajen por debajo del empeine; la **rodilla** está estirada.

Tibial anterior
Gastrocnemio
Sóleo
Peroneo largo
Extensor largo de los dedos
Flexor largo del dedo gordo
Abductor del meñique

PRIMERA FASE

Baja lentamente los talones utilizando los músculos de la pantorrilla hasta que sientas el estiramiento en el gemelo y en el tendón de Aquiles.

Eleva los talones tanto como puedas

SEGUNDA FASE

Desde aquí, levanta lentamente los talones de nuevo con control hasta alcanzar su posición más alta. Recuerda repartir el peso de manera uniforme en la parte anterior del pie y minimiza cualquier agarre de los dedos de los pies.

165

ESTIRAMIENTO DE GEMELO EN PARED

Esta alternativa al estiramiento en el escalón (p. 164) es un ejercicio simple de carga de peso que se centra en el gastrocnemio y el tendón de Aquiles.

Este estiramiento se puede modificar de estático a dinámico cambiando los tiempos de retención en la primera y segunda fase. Es ideal para mantener la flexibilidad de la pantorrilla y el rango de movimiento del tobillo. Esta postura es menos intensa que el estiramiento en el escalón y puede ser una mejor opción para quienes no soportan bajar de forma activa hasta la dorsiflexión. Se puede progresar en este estiramiento llevando el talón más hacia abajo y poniendo más peso en la pierna de apoyo, o manteniendo la postura más tiempo.

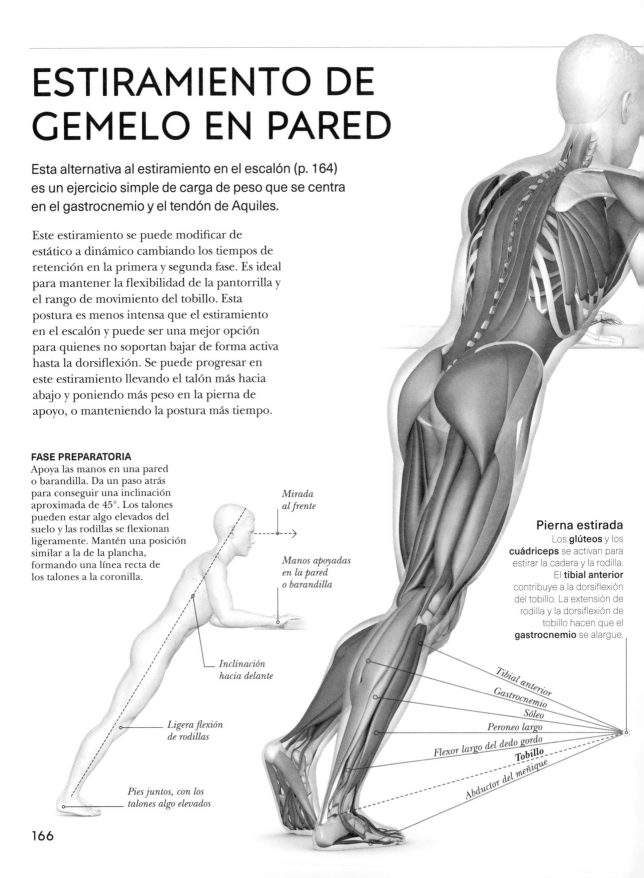

FASE PREPARATORIA
Apoya las manos en una pared o barandilla. Da un paso atrás para conseguir una inclinación aproximada de 45°. Los talones pueden estar algo elevados del suelo y las rodillas se flexionan ligeramente. Mantén una posición similar a la de la plancha, formando una línea recta de los talones a la coronilla.

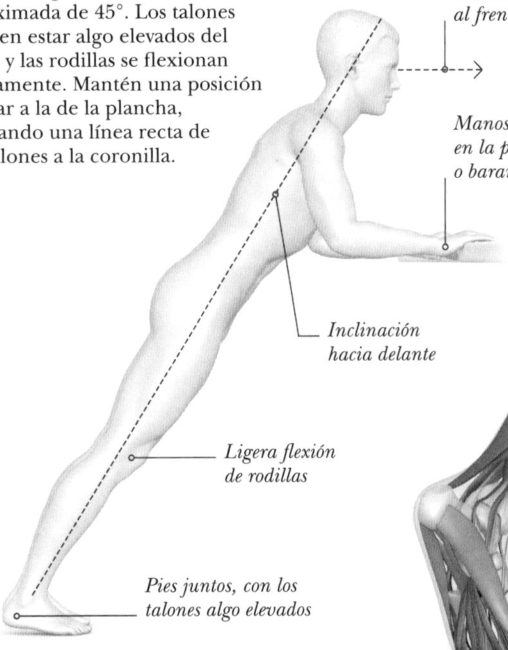

Mirada al frente
Manos apoyadas en la pared o barandilla
Inclinación hacia delante
Ligera flexión de rodillas
Pies juntos, con los talones algo elevados

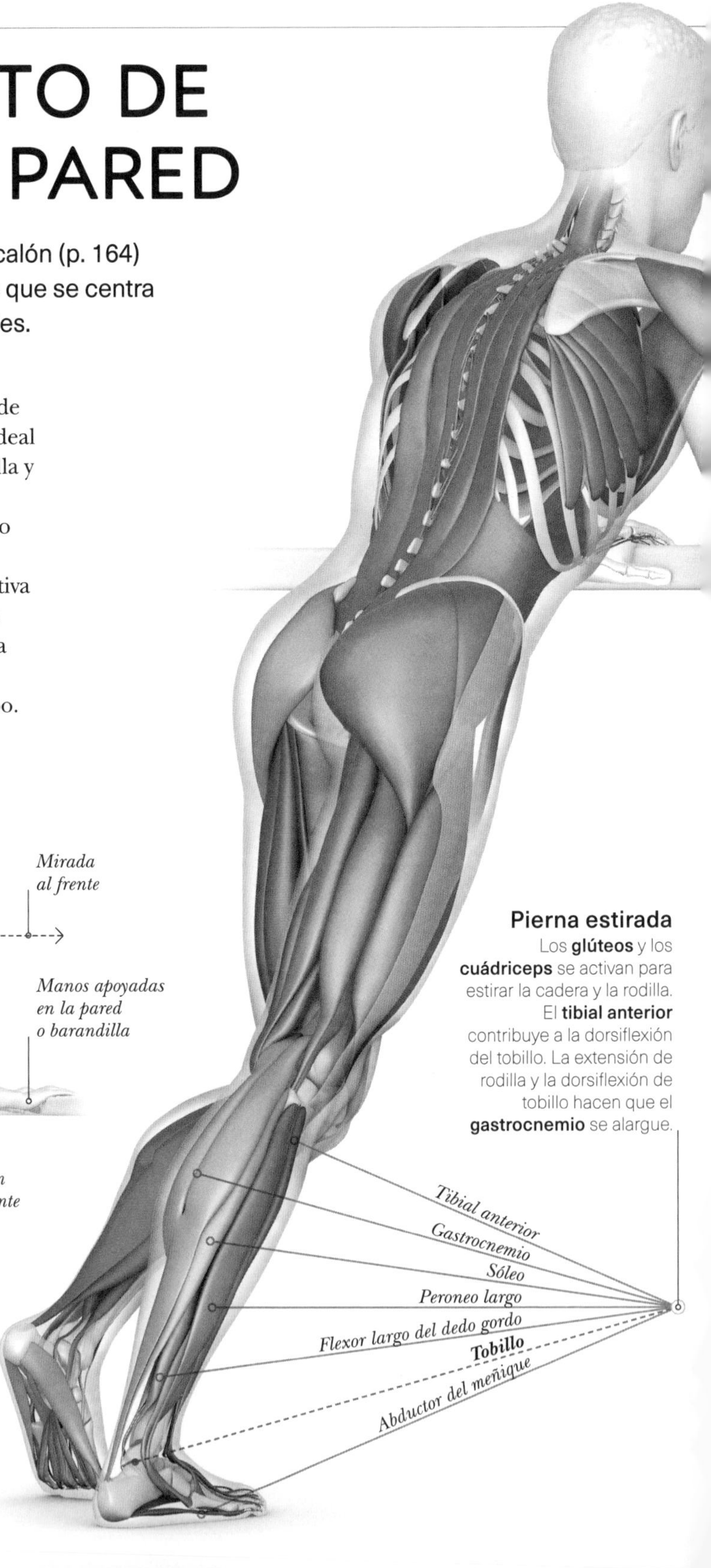

Tibial anterior
Gastrocnemio
Sóleo
Peroneo largo
Flexor largo del dedo gordo
Tobillo
Abductor del meñique

Pierna estirada
Los **glúteos** y los **cuádriceps** se activan para estirar la cadera y la rodilla. El **tibial anterior** contribuye a la dorsiflexión del tobillo. La extensión de rodilla y la dorsiflexión de tobillo hacen que el **gastrocnemio** se alargue.

PRIMERA FASE
Flexiona la rodilla izquierda
y levanta el talón del suelo
manteniendo el contacto
con el empeine. Así el peso se
desplazará hacia la derecha.
Extiende la rodilla derecha
y empuja el talón derecho
contra el suelo para lograr
el estiramiento del gemelo
derecho. Cuando sientas
el estiramiento, pasa a la
segunda fase.

SEGUNDA FASE
Desbloquea la rodilla derecha y
deja que el talón derecho se
levante del suelo mientras empujas
con el talón izquierdo y extiendes
la rodilla izquierda. Mantén la
columna vertebral erguida en todo
momento y continúa alternando
las piernas para estirar.

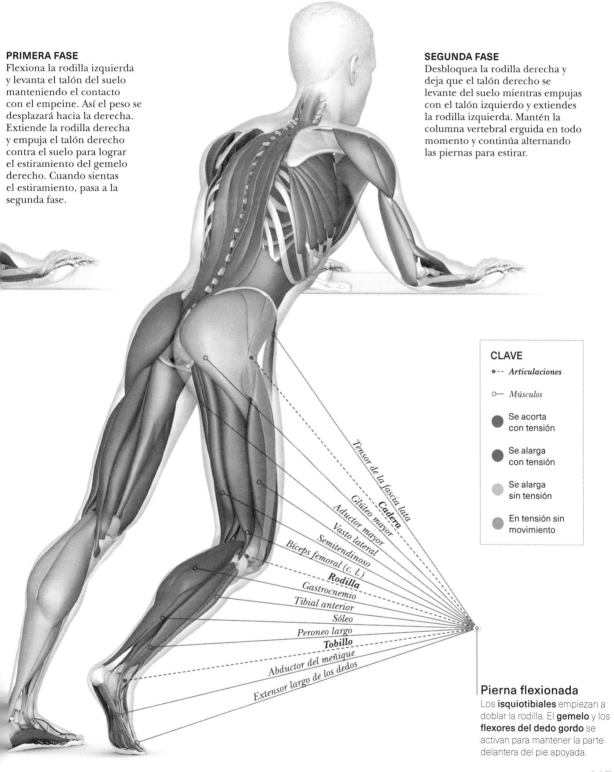

CLAVE

●--- *Articulaciones*

○— *Músculos*

● Se acorta
con tensión

● Se alarga
con tensión

● Se alarga
sin tensión

● En tensión sin
movimiento

Tensor de la fascia lata

Cadera

Glúteo mayor

Aductor mayor

Vasto lateral

Semitendinoso

Bíceps femoral (c. l.)

Rodilla

Gastrocnemio

Tibial anterior

Sóleo

Peroneo largo

Tobillo

Abductor del meñique

Extensor largo de los dedos

Pierna flexionada
Los **isquiotibiales** empiezan a
doblar la rodilla. El **gemelo** y los
flexores del dedo gordo se
activan para mantener la parte
delantera del pie apoyada.

167

» VARIACIONES

Varios estiramientos de gemelo y tobillo aplican un peso corporal diferente y distintos ángulos articulares. Estos que incluimos te ayudarán a escoger la mejor opción según tu capacidad y tus objetivos.

CLAVE

- Principal músculo ejercitado
- Otros músculos implicados

ESTIRAMIENTO DE GEMELO CON RODILLA FLEXIONADA

Para estirar el sóleo, que es el músculo inferior de los dos que forman el gemelo, debes añadir al estiramiento clásico una leve flexión de rodilla. Este ejercicio puede complementar el estiramiento de gemelo de pie y ayudar a mantener la movilidad en el tobillo y la flexibilidad del gemelo.

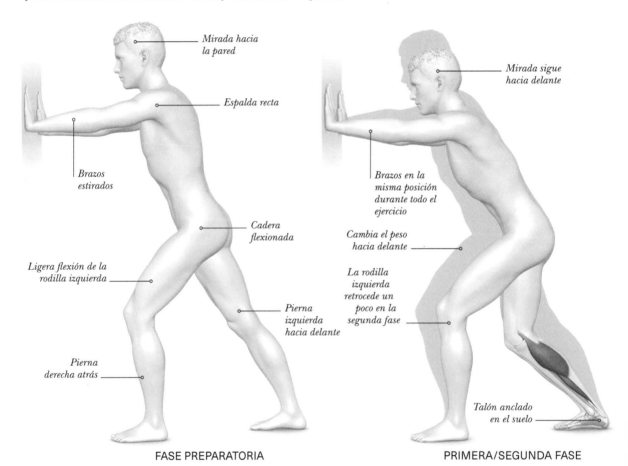

Mirada hacia la pared
Espalda recta
Brazos estirados
Cadera flexionada
Ligera flexión de la rodilla izquierda
Pierna izquierda hacia delante
Pierna derecha atrás

FASE PREPARATORIA

Mirada sigue hacia delante
Brazos en la misma posición durante todo el ejercicio
Cambia el peso hacia delante
La rodilla izquierda retrocede un poco en la segunda fase
Talón anclado en el suelo

PRIMERA/SEGUNDA FASE

FASE PREPARATORIA
Separa las piernas en *split*, con la pierna izquierda adelantada, la derecha atrás y ambas manos en la pared.

PRIMERA FASE
Cambia el peso hacia delante, superando la pierna, para estirar el gemelo de la pierna de atrás. Mantén el talón de esa pierna en contacto con el suelo.

SEGUNDA FASE
Flexiona la pierna de detrás y deja que el peso del cuerpo la siga. Eso llevará a cambiar el estiramiento al músculo que quieres trabajar. Intenta mantener el talón anclado en el suelo.

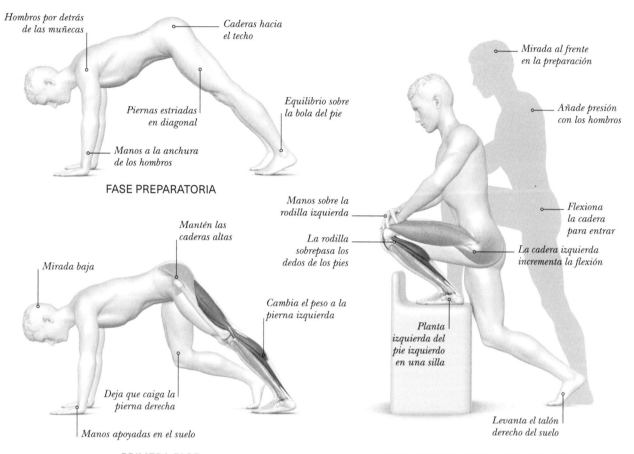

Hombros por detrás de las muñecas

Caderas hacia el techo

Piernas estriadas en diagonal

Equilibrio sobre la bola del pie

Manos a la anchura de los hombros

FASE PREPARATORIA

Mirada al frente en la preparación

Añade presión con los hombros

Mantén las caderas altas

Mirada baja

Manos sobre la rodilla izquierda

La rodilla sobrepasa los dedos de los pies

Cambia el peso a la pierna izquierda

Flexiona la cadera para entrar

La cadera izquierda incrementa la flexión

Deja que caiga la pierna derecha

Manos apoyadas en el suelo

Planta izquierda del pie izquierdo en una silla

Levanta el talón derecho del suelo

PRIMERA FASE

FASE PREPARATORIA/PRIMERA FASE

PERRO BOCA ABAJO CON FLEXIÓN ALTERNA DE PIERNAS

Este estiramiento dinámico de gemelo puede realizarse como calentamiento previo al ejercicio o a la práctica de algún deporte. Es una modificación de la posición del perro boca abajo y alterna suavemente el estiramiento de las piernas.

FASE PREPARATORIA
Coloca pies y manos en el suelo y eleva las caderas, con las rodillas estiradas y los talones elevados, apoyándote en las bolas de los pies.

PRIMERA FASE
Cambia el peso a la pierna izquierda y deja que baje la rodilla derecha, manteniendo la presión en la pierna izquierda, que está estirada. Mantén la postura unos segundos.

SEGUNDA FASE
Cambia el peso a la pierna derecha, dejando caer la rodilla izquierda, y continúa alternando las piernas con un cierto ritmo.

DORSIFLEXIÓN DE TOBILLO EN SILLA

Este estiramiento es estupendo para evaluar la movilidad dorsiflexora del tobillo, una capacidad importante en el día a día y para la función saludable del tobillo y la rodilla. Practícalo antes de hacer ejercicio para preparar la articulación del tobillo de cara a movimientos como las sentadillas o la carrera.

FASE PREPARATORIA
Coloca el pie izquierdo en una silla o banco y la pierna derecha en el suelo. Apoya las manos sobre la rodilla izquierda.

PRIMERA FASE
Lleva lentamente la rodilla hacia delante, hasta que supere los dedos de los pies y sientas un estiramiento hacia el final del movimiento, al tiempo que dejas el talón izquierdo en la silla.

SEGUNDA FASE
Enderézate hasta volver a la fase preparatoria y apoya el talón derecho en el suelo.

169

ESTIRAMIENTO DE FLEXORES DE LOS DEDOS DEL PIE EN CUADRUPEDIA

Este ejercicio es excelente para ganar algo de movilidad en los flexores de los dedos del pie. La posición en cuadrupedia permite controlar el peso en la articulación, lo que puede ser útil para los dedos más rígidos.

El potente y largo músculo que flexiona el dedo gordo cruza el tobillo. En la gruesa superficie plantar del pie hay músculos organizados en cuatro capas, con la excepción de uno que se sitúa en la parte superior. Estos músculos son responsables de los movimientos finos de los dedos del pie. También sostienen los arcos y ayudan a caminar.

> ## ❗ Precaución
>
> Evita este estiramiento si tienes hiperlaxitud. En este caso, llevar los estiramientos hasta el rango máximo puede ser contraproducente. Presta atención a cualquier dolor en el pie o en el tobillo. Mantente dentro de un rango de movimiento en el que no sientas dolor.

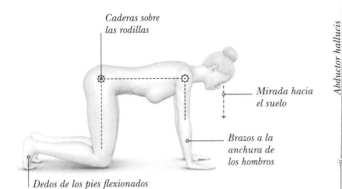

Caderas sobre las rodillas

Mirada hacia el suelo

Brazos a la anchura de los hombros

Dedos de los pies flexionados

FASE PREPARATORIA
Parte de la posición de cuadrupedia con los hombros encima de las muñecas, las caderas encima de las rodillas y la cabeza en línea con el cuello. Mantén la columna en posición neutra, en el punto medio entre la flexión y la extensión completas. Los dedos de los pies deben estar metidos hacia dentro.

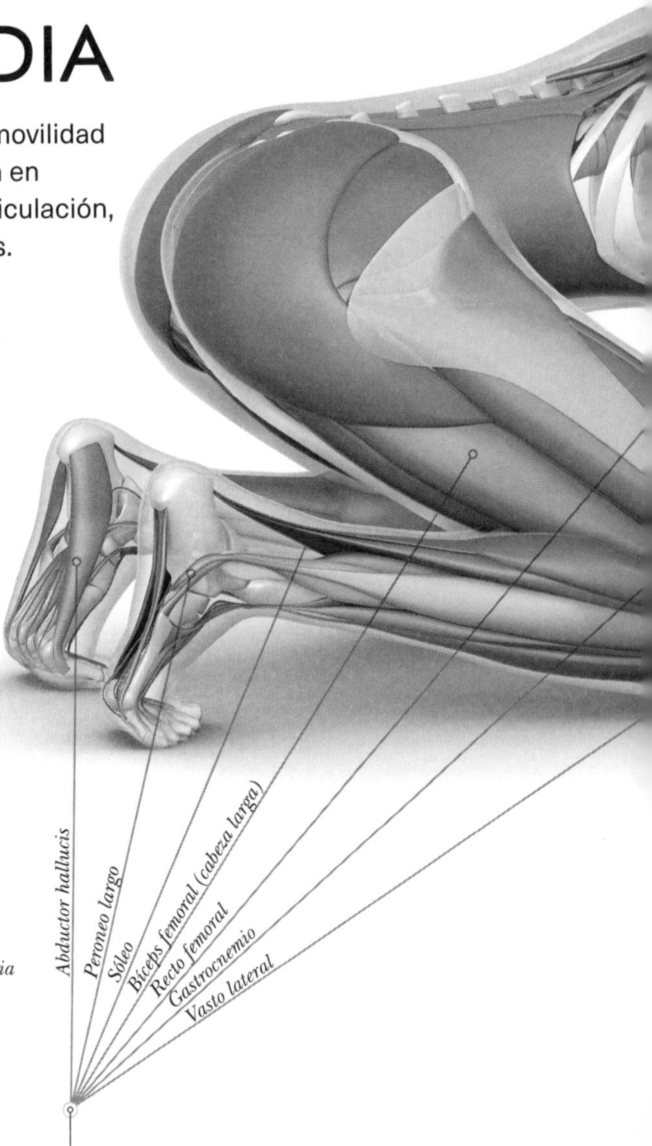

Abductor hallucis
Peroneo largo
Sóleo
Biceps femoral (cabeza larga)
Recto femoral
Gastrocnemio
Vasto lateral

Parte inferior de la pierna y tobillo
Los **flexores de los dedos,** entre ellos el tendón **flexor largo del dedo gordo** y los **flexores intrínsecos de los dedos** se alargan con tensión, y los dedos están en una posición extendida. Los **isquiotibiales** y los **flexores de la cadera** llevan las caderas hacia los pies y flexionan las rodillas a la vez que controlan la intensidad del estiramiento.

PRIMERA FASE
Manteniendo las manos en el suelo, lleva las caderas hacia los pies, al tiempo que la columna sigue elevada. Los brazos se estiran de manera natural con este movimiento. Baja hacia los pies hasta que sientas un estiramiento bajo los dedos y en los pies.

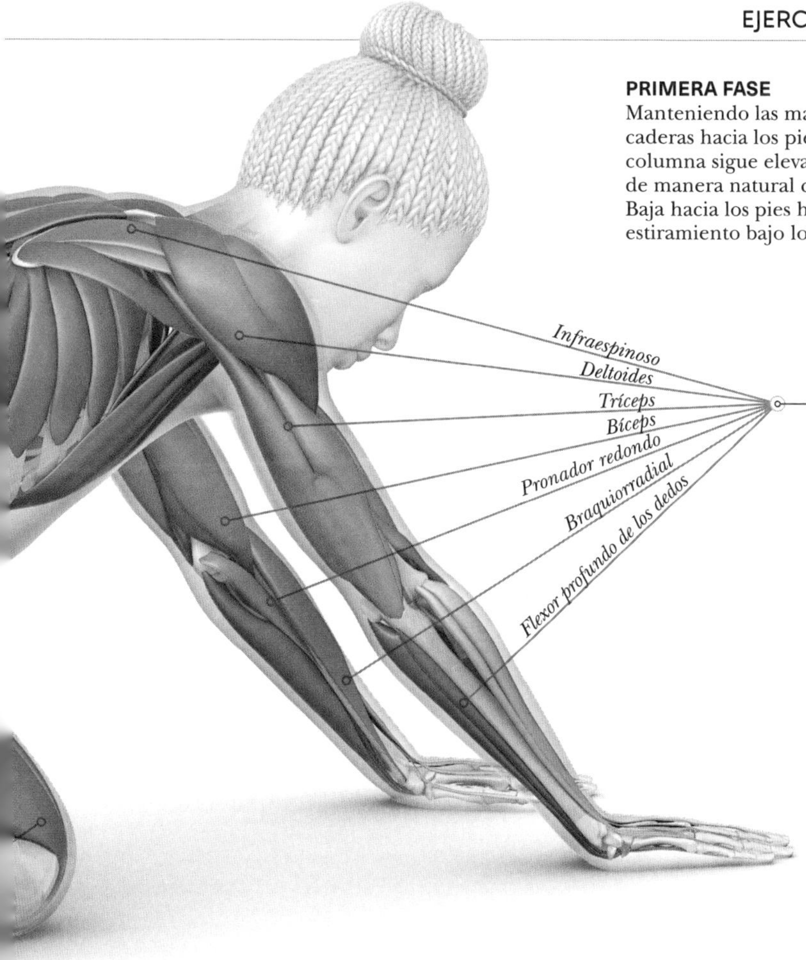
Infraespinoso
Deltoides
Tríceps
Bíceps
Pronador redondo
Braquiorradial
Flexor profundo de los dedos

Brazos

El **trapecio** y el **serrato anterior** rotan la escápula hacia arriba y el **deltoides anterior,** el **coracobraquial** y el **pectoral mayor** se activan al flexionarse el hombro. Los **extensores de los codos** trabajan para sujetar la parte superior del cuerpo y ayudan a mover las caderas.

CLAVE

- ●-- *Articulaciones*
- ○— *Músculos*
- Se acorta con tensión
- Se alarga con tensión
- Se alarga sin tensión
- En tensión sin movimiento

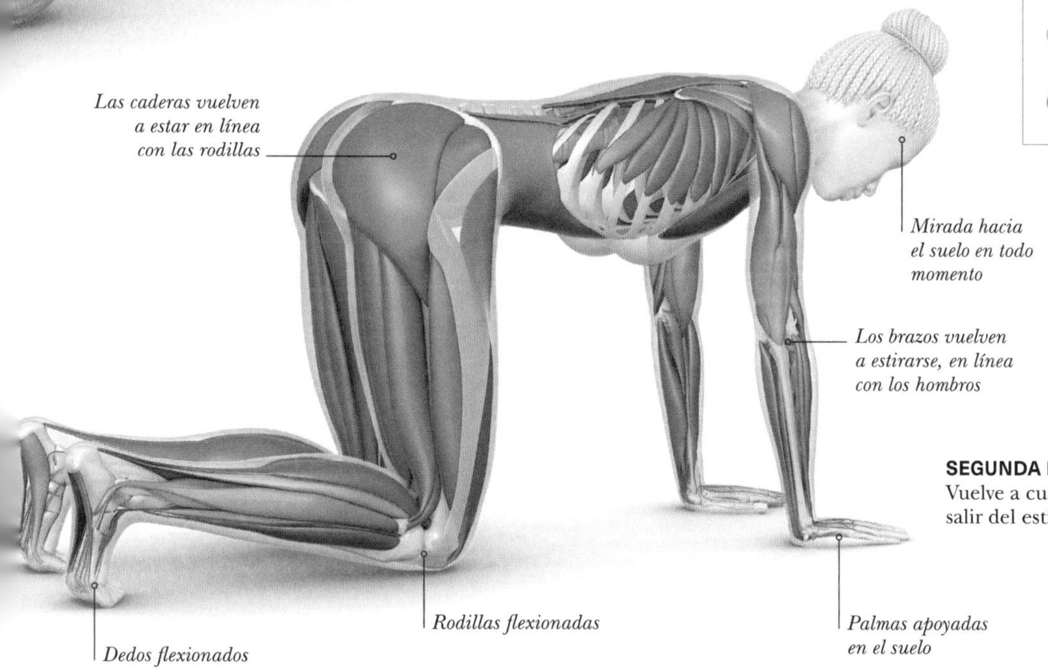
Las caderas vuelven a estar en línea con las rodillas
Mirada hacia el suelo en todo momento
Los brazos vuelven a estirarse, en línea con los hombros
Rodillas flexionadas
Dedos flexionados
Palmas apoyadas en el suelo

SEGUNDA FASE
Vuelve a cuadrupedia para salir del estiramiento.

» VARIACIONES

Los músculos del pie y la fascia plantar —el tejido que conecta el hueso del talón con la base de los dedos— ayudan a caminar. Estas alternativas mejoran la movilidad en las actividades del día a día.

CLAVE

- Principal músculo ejercitado
- Otros músculos implicados

ESTIRAMIENTO DE LOS DEDOS EN LA PARED

Esta variante es una forma sencilla de estirar los flexores de los dedos del pie para ganar movilidad. La flexión de los dedos de pie es beneficiosa para actividades como caminar y correr.

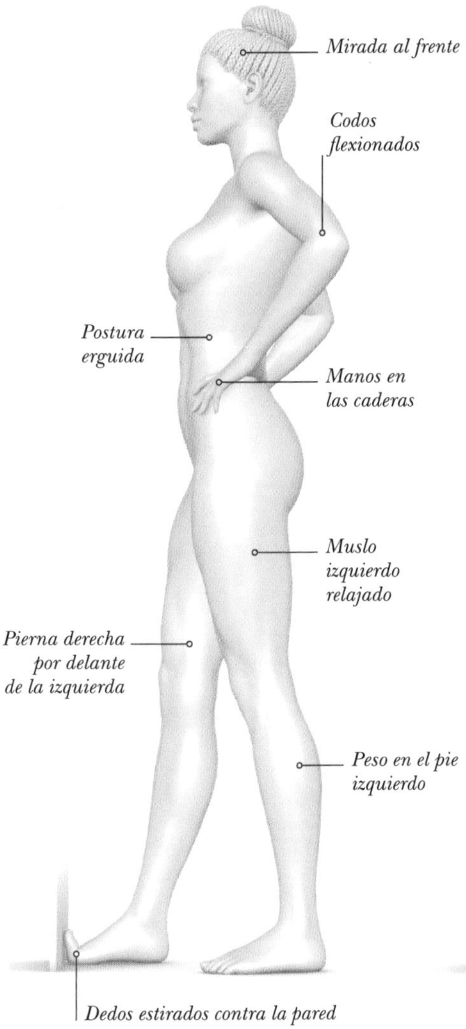

Mirada al frente
Codos flexionados
Postura erguida
Manos en las caderas
Muslo izquierdo relajado
Pierna derecha por delante de la izquierda
Peso en el pie izquierdo
Dedos estirados contra la pared

FASE PREPARATORIA
Apoya los dedos del pie derecho ligeramente extendidos contra una pared y el peso sobre el pie izquierdo. Coloca las manos en las caderas.

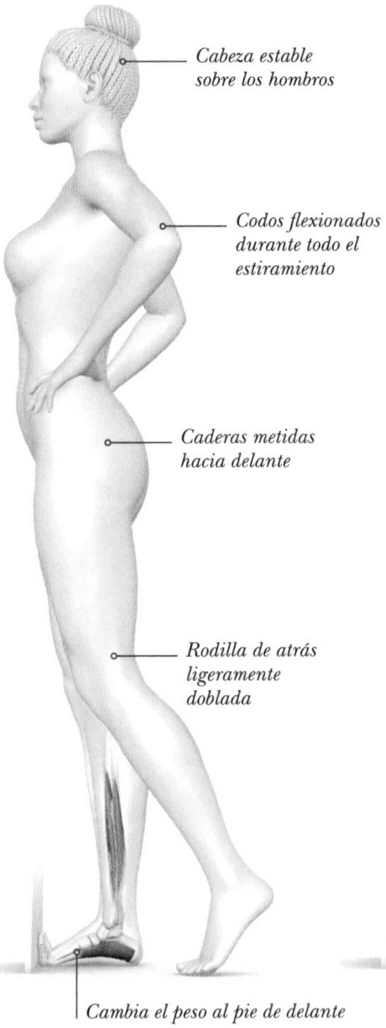

Cabeza estable sobre los hombros
Codos flexionados durante todo el estiramiento
Caderas metidas hacia delante
Rodilla de atrás ligeramente doblada
Cambia el peso al pie de delante

PRIMERA FASE
Cambia el peso al pie de delante para lograr un mayor estiramiento.

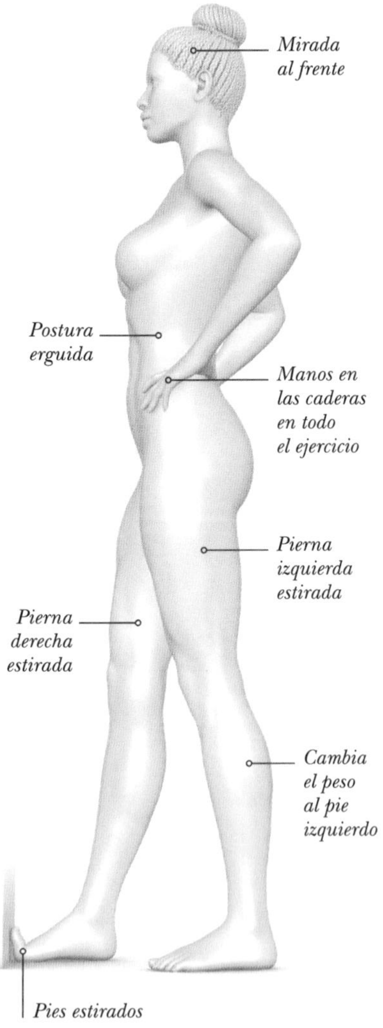

Mirada al frente
Postura erguida
Manos en las caderas en todo el ejercicio
Pierna izquierda estirada
Pierna derecha estirada
Cambia el peso al pie izquierdo
Pies estirados

SEGUNDA FASE
Cambia el peso al pie de atrás para salir del estiramiento.

ESTIRAMIENTO EN PARED CON RODILLA FLEXIONADA

Este estiramiento de los dedos del pie trabaja la fascia plantar. Al doblar la rodilla se consigue una mayor dorsiflexión del tobillo, por lo que es una excelente opción para estirar este tejido de manera efectiva. Incorpora este ejercicio en tu rutina para mejorar la fuerza y la movilidad del pie.

Precaución

No hagas este estiramiento si tienes hiperlaxitud. En este caso, llevar los estiramientos hasta el rango máximo puede ser contraproducente. Presta atención a cualquier dolor en el tobillo y mantente dentro de un rango de movimiento en el que no sientas dolor.

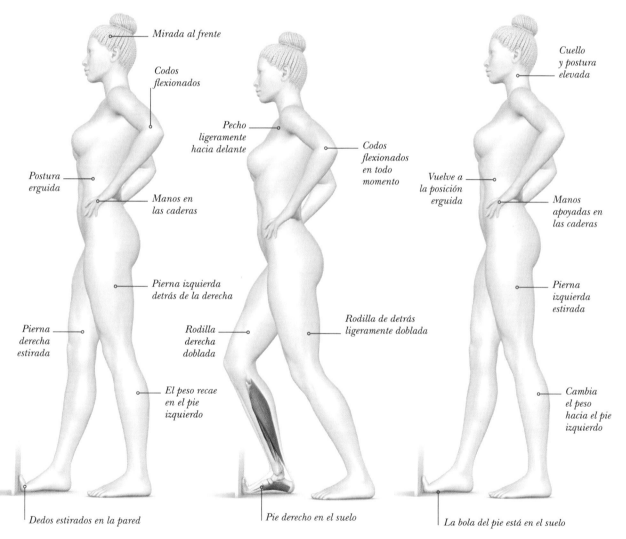

Mirada al frente

Codos flexionados

Pecho ligeramente hacia delante

Codos flexionados en todo momento

Cuello y postura elevada

Postura erguida

Manos en las caderas

Vuelve a la posición erguida

Manos apoyadas en las caderas

Pierna izquierda detrás de la derecha

Pierna izquierda estirada

Rodilla de detrás ligeramente doblada

Pierna derecha estirada

Rodilla derecha doblada

El peso recae en el pie izquierdo

Cambia el peso hacia el pie izquierdo

Dedos estirados en la pared

Pie derecho en el suelo

La bola del pie está en el suelo

FASE PREPARATORIA
Empieza con los dedos del pie derecho ligeramente estirados contra la pared y el peso en el pie izquierdo.

PRIMERA FASE
Flexiona la rodilla derecha y llévala hacia delante mientras mantienes el talón derecho en el suelo.

SEGUNDA FASE
Cambia el peso al pie de atrás para salir del estiramiento.

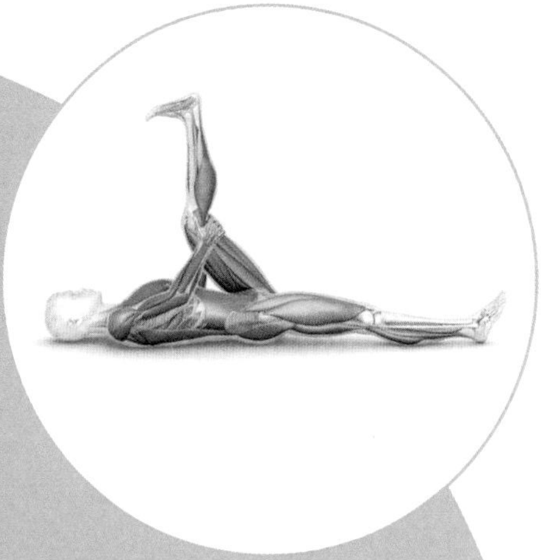
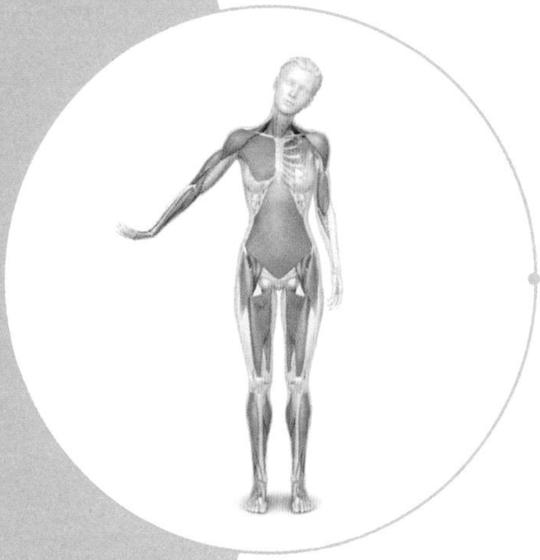
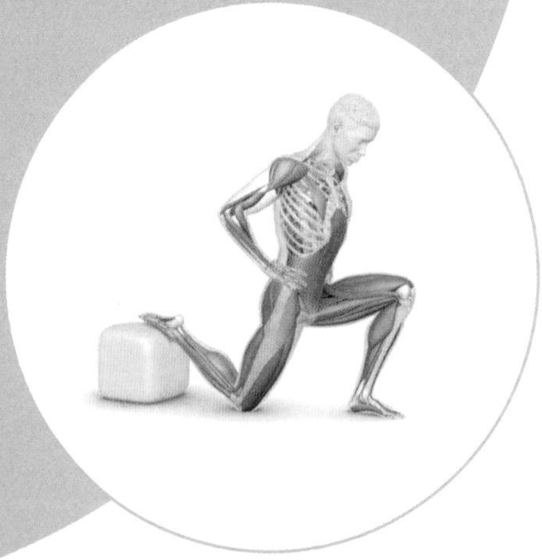

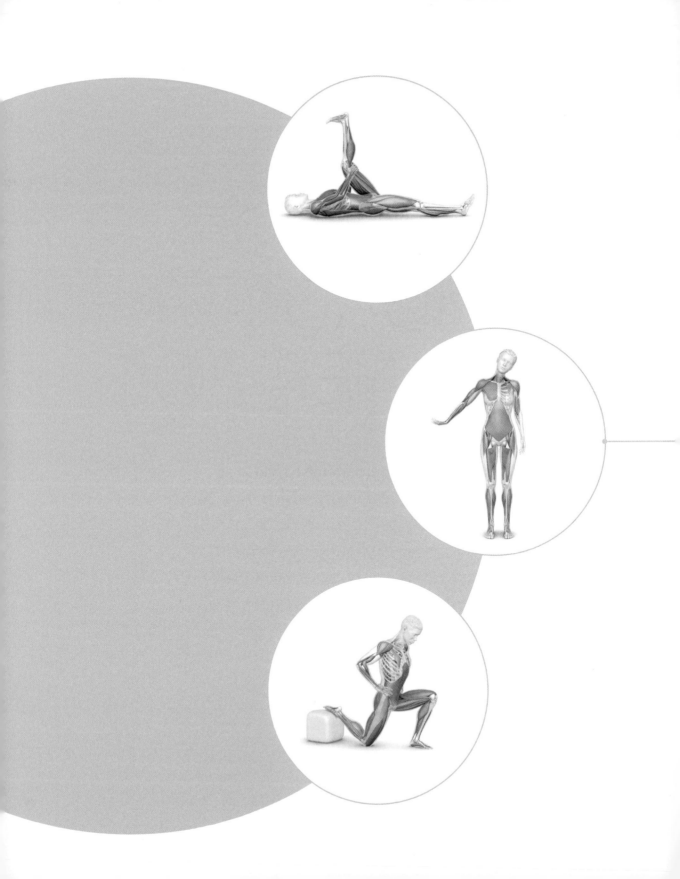

EJERCICIOS DE MOVILIDAD DE LOS NERVIOS

La forma en que las distintas partes del sistema nervioso se comunican y se relacionan con el sistema musculoesquelético puede afectar a la movilidad y al rango de movimiento, además de causar molestias como la rigidez. Los siguientes estiramientos permiten mejorar la movilidad de los principales nervios de las extremidades superiores e inferiores, como el nervio mediano, que desciende por la zona anterior del brazo, y el nervio ciático, que baja por la pierna desde la parte baja de la espalda.

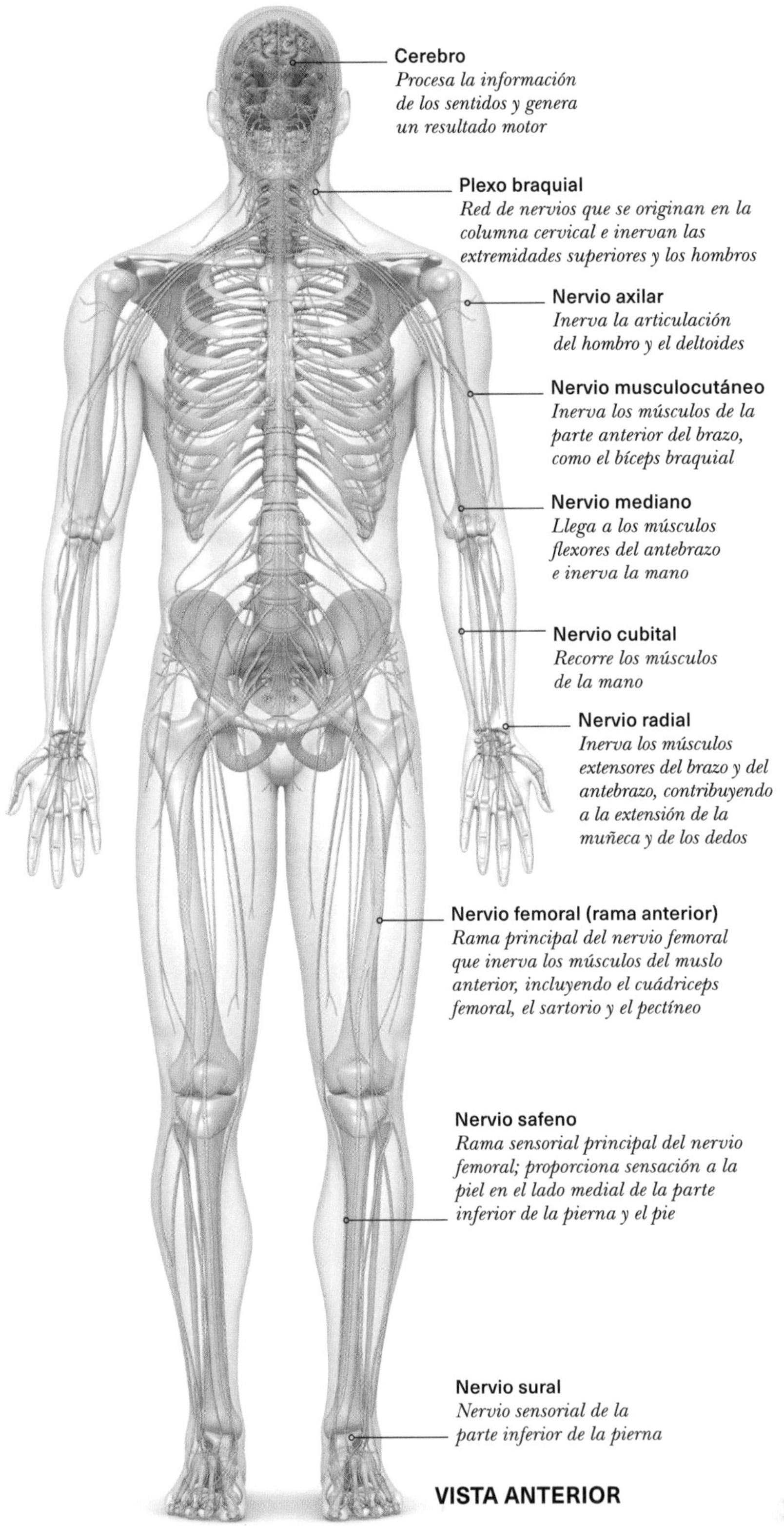
Cerebro
Procesa la información de los sentidos y genera un resultado motor
Plexo braquial
Red de nervios que se originan en la columna cervical e inervan las extremidades superiores y los hombros
Nervio axilar
Inerva la articulación del hombro y el deltoides
Nervio musculocutáneo
Inerva los músculos de la parte anterior del brazo, como el bíceps braquial
Nervio mediano
Llega a los músculos flexores del antebrazo e inerva la mano
Nervio cubital
Recorre los músculos de la mano
Nervio radial
Inerva los músculos extensores del brazo y del antebrazo, contribuyendo a la extensión de la muñeca y de los dedos
Nervio femoral (rama anterior)
Rama principal del nervio femoral que inerva los músculos del muslo anterior, incluyendo el cuádriceps femoral, el sartorio y el pectíneo
Nervio safeno
Rama sensorial principal del nervio femoral; proporciona sensación a la piel en el lado medial de la parte inferior de la pierna y el pie
Nervio sural
Nervio sensorial de la parte inferior de la pierna

VISTA ANTERIOR

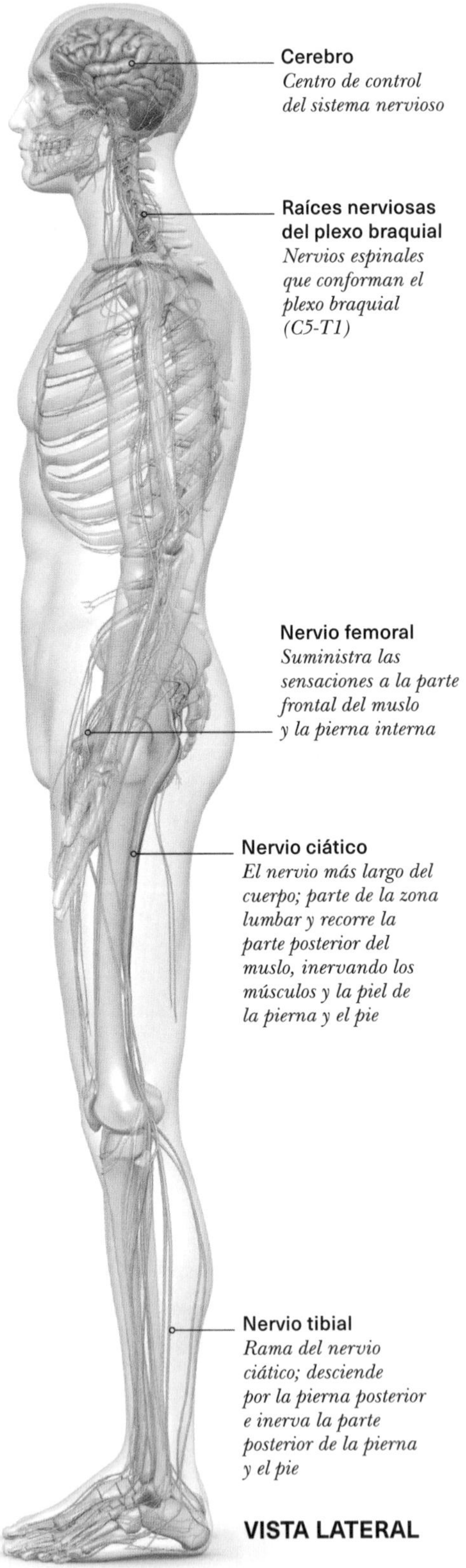
Cerebro
Centro de control del sistema nervioso
Raíces nerviosas del plexo braquial
Nervios espinales que conforman el plexo braquial (C5-T1)
Nervio femoral
Suministra las sensaciones a la parte frontal del muslo y la pierna interna
Nervio ciático
El nervio más largo del cuerpo; parte de la zona lumbar y recorre la parte posterior del muslo, inervando los músculos y la piel de la pierna y el pie
Nervio tibial
Rama del nervio ciático; desciende por la pierna posterior e inerva la parte posterior de la pierna y el pie

VISTA LATERAL

VISTA GENERAL DE LA MOVILIDAD DE LOS NERVIOS

El sistema nervioso coordina y controla las funciones del cuerpo, permitiendo la comunicación y la respuesta a estímulos internos y externos. Los principales nervios de los brazos son, entre otros, el nervio mediano, el cubital y el radial. En las piernas, los principales son el nervio ciático, el femoral y el tibial.

El nervio mediano, el cubital y el radial son responsables tanto de funciones sensoriales como motoras en los brazos. La información sensorial, como el tacto, la temperatura y la propiocepción, se transmite desde la piel, las articulaciones y los músculos hasta el sistema nervioso central a través de estos nervios. Las señales motoras viajan desde el sistema nervioso central hasta los músculos, permitiendo el movimiento voluntario y el control de los brazos. De manera similar, en las piernas, nervios como el ciático, el femoral y el tibial, y otras ramas, facilitan la entrada sensorial y el control motor. Estos nervios desempeñan un papel esencial en la sensación, coordinación y movimiento de los miembros, contribuyendo a la función general del cuerpo y la interacción con el entorno.

CONTENIDO DEL CAPÍTULO

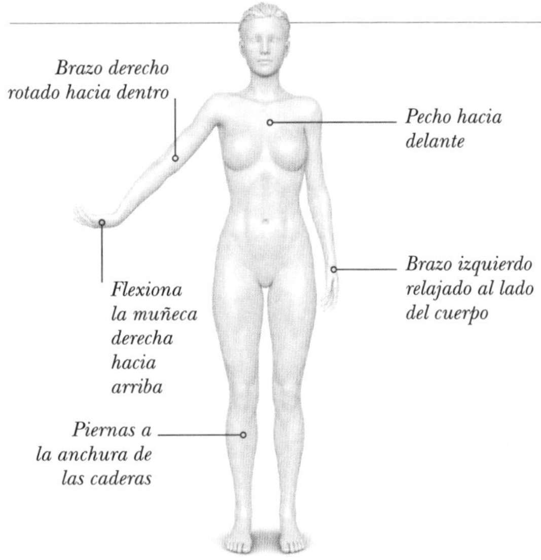
Brazo derecho rotado hacia dentro
Pecho hacia delante
Brazo izquierdo relajado al lado del cuerpo
Flexiona la muñeca derecha hacia arriba
Piernas a la anchura de las caderas

FASE PREPARATORIA
De pie, con las pies separadas a la anchura de las caderas, rota el brazo derecho hacia dentro y flexiona la muñeca. Aleja el brazo del cuerpo hasta que sientas un leve estiramiento.

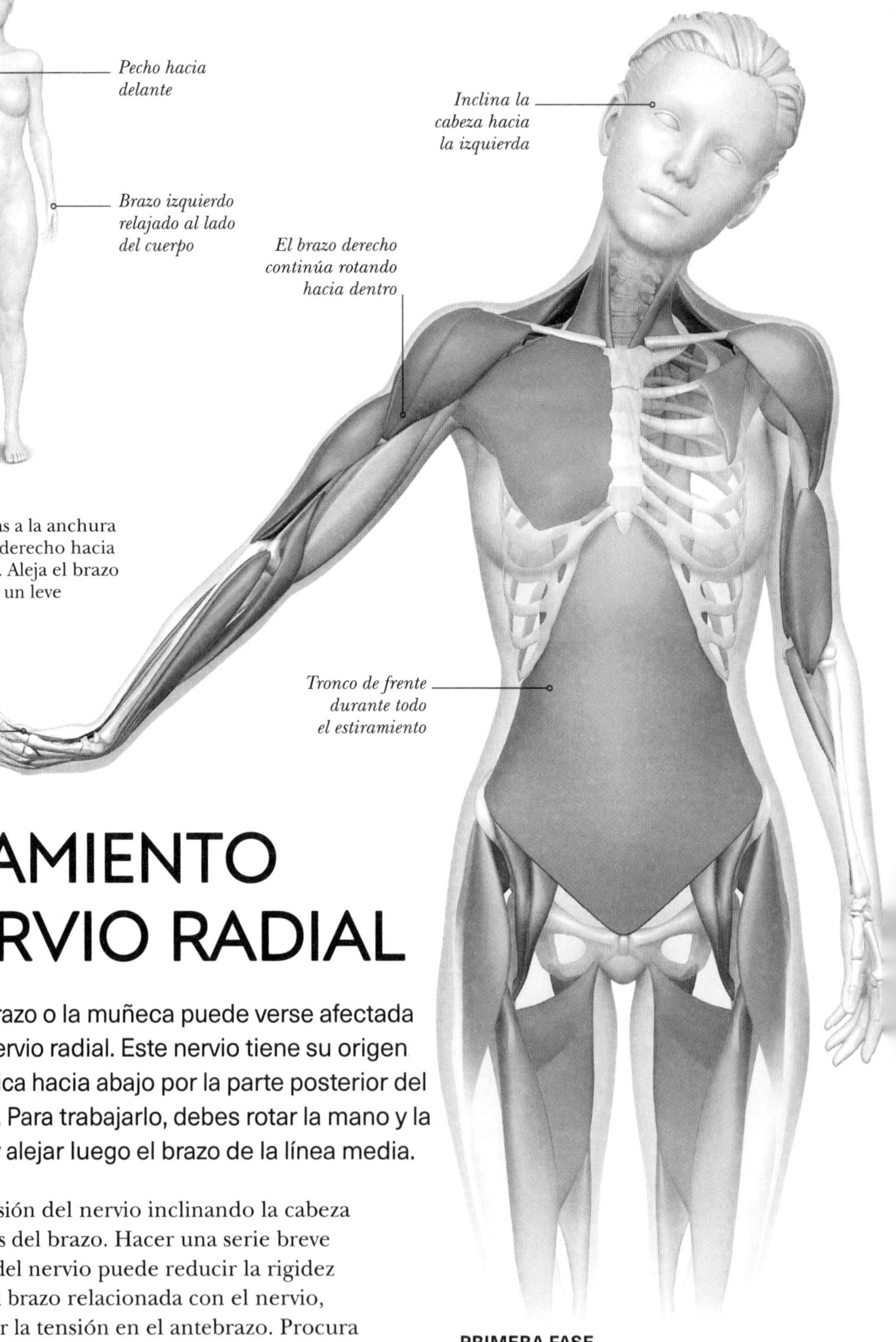
Inclina la cabeza hacia la izquierda
El brazo derecho continúa rotando hacia dentro
Tronco de frente durante todo el estiramiento
Palma de la mano hacia el techo

DESLIZAMIENTO DEL NERVIO RADIAL

La rigidez en el antebrazo o la muñeca puede verse afectada por la movilidad del nervio radial. Este nervio tiene su origen en el cuello y se ramifica hacia abajo por la parte posterior del brazo y hacia la mano. Para trabajarlo, debes rotar la mano y la palma hacia adentro y alejar luego el brazo de la línea media.

Puedes aumentar la tensión del nervio inclinando la cabeza y el cuello, para alejarlos del brazo. Hacer una serie breve con este deslizamiento del nervio puede reducir la rigidez en la parte posterior del brazo relacionada con el nervio, y puede ayudar a reducir la tensión en el antebrazo. Procura realizarlo con cuidado si te duele el cuello o has sufrido con anterioridad dolores en los nervios.

PRIMERA FASE
Inclina la cabeza hacia la izquierda, alejándola del brazo, para aumentar el estiramiento.

Cuello y brazo

Los **escalenos derechos** y el **esternocleidomastoideo** se alargan. Los **subescapulares** y los **pectorales** rotan de forma interna el hombro, mientras el **tríceps** mantiene la extensión del codo. El **pronador redondo** y el **pronador cuadrado** se activan para pronar el antebrazo.

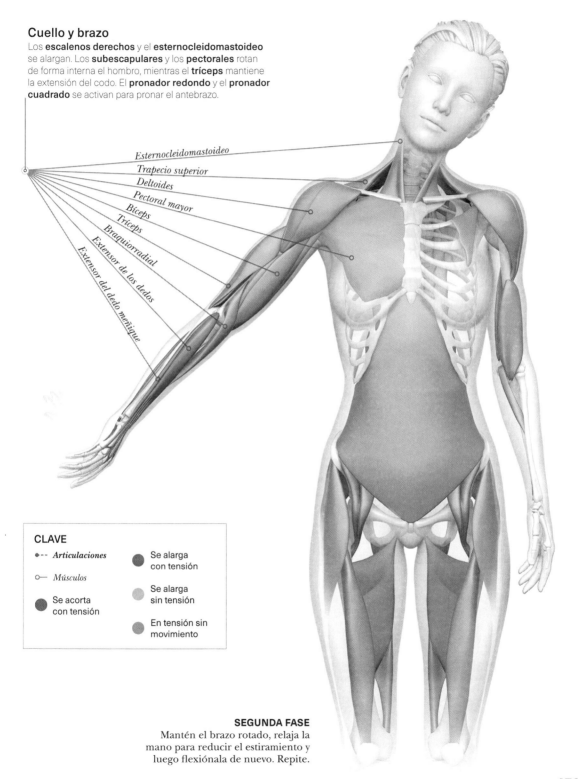

Esternocleidomastoideo
Trapecio superior
Deltoides
Pectoral mayor
Bíceps
Tríceps
Braquiorradial
Extensor de los dedos
Extensor del dedo meñique

CLAVE

•-- *Articulaciones*

○— *Músculos*

● Se acorta con tensión

● Se alarga con tensión

● Se alarga sin tensión

● En tensión sin movimiento

SEGUNDA FASE
Mantén el brazo rotado, relaja la mano para reducir el estiramiento y luego flexiónala de nuevo. Repite.

» VARIACIONES

En toda la zona del brazo, la muñeca y la mano hay muchos nervios. Los principales tienen trayectorias únicas que activan músculos específicos.

CLAVE

- Principal músculo ejercitado
- Otros músculos implicados

DESLIZAMIENTO DEL NERVIO MEDIANO

La rigidez en el antebrazo o la muñeca puede venir de la movilidad del nervio mediano. Este nervio tiene su origen en el cuello y se ramifica hacia abajo por el brazo anterior. Para trabajarlo, debes girar la mano y la palma hacia afuera, extender la muñeca y alejar el brazo de la línea media. Aumenta la tensión del nervio inclinando la cabeza y el cuello para alejarlos del brazo. Este estiramiento puede reducir la tensión en la muñeca y el antebrazo.

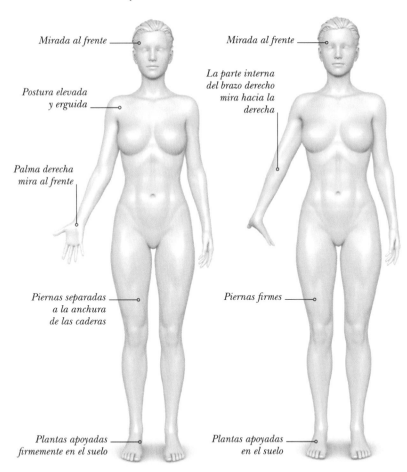

Mirada al frente
Postura elevada y erguida
Palma derecha mira al frente
Piernas separadas a la anchura de las caderas
Plantas apoyadas firmemente en el suelo

FASE PREPARATORIA
Comienza de pie y coloca el brazo derecho y la palma hacia delante.

Mirada al frente
La parte interna del brazo derecho mira hacia la derecha
Piernas firmes
Plantas apoyadas en el suelo

PRIMERA FASE
Gira el brazo lejos de la línea media para que la parte inferior del brazo mire hacia la derecha y tira de la muñeca hacia atrás.

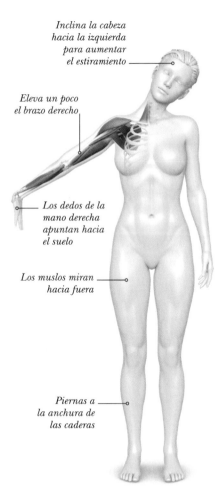

Inclina la cabeza hacia la izquierda para aumentar el estiramiento
Eleva un poco el brazo derecho
Los dedos de la mano derecha apuntan hacia el suelo
Los muslos miran hacia fuera
Piernas a la anchura de las caderas

SEGUNDA FASE
Levanta ligeramente el brazo derecho e inclina la cabeza hacia la izquierda para aumentar el estiramiento, luego lleva de nuevo la muñeca a la posición inicial.

DESLIZAMIENTO DEL NERVIO CUBITAL

La rigidez en el antebrazo o la muñeca puede verse afectada por la movilidad del nervio cubital. Este nervio tiene origen en el cuello y se ramifica hacia abajo por el codo medial y los dos últimos dedos. A menudo se le llama el «hueso de la risa». Para trabajarlo, debes pronar la mano y la palma hacia abajo con el hombro flexionado y el codo doblado. Puedes aumentar la tensión del nervio inclinando la cabeza y el cuello para alejarlos del brazo. Hacer varias series de este ejercicio puede mejorar la rigidez posterior del brazo al relacionarse con la del propio nervio, y aliviar cualquier tensión en el antebrazo.

> ### ! Precaución
> No hagas este estiramiento si te duele el cuello. No tienes que sentir dolor o malestar en el antebrazo, el hombro o el cuello. Debería ser un movimiento cómodo de la parte posterior del brazo. Mantén un rango de movimiento en el que no te moleste en ninguna de las fases. Como mucho, deberías notar un leve estiramiento profundo en la primera fase, que se alivia en la segunda. Detente si percibes entumecimiento, hormigueo o dolor.

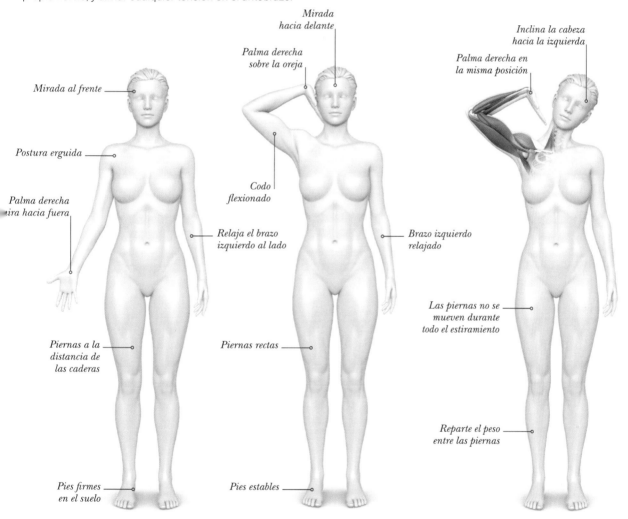

Mirada al frente

Postura erguida

Palma derecha mira hacia fuera

Piernas a la distancia de las caderas

Pies firmes en el suelo

Mirada hacia delante

Palma derecha sobre la oreja

Codo flexionado

Relaja el brazo izquierdo al lado

Piernas rectas

Pies estables

Inclina la cabeza hacia la izquierda

Palma derecha en la misma posición

Brazo izquierdo relajado

Las piernas no se mueven durante todo el estiramiento

Reparte el peso entre las piernas

FASE PREPARATORIA
De pie, el brazo derecho y la palma miran hacia delante.

PRIMERA FASE
Gira la palma hacia abajo y lleva la mano derecha hacia la oreja, con los dedos hacia abajo, como si te taparas. Muévete en el rango que puedas tolerar.

SEGUNDA FASE
Inclina la cabeza hacia la izquierda y aléjala de la mano para aumentar el estiramiento.

DESLIZAMIENTO DEL NERVIO CIÁTICO

La movilidad limitada del nervio ciático puede ocasionar molestias en la parte posterior del muslo o la pierna. Una manera de mejorarla es flexionar la cadera, estirar la rodilla y mover el tobillo arriba y abajo.

Es posible tensar más este nervio flexionando la cabeza y el cuello. Realizar un breve ejercicio de deslizamiento del nervio puede ayudar a aliviar el dolor en la parte posterior de la cadera y el muslo debido a la percepción de estiramiento del nervio. También puede reducir la tensión en los isquiotibiales o el gemelo y mejorar la amplitud de movimiento de la cadera y la rodilla.

El deslizamiento del nervio se puede realizar manteniendo la rodilla doblada y moviendo el tobillo, o estirando a la vez la rodilla. Hay que tener en cuenta que cuanto más recta esté la rodilla con la dorsiflexión del tobillo, mayor será la tensión en el nervio.

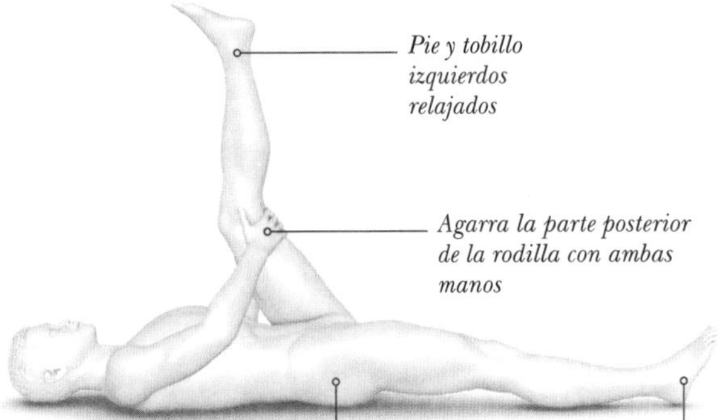

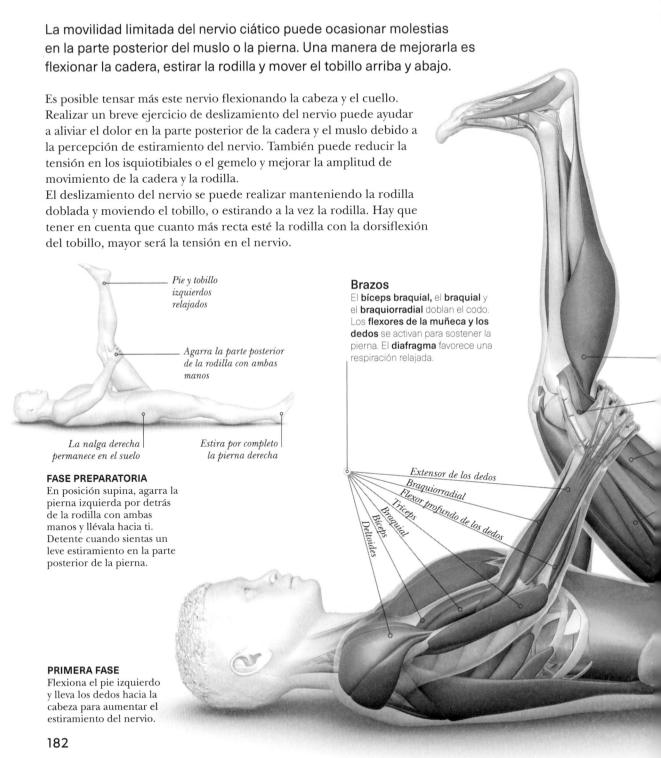

Pie y tobillo izquierdos relajados
Agarra la parte posterior de la rodilla con ambas manos
La nalga derecha permanece en el suelo
Estira por completo la pierna derecha

FASE PREPARATORIA
En posición supina, agarra la pierna izquierda por detrás de la rodilla con ambas manos y llévala hacia ti. Detente cuando sientas un leve estiramiento en la parte posterior de la pierna.

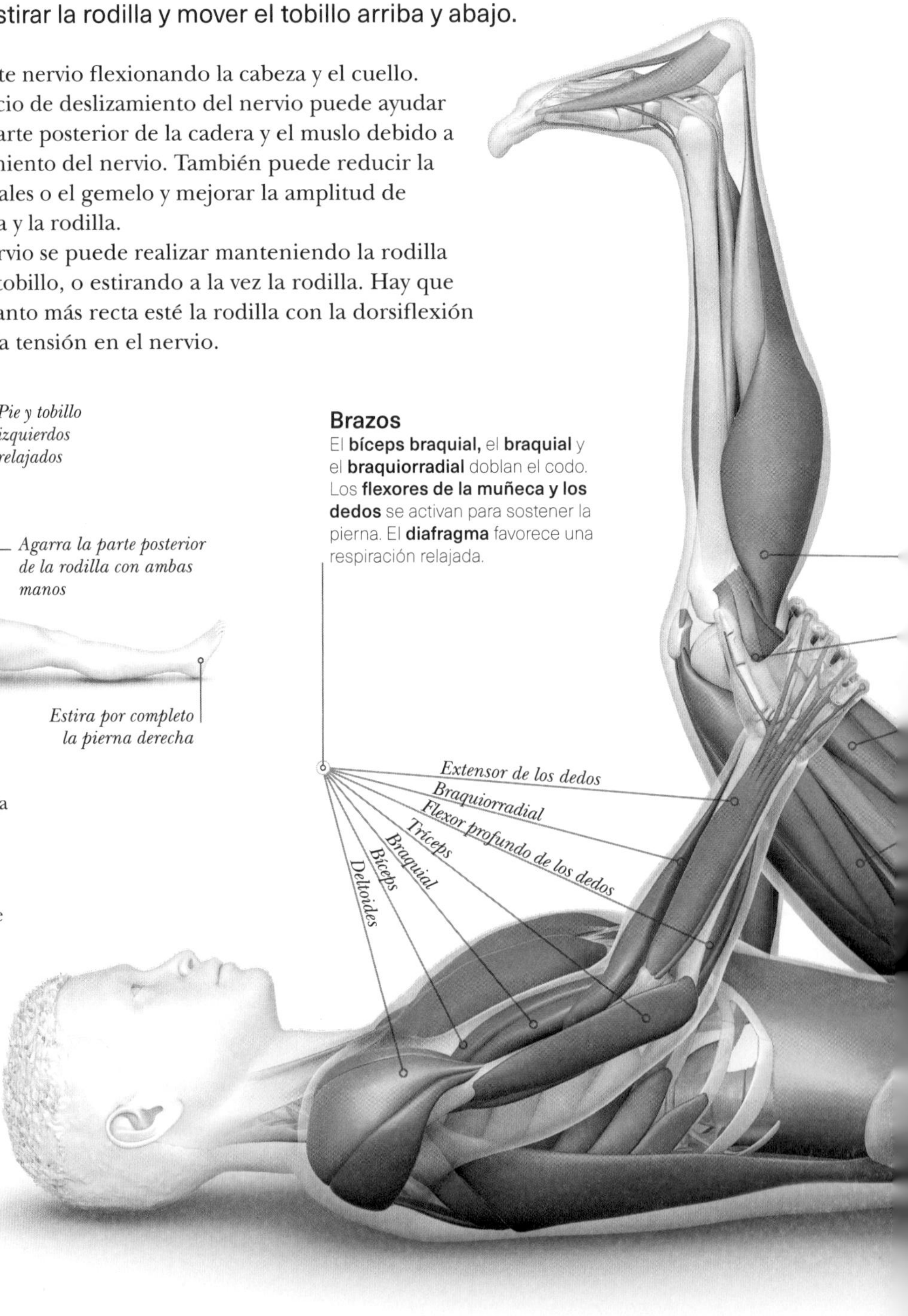

Extensor de los dedos
Braquiorradial
Flexor profundo de los dedos
Tríceps
Braquial
Bíceps
Deltoides

Brazos
El **bíceps braquial,** el **braquial** y el **braquiorradial** doblan el codo. Los **flexores de la muñeca y los dedos** se activan para sostener la pierna. El **diafragma** favorece una respiración relajada.

PRIMERA FASE
Flexiona el pie izquierdo y lleva los dedos hacia la cabeza para aumentar el estiramiento del nervio.

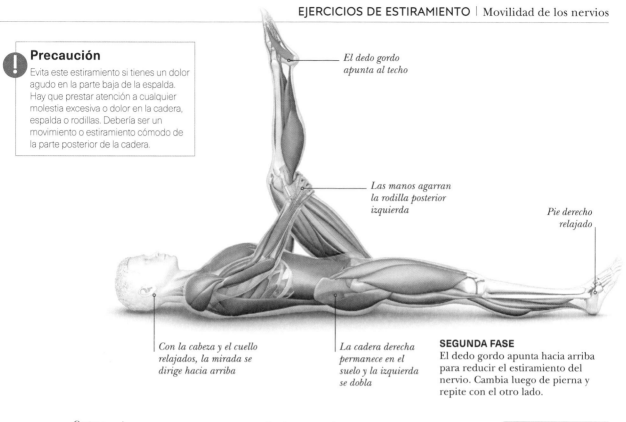

Precaución

Evita este estiramiento si tienes un dolor agudo en la parte baja de la espalda. Hay que prestar atención a cualquier molestia excesiva o dolor en la cadera, espalda o rodillas. Debería ser un movimiento o estiramiento cómodo de la parte posterior de la cadera.

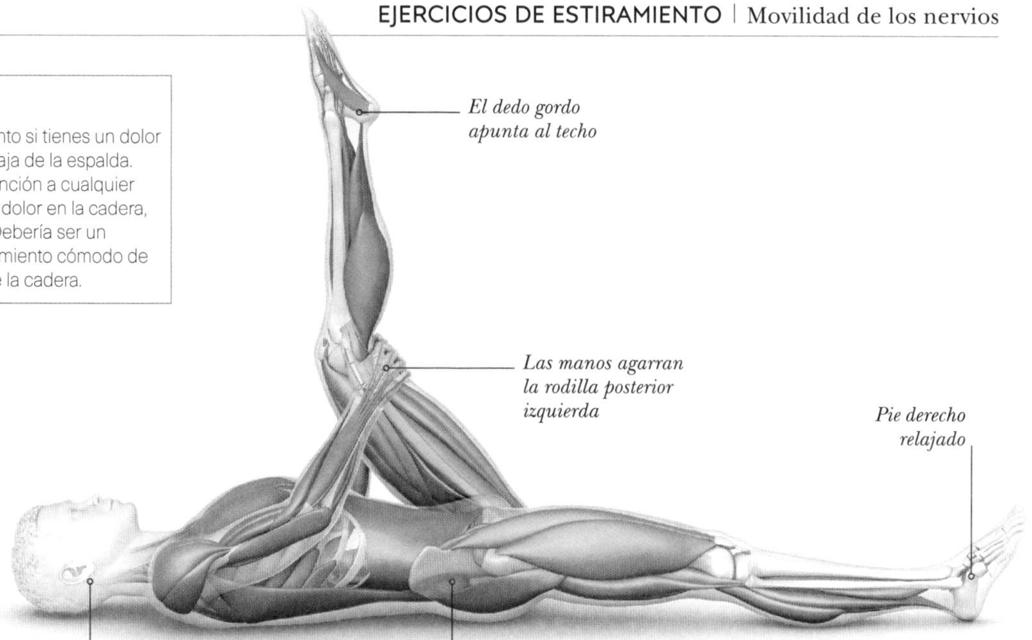
El dedo gordo apunta al techo
Las manos agarran la rodilla posterior izquierda
Pie derecho relajado
Con la cabeza y el cuello relajados, la mirada se dirige hacia arriba
La cadera derecha permanece en el suelo y la izquierda se dobla

SEGUNDA FASE
El dedo gordo apunta hacia arriba para reducir el estiramiento del nervio. Cambia luego de pierna y repite con el otro lado.

Caderas y piernas

El **cuádriceps** se activa para estirar la rodilla y alargar los **isquiotibiales.** El **grupo gastrocnemio-sóleo** se elonga, mientras que el **tibial anterior** flexiona el pie y el tobillo izquierdos. Los **flexores de la cadera izquierda** se activan, mientras que los de la derecha permanecen relajados.

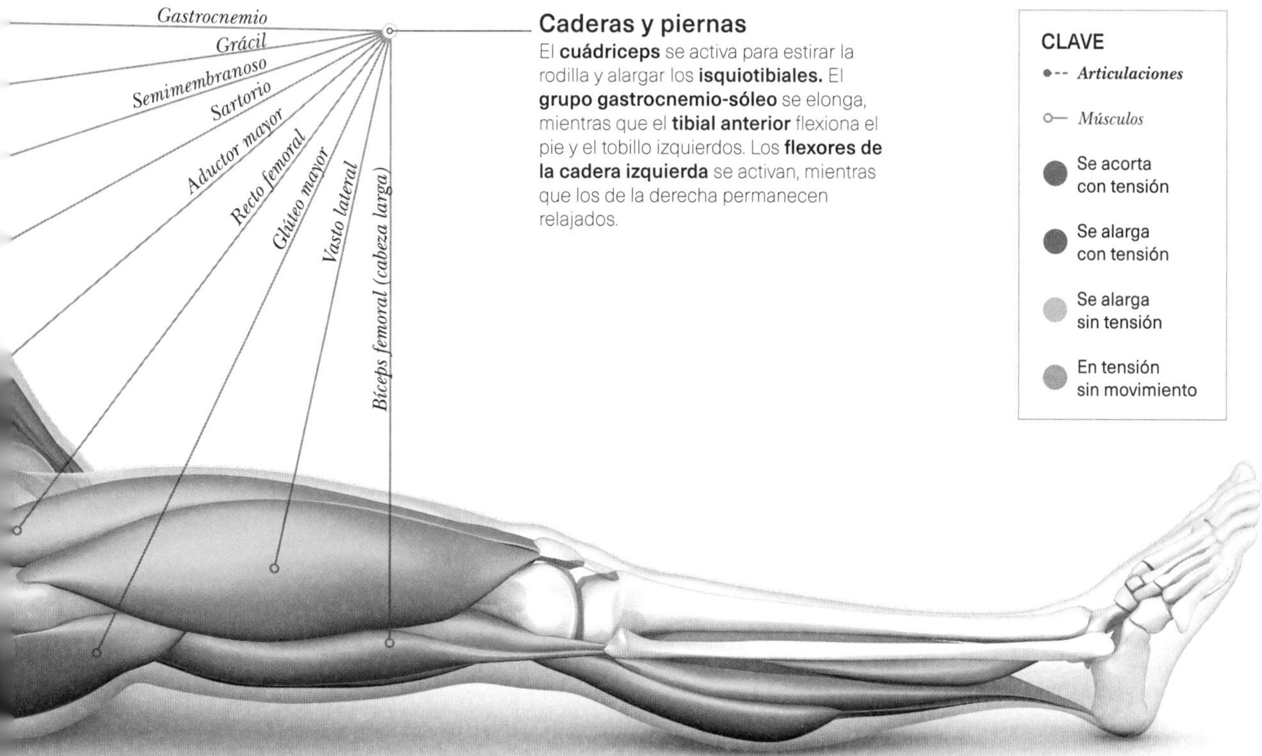
Gastrocnemio
Grácil
Semimembranoso
Sartorio
Aductor mayor
Recto femoral
Glúteo mayor
Vasto lateral
Bíceps femoral (cabeza larga)

CLAVE

- *Articulaciones*
- *Músculos*
- Se acorta con tensión
- Se alarga con tensión
- Se alarga sin tensión
- En tensión sin movimiento

» VARIACIONES

El nervio ciático se divide en dos: el nervio tibial y el fibular. Una rama de cada uno de estos forma el nervio sural, que proporciona las sensaciones a la parte inferior de la pierna, el pie y el tobillo.

CLAVE

 Principal músculo ejercitado ● Otros músculos implicados

DESLIZAMIENTO DEL NERVIO TIBIAL

El uso de deslizamientos nerviosos más específicos puede ayudar cuando sientes malestar en diversas partes de la pierna. El nervio tibial es una rama del ciático que discurre a lo largo de la parte interior del tobillo. Para movilizar este nervio, la cadera debe estar flexionada, con la rodilla extendida y el tobillo debe dirigirse hacia arriba y alejarse del cuerpo (dorsiflexión y eversión). Puedes aumentar la tensión nerviosa flexionando el cuello hacia el pie.

⚠ Precaución

Evita este estiramiento si te duele la zona lumbar. Vigila que no tengas un malestar o dolor excesivo en la cadera, la espalda o las rodillas.

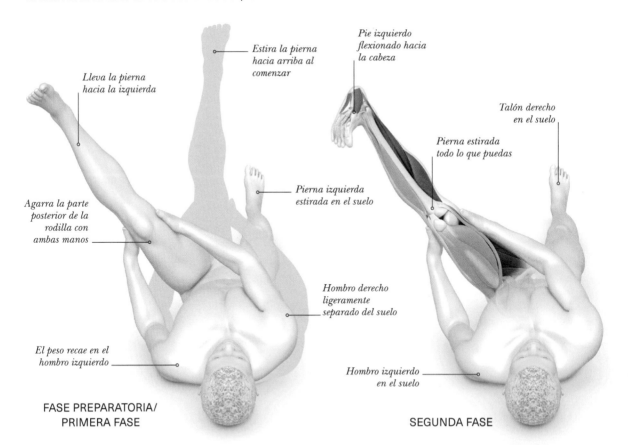

Lleva la pierna hacia la izquierda

Estira la pierna hacia arriba al comenzar

Pie izquierdo flexionado hacia la cabeza

Talón derecho en el suelo

Agarra la parte posterior de la rodilla con ambas manos

Pierna izquierda estirada en el suelo

Pierna estirada todo lo que puedas

Hombro derecho ligeramente separado del suelo

El peso recae en el hombro izquierdo

Hombro izquierdo en el suelo

FASE PREPARATORIA/ PRIMERA FASE

SEGUNDA FASE

FASE PREPARATORIA
Túmbate en el suelo. Levanta la pierna izquierda y agarra la parte posterior de la rodilla con ambas manos. Estira la rodilla para sentir un estiramiento en la parte posterior del muslo.

PRIMERA FASE
Aleja la pierna de la línea media, hacia la izquierda, abduciendo la cadera, al tiempo que mantienes la pelvis y la espalda apoyadas en el suelo.

SEGUNDA FASE
Flexiona el pie izquierdo hacia la cabeza y aléjalo de la línea media para completar el estiramiento.

DESLIZAMIENTO DEL NERVIO FIBULAR

El nervio fibular es una rama del ciático que discurre a lo largo de la parte externa de la pierna y el tobillo, e inerva los músculos de esa zona. Para movilizarlo, flexiona la cadera con la rodilla extendida y lleva el tobillo hacia arriba y hacia el cuerpo. Para aumentar la tensión, flexiona el cuello hacia arriba para mirar el pie.

FASE PREPARATORIA
Boca arriba, eleva la pierna izquierda y agarra con las dos manos la parte posterior de la rodilla. Extiende la rodilla hasta que sientas que se estira la parte posterior del muslo.

PRIMERA FASE
Tira de la pierna hacia la derecha, hacia la línea media, aduciendo la cadera. Mantén la pelvis y la espalda apoyadas en el suelo.

SEGUNDA FASE
Flexiona el pie hacia la cabeza y hacia la línea media para completar el estiramiento.

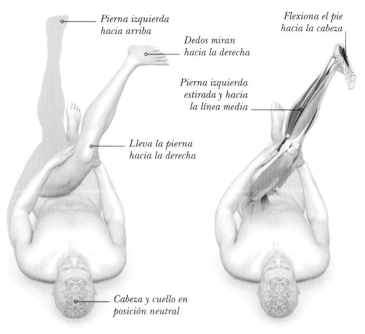

Pierna izquierda hacia arriba

Dedos miran hacia la derecha

Flexiona el pie hacia la cabeza

Pierna izquierda estirada y hacia la línea media

Lleva la pierna hacia la derecha

Cabeza y cuello en posición neutral

FASE PREPARATORIA/ PRIMERA FASE

SEGUNDA FASE

DESLIZAMIENTO DEL NERVIO SURAL

El nervio sural es una rama del nervio ciático que recorre la parte posterior y externa de la pierna inferior y el tobillo. Para movilizarlo, túmbate boca arriba, flexiona la cadera, estira la rodilla y lleva el tobillo hacia abajo y hacia el cuerpo (flexión plantar e inversión). Si te resulta fácil, aumenta la tensión flexionando el cuello hacia arriba en dirección al pie.

FASE PREPARATORIA
Túmbate boca arriba, levanta la pierna izquierda y agarra la parte posterior de la rodilla con ambas manos. Extiende la rodilla hasta que sientas que se estira la parte posterior del muslo.

PRIMERA FASE
Tira de la pierna izquierda hacia la derecha y hacia la línea media mediante la aducción de la cadera. Mantén la pelvis y la espalda planas en el suelo.

SEGUNDA FASE
Apunta el pie hacia abajo y hacia dentro para completar el movimiento.

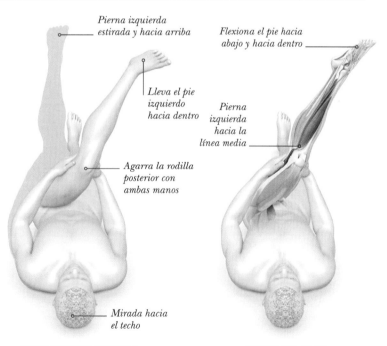

Pierna izquierda estirada y hacia arriba

Flexiona el pie hacia abajo y hacia dentro

Lleva el pie izquierdo hacia dentro

Pierna izquierda hacia la línea media

Agarra la rodilla posterior con ambas manos

Mirada hacia el techo

FASE PREPARATORIA/ PRIMERA FASE

SEGUNDA FASE

185

DESLIZAMIENTO DEL NERVIO FEMORAL

El nervio femoral inerva los músculos que flexionan la cadera y extienden la rodilla. Para tensar el nervio femoral, la cadera debe estar extendida y la rodilla flexionada, como en este estiramiento.

Los síntomas relacionados con el nervio femoral se presentan habitualmente cerca del muslo o la pierna anterior. Realizar tandas de este estiramiento puede reducir la rigidez que ocasiona la tensión neural en la parte anterior de la cadera, mejorar el rango de movimiento para extender la cadera y reducir cualquier molestia en el muslo anterior. Puedes aumentar la tensión del nervio mirando hacia abajo o hacia arriba con la cabeza y el cuello.

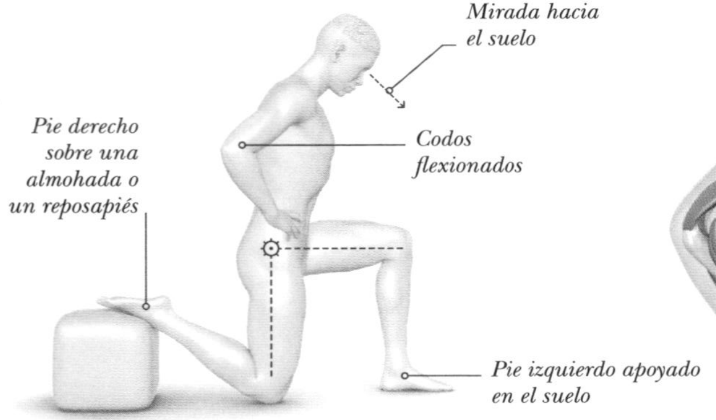
Mirada hacia el suelo
Pie derecho sobre una almohada o un reposapiés
Codos flexionados
Pie izquierdo apoyado en el suelo

FASE PREPARATORIA
De rodillas, adelanta la pierna izquierda, flexiona la rodilla a 90° y apoya el pie en el suelo. Apoya el pie de atrás en una almohada o reposapiés. Mantén la espalda en posición neutra y la mirada baja. El estiramiento se siente en el flexor de la cadera y en la parte frontal del muslo.

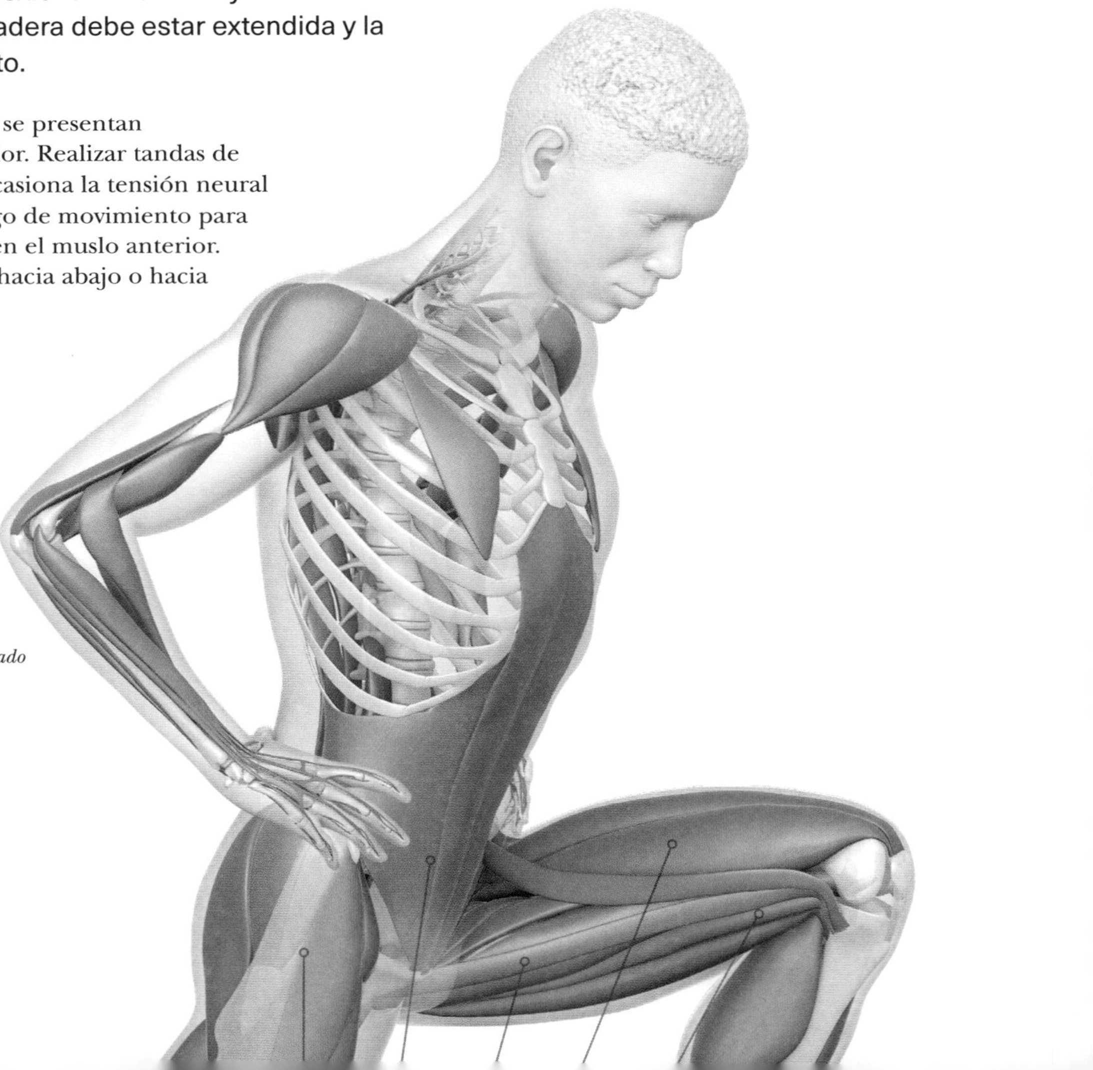

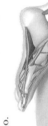

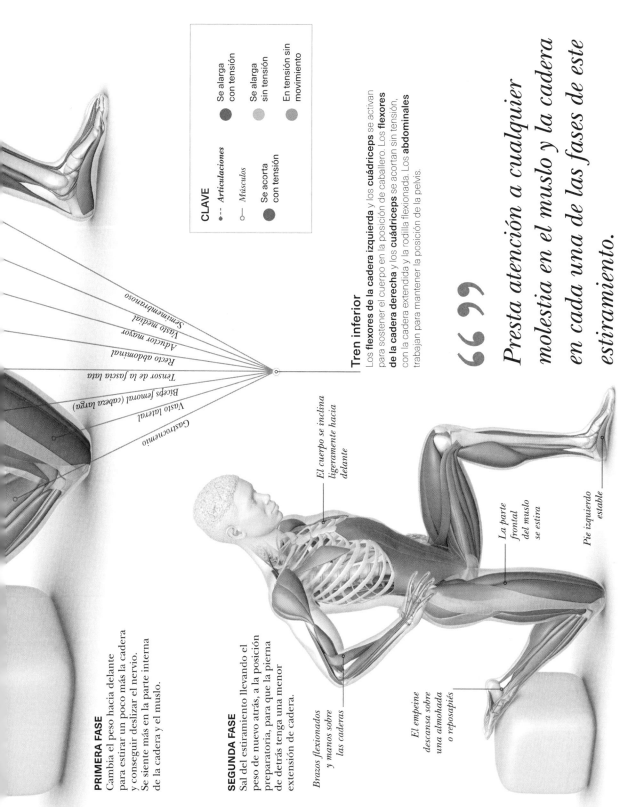

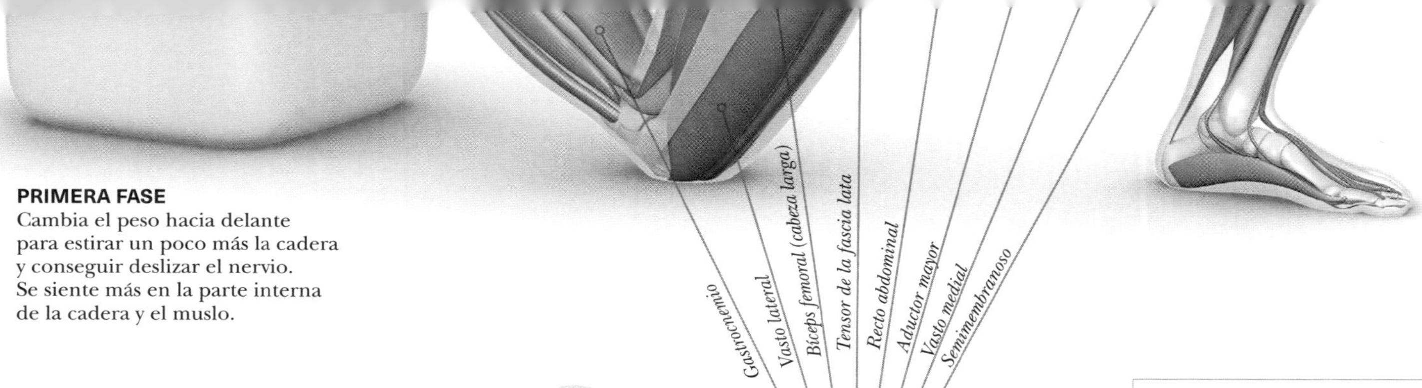
Gastrocnemio
Vasto lateral
Bíceps femoral (cabeza larga)
Tensor de la fascia lata
Recto abdominal
Aductor mayor
Vasto medial
Semimembranoso

PRIMERA FASE
Cambia el peso hacia delante para estirar un poco más la cadera y conseguir deslizar el nervio. Se siente más en la parte interna de la cadera y el muslo.

SEGUNDA FASE
Sal del estiramiento llevando el peso de nuevo atrás, a la posición preparatoria, para que la pierna de detrás tenga una menor extensión de cadera.

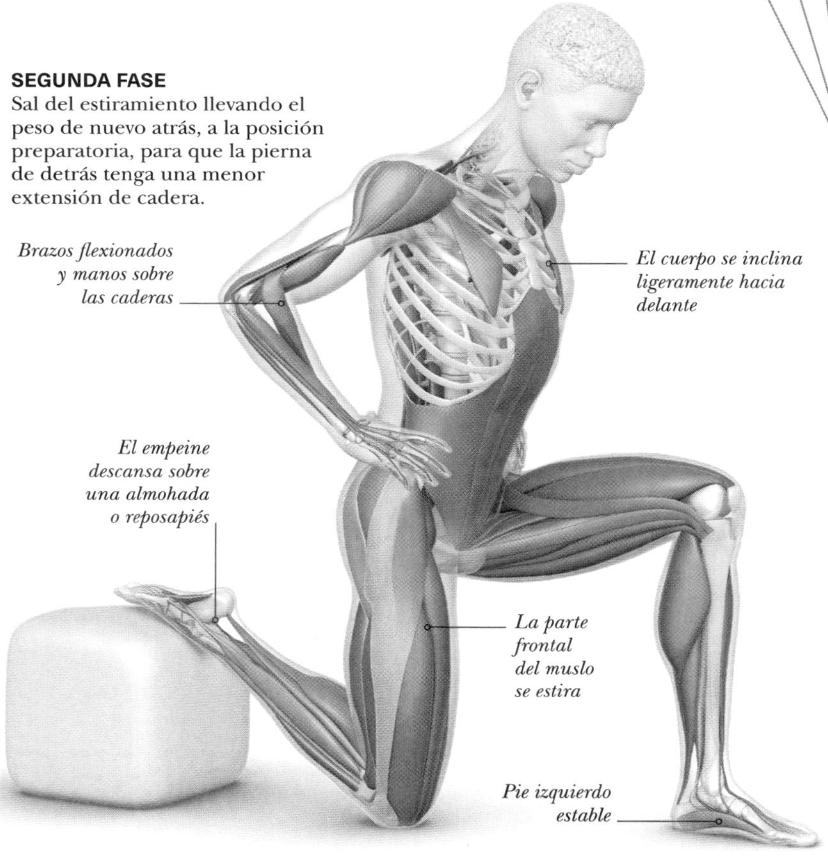
Brazos flexionados y manos sobre las caderas
El cuerpo se inclina ligeramente hacia delante
El empeine descansa sobre una almohada o reposapiés
La parte frontal del muslo se estira
Pie izquierdo estable

CLAVE
- *Articulaciones*
- *Músculos*
- Se acorta con tensión
- Se alarga con tensión
- Se alarga sin tensión
- En tensión sin movimiento

Tren inferior
Los **flexores de la cadera izquierda** y los **cuádriceps** se activan para sostener el cuerpo en la posición de caballero. Los **flexores de la cadera derecha** y los **cuádriceps** se acortan sin tensión, con la cadera extendida y la rodilla flexionada. Los **abdominales** trabajan para mantener la posición de la pelvis.

“ ”

Presta atención a cualquier molestia en el muslo y la cadera en cada una de las fases de este estiramiento.

RUTINAS DE ESTIRAMIENTO

Para alcanzar las metas en una actividad física es fundamental elaborar un programa personalizado. Puedes querer mejorar tu entrenamiento —ejercicios de fuerza u otra infinidad de deportes— para tener una vida más activa. Quizás busques centrarte en una parte del cuerpo, como la columna, cadera o rodillas, o prefieras una rutina de estiramiento general. Organizado en listas fáciles de seguir y dividido en secciones para principiantes y nivel avanzado, las rutinas sugeridas pueden ayudarte a avanzar en la actividad que te propongas.

INTRODUCCIÓN A LAS RUTINAS

En este libro hay estiramientos variados y adecuados para varios niveles. A medida que explores tu movilidad y mejores tu flexibilidad y bienestar, recuerda modificar lo que necesites y presta atención a tu cuerpo.

La investigación sobre el estiramiento sigue evolucionando y la intensidad óptima depende de cada persona, su actividad y nivel de experiencia. Hay estudios sobre los efectos del estiramiento en diferentes intensidades y sobre diversos aspectos, como el rango de movimiento y el dolor muscular. Las siguientes secciones ofrecen indicaciones basadas en los objetivos y experiencia.

PRINCIPIANTE

Los principiantes pueden empezar a ejercitar la flexibilidad introduciendo estiramientos una vez al día, de tres a cinco jornadas por semana. Empieza con un ligero calentamiento muscular a base de actividad suave. Puedes hacer estiramientos estáticos durante unos 30 segundos, enfocados en los principales grupos musculares.

Los estiramientos deben generar una ligera incomodidad, pero no un dolor prolongado. Prestar atención a las sensaciones y tolerancia te ayudará a afinar tu conciencia corporal. Al ir aumentando la flexibilidad, las sensaciones cambiarán y habrá que marcarse nuevos límites para seguir mejorando.

A medida que sientes más comodidad, incrementa gradualmente la intensidad o duración para progresar. Practica una respiración relajada y controlada durante los estiramientos y busca consejo profesional para recibir instrucciones personalizadas y alcanzar objetivos específicos. Recuerda que es importante tener constancia.

AVANZADO

Quienes tengan más experiencia deportiva pueden escoger estiramientos avanzados. Estos pueden abarcar múltiples grupos musculares a la vez y en varios planos de movimiento (p. 14). Evalúa tus niveles de flexibilidad e identifica áreas de interés que requieren mejora o mantenimiento. Comienza con un calentamiento activo que incluya movimientos dinámicos centrados en grupos musculares concretos. Los estiramientos avanzados también deberían ser dinámicos y anticipar la posterior actividad. Pueden usarse técnicas de estiramiento como la FNP o movimientos excéntricos (p. 42), que son más intensos y pueden requerir de ayuda o equipamiento. La duración e intensidad de los estiramientos para nivel avanzado pueden ser más largos para forzar más los músculos, en especial para actividades que demandan gran flexibilidad, como artes marciales o danza. Dado que los estiramientos de mayor intensidad pueden dar más rango de movimiento, hay que tener en cuenta que los ejercicios

---

Principiante

Estiramientos estáticos:
1-2 series de 15-30 segundos

Estiramientos dinámicos:
1-2 series de 10-15 repeticiones de 1-2 segundos

Céntrate en los principales grupos musculares y opta por músculos de una o dos articulaciones para estirar, como los isquiotibiales o los gemelos. Acostúmbrate a las sensaciones y posturas para adquirir conciencia corporal. Presta atención a lo que sientes durante y después de estirar, así como al día siguiente. Practica al menos 3 veces por semana, a ser posible como parte de una rutina de ejercicios más amplia.

Avanzado

Estiramientos estáticos:
1-3 series de 15-60 segundos

Estiramientos dinámicos:
1-2 series de 10-20 repeticiones de 1-2 segundos

Céntrate en los principales grupos musculares y en los usados durante tu deporte o ejercicio favorito. Intenta sobrepasar los límites del estiramiento para aumentar la flexibilidad dentro de lo tolerable. Amplía la rutina para incluir ejercicios en varios planos que estiren múltiples articulaciones. Úsala como parte de un programa de ejercicios mayor para optimizar los resultados y aumentar la fuerza y la movilidad específica para las metas del ejercicio.

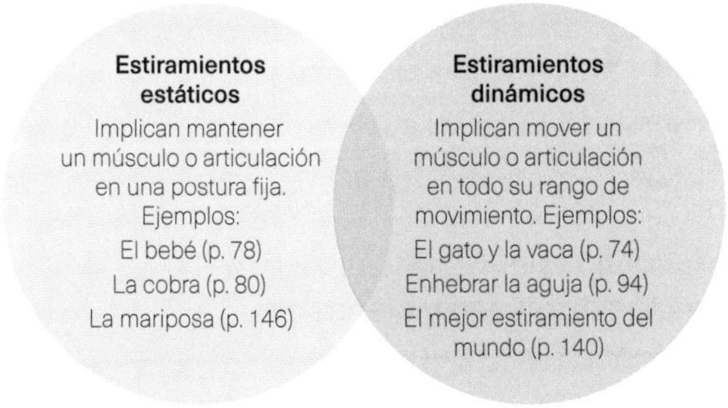
Estiramientos estáticos
Implican mantener un músculo o articulación en una postura fija. Ejemplos:
El bebé (p. 78)
La cobra (p. 80)
La mariposa (p. 146)
Estiramientos dinámicos
Implican mover un músculo o articulación en todo su rango de movimiento. Ejemplos:
El gato y la vaca (p. 74)
Enhebrar la aguja (p. 94)
El mejor estiramiento del mundo (p. 140)

de fuerza también son beneficiosos para evitar lesiones. Además, una recuperación adecuada y programar el ejercicio son claves. Quienes tienen un nivel avanzado deben estar atentos a su cuerpo para evitar someterlo a una molestia excesiva.

ESTÁTICO Y DINÁMICO

Los estiramientos estáticos y dinámicos son dos modalidades que se diferencian sobre todo en el tiempo que se mantiene la postura. Ambos pueden mejorar el rango de movimiento. Los estáticos implican mantener una postura durante un período prolongado, por lo general de 15 a 60 segundos. Se alarga el músculo de modo gradual y se mantiene en su punto de máxima tensión. Se practica tras una actividad física o como parte de un programa de ejercicio de flexibilidad o movilidad. Los estiramientos estáticos son aconsejables para principiantes, dado que a menudo constan de movimientos sencillos. Los estiramientos dinámicos suponen movimientos controlados y repetitivos que llevan un músculo o articulación a través de todo su rango de movimiento, manteniendo la postura de 1 a 2 segundos o menos de 15 segundos. Exigen coordinación y pueden mejorar la estabilidad articular dinámica, el control neuromuscular y la función muscular. Si forman parte de un calentamiento dinámico, pueden hacerse a más velocidad en el rango normal de movilidad y a velocidad normal en sus extremos. Los calentamientos dinámicos constan de estiramientos dinámicos, aunque en otra parte pueden figurar como estáticos. El tipo de estiramiento dependerá de sus objetivos.

Haz estiramientos estáticos para aumentar la flexibilidad y dinámicos para preparar tu cuerpo para una actividad física.

CONSEJOS SENCILLOS QUE HAY QUE RECORDAR

Ten en cuenta estos puntos cuando te adentres en el mundo de los estiramientos:

- **Calentar** antes de estirar para aumentar el riego sanguíneo a los músculos.
- **Escoge el tipo de estiramiento** apropiado para tus objetivos.
- **Empieza con suavidad** y aumenta de modo gradual la intensidad y duración del estiramiento.
- **Prueba** estiramientos activos y pasivos. Los activos se centran en usar un grupo muscular para estirar otro; los pasivos utilizan una fuerza externa, como otra parte del cuerpo o alguien que te ayude.
- **Fortalece** los músculos adecuados mediante ejercicios de fuerza junto a los estiramientos, centrados en músculos relevantes para tus objetivos.
- **Ten constancia** y practica de 3 a 5 días por semana.
- **Haz cambios** si experimentas molestias prolongadas y busca consejo profesional si hace falta.

“ ”

Tanto los estiramientos estáticos como los dinámicos pueden mejorar tu rango de movimiento. El que elijas dependerá de tus objetivos y actividad.

RUTINAS PARA CUELLO Y ESPALDA

La musculatura del cuello y la espalda es una zona sobre la que se suele pedir ayuda para aliviar el dolor o mantener la movilidad. Las vértebras torácicas también pueden contribuir a la movilidad del área.

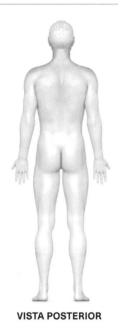

VISTA POSTERIOR

Entre los principales músculos que mueven el cuello están los de la escápula, el esternocleidomastoideo, los suboccipitales, los escalenos y los estabilizadores profundos y extensores del cuello. Dado que los músculos del cuello y la espalda están vinculados, es frecuente experimentar síntomas como la rigidez en una zona vecina a otra dolorida, sobrecargada o lesionada. La irritación nerviosa o las lesiones del cuello pueden tener síntomas en el brazo o la región escapular. En esos casos, estirar puede ser contraproducente y hay que someterse a un examen médico. Para rangos básicos de movilidad, los estiramientos pueden centrarse en el cuello, los hombros, las vértebras torácicas y la musculatura implicada. Recuerda compaginarlos con ejercicios de fuerza para los músculos relevantes.

Principiante

Estiramientos estáticos:
Mantener 15-30 segundos
Estiramientos dinámicos (D):
10-15 repeticiones manteniendo 1-2 segundos

1. Estiramiento del elevador de la escápula (p. 68)

2. Estiramiento suboccipital manual (p. 69)

3. Estiramiento del esternocleidomastoideo (p. 70)

4. Estiramiento del escaleno (p. 72)

5. Estiramiento de pectorales en el marco de una puerta (p. 102)

6. El gato y la vaca en silla (D) (p. 75)

7. Estiramiento de glúteo cruzado (p. 130)

Avanzado

Estiramientos dinámicos:
10-15 repeticiones manteniendo 1-2 segundos

1. Enhebrar la aguja con mano detrás de la cabeza (p. 96)

2. Media luna de pie (p. 92)

3. El cachorro (p. 86)

4. Ángel en suelo (p. 106)

5. Estiramiento del tórax de pie en pared (p. 84)

6. Enhebrar la aguja (p. 94)

7. El gato y la vaca (p. 74)

RUTINAS PARA COLUMNA VERTEBRAL

Los estiramientos centrados en la columna incluirán flexiones, extensiones, inclinaciones laterales y rotaciones. Pueden ser prioritarios a efectos de mantenimiento o para un deporte o actividad.

La columna soporta el cuerpo y protege la médula espinal. Estirarla con regularidad puede ayudar a mantener su movilidad, que es clave en muchos deportes. No obstante, procura mantenerte siempre en un rango que te sea cómodo.

SELECCIÓN DE EJERCICIOS

Escoger el estiramiento adecuado dependerá de tu nivel de comodidad y capacidades. El cuello suele ser la zona más móvil, seguida de la parte alta de la espalda y, por último, el área lumbar. Incorporar la columna a tu rutina de estiramientos puede ayudarte a mantenerla sana, aliviar el dolor de espalda y fomentar el bienestar. Es importante hacer estos estiramientos bajo supervisión y atendiendo a tus limitaciones corporales. Los cambios en la columna asociados a la edad, como la estenosis espinal o la osteoporosis, pueden limitar su movilidad, así que asegúrate de no forzarla y pide asesoramiento médico sobre el mejor plan de ejercicios para ti.

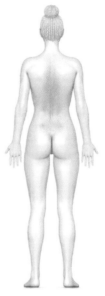

VISTA POSTERIOR

Principiante

Estiramientos estáticos:
Mantener 15-30 segundos

Estiramientos dinámicos (D):
10-15 repeticiones manteniendo 1-2 segundos

1. El gato y la vaca (D) (p. 74)

2. Enhebrar la aguja (D) (p. 94)

3. El niño (p. 78)

4. La cobra (p. 80)

5. Estiramiento del tórax de pie en pared (D) (p. 84)

6. Media luna en suelo (D) (p. 93)

7. Estiramiento del tórax: con apoyo en silla (D) (p. 86)

Avanzado

Estiramientos estáticos:
Mantener 15-30 segundos

Estiramientos dinámicos (D):
10-15 repeticiones manteniendo 1-2 segundos

1. El niño: lateral (p. 79)

2. Estiramiento del tórax: con apoyo en silla (D) (p. 86)

3. Rotación torácica en posición de caballero (D) (p. 88)

4. Enhebrar la aguja (D) (p. 94)

5. Enhebrar la aguja con mano detrás de la cabeza (D) (p. 96)

6. Media luna en suelo (D) (p. 93)

7. *Bretzel* (p. 91)

> **" "**
>
> *Las diferentes zonas de la columna tienen mayor o menor movilidad, pero todas son capaces de flexionarse, extenderse y girar.*

193

RUTINAS PARA CADERA Y RODILLA

La movilidad de las caderas y las rodillas y cómo se combinan con los pies y los tobillos desempeña un papel importante en la forma de andar, correr y moverse. Además de mantener la movilidad articular, es importante fortalecer y flexibilizar su musculatura.

VISTA ANTERIOR

Los glúteos, cuádriceps, isquiotibiales, abductores, flexores y rotadores de la cadera son los músculos esenciales que afectan a las caderas y las rodillas. La musculatura del *core* puede influir en la pelvis, así como el gastrocnemio en la rodilla, pues ayuda a flexionarla.

Estos músculos son vitales durante toda la vida para la locomoción y también de gran relevancia para movimientos funcionales como ponerse en cuclillas, lanzarse hacia delante y saltar. La flexibilidad de los flexores de cadera e isquiotibiales puede ser de ayuda para caminar y correr, así como para mejorar en la práctica deportiva. Aunque las necesidades pueden depender de factores como la edad, el nivel de actividad o las exigencias de un deporte o actividad, tener buena flexibilidad en esas articulaciones permite moverlas de forma eficaz y apropiada y reducir la presión sobre ellas y los tejidos adyacentes.

Principiante

Estiramientos estáticos:
Mantener 15-30 segundos

1. Estiramiento en postura de figura 4 (p. 128)

2. Estiramiento de glúteo cruzado (p. 130)

3. Estiramiento de flexores de la cadera en silla (p. 136)

4. El *pancake* (p. 142)

5. La mariposa (p. 146)

6. Estiramiento de cuádriceps de pie (p. 156)

7. Estiramiento estático de isquiotibiales (p. 160)

Avanzado

Estiramientos estáticos:
Mantener 15-30 segundos
Estiramientos dinámicos (D):
10-15 repeticiones manteniendo 1-2 segundos

1. Movilidad de los flexores en posición de caballero (D) (p. 122)

2. Isquiotibiales en cuadrupedia (D) (p. 121)

3. Estiramiento de cuádriceps con una rodilla apoyada (p. 159)

4. Estiramiento en postura de figura 4 con rotación interna de cadera (D) (p. 132)

5. La paloma (p. 138)

6. Aductores en cuadrupedia (D) (p. 120)

7. Sentadilla en guirnalda (D) (p. 126)

RUTINAS PARA PIE Y TOBILLO

Hay muchas articulaciones en el pie y el tobillo y numerosos músculos que las afectan. La musculatura del pie, tanto la intrínseca como la extrínseca, y del tobillo son cruciales para dar estabilidad, soporte y movilidad a las extremidades inferiores.

La musculatura intrínseca del pie se localiza en el interior del pie y se encarga de mantener el arco, el control motor y la estabilidad. La extrínseca parte del exterior del pie y la parte baja de la pierna y se extiende por el tobillo. Es responsable de movimientos más largos y aporta potencia y control a acciones como la dorsiflexión del tobillo, la flexión plantar, la inversión y la eversión (ver el glosario en la p. 208 para explicaciones sobre estos términos).

Sobrecargas, lesiones e inmovilidad pueden generar rigidez a estas articulaciones. La rigidez de los gemelos se relaciona con la fascitis plantar (inflamación de la parte inferior del pie, en torno al talón y el arco). Una capacidad limitada de extender el dedo gordo puede influir en la estabilidad y movimiento del tobillo (p. 58).

No siempre se tiene en cuenta que hay que ejercitar los pies y los tobillos, además del resto del cuerpo, pero es crucial para mantener esas áreas fuertes y flexibles, pues sostienen todo el peso.

Los ejercicios centrados en fortalecer y estirar estos músculos, si son adecuados, pueden beneficiar el funcionamiento de los pies y los tobillos, el equilibrio y el desempeño general de las extremidades inferiores.

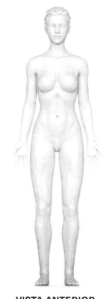

VISTA ANTERIOR

Principiante

Estiramientos estáticos:
Mantener 15-30 segundos

Estiramientos dinámicos (D):
10-15 repeticiones manteniendo 1-2 segundos

1. Estiramiento de gemelo en pared (D) (p. 166)

2. Estiramiento de gemelo con rodilla flexionada (p. 168)

3. Estiramiento de los dedos en la pared (p. 172)

4. Dorsiflexión de tobillo en silla (D) (p. 169)

Avanzado

Estiramientos estáticos:
Mantener 15-30 segundos

Estiramientos dinámicos (D):
10-15 repeticiones manteniendo 1-2 segundos

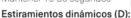

1. Estiramiento de gemelo con altura (D) (p. 164)

2. Perro boca abajo con flexión alterna de piernas (D) (p. 169)

3. Estiramiento de flexores de los dedos del pie en cuadrupedia (p. 170)

4. Estiramiento en pared con rodilla flexionada (p. 173)

RUTINAS PARA TODO EL CUERPO

Las rutinas sencillas para todo el cuerpo pueden ser placenteras y son una buena forma de incluir movimientos de baja intensidad por sí mismos, como parte de una rutina más amplia o para mantener la movilidad general. Su brevedad hace que sean fáciles de compatibilizar con el ejercicio.

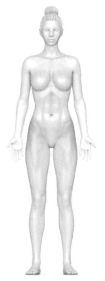

VISTA ANTERIOR

Una rutina para todo el cuerpo puede adaptarse a necesidades individuales, pero puede centrarse en torno a las zonas que más afectan a la movilidad cotidiana, como las caderas, o las que no se estiran a menudo, como las vértebras torácicas.

LA CONSTANCIA IMPORTA

Las articulaciones mantendrán su rango de movimiento mientras se usen y ejerciten con regularidad a través de estiramientos y ejercicios de fortalecimiento. Las rutinas para todo el cuerpo pueden ofrecer la base para mantener la movilidad corporal en los aspectos que más afectan.

Las rutinas sugeridas aquí son programas de muestra; puedes experimentar y explorar tus opciones incluyendo diferentes estiramientos para articulaciones relevantes. Una regla de oro para crear tu propia rutina para el cuerpo entero es incluir uno o dos estiramientos para cada grupo muscular o región. Por ejemplo, las caderas, las rodillas, la espalda, los brazos y las manos, las piernas y los pies o cualquier otra área reseñada en este libro.

VISTA POSTERIOR

Principiante

Estiramientos estáticos:
Mantener 15-30 segundos

Estiramientos dinámicos (D):
10-15 repeticiones manteniendo 1-2 segundos

1. Deslizamiento del nervio ciático (D) (p. 182)

2. El bebé feliz (p. 144)

3. Estiramiento de flexores de la cadera de pie (p. 136)

4. Rotación torácica de pie (D) (p. 90)

5. La cobra (p. 80)

6. El niño (con variación lateral) (p. 78)

7. El gato y la vaca (D) (p. 74)

Avanzado

Estiramientos estáticos:
Mantener 15-30 segundos

Estiramientos dinámicos (D):
10-15 repeticiones manteniendo 1-2 segundos

1. Perro boca abajo con flexión alterna de piernas (D) (p. 169)

2. Isquiotibiales en cuadrupedia (D) (p. 121)

3. Enhebrar la aguja con estiramiento de aductores (D) (p. 96)

4. Estiramiento del cuadrado lumbar (p. 76)

5. Estiramiento del tórax de pie en pared (D) (p. 84)

6. El mejor estiramiento del mundo (D) (p. 140)

7. Sentadilla en guirnalda (D) (p. 126)

RELAJACIÓN DEL SUELO PÉLVICO

Un suelo pélvico hiperactivo puede manifestarse con dolor en la cadera, espalda y pelvis, síntomas urinarios, trastornos intestinales y disfunción sexual. La musculatura del suelo pélvico alinean la parte inferior de la pelvis y se coordinan con músculos como el diafragma para una óptima mecánica respiratoria y estabilizar el *core* en varias actividades, incluido ejercitarse, levantar pesos y los movimientos cotidianos. Puedes ejercitar estos músculos para fortalecerlos o relajarlos, dependiendo de tus necesidades.

Espira y relaja el suelo pélvico durante estos estiramientos, en especial los que involucran a la cadera y la pelvis, para facilitar el alargamiento de los músculos pélvicos. Pide asesoramiento fisioterapéutico para atender tus necesidades.

Relajación básica

Estiramientos estáticos:
Mantener 15-30 segundos

Estiramientos dinámicos (D):
10-15 repeticiones manteniendo 1-2 segundos

---

1. El gato y la vaca (D) (p. 74)

---

2. El niño (p. 78)

---

3. Aductores en cuadrupedia (D) (p. 120)

---

4. La rana (D) (p. 121)

---

5. El cachorro (p. 86)

---

6. Estiramiento en postura de figura 4 (p. 128)

---

7. El bebé feliz (p. 144)

VISTA ANTERIOR

DESLIZAMIENTO NEURAL

Los nervios se extienden entre los músculos y los tejidos del cuerpo y se adaptan cuando hay movimiento (p. 31). Síntomas como tirones, dolores, hormigueos o adormecimientos en el nervio de una extremidad pueden agravarse por el movimiento tras un período de inactividad, por ejemplo por una lesión, o deberse a una irritación en el recorrido del nervio o su raíz. La movilización neural, o también llamado deslizamiento neural, puede ayudar a promover un movimiento neural sano y reducir sus síntomas. Combínala con movimientos dinámicos relevantes en articulaciones similares. Consulta con un profesional para atender tus necesidades particulares.

Tren superior

Estiramientos dinámicos:
10-20 repeticiones manteniendo 1-2 segundos

---

1. Deslizamiento del nervio radial (p. 178)

2. Deslizamiento del nervio mediano (p. 180)

3. Deslizamiento del nervio cubital (p. 181)

---

4. Estiramiento de pectorales en el marco de una puerta (p. 102)

---

5. Media luna de pie (p. 92)

Tren inferior

Estiramientos dinámicos:
10-20 repeticiones manteniendo 1-2 segundos

---

1. Deslizamiento del nervio ciático (p. 182)

2. Deslizamiento del nervio tibial (p. 184)

3. Deslizamiento del nervio fibular (p. 185)

---

4. Deslizamiento del nervio sural (p. 185)

---

5. Deslizamiento del nervio femoral (p. 186)

RUTINAS PARA TRABAJADORES SEDENTARIOS

Cada vez más gente trabaja desde casa y pasa días enteros sentada con pocos incentivos para levantarse y moverse de vez en cuando.

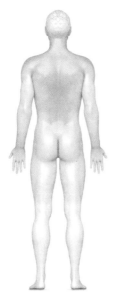

VISTA POSTERIOR

Algunas de las dolencias más frecuentes asociadas a la inactividad física y a permanecer mucho tiempo sentado son dolor de cuello, de hombros y de espalda. La actividad física ligera y los estiramientos pueden aliviar esos problemas.

PAUSAS PARA MOVERSE

Quien trabaja en oficina pasa un promedio del 75 por ciento de su jornada laboral en una silla, a menudo durante períodos de más de 30 minutos. Se cree que el dolor de cuello y del tren inferior está asociado a largos períodos sedentes, y hay problemas del tren superior que pueden agravarse por el uso del ordenador.

Es importante tomarse pausas regulares en el trabajo para estar menos tiempo en la silla. También es aconsejable hacer actividad física, que no solo podría reducir el dolor, sino también mejorar la concentración, el humor y la memoria. Centrarse en las vértebras torácicas puede reducir el dolor de cuello y un estiramiento general puede mejorar la salud en conjunto.

Relajación básica

Estiramientos estáticos:
Mantener 15-30 segundos
Estiramientos dinámicos (D):
10-15 repeticiones manteniendo 1-2 segundos

---

1. Estiramiento del elevador de la escápula (p. 68)

---

2. Estiramiento suboccipital manual (p. 69)

---

3. Estiramiento del esternocleidomastoideo (p. 70)

---

4. El gato y la vaca (D) (p. 75)

---

5. Estiramiento del cuadrado lumbar en silla (D) (p. 77)

---

6. Extensión y flexión de muñeca (p. 108)

---

7. Estiramiento en postura de figura 4 en silla (p. 129)

Pausa diaria para estirar

Estiramientos estáticos:
Mantener 15-30 segundos
Estiramientos dinámicos (D):
10-15 repeticiones manteniendo 1-2 segundos

---

1. Estiramiento del tórax de pie en pared (D) (p. 84)

---

2. Estiramiento del cuadrado lumbar (D) (p. 76)

---

3. Media luna de pie (D) (p. 92)

---

4. Enhebrar la aguja (D) (p. 94)

---

5. Estiramiento de pectorales en el marco de una puerta (p. 102)

---

6. Estiramiento de los flexores de la cadera en silla (p. 137)

---

7. Estiramiento de isquiotibiales en silla (p. 162)

RUTINAS PARA MAYORES

El músculo esquelético mantiene al envejecer la capacidad para adaptarse. Las personas mayores deben esforzarse por mantenerse activas; estirar ofrece un tipo de movimiento suave que estimula la coordinación y el control neuromuscular.

Los estiramientos deben complementar una rutina bien diseñada que incluya equilibrio, actividad aeróbica y ejercicio de resistencia de intensidad moderada (p. 54). Los programas pueden adaptarse a las tareas cotidianas y metas, como caminar y participar en actividades lúdicas.

La actividad física en personas mayores puede tener buenos resultados en la enfermedad cardiovascular, la hipertensión, la diabetes tipo 2, la función cognitiva y el sueño. También reduce el riesgo de mortalidad. Asimismo, el ejercicio puede prevenir caídas y lesiones y el declive de la salud ósea. Céntrate en estirar articulaciones utilizadas en la vida cotidiana, como las caderas, el tronco y las extremidades inferiores. Estirar la musculatura torácica puede incrementar la movilidad de la columna, mientras que estriar los flexores de cadera mejora la marcha. Prueba diferentes tipos de estiramiento y mantente en un nivel de intensidad tolerable. Algunos estudios han descubierto que con menos de 65 años se responde mejor a estiramientos de FNP (p. 42), mientras que por encima de esa edad es más beneficioso el estiramiento estático (p. 41). Los estiramientos estáticos para mayores pueden necesitar más duración para mejorar la flexibilidad.

> " "
> *Las rutinas de estiramiento para mayores pueden ayudar a mantener la flexibilidad, aumentar la movilidad y mejorar el bienestar general.*

Tren superior

Estiramientos estáticos:
Mantener 20-60 segundos

Estiramientos dinámicos (D):
10-15 repeticiones manteniendo 2-3 segundos

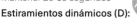

----

1. El gato y la vaca (D) (p. 75)

----

2. Estiramiento del cuadrado lumbar en silla (D) (p. 77)

----

3. La cobra (variaciones) (p. 82)

----

4. Rotación torácica de pie (D) (p. 90)

----

5. Estiramiento de pectorales en el marco de una puerta (p. 102)

Tren inferior

Estiramientos estáticos:
Mantener 20-60 segundos

Estiramientos dinámicos (D):
10-15 repeticiones manteniendo 2-3 segundos

----

1. Estiramiento de glúteo cruzado (p. 130)

----

2. Estiramiento en postura de figura 4 con rotación interna de cadera (D) (p. 132)

----

3. Estiramiento de flexores de la cadera de pie (p. 136)

----

4. Estiramiento de gemelo con rodilla flexionada (mantener en cada fase) (p. 168)

----

5. Estiramiento de isquiotibiales en silla (p. 162)

RUTINAS PARA CAMINAR

Caminar es una actividad sencilla y accesible. Durante la marcha, los músculos de las caderas, las rodillas y los tobillos son los más activos y el esfuerzo que se les exige depende del terreno o la inclinación.

Unas pequeñas pautas reducen el riesgo de lesionarse al caminar. Conviene asegurarse de llevar un calzado adecuado, ponerse unos objetivos, mejorar la resistencia, calentar, escuchar al cuerpo e incluir un programa regular de entrenamiento.

FOCO EN EL TREN INFERIOR

Varios músculos participan en la caminata, especialmente del tronco inferior. Los flexores de la cadera levantan la pierna para iniciar el movimiento hacia delante. Los cuádriceps ayudan a estirar la articulación de la rodilla al dar el primer paso. El tibial anterior, en la parte frontal de la espinilla, ayuda con la dorsiflexión del tobillo mientras la pierna avanza. Los isquiotibiales, en la parte posterior del muslo, doblan la rodilla y controlan el balanceo de la pierna a medida que retrocede. Los glúteos, especialmente el medio, son importantes para extender la cadera y mantener la pelvis nivelada. Proporcionan potencia durante la fase de impulso, así como estabilidad pélvica. Los gemelos juegan un papel fundamental en la flexión plantar del tobillo, impulsando el cuerpo hacia delante en cada paso.

La participación de estos músculos puede variar según factores como la velocidad, la inclinación y la biomecánica individual. Sin embargo, si estiras estos músculos de forma adecuada y los mantienes flexibles, estarás dando pasos para mantener una capacidad saludable para caminar durante toda tu vida.

Calentamiento dinámico

Estiramientos dinámicos:
10-15 repeticiones manteniendo 1-2 segundos

---

1. Estiramiento de gemelo en pared (p. 166)

---

2. Estiramiento de gemelo con altura (p. 164)

---

3. Estiramiento de isquiotibiales en silla (p. 162)

---

4. Círculos de cadera de pie (p. 148)

---

5. Estiramiento de los flexores de la cadera de pie (p. 136)

---

6. Media luna de pie (p. 92)

---

7. Estiramiento del cuadrado lumbar (p. 76)

Principiante

Estiramientos estáticos:
Mantener 15-30 segundos
Estiramientos dinámicos (D):
10-15 repeticiones manteniendo 1-2 segundos

---

1. El gato y la vaca (D) (p. 74)

---

2. La cobra (p. 80)

---

3. Estiramiento estático isquiotibiales (p.160)

---

4. Estiramiento de glúteo cruzado (p.130)

---

5. Estiramiento de los flexores de la cadera en posición de caballero (p. 134)

---

6. Círculos de cadera en cuadrupedia (D) (p. 150)

---

7. Estiramiento de cuádriceps de pie (p. 157)

Avanzado

Estiramientos estáticos:
Mantener 15-30 segundos
Estiramientos dinámicos (D):
10-15 repeticiones manteniendo 1-2 segundos

---

1. Estiramiento del cuadrado lumbar (p. 76)

---

2. Rotación torácica en posición de caballero (p. 88)

---

3. *Bretzel* (p. 91)

---

4. Estiramiento dinámico de isquiotibiales (D) (p. 163)

---

5. Isquiotibiales en cuadrupedia (D) (p. 121)

---

6. Estiramiento de gemelo en pared (D) (p. 166)

---

7. Círculos de cadera de pie (D) (p. 148)

RUTINAS PARA CORRER

Correr implica una mayor intensidad e impacto que andar y exige la participación y coordinación de músculos de todo el cuerpo. Se puede empezar combinando caminar y correr e ir progresando gradualmente.

En muchos deportes se corre, y correr es también una actividad en sí misma. Es un movimiento complejo que exige que múltiples grupos musculares se coordinen e interactúen para generar potencia, mantener el equilibrio y absorber las fuerzas de impacto.

REDUCIR EL RIESGO DE LESIONES
Un entrenamiento de fuerza adecuado y la preparación de los grupos musculares inferiores puede ayudar a mejorar el rendimiento y

reducir el riesgo de lesiones. También conviene programar de forma gradual la distancia, la intensidad y la duración de la carrera, además de un calzado adecuado. Es fundamental mantener los músculos del tren inferior preparados para las exigencias de la carrera.

Entre los músculos que participan están los flexores y los extensores de la cadera, y el flexor plantar del tobillo. El cuádriceps y los glúteos generan potencia e impulsan el cuerpo hacia delante, mientras que los isquiotibiales

EL **80**% DE LAS DOLENCIAS SON **POR EXCESO DE USO**, UN DESAJUSTE ENTRE LA **RESILIENCIA DEL TEJIDO** Y LA CARRERA.

controlan el movimiento *swing* de la pierna y aportan estabilidad. Los gemelos contribuyen a propulsar el tobillo y a absorber el impacto.

Calentamiento dinámico

Estiramientos dinámicos:
10-15 repeticiones manteniendo 1-2 segundos

1. Estiramiento de gemelo en pared (p. 166)

2. Estiramiento de gemelo con altura (p. 164)

3. El mejor estiramiento del mundo (p. 140)

4. Sentadilla en guirnalda (p. 126)

5. Círculos de cadera de pie (p. 148)

6. Estiramiento de flexores en posición de caballero (p. 122)

7. Estiramiento dinámico de isquiotibiales (D) (p. 163)

Principiante

Estiramientos estáticos:
Mantener 15-30 segundos
Estiramientos dinámicos (D):
10-15 repeticiones manteniendo 1-2 segundos

1. El gato y la vaca (p. 74)

2. Estiramiento de cuádriceps de pie (p. 157)

3. Estiramiento estático de isquiotibiales (p. 160)

4. Estiramiento de los flexores de la cadera en silla (p. 137)

5. Estiramiento de gemelo en pared (D), p. 166

6. Círculos de cadera en cuadrupedia (D) (p. 150)

7. Estiramiento dinámico de isquiotibiales (D) (p. 163)

Avanzado

Estiramientos dinámicos:
10-15 repeticiones manteniendo 1-2 segundos

1. Dorsiflexión de tobillo en silla (p. 169)

2. Aductores en cuadrupedia (p. 120)

3. Flexores en diagonal (p. 124)

4. Isquiotibiales en cuadrupedia (D) (p. 121)

5. Estiramiento dinámico de isquiotibiales (D) (p. 163)

6. Estiramiento de gemelo con altura (p. 164)

7. Círculos de cadera de pie (p. 148)

RUTINAS PARA CICLISTAS

Tanto el ciclismo como la bicicleta estática son actividades de escaso impacto cardiovascular centrada en los músculos del tren inferior. Estirar puede aliviar la tensión de los músculos más usados y prepararlos para pedalear.

Entre los principales grupos musculares empleados en el ciclismo están los flexores de cadera, cuádriceps, isquiotibiales, glúteos, gemelos y *core*. Una coordinación y activación muscular apropiadas son esenciales para adquirir una buena técnica de pedaleo, generar potencia y mejorar la eficacia general en este ejercicio.

Aunque el ciclismo es más exigente con el tren superior que la bicicleta estática para mantener la estabilidad, en ambas actividades se emplean grupos musculares similares, incluido el *core*.

Fortalecer y acondicionar esos músculos puede mejorar la eficacia del ejercicio, la resistencia y reducir el riesgo de lesiones por sobre-carga. Los cuádriceps ayudan a extender la rodilla al empujar el pedal, mientras que el isquiotibial interviene en la fase de levantarlo y ayuda a doblar la rodilla. Los flexores de cadera ayudar a elevar la pierna y llevan la rodilla hacia arriba en la fase en que el pedal sube, ayudando a la fluidez del pedaleo. Para mantener una buena movilidad, céntrate en esos grupos musculares cuando te ejercites.

HASTA UN
17 %
DE **LESIONES** EN LOS **CICLISTAS** ESTÁN RELACIONADOS CON **MÚSCULOS** O **TENDONES**.

Calentamiento dinámico

Estiramientos dinámicos:
10-15 repeticiones manteniendo 1-2 segundos

1. Perro boca abajo con flexión alterna de piernas (p. 169)

2. Aductores en cuadrupedia (p. 120)

3. El mejor estiramiento del mundo (p. 140)

4. Sentadilla en guirnalda (p. 126)

5. Círculos de cadera de pie (p. 148)

6. Estiramiento de flexores en posición de caballero (p. 122)

7. Isquiotibiales en cuadrupedia (p. 121)

Principiante

Estiramientos estáticos:
Mantener 15-30 segundos
Estiramientos dinámicos (D):
10-15 repeticiones manteniendo 1-2 segundos

1. Movilidad de cadera en cuadrupedia (D) (p. 118)

2. Estiramiento del tórax de pie en pared (p. 84)

3. Estiramiento de cuádriceps de pie (p. 157)

4. Estiramiento estático de isquiotibiales (p. 160)

5. Estiramiento de los flexores de la cadera de pie (p. 136)

6. La cobra (p. 80)

7. Círculos de cadera en cuadrupedia (D) (p. 150)

Avanzado

Estiramientos estáticos:
Mantener 15-30 segundos
Estiramientos dinámicos (D):
10-15 repeticiones manteniendo 1-2 segundos

1. Cuádriceps con una rodilla apoyada (p. 159)

2. Aductores en cuadrupedia (D) (p. 120)

3. Flexores en diagonal (D) (p. 124)

4. Isquiotibiales en cuadrupedia (D) (p. 121)

5. Estiramiento en postura de figura 4 con rotación interna de cadera (D) (p. 132)

6. Estiramiento de gemelo con altura (D) (p. 164)

7. Círculos de cadera de pie (D) (p. 148)

RUTINAS PARA NADAR

Nadar es un ejercicio de bajo impacto para todo el cuerpo que implica grupos musculares grandes y pequeños. Aporta beneficios cardiovasculares, al tiempo que desarrolla la fuerza, la resistencia y la flexibilidad de los músculos.

La natación recae sobre todo en la musculatura del tren superior, incluidos deltoides, pectorales, dorsal ancho, escapulares y los músculos del omóplato y el manguito rotador. El *core* y la musculatura de la espalda ayuda a mantener la postura, estabilizarse y propulsarse en el agua.

Nadar exige un amplio rango de movimiento en hombros, caderas y otras articulaciones. Una adecuada flexibilidad permite a quien nada mover brazos y piernas con una técnica óptima y eficacia. La flexibilidad es crucial para ejecutar bien la brazada, permitiendo aumentar su alcance y eficacia y mantener la alineación corporal. Una columna vertebral, caderas y hombros flexibles facilitan colocarse en posición para impulsarse desde la pared de la piscina, ponerse boca arriba, bucear y emerger. Incluir ejercicios de flexibilidad en la rutina de nadadores puede ayudar a que mejore su rango de movimiento y técnica de brazada y reducir el riesgo de lesiones.

> 66 99
>
> *La natación trabaja todo tu cuerpo, incluidos corazón y pulmones, y también puede levantarte el ánimo.*

Calentamiento dinámico

Estiramientos dinámicos:
10-15 repeticiones
manteniendo 1-2 segundos

1. La rana (p. 121)

2. Estiramiento del tórax de pie en pared (p. 84)

3. Estiramiento del cuadrado lumbar (p. 76)

4. La cobra con giro (p. 81)

5. Estiramiento de flexores laterales (p. 125)

6. Estiramiento en postura de figura 4 con rotación interna de cadera (p. 132)

7. El mejor estiramiento del mundo (p. 140)

Principiante

Estiramientos estáticos:
Mantener 15-30 segundos
Estiramientos dinámicos (D):
10-15 repeticiones manteniendo 1-2 segundos

1. La rana (D) (p. 121)

2. Aductores en cuadrupedia (D) (p. 120)

3. El cachorro (p. 86)

4. Estiramiento con brazo cruzado (p. 105)

5. Ángel en suelo (D) (p. 106)

6. Estiramiento de pectorales en el marco de una puerta (p. 102)

7. La cobra con manos lejos (p. 82)

Avanzado

Estiramientos estáticos:
Mantener 15-30 segundos
Estiramientos dinámicos (D):
10-15 repeticiones manteniendo 1-2 segundos

1. La sirena (D) (p. 97)

2. Enhebrar la aguja con estiramiento de aductores (D) (p. 96)

3. Círculos de cadera en cuadrupedia (D) (p. 150)

4. Cuádriceps con una rodilla apoyada (p. 159)

5. Estiramiento dinámico de isquiotibiales (D) (p. 163)

6. Estiramiento de gemelo con altura (D) (p. 164)

7. Estiramiento del tórax de pie en pared (D) (p. 84)

RUTINAS PARA ENTRENAMIENTO DE FUERZA

Los estiramientos que acompañan a una rutina de ejercicios de fuerza pueden hacerse de varias formas. Se puede estirar como actividad independiente para ejercitar la flexibilidad del modo más relevante según las metas, o como parte de un calentamiento o enfriamiento.

Los estiramientos de baja intensidad y el entrenamiento de fuerza pueden elevar el rango de movimiento. A medida que este aumenta, puede ser preciso ajustar la intensidad del estiramiento para ir ampliando sus límites, lo que a veces no es factible con el ejercicio de fuerza. Combinando estiramiento y ejercicio de fuerza es posible conseguir una rutina completa que fomente el fortalecimiento, la flexibilidad y el bienestar general.

COMBINAR EL LEVANTAMIENTO DE PESO

Hay varios ejercicios clásicos de gimnasio considerados fundamentales para ejercitar la fuerza. Esos ejercicios se centran en múltiples grupos musculares y establecen una base sólida para aumentar la fuerza y la masa muscular. Sentadillas, levantamiento de pesas, *press* de banca y hombro, dominadas, remos, zancadas y extensiones

de tríceps son ejercicios habituales en un entrenamiento de fuerza para todo el cuerpo. Para elegir estiramientos complementarios, conviene que se centren en los grupos musculares usados en la sesión. Por ejemplo, antes de levantar pesas, opta por estiramientos dinámicos para optimizar la ejecución. Después de ese ejercicio, estira los isquiotibiales y el área lumbar.

Calentamiento dinámico

Estiramientos dinámicos:
10-15 repeticiones manteniendo 1-2 segundos

1. Estiramiento dinámico de isquiotibiales (p. 163)

2. Aductores en cuadrupedia (p. 120)

3. Sentadilla en guirnalda (p. 126)

4. Enhebrar la aguja (p. 94)

5. Estiramiento del cuadrado lumbar (p. 76)

6. Sentadilla en guirnalda con un brazo estirado (p. 127)

7. El mejor estiramiento del mundo (p. 140)

Principiante

Estiramientos estáticos:
Mantener 15-30 segundos

Estiramientos dinámicos (D):
10-15 repeticiones manteniendo 1-2 segundos

1. Enhebrar la aguja con mano detrás de la cabeza (D) (p. 96)

2. Estiramiento del tórax de pie en pared (D) (p. 84)

3. La cobra con giro (p. 81)

4. El niño lateral (p. 79)

5. Estiramiento con brazo cruzado (p. 105)

6. Ángel en el suelo (D) (p. 106)

7. Círculos de cadera en cuadrupedia (D) (p. 150)

Avanzado

Estiramientos estáticos:
Mantener 15-30 segundos

Estiramientos dinámicos (D):
10-15 repeticiones manteniendo 1-2 segundos

1. Estiramiento de tórax: con apoyo en silla (D) (p. 86)

2. La paloma (p. 138)

3. Enhebrar la aguja con estiramiento de aductores (D) (p. 96)

4. Cuádriceps con una rodilla apoyada (p. 159)

5. Círculos de cadera de pie (D) (p. 148)

6. *Bretzel* (p. 91)

7. Rotación torácica en posición de caballero (D) (p. 88)

RUTINAS PARA ATLETAS

Muchos deportes ponen especial énfasis en la fuerza, potencia y agilidad del tren inferior. Carrera, fútbol, baloncesto, fútbol americano, deportes de pista y campo (como las carreras de obstáculos) e incluso el esquí requieren un esfuerzo sustancial del tren inferior.

Dependiendo de las necesidades individuales, los estiramientos se pueden hacer como muestra este libro o adaptados al deporte, actividad o tipo de atleta. Por ejemplo, alguien que baile escogerá un mayor rango de movimiento al estirar cuando se esté preparando.

PROGRAMAS DE EJERCICIO

Estirar ayuda a mejorar la flexibilidad, lo que es crucial para correr y saltar. Una adecuada flexibilidad en los músculos del tren inferior, como gemelos, isquiotibiales y flexores de cadera, permite una zancada más larga y eficaz al correr y un mayor rango en los movimientos del salto, por ejemplo en las carreras de obstáculos.

Antes de correr o saltar, el estiramiento dinámico suele ser más eficaz que el estático como calentamiento. Los estiramientos dinámicos constan de movimientos controlados que imitan los movimientos de la actividad, como el balanceo de piernas o la zancada. Este tipo de estiramiento ayuda a mejorar la movilidad articular, activa los músculos e incrementa la coordinación neuromuscular.

HASTA EL
55 %
DE LAS LESIONES MUSCULARES SE DAN DURANTE LA PRÁCTICA DEPORTIVA

Calentamiento dinámico

Estiramientos dinámicos:
10-15 repeticiones manteniendo 1-2 segundos

1. Enhebrar la aguja con estiramiento de aductores (D) (p. 96)

2. Aductores en cuadrupedia (p. 120)

3. Isquiotibiales en cuadripedia (p. 121)

4. Estiramiento dinámico de isquiotibiales (p. 163)

5. Flexores laterales (p. 125)

6. El mejor estiramiento del mundo (p. 140)

7. Estiramiento de gemelo en pared (p. 166)

Principiante

Estiramientos estáticos:
Mantener 15-30 segundos
Estiramientos dinámicos (D):
10-15 repeticiones manteniendo 1-2 segundos

1. Rotación torácica en posición de caballero (p. 88)

2. Estiramiento estático de isquiotibiales (p. 160)

3. Sentadilla en guirnalda (D) (p. 126)

4. Estiramiento en postura de figura 4 (p. 128)

5. Estiramiento de glúteo cruzado (p. 130)

6. La rana (D) (p. 121)

7. Estiramiento de flexores de cadera en posición de caballero (p. 134)

Avanzado

Estiramientos estáticos:
Mantener 15-30 segundos
Estiramientos dinámicos (D):
10-15 repeticiones manteniendo 1-2 segundos

1. *Bretzel* (p. 91)

2. La paloma (p. 138)

3. Estiramiento de gemelo con altura (D) (p. 164)

4. Cuádriceps con una rodilla apoyada (p. 159)

5. El mejor estiramiento del mundo (p. 140)

6. Círculos de cadera de pie (D) (p. 148)

7. Estiramiento de flexores de cadera en posición de caballero (p. 134)

RUTINAS PARA DEPORTES CON RAQUETA, PELOTA O LANZAMIENTO

Los deportes con raqueta, pelota o lanzamiento, como el tenis y el voleibol, requieren de una amplia movilidad y flexibilidad de hombros. Estirar los brazos y muñecas ayuda a mejorarlas, permitiendo más potencia y control en lanzamientos y giros.

En estos deportes, los principales grupos musculares utilizados son los del hombro (deltoides y los del manguito rotador), brazo (bíceps y tríceps), *core* (abdominales y lumbares), pierna (cuádriceps e isquiotibiales) y muñeca y mano. Toda esa musculatura genera potencia, da estabilidad y controla el movimiento en los lanzamientos por encima de la cabeza o de raqueta. Fortalecer y acondicionar esos grupos musculares contribuye a mejorar el rendimiento y prevenir lesiones.

MOVIMIENTO EN MÚLTIPLES PLANOS

Este tipo de movimiento ocurre en múltiples planos (p. 14), en concreto el sagital (adelante y atrás), frontal (de lado a lado) y transversal (rotación). En los deportes de raqueta, pelota o lanzamiento, el movimiento en múltiples planos es muy importante.

Sus técnicas exigen patrones de movimiento complejos que afectan a los tres planos. Por ejemplo, el servicio en el tenis implica extender el brazo hacia delante (plano sagital), rotar el torso (transversal) y desplazar el peso (frontal). Este tipo de movimientos permite combinar potencia, precisión y eficacia al lanzar o golpear. Céntrate en los músculos que realizan estos movimientos para entrenar la movilidad.

Calentamiento

Estiramientos estáticos:
Mantener 15-30 segundos
Estiramientos dinámicos (D):
10-15 repeticiones manteniendo 1-2 segundos

1. Estiramiento del tórax de pie en pared (D) (p. 84)

2. Enhebrar la aguja (D) (p. 94)

3. Rotación torácica en posición de caballero (D) (p. 88)

4. Flexores en diagonal (D) (p. 124)

5. Aductores en cuadrupedia (D) (p. 120)

6. Extensión y flexión de muñeca (p. 108)

7. Estiramiento del pectoral menor (p. 104)

Principiante

Estiramientos estáticos:
Mantener 15-30 segundos
Estiramientos dinámicos (D):
10-15 repeticiones manteniendo 1-2 segundos

1. Rotación torácica de pie (D) (p. 90)

2. Media luna de pie (D) (p. 92)

3. Estiramiento de pectorales en el marco de una puerta (p. 102)

4. Estiramiento con brazo cruzado (p. 105)

5. Ángel en suelo (D) (p. 106)

6. La cobra (p. 80)

7. Estiramiento del tórax de pie en pared (D) (p. 84)

Avanzado

Estiramientos estáticos:
Mantener 15-30 segundos
Estiramientos dinámicos (D):
10-15 repeticiones manteniendo 1-2 segundos

1. El mejor estiramiento del mundo (D) (p. 140)

2. Enhebrar la aguja con estiramiento de aductores (D) (p. 96)

3. Círculos de cadera de pie (D) (p. 148)

4. El niño lateral (p. 79)

5. *Bretzel* (p. 91)

6. Estiramiento de gemelo con altura (D) (p. 164)

7. La cobra con giro (p. 81)

RUTINAS PARA ARTES MARCIALES

Las artes marciales exigen un amplio rango de movimiento y flexibilidad. Estirar ayuda a mejorar la flexibilidad, permitiendo dar patadas a más altura, profundizar en las posturas y dar fluidez al movimiento con mayor facilidad y menor riesgo de lesión.

Los ejercicios de estiramiento enfocados en los músculos del *core,* como los abdominales y los de la espalda, contribuyen a mejorar el equilibrio y la estabilidad en las artes marciales. Esto aumenta la capacidad de mantener posturas difíciles, ejecutar movimientos precisos y resistir los ataques rivales. Estirar también puede beneficiar a los flexores de cadera, isquiotibiales y gemelos, permitiendo dar patadas con más altura y alcance y con mejor técnica.

¿QUÉ MÚSCULOS SE USAN?

Las artes marciales suelen implicar patadas de altura, mover rápido los pies y dinamismo en el tren inferior. Es esencial tener la adecuada flexibilidad en las piernas para dar patadas con altura, rapidez, potencia y técnica, manteniendo el equilibrio y la postura. Requiere de elasticidad en los flexores de cadera, isquiotibiales, cuádriceps y gemelos. Tener buena movilidad en las caderas y pelvis permite hacer transiciones fluidas entre posturas, facilita agarres efectivos y maniobras de derribo y mejora la agilidad general. Tener una columna elástica es beneficioso para las artes marciales, sobre todo en disciplinas que implican lanzamientos, lucha sobre el suelo y maniobras de evasión. La flexibilidad del tren superior también ayuda en el agarre y las técnicas de defensa.

Calentamiento dinámico

Estiramientos dinámicos:
10-15 repeticiones manteniendo 1-2 segundos

1. Sentadilla en guirnalda (p. 126)

2. Aductores en cuadrupedia (p. 120)

3. Isquiotibiales en cuadrupedia (p. 121)

4. Estiramiento de flexores en posición de caballero (p. 123)

5. Flexores laterales (p. 125)

6. Estiramiento en postura de figura 4 con rotación interna de cadera (p. 132)

7. El mejor estiramiento del mundo (p. 140)

Principiante

Estiramientos estáticos:
Mantener 15-30 segundos
Estiramientos dinámicos (D):
10-15 repeticiones manteniendo 1-2 segundos

1. La rana (D) (p. 121)

2. El cachorro (p. 86)

3. La cobra (p. 80)

4. Ángel en el suelo (D) (p. 106)

5. Estiramiento de pectorales en el marco de una puerta (p. 102)

6. *Bretzel* (p. 91)

7. El niño (p. 78)

Avanzado

Estiramientos dinámicos:
10-15 repeticiones manteniendo 1-2 segundos

1. La sirena (p. 97)

2. Extensión y flexión de muñeca en el suelo (p. 110)

3. Enhebrar la aguja con estiramiento de aductores (p. 96)

4. Círculos de cadera en cuadrupedia (p. 150)

5. Estiramiento dinámico de isquiotibiales (p. 163)

6. Estiramiento del tórax de pie en pared (p. 84)

7. El mejor estiramiento del mundo (p. 140)

GLOSARIO

Abducción Acción de alejar un miembro de la línea media corporal.

Aducción Acción de acercar un miembro a la línea media corporal.

Anterior Al frente o la estructura que mira al frente, también se llama ventral.

Articulación sinovial Articulación que se mueve libremente y que se caracteriza por su cavidad articular y por estar rodeada de una cápsula articular.

Artrosis Trastorno común y multifacético de las articulaciones que se caracteriza por la inflamación, el dolor, la rigidez y los cambios dentro de la articulación.

Cervical Parte de la columna situada en el cuello.

Cifosis Curvatura natural de la columna hacia fuera que se aprecia en la región torácica.

Contracción concéntrica Acortamiento muscular durante la contracción: la contracción «positiva».

Contracción excéntrica Alargamiento muscular que se produce durante la contracción: la contracción «negativa».

Contractilidad Capacidad de un músculo para generar tensión activa.

Córtex motor Parte del lóbulo frontal del cerebro que participa en la planificación, el control y el movimiento ejecutivo voluntario.

Cuadrupedia Posición «a cuatro patas» sobre las manos y las rodillas.

Decúbito prono Posición tumbada boca abajo.

Distal Describe algo que está separado del origen de la estructura.

Dolor Experiencia sensorial y emocional desagradable asociada, o similar, a un daño real o potencial del tejido.

Dorsiflexión Movimiento articular del tobillo que apunta el pie hacia la espinilla, disminuyendo el ángulo entre el pie y la pierna.

Elasticidad Capacidad de un músculo para volver a su longitud original al relajarse.

Estabilidad Capacidad de controlar la posición o el movimiento en una articulación. En ella influyen elementos dinámicos (neuromusculares) y estáticos (no contráctiles).

Estiramiento Movimiento aplicado por una fuerza externa o interna con el fin de aumentar el rango de movimiento de una articulación.

Eversión Movimiento hacia fuera del pie y el tobillo que aleja la planta de la línea media del cuerpo.

Excitabilidad Capacidad de un músculo para responder a un impulso nervioso.

Extensibilidad Capacidad de un músculo y de otras partes del tejido conectivo para alargarse.

Extensión Movimiento que aumenta el ángulo entre dos partes del cuerpo.

Fascia Membrana de tejido conectivo que separa, rodea y sostiene órganos, músculos, nervios y otras estructuras corporales.

Flexibilidad Capacidad del músculo para alargarse y permitir que una articulación, o articulaciones, se mueva en un rango de movimiento.

Flexión Movimiento articular que reduce el ángulo entre dos partes del cuerpo.

Flexión plantar Movimiento de la articulación del tobillo que aleja el pie de la espinilla, aumentando el ángulo entre el pie y la pierna.

Fuerza Tensión activa de las fibras musculares o fuerza de la contracción muscular.

Huso muscular Receptor sensorial especializado del interior del músculo que detecta cambios, y la velocidad a la que estos se producen, en la longitud del músculo.

Inferior Posición de algo más profundo y alejado de la superficie del cuerpo.

Inversión Movimiento hacia dentro del pie y el tobillo que gira la planta hacia la línea media del cuerpo.

Isométrica Contracción muscular que mantiene la longitud del músculo o el movimiento articular.

Lateral Posición o estructura alejada de la zona media del cuerpo.

Lordosis Curvatura natural de la columna hacia dentro que se aprecia en la región lumbar y cervical.

Lumbar Región de la columna situada en la parte baja de la espalda.

Manguito rotador Grupo de músculos que controlan y estabilizan la articulación del hombro, incluidos el redondo menor, el infraespinoso, el subescapular y el supraespinoso.

Medial Posición o estructura que está cerca de la línea media del cuerpo.

Miofibrilla Organelo (estructura pequeña de una célula) más grande compuesto por miofilamentos agrupados.

Miofilamentos Filamentos de proteína responsables de la contracción muscular.

Movilidad Capacidad para moverse sin limitaciones o restricciones, con una flexibilidad, estabilidad y control motórico adecuados, dentro de una articulación o mediante un patrón de movimiento.

Músculos escapulares Término que hace referencia a los músculos que mueven y estabilizan la escápula, incluidos el elevador de la escápula, el trapecio, los romboides y el serrato anterior.

Nervio ciático El nervio más grande del cuerpo. Se origina en la parte baja de la espalda y recorre la parte posterior del muslo, inervando los músculos y la piel de la pierna y el pie.

Nervio cubital Nervio importante del brazo que proporciona sensibilidad y función motora al antebrazo medial, la muñeca y los dedos anular y meñique.

Nervio femoral Nervio situado en el muslo que proporciona sensaciones a la parte frontal e interna de la pierna y controla músculos como el cuádriceps.

Nervio fibular Rama del nervio ciático en la parte inferior de la pierna que proporciona sensaciones al empeine y controla algunos músculos que participan en el movimiento del pie y el tobillo; también se llama nervio peroneo.

Nervio mediano Nervio del brazo que proporciona la función sensorial y motórica al antebrazo, la muñeca y la mano.

Nervio radial Nervio importante del brazo que proporciona función sensorial y motora a parte del tríceps, los músculos del antebrazo y la mano.

Nervio sural Rama del nervio ciático que recorre la parte posterior de la pierna inferior, proporcionando sensaciones al lado externo del pie y parte del gemelo.

Nervio tibial Rama del nervio ciático situada en la pierna inferior que proporciona sensaciones a la planta del pie y controla varios músculos implicados en el movimiento del pie y en la estabilidad.

Neurodinámica Interacción entre el sistema nervioso, los nervios y su movimiento, en relación con el sistema musculoesquelético.

Neurogénesis Proceso mediante el cual se forman nuevas neuronas en el cerebro.

Órgano tendinoso de Golgi (OTG) Receptor sensorial en la unión entre músculo y tendón que detecta la tensión, inhibe la fuerza excesiva y protege la integridad entre el músculo y el tendón.

Plano coronal Plano que atraviesa el cuerpo en vertical y lo divide en partes anterior y posterior.

Plano sagital Vertical y perpendicular al plano coronal, divide el cuerpo en parte derecha e izquierda.

Plano transverso Divide el cuerpo en parte superior e inferior; se lo conoce también como plano axial u horizontal.

Posterior Estructura del cuerpo que mira hacia atrás, también se llama dorsal.

Proximal Algo más cercano al origen de la estructura.

Rango de movimiento Grado de movimiento en una articulación.

Rotación externa Movimiento articular de rotación que se aleja de la línea media; se conoce también como rotación medial.

Rotación interna Movimiento articular de rotación hacia la línea media del cuerpo, también conocida como rotación medial.

Sarcopenia Afección que se caracteriza por la pérdida progresiva y generalizada de la masa muscular y la fuerza musculoesquelética; se asocia habitualmente con adultos mayores.

Sensibilización central Respuesta del sistema nervioso en la que hay una mayor sensibilidad al dolor o una hipersensibilidad a los estímulos, lo que puede resultar en una sensación de dolor generalizada.

Suelo pélvico Grupo de músculos que abarca la parte inferior de la pelvis y soporta los órganos pélvicos.

Temporal Área a cada lado de la cabeza, desde la sien hasta la parte superior de la oreja y la parte superior del pómulo.

Tensión activa Fuerza que crean las interacciones de las miofibrillas en el músculo que trabaja.

Tensión pasiva Fuerza creada al elongar los elementos del tejido conectivo en una unidad entre el músculo y el tendón.

Torácica Región de la columna vertebral ubicada en la espalda superior y media.

Vértebras Huesos que forman la columna.

ÍNDICE

E

F

G

N

O

P

BIBLIOGRAFÍA

8-9 Introducción (mitos)

Herbert R.D., de Noronha M., Kamper S.J., «Stretching to prevent or reduce muscle soreness after exercise», Cochrane Database Syst Rev. 2011 Jul 6;(7):CD004577. doi: 10.1002/14651858.CD004577.pub3. PMID: 21735398.

Andersen J.C., «Stretching before and after exercise: effect on muscle soreness and injury risk», *J Athl Train*, 2005 Jul-Sep;40(3):218-20. PMID: 16284645; PMCID: PMC1250267.

Afonso J., Clemente F.M., Nakamura F.Y., Morouço P., Sarmento H., Inman R.A., Ramirez-Campillo R., «The Effectiveness of Post-exercise Stretching in Short-Term and Delayed Recovery of Strength, Range of Motion and Delayed Onset Muscle Soreness: A Systematic Review and Meta-Analysis of «Randomized Controlled Trials», *Front Physiol.*, 2021 May 5;12:67758. doi: 10.3389/fphys.2021.677581. PMID: 34025459; PMCID: PMC8133317.

12-13: Anatomía del movimiento

Schwartz A. B., «Movement: How the Brain Communicates with the World», *Cell*, 2016 Mar 10;164(6):1122-1135. doi: 10.1016/j.cell.2016.02.038. PMID: 26967280; PMCID: PMC4818644.

Gadhvi M., Waseem M., «Physiology, Sensory System», [Updated 2022 May 8]. In: StatPearls[Internet]. Treasure Island (FL): StatPearls Publishing; 2023 Jan-. Available from: https://www.ncbi.nlm.nih.gov/books/NBK547656/.

Dean J. C., «Proprioceptive feedback and preferred patterns of human movement», *Exerc Sport Sci Rev.,* 2013 Jan, 41(1):36-43. doi: 10.1097/JES.0b013e3182724bb0. PMID: 23038242; PMCID: PMC5997460.

Panidi, I., Bogdanis, G. C., Terzis, G., et al. (2021), «Muscle Architectural and Functional Adaptations Following 12-Weeks of Stretching in Adolescent Female Athletes», *Frontiers in Physiology,* vol. 12, article 701338.

Nakamura, M. et al. (2020), «Effects of Static Stretching Programs Performed at Different Volume-Equated Weekly Frequencies on Passive Properties of Muscle-Tendon Unit», *Journal of Biomechanics,* vol. 103, article 109670.

Freitas S. R., Mendes B., Le Sant G., Andrade R.J., Nordez A., Milanovic Z., «Can chronic stretching change the muscle-tendon mechanical properties? A review», *Scand J Med Sci Sports*, 2018 Mar;28(3):794-806. doi: 10.1111/sms.12957. Epub 2017 Oct 9. PMID: 28801950.

18-19: Cadenas y grupos musculares

Lee, D., Vleeming, A., Jones, M., *The Pelvic Girdle: An Integration of Clinical Expertise and Research*, Edinburgh: Elsevier/Churchill Livingstone, 2011.

Bordoni B., Myers T. A ., «Review of the Theoretical Fascial Models: Biotensegrity, Fascintegrity, and Myofascial Chains», *Cureus*, 2020 Feb 24;12(2):e7092. doi: 10.7759/cureus.7092. PMID: 32226693; PMCID: PMC7096016.

Wilke J., Krause F., Vogt L., Banzer W., «What Is Evidence-Based About Myofascial Chains: A Systematic Review», *Arch Phys Med Rehabil,* 2016 Mar;97(3):454-61. doi: 10.1016/j.apmr.2015.07.023. Epub 2015 Aug 14. PMID: 26281953.

Bergmark A., «Stability of the lumbar spine. A study in mechanical engineering», *Acta Orthop Scand Suppl,* 1989;230:1-54. doi: 10.3109/17453678909154177. PMID: 2658468.

20-21: Cómo trabajan los músculos

Lieber, R. L. (2002) *Skeletal Muscle Structure, Function, and Plasticity*, Lippincott Williams & Wilkins, Philadelphia.

Robbins, Dan, Chapter 7 Muscle Biomechanics in: Innocenti, B. Galbusera, F. (2022) *Human Orthopaedic Biomechanics*, Academic Press. 1st Edition, pp. 121-135.

O'Sullivan, K., McAuliffe, S., DeBurca, N. (2012), «The Effects of Eccentric Training on Lower Limb Flexibility: A Systematic Review», *British Journal of Sports Medicine,* vol. 46, no. 12, pp. 833-834.

Baechle, T. R., & Earle, R. W. (2008), *Essentials of strength training and conditioning*, 3rd ed. Champaign, IL, Human Kinetics.

Dougas, J., Pearson, S., Ross, A., McGuidan, M. (2017), «Chronic Adaptations to Eccentric Training: A Systematic Review», *Sports Medicine,* vol. 47, no. 917-941.

22-23: Anatomía muscular

McMahon, T. A. (1984), *Muscles, Reflexes, and Locomotion*, Princeton University Press, New Jersey.

26-27: Sistema esquelético: columna y pelvis

Kim D., Davis D. D., Menger R. P., «Spine Sagittal Balance», [Updated 2022 Aug 8]. In: StatPearls[Internet]. Treasure Island (FL): StatPearls Publishing; 2023 Jan-. Available from: https://www.ncbi.nlm.nih.gov/books/NBK534858/

Herrington L., «Assessment of the degree of pelvic tilt within a normal asymptomatic population», *Man Ther.*, 2011 Dec;16(6):646-8. doi: 10.1016/j.math.2011.04.006. Epub 2011 Jun 11. PMID: 21658988.

Suits W. H., «Clinical Measures of Pelvic Tilt in Physical Therapy», *Int J Sports Phys Ther.*, 2021 Oct 1,16(5):1366-1375. doi: 10.26603/001c.27978. PMID: 34631258; PMCID: PMC8486407.

28-29: Articulaciones

Luan L., El-Ansary D., Adams R., Wu S., Han J., «Knee osteoarthritis pain and stretching exercises: a systematic review and meta-analysis», *Physiotherapy*, 2022 Mar;114:16-29. doi: 10.1016/j.physio.2021.10.001. Epub 2021 Oct 11. PMID: 35091326.

30-31: El sistema nervioso

Ellis R.F., Hing W. A., «Neural mobilization: a systematic review of randomized controlled trials with an analysis of therapeutic efficacy», *J Man Manip Ther.* 2008,16(1):8-22. doi: 10.1179/106698108790818594. PMID: 19119380; PMCID: PMC2565076.

Shacklock M. O., *Clinical Neurodynamics: A New System of Neuromusculoskeletal Treatment*, Oxford, UK: Butterworth Heinemann; 2005.

32-33: Naturaleza y teorías del dolor

Raja, Srinivasa N. A., Carr, Daniel B. B, Cohen, Miltonc, Finnerup, Nanna B. D. E., Flor, Hertaf, Gibson, Stepheng, Keefe, Francis J. H., Mogil, Jeffrey S. I, Ringkamp, Matthias J., Sluka, Kathleen A. K., Song, Xue-Junl, Stevens, Bonniem, Sullivan, Mark D. N.,Tutelman, Perri R. O., Ushida, Takahirop, Vader, Kyleq, «The revised International Association for the Study of Pain definition of pain: concepts, challenges, and compromises», *PAIN,* 161(9):p 1976-1982, September 2020. | DOI: 10.1097/j.pain.0000000000001939.

Smart K.M., Blake C., Staines A., Thacker M., Doody C., «Mechanisms-based classifications of musculoskeletal pain: part 1 of 3: symptoms and signs of central sensitisation in patients with low back (± leg) pain», *Man Ther.*, 2012 Aug;17(4):336-44.

El-Tallawy S. N., Nalamasu R., Salem G. I., LeQuang J. A. K., Pergolizzi JV, Christo P.J., «Management of Musculoskeletal Pain: An Update with Emphasis on Chronic Musculoskeletal Pain», *Pain Ther.*, 2021 Jun;10(1):181-209. doi: 10.1007/s40122-021-00235-2. Epub 2021 Feb 11. PMID: 33575952; PMCID: PMC8119532.

Lima L. V., Abner T. S. S., Sluka K.A., «Does exercise increase or decrease pain? Central mechanisms underlying these two phenomena», *J Physiol.*, 2017 Jul 1;595(13):4141-4150. doi: 10.1113/JP273355. Epub 2017 May 26. PMID: 28369946; PMCID: PMC5491894.

Yam M. F., Loh Y. C., Tan C. S., Khadijah Adam S., Abdul Manan N., Basir R., «General Pathways of Pain Sensation and the Major Neurotransmitters Involved in Pain Regulation», *Int J Mol Sci,*. 2018 Jul 24;19(8):2164. doi: 10.3390/ijms19082164. PMID: 30042373; PMCID: PMC6121522.

Bonezzi C., Fornasari D., Cricelli C., Magni A., Ventriglia G., «Not All Pain is Created Equal: Basic Definitions and Diagnostic Work-Up», *Pain Ther.*, 2020 Dec;9(Suppl 1):1-15. doi: 10.1007/s40122-020-00217-w. Epub 2020 Dec 14. PMID: 33315206; PMCID: PMC7736598.

Moseley, Lorimer (2007), «Reconceptualising pain according to modern pain science», *Physical Therapy Reviews,* 12. 169-178.

34-35: Movimiento y beneficios para el cerebro

Cotman, C. W., & Berchtold, N. C. (2002), «Exercise: a behavioral intervention to enhance brain health and plasticity», *Trends in Neurosciences*, 25(6), 295-301.

Erickson, K. I., Voss, M. W., Prakash, R. S., Basak, C., Szabo, A., Chaddock, L., Colcombe, S. J. (2011), «Exercise training increases size of hippocampus and improves memory», *Proceedings of the National Academy of Sciences*, 108(7), 3017-3022.

Varma V. R., Chuang Y.F., Harris G.C., Tan E.J., Carlson M.C., «Low-intensity daily walking activity is associated with hippocampal volume in older adults», *Hippocampus*, 2015 May;25(5):605-15. doi: 10.1002/hipo.22397. Epub 2014 Dec 26. PMID: 25483019; PMCID: PMC4425252.

36-39: Rango de movimiento y flexibilidad

Diong J., Carden P.C., O'Sullivan K., Sherrington C., Reed D.S., «Eccentric exercise improves joint flexibility in adults: A systematic review update and meta-analysis», *Musculoskelet Sci Pract.*, 2022 Aug;60:102556. doi: 10.1016/j.msksp.2022.102556. Epub 2022 Mar 25. PMID: 35390669.

Apostolopoulos N., Metsios G. S., Flouris A. D., Koutedakis Y., Wyon M.A., «The relevance of stretch intensity and position-a systematic review.», *Front Psychol.*, 2015 Aug 18;6:1128. doi: 10.3389/fpsyg.2015.01128. PMID: 26347668; PMCID: PMC4540085.

Reddy, R. S. & Alahmari, K. A. (2016), «Effect of Lower Extremity Stretching Exercises on Balance in Geriatric Populations» *International Journal of Health Sciences,* vol. 10, no. 3, pp. 389-395.

Hasarangi, L. B. S. & Jayawardana, D. G. S K. (2018), «Comparison of Hamstring Flexibility Between Patients with Chronic Lower Back Pain and the Healthy Individuals at the National Hospital of Sri Lanka», *Biomedical Journal of Scientific & Technical Research,* vol. 5, no. 2.

Daylor, Victoria B .F. A.; Gensemer, Cortney PhD; Norris, Russell A. PhD, Bluestein, Linda MD, «Hope for Hypermobility: Part 1—An Integrative Approach to Treating Symptomatic Joint Hypermobility», *Topics in Pain Management,* 38(8):p 1-9, March 2023. | DOI: 10.1097/01.TPM.0000924780.91929.b3.

40-43: Tipos de estiramiento

Page, P., «Current concepts in muscle stretching for exercise and rehabilitation», *Int J Sports Phys Ther.*,2012 Feb;7(1):109-19. PMID: 22319684; PMCID: PMC3273886.

Woolstenhulme M. T., Griffiths C. M., Woolstenhulme E. M., Parcell A. C., «Ballistic stretching increases flexibility and acute vertical jump height when combined with basketball activity», *J Strength Cond Res*, 2006 Nov;20(4):799-803. doi: 10.1519/R-18835.1. PMID: 17194248.

Mahieu N.N., McNair P., De Muynck M., Stevens V., Blanckaert I., Smits N., Witvrouw E., «Effect of static and ballistic stretching on the muscle-tendon tissue properties», *Med Sci Sports Exerc.,* 2007 Mar;39(3):494-501. doi: 10.1249/01.mss.0000247004.40212.f7. PMID: 17473776.

Iwata M., Yamamoto A., Matsuo S., Hatano G., Miyazaki M., Fukaya T., Fujiwara M., Asai Y., Suzuki S., «Dynamic Stretching Has Sustained Effects on Range of Motion and Passive Stiffness of the Hamstring Muscles», *J Sports Sci Med.*, 2019 Feb 11;18(1):13-20. PMID: 30787647; PMCID: PMC6370952.

Behm D. G., Blazevich A. J., Kay A. D., McHugh M., «Acute effects of muscle stretching on physical performance, range of motion, and injury incidence in healthy active individuals: a systematic review», *Appl Physiol Nutr Metab.*, 2016 Jan;41(1):1-11. doi: 10.1139/apnm-2015-0235. Epub2015 Dec 8. PMID: 26642915.Training Versus Stretching for Improving Range of Motion: A Systematic Review and Meta-Analysis», *Healthcare*, volume 9, number 4, article 427.

Alizadeh, S., Daneshjoo, A., Zahiri, A., et al. (2023.) «Resistance Training Induces Improvements in Range of Motion: A Systematic Review and Meta-Analysis», *Sports Medicine*, epub ahead of print.

Hindle K. B., Whitcomb T. J., Briggs W. O., Hong J., «Proprioceptive Neuromuscular Facilitation (PNF): Its Mechanisms and Effects on Range of Motion and Muscular Function», *J Hum Kinet*, 2012 Mar;31:105-13. doi: 10.2478/v10078-012-0011-y. Epub 2012 Apr 3. PMID: 23487249; PMCID: PMC3588663.

44-47: Efectos y beneficios del estiramiento

Hotta K, Muller-Delp J., «Microvascular Adaptations to Muscle Stretch: Findings From Animals and the Elderly», *Front Physiol.*, 2022 Jul 4;13:939459. doi: 10.3389/fphys.2022.939459. PMID: 35860661; PMCID: PMC9289226.

Shariat A., Cleland J.A., Danaee M., Kargarfard M., Sangelaji B., Tamrin S. B. M., «Effects of stretching exercise training and ergonomic modifications on musculoskeletal discomforts of office workers: a randomized controlled trial», *Braz J Phys Ther.*, 2018 Mar-Apr;22(2):144-153. doi: 10.1016/j.

bjpt.2017.09.003. Epub 2017 Sep 6. PMID: 28939263; PMCID: PMC5883995.

Vecchio L. M., Meng Y., Xhima K., Lipsman N., Hamani C., Aubert I., «The Neuroprotective Effects of Exercise: Maintaining a Healthy Brain Throughout Aging», *Brain Plast.*, 2018 Dec 12;4(1):17-52. doi: 10.3233/BPL-180069. PMID: 30564545; PMCID: PMC6296262.

Thomas E., Bellafiore M., Petrigna L., Paoli A., Palma A., Bianco A., «Peripheral Nerve Responses to Muscle Stretching: A Systematic Review», *J Sports Sci Med.*, 2021 Mar 8;20(2):258-267. doi: 10.52082/jssm.2021.258. PMID: 34211318; PMCID: PMC8219270.

Sudo, Mizuki & Ando, Soichi (2019), «Effects of Acute Stretching on Cognitive Function and Mood States of Physically Inactive Young Adults», *Perceptual and Motor Skills*, 127. 10.1177/0031512519888304.

Pa J., Goodson W., Bloch A., King A. C., Yaffe K., Barnes D.E., «Effect of exercise and cognitive activity on self-reported sleep quality in community-dwelling older adults with cognitive complaints: a randomized controlled trial», *J Am GeriatrSoc.*, 2014 Dec;62(12):2319-26. doi: 10.1111/jgs.13158. PMID: 25516028; PMCID: PMC4356237.

Wipfli, B., Landers D., Nagoshi C., Ringenbach, S. (2011), «An examination of serotonin and psychological variables in the relationship between exercise and mental health», *Scandinavian Journal of Medicine & Science in Sports*, 21: 474-481. https://doi.org/10.1111/j.1600-0838.2009.01049.x

Ko J., Deprez D., Shaw K., Alcorn J., Hadjistavropoulos T., Tomczak C., Foulds H., Chilibeck P. D., «Stretching is Superior to Brisk Walking for Reducing Blood Pressure in People With High-Normal Blood Pressure or Stage I Hypertension», *J Phys Act Health*, 2021 Jan 1;18(1):21-28. doi: 10.1123/jpah.2020-0365. Epub 2020 Dec 18. Erratum in: J Phys Act Health. 2021 Apr 1;18(4):469. PMID: 33338988.

Otsuki T., Takanami Y., Aoi W., Kawai Y., Ichikawa, H., Yoshikawa T., Miyachi, M. (2008), «Arterial stiffness acutely decreases after whole-body passive stretching in hypertensive individuals», *European Journal of Applied Physiology*, 104(2), 228-235.

Nakamura M., Ikezoe T., Takeno Y., Ichihashi N., Kozakai, R. (2012), «Acute and prolonged effect of static stretching on the passive stiffness of the human gastrocnemius muscle tendon unit in vivo.», *Journal of Orthopaedic Research*, 30(3), 309-313.

48-48: Estiramiento y forma física

American College of Sports Medicine. (2018), *ACSM's guidelines for exercise testing and prescription*, Lippincott Williams & Wilkins.

McHugh, M. P., & Cosgrave, C. H. (2010), «To stretch or not to stretch: the role of stretching in injury prevention and performance», *Scandinavian Journal of Medicine & Science in Sports*, 20(2), 169-181.

ACSM (2009), American College of Sports Medicine position stand, «Progression models in resistance training for healthy adults», *Medicine & Science in Sports & Exercise*, 41(3), 687-708.

Nelson R. T. , Bandy W. D., «Eccentric Training and Static Stretching Improve Hamstring Flexibility of High School Males», *J Athl Train.*, 2004 Sep;39(3):254-258. PMID: 15496995; PMCID: PMC522148.

50-53: Estiramiento para recuperarse de una lesión y aliviar el dolor

Bahr R., Krosshaug T., «Understanding injury mechanisms: a key component of preventing injuries in sport», *British Journal of Sports Medicine,* 2005;39:324-329.

McHugh M. P., Cosgrave C. H., «To stretch or not to stretch: the role of stretching in injury prevention and performance», *Scandinavian Journal of Medicine & Science in Sports*, 2010 Apr;20(2):169-81. doi: 10.1111/j.1600-0838.2009.01058.x. Epub 2009 Dec 18. PMID: 20030776.

Witvrouw E, Mahieu N, Danneels L, McNair P., «Stretching and injury prevention: an obscure relationship», *Sports Med.*, 2004;34(7):443-9. doi: 10.2165/00007256-200434070-00003. PMID: 15233597.

Witvrouw E., Mahieu N., Roosen P., McNair P., «The role of stretching in tendon injuries», *British Journal of Sports Medicine*, 2007 Apr;41(4):224-6. doi: 10.1136/bjsm.2006.034165. Epub 2007 Jan 29. PMID: 17261561; PMCID: PMC2658965.

Geneen, L. J., Moore, R. A., Clarke, C., Martin, D., Colvin, L. A., & Smith, B. H. (2017), «Physical activity and exercise for chronic pain in adults: an overview of Cochrane Reviews», *Journal of Pain Research*, 10, 381-387.

Zeidan, F., Gordon, N. S., Merchant, J., & Goolkasian, P. (2010). «The effects of brief mindfulness meditation training on experimentally induced pain», *The Journal of Pain*, 11(3), 199-209.

Zeidan, F., Grant, J. A., Brown, C. A., McHaffie, J. G., & Coghill, R. C. (2012). «Mindfulness meditation-related pain relief: Evidence for unique brain mechanisms in the regulation of pain», *Neuroscience Letters*, 520(2), 165-173.

Morone, N. E., Lynch, C. S., Greco, C. M., Tindle, H. A., & Weiner, D. K. (2008). «"I felt like a new person". The effects of mindfulness meditation on older adults with chronic pain: Qualitative narrative analysis of diary entries», *Journal of Gerontological Nursing*, 34(4), 20-27.

Wiese-Bjornstal, D. M. (2009). «Sport Injury and College Athlete Health across the Lifespan», *Journal of Intercollegiate Sport*, 2(1), 64-80. https://doi.org/10.1123/jis.2.1.64

Dubois B., Esculier J., «Soft-tissue injuries simply need PEACE and LOVE», *British Journal of Sports Medicine* 2020;54:72-73. Wang Z. R., Ni G. X., «Is it time to put traditional cold therapy in rehabilitation of soft-tissue injuries out to pasture?», *World J Clin Cases,* 2021 Jun 16;9(17):4116-4122. doi: 10.12998/wjcc.v9.i17.4116. PMID: 34141774; PMCID: PMC8173427.

54-57: Estiramiento y envejecimiento saludable

McCormick, R., Vasilaki, A., «Age-related changes in skeletal muscle: changes to life-style as a therapy», *Biogerontology*, 19, 519-536 (2018). https://doi.org/10.1007/s10522-018-9775-3.

Rider R. A., Daly J., «Effects of flexibility training on enhancing spinal mobility in older women», *J Sports Med Phys Fitness*, Jun 1991;31(2):213-217.

Rodacki A. L., Souza R. M., Ugrinowitsch C., Cristopoliski F., Fowler N. E., «Transient effects of stretching exercises on gait parameters of elderly women», *Man Ther.*, Apr 2009;14(2):167-172

Feland J. B., Myrer J. W., Schulthies S. S., Fellingham G. W., Measom G. W., «The effect of duration of stretching of the hamstring muscle group for increasing range of motion in people aged 65 years or older.», *Phys Ther*, May 2001;81(5):1110-1117

Page P., «Current concepts in muscle stretching for exercise and rehabilitation», *Int J Sports Phys Ther.*, 2012 Feb;7(1):109-19. PMID: 22319684; PMCID: PMC3273886.

58-59: Cuándo no estirar

Variaciones de cadera: Pun, S., Kumar, D., Lane, N. E., Villar, R. N. (2016), «Hip morphology in the Asian population with and without developmental dysplasia», *The bone & joint journal,* 98-B(2), 202-207.

Variaciones del tobillo y del pie trasero: Sailer, J., Margetić, P., Margetić, B. (2019), «Anatomical variation in the ankle and foot: from incidental finding to inductor of pathology. Part I: ankle and hindfoot», *Skeletal radiology*, 48(10), 1487-1498.

Variaciones de la rodilla: Qi, X. Z., & Xu, Z. J. (2020), «Association Between the Morphology of Proximal Tibiofibular Joint and the Presence of Knee OA», *Orthopaedic surgery*, 12(2), 503-510.

190-191: Introducción a las rutinas

Opplert J., Babault N., «Acute Effects of Dynamic Stretching on Muscle Flexibility and Performance: An Analysis of the Current Literature», *Sports Med.*, 2018 Feb;48(2):299-325. doi: 10.1007/s40279-017-0797-9. PMID: 29063454.

Takeuchi K., Nakamura M., Matsuo S., Akizuki K., Mizuno T., «Effects of Speed and Amplitude of Dynamic Stretching on the Flexibility and Strength of the Hamstrings», *J Sports Sci Med.*, 2022 Dec 1;21(4):608-615. doi: 10.52082/jssm.2022.608. PMID: 36523896; PMCID: PMC9741718.

198: Rutinas para trabajadores sedentarios

Louw S., Makwela S., Manas L., Meyer L., Terblanche D., Brink Y., «Effectiveness of exercise in office workers with neck pain: A systematic review and meta-analysis», *S Afr J Physiother*, 2017 Nov 28;73(1):392. doi: 10.4102/sajp.v73i1.392. PMID: 30135909; PMCID: PMC6093121.

201: Rutinas para correr

van der Worp M. P., ten Haaf D.S., van Cingel R., de Wijer A., Nijhuis-van der Sanden M.W., StaalJB, «Injuries in runners; a systematic review on risk factors and sex differences», *PLoS One,* 2015 Feb 23;10(2):e0114937. doi: 10.1371/journal.pone.0114937. PMID: 25706955; PMCID: PMC4338213.

202: Rutinas para ciclistas

Rooney D., Sarriegui I., Heron N., «"As easy as riding a bike": a systematic review of injuries and illness in road cycling», *BMJ Open Sport Exerc Med.*, 2020 Dec 9;6(1):e000840. doi: 10.1136/bmjsem-2020-000840. PMID: 34422283; PMCID: PMC8323466.

SOBRE LA AUTORA

Leada Malek es doctora en Fisioterapia y especialista clínica deportiva certificada. Es especialista en Fuerza y Acondicionamiento certificada por la National Strenght an Conditioning Association (NSCA) y ha formado a estudiantes universitarios en Pedagogía Terapéutica. Malek considera que la salud mental y física son importantes por igual y por eso promueve el ejercicio dentro de un estilo de vida enfocado en la salud y la longevidad. Su experiencia ha sido reconocida en destacadas publicaciones como *Oxygen, Women's Health, Shape* y *U.S. News*.

Tiene una sólida presencia en las redes sociales, donde comparte su conocimiento con miles de personas. Con una amplia experiencia con atletas de todos los niveles, incluyendo deportistas y bailarines profesionales, Malek conoce la complejidad del cuerpo humano y el poder del movimiento como medicina. Tiene la capacidad de convertir temas complejos en información fácil de entender. Sus «viajes de movimiento» están destinados a empoderar a quienes participan en ellos. Cuando no está trabajando o dando clase, le gusta disfrutar de sus seres queridos, descubrir nuevos restaurantes, viajar y escuchar música en directo.

Puedes seguir a Leada Malek en Instagram **@drmalekpt** o visitar **www.drmalekpt.com** para obtener más información.

AGRADECIMIENTOS

Agradecimientos de la autora

Escribir este libro ha sido una de las experiencias más difíciles y gratificantes de mi carrera profesional, y me habría sido imposible llevarlo a cabo sin la ayuda de muchas personas.

Quiero expresar mi más profundo agradecimiento al equipo editorial de DK por su guía y experiencia. A Alastair por creer en mí e invitarme a este viaje creativo, a Susan y Amy por su dedicación entre bambalinas, a Arran por las hermosas ilustraciones, y a muchos más.

Gracias a mi familia por todo su amor y apoyo, y a mi tío, quien me enseñó a no dejar nunca de aprender. Espero que os sintáis orgullosos.

Gracias a todos mis amigos por apoyarme, a René por alentarme en los días más difíciles, y a Jenny por ser la gerente empoderadora y amiga que es. Quiero agradecer en especial a Agile Physical Therapy por animarme durante este proceso, así como a todos los instructores y colegas que me han moldeado como fisioterapeuta.

Finalmente, mi más sincero agradecimiento a los lectores que han dedicado tiempo a sumergirse en las páginas de este libro para aprender y buscar inspiración para moverse. Espero que sea una valiosa incorporación a sus librerías.

Agradecimientos de la editorial

DK quiere agradecer a Alice McKeever la corrección de las pruebas y a Vanessa Bird por el índice.

Créditos fotográficos

La editorial quiere agradecer a las siguientes personas y entidades el permiso para reproducir sus fotografías (clave: a-arriba; b-abajo; c-centro; f-lejos; l-izquierda; r-derecha; t-arriba del todo)

13 Science Photo Library: Don Fawce (crb). **16 Science Photo Library:** Professors P.M. Motta, P.M. Andrews, K.R. Porter & J. Vial (clb). **25 Science Photo Library:** Biophoto Associates (cla). **35 Science Photo Library:** Thomas Deerinck, Ncmir (cl)

Resto de imágenes © **Dorling Kindersley**
Para más información: **www.dkimages.com**

Diseño de proyecto Amy Child
Edición de proyecto Susan McKeever
Ilustración Arran Lewis

DK
Edición sénior Alastair Laing
Diseño sénior Barbara Zuniga
Coordinación de cubierta Abi Gain
Producción sénior Tony Phipps
Responsable de producción Luca Bazzoli
Responsable editorial Ruth O'Rourke
Dirección de compras Becky Alexander
Dirección de arte Maxine Pedliham
Dirección editorial Katie Cowan

De la edición en español
Coordinación editorial Cristina Gómez de las Cortinas
Asistencia editorial y producción Eduard Sepúlveda

Publicado originalmente en Gran Bretaña en 2023 por
Dorling Kindersley Limited
DK, 20 Vauxhall Bridge Road,
London, SW1V 2SA, UK

Copyright del texto © Leada Malek-Salehi 2023
Copyright © 2023 Dorling Kindersley Limited
Parte de Penguin Random House Company
Título original: *Science of Stretch*
Primera edición 2025
Copyright © Traducción en español 2025
Dorling Kindersley Limited
Servicios editoriales: Moonbook
Traducción: Inmaculada Sanz Hidalgo

ISBN: 978-0-5939-6303-6

Impreso y encuadernado en Eslovaquia

www.dkespañol.com

Este libro se ha impreso con papel certificado
por el Forest Stewardship Council™ como parte
del compromiso de DK por un futuro sostenible.
Para más información, visita www.dk.com/
our-green-pledge